# 茶陵年鉴

## （2018）

茶陵县人民政府　主办
茶陵县档案史志局　编

方志出版社
Publishing House of Local Records

图书在版编目（CIP）数据

茶陵年鉴. 2018 / 茶陵县档案史志局编
-- 北京：方志出版社，2019.1
ISBN 978-7-5144-3613-6

Ⅰ. ①茶… Ⅱ. ①茶… Ⅲ. ①茶陵—2018—年鉴
Ⅳ. ①Z526.44

中国版本图书馆CIP数据核字（2019）第023078号

茶陵年鉴（2018）

编　　者：茶陵县档案史志局
责任编辑：高孟君
出 版 人：冀祥德
出 版 者：方志出版社
地址　北京市朝阳区潘家园东里9号（国家方志馆4层）
邮编　100021
网址　http://www.fzph.org
发　　行：方志出版社图书经销中心
电话（010）67110500
经　　销：各地新华书店
印　　刷：湖南省越来越好印务有限公司
装帧设计：斯盛文化
开　　本：889 × 1194　　1/16
印　　张：30. 75
字　　数：798千字
版　　次：2019年1月第1版　　2019年1月第1次印刷
印　　数：0001 ~ 1000册
ISBN 978-7-5144-3613-6　　定价：268.00元

# 《茶陵年鉴（2018）》编辑委员会

顾　　问　彭新军　姜衡湘　王友文

主　　任　江小忠

副 主 任　李鹏程　马文平

委　　员　彭永强　乔志军　方浩轩　苏明亮　刘　峥
　　　　　颜运华　丁攸平　陈向东　龚　杰　谭湘林
　　　　　刘小元　谭冬祥　周聪文　颜石清　陈　欣
　　　　　杨秋林　谭平娇

# 《茶陵年鉴（2018）》编辑部

主　　编　周聪文

副 主 编　颜石清　陈　欣　杨秋林　谭平娇

总　　纂　周聪文　颜石清

编　　辑　谭珍珍

工作人员　胡爱平　肖　敏　贺金仁　肖　红
　　　　　高　青　王五玉　韩云姣　谭艳花
　　　　　陈舒平　周冬娇　李志勤

# 《茶陵年鉴（2018）》组稿人员

（名字按编目顺序排列）

阳童　陈小荣　肖思飞　罗军平　陈志华　陈昱婷　谭园喜　周炳炳　刘锋
黄纪凯　谭金虎　谭圆圆　陈安红　牛炜　肖艳　付晚花　郭勇毅　伍志华
罗君平　彭利佞　邓施环　段林春　胡爱平　赵小波　李岗　刘六娥　谭跃
杨胜　曾小兵　刘一冰　肖锋　王江陵　陈爱玲　彭放　张芹　凌炼
付婷　谭新风　颜明艳　陈奕含　吕东杰　陈勇　周蔚华　李志亮　金六元
陈果萍　龙娉　谭芳　谭大善　杨娟　陈柏文　徐世俊　龙定敏　刘丽丽
谷道衡　彭友　杨胜　罗玉萍　陈勇（人力资源和社会保障局）　曹腾飞
谭世明　段路茜　陈劲化　谭腾　彭锋　柳杨　刘晓晚　周文　谭艳琴
谭雪林　谭靓亮　李斌　杜嘉欣　陈湘华　陈润兰　陈云兵　周建女　谭忠海
陈波　周志强　刘小矛　彭双智　龙小元　凌志创　谭震林　曾孝　刘军明
谭英坤　贺荣华　谭婷婷　尹美林　陈莹如　陈林旭　方菲　陈艳玲　周蔚飞
欧阳恒　龙涛　张庆宜　刘奇　段俊　鄢道静　彭玲　张腾腾　曾玉兰
段小中　王茜　杨娟（茶陵石油公司）　邬繁　吴泽殿　王建华　陈勇华
谭珊珊　谭晓波　吕晓思　彭莉　周春葵　李军　吴可佳　吴双丽　陈造良
皮恒　陈淑群　胡曦　谭华钢　罗洪涛　颜文胜　雷叶文　田力佳　郭丽瑶
谭振辉　龙旭华　彭雪芝　左浩辰　王金艳　周运兵　董喜艳　肖敏雄　焦立敏
王博林　谭国平　沈璐　谭卫红　谭水牛　谭年勇　刘翔　谭公明　陈曙光
杨光　周文贵　谭春艳　吴华勇　张露丹　陈刚　陈歌今　谭志芳　王慧艳
谭文华　谭正良　姜志芳　黄清良　陈炜丽　巫幸　邬爱君　冯坚　谢晟
彭希　彭华曦　尹二连　刘雄杰　谭圣辉　许慧　姜雪琴　刘小勇　陈玉明
李亚玲　陈望莹　陈航　邓艳芳　陈艳　周志文　刘润洪

# 编辑说明

一、《茶陵年鉴》以马克思列宁主义、毛泽东思想、邓小平理论、“三个代表”重要思想、科学发展观、习近平新时代中国特色社会主义思想为指导，坚持辩证唯物主义和历史唯物主义的立场、观点和方法。本年鉴为茶陵县第十二部综合性年鉴，也是正式公开出版的第一部综合性年鉴。其上限为2017年1月1日，下限为2017年12月31日，主要记载茶陵县2017年国民经济和社会发展的基本情况和重大事件，为各级领导科学决策提供参考依据，为各部门（单位）推动事业发展和修志记史提供翔实资料，为县内外了解茶陵提供信息服务。

二、年鉴沿用方志体例、分类编辑法，以类目、分目、条目体形式进行编排，统一用第三人称叙述。卷首为特载、综述、大事记、专辑；主体部分按政治（含军事）、经济、社会、文化（含文化、传媒）、卫生和医疗、乡镇（街道）、人物等部类依次排列，各单位文稿一般分概况、条目两部分；卷末为附录。

三、年鉴主体部分门类的划分，主要参照国家2017年发布的《国民经济行业分类》，鉴于县内经济社会运行、机构设置及编辑工作等实际情况作适当变通。

四、内容力求真实准确。主要数据以统计部门发布或上报、认可的为准；统计部门没有的，由有关单位提供并核实。《特载》部分领导报告中涉及经济和社会发展的部分数据，因为是预报数据，与最后统计部门核定公布的数据不尽一致，为保留文稿原貌，未予改动。

五、县党政军及各部门（单位）负责人名录列2017年1月1日（接上部年鉴）至2017年12月31日在各单位任副科级以上（含副科级）实职的人员（未定行政级别的部分企业或省市直管单位负责人例外）。县直单位列行政正副职、专职党委（党组）书记、纪检书记（组长）；乡镇（街道）列党委、人大、政府、政协正副职，以及纪委书记、组织委员、宣传统战委员、武装部长；副科专职党委委员或党组成员单列。副科级单位只列正职。

1月22日，省委书记、省人大常委会主任杜家毫（左一）到下东街道沿河村考察了解贫困户生活情况

6月18日，省委副书记、省长许达哲（前排中）到严塘玳溪村考察了解脱贫攻坚情况

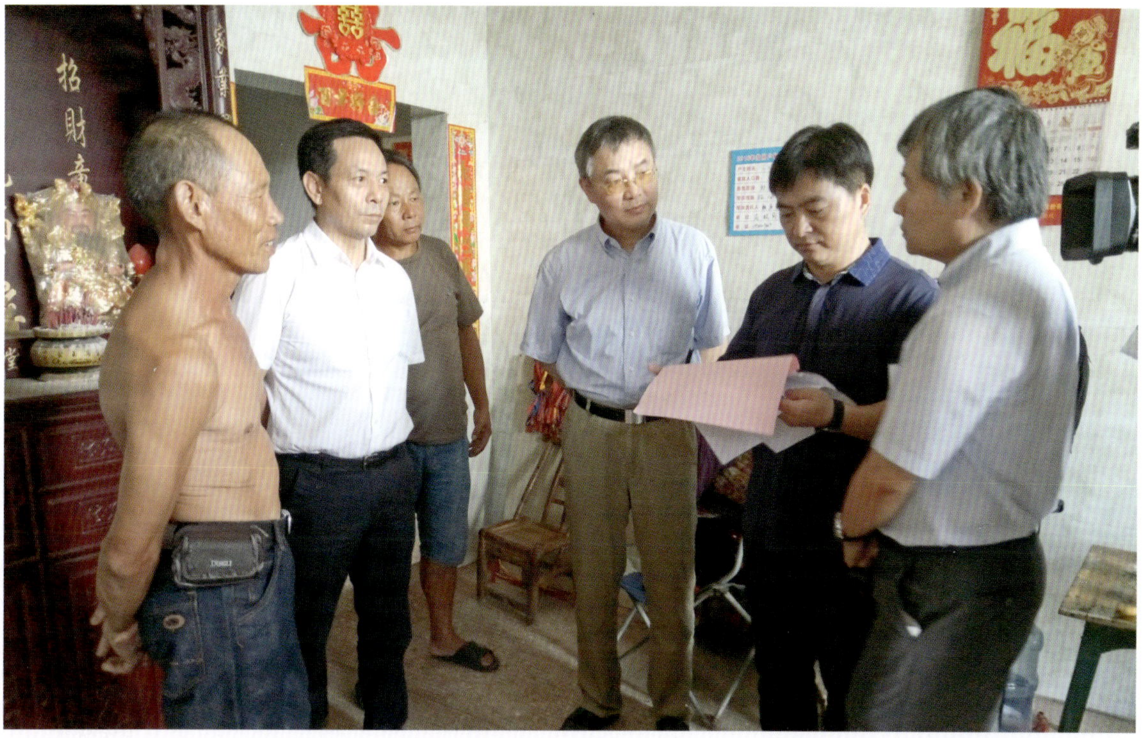

8月15—16日，全国政协常委、民进中央常务副主席蔡达峰（右三）到茶陵开展脱贫攻坚民主监督调研

9月7日，省政协主席李微微（前排左三）到茶陵县考察教育扶贫工作

8月9日，省人大常委会党组书记、副主任韩永文（左三）到虎踞镇水源村督查指导脱贫攻坚工作

3月23日，农发行总行党委委员、副行长林立（左三）到茶陵调研指导洣水河水利治理（一期）建设项目

7月22日，国务院第四次大督查第十二督查组组长、住建部副部长倪虹（前排左二）到桃坑乡华里村查看易地扶贫搬迁"一户一策"房屋设计方案

10月24日，全国政协委员、教科文卫体委员会副主任，国家体育总局原副局长、党组成员段世杰（二排左七）带队到茶陵县开展送体育下基层活动

# 领导关怀

7月10日，省委副书记乌兰（右一）到下东街道沿河村看望"幸福安居工程"住户

11月15日，省委常委、常务副省长陈向群（前排左二）到茶陵县督查脱贫攻坚工作

7月4日，省委常委、省委政法委书记、省公安厅厅长黄关春（右三）到茶陵调研政法综治工作

2月15日，省人大常委会副主任、省总工会主席刘莲玉（左二）到茶陵察看县工人文化宫项目选址，详细了解项目规划和建设进展情况

2月8日，省人大常委会副主任陈君文（右一）深入虎踞镇水源村走访慰问贫困户

7月31日，省人大常委会副主任王柯敏（右一）到虎踞镇水源村察看生态农业农民合作社香米加工厂

3月16日，副省长、省政协副主席戴道晋（左三）到茶陵调研易地扶贫搬迁工作

10月16日，副省长隋忠诚（前排左三）到茶陵县龙华农牧公司调研脱贫攻坚和农业农村工作

5月12日，新疆军区原参谋长、少将彭新国（左三）到茶陵考察指导工作

6月13日，省政协原副主席游碧竹（右三）到茶陵参观茶祖文化产业园

1月9日，市委书记、市人大常委会主任毛腾飞（左一）到洣江街道渡里村走访慰问贫困户

6月30日，市委副书记、市长阳卫国（前排左二）到洣江街道胡瑶社区慰问贫困户

◀1月23日，县委十二届三次全体会议暨县委经济工作会议召开

◀2月9日，茶陵县全域旅游暨云阳山创国家AAAAA景区动员大会召开

◀2月21—23日，政协茶陵县第九届委员会第二次会议召开

▶2月22—24日，茶陵县第十七届人民代表大会第二次会议召开

▶2月26—27日，株洲市脱贫攻坚“深化帮扶工作”“提升基础管理”主题月活动现场会在茶陵召开

▶3月16日，湖南省加快推进国土绿化现场会在茶陵县召开

◀4月19日，中共茶陵县委巡察工作动员部署会召开

◀6月12日，茶陵县城乡建设用地增减挂钩工作动员大会召开

◀8月4日，中共茶陵县委十二届四次全体（扩大）会议召开

▶ 8 月 23 日，茶陵县 2017 年决胜脱贫摘帽总攻动员大会召开

▶ 10 月 12—13 日，共青团茶陵县第十六次代表大会召开

▶ 12 月 29 日，茶陵县委十二届五次全体（扩大）会议暨 2018 年县委经济工作会议召开

▲2月14日，2017茶乡花海·茶花郁金香大型花展活动在县虎源生态园启动

►4月19日，中共茶陵县委巡察工作领导小组办公室揭牌

◄5月11日，茶陵县青少年宫、文化馆项目举行开工奠基仪式

▶7月14日，湖南股权交易所和茶陵县人民政府主办“湖南股权交易所茶陵县专板”开通暨首批50家企业集体挂牌仪式

▶8月22日，万樟园林举行“国家休闲农业和乡村旅游五星级企业（园区）”揭牌仪式

▶8月29日，茶陵县小水电自供区电网移交国网管理动员大会暨框架协议签字仪式举行

▶9月20日，茶陵县病死畜禽无害化处理中心项目举行开工仪式

◀10月17日，茶陵县举行2017年“国家扶贫日”扶贫济困践行友善公募仪式

▶12月28日，茶陵县农村土地确权首证颁发仪式在虎踞镇二仙村举行

▲11月19日，茶陵县首届石冲脐橙采摘节在高陇镇石冲村开幕

▼11月17日，茶陵县“第六届祖庵家菜美食节”在高陇镇祖安村开幕

## 纪念茶陵县工农兵政府成立 90 周年

▲提质改造后的茶陵县工农兵政府历史陈列序厅

▼ 11 月 28 日，红色政权耀千秋——纪念毛泽东缔造的第一个红色政权茶陵县工农兵政府成立 90 周年座谈会召开

▲红色政权耀千秋歌舞晚会

▼红色讲坛名家谈

新建成的工农兵政府旧址游客服务中心

改建一新的345省道（二期）严塘—县城段

县城西环线施工前现场

启用后的朝阳新城步步高购物广场

▲东部旅游环线李东阳故居段

▼拆除原县中医院楼房后，新建成的金山广场

▲拆除烈士陵园东门店铺后新建的公园广场

▼宏泰健康养生园

▶湘赣汽贸城

◀华晨·世纪中心

▶茶祖·云阳城

1 月 20 日，茶陵县人民政府与上海巨昂投资有限公司正式签约"天使之橙"产业扶贫项目

7 月 21 日，茶陵县举行夏季重大招商项目签约仪式

◀8 月 31 日，茶陵县与云龙示范区签订城乡建设用地增减挂钩指标流转框架协议

▶9 月 12 日，2017 年株洲（深圳）产业对接暨市情推介会在深圳举行，茶陵县共有五个项目在现场签约，签约资金达 9.7 亿元

◀11 月 27—29 日，在 2017 年株洲（北京）项目对接暨市情推介会上，茶陵县成功签约洣水河前农保护圈防洪工程 PPP 项目

铺设改性沥青后的犀城大道

“四好农村路”——秩堂镇马吉村村道

犀城大道铺设首条彩色沥青自行车专用车道

106 国道至水源旅游公路

▲“千公里”扶贫＋村道改造项目——虎踞镇黄泥村村道

▼“千公里”扶贫＋村道改造项目——洣江街道渡瑶（渡里—洣瑶）公路

▲“千公里”扶贫＋村道改造项目——150县道毛铺至马江镇公路

▼“千公里”扶贫＋村道改造项目——桃坑乡西坑村朱形组山路

危桥改造工程——桃坑乡南坑村矮子栋桥

“小农水”重点县建设项目——秩堂镇毗塘村渠道

高标准农田建设高效节水项目——湖口镇江南村取水河坝

农业水价综合改革项目——枣市镇侯泉村山塘改造加固

城乡建设用地增减挂钩项目——下东街道米筛坪社区地块复垦前后对比图

茶陵鑫业水稻种植农民专业合作社工厂化育秧基地

马江镇末头村烟叶基地

参加第九届湖南茶叶博览会的茶陵县康成庄园茶叶种植农民专业合作社的茶叶基地

▶腰潞镇珍武村油茶林基地

▶洣江街道土沙村大棚蔬菜基地

▶市级农业龙头企业——茶陵县众康乡村土特产开发有限公司红薯基地及其产品

市级农业龙头企业——茶陵县嘉华姜业开发有限公司生产车间及其产品

“茶陵三宝”加工企业之一——湖南省蓉园食品有限公司生产车间

中国驰名商标企业——茶陵古城香业有限公司

获县首届科技创新奖的株洲华锋钢结构有限公司及其产品

获县首届科技创新奖的湖南利邦生物能源科技有限公司

朝阳新城二期、嘉垄湾二期楼群

南浦御园综合体楼群

4月21日，茶陵县脱贫攻坚工作专题会召开

5月2日，茶陵县2017年脱贫攻坚培训班开班典礼举行

◀6月2日，湖南省脱贫攻坚大督查第八组到茶陵督查见面会召开

◀6月7日，茶陵县2017年农村危房改造暨贫困户修缮加固工作动员大会召开

◀6月27日，株洲市贫困户养牛技术培训班在茶陵举行

▶7月14日，全县农村低保和社会保障兜底脱贫对象认定清理整顿工作动员会召开

▶9月1日，茶陵县“百村”基础设施扶贫项目申报暨工作安排会召开

▶9月11日，茶陵县举行金融+电商扶贫培训会

9月20日，株洲龙华循环科技农业有限公司精准扶贫委托帮扶签约仪式在马江镇月岭村举行

10月25日，全县2017年脱贫摘帽业务培训会举行

精准扶贫委托帮扶龙头企业——万樟园林有限责任公司的产业扶贫基地

精准扶贫委托帮扶龙头企业——龙华农牧有限责任公司东冲养殖基地及公司办公楼

◀农村基础设施改善提质工程之电网建设工程——清水光伏发电站

农村基础设施改善提质工程之电网建设工程——舲舫乡龙珠坑村上变台区新建变压器

农村基础设施改善提质工程之讯网建设工程——严塘镇上合村光网架设

农村幸福安居工程——湖口镇龙下易地扶贫搬迁集中安置点

农村幸福安居工程——桃坑乡贫困户范文华住房修缮加固前后对比图

农村幸福安居工程——火田镇白石村贫困户李小红易地搬迁分散安置新旧房对比图

农村产业培育和农民增收工程——马江镇文江村蔬菜产业扶贫基地

农村产业培育和农民增收工程——秩堂镇油菜花旅游基地

农村产业培育和农民增收工程——火田镇芙江村蔬菜种植基地

农村产业培育和农民增收工程——湖口镇蜜柚种植基地

农村产业培育和农民增收工程——舲舫乡长鸭村的恒温育雏室

教育培训和劳动力就业工程——政协茶陵县委员会开展“脱贫攻坚 金秋助学”活动

教育培训和劳动力就业工程——举行就业扶贫专场招聘会

教育培训和劳动力就业工程——开展就业扶贫免费技能培训

社会保障工程——1 月 11 日，茶陵县兜底脱贫资金发放启动仪式在腰潞镇马加庄村举行

社会保障工程——“一村一卫生室”建设之界首镇花甲村卫生室

社会保障工程——县医务工作者到湖口镇浣溪村进行义诊

金融扶贫和信息化工程——村级“金融+电商”扶贫服务站

金融扶贫和信息化工程——银信部门现场为贫困户办理分贷统还手续

农村生态环境保护工程——洮水水库生态公益林

农村生态环境保护工程——下东街道沿河村中小河流治理建设项目

强基固本工程——卧龙村党建＋旅游

强基固本工程——潞理村党员扶贫示范基地

2月8日，茶陵县举行2017年春季现场招聘会

3月21日，茶陵县桃江老年托养中心暨同升社会工作服务中心举行启动仪式

5月31日，茶陵县公共法律服务中心正式对外开放

6 月 26 日，茶陵县举行国际禁毒日宣传活动，并点火销毁毒品

6 月，开展茶陵县安全生产月咨询日宣传活动

11 月 1 日，举行巾帼家政培训

11 月 9 日，茶陵县举行“关注消防 平安你我”119 宣传月启动仪式

12 月 4 日，开展国家宪法日宣传活动

▶12月，县综合网格管理员进店入户采集楼、房、人、事、物、法人组织等信息

◀开展集中销毁假冒伪劣食品活动

▶开展反假币宣传

◀6月，开展抗洪抢险应急集训演练

◀9 月 25 日，2017 年株洲高速公路云阳山隧道危险化学品泄露事故应急救援联合演练在衡炎高速公路云阳山隧道举行

▶10 月 13 日，开展森林消防演练

◀12 月，开展查处酒驾活动

▶开展”三治三保“行动，对公路超载车辆进行检测

▶新建的汉背工矿棚改安置房（兴云家园）

◀扩改后的县自来水厂日产能力由2.5万吨增至5万吨

▶6月22日，中国流动科技馆湖南巡展茶陵站举行启动仪式

◀11月16日，湖南省科技馆组织的“探知未来”2017年全国青年科普创新实验暨作品大赛初赛长沙赛区株洲站在茶陵一中开赛

县农技人员到脐橙种植基地开展技术指导服务

县农产品质量安全监管人员到蔬菜生产基地巡查抽样

6月1日，举行首届“关爱基金”发放仪式暨第五届“同在一片天 爱在你我间”联谊活动

6月13日，茶陵县“彩虹计划”——小学生心理健康教育进校园活动正式启动

5月21日，中国旅游融媒体“红色旅游扶贫湘东行”活动走进茶陵

茶陵县春节七天乐活动开幕

5月5日，全国第二届“万步有约”职业人群健走激励大赛茶陵赛区启动仪式举行

新增旅游接待星级酒店——天伦瑞玺国际酒店夜景

11 月 14 日，茶陵县第 28 届中小学生运动会在思源实验学校举行

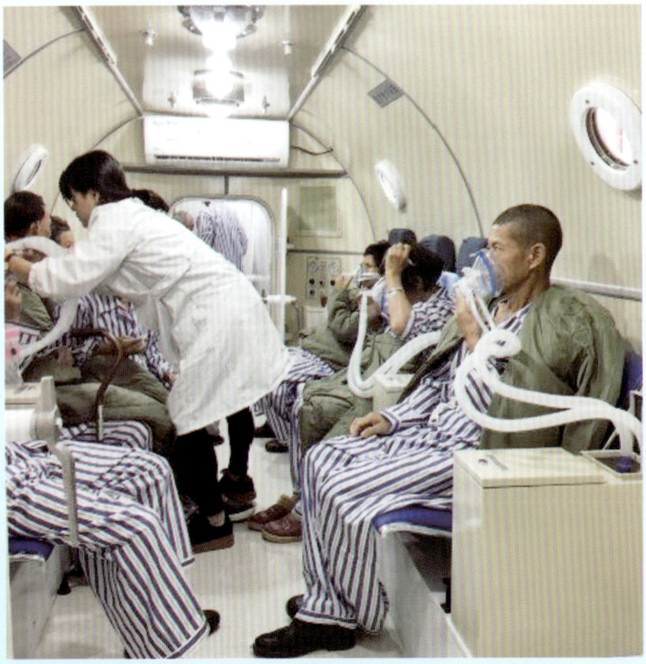

11 月 23 日，县中医医院正式开放使用高压氧舱

开展卫生应急演练

5月12日，县委书记彭新军到秩堂镇锡田村考察乡村东部旅游扶贫环线建设

5月4日，县委副书记、县长江小忠到火田镇检查脱贫攻坚工作

6 月 28 日，县人大常委会主任姜衡湘到马江镇检查防汛工作

12 月 11 日，县政协主席王友文考察西环线项目建设情况

# 目　录

## 特　载



## 综　述



## 大事记



## 专　辑

## 中国共产党茶陵县委员会

## 茶陵县人民代表大会



## 茶陵县人民政府

## 中国人民政治协商会议茶陵县委员会



## 社会团体

## 军 事



## 法 治

## 综合监督管理

## 工业　科技服务

## 农业　林业　水利

## 交通　邮政　通信

## 商贸流通

## 非公有制经济



## 城乡建设与房地产



## 环境保护与城市管理

## 财税　金融　保险

## 教　育

## 文化　传媒



## 卫生　医疗

## 乡镇（街道）

## 人　物



## 附　录

# 特　　载

## 迈步新时代　践行新思想
## 决胜全面小康　加快建成“中心县”
### ——在县委十二届五次全会暨2018年县委经济工作会议上的报告

**中共茶陵县委书记　彭新军**
**（2017年12月29日）**

召开县委十二届五次全会暨2018年县委经济工作会议主要任务是：高举习近平新时代中国特色社会主义思想伟大旗帜，深入贯彻落实中共十九大和中央、省委、市委经济工作会议、省委十一届四次全会、市委十二届五次全会精神，总结2017年工作，分析当前形势，部署2018年任务，动员全县上下鼓足干劲、乘势而上，推动县域经济高质量发展，为决胜全面小康、加快建成湘赣边界中心县、开启基本现代化新征程而努力奋斗。

**一、2017年是极其艰辛、极具挑战、极富成效的一年**

今年是新一届县委的开局之年，县委常委会坚持以习近平新时代中国特色社会主义思想为指引，在省委、市委的坚强领导下，紧紧团结和依靠全县干部群众，围绕县第十二次党代会确立的“一二三四五”总体思路，坚持稳中求进工作总基调，紧扣“决胜脱贫攻坚、实现全面小康”两大任务，攻坚克难、撸袖实干，扎实推动全县经济社会发展和党的建设取得了新成效新进步。

我们把握主线，提高政治站位，牢固树立“四个意识”，坚定推动中央和省委、市委决策部署在茶陵落地落实。

县委常委会认为，旗帜鲜明讲政治是最基本和第一位的要求，必须坚决维护习近平总书记党的领袖和核心地位，自觉向党中央对标看齐，不折不扣贯彻落实中央和省委、市委决策部署，坚持不懈加强自身建设，始终走在前列、作出表率。

紧扣中共十九大政治主线不动摇。坚持以迎接、学习、宣传、贯彻中共十九大为全年工作主线，认真研究、及时部署、统筹推进。加强理论学习，组织开展“砥砺奋进的五年”“宣传十九大·脱贫奔小康”等主题宣传和巡回演出，营造了良好氛围。十九大闭幕后，我们第一时间召开县委常委会会议和全县领导干部会议进行传达学习，精心组织县乡村三级宣传宣讲，创新开展“七个千”活动，全面掀起学习宣传贯彻十九大精神的热潮。结合茶陵实际，制定《关于深入学习贯彻党的十九大精神决胜全面小康加快建成“中心县”的意见》，提交本次全会审议。

贯彻落实上级决策部署和领导指示要求不走样。主动对标中央和省委、市委重大决策部署，第一时间抓好贯彻落实，做到中央和省市有部署有号召，我们有行动有成效，确保中央确定的方向不偏离、省委提出的战略不落空、市委部署的工作不延误。特别是把做好配合中央环保督察、省委脱贫攻坚突出问题整改、市委“两个年”活动作为落实中央和省委、市委重大决策部署的实际行动，全面贯彻，确保实效。持续深入抓好贯彻落实省市领导对茶陵的系列重要指示要求。今年来，杜家毫、许达哲、李微微、乌兰、陈向群、韩永文等19批次省部级领导，毛腾飞、阳卫国等48批次厅局级领导来茶陵考察调研，就精准脱贫、深化巡察、做好环境治理等工作给予悉心指导和有力支持。对上级领导同志的讲话指示精神，我们第一时间组织传达学习，全力抓好贯彻落实，及时报告有关情况。

加强常委会自身建设不懈怠。县委常委会践行“六带头六表率”要求，做到率先垂范，当好“关键少数”。始终坚持党对一切工作的领导，坚持正确的政治方向，不断提高执政能力和领导水平。坚持民主集中制，严肃党内政治生活，召开专题民主生活会，不断增强发现和解决自身问题的能力。出台了《关于加强县委常委会自身建设的意见》《中共茶陵县委常委会工作规则》《中共茶陵县委全会工作规则》等制度。始终总揽全局、协调各方，召开县委常委会会议24次，研究部署脱贫攻坚、重大项目、深化改革、党的建设等重要工作。带头落实县级领导“三联三包”责任制，扎实开展“马上就办、真抓实干”活动，推动县委常委会作出的决策部署全面落实。

我们咬定目标，下足绣花功夫，用行动作答“四题”，脱贫攻坚取得决定性成效。

县委常委会认为，决胜脱贫攻坚是全面建成小康社会的底线任务，必须摆在统揽经济社会发展全局的重要位置，作为政治主题来认识、作为专业课题来研究、作为重点问题来分析、作为最大难题来攻坚。今年，全县59个贫困村达到退出标准，贫困对象7546户27559人达到脱贫标准，综合贫困发生率降至0.853%，已顺利通过贫困县摘帽市级初审、省级评估检查，脱贫摘帽有望实现。

重视程度前所未有。始终把脱贫攻坚作为最大政治任务、头等大事和第一民生工程来抓，先后召开决胜脱贫攻坚誓师、摘帽总攻、退出迎检动员大会和推进会、调度会、专题会等20多次重大会议，研究部署推进脱贫攻坚工作。建立县领导常态化联点督查机制，“三走访三签字”真正落到实处。明确19名县级领导分别担任19个扶贫专项领导小组组长，每月进行调度。全县各级责任主体向县委递交脱贫攻坚履职承诺书，全面压实责任，形成县乡村三级书记抓扶贫、上下同心促攻坚的局面。

推进力度前所未有。扶贫资金投入多，2017年统筹整合财政涉农资金5.24亿元用于精准扶贫。精准帮扶力度大，47名县级领导、229支工作队，4000余名县乡机关干部，带着感情真扶贫，带着责任扶真贫，形成了“结对帮扶全覆盖、整体脱贫大包干、村村都有工作队、户户都有干部帮”的精准扶贫“大合唱”。主题活动开展实，在全市率先开展“基础管理提升月”活动，精心组织开展“国家扶贫日”扶贫济困践行友善公募活动，推动社会扶贫网在全县全面上线运行，组织开展“大培训、大宣讲、大落实”活动，部署开展“全面走访农户、全面核查情况、全面整改问题”集中行动，今年共整改落实省市明察暗访发现反馈的各类问题200余个。督查问责非常严，成立专门督查巡查组，对扶贫领域违纪违规的45位县乡村相关责任人给予了党纪政纪处分。

工作成效前所未有。坚持精准施策，全面落实“七个一批”和“八大工程”，圆满完成脱贫硬性指标任务，取得了显著成效。今年解决饮水困难贫困户161户，完成贫困村农网改造31个，投资6.92亿元，扎实推进“一五十百千”贫困村基础设施项目。完成农村危改任务5274户，其中修缮加固4040户，幸福安居495户，拆旧建新739户。易地扶贫搬迁安置1581户5003人。21家企业、385家合作社、72个基地、1142个大户带领近4万贫困人口脱贫。242名建档立卡贫困对象担任生态护林员，每人每年补助1万元。62个贫困村发展光伏产业，完成10个贫困村乡村旅游扶贫项目建设，成功创建“湖南省旅游扶贫示范县”。对所有建档立卡贫困学生实行教育资助全覆盖，发放财政资助金3367.19万元。完成贫困劳动力转移就业1388人、劳务输出1466人、劳务协作14148人。全面落实健康扶贫“三个一批”政策，68个贫困村推行“一村一室、一村一医”全覆盖。认定低保对象5283户12818人，有效实现“两线融合”。发放贫困户贷款5290户，2.48亿元，68个贫困村实现“三站合一”全覆盖。有效降低贫困发生率、漏评率、错退率，着力提升群众认可度。

我们攻坚克难，加快转型步伐，以“两个年”活动增强后劲，县域经济实现稳步提升。

县委常委会认为，发展始终是第一要务，必须坚持以新发展理念为引领，以提高经济质量和效益为中心，以深化改革为动力，持续开展项目攻坚年和企业帮扶年活动，推动经济持续平稳健康发展。2017年，预计完成GDP189.83亿元，同比增长8%，一般公共财政收入14.48亿元，同比增长8.7%。预计完成社会固定资产投资157.87亿元，社会消费品零售总额72.77亿元，实现城镇居民可支配收入30909元，实现农村居民可支配收入8723元，分别同比增长13.4%、11%、8.2%、10.2%。今年小康工作指标实现程度预计为93.05%，比去年提升1.55%，可望达标。

产业转型加快加快推进。三次产业比为18.5 ∶ 38.8 ∶ 42.7，结构持续优化。粮食生产稳中有增，生猪、黄牛、“一叶三茶”、脐橙等特色产业势头良好，入选全省28个重点产烟县。农业龙头企业增加到30家，万樟园林获评“国家休闲农业和乡村旅游五星级企业（园区）”。高陇石冲村成功入选第七批全国“一村一品”示范村镇。茶陵黄牛入选《湖南省特色农产品品牌名录》。成功创建全国平安农机示范县。全面落实《茶陵县工业企业发展十条》，“一区五园”规模工业企业达到163家，新增“四上”企业40家，预计完成规模工业总产值186亿元，规模工业增加值61.3亿元，分别同比增长12.8%、6.1%。实现专利质押融资零突破，晶彩电子成功申报为高新技术企业。“鹰击长空”全域旅游和云阳山创AAAAA工作进展顺利，启动建设旅游项目30个，完成投资1亿元。成功举办“情定云阳山·花海茶乡行”“油菜花海·春赏大典”“爱在中国”公益演唱会、第六届祖庵家菜美食节、首届茶陵石冲脐橙采摘节等大型文化旅游活动。

项目攻坚持续发力。深入开展“项目攻坚年”活动，全县共安排100个重点项目，其中县内项目89个。深圳生态电子科技园等26个市重点项目开工，完成投资37.133亿元；龙华农牧（东冲二期）等60个县重点项目开工，完成投资75.86亿元。签约引进“天使之橙”等15个重点项目，合同引资31.5亿元。完成征拆项目50个，征地总面积3180.3亩。五个平台公司融资到位22.2亿元。持续推进“企业帮扶年”活动，策划开展16大主题活动，共收集解决企业问题108个，办结率100%。中小微企业公共服务平台建设加快推进。开通湖南股权交易所茶陵县专板，“资本服务进茶陵”入选全市20个优秀主题活动之一。

深化改革活力迸发。稳妥推进省直管县改革，有序承接406项权限，争取各类项目资金近2亿元。深化供给侧结构改革，“三去一降一补”成效初显。加快推进“互联网＋政务服务”，全面推行行政审批标准化建设，对建设项目实行“网上审批”“一票制收费”“一站式办结”新模式。全力推进不动产统一登记，全面开展城乡建设用地增减挂钩工作。科学实施第八轮乡镇财政管理体制改革，国库集中支付改革、“营改增”进一步扩面、供销社改革顺利推进。农村集体产权制度改革正式启动，农村土地承包经营权确权登记颁证工作初步完成，流转土地51.77万亩。

*我们不忘初心，顺应人民期盼，统筹推进各项民生事业，群众获得感幸福感显著增强。*

县委常委会认为，民生是人民幸福之基、社会和谐之本，必须坚持以人民为中心的发展思想，把人民对美好生活的向往作为我们的奋斗目标，切实保障和改善民生，让发展成果充分惠及人民。

民生事业更有保障。财政民生支出达32.8亿元，占公共财政预算总支出的80%，同比增长23.1%。新增城镇就业2418人，农村劳动力转移就业2559人。实现职工医保跨省异地结算，城乡居民医保、新农保、失业保险覆盖率稳步提升。启动职业中专搬迁，完成城东学校、思源学校、城北小学、下东中心小学扩建，“全面改薄”工作获国务院教育督导组充分肯定。远程会诊、分级诊疗、医联体试点等工作取得重大突破，人民医院新住院大楼主体工程完工。成功通过国卫复审和省级文明县城复检。商品房销售59.46万平方米，完成棚户区改造3002户。洣水水库移民安置终验顺利通过。城西农贸市场投入使用。完成117个基层综合文化服务中心建设，图书馆、档案馆主体工程完工，规划展览馆启动布展。《茶祖文化园》获株洲市首届文化创新奖。举行“万步有约”健走活动，获得“全国优秀健走示范区”称号。获评2017年度全国老龄工作先进单位。

城乡建管更具温度。深入推进“多规合一”，完成91项市政设施设计、4个镇总体规划和103个村庄规划编制。坚决遏制违法、违章建设势头，依法拆除违章建筑7682平方米。金山广场、犀城大道提质改造全面完成，马湖公路、106国道至水源旅游公路建成通车，西环线、345省道（二期三期）、347省道、356国道项目快速推进，完成农村公路提质改造路基工程980.3千米、危桥改造12座。界首、腰潞、高陇、严塘等4个特色镇建设有序推进，秩堂镇获评省级经典文化村镇。洞头村被评为“中国美丽乡村百佳范例”，卧龙山庄成功创建国家AAA级景区，重点培育秩堂马吉等1个省级、思聪左垅等5个市级、虎踞黄坪等29个县级美丽乡村示范村。

生态底色更加靓丽。加快建设“生态茶陵”，成功纳入国家重点生态功能区，积极推进封山育林，实现造林绿化5万亩，成功承办全省加快推进国土绿化现场会。扎实整改中央环保督察组交办件，完成整改23件、立案5起、问责25人。重拳整治非法采砂行为，所有非法采砂厂全部关闭撤除。全面推进河长制，实现县乡村三级河长全覆盖，饮用水水源地水质100%达标，在水资源管理考核中荣获全市第一。农村环境综合整治实现全覆盖，重点打造21个农村环境整治示范村。

社会治理更富成效。全力做好党的十九大及全国、省市“两会”等政治敏感期的安保维稳信访工作，确保社会大局和谐稳定。成立社会治理网格化中心，全面推行网格化管理。深化司法体制改革，推进“平安茶陵”“法治茶陵”创建，成功入选全国第四批“法治县创建先进单位”，全年综治民调排名全市第二。腊园社区成功创建全国“扫黄打非”进基层示范点。有效应对洪涝灾害，确保了全县未垮一库一堤，无一人因灾伤亡。扎实开展安全生产大排查大管控大整治行动，安全生产形势总体稳定。

*我们聚焦主业，推进强基固本，持之以恒正风肃纪，全面从严治党向纵深推进。*

县委常委会认为，党建工作是最大主业，全面从严治党永远在路上，必须扛牢抓实“两个责任”，切实把严的要求贯彻到管党治党全过程、落实到党的建设各方面。

思想政治建设不断提升。加强意识形态工作，举办全县领导干部学习贯彻党的十八届六中全会精神专题研讨班，举行县委中心组集中学习13次。深入推进“两学一做”学习教育常态化制度化，扎实开展主题党日活动，积极组织学习廖俊波先进事迹等专题讨论。开展庆祝建党96周年系列活动，举办茶陵县工农兵政府成立90周年纪念活动，弘扬建政精神，激发工作热情。

干部队伍建设不断加强。坚持好干部标准和县委“三个看重，三个重用”用人导向，推行干部选拔任用全程纪实制度，全年调整干部7批次205人次，全面完成超职数配备干部消化整改任务，选人用人公信度不断提升。加大干部培训力度，大力推进干部人事档案信息化工作。大力实施“人才强县”战略，完善人才工作制度，选拔、储备一批优秀青年干部。

基层组织建设不断夯实。深入开展“基层党建提升年”活动，完善“三会一课”、党员积分管理等30项基本制度。圆满完成村（居）“两委”换届工作，全面落实“一定二评三挂钩”考核机制。完成75个农村综合服务平台的改扩建，加强离退休党支部规范化建设，强化“两新”组织党组织全覆盖，建成10个示范点。落实基层党建重点任务，全程规范党务工作纪实管理，集中开展党组织换届、党费收缴等专项检查清理工作。

党风廉政建设不断深化。深入推进正风肃纪和反腐败斗争，把握和用好监督执纪“四种形态”，全年立案290起，同比增长166%，党纪政纪处分288人，其中科级干部22人。大力开展“治陋习、树新风”和“雁过拔毛”式腐败问题专项整治行动，巩固拓展落实中央八项规定精神成果。开展“到扶贫一线去”专项行动，共立案73起，处理135人。成立县委巡察办，完成三轮巡察，发现线索288个，整改问题504个，对科级干部立案查处5人，巡察工作走在全市前列，实现派驻监督全覆盖。有力有序推进“互联网＋监督”平台建设，实行对民生项目资金的全程监督和全面公开，18个乡镇（街道、办事处）纪委基础设施建设全面提升。按照省委、市委要求，部署推进深化监察体制改革试点工作。

民主政治建设不断发展。支持和保证县人大、县政府、县政协和县法院、县检察院依法依章履行职能、开展工作、发挥作用。深入开展统一战线凝心聚力“十三五行动”，成立全市首家县级新的社会阶层人士联合会。重视支持国防动员和后备力量建设，推进军民融合协调发展。有序推进群团改革工作，圆满完成团县委换届。支持工商联、文联、残联、科协、红十字会、关工委等社团组织发展，充分发挥桥梁和纽带作用。

事非经过不知难。一年来，面对决胜脱贫摘帽的艰巨任务，面对稳增长压力加大的严峻形势，面对安全稳定、污染治理等重大挑战，我们保持定力、精准发力，不惧压力、不畏艰辛，直面挑战、直面问题，克服一切困难，付出百倍努力，过程比较艰难，结果比较圆满，取得卓著成效，必将在茶陵发展史上写下浓墨重彩的一笔。这些成绩的取得，离不开我们各战线、各乡镇（街道、办事处）、各县直部门的辛勤努力、扎实工作；离不开全体党员和广大干部群众的积极支持、共同奋斗，在此，我代表县委常委会，向在座的同志们、向全县广大干群、向所有关心支持茶陵发展的社会各界人士，表示衷心的感谢和崇高的敬意！

一年来的实践也再次证明：作风决定作为，实干决定实效，克难才能前进，心齐才能事成。必须始终保持同心同向。上下同欲者胜，风雨同舟者兴。只有充分发挥县委的领导核心作用，全县干群齐心协力，保持昂扬向上的精神和斗志，坚持一张蓝图干到底，才能汇聚起无往不胜的磅礴力量。必须始终带头亲力亲为。伟大时代赋予伟大使命，崇高事业需要干部引领。置身脱贫奔小康、全面深化改革、经济转型的关键阶段，必须抓好领导干部这个“关键少数”，形成以上率下的强大号召，让“带头”二字在茶陵闪光。必须始终务求精准精细。细节决定成败、方法决定功效。实践证明，大而化之、笼而统之抓工作不会有好的效果。只有从一个个细节做起、从一件件小事抓起，以工匠之心日精日进，才能成就一番大事业。必须始终坚持用心用情。用心才能满怀激情干事业，用情才能春风化雨暖人心。只有把心思放在事业上，把感情倾注在群众上，才能厚植跨越发展的强劲动力。必须始终倡导善作善成。没有实干再美好的蓝图也只是水中花镜中月。只有秉承想为之境界，增强敢为之担当，提升善为之能力，善始善终、善作善成，才能在后发赶超中抢占发展制高点。必须始终恪守从严从实。历史使命越光荣，奋斗目标越宏伟，越要弘扬严实作风，越要敢于较真碰硬，营造遵规守纪、严抓严管、风清气正的良好干事氛围。

在总结工作的同时，县委常委会分析了面临的挑战和存在的不足。一是从自身建设上看。学习习近平新时代中国特色社会主义思想还需进一步深化，贯彻新发展理念、践行以人民为中心发展思想的能力水平有待提升。二是从经济发展上看。经济结构不优，实体经济不强，工业企业科技含量偏小，新型农业经营主体发展遭遇瓶颈，园区发展后劲不足，项目建设征拆难、审批难、资金难等要素制约严重，面临转型升级与经济增长的双重压力。三是从社会民生上看。脱贫攻坚还存在不少短板，基础管理、项目推进、群众认可度等方面的问题亟待解决。群众在就业、教育、医疗、居住、养老、环保等方面的诉求还比较多，不公平不平衡问题还比较突出，信访维稳压力很大。四是从干部作风上看。一些干部思想观念不解放，作风不实，不作为、慢作为、怕担当的现象依然存在。贯彻中央八项规定、巩固反腐败斗争压倒性态势、坚决防范和纠正损害群众利益的行为，还需在制度上、政策上、工作上持续发力。解决好这些问题,需要从县委常委会带头做起、上下联动、共同努力。

**二、明年工作思路和目标**

2018年，是深入贯彻落实党的十九大精神的开局之年，是改革开放40周年，是决胜全面建成小康社会、实施“十三五”规划承上启下的关键一年。做好明年工作，要坚持以习近平新时代中国特色社会主义思想为指导，全面贯彻落实党的十九大精神，坚持稳中求进、进中争先工作总基调，坚持新发展理念，紧扣社会主要矛盾变化，按照高质量发展的要求,统筹推进“五位一体”总体布局和协调推进“四个全面”战略布局，坚持“一二三四五”发展思路，围绕“建成湘赣边界中心县”总目标，以“产业项目建设年”为抓手，全力做好稳增长、促改革、调结构、惠民生、防风险各项工作，推动县域经济社会持续健康发展，努力建成更高水平全面小康社会。

明年全县经济社会发展的主要预期目标是：GDP增长8%，规模工业增加值增长7%，一般公共预算收入增长7%，万元GDP能耗下降3.5%，城乡居民收入增长高于经济增长，完成省市下达的节能减排等约束性指标。

确定以上经济增长预期目标，是县委经过慎重研究确定的，既传递奋发进取的压力，又释放稳中有进、趋势向好的信心。主要基于以下几点考虑：一是与中央精神和省市部署要求相契合。保持一定的增长速度，与党的十九大提出的“坚持质量第一、效益优先”，与中央经济工作会议提出的“推动高质量发展”等要求相一致，对标省委、市委提出的明年经济增长预期目标要求，主要目的就是为了把发展着力点引导到加快转型升级、提高质量效益、保障改善民生、解决不平衡不充分发展上来，不盲目追求高速度。二是与全面建成小康社会目标相衔接。茶陵今年有望实现小康达标，明年要努力建成更高水平全面小康社会，必须保持经济平稳发展。三是与经济发展实际相符合。这些指标是在综合分析我县经济发展现状和趋势基础上提出的，是一个比较稳健的预期指标，既考虑了可能性，也考虑了可行性。

完成上述目标任务，必须把握以下要求：一要在践行新思想中提高站位。党的十九大确立了习近平新时代中国特色社会主义思想的历史地位，为我们新时代的发展指引了方向、提供了遵循。明年是贯彻党的十九大精神的第一年，全县上下要切实提高政治站位，坚定不移以习近平新时代中国特色社会主义思想武装头脑、指导实践、推动工作，全面贯彻落实中央和省委、市委决策部署要求，保持战略定力，不折腾、不懈怠、不犹豫，继续往前推进，茶陵未来的发展之路必将更加宽广壮美！二要在洞察大势中赢得主动。党的十九大标定一座里程碑，我们站在了新的历史方位。中央、省委、市委经济工作会议释放了一系列新政策、新要求，我们要善于观大势、谋全局，准确把握其中的变与不变、同与不同。变的是社会主要矛盾，中国特色社会主义进入新时代，经济发展也进入了新时代，发展要求由高速增长向高质量转变，整个宏观经济的价值取向发生了变化。不变的是五大发展理念、稳中求进总基调、全面从严治党要求和以人民为中心的发展思想。相同的是宏观政策，不同的是基本县情。经过几年的努力，我县脱贫攻坚已经取得了决定性成效，茶陵发展已踏上了新征程，发展重心要由脱贫摘帽逐步向壮大县域经济转变，发展目标由实现全面小康向建成更高水平小康社会转变。基于以上形势，我们必须以管中窥豹的敏锐、登高望远的胸襟、先声夺人的果敢，主动观大局、谋大势、干大事。三要在抢抓机遇中争先赶超。发展时不我待，机遇稍纵即逝，只有抓好机遇、用好机遇，才能后发赶超、行稳致远。总的来看，明年“时”与“势”都于我有利，机遇大于挑战。主要体现在宏观走向上，我国发展仍处于重要战略机遇期，经济长期向好的基本面没有变，宏观政策连续稳定，全面深化改革使经济更具动力活力等良好趋势都为蓄势待发的茶陵带来了“福音”；体现在政策利好上，十九大作出“推动中部地区崛起”“乡村振兴战略”“区域协调战略”等重大部署，国家更加注重解决发展不平衡和不充分问题，茶陵作为革命老区、贫困地区，必将获得更多利好政策和惠民“礼包”；体现在自身潜力上，茶陵作为“一带一部”对接东部沿海地区的前沿地带，拥有打造湘赣边界中心县的区位潜力，发展思路清晰，发展态势良好，文化底蕴厚重，自然生态秀美，干群面貌向上，必将坚定我们争先赶超的斗志决心！四要在把握要求中精准发力。面对新时代、新任务、新要求，做好明年的经济工作，必须坚持以习近平新时代中国特色社会主义经济思想为根本遵循，加强党对经济工作的集中统一领导，适应把握引领经济发展新常态，保证县域经济沿着正确方向发展。必须坚持“稳中求进、进中争先”总基调，“稳”就是要稳预期、稳增长、防风险、守底线，坚定发展信心，促进经济社会平稳健康持续发展；“进”就是要在关键领域有所进取，推进经济社会发展全面进步；“争先”就是要大力弘扬“茶陵牛”精神，保持事事争先、处处争先、时时争先的蓬勃激情，奋勇破难关，矢志创新业。必须更加注重高质量发展，要深入贯彻新发展理念，坚持以质量效益为中心，以抓改革为重点推动动力变革，以优服务为重点推动效率变革，以促创新为重点推动质量变革。必须更加注重发展产业和实体经济，要坚持以园区为载体，以产业项目建设年为抓手，以优化环境为基础，以项目落地为关键，着力培育、发展、壮大、做优产业。必须更加突出抓重点、补短板、强弱项，紧紧围绕产业发展、深化改革、对外开放、脱贫攻坚、环境治理、重大风险防范化解等重点和短板，集中力量攻坚克难，奋力走出茶陵发展的“上扬线”！

**三、切实加快决胜全面小康、建成“中心县”步伐**

决胜全面小康，加快建成“中心县”，是新时代新征程上茶陵人的光荣使命、神圣职责，我们要按照中央和省、市部署，以重点突破带动全局工作，不断加快赶超发展步伐，努力建设更高质量更高水平的小康茶陵。突出在以下五个方面下狠劲、抓落实、见成效。

1. 突出转型升级，在兴产业、抓项目中做强实体经济。抓经济关键是抓产业、抓项目、抓企业、抓实业。明年把“产业项目建设年”作为工作的主抓手，既契合省市要求，又符合茶陵实际，与我们近几年推进的“项目攻坚年”“企业帮扶年”活动一脉相承。全县上下要瞄准主攻方向，掀起谋产业、抓项目、促转型的热潮。园区要“大力攻坚”。坚持把园区作为培育发展工业经济的主战场，大力开展园区攻坚三年大会战。着力提效能，加大招商引资力度，加快园区招商项目履约率、落地率、竣工率，继续推行园区建设项目“三联三促”活动，重点抓好三园区、生态电子科技园、总部经济园建设；着力提品质，加快园区基础设施建设，优化营商环境。理顺园区管理体制，提升改革创新的能力，开启园区“二次创业”。工业要“提质增效”。聚焦工业发展新需求，拉长、延伸、补齐电子电器、建筑建材、农产品加工等本土重点产业链条。以绿色发展为引领，淘汰一批落后产能、污染企业、僵尸企业，倒逼企业加快技改和产业升级。以“工业十条”为牵引，加快电子电器、生物医药等新兴产业培育，做大做强贵派电器、春城门业等本土企业，打造行业领头羊。农业要“做优做特”。围绕“扩规模、增效益、求精美、创品牌”四个目标，深入推进农业结构调整。大力实施龙头带动和“一村一社”“一村一品”战略，着重发展脐橙、茶叶、油茶、“茶陵三宝”、食用菌、黄牛养殖等主导产业、特色产业。促进农业机械化提档加速发展，进一步加大对农民合作社、家庭农场和种养大户等新型经营主体培育力度，加快农副产品批发市场建设，形成产供销、贸工农相结合的产业链经营机制。三产要“跨界融合”。重点抓好全域旅游这一经济发展新引擎，着眼核心景区树品牌，以云阳山为龙头，加快云阳山创 AAAAA、“神奇湘东”文化生态旅游精品线路、旅游扶贫示范村和万樟园林创 AAA 建设。着眼错位发展促融合，将旅游业与乡村振兴、脱贫攻坚等结合起来，大力培育“旅游 +”“生态 +”“文化 +”等新模式、新业态，推动一二三产业融合发展、互利共赢。着眼强化支撑抓人才，大力选拔、引进、挖掘一批懂旅游、善管理的旅游人才队伍，举办好国际茶文化论坛、祖庵家菜美食文化节、茶花节、脐橙采摘节等文化旅游节庆活动，进一步提升茶陵旅游影响力和美誉度。持之以恒发展好批发零售、餐饮住宿等传统服务业，稳住就业的“蓄水池”。同时要加快生态康养、现代物流、电子商务等现代服务业发展。项目要“大干快上”。牢固树立“项目为王”理念，高水准谋划项目，聚焦市场需求、产业发展方向和国家、省市政策导向，积极策划编排一批拓展产业链、改善民生的大项目、好项目。高质效拼抢项目，加大项目申报、资金争取工作力度，力争 2018 年全县开发储备项目 200 个、向上争资突破 23 亿元。高效率建设项目，实施 100 个市县重点项目，重点抓好 345 省道（高和公路）、347 省道、205 省道、356 国道、经济开发区污水处理厂和配套管网工程、湘赣汽贸城等项目建设。加强项目计划与资金、用地、融资等环节的无缝对接，强化项目考核，让奋战在项目一线的人员有闯劲、有韧劲、有干劲。环境要“全力优化”。践行“马上就办、真抓实干”工作要求，强化“围墙内的事情企业干，围墙外的事情我来办”的意识，深入开展企业帮扶，继续推行“三联三包”责任制，加快筹建中小企业公共服务平台，当好企业的“店小二”和“贴心人”。突出正向激励，健全完善有利于产业发展的目标体系、支持政策、考核办法、奖惩机制，形成推进产业项目发展的有效机制和政策环境。

*2. 突出三大攻坚，在补短板、强弱项中守住发展底线。*打好“三大攻坚战”是党中央的重大工作部署，也是决胜全面小康的重点任务。我们要采取超常措施，拿出过硬办法，确保取得实质性进展。打好防范化解重大风险攻坚战。政府性债务风险方面，要进一步规范政府举债行为，严格依规实施 PPP、政府购买服务，加快投融资公司市场化转型。金融风险方面，要以创建金融安全区为契机，规范融资管理，把好融资申请关。要加大失信惩戒力度，坚决打击违法违规金融活动，筑牢金融风险防火墙。加强扶贫资金监管，充分发挥资金使用效益，坚决杜绝扶贫领域的资金腐败。安全稳定风险方面，要深入推进“法治茶陵”建设，全面实施城乡社区“网格化”管理，大力推进信访积案“清零”和“无访乡村”创建活动，确保重点群体稳得住、重点人员稳在手。推进“平安茶陵”创建，依法打击和惩治黄赌毒黑拐骗等违法犯罪活动，净化治安环境。落实安全生产责任制，强化重点领域安全隐患整治，坚决杜绝较大以上事故发生。打好精准脱贫攻坚战。保持脱贫攻坚干劲不松、政策不变、力度不减、标准不降，坚决打赢整体脱贫摘帽和全面巩固提升战。要克服松懈思想、厌战情绪，始终强化问题导向，把补短板、强弱项作为当前脱贫工作的重中之重。特别是要针对省市验收核查发现的问题，举一反三，全面开展排查和整改，坚持问题不整改不放过，确保以最佳的状态、最好的成绩迎接国检，确保脱贫摘帽一举成功。要按照摘帽不摘责任、摘帽不摘政策、摘帽不摘帮扶、摘帽不摘监管的“四摘四不摘”要

求，深入推进“七个一批”“八大工程”，在产业扶贫、就业扶贫、基本保障、基础设施等方面再抓落实，减少返贫现象，确保脱贫成效更加稳固，圆满完成年度减贫任务。打好污染防治攻坚战。牢固树立“生态立县、绿色崛起”发展理念，像保护眼睛一样保护生态，像呵护生命一样呵护环境，为子孙后代守护好绿水青山。大力推进国土绿化行动，继续全面实施封山育林，强化洣水、云阳山、东阳湖、湖里湿地等重点区域生态保护和建设，建立生态补偿机制。大力开展环保专项整治，重点推进砖瓦行业、畜禽养殖、涉危涉重企业等专项整治工作，突出抓好中央环保督察组反馈意见整改工作。继续实施湘江保护与治理“一号重点工程”，全面推行河长制，推动河砂开采整治常态长效。实施大气污染防治行动，打赢蓝天保卫战。强化土壤污染管控和修复，加强固体废弃物和农业面源污染防治。抓好第二次全国污染源普查工作。实行最严格的生态环境保护制度，切实加大环境执法和监管力度，坚决制止和惩处破坏生态环境行为，着力提升“美丽茶陵”颜值。

3. *突出乡村振兴，在促协调、强功能中统筹城乡发展*。坚持城乡融合、协同发展、内涵提升，加大城乡统筹力度。要做“靓”乡村。坚持农业农村优先发展，按照“产业兴旺、生态宜居、乡风文明、治理有效、生活富裕”的总要求，科学制定乡村振兴战略规划，大力实施美丽乡村提质升级行动。多途径壮大集体经济，提高农业经济效益。大力开展农村人居环境整治行动，以农村垃圾、污水治理和村容村貌提升为主攻方向，把“厕所革命”、破败空心房整治作为乡村振兴战略的一项具体工作来推进。继续完善水、电、路、讯“四张网”，加快补齐农村公共基础设施短板。强化教育引导，深化群众性精神文明创建活动，繁荣农村大文化。完善基层民主制度，加强农村法治建设，健全自治、法治、德治相结合的乡村治理体系。要做“特”乡镇。大力培育特色乡镇，打造县域经济发展的增长极。因地制宜、凸显特色、放大优势，加快特色镇建设，实现集镇有产业、管理上水平、建设上档次。其他乡镇要坚持“特色、精致、宜居、生态”理念，加大集镇建设力度，提升城镇品位，切实增强综合承载力和吸引力。要做“强”城区。围绕“一城五区”城市框架，加快修建性详细规划编制及管控，加大城区基础设施建设，加快推进西环线、紫阳西街、白云街等道路建设工程，疏通城市脉络，提升县内道路通畅水平。加快污水处理、管道燃气、电网优化等建设，完成老垃圾场垃圾异地转运工程，推进株洲茶陵县南部片区垃圾焚烧处理项目。聚焦城市精细化管理，加强对马路市场的综合整治，完成数字化城市管理平台建设，推行科技网格化管理。加强对噪声、扬尘、油烟、烟尘污染以及违规设置广告等薄弱环节的综合执法管理。持续保持工作力度，抓好控违拆违。

4. *突出改革开放，在重创新、解难题中破除发展瓶颈*。我们依靠改革开放走到今天，新的征程上更要依靠创新、改革、开放走向未来。要大力实施创新驱动。充分发挥政府、企业、人才作用，增强创新引擎的三大要素支撑。要在引导企业增加创新投入、购买科技服务方面增强激励力度，大力发展众创空间和星创天地，培育更多“创客”“微客”，调动一切创新因子活力，让创新在全县蔚然成风。要发挥企业创新主体作用，建立健全以企业为主体、市场为导向、产学研相结合的技术创新体系。深入挖掘企业发明专利，促进企业科技创新活动变为实实在在的科技创新成果。要蹄疾步稳推动改革。坚持问题导向、破立并举，落实顶层设计“规定动作”，打造基层创新“招牌动作”。牢牢把握供给侧结构性改革这条主线，重点抓好“三去一降一补”。深入推进省直管县改革试点工作，进一步承接对接省、市下放的职责权限，理顺条块关系。大力推进以“最多跑一次”为核心的“放管服”改革，加快推进“互联网+政务服务”和政务大楼建设，推广“一门式”政务服务，让数据“多跑路”、群众“少跑腿”。深化农村集体产权制度改革，盘活农村集体资产存量。加快农村土地制度改革，积极推进农村承包地“三权”分置。大力推动园区、财税、投融资、教育、医药卫生、社保等领域改革实现新突破。要更高层次扩大开放。坚持“引进来”与“走出去”并重、对外开放和思想解放并重、引资引技引智与优化发展环境并重的深度开放路径。继续落实对接省委“五大开放行动”，更加主动融入市委“一带一部”开放发展先行区建设，全面加强与周边地区在产业、技术、资源、交通、社会事业等方面的常态化合作。继续精简负面清单，搭建招商网络平台，有序放宽市场准入。紧盯长三角、珠三角等产业转移重点区域，开展点对点、产业链、专业化招商，充分发挥深圳、广州、东莞等异地商会作用，积极“引老乡、回故乡、建家乡”。

5. 突出民生至上，在赢民心、聚民力中推进共建共享。坚持以人民为中心的发展思想，抓住老百姓最急最忧最怨的问题，补齐民生短板、做大共享蛋糕，让百姓生活得更加幸福、更有尊严。在幼有所育、学有所教方面，办好学前教育、特殊教育，加快推进茶陵三中提质扩容、职业中专迁建、思源学校、金星小学、城北小学扩建等项目建设，着力解决“择校热”“大班额”等突出问题，满足人民群众对高质量教育的需求。加快教师周转房建设，使教师队伍能够“引得来、下得去、留得住”。以建设国家公共文化服务体系示范区为契机，建设一批综合文化服务中心示范点和乡镇综合文化站，推进“两馆一站”免费开放，促进基本文化服务均等化。在劳有所得方面，实施就业优先战略和更加积极的就业政策，切实做好被征地农民、困难家庭等重点群体的就业服务，稳定困难群体收入。构建解决拖欠农民工工资长效机制，保证农民工工资按时足额发放。在病有所医方面，加大医疗卫生事业的投入，加快人民医院新住院大楼建设进度，加大医联体和家庭医生签约服务工作力度，全面实施分级诊疗、加快推进远程会诊步伐，加强乡镇卫生院、村级卫生室建设，解决好群众反映强烈的“看病难、看病贵”问题。在老有所养方面，鼓励社会资本进入养老、医疗等领域，积极推进医养结合，改善乡镇敬老院基础设施条件，提高养老服务水平。在住有所居方面，积极推进棚户区改造和农村危房改造，大力改善贫困家庭和低收入群体的居住条件。在弱有所扶方面，大力发展福利事业和慈善事业，聚焦老弱病残，在健康上加一层保障，在慈善上多一份关怀。进一步完善医疗救助、临时救助制度，持续关心移民群体，做到“应帮尽帮、应扶尽扶”。

**四、全面加强党的领导，凝聚加快发展强大正能量**

办好茶陵的事情，关键在党。全县上下要以贯彻党的十九大精神为主线，切实强化管党治党责任，毫不动摇把党建设得更加坚强有力，为推动高质量发展提供坚强保证。

一要增强党的领导力。党政军民学，东西南北中，党是领导一切的。坚持党的领导是最高政治原则。全县上下必须深刻认识到党的领导是全面的、整体的。没有哪个地区、哪个领域、哪个方面可以脱离党的领导、弱化党的领导。必须始终把政治建设摆在首位，筑牢“四个意识”，坚决维护以习近平总书记为核心的党中央权威和集中统一领导。各级党委（党组）都要提高把方向、谋全局、抓大事的能力和定力，把党的领导贯穿到经济建设、意识形态、民主法制、安全稳定等各个方面，确保党始终总揽全局、协调各方。不断完善对党委决策部署的执行、监督、考评、奖惩等工作机制，确保党的主张令行禁止。

二要增强干部的源动力。领导干部是茶陵事业发展的中坚力量，必须勇挑重担、身先士卒，切实增强干事创业源动力。要涵养政治修为，坚持用习近平新时代中国特色社会主义思想武装头脑、指导实践，认真开展“不忘初心、牢记使命”主题教育，深入推进“两学一做”学习教育常态化制度化，夯实信念根基、补足精神之钙。要涵养胸怀境界，树立正确的政绩观，要有“功成不必在我，建功必须有我”的胸襟和“前人栽树，后人乘凉”的境界，无论顺境，还是逆境都要做到激情不退、斗志不减、拼劲不衰，充分展现为全局分忧、为发展尽责、为人民服务的价值追求。要涵养能力素质，按照党的十九大提出的增强“八种执政本领”的要求，大兴学习之风、调查研究之风，培养专业思维、专业素养、专业方法，提高工作的科学性、预见性、主动性和创造性。要坚持好干部标准，强化“三个看重，三个重用”导向，选优配强各级领导班子，建设高素质专业化干部队伍。加大优秀年轻干部选拔培养力度，注重在基层一线和困难艰苦的地方培养锻炼干部。建立激励机制和容错纠错机制，旗帜鲜明为那些把心思集中在“想干事”上，把本领体现在“会干事”上，把目标锁定在“干成事”上的干部撑腰鼓劲。完善干部考核评价、人才机制体制，吸引鼓励在外人才关爱家乡、回馈家乡。

三要增强基层党组织的组织力。认真落实党委（党组）抓基层党建工作责任制，推进强基固本，打造一批基层党建工作示范点。进一步推动和完善乡镇党代会年会制，提高党代表参政议政履职能力。牢固树立党的一切工作到支部的鲜明导向，在各领域深入实施“支部建设工程”，强化基层党组织和党员的“主心骨”“顶梁柱”作用。提高村级运转经费，推进农村综合平台建设和村级活动场所提质改造。加强乡镇（街道）党（工）委书记、村（社区）党组织书记、农村致富带头人“三支队伍”建设，严格落实村主干“一定二评三挂钩”考核机制。落实党内激励关怀帮扶，从严发展、教育、管理党员，稳妥有序处置不合格党员。

四要增强戮力同心的凝聚力。人心齐、泰山移，众人拾柴火焰高。团结出力量、出成绩、出干部。坚持和完善人民代表大会制度，促推“一府两院”和监察委的工作体现人民意志，提升更高水平。发挥人民政协作为社会主义协商民主重要渠道和专门协商机构的作用，稳步推进“政协云”建设和“微建议”试点工作。强化舆论引导，巩固和发展爱国统一战线，加强党管武装和国防后备力量建设，做实群团工作，画好最大同心圆，凝聚最强正能量，确保全县上下围绕共同的事业想在一起、干在一起，形成共推发展的强大合力。

五要增强监督执纪的约束力。纪律是行为红线，是权力铁笼。要持之以恒正风肃纪，高标准严要求落实中央八项规定实施细则精神，坚持不懈转作风，着力整治干部队伍中“不作为、慢作为、乱作为”问题，坚决杜绝“四风”问题反弹回潮。认真落实“两个责任”，准确运用“四种形态”，强化监督执纪问责。发挥巡察利剑作用，如期完成县监察委员会组建工作。健全监督体系，进一步优化“互联网+监督”平台，推进党务政务村务公开，让权力在阳光下运行。坚持无禁区、全覆盖、零容忍，深入开展扶贫领域腐败和作风问题专项整治，推动从严治党向基层延伸，夺取反腐败斗争压倒性胜利。

六要增强推动工作的落实力。一分部署，九分落实。抓落实来不得花拳绣腿，光喊口号、不行动不行。领导干部要把主动抓落实作为一种政治责任来担当。提高站位抓落实。要从讲政治、讲大局的高度来把握，从检验忠诚、衡量党性的角度来审视，以实际行动确保党中央和省委、市委决策部署落地生根。领导带头抓落实。一把手要勇于挑最重的担子，敢于啃最硬的骨头，善于接最烫的山芋，坚决扛起抓落实的责任，充分形成抓落实的合力。把握方法抓落实。抓住主要矛盾，分清轻重缓急，抓出实际效果。马上就办抓落实。干事创业贵在雷厉风行，说了就算，定了就干，立说立行，以快制胜，对存在的问题一个一个地细化，一个一个地攻关，一个一个地落实。较真碰硬抓落实。要发扬钉钉子精神，有真抓的实劲、敢抓的狠劲、善抓的巧劲、常抓的韧劲，以踏石留印、抓铁有痕的劲头抓工作，在较真碰硬中解决问题、推动工作。

时代总是成就拼博者、奋进者，摒弃观望者、徘徊者。决胜全面小康、加快建成“中心县”、开启基本现代化新征程的茶陵篇章壮美亮丽、令人向往。让我们紧密团结在以习近平同志为核心的党中央周围，高举习近平新时代中国特色社会主义思想伟大旗帜，在省委、市委的坚强领导下，不忘初心、牢记使命，始终保持永不懈怠的精神状态和一往无前的奋斗姿态，用智慧和汗水创造无愧于我们这个时代的新辉煌！

## 附：相关名词解读

1.“一二三四五”总体思路：“一”即围绕一个中心：“打造茶陵发展升级版，建成湘赣边界中心县”。“二”即完成两大任务：“决胜脱贫攻坚、实现全面小康”。“三”即实施三大战略：“产业培育、城镇提质、民生共享”。“四”即突出四大抓手：“园区攻坚、旅游开发、全民创业、作风建设”。“五”即实现“综合实力更强劲，城乡发展更协调，人民生活更幸福，城市环境更宜居，社会生态更和谐”五大成效。

2.“四个意识”：即政治意识、大局意识、核心意识、看齐意识。

3.“七个千”活动：即千只喇叭村村响，千个微群个个转，千块板报传精神，千名党员下基层，千堂校课润心田，千家门店读折页，千册读本进书屋。

4.“六带头六表率”：即带头讲政治守规矩，做忠诚于党的表率；带头强素质增能力，做学习提高的表率；带头遵规律促发展，做科学决策的表率；带头下基层贴民心，做服务群众的表率；带头改作风抓落实，做真抓实干的表率；带头遵法纪抵诱惑，做清正廉洁的表率。

5.“三联三包”：即县级领导联系乡镇（街道）和省管县对接单位、联系企业、联系移民后扶，包脱贫攻坚、包项目（工程或实事）、包牵头推进改革事项。

6.“三走访三签字”：“三走访”即县乡村党政主要领导干部走访贫困村、面上村、贫困户。县委书记、县长带头在年内要走访全县所有贫困村，其他县级领导走访联系乡镇的所有贫困村、面上村；乡镇（街道）党（工）委书记、乡镇长（主任）走访辖区所有贫困户，县直单位主要领导走访包（帮）联村所有贫困户；村支部书记、村主任、驻村工作队队长走访辖区所有贫困户。“三签字”即县乡村党政主要领导对脱贫退出层层负责、层层把关，分管县级领导、行业扶贫责任单位对行业扶贫任务负责。贫困户脱贫，由结对干部、村支部书记、村主任、驻村工作队队长，乡镇（街道）党（工）委书记、乡镇长（主任）共同签字；贫困村脱贫退出，由乡镇（街道）党（工）委书记、乡镇长（主任）、联乡县级领导，县委书记、县长共同签字；行业脱贫攻坚任务完成，由“七个一批”、“八大工程”牵头部门和责任单位主要负责人、分管县级领导共同签字。

7.“七个一批”：即发展特色产业脱贫一批、引导劳务输出脱贫一批、实施易地搬迁脱贫一批、结合生态保护脱贫一批、着力加强教育脱贫一批、开展医疗保险和救助脱贫一批、实行保障兜底脱贫一批。

8.“八大工程”：即实施农村基础设施改善提质工程、农村幸福安居工程、农村产业培育和农民增收工程、教育培训和劳动力就业工程、社会保障工程、金融扶贫和信息化工程、农村生态环境保护工程、强基固本工程。

9.“一五十百千”工程：即改建“一条”扶贫＋乡村旅游环线、打造“五个”扶贫＋特色镇、创建“十个”扶贫＋示范村、实施“百村”扶贫＋人居环境改善、完善“千公里”扶贫＋村道改造。

10.“三个一批”：即大病集中救治一批、慢病签约服务管理一批、重病兜底保障一批。

11.“两线融合”：即农村居民最低生活保障标准与农村困难群众扶贫标准“两线融合”。

12.“三站合一”：即村级电商服务站、金融扶贫服务站、助农取款服务点。

13.“一叶三茶”：“一叶”即烟叶；“三茶”即茶叶、油茶、茶花。

14.“一区五园”：“一区”即茶陵经济开发区；“五园”即龙下工业园、平虎工业园、思聪物流园、东山石材园和汉背有色金属园。

15.“四上企业”：即规模以上工业企业、资质等级建筑业企业、限额以上批零住餐企业、国家重点服务业企业。

16.“鹰击长空”：“昂首”，即做好云阳山创建AAAAA景区。“挺胸”，即建好中华茶祖文化园。“展翅”，即做好“水”文章，展开雄鹰“两翼”：左翼，依托东阳湖，开辟百里水路上井冈；右翼，打造洣江沿江风光带，建水上休闲项目。

17.“三去一降一补”：即去产能、去库存、去杠杆、降成本、补短板。

18.“多规合一”：指城乡规划与经济与社会发展规划、土地利用规划、环境保护规划等规划体系的相互衔接、统筹协调。

19.“两个责任”：即党风廉政建设，党委负主体责任，纪委负监督责任。

20.“三个看重，三个重用”：即看重德才素质，看重工作作风，看重群众公认；重用德才素质高的人，重用工作作风实的人，重用群众口碑好的人。

21.“一定二评三挂钩”：“一定”即定职责目标；“二评”即组织考评与群众测评；“三挂钩”即考核结果与待遇、奖惩、任免挂钩。

22.“两新”组织：指新经济组织和新社会组织。

23.“五位一体”：即经济建设、政治建设、文化建设、社会建设、生态文明建设。

24.“四个全面”：即全面建成小康社会、全面深化改革、全面依法治国、全面从严治党。

25.“一带一部”：即东部沿海地区和中西部地区过渡带、长江开放经济带和沿海开放经济带结合部。

26. 园区“三联三促”：即园区科室负责人以上每人联系一个重点工程、一个骨干企业、一个产业项目，有力促进园区项目落地、经济发展、社会和谐。

27.“三权”分置：指形成所有权、承包权、经营权三权分置。

28.“一城五区”：“一城”即主城区；“五区”即工业新区、南站新区、河东新区、云阳新区、利民新区等五大新区。

29.“五大开放行动”：即“湘品出境”“万商入湘”“湘企出海”“拓口兴岸”和“园区开放崛起”行动。

30.“两馆一站”：图书馆、文化馆、乡镇综合文化站。

31.“八种执政本领”：增强学习本领、政治领导本领、改革创新本领、科学发展本领、依法执政本领、群众工作本领、狠抓落实本领、驾驭风险本领。

32.“四种形态”：第一种：党内关系要正常化，批评和自我批评要经常开展，让咬耳扯袖、红脸出汗成为常态。第二种：党纪轻处分和组织处理要成为大多数。第三种：对严重违纪的重处分、作出重大职务调整应当是少数。第四种：严重违纪涉嫌违法立案审查的只能是极极少数。

# 茶陵县人大常委会工作报告
## ——在茶陵县第十七届人民代表大会第三次会议上

茶陵县人大常委会主任　姜衡湘

（2018 年 1 月 11 日）

### 2017 年工作回顾

2017 年，是新一届人大常委会履职的开局之年。一年来，在市人大常委会的精心指导和县委的坚强领导下，县人大常委会坚持抓重点、抓要害、抓关键、抓人民群众关心关注的热点、抓人民群众期盼解决的难点，认真履行法定职权，共召开常委会会议 8 次，主任会议 22 次，听取和审议专项工作报告 14 次，形成审议意见、交办意见 11 件，作出决议决定 7 件，圆满完成了县十七届人大二次会议以来的各项目标任务，为全县经济社会发展和民主法治进步作出了积极贡献。

**一、忠于宪法和法律，认真行使重大事项决定权和人事任免权**

县人大常委会严格按照宪法和法律的要求，认真践行宪法精神，按照党委工作意图，紧扣民生热点难点，依法作出决议决定，依法任免国家机关工作人员。

1. 全力推动城区“三难”解决。针对群众反映强烈的城区出行难、停车难、如厕难，县十七届人大二次会议通过了《关于解决城区“三难”的议案》的《决议》。一年来，人大常委会多次对《决议》执行情况跟踪督办，《决议》执行取得了较好成效。县政府启动了解决“三难”问题“三年行动计划”，欧江南路、望云东路、紫阳西街等城区路网改造建设全面铺开，文体中心、原中医院、烈士陵园、朝阳街三号地块等停车场正在规划建设，将新增车位 2000 余个，湘运时代广场、沿江风光带、工业品市场等地恢复、改造或新建公厕 16 座。随着“三难”问题的逐步解决，茶陵县城将更加宜居，人民的获得感、幸福感、满意度将持续增强。

2. 大力支持各项事业发展。新一届人大常委会审议批准了城南污水处理厂和配套管网工程、十三五易地扶贫搬迁、欧洲投资银行贷款湖南森林提质增效示范等 10 个项目的建设立项议案，支持政府融资 25.18 亿元，为全县各项事业的发展注入了宝贵血液。作出了《关于开展第七个五年法治宣传教育工作的决议》《关于茶陵县人民法院、茶陵县人民检察院首批入额法官检察官职务报备和任命问题的决定》等，推进了法治建设和司法体制改革。

3. 依法做好人事任免工作。坚持党管干部和依法任免相统一，严格人大任免干部程序，使党委推荐的干部，依法成为国家机关工作人员。全年共任免国家机关工作人员 90 人次，其中接受市人大代表辞职 1 人、县人大代表辞职 13 人，补选市人大代表 2 人，确认补选县人大代表 12 人。

**二、坚持依法监督和有力支持相结合，全力助推“一府两院”依法行政、公正司法**

始终坚持监督中支持、支持中监督的理念，对重点工作、重点领域、重点项目敢于监督、善于监督、有效监督。

1. 加强财政性资金监督。一是严格审查批准财政预决算。审查批准了 2016 年财政决算和 2017 年财政预算部分调整，并对财政预决算提前调研、全程介入，及时发现问题，推动解决问题，相关审议意见得到县政府和财政部门高度重视和认真落实。全年消化垫缴支出4430万元，坐收坐支问题逐步消减，零基预算全面实施，专项资金绩效评价工作有序推进，已完成10个项目大额资金的绩效评价，财政重大支出向人大报告制度基本建立，财政资金使用更加规范。二是切实加强政府性债务资金监督。既支持政府依法依规合理融资，也注重规范债务性资金使用管理。9月份，听取了投融资公司运营管理情况汇报，提出了“政府债务性资金纳入预算管理，提高资金运营效率,建立科学可行偿债机制”等意见。目前,投融资公司主动接受人大监督,重大项目建设、重大资金支出及时向人大报告，人大对平台公司资金的监督首次落到实处。县人大财经委结合工作实际撰写的《加强人大对政府投融资平台的监管》理论文章，也荣获2017年全省人大系统理论研讨会论文二等奖。

2. 加强城市规划监督。为保护云阳山天际线这一茶陵特有的城市景观，常委会多次组织专题视察、开展专题调研、听取专题汇报。在人大的督促下，县人民政府及相关部门编制完成了茶陵县云阳山天际线控制规划，对建筑外观、高度、容积率等因素提出了明确要求，云阳山周边在建项目得以规范，茶陵人民一直以来“仰头看蓝天白云，抬头看巍巍云阳”的意境得以保护。

3. 加强法治工作监督。听取和审议了县政府法制工作情况汇报，责成县政府及法制部门进一步增强依法行政意识、规范行政决策程序、做好规范性文件备案工作，政府依法行政工作更加规范。开展了落实《档案法》审议意见、禁毒决议、封山育林决议等情况的调查。听取了法院、检察院半年工作情况报告，督促两院开展“司法公正茶陵行”系列活动，组织人大代表听审评议法院公开审理案件5件，接待群众涉法涉诉来信来访30余次，促进了司法公正。

4. 加强社会事业监督。听取教育扶贫和义务教育工作、健康扶贫和基层医疗服务等工作汇报，视察世纪星教育集团，推动了政府加大教育卫生资金投入。组织开展了对全县农产品品牌建设、洮水水库管理保护、拖欠农民工工资治理等情况专题调研，对“茶陵三宝”、“两头黑猪”、“茶陵黄牛”等特色农产品品种资源保护发展，洮水水库水资源保护等工作提出了明确意见和要求。

**三、尊重代表的主体地位，促推代表依法履职**

常委会抓服务、强保障、促履职，推动代表依法履行代表职务，代表主体作用得到了充分发挥。

1. 搭建平台夯基础。一是抓代表培训。组织县人大代表开展了初任培训、委员开展常委会议事规则培训等，代表履职能力得到提升。二是抓工作室建设。按照“五有标准”,即有场所、有人员、有经费、有设施、有制度，“五项要求”，即信息公开、定期开放、轮流值班、接受监督、办好意见，完善乡镇（街道）人大代表联系人民群众平台建设，并向所有行政村（社区）纵深推进。三是抓制度建设。开展“双联”工作，委员和代表深入基层走访群众，并将走访发现的问题向职能部门集中交办，推动了问题的解决。落实工作室值班制度，国、省、市、县、乡五级代表共400余人次参加各乡镇工作室值班，接待来信来访300余人次。建立代表列席常委会会议制度，全年共邀请县人大代表40人次。

2. 建议办理求实效。建议重质量，县十七届人大二次会议共收到议案1件，代表建议135件。会后进行认真审查，将部分内容不完整的建议重新补充完善，类似建议合并为联名建议，整合确定了124件建议，其中重点建议7件，建议质量得到了较大提升。督办督实处，领导牵头督办，组成人员集中督办，各办委对口督办，提议代表跟踪督办。11月，对议案和重点建议办理情况“回头看”，多措并举使建议督办落到实处。办理求满意，承办单位和联工委分别向提议代表征求意见，避免提议代表给“人情分”、“被满意”。常委会会议对议案和重点建议办理情况进行满意度测评，不满意建议承办单位县公路局当场表态，并挂牌整改，重新办理，测评结果通报全县各单位。县人大常委会第八次会议时，建议办理不满意率有14.5%，人大常委会组织不满意建议承办单位与提议代表见面，既讲清原因，又提出整改要求。经再次督办，不满意建议办理效果明显，不满意率降为3.2%。实事求是的满意度测评，促使各承办单位更加重视建议办理，其中“三难”议案、“将脐橙产业纳入扶贫重点扶持产业”等建议办理取得了很好成效，代表们很满意。

3. 代表活动促履职。以教育扶贫、卫生扶贫、幸福安居工程、光伏产业扶贫、旅游扶贫、走访慰问贫困户等为主题，组织驻茶市人大代表开展小组活动3次，走访慰问贫困户28户，捐款1.8万元。

全县240余名代表分成16个代表小组开展活动30次，开展县人大代表小组组长活动3次，代表们积极建言献策，提出了许多好的意见和建议。

**四、服务大局，积极参与全县中心工作**

一年来，人大系统围绕全县发展大局，在推动项目建设、服务企业发展、助力脱贫攻坚等工作上同心同德、戮力前行，实现人大工作与党同步、与民同心、与时俱进。

1. *“三联三包”成效显著。*常委会领导认真落实县委“三联三包”工作要求，经常深入联点企业、项目、乡镇、村了解情况，协调指导调度工作，推动了项目进展和企业发展。牵头联系的一总街、二总街提质改造，烟草产业发展服务中心，万樟园林，桑德环卫工程等项目全面推进。

2. *助力扶贫积极有为。*围绕脱贫攻坚中心工作，开展2015—2016年扶贫项目资金使用情况和旅游扶贫情况调研，促使了扶贫项目资金规范使用管理，探索了我县旅游扶贫新思路。配合省、市人大开展《湖南省农村扶贫开发条例》、扶贫“7+6”等调研活动，推动了教育扶贫全覆盖。开展脱贫攻坚精准识别专项督查，对全县新增贫困户逐户上门核查，并走访调查脱贫攻坚精准识别工作，共发现问题4大类，形成书面材料向县委报告、向政府交办，为县委、政府推进扶贫提供了详实参考。

3. *驻村帮扶扎实推进。*人大机关派出驻村帮扶工作队2个，结对帮扶贫困户97户。机关干部发扬人大作风硬、工作实、纪律严的优良传统，深入贫困户家中核查基础资料、核算家庭收入、解决实际困难、宣讲扶贫政策等，全覆盖走访60岁以上老人749个，赢得了当地群众的信任和支持。

4. *代表帮扶风采绚丽。*人大常委会充分发挥代表密切联系群众的优势，将代表履职和脱贫攻坚结合起来，开展“人大代表参与脱贫攻坚乡村行”活动，组织各级代表走访贫困户，听取民情民意，宣讲扶贫政策。共有956名人大代表走访贫困户5648户，发现问题2810处，督促解决实际问题764个，有效提升了脱贫攻坚满意度。在人大常委会的号召下，更多人大代表发挥自身优势，积极投身脱贫攻坚浪潮中，用生动的实践践行了“人民选我当代表，我当代表为人民”的诺言。共有来自农村基层、机关单位、企业等不同领域各级代表450余人直接参与扶贫工作，结对帮扶1320余户2850余人，2014年来累计受益贫困人口近3.5万人，其中涌现出国代表龙秋华，省代表肖建玲，市代表刘祖治、李乐文、张建中、谭运华，县代表刘雪文等一大批省市扶贫先进典型，成为茶陵扶贫工作的一面旗帜。

各位代表，过去一年的人大工作取得了一些成绩，决议决定紧扣大局、紧贴民心，人大监督重点突出、力求实效，人事任免依法依规、规范有序，代表工作有声有色、有为有位。这些成绩的取得是县委正确领导的结果，是常委会组成人员和全体代表共同努力的结果，是“一府两院”协同配合、社会各界和全县人民大力支持的结果。在此，我谨代表县人大常委会向所有关心支持人大工作的同志们表示崇高的敬意和衷心的感谢！

同时，我们也应清醒地认识到，我们的工作离宪法法律的规定、人大代表的要求和人民群众的期待还存在一定的差距。主要是行使重大事项决定权、推动重大问题的解决还不够；监督工作缺乏一定的深度，推动实际问题的解决还不够；对代表履职的服务保障还需进一步加强，代表的主体作用发挥还不够。我们将直面这些问题和不足，进行系统研究和剖析，在今后的工作之中努力加以改进。在此，也真诚地希望各位领导、各位代表和社会各界人士对我们的工作提出好的意见和建议，我们将虚心接受，认真对待，不断加强和改进我们的工作。

## 2018年工作安排

各位代表，习近平总书记在十九大报告中提出：“人民代表大会制度是坚持党的领导、人民当家作主、依法治国有机统一的根本政治制度安排，必须长期坚持，不断完善。”做好2018年的工作，就是要全面贯彻落实党的十九大精神，以习近平新时代中国特色社会主义思想为指导，建立健全人大组织制度和工作制度，推动人大及其常委会真正成为宪法确定的权力机关，成为全面担负起宪法法律赋予的各项职责的工作机关，成为同人民群众保持密切联系的代表机关，为全面建成小康社会、全面加快我县经济社会发展和民主法治进步作出新的更大贡献！

2018年，常委会将重点抓好以下几个方面的工作：

**一、以贯彻落实中办发〔2017〕10号文件为契机，依法行使好重大事项决定权**

去年，中央办公厅下发了《关于健全人大讨论决定重大事项制度、各级政府重大决策出台前向本级人大报告的实施意见》（中办发〔2017〕10号）。10号文件是宪法和地方组织法精神在人大实践中的具体体现，是十九大报告全面依法治国精神的具体体现，也是省委、市委“大事要事商量着办”精神的具体体现。今年乃至今后很长一段时间，我们都要认真学习文件精神，深刻理解把握文件实质，确保党的意图、法律的要求得以贯彻落实。“三难”决议的作出是本届人大依法行使重大事项决定权的良好开端。以后要按照党委的安排部署，尤其是“十三五”发展规划、“一二三四五”发展战略和“建成湘赣边界中心”发展目标，进一步明确重大事项的范围、边界，明晰重大事项决定机制。重大事项调研、协商、制订、决定的过程要认真听取人大代表、社会各界人士、人民群众的意见，真正汇集民智、顺应民意、凝聚民心，真正做到有的放矢。审议好“一府两院”工作报告、财政预决算、国民经济发展计划、重大规划、司法体制改革等重大事项，支持“一府两院”和监察委员会开展工作。认真研究涉及面广、群众呼声大、亟待解决的重大民生难题，积极主动作为，适时作出决议决定，将“对人民负责、受人民监督”这一宪法要求落实到行动之中。进一步加强对“一府两院”执行决定情况的督促检查，确保人大及其常委会的决议决定落到实处，维护人大决定的法定性、严肃性和权威性。

**二、抓重点，求实效，依法行使好监督权**

以问题为导向、以法律为准绳、以支持为目的，抓住“一府两院”工作的重点领域，采用听取审议专项工作报告、视察调研、执法检查、专题询问、质询、特定问题调查等刚柔并济的监督手段，提升人大监督效能，推动“一府两院”依法行政、公正司法。继续围绕本届人大常委会确定的财政、规划、招商三大重点领域开展监督工作。推动县政府和财政部门巩固全口径预算、零基预算、专项资金绩效评价和债务性资金规范使用管理的成效，做好财政预算联网监督的启动前准备工作。严格审查城市总体规划和区域性发展规划，依法监督城市规划执行情况，确保规划满足现实的功能需求和长远的发展需求，关键要加强规划调整尤其是容积率、红线调整的监督。加强对招商引资真实性、效益性、环保性的监督，突出解决招商引资过程中重数量轻质量、重效益轻环保、重引进轻落地等问题，支持政府大胆让利，招大商、招好商，杜绝个别企业的“套路招商”、“圈地招商”，扎扎实实地推动茶陵实体经济发展。统筹推进教育、卫生、环保、农业农村等领域的监督。听取高中教育、公立医院服务能力、全域旅游、生态环境保护、美丽乡村建设、农村饮用水等工作情况汇报。

继续强化法律监督，听取法院刑事审判、检察院刑事诉讼监督、公安规范化执法工作情况汇报，开展《促进就业法》《株洲市农村村庄规划建设管理条例》等法律法规的执法检查。按照被动审查为主、主动审查为辅的法定原则，做好规范性文件备案审查工作。加强组织协调，储备好立法项目，为立法搞好服务。

**三、依法依规任免监督好“一府两院”人员**

坚持党管干部和人大依法任免有机统一的原则，严格规范，严密程序，通过任前调查、部门会审、任前法律知识考试、供职发言、审议表决、向宪法宣誓等法定程序，将党的主张转化为人民意愿。落实中央关于国家监察体制改革要求，规范我县监察委员会人员任免。今年尤其要加强对人大任免干部的任后监督，听取人大代表和选民对任免干部的意见、建议，力促任免的干部“说的和做的一样”，供职发言、宪法宣誓与工作表现一样。同时，听取和审议“一府两院”副职及政府工作机构负责人履职情况报告，促推干部依法履职、积极作为。

**四、提供高效优质服务，全力促推代表依法履职**

人大代表是人大工作的主体，常委会既要不遗余力地服务好、保障好代表履职，又要严格科学地抓好代表履职管理，促推代表依法履职、高效履职、激情履职。抓好代表履职培训，以提建议审报告为主题，全县分片组织一次县人大代表专题培训，开展一次履职典型代表外出培训活动，提高代表履职能力和积极性。抓好“双联”工作，完善各乡镇（街道）代表联系选民工作室建设，完成各村（社区）代表联系选民工作室建设全覆盖，组织各级人大代表参与联系选民工作室值班，密切联系群众，听取群众意见，反映群众心声。抓好代表建议质量，代表提出建议前需进行充分调研，听取选民意见，“一府两院”要为代表调研提供方便。人代会前各乡镇主席团、联工委和常委会对代表建议要提前介入、提前指导。鼓励代表联名提建议，不符合要求的由代表领回重提，确保代表建议精而准、实而可行。继续加强代表建议督办，对不满意的建议责成承办单位认真整改，并向人大常委会作出整改报告。创新新闻媒体跟踪督办、办理情况定期通报、不满意建议重办等机制，提升建议办理效果。抓好代表小组活动，根据代表专业背景、工作领域、专长特点组建若干个代表专业小组，分领域开展代表小组活动。在代表专业小组中挑选履职热情高、履职能力强、专业水平高的人大代表组建领衔代表人才库，就专业问题开展调研、视察，领衔提出代表建议、批评和意见。

**五、抓制度，夯基础，努力建设宪法确定的权力机关、依法履职的工作机关和人民满意的代表机关**

深入贯彻中共十九大精神，以“制度建设年”为主题，健全人大组织制度和工作制度，将人大及其常委会建设成为宪法确定的权力机关、依法履职的工作机关和人民满意的代表机关。一是健全人大工作制度。落实中共中央办公厅《关于健全人大讨论决定重大事项制度、各级政府重大决策出台前向本级人大报告的实施意见》文件精神，修订《茶陵县人民代表大会常务委员会讨论决定重大事项的规定》。结合新时代人大工作要求和当前工作实际，系统梳理修订和完善《听取和审议“一府两院”专项工作报告的办法》《任免国家机关工作人员办法》《人大代表评议专项工作办法》《财政预算审查监督暂行办法》等一系列工作制度，让人大工作在制度中运行，使人大履职更加严谨、更加规范、更加有序。二是健全人大组织制度。加强队伍建设，配齐配强各办委工作人员，优化人大常委会和专门委员会组成人员结构，建设各办委兼职委员队伍和人大专家库，为人大依法履职提供智力支撑。三是健全机关管理制度。建立新进人员集中学习制度，机关内部开展经常性学习教育，建设好“人大书屋”，让学习成为一种制度、一种常态、一种氛围。深入开展“不忘初心、牢记使命”学习教育，改进干部作风，提高工作效能。继续严格执行财务、考勤、值班等内部管理制度，让制度管人、管事、管物。四是健全代表工作制度。贯彻《中共株洲市人大常委会党组关于进一步加强和改进新形势下人大代表工作的意见》，健全《代表建议批评意见的提出和办理办法》、《代表履职管理办法》《常委会组成人员联系人大代表、人大代表联系选民的办法》等制度。五是健全指导乡镇人大工作制度。定期召开乡镇人大工作会议，安排部署各阶段人大工作，督促乡镇人大按照要求每年召开两次乡镇人民代表大会，每季度召开一次主席团会议，加强乡镇人大工作考评，提高乡镇人大工作水平。

中共十九大吹响了“决胜全面建成小康社会、夺取新时代中国特色社会主义伟大胜利”的号角，中华民族又一次站在了新的历史起点。让我们紧密团结在以习近平总书记为核心的党中央周围，投身于中华民族伟大复兴的历史新征程，在中共茶陵县委的坚强领导下，团结一心，携手并进，埋头苦干，锐意进取，为全面建成小康社会、全面加快茶陵经济社会发展和民主法治进步努力奋斗！

# 政府工作报告

## ——在茶陵县第十七届人民代表大会第三次会议上

茶陵县县长　江小忠

（2018 年 1 月 10 日）

### 一、2017 年工作回顾

2017 年是本届政府的开局之年，也是茶陵发展进程中不平凡的一年。在市委、市政府和县委的坚强领导下，我们团结和依靠全县人民，紧扣“决胜脱贫攻坚，实现全面小康”目标，撸起袖子加油干，俯下身子抓落实，全县经济平稳健康发展，社会大局和谐稳定。

（一）综合实力稳步提升。经济规模不断扩大，2017 年，预计完成 GDP189.83 亿元，同比增长 8.0%；实现社会固定资产投资 157.87 亿元，同比增长 13.4%。发展动能不断增强，预计完成规模工业总产值 186 亿元，规模工业增加值 61.3 亿元，同比分别增长 12.8%、6.1%；完成社会消费品零售总额 72.77 亿元，同比增长 11.0%；全县存贷款余额分别为 217.95 亿元、107.96 亿元，同比分别增长 9%、16.4%，存贷比为 49.5%。发展效益不断提高，完成财政收入 14.49 亿元、同比增长 8.78%，税收收入占比为 65.45%；实现城镇居民人均可支配收入 30909 元，同比增长 8.2%；实现农村居民人均可支配收入 8723 元，同比增长 10.2%。

（二）脱贫攻坚成效明显。紧盯脱贫摘帽工作目标，扎实开展精准扶贫。2017 年脱贫 7546 户 27559 人，综合贫困发生率降为 0.853%，已顺利通过省、市评估验收检查。结对帮扶全覆盖。责任层层压实，开展“全面走访农户、全面核查情况、全面整改问题”集中行动，“三走访三签字”活动落到实处；选派 229 支工作队、4000 余名县乡机关干部进驻贫困村和非贫困村。积极推广委托帮扶“造血”扶贫模式，21 家企业、385 家合作社、72 个基地、1142 个大户带领近 4 万贫困人口增收。“三个保障”全力落实。完成易地扶贫搬迁 1581 户 5003 人；完成危房改造 5274 户，其中修缮加固 4040 户，幸福安居 495 户，拆旧建新 739 户。资助建档立卡贫困学生 26765 人次，发放资助金 1694.88 万元。落实健康扶贫“三个一批”，68 个贫困村实现“一村一室、一村一医”。资金保障坚实有力。统筹安排各类财政性扶贫资金 8.15 亿元；积极争取市产业扶贫投资基金 5.2 亿元；发放贫困户贷款 5290 户，2.48 亿元。基础设施全面提升。投资 6.92 亿元，大力实施“一五十百千”贫困村基础设施项目，所有贫困村达到通畅标准；101 个村架设节能路灯近 5000 盏，完成了 31 个贫困村的农网提质改造任务。62 个贫困村建成光伏电站并实现并网发电。成功入选全国电子商务进农村综合示范县，68 个贫困村实现“三站合一”。

（三）产业转型步伐加快。三次产业结构比为 18.5 ：38.8 ：42.7，分别拉动 GDP 增长 0.5、2.6、4.9 个百分点。预计实现农业总产值 50.97 亿元，同比增长 3.8%。新种茶叶 2300 亩、油茶 1.2 万亩；发展烤烟 2.18 万亩，入选全省 28 个重点产烟县。农业龙头企业增加到 30 家，认证了 37 个“三品一标”农产品，万樟园林获评“国家休闲农业和乡村旅游五星级企业（园区）”。成功创建全国平安农机示范县。规模工业企业达到 163 家，完成新增“四上”企业 40 家，创新创业园项目 8 栋标准厂房如期完工。推进生态电子科技园、开发区污水处理厂和配套管网等产业和基础设施建设，产业集聚明显提升。出台全域旅游实施方案，启动云阳山创国家AAAAA景区，重点抓了赤松游客集散中心（一期）、东阳湖生态旅游开发、工农兵政府红色陈展提质和游客服务中心等30个旅游项目。举办“油菜花海·春赏大典”、第六届祖庵家菜美食节、首届茶陵石冲脐橙采摘节等文化旅游活动，成功创建湖南省旅游扶贫示范县。

（四）项目攻坚深入推进。开展“项目攻坚年”活动，为稳增长提供强力支撑。全年共安排市、县重点项目100个，县内列入市重点建设项目41个。签约引进了佳邦建设、汇才精加工、维也纳酒店等15个项目，合同引资31.5亿元；洣水河前农保护圈防洪工程PPP项目成功落地。城北农贸市场、高标准农田建设、“天使之橙”、宏泰健康养生园、龙华农牧（东冲二期）等项目进展顺利。持续推进“企业帮扶年”活动，共收集解决企业问题108个，办结率100%。全面落实《茶陵县工业企业发展十条》，开通湖南股权交易所茶陵县专板，首批50家企业集体挂牌。鼓励园区企业Q板上市进行股权融资，目前已对接联系19家园区企业申报。完成市科技成果转化2项，完成专利质押融资1200万元，居全市前列。全年完成征地拆迁项目50个，征地面积3180.3亩，国有房屋征收面积15100平方米。开展城乡建设用地增减挂钩工作，完成后备资源摸底8000亩，启动实施2883亩。五个平台公司融资到位22.2亿元。

（五）城乡面貌焕然一新。深入推进“多规合一”，编制4个镇总体规划、103个村庄规划，完成91项市政设施、23个学校以及农村建房选型图册规划设计。马湖公路、106国道至水源旅游公路建成通车，提质改造犀城大道、朝阳街支路等7条城区道路，西环线、345省道（二期三期）、347省道、356国道、渡瑶公路、望云东路、茶祖路建设加快推进，庵贝公路有望年底通车。依法拆除违法建筑78起、7682平方米，下达停建和拆除通知书161起，对66起建设项目给予了行政处罚。农村土地承包经营权确权登记颁证工作初步完成，流转土地51.77万亩。实现商品房销售52.1万平方米，完成棚户区改造3002户。腰潞石材工业小镇、高陇商旅文化小镇、界首边界贸易小镇、严塘生态园林小镇等4个市级特色镇建设稳步推进。马吉村成功创建省级美丽乡村，左垅村、沿河村等美丽乡村示范点创建工作有序开展。继续实施封山育林，承办全省推进国土绿化工作现场会，新造林5.2万亩，森林覆盖率达到64.16%。大力推行“河长制”，建立县、乡、村三级河长管控体系。全力整治非法采砂，非法采砂厂全部关闭拆除。开展矿山打非治违整治行动10次，查处土地矿产资源违法案件13宗。强力推动中央环保督察问题整改，立案5起，问责25人。

（六）社会事业全面进步。全年财政民生支出32.8亿元，占公共财政预算支出的80%，同比增长23.1%，“民生100”工程任务指标全部完成。启动职业中专搬迁，解放学校云阳分校教学楼建成并投入使用;投入2673万元实施“全面改薄”项目8个，获国务院教育督导组充分肯定。争取北京健康扶贫基金会1.32亿元的医疗设备全部配备到卫生院，成为全国少有的所有卫生院配齐DR、彩超、全自动生化分析仪等“新三件”的县。“三个中心”“三个广场”建设步伐加快，金山广场全面竣工，公园广场一期基本完工。城西农贸市场投入使用。通过国卫复审和省级文明县城复检。洮水水库移民安置终验顺利通过。举行“万步有约”健走活动,获得“全国优秀健走示范区”称号。获评2017年度全国老龄工作先进单位。加快实施社区“网格化”管理，深化“平安茶陵”、“法治茶陵”创建，圆满完成党的十九大维稳安保任务，入选全国第四批“法治县创建先进单位”，综治民调排名全市第二。大力开展“三治三保”行动，超载超限及非法营运等交通乱象得到有效遏制。严格实行“一单四制”管理，深入开展安全生产“三大行动”，全县安全生产形势总体平稳。

（七）依法行政不断加强。学习贯彻落实党的十九大精神，扎实推进“两学一做”学习教育常态化制度化。加快推进“互联网+政务服务”，推行行政审批标准化建设；实施“三清单一目录”，对全县25个工作部门的权力职责事项、收费事项和投资准入管理项目进行清理编制，制定了《茶陵县优化行政许可项目审批程序实施方案》，2017年共受理办结行政审批项目20518个。成立投融资决策管理委员会，出台《茶陵县人民政府投融资管理办法（试行）》，建立地方政府债务风险防控机制，严格控制融资成本。抢抓省直管县经济体制改革试点机遇，有序承接省厅下放权限406项，争取各类项目资金近2亿元。深化供给侧结构性改革，

7家烟花爆竹生产企业关闭退出。实施第八轮乡镇财政管理体制改革，国库集中支付改革、“营改增”进一步扩面。全面落实人大及其常委会的决议决定，自觉接受人大和政协监督，认真办理人大建议124件，政协提案98件，解决率不断提升。处理县长热线、县长信箱中的群众咨询、建议和投诉共1029件。受理行政复议案件14件，应诉省市县行政诉讼34件，办结率和胜诉率均为100%，挽回经济损失2.8亿元，有力维护了政府法治形象。严格落实从严治党责任，大力开展“雁过拔毛”式腐败问题专项整治，“互联网+监督”平台建设得到省政府肯定。

与此同时，统计、人防、食品药品工商质监、编制、武装、气象、供销、住房公积金、通讯、老龄、残联、科协、妇女儿童、宗教等工作全面发展。

这些成绩的取得，是市委、市政府和县委正确领导的结果，是县人大、县政协监督支持的结果，是全县上下团结拼搏的结果。在此，我谨代表县人民政府，向全县广大干部群众，向人大代表、政协委员，向驻茶部队官兵、各人民团体和离退休干部，向所有关心、支持茶陵发展的各界人士，表示崇高的敬意和衷心的感谢！

在总结成绩的同时，我们也清醒地认识到，我县经济社会发展还存在许多困难和问题：一是经济向好的基础还不牢固，经济总量不大，经济结构不优，实体经济不强，产业发展层次不高。二是脱贫攻坚对标对表、精准精细、因户施策还需持续发力；民生保障还有短板，就学、就医、社会保障、环境治理等方面仍需加大工作力度。三是受征地拆迁、土地报批、环评等条件的制约，项目推进速度不快，重大产业项目偏少。四是发展环境有待优化，少数部门和干部还存在“门好进、脸好看、事难办”等现象，干部作风、能力仍有待改进加强，等等。对此，我们将采取有力措施，切实加以解决。

## 二、2018年主要目标和任务

2018年政府工作的指导思想是：坚持以习近平新时代中国特色社会主义思想为指导，全面贯彻中共十九大精神，坚持稳中求进、进中争先工作总基调，坚持新发展理念，紧扣社会主要矛盾变化，按照高质量发展的要求，统筹推进“五位一体”总体布局和协调推进“四个全面”战略布局，认真落实省委省政府、市委市政府和县委的决策部署，坚持“一二三四五”发展思路，围绕“建成湘赣边界中心县”总目标，以“产业项目建设年”为抓手，全力做好稳增长、促改革、调结构、惠民生、防风险各项工作，推动县域经济社会持续健康发展，努力建成更高水平全面小康社会。

2018年全县经济社会发展的主要预期目标是：GDP增长8%，规模工业增加值增长7%，全社会固定资产投资增长13%，社会消费品零售总额增长11%，一般公共预算收入增长7%，万元GDP能耗下降3.5%，城乡居民收入增长高于经济增长，完成省市下达的节能减排任务。

做好今年政府工作，要重点把握好“四个转变”：

*一是经济发展由注重速度向提升质量转变。*深入贯彻习近平新时代中国特色社会主义经济思想，坚持质量第一、效益优先，以供给侧结构性改革为主线，不断优化经济结构，振兴实体经济。不盲目追求高速度，更加注重加快转型升级、保障改善民生，解决发展不平衡不充分问题。

*二是投资重心由基础设施向产业项目转变。*深入实施“产业项目建设年”活动，优先布局、抢先发力，积极发挥产业项目的“头雁”作用，产业集聚、要素集约、服务集成，推进产业项目落地见效。做大做强一批品牌叫得响、群众得实惠的龙头企业。

*三是旅游开发由天女散花向打造精品转变。*以推进全域旅游为主线，重点建设核心景区，优化整合旅游资源，深度挖掘地脉、文脉、人脉，提升整体服务和管理水平。集中力量推动旅游景点由点成线、由线成面协调发展，形成县域旅游产业发展新格局。

*四是城镇建设由经营城市向乡村振兴转变。*加快形成工农互促、城乡互补、全面融合、共同繁荣的新型工农城乡关系。推进扩权强镇，逐步将规划、建设、城管等行政执法权授予特色镇行使。通过“以奖代补”竞争机制配套城镇基础设施资金。运用PPP、财政贴息、发行项目收益债等多种方式，激励社会资本投入，最大限度释放乡镇活力。

## 三、2018年工作重点

围绕上述指导思想和目标要求，今年将重点抓好以下六个方面的工作。

*（一）以转型升级为方向振兴实体经济。*培育高效农业。推进农业供给侧结构性改革，坚持质量兴农、绿色兴农，推动农业品牌创建，实施产业强

农和互联网强农行动，加快打造优质农副产品供应基地，提高农业综合竞争力。依托我县特色资源、优势资源，着重发展“一叶三茶”，抓好“天使之橙”项目，支持中华茶祖文化产业园、万樟园林、龙华农牧、林丰黄牛、虎源生态、湘冠蔬菜、湘东现代农业园加快发展。抓好高标准农田建设，夯实农业基础。支持和鼓励农民就业创业，培养造就一支懂农业、爱农村、爱农民的“三农”工作队伍。壮大新型工业。进一步落实《茶陵县工业企业发展十条》《茶陵县中小微工业企业贷款贴息办法》等优惠政策，助力助推贵派电器、春程门业、晶彩电子、晶辉电子等成长型工业企业；力争园区新落户企业30家，新增高新技术企业3家，新增规模以上工业增加值3亿元，形成3个工业主导产业。抓好三园区基础设施、生态电子科技园、园区污水处理厂等项目建设，优化园区发展环境。加大招商引资力度，提升招商引资质量。发展特色旅游业。全面实施云阳山创AAAAA，加快推进古城保护与开发、东阳湖国家湿地公园等全域旅游项目。建设茶陵全域旅游服务中心，提升旅游服务能力。抓好卧龙山庄、龙江峡等景点建设，激活乡村旅游。办好“第十五届国际茶文化研讨会”“祖庵家菜美食文化节”“万樟园林‘中国花湖谷’旅游景区开园暨2018湖南茶陵紫薇花节”“油菜花节”等大型节庆活动。

（二）以脱贫摘帽为目标巩固脱贫成果。责任再压实。坚持并巩固“县级统筹、乡村主体、党政主抓、部门联动、社会参与、各方支持、全民上阵”扶贫工作格局，联点县级领导、乡镇（街道）、行业扶贫单位、各村和驻村帮扶工作队、帮扶责任人要各司其职、各负其责，巩固脱贫成效。措施再落实。加快实施“一五十百千”工程，创建全省“四好农村公路”示范县。着重发展脐橙、茶叶、油茶、楠竹、生猪、黄牛、蔬菜等农业产业，引导和扶持贫困户参与主导优势产业的开发。抓实电商扶贫，打造“一站多能、一网多用”综合服务平台。抓实生态扶贫，进一步念好“山水经”，打好“生态牌”，开发更多公益性岗位，优先安排贫困人口就业。抓好住房保障，持续推进易地扶贫搬迁、农村危房改造等工作。抓好教育保障，继续做好控辍保学工作。抓好健康保障，推行“一村一室、一村一医”建设向全县非贫困村覆盖。抓好社会保障，重点对重度贫困家庭加大保障兜底力度。监管再务实。继续坚持问题导向，目标导向，责任导向，严密调度，严格督查，严肃问责。加强扶贫资金监管，切实提高资金使用效率，坚决杜绝扶贫领域的资金腐败。落实“四摘四不摘”要求，以精准的措施巩固提升脱贫成果，让未脱贫人口顺利脱贫，对已脱贫对象回头看、回头查、回头帮，确保小康路上不落一个贫困群众。

（三）以产业项目为抓手增强发展后劲。强力推进100个省市县重点项目，突出“四个十”项目，带动全县固定资产投资突破180亿元。开工一批新项目。力争356国道、347省道、205省道、345省道、东西旅游环线、古汉公路、残疾人康复中心、洣水河前农保护圈防洪工程、龙灿生态茶园、乡镇污水处理厂及管网配套设施等项目按期开工。推进一批大项目。加快推进西环线、文体中心停车场、茶陵高度戒备监狱扩建等项目建设。力争320省道提质改造、农村综合服务平台建设、林丰万头黄牛繁育示范基地等项目如期竣工。储备一批好项目。密切跟踪国家政策动向，及时谋划布局一批重大项目，力争2018年全县开发储备项目200个、向上争资突破23亿元。重点筹划田园综合体、海绵城市建设、风电项目、通用机场建设、湖里湿地国家级自然保护区建设、旅游扶贫环线驿站等前期项目。

（四）以乡村振兴为战略助推城乡发展。打造美丽城市。围绕“一城五区”城市框架，科学编制城市路网、居住小区、公益设施、旅游景点、村民安置等修建性详细规划，做好“融合、融通、融入”三篇文章，提升城市品位。加快推进洣江大道二期、白云街等道路建设工程，优化城市路网。统筹抓好供水、排水、管道燃气、电网优化等基础设施建设；完成老垃圾场垃圾异地转运工程，推进株洲茶陵县南部片区垃圾焚烧处理项目；加快推进“三个中心”、“三个广场”项目建设，全力解决“出行难、停车难、如厕难”问题,完善城市功能。推进城市精细化管理，加大控违拆违力度，加强对噪声、扬尘、烟尘污染、“马路市场”的综合整治。建设美丽乡村。加强乡村振兴规划引领，保护乡村风貌，保留乡土味道，开展“厕所革命”、空心破败房拆除、污水治理综合整治，让农村成为山清水秀、村容整洁、安居乐业的美丽家园。加快腰潞镇、高陇镇、界首镇、严塘镇4个特色镇建设，以点带面，在106国道、320省道、岳汝和垄茶高速等重要交通干线再打造10个省、市级美丽乡村示范点。启动中央改制企业“三供一业”项目，将汉背打造成为生态、文明、和谐的新型矿区。保护美丽生态。全面实施封山育林，大力推进国土绿化，加强林区、景区、城区“绿心”保护，建立生态补偿机制。加强景边、山边、水边生态环境修复，发展休闲农业、森林康养、民宿旅游。加强城边、路边环境治理，引导市民下乡、能人回乡、企业兴乡。建立最严格的生态保护制度，依法整改、关闭一批污染企业。强势推进“河长制”工作，强力打击非法采砂，强化河湖管理保护，确保茶陵天蓝、地绿、水净。

（五）以人民满意为根本着力改善民生。多想群众的操心事，多解群众的烦心事，多办群众的关心事。发展社会事业。推进城区学校布局调整，加快茶陵二中和茶陵三中扩容提质、职业中专迁建、株洲世纪星高级中学、金星小学和城北小学扩容等项目建设，规范社会力量办学，着力解决“大班额”“择校热”等突出问题。推动省政府“芙蓉学校”计划在茶陵实施。启动教师周转房建设“三年行动”，2018年投入2500万元新建教师周转宿舍288套，改扩建1400平方米、维修改造3560平方米；新建教师公租房72套4320平方米。加大医联体建设、乡镇卫生院中医馆建设和家庭医生签约服务力度，全面实施分级诊疗，创建全国健康扶贫示范县。创建国家公共文化服务体系示范区，实现乡镇综合文化站和村级文化服务中心建设全覆盖。完善社会保障。落实就业创业扶持政策，新增城镇就业2400人，新增农村劳动力转移就业2300人，失业人员再就业1000人。推进社保扩面提标，完善城乡居民医保管理制度。加强住房保障能力建设和物业管理，完成城市棚改、城中村改造665户。继续做好水库移民后期扶持工作。鼓励社会资本参与养老服务建设，提质改造洣江敬老院、七地养老院。加快殡葬体制改革，按照“生态、景观、文化”建园的要求，建好城东陵园。强化社会治理。推进精神文明建设，培育文明乡风、良好家风、淳朴民风，健全自治、法治、德治相结合的乡村治理体系。推进“法治茶陵”建设，深化“网格化”管理。加强食品安全管理，确保人民群众“舌尖上的安全”。全面落实“一单四制”，切实抓好安全生产，坚决杜绝重特大事故发生。持续开展“三治三保”行动，建好界化垄联合治超站，建立治超治限源头管理体系。推进“平安茶陵”创建，加快社会治安防控体系建设，依法打击黄赌毒、黑盗骗等违法犯罪活动，净化治安环境，维护社会稳定。

（六）以提升效能为导向加强自身建设。始终坚持党的领导不动摇。深入贯彻新时代党的建设总要求，用习近平新时代中国特色社会主义思想武装头脑、指导实践、推动工作。把对党忠诚、为党分忧、为党尽职、为民造福作为根本政治担当。扎实开展“不忘初心，牢记使命”主题教育，持续推进“两学一做”学习教育常态化制度化。始终保持昂扬拼搏的劲头，永不服输的斗志，攻坚克难的勇气，凝聚起推动新时代茶陵改革发展的强大合力。始终坚持依法行政不放松。努力建设法治政府，把政府各项工作全面纳入法治轨道。主动接受人大法律监督、政协民主监督，认真执行人大及其常委会的决议决定，定期向人大报告工作、向政协通报情况，提高人大代表建议和政协委员提案办理质量。始终坚持深化改革不停步。加快“放管服”改革，推动投资项目、工程建设、民生服务等重点领域关联事项的整合，营造稳定公平透明、可预期的营商环境。加快农村土地制度改革，积极推进农村承包地“三权”分置。围绕“最多跑一次”工作目标，推行政务服务“一号申请”“一窗受理”“一网通办”，做到“网上办、马上办、一次办”，真正让群众看到变化、得到实惠、感到满意。始终坚持从严治政不懈怠。切实肩负从严治政主体责任，深入贯彻中央八项规定精神和实施细则，驰而不息反“四风”。加大对项目建设、大额支出、国有资产等领域的全程跟踪审计，强化政府权力运行监督。支持基层工作，关心基层干部，减轻基层负担，为敢于担当者担当，为脚踏实地者鼓劲，为一心为公者撑腰。

## 附：名词解释：

1.“四个十”项目

（一）十个重点产业项目

①现代农业。做大做强龙华农牧、万樟园林、林丰黄牛、虎源生态、湘东现代农业园，促推现代农业发展。

②特色产业。发展茶陵“一叶三茶”、“三宝”、楠竹、脐橙等特色产业，加快推进中华茶祖文化产

业园、茶乡花海、“天使之橙”、旺丰油茶、龙灿生态茶园等项目建设。

③电子产业。支持贵派电器、晶彩电子、晶辉电子、多彩电子做大做强，加快生态电子电器园建设。

④建筑、建材产业。培育1~2家国家一级资质建筑企业，重点支持春程门业、华峰科技、佳邦建设、强强陶瓷、华盛陶瓷等5~8家建筑建材企业；做强做精石材产业，提高石材加工效率和质量。

⑤新能源产业。加快华能太和仙风电项目动工建设。

⑥商贸流通产业。推进湘赣汽贸城、朝阳商业购物广场、东锦商城、华晨世纪中心等商贸产业建设。

⑦旅游产业。推进茶陵全域旅游服务中心项目建设，加快云阳山国家AAAAA景区、东阳湖国家湿地公园创建步伐，推进旅游转型升级，加强古城保护利用，构建全域旅游格局。

⑧电商物流产业。启动县城电商运营中心建设和乡村站点建设，创建全国电子商务进农村综合示范县。

⑨房地产业。加大非住宅商品房去库存力度，促进房地产业健康持续发展。

⑩金融业。创建省级金融安全区，化解融资难题。

（二）十项基础工程项目

①交通基础设施建设。创建全省“四好农村路”，推进西环线、云洮公路、356国道、347省道、205省道、345省道、进士路三期、洣江大道二期、白云街、河东新区洣江下瑶沿江大道等项目建设。抓好320省道、茶陵西和浣溪高速收费站的提质改造工作。完成自然村通水泥路356千米。完成东、西旅游环线建设。推进中心汽车站建设。

②公共服务设施建设。推进茶陵县农村综合服务平台项目建设；加快通讯基站和“平安城市”电子防控项目建设。

③天然气建设。加快安仁至茶陵天然气长输管线建设。

④园区基础设施建设。推进污水处理和配套管网、园区路网项目建设。

⑤生态保护工程。推进茶陵县洣水河前农保护圈防洪工程PPP项目建设。

⑥农田水利设施建设。加快推进高标准农田及小型水利工程建设。完成20座小Ⅱ型病险水库除险加固项目。

⑦新型城镇化建设。加快严塘、高陇、腰潞、界首等特色镇建设，不断增强集镇综合实力、集聚能力和经济辐射功能。推进茶陵县乡镇污水处理厂及管网配套设施PPP项目建设。加快桑德环境治理工程进度，整县推进农村环境综合整治工作。强化村庄规划，大力推进农村空心破败房拆除工作。加大“控拆违”整治力度。

⑧文体设施建设。推进政务商务中心、影视会展中心、体育中心、体委休闲广场、公园广场、青少年宫和文化馆建设。

⑨教育设施建设。推进职业中专，株洲世纪星高级中学建设；抓好茶陵二中、茶陵三中扩容提质，金星小学、城北小学等改扩建工程。启动思源实验学校、城东学校两栋连体教学楼新建项目和教师周转房建设“三年行动”计划。推动省政府“芙蓉学校”计划在茶陵实施。

⑩社会治理基础设施建设。完善公共法律服务体系建设，推动基层司法所提质改造建设。推进强制隔离戒毒所、机动车驾驶员全科目分考场、高度戒备监狱扩建项目建设。加强社区网格化管理。

（三）十件民生实事项目

①决胜脱贫攻坚。确保顺利通过国检，实现脱贫摘帽。

②积极扩大就业。新增城镇就业2400人，“零就业家庭”动态援助100%，新增农村劳动力转移就业2300人，失业人员再就业1000人。

③缓解就医难题。加大医疗卫生事业的投入，全面发行居民健康卡，确保95%以上常居人口持有居民健康卡，实现医疗资源互联共享；推进免费两癌筛查、产前筛查工作，打造“健康茶陵”。

④改善就学条件。着力缓解城区小学大班额问题，加快学校布局调整，向民办普惠性幼儿园购买服务。

⑤保障性住房。发放租赁补贴600户。启动城市棚改、城中村改造665户。

⑥完善社保体系。稳定新型农村养老保险参保率90%以上；城乡居民医疗保险参保率97%以上；新增企业养老保险参保人数500人。

⑦保护生态环境。推动省级森林、园林城市创建工作；强力规范河砂开采秩序；持续推进封山育林，建设生态茶陵。

⑧加快水利建设。完成市下达的解决农村人口

饮水安全任务；落实“湘江保护和治理”工程，抓好县域河流治理，推行“河长制”，完成洣水河城区治理项目。

⑨提升养老水平。加快宏泰健康养生园建设，完成七地养老院提质改造项目建设，推进洣江敬老院提质改造。加快殡葬体制改革，建好城东陵园。

⑩保障食品安全。开展质量强县和农产品品牌创建工作；继续推进重金属耕地的修复与治理工作；健全食品、农产品监管和检测体系。

（四）十大精准扶贫项目

①产业扶贫。引导和扶持30000个贫困人口参与脐橙、茶叶、油茶、楠竹、生猪、黄牛、蔬菜等主导优势产业的开发，做大做强153个村级产业基地。

②就业扶贫。完成贫困劳动力转移就业1000人；扶持贫困劳动力创业200人。

③教育扶贫。资助建档立卡贫困家庭学生2万人次。

④健康扶贫。建档立卡贫困人口100%免费参加城乡居民医保，加大大病集中救治、慢病签约服务管理、重病兜底保障工作力度。

⑤住房保障。继续抓好易地扶贫搬迁后续帮扶工作和农村危房改造项目。

⑥社会保障兜底。加大保障兜底力度。完善临时救助制度，及时对符合条件的贫困家庭和个人提供临时救助。

⑦旅游扶贫。完善火田卧龙村、虎踞水源村、利民金铺村茶乡花海、桃坑双元村等“神奇湘东”旅游扶贫重点村项目。

⑧金融电商扶贫。完善村级电商服务站、金融扶贫服务站、助农取款服务点合作共建项目。

⑨农村基础设施改善提质。提质改造农村公路800千米，完成所有村级农村电网改造、5个“扶贫+示范村”创建工作；启动2018年度增减挂钩项目3000亩，助推脱贫攻坚和最美乡村建设。

⑩强基固本。开展村党组织书记和村委会主任轮训，强化基层基础保障，确保村级组织运转经费总量不减，实现村集体经济收入每年超过4万元。

2.“三走访三签字”：“三走访”即县乡村党政主要领导干部走访贫困村、面上村、贫困户。县委书记、县长带头在年内要走访全县所有贫困村，其他县级领导走访联系乡镇的所有贫困村、面上村；乡镇（街道）党（工）委书记、乡镇长（主任）走访辖区所有贫困户，县直单位主要领导走访包（帮）联村所有贫困户；村支部书记、村主任、驻村工作队队长走访辖区所有贫困户。“三签字”即县乡村党政主要领导对脱贫退出层层负责、层层把关，分管县级领导、行业扶贫责任单位对行业扶贫任务负责。贫困户脱贫，由结对干部、村支部书记、村主任、驻村工作队队长，乡镇（街道）党（工）委书记、乡镇长（主任）共同签字；贫困村脱贫退出，由乡镇（街道）党（工）委书记、乡镇长（主任）、联乡县级领导，县委书记、县长共同签字；行业脱贫攻坚任务完成，由“七个一批”、“八大工程”牵头部门和责任单位主要负责人、分管县级领导共同签字。

3.“三个一批”：即大病集中救治一批、慢病签约服务管理一批、重病兜底保障一批。

4.“一五十百千”工程：即改建“一条”扶贫+乡村旅游环线、打造“五个”扶贫+特色镇、创建“十个”扶贫+示范村、实施“百村”扶贫+人居环境改善、完善“千公里”扶贫+村道改造。

5.“三站合一”：即村级电商服务站、金融扶贫服务站、助农取款服务点。

6.“四上”企业：即规模以上工业企业、资质等级建筑业企业、限额以上批零住餐企业、国家重点服务业企业。

7.“多规合一”：指城乡规划与经济与社会发展规划、土地利用规划、环境保护规划等规划体系的相互衔接、统筹协调。

8.“三个中心”、“三个广场”：即政务商务中心、影视会展中心、体育中心，金山广场、体委休闲广场、公园广场。

9.“一单四制”：即重大事故隐患清单，交办制、台账制、销号制、通报制。

10.“五位一体”：即经济建设、政治建设、文化建设、社会建设、生态文明建设。

11.“四个全面”：全面建成小康社会、全面深化改革、全面依法治国、全面从严治党。

12.“一二三四五”发展战略：紧扣“打造茶陵发展升级版，建成湘赣边界中心县”这一目标，完成“决胜脱贫攻坚，实现全面小康”两大任务，实施“产业培育、城镇提质、民生共享”三大战略，突出“园区攻坚、旅游开发、全民创业、作风建设”四大抓手，实现“综合实力更强劲、城乡发展更协调、人民生活更幸福、城市环境更宜居、社会生态更和谐”五大成效。

13.“三权”分置：指所有权、承包权、经营权三权分置。

14.“一叶三茶”:“一叶”即烟叶;“三茶”即茶叶、油茶、茶花。

15.“一城五区”:“一城”即主城区；“五区”即工业新区、南站新区、河东新区、云阳新区、利民新区等五大新区。

16.“三治三保”：治理运输车辆超限超载（简称“治超”）、治理车辆非法营运（简称“治非”）、整治车辆乱停乱放、违规行驶、私自改装现象（简称“治乱”）、保安全、保民生、保发展。

# 中国人民政治协商会议
# 茶陵县第九届委员会常务委员会工作报告
## ——在政协茶陵县第九届委员会第三次会议上

茶陵县政协主席　王友文
（2018 年 1 月 9 日）

### 2017 年主要工作回顾

2017 年，是政协茶陵县第九届委员会开局之年。一年来，在中共茶陵县委的正确领导和县人大、县政府的大力支持下，以服务参与经济建设为主线，牢牢把握团结和民主两大主题，忠实履行政治协商、民主监督、参政议政三大职能，牢固树立“政治意识、大局意识、核心意识、看齐意识”四个意识，在全面建成小康社会中彰显了政协作为，开创了政协工作新局面。

**一、紧扣中心，服务大局更加有为。**

围绕中心，认真谋事，精勤做事，善于成事，取得良好成效。

1. 全力助推脱贫攻坚工作。2017 年，县政协以“精准扶贫、不落一人”，“扶真贫、真扶贫”为总要求，落实中央精神，以县委“六个一”和“十个一”为重要抓手，健全扶贫机制，创新帮扶举措，全程民主监督，扎实推进各项扶贫工作。一是全面开展脱贫退出督查工作。根据县委的统一安排，县政协负责脱贫攻坚精准退出民主监督工作。9 月至 11 月份，机关干部和部分委员全体出门，走遍全县山山水水、村村寨寨。按“看、算、问、议、报”五字诀要求，深入全县 17 个乡镇（街道），历时两个半月，共随机抽查 139 个村，调查 1247 户，其中贫困村 83 个、非贫困村 56 个；贫困户 955 户、非贫困户 292 户，发现存在“四种现象”“十种情况”“九大问题”“三种会哭的贫困户”等各种各类问题，形成督查报告和问题清单分别报县委、县人大、县政府主要领导、县委常委、分管领导等供其参考决策，并及时正面宣传和引导贫困户，同时反馈给所在乡镇（街道）、村组，推动了有关问题的及时解决，取得良好社会效果，得到了县委、县政府领导的充分肯定。二是扎实开展联点帮扶工作。县政协机关联点马江镇玄武村，机关全体人员积极主动到马江镇玄武村开展扶贫活动。每次到各自联系的贫困户家中，与群众共同分析致贫原因、制定脱贫计划，提振贫困户脱贫信心；并与村镇干部汇总走访情况，查找突出问题，拟制扶贫措施，做到逢事必访、逢节必访、逢农时必访、逢贫困户有求必访。通过结对帮扶、牵桥搭线联系企业解决就业、引导贫困户发展产业等一系列措施，扶贫工作取得良好成效。县政协委员陈跃云捐款 3.5 万元，用于帮助贫困户，并上门走访慰问了部分贫困户。县政协机关挤出经费投入该村扶贫，机关干部也纷纷解囊相助，为贫困户送去了关怀。2017 年脱贫 40 户，脱贫人口 140 人，全村基本实现脱贫。三是三级联动助力扶贫。落实省政协“三个一”助力扶贫号召，三级政协委员全覆盖走访慰问结对户，为贫困户免费提供技术和资金发展产业，扎实有效开展“三个一”扶贫行动。2 月 14 日，省政协文教卫体委员会主任毛学军同志带领 80 多位省政协委员到枣市镇开展“三个一”结对帮扶活动，走访慰问64户贫困户，捐助资金50多万元。枣市镇贫困户贺志国在省政协委员刘习明的帮助下开办了打印店，找到了致富门路，摆脱了困境。贺志国的脱贫致富事迹在9月13日省政协常委会上作为典型，并在省政协常委会上远程视频发言，引起社会强烈反响。

2. 认真开展“三联三包”工作。主席会议成员根据县委的统一安排，深入一线、深入基层，搞好协调服务，解决实际问题，切实抓好“三联三包”工作。同时聚焦脱贫攻坚，深入村组，帮助联点村和贫困户想法子、找路子、筹款子，解难题，为全县脱贫摘帽工作尽职尽责，尽心尽力，较好的完成“三联三包”工作任务。

3. 服务参与经济建设。一年来，充分发挥政协委员在各行各业“领头雁”的作用，组织和引导他们在市场经济“浪潮”中大显身手，建功立业，为茶陵或委员所在地区的经济社会发展做出了积极贡献。陈跃云委员创办的“跃通保安服务公司”将沿海先进的经营理念和管理方式带进茶陵，全员接受安置原茶陵县保安公司员工103人；谢海龙委员所在单位“县农商行”2017年纳税8676.88万元；谭建芳委员所在单位“宏伟建设公司”2017年纳税2188万元；陈旭志委员所在单位“云阳建设公司”2017年纳税1055万元；雷胜明委员所在单位“华盛陶瓷公司”2017年纳税550万余元，安排贫困户就业110余人；张伟明委员创办的“伟兴建设公司”2017年纳税313万元；谭新彬委员创办的“河南豫辉公司”2017年纳税1280万元，今年计划在茶陵注册成立湖南分公司，为茶陵的经济发展添砖加瓦；谭联勇委员成立茶陵虎踞光伏发电有限公司，帮助180户贫困户参与光伏发电站统建分酬，实现年均每户分红3000元。还每年资助6000元帮助2个小学生就学，直至高中毕业；彭爱元委员在8个贫困村建设光伏发电产业，每到一个村主动结对帮扶一户贫困户，为每户捐资5000元；袁卫旗委员与丈夫一起免费向280名贫困户发放了6000羽鹅苗，并开设鹅养殖技术培训班，传授鹅苗喂养相关知识，每位贫困户将年新增收入3500元以上；刘志伟委员与10户帮扶对象签订到自己的养殖场工作的就业合同，帮助其就业增加收入，等等，还有很多委员助力扶贫之举富有特色，不一一列举。

**二、创新方式，履行职能更加有位。**

县政协紧紧围绕发展第一要务，开拓创新，锐意进取，认真履职，担当作为。

1. 积极开展协商议政。县委对政协工作高度重视。县委常委会专题研究了政协工作，确定了协商重点，制定协商计划，将全县重大项目、重点工作、重点工程和重点民生实事纳入政治协商的重要内容。县委常委会专题研究了县政协微建议微协商微监督试点工作方案，印发了《茶陵县政协微建议微协商微监督工作办法（试行）》（茶办〔2017〕121号）文件;同意成立茶陵县政协“湖南政协云”和“微建议”管理中心，核定事业编制2名，隶属提案委。茶陵县政协落实“三个一”和使用“湖南政协云”工作被评为全省先进单位。县委书记彭新军同志被市委授予党委重视政协工作的模范，在市委政协工作会议上作典型发言。创新完善协商机制。有效利用“湖南政协云”平台，大力推进了政协“掌上履职”创新，开创了政协工作新模式，引导委员以更宽的视野、更多的视觉，从更大的范围、更高的层次，充分利用信息化、现代化手段及载体开展协商议政，建言献策。积极搭建协商平台。县政协常委会专题听取了县人民政府、县纪委、县委组织部、县法院、县检察院年度工作情况通报，并进行协商，提出的意见建议被及时采纳落实。围绕重点开展专题协商。先后就养老事业、西环线工程建设和职业中专项目建设多次调研座谈，提出了许多建设性的意见建议，稳步推进我县重点工作。围绕脱贫攻坚精准退出工作开展专题协商，提出富有针对性的意见被县委高度重视并采纳，有力助推了全县脱贫攻坚工作。

2. 着力推进民主监督。坚持以《政协章程》为指南，以李微微主席《以政协章程为基本遵循，加强和改进民主监督工作》的讲话为指导，以委派民主监督员为抓手，健全委派民主监督员工作机制，突出监督重点，强化监督力量。向县法院等12个重点单位委派6个民主监督小组，实施监督。各监督小组深入基层，深入群众，开展调研，帮助受派单位搜信息、找问题、查症结，并就相关工作形成民主监督意见书，就县财政局进一步完善扶贫资金统筹、整合和拨付使用管理，县发改局高标准农田建设项目的实施，国土局国土增减挂勾项目实施等工作提出意见建议30多条，提升了行政效能。

3. 扎实抓好提案工作。着力打造精品提案。年初提案委在政协九届二次全会前，对提案认真选题，组织各界别开展调研，撰写提案。对事关经济社会发展大局、事关民生改善的大事，认真布置，精心准备，力成精品，在全会上发言。二次全会共收到委员提案136件。经整理、合并，立案98件。由主席会议成员带队对98件提案实行全面督办，切实加大提案督办力度，提高了办理实效。改进重点提案办理民主评议办法。选择县职业中专建设、农村大病医疗救助、推进乡村旅游发展、推进建筑业转型发展、规范民间校外托管机构的管理、保护茶陵环卫工人的合法权益等6件作为重点提案，对重点提案进行跟踪督办、集中评议，经主席（扩大）会议评议，其中财政局被评为非常满意单位；教育局、住建局、文体广新和旅游局被评为满意单位。对提案办理过程中个别单位政治意识不浓、办理提案不重视、态度不端正等，提出要求并责成整改，确保提案办理的实效性。开拓提案工作新途径，主动对接，积极承担“微建议”试点工作，将“微建议”纳入提案工作范畴，积极探索，大胆尝试，得到省、市政协的高度赞扬和肯定。

4. 及时反映社情民意。把体察民情、反映民意、集中民智作为政协履职的重要抓手。一是坚持“委员接待日”活动。坚持每月20日开展“委员接待日”活动，收集委员反映意见建议230余条。二是积极开展“微建议”试点工作。落实省、市政协开展“微建议”的安排部署，率先开展微建议微协商微监督工作，利用政协云平台收集委员微建议71条，办理回复55条，效果显著，受到群众的好评。三是建立网上建言献策机制。县政协有效利用信息网络载体指导全局工作，政协委员平时随时将身边关系人民群众的小事，以“微建议”方式上传“湖南政协云”。同时每次视察后要求参与视察的委员，每人撰写一份“微视察”。县政协通过多渠道收集民智、民意，整理成《社情民意》上报县委、县政府。许多建议经县领导批示采纳，促使相关问题得到及时解决。

5. 精心组织调研视察。围绕县委打好“七大战役”和县内重大民生问题，开展了云阳山创建AAAAA、西环线建设、洣水河治理、脱贫攻坚等专题视察活动，形成视察报告，受到县主要领导的高度重视。组织开展了优化非公经济发展法治环境、养老服务体系建设等调研活动，撰写的《优化茶陵县非公经济发展法治环境的调研报告》《茶陵县养老服务体系建设情况的调研报告》，得到市政协好评。

**三、发挥优势，宣传推介茶陵更加有力。**

落实中央、省、市、县扶贫攻坚有关精神，发挥委员优势，助力脱贫攻坚，取得了较好成效。

1. 精准结对全覆盖。积极响应认真落实省政协发出“三个一”的号召，县政协党组专题研究，专门成立领导小组，出台工作方案，印发《倡议书》。全体政协委员积极响应，根据自身优势选择帮扶对象，在全县范围内开展“一对一”或“一对多”等形式，声势浩大的结对帮扶行动。全县180多名政协委员与1户或多户开展结对，共结对373个贫困户，结对率100%。帮扶形式多样，走访慰问全覆盖，我县政协委员落实“三个一”扶贫行动取得了很好的成效，得到了省政协主席李微微同志的点赞和县委、县人大、县政府主要领导的充分肯定，社会反响良好。

2. 对外联络有亮点。一年来，对外联络联谊工作有效推进，成绩显著。国家、省、市及兄弟县市区分别来茶调研考察活动10多批次。10月13日接待了全国政协文教卫体委员来茶开展群众体育考察暨送体育下乡活动，12名世界奥运冠军和世界冠军云集茶陵，与枣市镇中学的莘莘学子共聚一堂，开展教学互动，与云阳街道炎帝社区居民共话群众体育。9月7日省政协主席李微微来茶调研教育扶贫，并视察枣市镇虎形村文化广场建设等，充分肯定了我县脱贫攻坚和经济社会发展工作；协调安排2月14日省政协文教卫体委员会“新春走基层”活动，9月27日市政协主席蔡溪走访扶贫联系点洣江街道渡里村，祁阳县、醴陵市、炎陵县等县（市）来茶学习考察等活动。

3. 教育扶贫见真情。县政协把教育扶贫作为助力脱贫攻坚的重点来抓。认真围绕脱贫攻坚，金秋助学开展活动，全体委员及委员所在单位积极行动，无私奉献。其中委员所在单位“县农商银行”高举改革大旗，解放思想，锐意进取，不忘初心，情系教育，捐款20万元；委员所在单位“宏伟建设公司”广泛开拓市场，积极捕捉商机，走出国门，在巴基斯坦竞争承揽工程，打造中国茶陵样板工程，捐助10万元；委员所在单位“云阳建设公司”广纳社会贤才，善于革新工艺，积极打破垄断，树立良好的形象，捐助10万元。县政协共筹资40万元分别对260名2017年考上大学、高中的建档立卡的贫困户家庭学生和30名优秀教师给予1000~5000元不等的资助和奖励。除县政协专题开展助学活动外，其他政协委员个个积极捐资助学，共捐助资金80余万元，其中谭建芳、陈旭志等委员个人捐资多达5万元以上。

在助力教育扶贫的同时，我们充分发挥各界别委员优势，引导开展“扶贫帮困、做实事办好事”活动。如工商联界、经济界委员捐资统一购买家电，在枣市镇易地扶贫搬迁集中安置点、马江镇玄武村幸福安居工程等贫困户乔迁新房时，送给他们作为“贺礼”；经济界委员集体到下东街道沿河村、儒仕坪村，马江镇玄武村等慰问贫困户；医药卫生界委员深入界首、虎踞等地开展义诊和送医送药活动；共青团、妇联、工会等界别委员深入各乡镇学校看望留守儿童，慰问贫困学生，开展心理辅导。全年各界别共组织发放扶贫帮困资金近150万元以上。

**四、夯实基础，自身建设更加有效。**

按照“内强素质，外树形象”的要求，不断加强自身建设。

1. 加强委员学习培训。举办了委员培训学习班。围绕当一名称职的政协委员、做好提案工作、如何使用“湖南政协云”和撰写“微建议”等内容进行专题讲座。邀请湖南大学教授、博士生导师王修华讲授《小微企业如何应对供给侧结构性改革》。狠抓湖南政协云手机APP推广应用。安装政协云手机APP，安装率100%，加快信息数据与“湖南政协云”的对接与共享，及时更新政协云资讯，搭建了委员交流平台，帮助委员增长履职知识，提升履职能力。

2. 完善各项制度建设。把履职机制建设作为委员履职能力建设的着力点，进一步完善履行政协三大职能的制度体系，修订了委员管理办法、提案工作、民主监督工作等规章制度，进一步健全了政协履职考核机制，拓展了政协委员参政议政的履职平台。重点从“参加政协会议、撰写政协提案、反映社情民意、参加政协活动”等方面对政协各界别和政协委员的履职情况实行百分制量化考核，初步构建了内容完备、科学管用的制度体系，推进了政协工作的制度化、规范化、程序化建设。

3. 不断增强机关活力。政协党组及机关党支部严格按照上级党组织要求，认真开展“两学一做”活动，以机关支部主题党日活动为载体，组织全体党员学原文、学理论、写心得、上党课，观看《廖俊波先进事迹》等教育片。主席会议成员带头上党课，委办主任轮流上党课，形成了浓厚的理论学习氛围。出台《茶陵县政协关于“两学一做”学习教育和作风建设的六项规定》，在学习、工作、生活等方面明确纪律，严格要求机关干部照章办事，认真履职，担当作为，树立良好形象，努力把政协机关建成思想过硬、业务精湛、作风优良、服务高效、充满活力的坚强集体。

以上这些成绩的取得，得益于县委的正确领导，得益于县人大、县政府及各部门的大力支持，得益于全体政协委员和社会各界的共同努力。在此，我代表县政协常委会，向关心支持政协工作的各级领导、各个部门和社会各界朋友及全体政协委员表示衷心的感谢和诚挚的敬意！

回顾一年来的工作，我们深深地体会到：坚持党的领导，自觉维护核心，是搞好政协工作的根本保证；围绕中心，服务大局，是政协工作的本质要求；把握主题，发挥优势，是政协工作的有效途径；勇于探索，开拓创新，是建设有为政协的动力源泉。

同时，我们也清醒地看到，我们所做的工作与新时代、新要求、新任务还有较大的差距。委员提案质量还有待提高；委员履职能力还有待增强；专委会的基础性作用还有待发挥，等等。我们将在今后的工作中切实加以改进，不断总结提高，共同推进新时代政协工作创新发展。

## 2018年主要工作任务

今年，我县政协工作的指导思想是：走进新时代，高举习近平新时代中国特色社会主义思想伟大旗帜，全面贯彻落实中共十九大精神和县委十二届五次全会精神，紧扣团结和民主两大主题，做好协商议政，做实民主监督，做精视察调研，做强政协队伍，凝聚共识、戮力同心，助力脱贫攻坚，服务全县经济社会发展大局，为建设富饶美丽幸福新茶陵贡献智慧和力量。

**一、加强学习，在提升新时代政协整体素质上锤炼真功夫**

马克思主义教导我们，学习使人进步，学习永无止境，理论上的飞跃可以极大地推动社会实践，学习、学习、再学习，我们要深刻学习领会习近平新时代中国特色社会主义思想，并自觉作为行动指南，夺取新时代的伟大胜利。

一是认真学习贯彻中共十九大精神。十九大报告是一个举旗帜、指方向、明方略、绘蓝图的报告，是一篇光辉的马克思主义纲领性文献，是中国共产党进入新时代、踏上新征程、书写新篇章的政治宣言和行动纲领。全县广大政协委员和政协机关干部，要按照习近平总书记“来一个大学习”的要求，把学习宣传贯彻中共十九大和十九届一中全会精神作为当前和今后一个时期的首要政治任务，迅速兴起学习宣传贯彻十九大精神的新热潮，把学习宣传贯彻活动不断引向深入。一要着力在深学深悟、准确把握精神实质和丰富内涵上下功夫。新时代催生新使命，新矛盾呼唤新作为，新思想引领新征程。要充分认识十九大把习近平新时代中国特色社会主义思想确立为党必须长期坚持的指导思想的重大政治意义、理论意义、实践意义和深远历史意义，牢牢把握“八个明确”的主要内容和“十四个坚持”的基本方略。要深刻理解“有事好商量，众人的事情由众人商量，是人民民主的真谛”，“协商民主是实现党的领导的重要方式，是我国社会主义民主政治的特有形式和独特优势”，“人民政协是具有中国特色的制度安排，是社会主义协商民主的重要渠道和专门协商机构”等要求。二要着力在强化“四个意识”、增强政治定力上下功夫。组织发动广大政协委员，深入界别群众，广泛宣传十九大精神，不断增进各族各界的思想共识、政治共识，把各族各界别群众的思想和行动统一到中共中央的决策部署上来，把智慧和力量凝聚到中国特色社会主义现代化建设上来。要引导广大政协委员坚决与以习近平同志为核心的中共中央保持高度一致，维护中共中央权威和党中央集中统一领导。要切实把坚持和发展中国特色社会主义作为巩固共同思想政治基础的主轴，努力画出最大同心圆，凝聚强大向心力，汇集更多同行者，形成广泛正能量。三要着力在学以致用、指导实践上下功夫。一分部署、九分落实。要深刻认识社会主义民主是最广泛最真实最管用的民主，准确把握政协性质定位，有力有序有效地推进政协协商民主，在发挥社会主义协商民主重要作用上奋发有为。要把十九大精神融入政协履职全过程，贯彻到履职的各方面，确保十九大精神在政协落地生根见效。发挥政协优势和特点，围绕中心、服务大局，全力助推富饶美丽幸福新茶陵建设。

二是学习贯彻上级党委政府和县委十二届五次全会暨县委经济工作会议精神。深刻学习领会中央、省、市、县各项工作会议精神，县委十二届五次全会暨县委经济工作会议回顾总结了我县2017年工作，全面分析了茶陵经济形势，精心部署了我县2018年工作任务，我们要认真学习会议内容，深刻领会会议精神，准确把握茶陵经济社会发展形势，将思想和行动统一到县委的决策部署上来，按照县委确定的总目标、总任务，进一步明确履职的重点和方向，始终与县委同心同德、同行同向、同频共振。

三是把学习与实践有机相结合。政协工作涉及方方面面，政协委员来自不同阶层、不同领域，人才荟萃，要相互学，相互提高，要坚持干什么学什么、需什么学什么、缺什么学什么，坚持理论学习与深入实践相结合，与创新实践相结合，善用理论指导实践，善于创新履职方法，积极围绕全县中心工作，促推政协立论有质有量、可行可用，政协实践有声有色、可圈可点，政协形象有模有样、可歌可颂，努力为全县经济社会发展献计出力。

**二、围绕中心，在提高新时代政协履职水平上力求新成效**

中共十九大报告指出“人民政协工作要聚焦党和国家中心任务，围绕团结和民主两大主题，把协商民主贯穿政治协商、民主监督、参政议政全过程”。这就要求我们必须选准政协工作与党政中心工作的结合点和切入点，围绕大事抓协商，围绕重点抓监督，围绕关键抓议政，致力于助推茶陵经济社会又好又快发展。

一要把握政治协商的着重点。今年是全面贯彻落实中共十九大精神的开局之年，是改革开放40周年，是决胜全面建成小康社会的关键一年。我们要把全面建成小康社会、决胜脱贫攻坚、乡村振兴、产业发展、结构调整、民生实事、重点工程（项目）等作为政治协商的“着重点”，全委会议全面协商，常委会议专题协商，主席会议重点协商。并针对不同内容和要求，继续探索新的协商形式，努力做到政治协商在党委决策、人大通过和政府实施之前，使政治协商更加经常有序、更加生动活泼、更加富有成效。

二要找准民主监督的着眼点。要坚持“准确定位，把握适度”的原则，着眼经济社会发展全局、人民群众普遍关心和党委政府重点关注的问题，选择发展环境、社会保障、社区治理、基础教育、医疗卫生、城市规划、耕地保护、产业项目、食品安全、环境保护、交通事业等重点工作作为民主监督的着眼点，力求“监”到点子上，“督”在关键处。要通过民主评议、委派监督员、集中视察、集体提案、反映社情民意等形式开展监督，推动各项工作得到落实，促进涉及人民群众利益的热点、难点问题得到解决，促进党政部门改进工作作风，提高工作效能。

三要寻求参政议政的着力点。要建立以专委会为依托、全体委员共同参与的调研机制，充分利用政协委员智力密集、联系广泛、位置超脱的特点，既做到重心下移，广泛接触各阶层、各界别人士，多渠道、多形式地了解最基层的实际情况，又做到视点外移，注重借鉴先进地区的经验和做法，吸纳改革开放最新成果，形成参考价值较高，具有借鉴意义的调研视察报告，为党委决策提供智力支持。

**三、突出主题，在决胜新时代政协服务经济社会发展上展示新作为**

一要推进协商民主建设。坚持党的领导、人民当家作主和全面依法治国有机统一，积极推进社会主义协商民主建设，在全面建设社会主义现代化新征程上展现政协担当，知情明政，协商议政，民主监督，推动发展。依法保护委员知情权、参与权、表达权和监督权等民主权利，广开言路、集思广益，使人民政协真正成为反映民情、体现民意、集中民智的重要渠道。不断扩大政协工作的开放度，为社会各界人士有序政治参与畅通渠道，使各阶层、各界别的利益诉求能够在政协得到充分表达，各种利益关系得到有效理顺，各种矛盾得到及时化解。更好发挥人民政协在发展社会主义协商民主中的重要作用，推进新时代社会主义协商民主建设进程。

二要高度关注民生改善。始终坚持以人民利益为重，把促进民生改善贯穿于履行职能的各个方面，为民代言，为民献策，办民办事。重点围绕教育、卫生、安监、社会保障、食品安全、养老服务等民生热点开展调研视察，落实惠民举措，让人民群众共享改革发展成果。各专委会和各界别要组织委员开展多种形式的亲民履职活动，多办实事、多做好事。

三要助力脱贫攻坚顺利摘帽。广泛开展联谊联络，更加密切与社会各界人士的联系和沟通，积极引导社会各界人士参与全县中心工作，尤其是参与脱贫攻坚工作。让各界人士更好的关心扶贫、支持扶贫、参与扶贫，形成助人为乐、纾困解难、扶贫济困的浓厚社会氛围，以事业凝聚人心，把全部心思集中在“想干事”上，把全身本领体现在“会干事”上，把终极目标锁定在“干成事”上，用发展汇聚力量，助力我县率先脱贫摘帽。发挥社情民意直通车作用。认真组织开展委员入社区、进企业、下乡村调查走访活动，广泛了解并及时反映社情民意，充分运用委员接待日和湖南政协云平台，真实反映群众的呼声和愿望，诚心为群众排忧解难，推促人民群众最现实、最直接、最关心的利益问题得到解决，不断加快全面小康社会建设进程，努力让人民群众有更多的获得感。

**四、强基固本，在加强新时代政协自身建设上呈现新面貌**

一是充分发挥委员主体作用。政协委员是光荣而神圣的职务，是党组织精心审查、挑选的先进分子的代表，富有智慧和才干。人民政协事业活力在委员，发展靠委员。当好政协委员责任重大，使命光荣。我们广大政协委员要正确处理好本职工作和政协工作的关系，切实挑起“一岗双责”的担子。在本职工作中，要力争上游，争创先进，遵法守纪，发挥表率和引领作用，成为各行各业的“领头雁”。在政协工作中，要积极参加调研、视察等活动，掌握实情，为民代言，为民建言，为党委、政府献计献策，切实发挥委员在政协工作中的主体作用。要加强委员队伍建设和管理，从制度上规范委员履职行为，增强委员意识，创造工作条件。

二是切实提高政协机关工作科学化水平。政协机关是政协日常工作的枢纽。要充分发挥政协党组的领导核心作用，切实加强政协机关队伍建设，不断提升政协机关干部的工作能力和服务水平。要扎实开展“不忘初心，牢记使命”主题教育活动，严格贯彻落实中央“八项规定”实施细则，建立机关高效运行机制。

三是着力完善组织功能。要进一步突出政协界别特色，切实加强界别建设，强化界别功能，丰富界别活动。要加强专委会基础工作，努力彰显专委会工作特点。各界别和专委会要结合委员特色，科学策划每年的活动安排，使年度活动既有常规性，又有针对性。各专委会要积极主动指导、服务所联系的界别，统筹开展好各项履职工作。

四是强力推进政协履职平台实体化建设。湖南政协云是依托互联网和大数据技术打造的信息化履职平台，是省政协创新工作方式方法、拓展政协委员参政议政职能的一种创新工作举措。今年，县政协将快速建设好远程协商会议室等信息化载体，优质打造远程协商平台。着力优化湖南政协云委员履职的板块，重点打造好“微建议微协商微监督”“委员值班室”等栏目，着力打通联系群众“最后一公里”，将湖南政协云真正建设成政协组织、政协委员与群众之间深入联系的信息桥梁和情感纽带。组建“湖南政协云”“微建议”管理中心机构，选优配强各专委会组成人员，打造永不落幕的政协委员会全体会议。

迈步新时代，践行新思想，开启新征程，展示新形象，全县人民迎来了一个充满生机、充满希望、充满活力的新阶段。让我们更加紧密地团结在以习近平同志为核心的党中央周围，在中共茶陵县委的坚强领导下，万众一心，同心同德，开拓进取，奋发有为，围绕决胜全面小康、加快建成“中心县”，不断谱写人民政协事业的新篇章，为建设富饶美丽幸福新茶陵作出新的更大贡献。

# 综　　述

茶陵县位于湖南省东南边陲，株洲市南部。东邻江西省莲花、永新、井冈山三县市，西抵安仁县，南接炎陵县，北至攸县。地处北纬 26° 30′ 29″ 至 27° 07′ 25″，东经 113° 20′ 55″ 至 113° 55′ 23″。东自秩堂镇合户村毛竹坪，西至虎踞镇西屏村南塘，南起湖口镇浣溪村桥梁山，北迄火田镇大龙村兔子坪；东西宽 56.9 千米，南北长 68.25 千米。总面积 2500 平方千米，占湖南省面积的 1.18%，其中山地面积 1292.27 平方千米，丘陵盆地面积 1207.73 平方千米。2017 年，有耕地面积 60.0 万亩，总人口 64.89 万人；辖 2 个乡、10 个镇、4 个街道、2 个办事处，215 个村、27 个居委会。

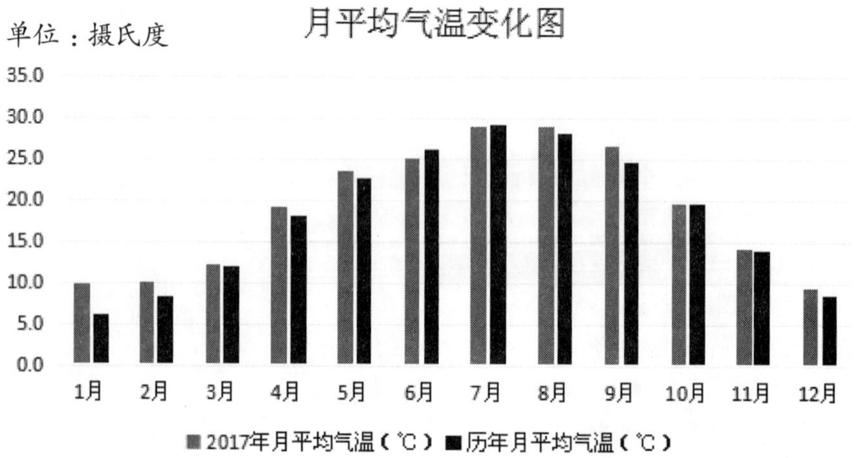


【气候特征】 茶陵属亚热带季风湿润气候，热量丰富，气候温和，日照时数多，降水量充足，严寒期短，暑热期长，春温多变，春夏多雨，伏秋多旱。气候类型多样，立体气候明显。

2017 年，年平均气温 19.0℃，较常年高 0.8℃，较 2016 年持平。年极端最高气温 39.0℃（7 月 26 日），年极端最低气温 0.0℃（12 月 18 日），年内无严寒期。

年降水量 1601.2 毫米，较常年偏多 139.3 毫米，较 2016 年多 0.3 毫米。年内 4 场暴雨，日最大降水量 82.8 毫米（6 月 28 日），年雨日 188 天。全年 3、6、7、8、11 月降水量为正距平，1、2、4、5、9、10、12 月为负距平。

年日照时数 1627.9 小时，较常年少 11.1 小时，较 2016 年多 28.9 小时。全年日照 1、2、4、5、8、9、12 月为正距平，3、6、7、10、11 月为负距平。

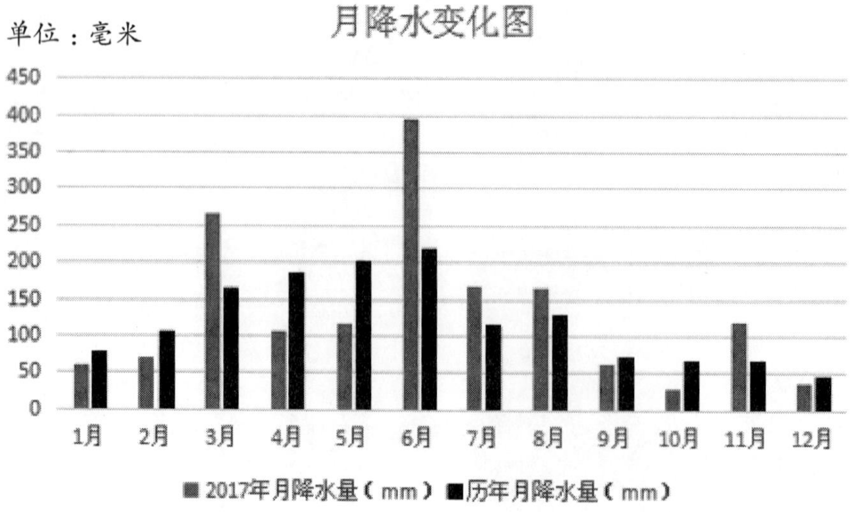


【气象灾害】 2017 年，出现雷雨大风、寒潮、暴雨洪涝、高温热

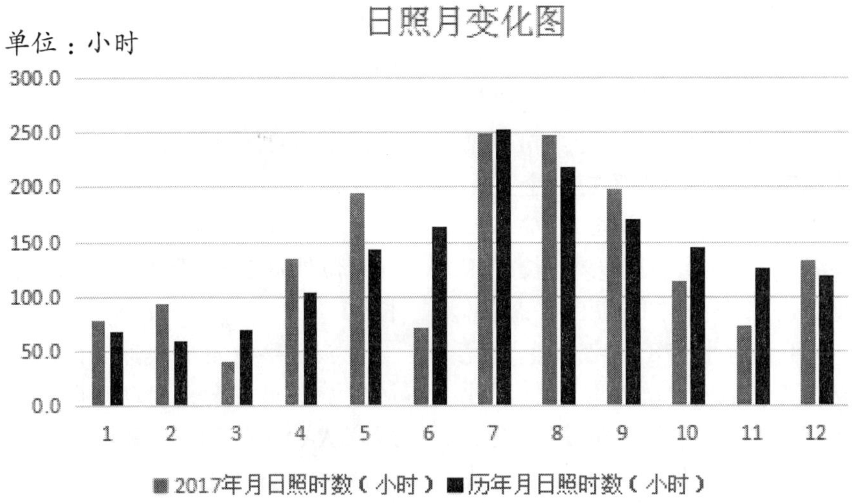


害等气象灾害。茶陵是雷击高发区，年平均雷暴日是58.2天。进入雷雨季节后，全县因雷电造成家庭、企事业单位及学校的电视机、电脑、电子监控设备等被击坏的事故频频发生，多属无防雷设施或防雷设备达不到规范要求，使之存在较大安全隐患。2月21—22日出现寒潮、大风天气，对进入开花期的油菜有一定影响。5月3日22时05分至08分，茶陵县境内出现大风，最大瞬时风速23.5米/秒。受其影响，该县的西部枣市、界首、下东等乡镇（街道）的迎风口大树被风吹到，居民的房屋瓦片被吹落。据不完整统计，直接经济损失约10余万元。全年下暴雨4场，其中6月28日降暴雨82.8毫米，过程雨量186.5毫米，造成洪涝灾害，全县受灾人口7872人，紧急转移安置人口65人，分散安置人口65人，农作物受灾面积1125公顷，其中成灾面积506公顷，绝收面积65.7公顷；倒塌农房15户53间，严重损坏农房7户19间；直接经济损失1056万元，其中农业损失591万元、基础设施损失73万元、家庭财产损失82万元、水利设施损失310万元。

6月日照严重不足，降水异常偏多，影响作物生长。降水过程频繁，田间持续渍水造成棉株感病，甚至停滞生长；烟叶生长出现光合作用不足，对烟质和干物质的积累不利。低温寡照天气造成作物生长缓慢，生育期有所推迟，影响秋种作物种植进度。雨水多导致病虫害发生发展，二化螟、水稻黏虫、稻飞虱等病虫数量急增且随风雨迁移。据茶陵县植保植检站统计，早稻亩平二化螟为923.1头，是2016年的1.8倍。部分西瓜蔓枯病严重，葡萄霜霉病发展加快。2017年高温日数44天，较常年偏多8天，出现4段高温热浪天气，强度最强时段为7月15—30日。12月冷空气活动频繁，温度“跳水式”下降，最低气温低于5℃的天数为14天，极端最低气温0℃。　（气象局）

**【人口状况】** 2017年末，全县有185933户，比2016年增加1743户，增长率为0.9%；户籍总人口648909人，比2016年增加5533人，增长率为0.9%。总人口中男性330295人，女性318614人，性别比约103∶100（男比女）。出生人口8968人，出生率为13.18‰；死亡人口12098人，死亡率为18.6‰；人口自然增长率为8.64‰。

（统计局）

**【国民经济和社会发展】** 2017年，是新一届县委、县人大、县政府、县政协的开局之年。在决胜脱贫摘帽任务艰巨、稳增长压力加大、安全稳定和污染治理要求高等严峻形势下，茶陵坚持“稳中求进、进中争先”工作总基调，紧扣“决胜脱贫攻坚、实现全面小康”两大任务，集中力量，精准发力，攻坚克难，实现县域经济平稳健康发展，社会大局和谐稳定。

**一、综合**

综合实力稳步提升。2017年，全县完成县内生产总值178.1亿元，同比增长8.2%，其中：完成第一产业增加值35.9亿元，同比增长3.8%；完成第二产业增加值57.5亿元，同比增长5.9%，其中完成规模工业增加值45.8亿元，同比增长6.4%；完成第三产业增加值84.7亿元，同比增长12.3%。三次产业结构比由2016年的19.7∶39.4∶40.9调整为20.1∶32.3∶47.6，产业结构不断优化。

农业生产稳步发展。推进农业供给侧结构改革，“一叶三茶”（烟叶、茶叶、油茶、茶花）、生猪、黄牛、脐橙等特色产业不断发展，农业龙头企业增加到30家，认证“三品一标”农产品37个，万樟园林获评“国家休闲农业和乡村旅游五星级企业（园区）”，高陇石冲村入选第七批全国“一村一品”示范村镇。2017年，全县实现农林牧渔业生产总值51.4亿元，同比增长4.1%。其中农业25.2亿元，同比增长3.9%；林业5.8亿元，同比增长4.5%；牧业17亿元，同比增长3.9%；渔业2.4亿元，同比增长3.5%。粮食总产量31.7万吨，同比增长2.8%；棉花产量1263吨，同比增长25.7%；油料作物产量1.9万吨，同比增长8.1%；烤烟种植面积2.18万亩，收购烤烟5843吨，实现烟叶税1600万元，入选全省28个重点产烟县；茶叶产量334吨，同比增长3.4%。生猪存栏46.6万头，同比下降4.4%，出栏88.1万头，同比增长2.8%；肉牛存栏8.07万头，出栏3.03万头；山羊存栏2.8万头，同比增长3.7%；水产品总产量1.7万吨，同比增长4.1%。全年化肥施用量14250吨，同比下降4.7%；新增农田有效灌溉面积1770亩，新增节水灌溉面积0.6万亩。农机保有量9.75万台，同比增长6.%；水稻生产全程机械化水平为77%，同比增长3%；农业机械总动力82.15万千瓦，同比增长6%；茶陵县成功创建全国平安农机示范县。

工业经济稳健运行。落实《茶陵县工业企业发展十条》，持续开展“企业帮扶年”活动，收集解决企业问题108个。全县实现规模以上工业总产值138.5亿元，同比增长16.2%，其中国有企业实现总产值3.2亿元，同比增长18.1%；重工业实现总产值89.6亿元，同比增长16.1%；轻工业实现总产值48.8亿元，同比增长16.4%。全县实现规模工业增加值（现价）45.8亿元，同比增长6.4%，其中国有控股企业实现工业增加值1.4亿元，同比增长10.4%；股份制企业实现工业增加值2.9亿元，同比下降8%；外商及港澳台商投资企业增加值4465万元，同比增长9.7%。全县规模工业企业个数171个，同比增长6.2%。园区各项经济指标稳步增长，工业经济形势整体保持良好态势。“一区五园”178家考核企业完成技工贸收入165.1亿元，同比增长11%；完成固定资产投资57亿元，同比增长21%；完成规模工业增加值38.4亿元，同比增长9%；完成高新技术产值17.14亿元，同比增长12%；上缴税金6.61亿元，同比增长12.1%；湖南晶彩电子有限责任公司申报为高新技术企业。

商贸流通增长较快。全县实现社会消费品零售总额72.8亿元，比2016年增长11.2%。其中城镇消费品零售总额实现54.6亿元，比2016年增长11.9%；乡村消费品零售总额实现18.2亿元，比2016年增长9.2%。分行业看，批发零售业完成64.4亿元，同比增长11.6%，其中限额以上企业单位完成16.1亿元，同比增长11.8%，限额以下企业单位完成48.2亿元，同比增长11.5%；住宿和餐饮业完成8.5亿元，同比增长7.9%，其中限额以上企业单位完成2.5亿元，同比增长7.4%，限额以下企业单位完成4.9亿元，同比增长0.8%。电子商务发展快，从事电商企业50多家，省商务厅认定电商企业4家（百易、百事通、悦家、飞米科技），培育电子商务限额以上企业10家。全县网购人数超过26万人，新增各类网店360多个，电商交易额3.2亿元，其中农特产品网络销售额2169万元。茶陵县成功入选全国电子商务进农村综合示范县。对外经济发展较快。全年实现进出口总额592万美元，比上年增长40.9%，其中出口总额584万美元；实际利用外资项目41个，实际到位外资2157万美元，同比增长13.5%。

旅游事业发展迅速。出台全域旅游实施方案，启动云阳山创国家AAAAA景区，重点实施赤松游客集散中心（一期）、东阳湖生态旅游开发、乡村旅游扶贫、工农兵政府旧址提质改造和游客服务中心等30个旅游项目，完成投资1亿元。引进途家酒店、维纳斯酒店及湖南万达亲和力国际旅行社、湖南新康辉国际旅行社落户茶陵。实施旅游扶贫，在严塘、秩堂、高陇、火田、桃坑等重点乡镇，建设旅游专线，培育万樟园林现代农业产业园、茶乡花海生态健康产业园等休闲观光基地，打造卧龙、毗塘、大垅、祖庵家菜总店等景区（点），发展乡村旅游；卧龙创建为国家AAA级景区，毗塘创建为国家AA级景区；茶陵成功创建湖南省旅游扶贫示范县。举办“情定云阳山·花海茶乡行”“油菜花海·春赏大典”、纪念茶陵县工农兵政府成立90周年、第六届祖庵家菜美食节、首届茶陵石冲脐橙采摘节等文化旅游活动。全县全年实现旅游收入11.1亿元，比2016年增长4%；接待国内外游客249.2万人次，同比增长6.1%。

交通运输和邮电通信业运行平稳。2017年，全县拥有公交车35辆，营运性客车236辆；全年完成客运量1796.5万人，比2016年下降9.3%，客运周转量69.7

万人公里，比2016年下降7.5%。全年完成农村公路建设300.5千米，其中县道26.2千米、乡道48.5千米、村道225.8千米。完成危桥改造12座。全县通车里程国道140.3千米、省道288.8千米、县道368.8千米、乡道395.4千米、村道1641.5千米。大力开展“三治三保”行动，超载超限及非法营运等交通乱象得到有效遏制。全年邮电业务总量完成2.2亿元（含邮政、电信、移动、联通），其中完成邮政业务收入4775万元，同比增长18.7%；电信业务收入5572万元，同比增长6.6%；移动业务总量9582万元，同比增长81.4%；联通业务总量2515万元，同比增长55%。固定电话拥有量2.03万部，手机拥有量30.8万部。报刊杂志期发536.1万份。

生态环境明显改善。持续推进封山育林，聘请242名建档立卡贫困对象担任生态护林员，全县完成造林面积5万亩，活立木蓄积量489.67万立方米，森林覆盖率为62.9%，成功纳入国家重点生态功能区。完成环境污染治理项目15个，整改中央环保督察组交办的问题23件。全面推进河长制，重拳整治非法采砂，关闭和撤除所有非法采砂厂。饮用水水源地水质100%达标，水质均达到II类水质标准。持续推进农村环境综合整治，洞头村被评为“中国美丽乡村百佳范例”，马吉村创建为省级美丽乡村示范村。工业“三废”排放达标率90%，城市污水集中处理达到国家排放标准，城市生活垃圾无害化处理率100%，日均清运垃圾量120.7吨。全县城区空气质量优良天数为319天，环境空气六参数优良率为87.4%。县城通过国卫复审和省级文明县城复检。

安全生产形势总体向好。全年发生生产经营性事故17起，其中死亡10人，受伤23人；发生各类安全生产事故90起，死亡9人，分别比2016年下降25%和增长12.5%。

**二、投资和建设**

固定资产投资增长平稳。全县实现全社会固定资产投资总额157.2亿元，同比增长14.4%，其中工业固定资产投资实现57.2亿元，同比下降14.3%。

重点工程和项目建设稳步推进。持续开展“项目攻坚年”活动，全县共安排100个重点项目，其中县内项目89个。深圳生态电子科技园等26个市重点项目开工，完成投资37.133亿元；高标准农田建设、宏泰健康养生园、龙华农牧（东冲二期）等项目进展顺利，金山广场、公园广场、犀城大道提质改造、创新创业园八栋标准厂房等全面完成，马湖公路、106国道至水源旅游公路建成通车，西环线、345省道（二期三期）、347省道、356国道、渡瑶公路、望云东路、茶祖路建设有序推进，共计完成投资75.86亿元。签约引进“天使之橙”、佳邦建设、汇才精加工、维也纳酒店等15个重点项目，合同引资31.5亿元。

房地产和建筑业稳步发展。全年完成房地产开发投资14.3亿元，同比下降2.9%。新开工面积34.2万平方米，同比下降33.6%；商品房销售面积52.1万平方米，同比增长9.5%；商品房销售额18亿元，同比增长10.8%。全县资质以上建筑业实现总产值34.7亿元，比2016年增长11.4%；实现建筑业增加值12.4亿元，比2016年增长4.5%。

**三、财政、金融、保险**

财政收支提质增量。全县实现财政总收入14.49亿元，同比增长8.8%。其中税收收入完成9.48亿元，同比增长20.5%，占财政总收入比重的65.5%；非税收入完成5亿元，同比下降8.1%，占财政总收入比重的34.5%。全县完成公共财政预算支出40.8亿元，同比增长20.1%。其中教育、医疗卫生和农林水事务三项支出分别完成7.8亿元、4.34亿元和9.2亿元，同比分别增长9.4%、下降2.1%和43.6%。

金融业运行活跃。全县11家银行机构年末实现各项存款余额217.9亿元，同比增长9%，其中城乡居民储蓄存款和单位存款分别实现163.69亿元和22.88亿元，同比增长13.6%、45.7%。实现各项贷款余额107.09亿元，同比增长16.6%，其中短期贷款12.93亿元，同比增长29%；中长期贷款40.79亿元，同比增长11.2%；全县存贷比为49.1%，较2016年同期提高3.1个百分点。在湖南股权交易所开通茶陵县专板，首批50家县内企业集体挂牌。

保险事业快速发展。全县全年保险收入2亿元，比2016年同期增长17%。其中寿险保费收入1.9亿元，同比增长17.5%；财险保费收入3361万元，同比增长25.7%。各种理赔支出2161.3万元，同比增长8.0%。

**四、教育、科技、文化、卫生和体育**

教育事业不断发展。启动职业中专搬迁；投入2673万元，实施城北小学、下东中心小学扩建等项目8个，“全面改薄”工作获国务院教育督导组肯定。年末全县有各类学校156所（包括村级小学），其中普通中学25所、职业中专1所、小学129所、特教学校1所。全县年末教师总人数4165人，其中普通中学2097人、职业中专81人、小学1933人、特教学校16人。全县在校学生总人数74063人，其中普通中学25198人、职专1756人、小学46947人、特教学校162人。全年高中毕业人数2658人，考入各类大中专院校学生总人数2200人；高考本科上线人数1387人，上线率为52.2%，其中本一上线人数为242人、本二以上上线人数为1039人，上线人数比2016年增加153人。2017年，全县适龄儿童入学率为99.89%。

科技事业投入加大。全县投入科技三项经费7003万元，有农村科技示范户560户。科技成果推广8项，其中工业2项、农业6项。县贵派电器公司成功利用专利质押融资1200万元。专利申请量与授权量分别为324件和186件，分别比2016年增长27.1%和38.8%。

文化事业发展较快。完成117个基层综合文化服务中心建设，县新档案馆、图书馆主体工程完工。全县电视信号覆盖100%，有线电视用户42090户。电影放映4299场次，电影观众45万人次。县图书馆藏书73.05万册。

卫生事业健康发展。县人民医院新住院大楼主体工程完工。北京健康扶贫基金会为乡镇卫生院配齐价值1.32亿元的DR、彩超、全自动生化分析仪等“新三件”医疗设备。远程会诊、分级诊疗、医联体试点实现新突破。年末拥有卫生机构（含私营个体）691个，医院38个，床位数2796张，病床使用率100%；卫生技术人员2085人，其中中医师123人、西医师649人、护师856人、中药师74人、西药师74人、检验师79人。新型农村合作医疗参合人数51.07万人，参合率97.02%。

体育事业稳步发展。全县获省市级以上奖牌数11枚，其中金牌3枚、银牌4枚、铜牌4枚。群众体育社会关注度不断提高，全民健身意识不断增强。城区时兴广场舞、“万步有约”健走等健身活动，洣水沿河风光带、金山广场成为群众健身新去处。经常参加体育活动人口占全部人口比重为51%。

**五、人民生活与社会保障**

人民生活不断改善。2017年全县城乡居民人均可支配收入19427元，同比增长8.7%，其中城镇居民人均可支配收入30824元，农村居民人均可支配收入8740元，分别较2016年增长7.9%、10.4%。城镇居民人均消费支出16604元，农村居民人均消费支出7830元；城镇居民人均住房面积67.4平方米，农村居民人均住房面积77平方米。全县小康实现程度为94.02%，比2016年提升2.52%。

社会保障不断加强。2017年末，全县养老保险、城镇医疗保险和失业保险参保人数分别为13404人、31589人、15065人，分别比2016年末减少53人和净增227人、275人。全县优抚对象总户数9009户；社会救济对象总人数21004人，发放救灾救济款330万元。全县享受最低生活保障的城市居民为7753人，享受最低生活保障的农村农民为7787人，城乡低保人均补差分别提高到314元、123元。全县新增就业人员4977人，其中城镇实现新增就业人数为2418人，农村实现新增就业人数为2559人。城镇登记失业率4.09%，领取失业保险金人数106人。新建廉租房384套，完成棚户区改造3002户。

脱贫攻坚成效显著。以脱贫攻坚统揽全县经济社会发展大局，把脱贫攻坚作为最大政治任务、头等大事和第一民生工程。全县47名县级领导、229支工作队、4000余名县乡机关干部进村入户扶贫攻坚。2017年，全县统筹安排各类财政性扶贫资金8.15亿元，争取市产业扶贫投资基金5.2亿元，全面落实“七个一批”和“八大工程”。全年解决饮水困难贫困户161户，完成贫困村农网改造31个；投资6.92亿元，推进“一五十百千”贫困村道路等基础设施建设；完成农村危房改造5274户（其中修缮加固4040户，幸福安居495户，拆旧建新739户），易地扶贫搬迁安置1581户5003人；扶持21家企业、385家合作社、72个基地、1142个大户，带动近4万贫困人口增收；完成62个贫困村光伏电站建设并实现并网发电；对所有建档立卡贫困学生实行教育资助全覆盖，发放财政资助金3367.19万元；完成贫困劳动力转移就业1388人、劳务输出1466人、劳务协作14148人；落实健康扶贫“三个一批”政策，68个贫困村实现“一村一室、一村一医”；认定低保对象5283户12818人，实现“两线融合”；发放贫困户贷款5290户2.48亿元；68个贫困村实现“三站合一”(村级电商服务站、金融扶贫服务站、助农取款服务站)。贫困村的水、电、路、房、网、环境治理明显改善，村容村貌大为改观；贫困群众就医、就学、就业、住房、养老等民生问题得到有效改善，广大群众的获得感、安全感和满意度明显提升。2017年，全县59个贫困村达到退出标准，贫困对象7505户27450人达到脱贫标准，综合贫困发生率降至0.882%，顺利通过贫困县摘帽市级初审、省级评估检查。

（统计局、档案史志局）

# 大事记

## 1月

9日，株洲市委书记、市人大常委会主任毛腾飞到茶陵调研脱贫攻坚工作，实地考察洣江街道渡里村在建主干道、村集体光伏发电站、幸福安居工程等，走访慰问贫困户。

10日，茶陵县建档立卡贫困人口生态护林员培训班开班。

11日，茶陵县兜底脱贫资金发放启动仪式在腰潞镇马加庄村举行。

12—13日，株洲市公共文化工作现场会在茶陵县召开。

17—20日，中央电视台财经频道《消费主张》栏目组到茶陵，拍摄题为《家乡的年味——湘味儿年》节目，对茶陵非物质文化遗产、人文景观、民俗风情、特色美食等进行采访。

20日，茶陵县人民政府与上海巨昂投资有限公司签订“天使之橙”产业扶贫项目合作协议。

22日，湖南省委书记、省人大常委会主任杜家毫到洣江街道洣瑶社区和下东街道沿河村视察指导脱贫攻坚工作。

23日，县委十二届三次全体会议暨县委经济工作会议召开。县委书记彭新军作题为《决胜脱贫攻坚 实现全面小康》工作报告。

是月，茶陵县下发《茶陵县国家公务员医疗补助办法》，规定从2017年1月1日起，在全县范围内建立公务员医疗补助制度。

## 2月

8日，茶陵县举行2017年春季现场招聘会，参加招聘会的企业（单位）有近80家，提供岗位约10000余个。

是日，湖南省人大常委会副主任陈君文到虎踞镇水源村走访慰问贫困户。

9日，茶陵县决胜脱贫攻坚实现全面小康誓师大会召开。县委书记彭新军作题为《撸袖实干 奋力冲刺 坚决打赢脱贫攻坚和全面小康决胜战》工作报告。县、乡、村三级主要干部参加。

是日，全域旅游暨云阳山创国家AAAAA景区动员大会召开。会上，北京江山多娇规划院与文旅投公司，湖南万达亲和力国际旅行社与文体广新旅局举行签约仪式。

14日，“2017茶乡花海·茶花郁金香大型花展”在茶陵县虎源生态园启动。

15日，湖南省政协常委、文教卫体委员会主任毛学军一行到枣市镇开展“三个一”结对扶贫活动，对枣市镇11个村的42户贫困户进行一对一结对帮扶。

15—16日，湖南省人大常委会副主任、省总工会主席刘莲玉一行到茶陵调研指导工作，先后实地查看县工人文化宫项目、虎源生态园林、云阳林场、茶祖文化园，并到虎踞镇水源村视察村部建设和生态农业合作社，看望慰问贫困户。

21日，茶陵县举行全国妇联“贫困母亲两癌救助”中央专项彩票公益金发放仪式，为21名救助对象发放专项基金21万元。

是日，全市防汛办主任工作座谈暨业务知识培训会议在茶陵县召开。

21—23日，政协茶陵县第九届委员会第二次会议召开。

23—24日，茶陵县第十七届人民代表大会第二次会议召开。

24日，在国家卫计委召开的规划信息工作会议上，茶陵县委副书记、县长江小忠作为全国唯一的县级代表，就《茶陵县医疗卫生服务体系规划(2016—2020)》编制工作经验与做法作典型发言。茶陵县“十三五”医疗卫生服务体系规划被定为全国县级示范模板。

26—27日，株洲市“深化帮扶工作”“提升基础管理”两个主题月活动现场会在茶陵县召开，重点部署解决脱贫攻坚中反映出来的帮扶工作和基础管理方面的突出问题。

## 3月

4日，2017湖南·茶陵“秩堂油菜花海·春赏大典”活动开幕。

4—5日，新华社湖南分社社长邹云率采访组到茶陵，就脱贫攻坚工作进行实地调研采访。

8日，省政协常委、提案委主任王剑平到茶陵调研炎帝文化，先后到茶祖文化公园、云阳山、洣江风光带等地实地考察，详细了解相关项目建设情况。

10日，贵派电器、春程门业、华锋钢构、利邦生物等4家企业获茶陵县首届科技创新奖。

15日，湖南日报社、省民政厅调研组到茶陵县调研采访罗霄山片区扶贫攻坚工作。

16日，湖南省加快推进国土绿化现场会议在茶陵召开。省政府办公厅、发改委、财政厅、林业厅、住建厅、农业委、交通厅、国土厅等单位负责人及全省14个市州相关人员参加会议。省人民政府副省长、省政协副主席戴道晋作重要讲话。

是日，湖南省人民政府副省长、省政协副主席戴道晋在茶陵视察指导易地扶贫搬迁工作。

21日，茶陵县桃江老年托养中心暨同升社会工作服务中心举行启动仪式。

23日，农发行总行党委委员、副行长林立到茶陵调研指导洣水河水利治理（一期）建设项目。

27日，株洲市首个县级足球青训基地落户茶陵，助力茶陵县足球运动发展。

是月，湖南茶陵经济开发区与深圳文善电子公司签订投资协议。该公司拟在茶陵投资1亿元兴建一个生产电感和变压器的工厂。

是月，枣市镇洞头村获“中国美丽乡村百佳范例”称号。

## 4月

14日，茶陵县检察院成立林业（生态环境资源）检察科。

19日，中共茶陵县委巡察工作动员部署会召开，启动第一轮巡察。

27日，茶陵二中成为“书香湖南”全民阅读共建点。

29日，2017茶陵首届乡村旅游节暨百果园——山货市场开园启动仪式在火田镇卧龙村拉开帷幕。

## 5月

5日，全国第二届“万步有约”职业人群健走激励大赛茶陵赛区启动仪式举行，共有10个团队、35个分队、400余人参赛。

9日，茶陵县农村低保和兜底脱贫对象认定清理整顿工作动员大会召开。

11日，茶陵县青少年宫、文化馆项目举行开工奠基仪式。

12日，新疆军区原参谋长、少将彭新国到茶陵考察指导工作。

20日，株洲市委书记、市人大常委会主任毛腾飞带领市委办、市委组织部等部门到茶陵调研督查脱贫攻坚等工作。

21日，中国旅游融媒体“红色旅游扶贫湘东行”活动走进茶陵。人民网、新华网、腾讯网等32家中国旅游网络媒体及湖南主流媒体聚焦犀城，共同“寻忆红色湘东”。

26日，“欢乐潇湘 小康茶陵”大型群众文化活动正式启动。活动至8月结束，共举办文艺会演19场，参与演出群众4000人次，观众近5万人次，原创节目60余个。

31日，茶陵县公共法律服务中心正式对外开放，开设法律援助、法律咨询、律师值班、涉法涉诉、法治宣传、人民调解、公证服务和接待指引等服务窗口。

## 6月

1日，茶陵县举行首届“关爱基金”发放仪式暨第五届“同在一片天 爱在你我间”联谊活动。

2—3日，以湖南省住建厅厅长鹿山为组长的省脱贫攻坚第八督查组到茶陵督查指导幸福安居工程建设。

5—6日，省人大调研组到茶陵县就水资源管理及脱贫攻坚工作情况进行调研。

7日，茶陵县2017年农村危房改造暨贫困户修缮加固工作动员大会召开。

8日，株洲市政协“项目攻坚年”视察组到茶陵对晶辉电子、“茶乡花海”、345省道、万樟园林、龙华农牧生猪产业精准扶贫等项目建设情况开展调研视察。

12日，茶陵县城乡建设用地增减挂钩工作动员大会召开。

13日，茶陵县举行“彩虹计划”——小学生心理健康教育进校园活动启动仪式。

是日，湖南省政协原副主席游碧竹一行到茶陵调研旅游工作情况。

是日，湖南贵派电器股份有限公司用18项专利质押，与工商银行茶陵支行签订专利质押借款协议，授信总额1200万元，标志茶陵第一单专利权质押贷款获得成功，实现专利质押贷款零突破。

14日，湖南省人大常委会党组书记、副主任韩永文到茶陵督查脱贫攻坚工作。

是日，虎踞镇水源种养农民专业合作社生产的丝瓜获国家绿色食品中心颁发的“绿色”名片。

15日，省卫计委党组书记、主任陈小春到茶陵考察卫生计生重点工作及脱贫攻坚工作。

18日，湖南省委副书记、省长许达哲到茶陵县调研脱贫攻坚工作。

20日，茶陵县被评为2017年“全国电子商务进农村综合示范县”。

22日，中国流动科技馆湖南巡展茶陵站举行启动仪式。

24日，2017年株洲茶陵（锡田）第三届百合花文化旅游节开幕。

27日，株洲市贫困户养牛技术培训班在茶陵举行，来自全市各县（市、区）100余名养牛大户和贫困户参加培训。

28日，中国国家交响乐团党委书记史丽芬带领乐团男高音歌唱家张天甫等一行10人，到茶陵县举行“爱在中国”公益音乐演唱会。

是日，国家防总督查组一行到茶陵县检查督导防汛工作。

30日，株洲市委副书记、市长阳卫国到茶陵视察脱贫攻坚及防汛工作。

是月，茶陵县东阳法治文化公园开工，并于10月完成第一期工程建设。这是茶陵第一座以法治建设为主题的特色公园。

## 7月

4日，湖南省委常委、省委政法委书记、省公安厅厅长黄关春到茶陵调研政法综治工作。

10日，湖南省委副书记乌兰率省住建厅、省农委、省扶贫办等部门相关负责人到茶陵调研脱贫攻坚工作。

是日，湖南省委党史研究室主任庄超一行到茶陵县调研指导党史工作。

14日，湖南股权交易所和茶陵县人民政府共同主办“湖南股权交易所茶陵县专板”开通暨首批50家企业集体挂牌仪式。

19日，株洲市财政脱贫攻坚问题整改总结会在茶陵召开。

21日，茶陵县举行夏季重大招商项目签约仪式，五矿二十三冶战略合作、华能太和仙风电、湖南一心医药集团、东阳实验学校、“天使之橙”脐橙产业链及产业扶贫合作、电商扶贫专项等六大项目落户茶陵，投资金额近14亿元。

22日，国务院第四次大督查第十二督查组组长、住建部副部长倪虹一行到茶陵县督查易地扶贫搬迁工作。

28日，中央电视台新闻频道报道茶陵县“找准穷根再施策，易地扶贫促就业”典型经验。

29—30日，2017年“扫黄打非”专项行动省际交叉检查组到茶陵县督导检查。

31日，湖南省人大常委会副主任王柯敏到茶陵就《湖南省农村扶贫开发条例》贯彻实施情况开展执法检查。

## 8月

3日，湖南省国土资源厅调研组一行到茶陵县开展城乡建设用地增减挂钩工作调研。

4日，茶陵县委十二届四次全体扩大会议召开。县委书记彭新军作《咬定目标 真抓实干 坚决完成“决胜脱贫攻坚 实现全面小康”两大任务》工作报告。

9日，省人大常委会党组书记、副主任韩永文率省脱贫攻坚常态化联点督查第23督查组到茶陵督查指导脱贫攻坚工作。

10—11日，省纪委副书记李宗文到茶陵县督查指导工作，重点对茶陵县农村信访举报集中办理专项行动、扶贫领域监督执纪问责、乡镇纪委履职等方面的情况进行督查指导。

15—16日，全国政协常委、民进中央脱贫攻坚民主监督工作领导小组副组长、民进中央常务副主席蔡达峰，全国政协副秘书长、民进中央脱贫攻坚民主监督工作领导小组副组长、民进中央副主席朱永新率民进中央调研组到茶陵开展脱贫攻坚民主监督调研。

21—22日，2017年湖南技能大赛——全省国有林场职业技能竞赛在浏阳大围山国家森林公园举行。茶陵县云阳森林管理局苏忠良荣获第一名。

22日，万樟园林举行“国家休闲农业和乡村旅游五星级企业

(园区)”揭牌仪式。

23日，茶陵县2017年决胜脱贫摘帽总攻动员大会召开。会议传达全省2017年决胜脱贫摘帽工作推进会议精神，号召全县上下以铁一般的决心、铁一般的举措、铁一般的担当、铁一般的作风，向脱贫摘帽发起最后总攻。

29日，茶陵县召开小水电自供区电网移交国网管理动员大会，并举行移交框架协议签字仪式，标志着茶陵县小水电自供区电网正式移交国网管理。

31日，茶陵县与云龙示范区签订城乡建设用地增减挂钩指标流转框架协议。

是月，茶陵县顺利通过国家卫生县城复审。

## 9月

7日，湖南省政协主席李微微到茶陵县调研教育扶贫工作，并视察枣市中心小学拓维扶贫项目。

12日，2017年株洲(深圳)产业对接暨市情推介会在深圳举行。茶陵县与广州伟仕达电子有限公司、深圳琳铭数码科技有限公司等5家企业分别就伟仕达电子产业园项目、数码配件生产加工项目、防静电项目、环保透水砖项目、茶陵维也纳国际酒店项目签订合作协议，签约总投资达9.7亿元。

15日，中国财政科学研究院PPP研究所所长彭程带队到茶陵县就推行PPP模式开展调研。

19日，由北京盛景网联合伙人、首席战略顾问、国家科技部火炬中心原副主任杨跃承一行组成的株洲市创新城市产业发展考察工作组到茶陵考察交流茶叶产业。

20日，茶陵县病死畜禽无害化处理中心项目建设开工仪式在马江镇月岭村燕窝里举行。

是日，株洲龙华循环科技农业有限公司精准扶贫委托帮扶签约仪式在马江镇月岭村举行。

21日，茶陵籍知名国画大师唐湘子“喜迎十九大　情系家乡书画艺术汇报展”在株洲市神农大剧院启幕。

25日，2017年株洲高速公路云阳山隧道危险化学品泄露事故应急救援联合演练在衡炎高速公路云阳山隧道举行。

27日，国务院发展研究中心宏观经济研究部研究室主任、研究员张俊伟带领《人民日报》、高校专家组一行，先后到茶陵县义工联合会、龙华农牧、万樟园林等地调研，详细了解茶陵爱心事业和产业帮扶情况。

是日，株洲市政协主席蔡溪到洣江街道渡里村调研指导脱贫攻坚工作。

28日，茶陵县第一个签订资产移交协议的自供区——江口自供区华理村线路新建、改造项目正式进场施工，标志茶陵县自供区移交改造项目全面启动。

## 10月

12日，省煤监局局长吴卫龙一行到茶陵督查煤矿安全监管工作。

13—14日，新中国成立初期山西到茶陵工作的南下干部的子女一行35人，到茶陵寻访父辈历史足迹，参观茶陵红色文化和发展业绩。

16日，湖南省副省长隋忠诚到茶陵调研脱贫攻坚和农业农村工作。

17日,茶陵县举行2017年“国家扶贫日”扶贫济困践行友善公募仪式,现场募集捐款230余万元。

24日，全国政协委员、教科文卫体委员会副主任，国家体育总局原副局长、党组成员段世杰带队到茶陵开展送体育下基层活动，考察群众体育健身工作。

25日，国家住建部村镇建设司检查组一行到茶陵检查农村危房加固改造工作。

是日，省供销合作社党组书记、理事会主任曾震亚一行到茶陵调研督查深化供销合作社综合改革工作。

27日，中国国际茶文化研究会副会长沈立江一行到茶陵县考察第十五届国际茶文化研讨会筹备工作情况。

28日，茶陵县召开残疾人就业保障金征收会议，明确行政事业单位残疾人保障金由“财政代征”改为“地税自征”。

31日，茶陵县学习传达党的十九大会议精神暨脱贫攻坚贫困退出迎检工作动员大会召开。

是月，湖南省科技馆组织的“探知未来”2017年全国青年科普创新实验暨作品大赛初赛长沙赛区株洲站在茶陵一中开赛。

## 11月

9日，省人民医院党委书记唐建明、院长祝益民带领医护人员到虎踞镇水源村开展精准扶贫义诊活动。

10日，县文旅投公司和四川

现代汽车有限公司旅游观光客车交车仪式在云阳山赤松游客集散中心举行，茶陵县新添5台旅游观光客车。

14日，茶陵县第28届中小学生运动会在思源实验学校开幕。

15日，株洲市农村土坯房、危房改造工作督察验收培训会在茶陵县召开。

15—16日，湖南省委常委、常务副省长陈向群到茶陵县督查脱贫攻坚工作。

16日，湖南出入境检验检疫局局长杨杰到茶陵调研省级出口食品农产品质量安全示范区创建工作。

17日，西环线拆迁工作在下东街道头铺村正式启动，首批12栋签订征收合同的拆迁房屋进行集中拆除。

17日，以“返璞·品鉴”为主题的2017湖南茶陵“第六届祖庵家菜美食节”在高陇镇祖安村开幕。

19日，茶陵县首届石冲脐橙采摘节在高陇镇石冲村开幕。

21日，由茶陵籍青年歌唱家陈小艺演唱的茶陵本土歌曲《红色摇篮》，在中央电视台音乐频道《中国音乐电视》栏目分三个时段播出。

21—22日，湖南省人大常委会党组书记、副主任韩永文到茶陵开展脱贫攻坚常态化联点督查工作。

23日，“红色政权耀千秋”——纪念茶陵县工农兵政府成立90周年文艺周活动开演。

27—29日，2017年株洲（北京）项目对接暨市情推介会在北京湖南大厦举行，茶陵县成功签约洣水河前农保护圈防洪工程PPP项目。

28日，“红色政权耀千秋”——纪念毛泽东缔造的第一个红色政权茶陵县工农兵政府成立90周年座谈会召开。茶陵县工农兵政府工农兵代表后代谭泾远、陈人康、李匡世和中央、省、市、县专家和领导参加。

是日，茶陵县工农兵政府旧址陈展提质升级项目完工，并正式对外开放。

是日，中央电视台第七频道“聚集三农”栏目推出“治村记——‘空心村’变形”专题报道，讲述茶陵县腰潞镇马加庄村“空心房”治理工作。

29日，国家督学组长靳润成一行到茶陵督导“全面改薄”工作。

30日，省“互联网+监督”专项督查组到枣市等乡镇实地查看“互联网+监督”平台民生资金公开、村级财务软件与平台对接、村级财务公开及支出发票上传平台等情况。

是月，茶陵县入选全国第四批法治县创建工作先进单位。

## 12月

1日，“追寻中国最美自驾游目的地——全国自驾游携手CCTV及百家媒体走进湖南”活动到茶陵县。

4日，县委书记彭新军在湖南省“12•4”国家宪法日暨法治湖南建设年度盛典活动中被评为全省“十佳法治建设推进者”。

6日，茶陵县豪华观光游船“东阳湖号”在东阳湖成功试航并通过验收。

22日，由湖南省国际工程咨询公司组织的省考核组对茶陵县易地扶贫搬迁工作进行实地检查。

是日，茶陵县归国华侨联合会获批成立。

28日，茶陵县农村土地确权首证颁发仪式在虎踞镇二仙村举行。

是日，株洲市首家县级新的社会阶层人士联合会在茶陵县成立。

29日，茶陵县委十二届五次全体（扩大）会议暨2018年县委经济工作会议召开。县委书记彭新军作题为《迈步新时代 践行新思想 决胜全面小康 加快建成“中心县”》工作报告。

是日，中央组织部调研组到茶陵就将在2018年开展的“不忘初心、牢记使命”主题教育活动进行前期调研。

是月，茶陵县获评全国“平安农机”示范县。

# 专　　辑

**【掀起学习宣传贯彻中共“十九大”精神热潮】** 中共十九大召开后，茶陵县把学习贯彻十九大精神当做重要的政治任务，精心部署，周密安排，采取人民群众喜闻乐见的形式，以“七个千”活动为载体，做到“学起来、教起来、传起来、研起来、干起来”。千只喇叭村村响。全县16个乡镇（街道）启动900多个“村村通”喇叭早晚各播放一次，向村民传播十九大精神和扶贫惠农政策等，形成覆盖所有行政村的播报网。千个微群个个转。在“茶陵发布”“大美茶陵”等各类公众号上密集发布十九大相关文章，以“集赞”等方式号召用户群体在朋友圈、聊天群、工作群等各类微信群中广泛转发。千块板报传精神。全县精心编写十九大全版板报1100余块，张贴宣传标语1万余份，制作专版宣传栏1000余个，宣传十九大精神。全县千名党员下基层。召集1678名党员深入到农村，进组入户，面对面将十九大精神连同扶贫惠农政策一起“打包”送到农户家中，发放各类宣传手册5000余册。千堂校课润心田。开展“十九大精神”进校园活动，县内所有高中、初中、小学、学前教育开设专题校课，针对不同阶段的学生特点，学教结合、寓教于乐，开设十九大报告解读500余场，举行“不忘初心跟党走”演讲比赛30余场。千家门店读折页。将十九大报告解读印发成折页，与综治民调、消防知识等宣传工作相结合，在城区各大超市、宾馆等1200余家店铺发放宣传折页1万余份。千册读本进书屋。将中共十九大报告、《中国共产党章程》单行本、《党的十九大报告辅导读本》等文献和辅导读物计20000余册配送到全县218家农家书屋，采取主题大讲堂、党员带头学等形式，开展学习中共十九大文献和辅导读物活动。（阳　童）

**【茶陵县脱贫攻坚工作通过市初审、省评估检查】** 2017年，是茶陵县脱贫攻坚决战决胜之年。为打赢脱贫攻坚战，县委、县政府把脱贫攻坚作为最大政治任务、头等大事和第一民生工程。瞄准户脱贫、村出列、县摘帽目标，尽锐出战。全县47名县级领导、229支工作队、4000余名县乡机关干部进村入户扶贫攻坚，形成“结对帮扶全覆盖、整体脱贫大包干、村村都有工作队、户户都有干部帮”的纵向到底的工作格局。同时，设立由县领导挂帅的精准识别、产业扶贫等19个脱贫攻坚工作领导小组，制定《茶陵县脱贫攻坚各级责任清单》《茶陵县脱贫攻坚工作问责暂行办法》，明确从县领导到结对帮扶干部10个层次的工作责任，逐级签订脱贫攻坚履职承诺书。从严督查问责，对发现的问题点名通报、限时整改，对扶贫领域违纪违规的45位县乡村相关责任人给予党纪政纪处分，以责任追究倒逼工作落实。为有力有效推进脱贫攻坚，全县先后召开决胜脱贫攻坚誓师大会、摘帽总攻大会、退出迎检动员大会和推进会、调度会、专题会等20多次重大会议，组织开展“基础管理提升月”“国家扶贫日”公募、“大培训、大宣讲、大落实”“全面走访农户、全面核查情况、全面整改问题”等集中行动，出台《茶陵县2017年农村危房改造工作实施方案》《茶陵县2017年产业扶贫实施意见》《茶陵县健康扶贫工程“三个一批”行动计划及农村贫困住院患者县域内先诊疗后付费工作实施方案》等系列政策文件，集中发力，精准施策，提高脱贫攻坚的针对性、实效性。2017年，全县统筹安排各类财政性扶贫资金8.15亿元，争取市产业扶贫投资基金5.2亿元，全面落实“七个一批”和“八大工程”。全年解决饮水困难贫困户161户，完成贫困村农网改造31个；投资6.92亿元，推进“一五十百千”贫困村道路等基础设施建设；完成农村危房改造5274户（其中修缮加固4040户，幸福安居495户，拆旧建新739户），易地扶贫搬迁安置1581户5003人；实施委托帮扶，依托21家企业、385家合作社、72个基地、1142个大户，带动近4万贫困人口增收；完成62个贫困村光伏电站建设并实现并网发电；对所有建档立卡贫困学生实行教育资助全覆盖，发放财政资助金3367.19万元；完成贫困劳动力转移就业1388人、劳务输出1466人、劳务协作14148人；落实健康扶贫“三个一批”政策，68个贫困村实现“一村一室、一村一医”；认定低保对象5283户12818人，实现“两线融合”；发放贫困户贷款5290户，2.48亿元；68个贫困村实现“三站合一”。是年底，经县抽查复核和审核审批，59个贫困村达到退出标准，贫困对象7505户27450人达到脱贫标准。至此，全县贫困人口减少至1742户4859人，贫困村全部退出。经市级初审、省级评估检查，认定茶陵县综合贫困发生率为0.882%、错退率为0.36%、漏评率为零、群众认可度为98.96%，符合摘帽标准。省扶贫开发领导小组在省人民政府门户网站给予茶陵县拟摘帽公示，并向国务院扶贫开发领导小组申请专项评估检查。（陈小荣）

**【并村后村（居）“两委”换届选举顺利完成】** 2016年5月茶陵启动并村改革，原有的359个建制村（居委会）合并为215个村和27个居委会。为保持基层社会稳定和农村各项工作特别是扶贫攻坚工作正常开展，合并后的村只明确村支“两委”临时负责人，原合并村暂保留原有人员继续开展工作。2017年是换届年，全县村（居）“两委”换届选举工作大幕拉开，242个村（居）顺利完成村党支部委员会、村委会换届选举，共选出“两委”干部1279名，其中党组织委员会委员829名，村（居）民委员会委员745名，交叉任职人员295名。总体来看，全县村（居）“两委”换届选举工作达到预期效果。一是“两委”班子配强。新当选书记75名（占31.0%），新当选主任129名（占53.3%），新进“两委”委员304名（占38%），有648名带富致富能手、创业返乡人员和种养大户等能人当选，其中当选书记123名（占50.8%），当选主任106名（占43.8%）。二是班子结构优化。“两委”委员大专以上学历495名，其中党组织书记134名（占55.4 %）、主任112名（占47.6%）；57岁以下党组织书记229名（占98.3 %），45岁以下党组织书记64名（占26.4%）；“两委”女性委员352名（占23.7%）。三是民主选举提升。党组织换届的村（居）党员参选率均达到80%以上，其中参选率超过90%以上的村（居）168个。村（居）委换届选民登记384145人，实际参加选举376630人，参选率98.04%。四是“两委”职数精简。按3、5、7人三个类别确定职数，结合村级合并、人口数量等基层实际，对情况特殊的个别村适当增加1名职数，确保刚性要求和实际需求的有效统一。换届后，全县“两委”班子成员1279人，较上一届减少351人，精简幅度为27.4%。五是班子队伍强化。突出村（居）党组织书记队伍建设和党建专干培养，分别举办两期村（居）党组织书记培训班和党建专干培训班；实现对114个合并村选派“第一书记”全覆盖；242个村（居）均配齐村（居）民议事委员会、监督委员会和村（居）民代表，“四议两公开”制度和党务村务民主决策监督得到落实。六是新老班子交接顺利。所有村（居）两委全部完成公章、文件、财务、资产等的移交工作；乡镇（街道）党（工）委负责人对181名离任村（居）主职逐一进行谈心谈话，新任村（居）主干对其他离任人员逐一进行谈心谈话；乡镇（街道）结合“七一”活动，对145名生活困难的离任人员进行走访慰问，主动帮助解决生产生活中的实际困难。（肖思飞）

**【隆重纪念茶陵县工农兵政府成立90周年】** 茶陵县工农兵政府旧址是茶陵红色文化的闪亮名片，原系南宋至清代的州（县）署衙门，始建于南宋中叶之末。1927年11月28日，根据毛泽东的指示，在此成立茶陵县工农兵政府。旧衙门1928年毁于战火。2004年茶陵县委、县政府决定在原址复建茶陵县工农兵政府，2007年建成并对外开放，总投资2000余万元，占地面积18000余平方米，建筑面积4975平方米。2017年投资1300万元进行提质改造和重新布展，纪念毛泽东缔造的第一个红色政权茶陵县工农兵政府成立90周年。茶陵以“红色政权耀千秋”为主题，组织开展红色歌舞文艺周、红色讲坛名家谈、“红色印象”书画摄影展、“红色政权，源于茶陵”纪念毛泽东缔造的第一个红色政权——茶陵县工农兵政府成立90周年征文等一系列活动。提质改造后的茶陵县工农兵政府旧址新增了景区自助游览、语音讲解、无线网络全覆盖等多项便民服务功能，被国家旅游局列为全国红色旅游30条精品线路第8条中的重要景点，被全国旅游景区质量等级评定委员会认定为国家AAA级旅游景区。此前，旧址先后被列为全国红色旅游经典景区、国家国防教育基地、湖南省廉政文化教育基地、湖南省全民国防教育基地、湖南省爱国主义教育基地、中国井冈山干部学院现场教学点、湖南省思想教育基地、湖南省文明风景旅游区。开展成立90周年系列活动后，知名度进一步提升，到旧址参观和接受红色教育的游客比上年同期增加三分之一。

（罗军平）

**【全面推行河长制】** 2017年，茶陵县按照省、市关于河长制工作部署和要求，推动河湖管理保护和水生态文明建设。对全县范围内113条河流管理，全部落实具体责任人，由县委书记任县级第一河长，县长任县级总河长，另有5位县级领导分别担任县级副河长兼洣水、洮水、茶水、沤江和文江河的县级河长，河流所流经乡镇（街道）的151位主要负责同志担任乡级河长，208位村支书或村主任担任村级河长，各级河长名单均在茶陵县新闻网站公示。安装县乡村河长责任公示牌236块，实现县、乡、村三级“河长”全覆盖。县委、县政府召开专题会议，研究解决推进河长制工作中的一些具体问题，每年增加预算河长制工作经费200万元。全县18个乡镇（街道）、办事处设立河长办，配备专门工作场地和工作人员，工作经费列入本级财政预算。建立和推行河长制，改变原有“九龙治水”、责任不明状况，有效遏止非法侵占河道、围垦湖泊、滥采乱挖、超标排污等现象，保障河湖功能永续利用，维护河湖绿色生态。

（陈小荣）

**【开通湖南股权交易所茶陵县专版】** 2017年7月14日上午，由湖南股权交易所和茶陵县人民政府主办，茶陵县委统战部、县工商联、县经科局联合承办的“湖南股权交易所茶陵县专板”开通暨首批县域50家企业集体挂牌仪式”在湖南股权交易所株洲分所成功举办。全县60余家工农业规上企业、行业商协会代表参加“资本服务进茶陵”、企业资本运作培训讲座等系列活动，一对一解决企业在战略规划、财税管理、股份制改造等方面存在的问题，企业可享受品牌营销宣传、资本运作培训、专家服务诊断等一系列综合金融服务，开启茶陵县企业集体对接资本市场的新征程。“湖南股权交易所茶陵县专板”的开通，是湖南省区域股权市场首个县域经济专板，是落实省委省政府金融扶贫和补齐县域经济短板的一项重要举措，对于推进茶陵普惠金融建设，畅通和拓宽融资渠道，激发企业的内在发展动力有着重要意义。（陈志华）

**【万樟园林荣获“国家休闲农业和乡村旅游五星级企业”称号】** 湖南茶陵县万樟园林公司是株洲市唯一荣获“国家休闲农业和乡村旅游五星级企业”的单位，该公司现代林业产业示范园坐落于茶陵县严塘镇境内。园区规划面积11.6万亩，计划投资32亿元，以建设国家农业公园(田园综合体)、国家AAAAA级旅游景区、国家级现代农业产业园为目标，发展名贵花卉及珍贵树种产业、蜜柚产业、黄桃产业、旅游观光产业，建设丹桂、罗汉松、银杏、小叶桢楠、石楠、朴树、榉木、樟树等珍贵树种战略储备林36600亩，建设杜鹃园、紫薇园11300亩、樱花园8100亩、红枫园8710亩、玉兰园6160亩、桃花园8660亩、蜜柚园9600亩、芙蓉园4322亩及腊梅园2842亩，打造集一二三产业融合发展的现代农业特色产业园。

（陈小荣）

**【中央环保督察】** 2017年4月24日至5月27日，中央环保督察组入驻湖南开展环境保护督察。其间，茶陵县接到中央环保督察组交办件23件（其中重点督办件7件、重复投诉件3件）。交办的内容主要包括洣江河道乱采乱挖、企业或加工厂空气污染和超标排污、禽畜养殖环境污染、焚烧垃圾空气污染等方面。督察期间及时给予回复并办结的有15件，另有8件（其中重复投诉件1件）因涉及居民搬迁、养殖场关闭、生态恢复等问题，整改期限有所延长。在回复并办结的信访件中，立案6起，移送公安3起，处罚金额13.7585万元，对2名企业直接责任人进行行政拘留，2名企业直接责任人进行刑事拘留，对有关部门的26名工作人员进行问责。针对8个未完成整改的交办件，县委县政府联合下发《茶陵县贯彻落实中央环保督察反馈意见整改方案》，明确整改目标、内容、标准、时限、责任单位和责任人，县环保委员会下达相关通知，督促加快整改进度。至2017年年底，所有交办件全部完成整改并销号。

（陈昱婷）

# 中国共产党茶陵县委员会

## 中共茶陵县委

【概况】 2017年，全县完成GDP178.11亿元，一般公共财政收入14.49亿元，社会固定资产投资157.25亿元，社会消费品零售总额72.87亿元，实现城镇居民可支配收入30824元，实现农村居民可支配收入8740元，分别同比增长8.2%、8.8%、14.4%、11.2%、7.9%、10.4%。获“全国电子商务进农村综合示范县”“全国平安农机示范县”称号；入选全国第四批“法治县创建先进单位”，获评“全国老龄工作先进单位”；万樟园林获评“国家休闲农业和乡村旅游五星级企业（园区）”，洞头村获评“中国美丽乡村百佳范例”，卧龙山庄创建国家AAA级景区。是年，茶陵县通过国卫复审和省级文明县城复检。

【经济发展】 三次产业比为20.1 ∶ 32.3 ∶ 47.6，结构持续优化。粮食生产稳中有增，生猪、黄牛、“一叶三茶”、脐橙等特色产业势头良好，入选全省28个重点产烟县。农业龙头企业增加到30家，高陇石冲村入选第七批全国“一村一品”示范村镇，茶陵黄牛入选《湖南省特色农产品品牌名录》。“一区五园”规模工业企业达到162家，新增“四上”企业42家，完成规模工业总产值138.47亿元，规模工业增加值45.87亿元，分别同比增长16.2%、6.4%。“鹰击长空”全域旅游和云阳山创AAAAA工作进展顺利，启动建设旅游项目30个。举办“情定云阳山·花海茶乡行”“油菜花海·春赏大典”“爱在中国”公益演唱会、第六届祖庵家菜美食节、首届茶陵石冲脐橙采摘节等大型文化旅游活动。开展“项目攻坚年”活动，安排100个重点项目，完成投资81.46亿元，西环线、深圳生态电子科技园等重点项目 加快推进。签约引进“天使之橙”等15个重点项目,合同引资31.5亿元。推进“企业帮扶年”活动，收集解决企业问题108个，办结率100%。开通湖南股权交易所茶陵县专板，中小微企业公共服务平台建设加快推进。实现专利质押融资零突破，晶彩电子申报为高新技术企业。推进省直管县改革，有序承接406项权限。深化供给侧结构改革，统筹推动行政审批、农村、园区、财税、投融资、教育、医药卫生、社保等领域改革实现新进展。

【脱贫攻坚】 召开决胜脱贫攻坚誓师、摘帽总攻、退出迎检动员大会和推进会、调度会、专题会等20多次重大会议，研究部署推进脱贫攻坚工作。建立县领导常态化联点督查机制，“三走访三签字”落到实处。明确19名县级领导分别担任19个扶贫专项领导小组组长，每月进行调度。全县各级责任主体向县委递交脱贫攻坚履职承诺书，形成县乡村三级书记抓扶贫、上下同心促攻坚的局面。统筹整合财政涉农资金5.24亿元用于精准扶贫。47名县级领导、229支工作队，4000余名县乡机关干部参加结对帮扶，实行整体脱贫大包干，村村都有工作队，户户都有干部帮。开展“基础管理提升月”活动，部署开展“大培训、大宣讲、大落实”活动和“全面走访农户、全面核查情况、全面整改问题”集中行动，整改落实各类问题200余个。落实“七个一批”和“八大工程”，圆满完成脱贫硬性指标任务。推进“一五十百千”贫困村基础设施项目。贫困村电网改造全部完成。完成农村危房改造6633户，其中修缮加固5464户，幸福安居492户，拆旧建新677户。易地扶贫搬迁安置1581户5003人。通过产业帮扶，带动近40000贫困人口增收。成功创建“湖南省旅游扶贫示范县”。对所有建档立卡贫困学生实行教育资助全覆盖,发放财政资助金3367.19万元。落实健康扶贫“三个一批”政策，68个贫困村实现“一村一室、一村一医”和“三站合一”全覆盖。认定低保对象5283户12818人，有效实现“两线融合”。2017年，全县59个贫困村达到退出标准，贫困对象7505户27450人达到脱贫标准，综合贫困发生率降至0.882%，通过贫困县摘帽市级初审、省级评估检查。小康工作指标实现程度为94.02%，比2016年提升2.52%。

**【民生事业】** 财政民生支出32.8亿元，占公共财政预算总支出80%，同比增长23.1%。新增城镇就业2418人，农村劳动力转移就业2559人。启动职业中专搬迁，完成城东学校、思源学校、城北小学、下东中心小学扩建，“全面改薄”工作获国务院教育督导组肯定。卫生医疗远程会诊、分级诊疗、医联体试点等工作取得重大突破，人民医院新住院大楼主体工程完工。完成棚户区改造3002户。洣水水库移民安置终验顺利通过。城西农贸市场投入使用。完成117个基层综合文化服务中心建设，新图书馆、新档案馆主体工程完工，规划展览馆启动布展。《茶祖文化园》获市首届文化创新奖。推进“多规合一”，完成91项市政设施设计、4个镇总体规划和103个村庄规划编制。依法拆除违章建筑7682平方米。金山广场、犀城大道提质改造全面完成，马湖公路、106国道至水源旅游公路建成通车，完成农村公路提质改造路基工程980.3千米、危桥改造12座。界首、腰潞、高陇、严塘等4个特色镇建设有序推进，秩堂镇获评省级经典文化村镇。推进“平安茶陵”“法治茶陵”创建，推行网格化管理，综治民调排名全市第二，反邪教工作获省先进，腊园社区创建全国“扫黄打非”进基层示范点。有效应对洪涝灾害，全县未垮一库一堤，无一人因灾伤亡。开展安全生产大排查大管控大整治行动，安全生产形势和社会大局总体稳定。

**【生态建设】** 践行“绿水青山就是金山银山”发展理念，持续推进封山育林，承办全省加快推进国土绿化现场会，茶陵纳入国家重点生态功能区。完成中央环保督察组交办件整改23件、立案5起、问责25人。推进河长制，实现县乡村三级河长全覆盖，重拳整治非法采砂行为。农村环境综合整治实现全覆盖，重点打造21个农村环境整治示范村，重点培育秩堂马吉等1个省级、思聪左垅等5个市级、虎踞黄坪等29个县级美丽乡村示范村。

**【党的建设】** 举办全县科级领导干部学习贯彻中共十九大精神集中培训班，组织开展“砥砺奋进的五年”“宣传十九大·脱贫奔小康”等主题宣传和巡回演出，组织县乡村三级宣传宣讲，创新开展“七个千”活动，制定《关于深入学习贯彻党的十九大精神决胜全面小康加快建成“中心县”的意见》。推进“两学一做”学习教育常态化制度化，广泛开展主题党日活动，举行县委中心组集中学习13次。开展庆祝建党96周年系列活动，举办茶陵县工农兵政府成立90周年纪念活动。坚持好干部标准和县委“三个看重，三个重用”用人导向，全年调整干部7批次205人次，完成超职数配备干部消化整改任务。推进“人才强县”战略，选拔、储备一批优秀青年干部。开展“基层党建提升年”活动,完成村（居）“两委”换届工作，完成75个农村综合服务平台的改扩建，落实“一定二评三挂钩”考核机制，完善“三会一课”、党员积分管理等30项基本制度。推进正风肃纪和反腐败斗争，全年立案290起，同比增长166%，党纪政纪处分288人。推进“互联网＋监督”平台建设。开展“治陋习、树新风”和“雁过拔毛”式腐败问题专项整治，开展“到扶贫一线去”专项行动，立案73起，处理135人。成立县委巡察办，完成三轮巡察，发现线索288个，整改问题504个。推进深化监察体制改革试点工作，实现派驻监督全覆盖。开展“马上就办、真抓实干”活动，督查工作获省市先进。

**【县委常委会自身建设】** 2017年，县委常委会践行“六带头六表率”要求，当好“关键少数”。始终坚持党对一切工作的领导，县委常委会专题听取县人大常委会、县政府、县政协和县法院、县检察院5个党组工作汇报。坚持民主集中制，严肃党内政治生活，围绕“认真学习领会习近平新时代中国特色社会主义思想，坚定维护以习近平同志为核心的党中央权威和集中统一领导，全面贯彻落实中共十九大各项决策部署”主题，召开高质量专题民主生活会。举行县委中心组集中学习 13 次，带头参加支部主题党日活动。出台《关于加强县委常委会自身建设的意见》《县委常委会工作规则》《县委全会工作规则》等制度，用制度管权、管事、管人。始终总揽全局、协调各方，召开县委常委会会议 24 次，研究部署脱贫攻坚、重大项目、深化改革、干部任免、党的建设等重要工作。带头落实县级领导“三联三包”责任制，扎实开展“马上就办、真抓实干”活动，督促县委常委会作出的决策部署全面落实。

**【县委全体委员（扩大）会议】** 2017 年，召开县委委员全体（扩大）会议 3 次。

1 月 23 日召开县委十二届三次全体（扩大）会议，主要任务是深入贯彻落实中央和省委经济工作会议、市委十二届二次全会暨市委经济工作会议、省市“两会”精神，总结 2016 年工作，分析形势，部署 2017 年任务，动员全县上下咬定目标，撸起袖子加油干，全面完成“决胜脱贫攻坚，实现全面小康”两大任务。县委确定 2017 年工作的总体要求是：全面贯彻中共十八大和十八届三中、四中、五中、六中全会精神及中央各项方针政策，全面落实省委、市委各项决策部署，坚持“稳中求进、进中争先”工作总基调，牢固树立和贯彻落实五大发展理念，紧扣“一二三四五”工作思路，围绕“决胜脱贫攻坚，实现全面小康”两大任务，突出决胜脱贫、项目攻坚、企业帮扶“三个年”总抓手，全力做好稳增长、促改革、调结构、惠民生、防风险各项工作，促进县域经济平稳健康发展和社会和谐稳定，确保全县整体脱贫，奋力夺取全面小康社会新胜利，以优异成绩迎接中共十九大胜利召开。确定 2017 年全县经济社会发展的主要预期目标是：GDP 增长 8.5%，财政收入增长 7 %，规模以上工业增加值增长 8%，全社会固定资产投资增长 16%，社会消费品零售总额增长 12.5%，城镇居民人均可支配收入增长 8%，农村居民人均可支配收入增长 9%，万元 GDP 能耗下降 3.3%，保持各项经济指标运行在合理区间。

8 月 4 日召开县委十二届四次全体（扩大）会议，主要任务是深入贯彻落实习近平总书记系列重要讲话精神和省委十一届三次全会、市委十二届四次全会精神，总结报告上半年县委常委会的主要工作，安排部署下半年工作，进一步动员全县上下咬定目标，鼓足干劲，真抓实干，奋力冲刺，坚决完成“决胜脱贫攻坚，实现全面小康”两大任务，以优异的成绩迎接中共十九大召开。全会对 2017 年下半年工作进行安排部署。全会指出：脱贫攻坚是全面建成小康社会的底线任务和标志性指标。茶陵 2017 年脱贫是省委、市委交给的政治任务，务必横下一条心、拧成一股绳，抓实每一个环节、做细每一项工作、攻克每一个难点，以超常规的力度实施超常规的举措，一鼓作气、一往无前、一战到底，确保决战决胜。全会强调：要对照小康社会建设标准，排出时间表、任务书，把落下的工作补上来，把滞后的进度追上来，把年初定下的指标抓上来，突出重点、整体推进，奋力夺取全面建成小康社会新胜利。

12 月 29 日召开县委十二届五次全体（扩大）会议，主要任务是高举习近平新时代中国特色社会主义思想伟大旗帜，深入贯彻落实中共十九大和中央、省委、市委经济工作会议、省委十一届四次全会、市委十二届五次全会精神，总结 2017 年工作，分析形势，部署 2018 年任务，动员全县上下鼓足干劲、乘势而上，推动县域经济高质量发展，为决胜全面小康、加快建成湘赣边界中心县、开启基本现代化新征程而努力奋斗。全会强调：做好 2018 年工作，坚持以习近平新时代中国特色社会主义思想为指导，全面贯彻落实中共十九大精神，坚持稳中求进、进中争先工作总基调，坚持新发展理念，紧扣社会主要矛盾变化，按照高质量发展的要求，统筹推进“五位一体”总体布局和协调推进“四个全面”战略布局，坚持“一二三四五”发展思路，围绕“建成湘赣边界中心县”总目标，以“产业项目建设年”为抓手，全力做好稳增长、促改革、调结构、惠民生、防风险各项工作，推动县域经济社会持续健康发展，努力建成更高水平全面小康社会。全会明确：2018 年全县经济社会发展的主要预期目标是：GDP 增长 8%，规模工业增加值增长 7%，一般公共预算收入增长 7%，万元 GDP 能耗下降 3.5%，城乡居民收入增长高于经济增长，完成省市下达的节能减排等约束性指标。要求加快决胜全面小康、建成“中心县”步伐，全面加强党的领导，凝聚发展正能量。

表 1

## 中共茶陵县委 2017 年重要文件一览表

| 发文单位 | 发文日期 | 文　号 | 文件标题 |
|---|---|---|---|
| 中共茶陵县委 | 2017.01.11 | 茶发〔2017〕1 号 | 关于印发《中共茶陵县委全会工作规则（试行）》的通知 |
| 县委<br>县人民政府 | 2017.02.15 | 茶发〔2017〕4 号 | 关于进一步加强纪检监察组织和干部队伍建设的意见 |
| 中共茶陵县委 | 2017.02.28 | 茶发〔2017〕5 号 | 关于贯彻落实省第十一次党代会和市第十二次党代会精神奋力实现“决胜脱贫攻坚 实现全面小康 加快建成湘赣边界中心县”总目标的实施意见 |
| 县委<br>县人民政府 | 2017.03.03 | 茶发〔2017〕6 号 | 关于转发《关于在全县公民中开展法治宣传教育的第七个五年规划（2016—2020）》的通知 |
| 县委<br>县人民政府 | 2017.04.14 | 茶发〔2017〕7 号 | 关于农村环境综合整治整县推进工作的实施意见 |
| 县委<br>县人民政府 | 2017.04.17 | 茶发〔2017〕8 号 | 关于加快脐橙产业发展的实施意见 |
| 中共茶陵县委 | 2017.04.18 | 茶发〔2017〕9 号 | 关于印发《中共茶陵县委巡察工作办法（试行）》的通知 |
| 县委<br>县人民政府 | 2017.04.24 | 茶发〔2017〕10 号 | 关于印发《茶陵县第八轮乡镇（街道）财政管理体制实施办法》的通知 |
| 县委<br>县人民政府 | 2017.06.14 | 茶发〔2017〕11 号 | 关于深化供销合作社综合改革的实施意见 |
| 县委<br>县人民政府 | 2017.06.13 | 茶发〔2017〕13 号 | 关于印发《茶陵县 2017 年绩效考核实施方案》的通知 |
| 县委<br>县人民政府 | 2017.06.22 | 茶发〔2017〕14 号 | 关于印发《茶陵县信访工作问责办法（试行）》的通知 |
| 县委<br>县人民政府 | 2017.12.25 | 茶发〔2017〕19 号 | 关于印发《茶陵县深化国家监察体制改革试点工作实施细则》的通知 |

（撰稿：谭园喜　核稿：乔志军　审稿：马文平）

## 纪检·监察

**【概况】** 茶陵县纪委监察局设办公室、组织部（机关支部）、党风政风监督室（县政府纠正行业不正之风办公室）、信访室、案件监督管理室、案件审理室、第一纪检监察室、第二纪检监察室、第三纪检监察室9个职能室（副科级）和1个廉政教育中心（正股级事业机构）。2017年10月进行派驻机构改革，撤销原有17个派驻纪检组，新设8个派驻纪检组，负责综合监督或授权监督县直82个单位，实现对县一级党和国家机关派驻全覆盖。机关编制总数58个，实有干部职工41人。2017年，茶陵县纪检监察立案290件，同比增长166%；投入200万元用于县乡二级纪委基础设施规范化建设；纪检监察体制改革大推进，深化纪检派驻机构改革、巡察监督改革，全县国家监察体制改革有序推进。

【落实“两个责任”】一是构建责任机制。县委带头履行管党治党主体责任，县委常委会13次研究党风廉政建设工作，出台《2017年党风廉政建设主体责任分工》等文件。各单位各部门按照县委履行“两个责任”的具体要求，细化责任清单，层层分解责任。实行县委常委（县政府党组成员）分线、县纪委常委分片、委局职能室分点（单位）和主管部门直接督查下属机构的“三分一查”监督新模式，对全县各单位（部门）履行“两个责任”情况开展监督检查。以责任追究倒逼责任落实，全年对招投标、环保、扶贫等领域落实“两个责任”不力的实施责任追究58起，问责245人，同比增长61%，涉及科级干部67人，其中，党纪政纪处分12人。二是全面开展巡察。成立县委巡察工作领导小组，下设办公室，明确正科级机构，定行政编6人。成立3个县委巡察组，定行政编12人。制定《中共茶陵县委巡察工作办法（试行）》《中共茶陵县委巡察工作规划(2017—2021年)》等规范性文件。全年开展巡察三轮，巡察单位25个，发现问题线索344条，立案11件，涉及科级干部4人，处理22人。交办整改问题504项，清退违规发放津补贴237万元，追回多付采购资金20万元。三是严肃换届纪律。成立村（居）“两委”换届风气监督机构，出台“十个严禁”规定。选派54名监督员分成18个换届风气监督组，深入全县242个村（居）开展巡回督导，并督促开展农村集体“三资”和村级财务大清查,查纠问题39起。开展村级换届人选廉政审定32批次，涉及2537人，依规依纪核减5人次。查处违反换届纪律案件5起，追责11人，确保村支“两委”换届风清气正。

【严厉惩腐】用好“四种形态”。将党纪的威慑力和政策感召力有机结合，准确运用监督执纪“四种形态”，加大对党员干部思想、工作、作风等方面的一般性问题谈话函询力度，做到抓早抓小、防微杜渐。运用“四种形态”处理党员干部555人,其中，第一、二种形态占87%。认真落实谈话提醒制度，县纪委书记与同级班子成员进行廉政谈话已成常态，对其他科级干部集体廉政谈话173人次。县纪委对科级干部诫勉谈话25人次，批评教育等组织处理40人次。突出扶贫问责。旗帜鲜明开展“到扶贫一线去”行动暨扶贫领域监督执纪问责工作，18个乡镇（街道、办事处）签订扶贫问责承诺书，出台《脱贫攻坚工作问责暂行办法》（茶办〔2017〕47号），组建扶贫督查组，对全县脱贫攻坚工作进行全方位常态化督查，并在第三轮常规巡察中对17个乡镇（街道、办事处）同步开展扶贫领域专项巡察。全县扶贫领域立案75起，处理137人，这一工作受到省纪委通报表扬。从严执纪审查。开展农村纪检监察信访举报集中办理专项行动，有力维护十九大期间社会稳定。受理来电来访等信访举报309件（含重复举报77件），立案290件，同比增长166%，增长率居市辖五个农村县（市）第一。党员立案比例为1.19%，居全市第三。其中，党纪立案266起，政纪立案24起，涉及科级干部22人，处分281人，下发典型案例通报22期。

【正风肃纪】一是抓廉政宣教。开通“清风茶陵”微信公众号，开展廉政党课宣讲70余次；印发换届纪律宣传资料2.2万份、“雁过拔毛”式腐败问题专项整治宣传资料4.2万张;参与市《清风株洲》编辑，展示茶陵纪检工作亮点；参加全市“清风株洲”廉洁文化优秀节目会演，茶陵选送的作品《中国共产党廉洁自律歌》获二等奖,《送礼》《真假局长》《行书条幅》获三等奖,《廉洁动画版》《清风》等作品获优秀奖。二是抓日常监督。一个阶段一个阶段推进，一个节点一个节点坚守,严防“节日腐败”。紧盯元旦、春节、清明、端午等节点开展督查3轮，查处作风不实问题203人次,给予党纪政纪处分121人，下发“四风”类问题通报13期；开展会风会纪监督34次，通报40人次，责令作出书面说明20人次。三是抓专项整治。严查基层“蚁贪、蝇贪”,立案查处“雁过拔毛”式腐败问题118起，追缴违纪资金140余万元，清退57万元，下发典型案例通报6期；开展中小学违规征订教辅资料问题专项整治，立案6人，处分10人，清退资金153万余元；开展公职人员违规参与涉矿等经营性活动专项整治，核查问题线索8条，约谈5人，诫勉谈话1人；开展领导干部利用职权或者职务上的影响在金融活动中谋取私利专项整治；开展违规公款购买、消费高档白酒问题集中排查整治,立案查处正科级干部1人。

【强化监督】 一是“互联网+监督”走在前列。涉农惠民资金、扶贫资金的使用和村务公开是人民群众关注的焦点。县委常委会专题研究“互联网+监督”工作，县政府批准拨付专项经费300万元。县纪委召开3次专题座谈，深入调研形成《茶陵县涉农惠民资金情况调研材料》，并先后4次部署、6次调度，派出6个工作组现场督查指导“互联网+监督”网络建设20余次，各乡镇全面配备“互联网+监督”终端查询机和安装升级村级财务软件，成为茶陵县实现村级财务公开、加强扶贫资金监管的长效载体。二是乡镇执纪由弱变强。县委常委会专题研究基层纪委规范化建设，财政投入200万元完善全县18个乡镇（街道、办事处）纪（工）委基础设施。持续深化“三转”，挖掘基层纪委履职潜力，狠拍侵害群众切身利益的“苍蝇”，乡镇执纪效力大为改进，全年乡镇100%实现立案零突破，共立案174件，同比增长304%，占全县立案总数的60%。三是派驻监督全面覆盖。深化派驻纪检组改革，撤销原有17个派驻纪检组，新设8个派驻纪检组（7个县直机关派驻纪检组+1个政法系统派驻纪检组），充分发挥派驻纪检组“探头”作用，督促驻在部门及其他监督单位领导班子落实党风廉政建设主体责任，履行对驻在部门及其他监督单位党风廉政建设的监督责任，全年派驻纪检组办案43件。

【自身建设】 运用制度管人管事。县委、县政府下发《关于进一步加强纪检监察组织和干部队伍建设的意见》（茶发〔2017〕4号）。县纪委完善机关财务、机关印鉴、“走读式”谈话审批办案、保密管理等制度，带头执行“三重一大”纪律要求，严格落实“一把手”不直接分管财务制度，严防“灯下黑”，实现全年办案零事故。强化责任担当，全体纪检监察干部积极投入脱贫攻坚中心工作，完成庵贝公路通车督办、康圣堂药业门前公路提质改造等“三联三包”重点任务。推进“两学一做”学习教育常态化制度化工作。严格执行监督执纪工作规则，制作《湖南省纪检监察干部监督执纪“十不准”》宣传牌，下发业务书籍600余本。组织16名乡镇（街道）纪（工）委书记赴市纪委进行业务培训。夺得市纪检监察系统第一届“清风株洲杯”篮球赛亚军。县纪委机关提拔重用交流干部8名。对4名乡镇纪委书记进行约谈，对1名乡镇纪委副书记予以免职。

（撰稿：周炳炳　审稿：李正华）

## 县委办公室工作

【概况】 2017年，中共茶陵县委办公室围绕“决胜脱贫攻坚，实现全面小康”两大任务，践行“五个坚持”，推进“三满意”主题活动，促进中央和省市县委各项决策部署的落实，在参谋辅政、统筹协调、督查考核、深化改革、小康建设、自身建设等方面取得显著成效。

【参谋辅政】 全年完成各类重要文稿300余篇，印发各类文件240余份。向外、向上推介茶陵县先进经验和做法，在市以上报刊杂志媒体发表文章（信息）共184篇（条），其中国家级2篇，省级64篇（条），市级118篇（条）；撰写县内重点刊物原创稿143篇，特别是《核心在“改”》《用行动作答脱贫“四题”》《筑造农村幸福安居梦》等多篇典型经验文章在中央、省级主流媒体刊物发表。编辑彩版《茶陵工作》10期、《茶陵内参》13期、《信息内参》44期，发挥以文辅政、决策参考作用。

【统筹协调】 统筹调度县几套班子办公室及各单位各部门围绕县委“同轴共转”，办公室系统的内部运转、上下联动、横向交流顺畅，凝聚力和执行力进一步提升。严格执行中央八项规定及实施细则精神，办会办事井然有序，公务接待规范严谨，全年承办“全省加快推进国土绿化现场会”等各类重大会议30余场，接待中央和省市重要领导到茶陵考察调研67批次。值班备勤规范有序，应急管理及时高效，重大节假日平安顺畅，机要保密延续“零泄密”良好态势。

【绩效考核】 绩效考核工作在县委的统一领导下进行。县绩效考核领导小组下设办公室，由县委办主任兼任办公室主任。县绩考办牵头拟制绩效考核方案和指标体系；负责审定各单项指标的考核细则；定期通报调度主要指标进展情况；组织业务培训；汇总指标调整申请及加（扣）分事项，形成初步意见报县绩效考核领导小组审定；收集汇总县直考核认定单位采集的数据，形成年终绩效考核初步结果，报县绩效考核领导小组审核、县委常委会审定。纳入全县绩效考核的对象共109个。分为乡镇（街道）、县直目标管理单位、县直非目标管理单位、垂管单位4个类别。

**【督查工作】** 推行“马上就办，真抓实干”活动，全年向各单位交办“马上就办”交办单200件次，回复办结率达100%，有力地推动工作落实。督查工作围绕安全生产、环境保护、村（居）两委换届等重点问题，印发督查通报、专报10期。突出对重点领域的督查督办，制定《茶陵县“四个十”工作督查考核方案》，牵头对全县脱贫攻坚工作进行全方位、不间断督查，对整改不力的单位和个人严格按照《脱贫攻坚问责办法》进行问责，共问责40人次。督查工作荣获2017年省市先进。

**【深化改革与小康建设】** 对接省直管县经济体制改革试点要求，有序承接下放406项社会管理权限。深化供给侧结构性改革，探索推行“一站式”审批服务机制和建设项目报建审批“一票制”收费新模式。城乡建设用地增减挂钩、农村集体产权制度改革、第八轮乡镇财政管理体制改革等一批重点领域和关键环节改革取得重大突破。全面建成小康社会实现程度94.02%，较上年提升2.52个百分点。

**【自身建设】** 加强对乡镇(街道)、县直部门党委（党办）秘书的能力素质培养，全年组织19名党办干部到县委办跟班学习，提升党办干部服务水平。落实“三会一课”制度，每月开展1次主题党日活动。选派2支驻村工作队常驻腰潞镇枧田村（贫困村）、界首村朱岭村（非贫困村）开展结对帮扶工作。全体党办干部积极参与全县脱贫攻坚工作，指导帮助贫困村发展产业，帮扶贫困户解决实际困难，为全县脱贫攻坚工作贡献智慧和力量。

表2

**中共茶陵县委办公室2017年重要文件一览表**

| 发文单位 | 发文日期 | 文　号 | 文件标题 |
|---|---|---|---|
| 县委办公室 | 2017.02.07 | 茶办〔2017〕4号 | 关于印发《2017年县级领导“三联三包”责任制任务安排表》的通知 |
| 县委办公室<br>县人民政府办公室 | 2017.02.08 | 茶办〔2017〕5号 | 关于印发《茶陵县脱贫攻坚“基础管理提升月”活动实施方案》的通知 |
| 县委办公室<br>县人民政府办公室 | 2017.02.08 | 茶办〔2017〕6号 | 关于进一步加强结对帮扶工作的通知 |
| 县委办公室 | 2017.02.08 | 茶办〔2017〕9号 | 关于印发《茶陵县2017年脱贫攻坚驻村帮扶工作安排表》的通知 |
| 县委办公室 | 2017.02.24 | 茶办〔2017〕12号 | 印发《关于市委十二届二次全会暨市委经济工作会议精神和县委十二届三次全会暨县委经济工作会议精神贯彻落实的工作责任分解方案》的通知 |
| 县委办公室 | 2017.02.27 | 茶办〔2017〕16号 | 关于印发《茶陵县加强村（居）“两委”换届风气监督“十个严禁”纪律规定》的通知 |
| 县委办公室<br>县人民政府办公室 | 2017.03.07 | 茶办〔2017〕22号 | 关于印发《茶陵县村（社区）党组织和村（居）民委员会换届选举工作实施方案》的通知 |
| 县委办公室<br>县人民政府办公室 | 2017.03.08 | 茶办〔2017〕25号 | 关于印发《茶陵县2017年“企业帮扶年”活动实施方案》的通知 |
| 县委办公室<br>县人民政府办公室 | 2017.03.09 | 茶办〔2017〕28号 | 关于印发《茶陵县2017年“项目攻坚年”活动实施方案》的通知 |

续表 2-1

| 发文单位 | 发文日期 | 文　号 | 文件标题 |
|---|---|---|---|
| 县委办公室<br>县人民政府办公室 | 2017.04.20 | 茶办〔2017〕46 号 | 关于印发《茶陵县脱贫攻坚各级责任单》《县级领导脱贫攻坚牵头协调工作安排》的通知 |
| 县委办公室<br>县人民政府办公室 | 2017.04.20 | 茶办〔2017〕47 号 | 关于印发《茶陵县脱贫攻坚工作问责暂行办法》的通知 |
| 县委办公室<br>县人民政府办公室 | 2017.06.06 | 茶办〔2017〕66 号 | 关于印发《茶陵县城乡建设用地增减挂钩项目实施管理办法（试行）》的通知 |
| 县委办公室<br>县人民政府办公室 | 2017.06.26 | 茶办〔2017〕77 号 | 关于印发《茶陵县脱贫攻坚“十个一”工作要求》《脱贫攻坚帮扶工作“十不准”》《脱贫攻坚帮扶工作“十必须”》的通知 |
| 县委办公室<br>县人民政府办公室 | 2017.06.26 | 茶办〔2017〕79 号 | 关于印发《茶陵县脱贫攻坚县级领导包联非贫困村安排表的通知》 |
| 县委办公室 | 2017.07.13 | 茶办〔2017〕83 号 | 关于印发《茶陵县脱贫攻坚分组分项督查实施方案》的通知 |
| 县委办公室 | 2017.07.17 | 茶办〔2017〕86 号 | 茶陵县脱贫攻坚“三走访三签字”工作实施方案 |
| 县委办公室<br>县人民政府办公室 | 2017.07.26 | 茶办〔2017〕87 号 | 印发《关于加快推进“互联网 + 监督”工作实施方案》的通知 |
| 县委办公室<br>县人民政府办公室 | 2017.8.29 | 茶办〔2017〕106 号 | 关于印发《中共茶陵县委常委会 2017 年党风廉政建设主体责任分工》和《中共茶陵县委常委会 2017 年党风廉政建设主体责任任务分解》的通知 |
| 县委办公室<br>县人民政府办公室 | 2017.09.28 | 茶办〔2017〕111 号 | 关于印发《茶陵县贯彻落实中央环保督察反馈意见整改方案》的通知 |
| 县委办公室<br>县人民政府办公室 | 2017.10.12 | 茶办〔2017〕112 号 | 关于印发《茶陵县土坏房改造工作方案》的通知 |
| 县委办公室<br>县人民政府办公室 | 2017.10.16 | 茶办〔2017〕113 号 | 关于印发《茶陵县投融资决策委员会工作规则》的通知 |
| 县委办公室 | 2017.10.30 | 茶办〔2017〕118 号 | 印发《关于加强县纪委派驻机构建设的意见》的通知 |
| 县委办公室<br>县人民政府办公室<br>政协委员会办公室 | 2017.06.06 | 茶办〔2017〕121 号 | 关于印发《茶陵县政协微建议微协商微监督工作办法（试行）》的通知 |
| 县委办公室 | 2017.11.15 | 茶办〔2017〕122 号 | 印发《关于加强离退休干部经常性学习教育工作的意见》的通知 |
| 县委办公室<br>县人民政府办公室 | 2017.11.27 | 茶办〔2017〕128 号 | 关于规范村务公开栏工作的通知 |
| 县委办公室<br>县人民政府办公室 | 2017.11.30 | 茶办〔2017〕129 号 | 关于印发《茶陵县脱贫攻坚后续帮扶巩固提升实施方案》的通知 |

续表 2–2

| 发文单位 | 发文日期 | 文　号 | 文件标题 |
| --- | --- | --- | --- |
| 县委办公室<br>县人民政府办公室 | 2017.12.21 | 茶办〔2017〕132 号 | 关于开展岁末年初安全生产大排查大管控大整治行动的通知 |
| 县委办公室<br>县人民政府办公室 | 2017.12.28 | 茶办〔2017〕137 号 | 关于规范全县各类检查评比考核验收活动的通知 |
| 县委办公室 | 2017.04.20 | 茶办发〔2017〕3 号 | 关于印发《中共茶陵县委党的建设工作领导小组 2017 年工作要点》的通知 |
| 县委办公室<br>县人民政府办公室 | 2017.05.05 | 茶办发〔2017〕4 号 | 关于印发《茶陵县“一五十百千”贫困村基础设施项目实施方案》的通知 |
| 县委办公室 | 2017.05.20 | 茶办发〔2017〕7 号 | 印发《关于推进“两学一做”学习教育常态化制度化的实施方案》《中共茶陵县委常委会落实“两学一做”学习教育常态化制度化的十条措施》的通知 |
| 县委办公室<br>县人民政府办公室 | 2017.06.06 | 茶办发〔2017〕8 号 | 关于调整国卫巩固提质工作包联责任制的通知 |
| 县委办公室 | 2017.07.12 | 茶办发〔2017〕9 号 | 印发《关于加强和改进党委（党组）理论学习中心组学习的实施办法》的通知 |
| 县委办公室 | 2017.08.29 | 茶办发〔2017〕10 号 | 关于进一步严格会议管理严肃会议纪律的通知 |
| 县委办公室<br>县人民政府办公室 | 2017.12.08 | 茶办发〔2017〕11 号 | 关于印发《茶陵县党政领导干部生态环境损害责任追究实施细则（试行）》的通知 |
| 县委办公室<br>县人民政府办公室 | 2017.12.08 | 茶办发〔2017〕12 号 | 关于印发《茶陵县领导干部环境保护责任考核办法》的通知 |
| 县委办公室<br>县人民政府办公室 | 2017.12.08 | 茶办发〔2017〕13 号 | 印发《关于落实〈中共湖南省委办公厅湖南省人民政府办公厅关于支持贫困地区发展产业扩大就业的若干政策〉实施方案》的通知 |
| 县委办公室<br>县人民政府办公室 | 2017.12.09 | 茶办发〔2017〕14 号 | 关于印发《茶陵县进一步加强乡镇（街道）国土规划建设管理职能的指导意见》的通知 |

（撰稿：谭园喜　核稿：乔志军　审稿：马文平）

## 组织工作

**【概况】** 茶陵县委组织部主要负责全县党的组织建设、干部队伍建设、人才队伍建设、干部教育培训和监督管理等方面的工作。部机关有总编制 30 个，其中行政编制 18 个、后勤事业编制 2 个、远教事业编制 7 个（其中机关工委专用 3 个）、党代表联络办事业编制 3 个。2017 年，县委组织部有部机关干部在编 21 人，部长 1 名，副部长 3 名，兼职副部长 1 名；内设党代表联络办、党员教育中心、组织科、干部科、人才科、干部信息科、干部监督科、办公室等机构。县直属机关工作委员会、非公有制经济组织和社会组织工作委员会、县委党建工作领导小组办公室挂靠县委组织部。2017 年 8 月，临时增设县派驻村帮扶工作队管理办公室。

**【干部队伍建设】** 坚持正确用人导向，从严落实监督管理制度。落实干部选拔任用预审制，推行干部选拔任用全程纪实制度。全年调整干部 7 批次 205 人次，其中提拔干部 62 名。进一步理顺公务员管理体制，全年调任公务员5名，解决科级干部公务员身份41名。加强年青干部、女干部和党外干部培养选拔力度，全年新提拔35岁以下年轻干部17名，其中女干部2名；选拔2名党外干部担任县政府工作部门局长职务，优化科级领导班子结构。全面完成超职数配备干部消化整改任务，多途径消化超配领导职数212名、非领导职数166名。开展公务员职务与职级并行工作，完成163名科级干部的职级晋升。完成49名县领导、1015名科级干部个人事项报告填写，完成95个单位、2234名干部的因私出国（境）证件登记备案。严格贯彻落实《干部教育培训工作条例》，新纳入一般干部学员491名，举办各类培训班18期，参培人数1800余人次，送培调训干部84人次。严格落实干部档案三轮审核制度，严把“三龄二历一身份”审核关，推进干部人事档案信息化工作，集中整改审核问题档案395人次，顺利完成全县副科级以上干部档案的信息入库，干部人事档案管理工作更加规范。

【基层党建】 2017年，茶陵县基层党组织有1222个，其中32个党（工）委、196个党总支、994个党支部；有党员24335名，其中农村党员14819名，女性党员4555名。开展“基层党建提升年”活动，强化各级党组织的基层党建工作责任。一是夯实基层基础。结合村（社区）“两委”换届，集中整顿23个软弱涣散村（社区）党组织，基层党组织战斗力得到加强。全面落实支部主题党日活动和党员积分制管理等制度，基层支部党员服务管理水平明显提升。创新开展“万名党员党建知识竞赛”“爱在中国”红歌会等庆祝建党96周年系列活动，党群干群关系得到融洽。组织县乡村三级干部集中开展轮训，举办各类培训班18期，培训党员干部1800余人次，党员干部拒腐防变意识和履职尽责能力得到提升。二是提升基层保障。全年共投入1.19亿元用于党建基础工作保障。其中转移支付5242万元，村干部平均工资提高到2.5万元/年，实行按月打卡发放;拨付村（社区）、“两新”组织、离退休干部等党支部活动经费268万元,新组建“两新”组织党支部108个，新建离退休干部党支部活动场所20个；投入6390万元新扩建农村综合服务平台75个，规范升级村级制度标牌83个，建成党代表工作室16个。三是发挥党建促发展作用。打造左江、卧龙、黄堂等党建示范点10余个，培育红旗党支部47个；选派驻村工作队进驻68个贫困村和154个非贫困村，实现驻村扶贫全覆盖，并先后调整配强工作队长43名、队员39名；所有合并村均派驻“第一书记”；组织开展“结穷亲，交真情”“千名干部回乡助力脱贫”“结对帮扶六个一”等活动，8690名党员干部与12200余户贫困户结成对子，点亮“微心愿”9864个，落实帮扶措施18400余项；消灭集体经济“空白村”45个，新增收入5万元以上村46个，同比增长115%。

【人才工作】 一是强化人才保障。坚持向优秀人才、基层人才、核心人才、创新创业人才倾斜，出台和完善《茶陵县科技创新奖励办法》《茶陵县卫生系统高职称人才津贴考核办法》《罗霄山片区茶陵县乡镇中小学人才津贴实施办法》等激励文件。全年县本级投入人才工作经费1600万元，建成各类人才公寓249套，人才公寓供应和保障体系逐步完善，人才归属感进一步增强。二是优化人才队伍。依托“项目攻坚年”“企业帮扶年”活动，服务扶贫开发、全域旅游、教育医疗等领域需求。大力引进优秀人才，选调事业单位人员16人，公开招聘招考各类事业单位人员75人、中小学教师219人，引进省、市科技特派员7名。挖掘乡情资源，建立茶陵籍在外优秀人才信息库。通过竞争选拔，建立50名的优秀青年干部人才库，进行跟踪培养记实管理。三是创新开展人才活动。成功举办“桑梓情深、智力回归”活动、科技特派员座谈会和“缘来犀城·励志成长”大学生夏令营、“喜迎十九大·炫彩我青春”才艺大赛等系列服务活动，表彰科技创新人才20名，敬才重才爱才氛围日渐浓厚。

【自身建设】 坚持“一化三基”工作思路，着力打造“四个过硬”组工干部队伍。一是严格自律树形象。带头执行《中国共产党廉洁自律准则》，落实党风廉政建设责任制，强化理想信念和党性锻炼，带头锤炼忠诚至上的政治品格，带头落实全面从严治党各项规定。二是注重学习提素质。带头学习宣传中共十九大精神，扎实推进“两学一做”学习教育常态化制度化，坚持每月集中学习，扎实开展支部主题党日活动。深入开展“做学习表率,当党员标杆”

活动，培养和提高干部写作能力，在《湘组研究》《株洲组织工作》《株洲日报》等省市党报党刊发表文章10余篇。组织“组工讲坛”活动，引导组工干部人人上讲坛，委派本部机关干部到党校、县直单位、乡镇(街道)授课50余人次。三是优质服务强作风。落实首问责任制、服务承诺制、限时办结制，优化部机关服务机制。带头开展脱贫攻坚驻村帮扶工作，派出扶贫驻村工作队2支、队员3人，每名干部结对帮扶3户以上贫困家庭，每月至少组织一次以上下乡走访慰问贫困户活动，组工干部服务基层、联系群众的意识和能力整体提升。

（撰稿：肖思飞　审稿：刘雪平）

## 宣传思想工作

**【概况】** 2017年，中茶茶陵县委宣传部被上级授予“2016年度省委宣传部舆情信息工作优秀联系点”“2016年‘欢乐潇湘·欢乐株洲’群众文艺汇演最佳综合贡献奖”“2016年度市文明城市创建工作先进单位”“株洲市‘贯彻发展新理念 转型升级补短板’讨论活动优秀组织单位”等荣誉称号。

**【理论武装】** 找准着力点和突破口，坚持不懈地用党的理论创新成果武装党员干部头脑。一是突出县级领导带头讲、领导干部集中学、理论书籍辅导学，推动理论武装实里走、深里走。全年县级领导带头讲课50余堂，县委中心组集中学习13次共13天，参学率达98%以上；举办“学习全国‘两会’精神”“习近平总书记‘7·26’重要讲话精神”“党的十九大报告会”等专题讲座13次。《胡锦涛文选》《读有所得》《全面从严治党面对面》《十九大报告单行本》《中国共产党党章》《十九大文件汇编》《党的十九大报告辅导读本》等理论书籍基本做到了全县党员干部人手一册。二是组织宣讲队伍、搭建宣讲平台、创新宣讲方式，确保宣讲形式面对面、宣讲内容点对点、宣传引导心贴心。全年讲授理论学习辅导课350余堂，培训党员干部50000余人次。开展脱贫攻坚政策巡回宣讲17场，培训党员干部3500余人。以“宣传十九大 脱贫奔小康”为主题组织文艺节目在全县巡回演出60余场。组织参加市2017年度“好声音讲坛——讲话精神进基层”百姓微宣讲活动，获决赛一等奖。三是推进主体活动、组织学习先进、开展理论研讨，促进实践成果转化。推进“两学一做”学习教育常态化制度化，举办中共十九大精神专题研讨班，开展“砥砺奋进的五年”群众性主题宣传教育活动，组织学习廖俊波先进事迹、观看《将改革进行到底》专题片。县委书记彭新军带头发表《决胜脱贫奔小康 加快建成湘赣边界中心县》(刊于《治国理政在郡县》第一卷)等理论文章10篇，县级领导发表理论调研文章40余篇。全县在“贯彻发展新理念 转型升级补短板”讨论活动中报送“金点子”和理论调研文章102篇，采用5篇。

**【社会宣传】** 整合媒体资源，创新手段方式，聚焦重大主题，引导社会热点，让党的声音得到传播，塑造茶陵良好形象。一是媒体正面发声。加强对新闻媒体阵地的管理，防止在导向上和内容真实性上出现偏差。全年共接待媒体20余次，召开新闻例会10次，市级以上媒体发稿1250篇(其中国家级105篇、省级媒体248篇)，头版头条27条。播出《茶陵新闻》283期、新闻稿件2184条(其中3条获省市新闻创优评比奖)，新开通运营的“茶陵发布”权威微信公众号关注量达10000余人。圆满完成2018年度党报党刊发行任务。二是宣传切合主流。策划《说在点上 干在实处》等专题片3部、《株洲日报》之茶陵专版49版，开办《决战决胜 脱贫攻坚》等电视专栏5个，召开“茶陵县全域旅游”“欢乐潇湘 小康茶陵”“纪念毛泽东缔造的第一个红色政权茶陵县工农兵政府成立90周年”等新闻发布会10场；承办株洲市学习贯彻中共十九大精神“新时代新气象新作为”大型主题采访活动启动仪式。三是论坛风清气正。落实省委《关于进一步加强全省社科理论类论坛管理的意见》的通知要求，建立健全各类论坛管理制度，加强对各类论坛、讲座、研讨会的规范管理，杜绝错误思想传播的空间和渠道。全年网络发稿400余条，上报舆情信息1102条。其中，中宣部采用16条，省宣传部采用179条。县委宣传部评为全省舆情信息工作优秀联系点。全县没有出现危害国家安全、破坏国家政策的言论和行为。四是舆情安全平稳。加强茶陵县政府公众信息网、茶陵新闻网、红网茶陵站的网站论坛建设，出台《关于茶陵县网络舆情管理及应急处置工作的实施意见》《茶陵县互联网信息服务管理十二条》等指导性文件5个，召开全县互联网信息服务业主座谈会1次，搜集涉茶舆情340余条（交办270余条），编辑《涉茶舆情专报》12期，网络舆情信息摘要（问政湖南）88份，成功破获网络谣言3起。

【文明创建】 一是文明行动促创建。出台《茶陵县“十大文明行动”行动方案》，召集相关职能部门专题部署十大文明行动工作，营造“争做文明茶陵人、共建文明茶陵城”良好氛围。20余家单位申报文明创建培育单位，10余所学校申报创建2017年度各级文明校园。推荐“寻找最美少年”2人，推荐全国、省道德模范评选1人，省文明窗口2个；县国税局荣获省文明标兵单位，刘年哲家庭获首届湖南省文明家庭；2017年度省级文明县城复查合格。二是主题活动促巩固。加大公益广告宣传，利用宣传媒介、学校课堂、道德讲堂、文化阵地等，刊播“图说我们的价值观”，不断深化社会主义核心价值观宣传。突出“建设共有精神家园”主题，重点抓好春节、元宵、清明、端午等传统节日活动。组织“我们的节日·元宵”“网上祭英烈”“爱心爸爸、爱心妈妈”与留守儿童结对等主题活动；邀请道德模范参加“庆祝中国共产党成立96周年《爱在中国》公益之行”主题音乐会。三是志愿服务促和谐。开展“学雷锋服务月”活动，举行“国际志愿者日”慈善晚会，召开全县志愿服务工作座谈会，建立完善志愿服务信息共享、经验交流机制；在图书馆、文化馆、工农兵政府旧址、烈士陵园、革命纪念馆等公共文化场所设立学雷锋志愿服务工作站。县志愿者创办的“国学大讲堂”每周举办一次，获得群众广泛好评。每个月至少完成博客30篇，原创2篇，微博80条以上，超额完成市网络文明传播任务。

【文化事业】 坚持事业和产业并进，硬件和软件齐抓，活动和作品并重；坚持把社会效益放首位，努力实现社会经济效益相统一。一是文化服务有创新。对教育、计生、卫生等民生工作，对涉及民生事业、公益事业信息的发布，实行“绿色通道”“零收费”；文化馆推出“你点单，我服务”项目；图书馆总分馆建设经验在《中国文化报》上推广。县委宣传部推送的《茶祖文化园》获市首届文化创新奖。二是文化设施有发展。完成760户直播卫星“户户通”设备维修任务、工农兵政府红色陈展提质升级项目、工农兵政府旧址游客服务中心主体工程以及117个基层综合文化服务中心建设（其中贫困村47个），更换农民健身工程34套，完成档案图书馆主体框架以及文化馆、青少年宫项目桩基建设。三是文化活动有特色。开办“洣江书院大讲堂”，开展“纪念毛泽东缔造的第一个红色政权茶陵县工农兵政府成立90周年”系列活动、“戏里戏外话脱贫”等文艺下乡活动，成功举办卧龙乡村旅游节等大型文化旅游活动，圆满完成以红色、清风、小康为主题的“欢乐潇湘”群文汇演。四是文艺创作有成果。第三届“李东阳文艺奖”评选表彰优秀作品30个；县内自办刊物《铁牛潭》《南浦潮》以及《茶陵家书》《媒体看茶陵》继续按期出版；“欢乐潇湘”活动中，16个乡镇为广大群众奉献节目200多个（其中原创节目60余个）；第一届“清风株洲”廉洁文化创作活动中，创作精品9件（其中5件获奖）；县文联被评为2017年度全省文联系统先进单位。五是市场监管有力度。启动创建湖南省“扫黄打非”示范县工作，腊园社区成功创建为全国“扫黄打非”进基层示范点；开展文化市场岁末年初安全生产大检查等专项行动4次，出动日常巡查1698人次，检查经营单位849家次，立案调查7起，受理举报投诉12起，查获流动摊贩无证经营案1起，收缴非法书籍3000余册，维护全县文化市场平安稳定。县文化执法大队获“市‘扫黄打非’有功集体”荣誉称号。

（撰稿：刘 锋 审稿：刘文湘）

## 统战工作

【概况】 中共茶陵县委统战部保留台湾工作办公室牌子，是主管全县统一战线工作的县委工作机构，负责全县党外人士、非公有制经济人士、少数民族、宗教侨务、港澳台和海外统战等领域的工作，有工作人员7人。

【党外代表人士工作】 一是突出政治引导。把深入学习贯彻习近平新时代中国特色社会主义思想贯穿于统战工作全领域全过程，注重理论武装，筑牢共同思想政治基础。开展理想信念教育实践和“两学一助”等主题活动，组织政情通报会1次、考察活动3次、十九大精神主题宣讲6次、革命传统教育3次；选送11名党外代表人士参加省市轮训，6月份举办党外代表人士培训班，培训新任党外人大代表、政协委员和新提拔党外干部55人次；接待党外代表人士来访110余人次。二是突出政治安排。引导党外代表人士有序政治参与，配合县人大、县政协、县委组织部等有关部门完成届中增补党外县人大代表2名、党外县政协委员8名；聘请32名党外代表人士担任16个单位的特约民主监督员。三是突出队伍建设。配合县委组织部制定党外干部五年发展规划，并于5月公开选拔12名85后党外干部作为后备发展对象；首次在县政府组成部门配备2名党外正职，年内交流使用党外领导干部6名，提拔副科级党外干部3名。

**【经济统战工作】** 一是推动构建"亲""清"新型政商关系。举办第九届"企业家活动日"，深化政企互动交流。结合开展"访民企、办实事、强信心"和"企业帮扶年"活动，着力营造风清气正的政治生态、健康清爽的经济发展环境。推动《茶陵县促进工业企业发展十条》等惠企政策出台落地，帮助非公企业向上争取各类政策支持资金560万元，为12家企业安排贴息贷款1.94亿元，贴息217万元，帮助51家企业解决实际问题80件。《株洲日报》以"亲于心，清于行"推广报道茶陵的经验和做法。二是创新推进湖南省股权交易所茶陵专板免费挂牌工作。5月启动湖南省股权交易所首家县域专板免费挂牌工作，邀请相关专家对16家重点企业进行上门服务，组织挂牌企业参加免费培训5期48人次。7月14日，在株洲成功举办湖南股权交易所茶陵县专板开通暨首批50家企业集体挂牌仪式。这一首创性举措帮助多家挂牌企业提升经营管理水平，南浦文化、晶彩电子、春程门业等企业进入股改程序。中央统战网、三湘统战网分别进行报道，并获2017年度全市统战工作实践创新成果。三是加快推进异地茶陵商会建设。协助市委统战部筹建深圳市湖南株洲商会，指导深圳、东莞茶陵商会完成换届工作，指导筹建北京、苏州等异地茶陵商会，并以异地商会为平台，开展"引老乡、回故乡、建家乡"活动。实地考察异地茶陵企业30余家，组织回乡创业碰头会4次，达成茶陵县"深圳生态电子科技园"转移承接项目意向投资20余亿元，签约入园企业5家，正式入园企业2家。

**【民族宗教工作】** 落实党的民族政策，积极做好全县少数民族流动人口和在茶少数民族学生服务管理工作。全年组织少数民族代表人士座谈会1次，开展主题宣传活动2次，为少数民族群众解决实际困难和问题5件，有效促进民族关系和谐。健全完善县乡村三级宗教工作网络和乡村两级宗教工作责任制，指导和助进宗教界教风建设，组织学习新修订的《宗教事务条例》，选送2名宗教代表人士参加省市培训，着力整改教风存在的突出问题。强化宗教场所人员管理、活动管理、财务监管和安全管理，完成全县38处宗教活动场所和民间信仰活动场所的危房摸底排查和换证登记工作，指导皇雩仙等4个宗教活动场所启动修缮和改扩建工程，抓好云阳山古南岳宫迎南岳圣帝传统法会安全保卫工作。加大宗教"两乱"和基督教私设聚会点治理力度，确保宗教领域健康稳定。妥善处理涉及宗教的矛盾问题2起，看望慰问生病和困难教职人员4人，发放困难补助3600元。组织和引导宗教界捐款2万余元，开展助学助残等扶贫帮困活动。

**【对台工作】** 邀请台北茶陵同乡会代表回茶交流，接待台胞、台属50多人次，召开联谊座谈会1次，对外赠送茶陵历史与文化系列丛书150余套。开展节日走访慰问活动3次，走访贫困台胞台属和侨眷10人。5月，帮助97岁台胞陈远隆找到在茶亲属，实现老人的寻亲梦。为台资企业纸耐砘环保新型材料项目和新农茶酒酿造项目搞好服务协调，促进项目履约落地。

**【新的社会阶层人士统战工作】** 坚持"充分尊重、加强团结、热情帮助、积极引导"的工作方针，拓展新的社会阶层人士统战工作新领域。中共十九大闭幕以后，协办"我新故我行——株洲市新的社会阶层人士学习中共十九大精神"活动，举办"茶陵县新的社会阶层人士学习贯彻中共十九大精神"活动，并于12月28日成立全市首家县级新的社会阶层人士联合会，发展会员69名。

**【凝心聚力"十三五"行动】** 围绕"十三五"规划，积极建言献策。选聘14名优秀党外代表人士组建茶陵县统一战线智库。支持引导统战干部和统战成员围绕全域旅游、产业建设、脱贫攻坚等重大战略和重点难点问题开展调研，全年形成调研成果7项，提交议案提案14份、意见建议62条，其中《统一战线服务产业扶贫的长效机制研究》荣获全省统战理论研究创新成果三等奖、全市统战优秀调研成果一等奖；《湖南市县民宗部门机构设置与执法合法性研究》荣获全市统战优秀调研成果三等奖；《茶陵县非公经济发展报告》为全市首份县域非公经济发展报告。

**【脱贫攻坚】** 整合统战资源，引导4个龙头企业、27个非公经济组织、80个种养大户、68家合作社与上万名贫困户结成委托帮扶关系，帮助贫困户人均增收1760元。开展统一战线“泛海助学行动”，127名建档立卡贫困家庭大学本科新生人均获得资助5000元。引导非公人士、宗教人士等统战成员捐款300多万元，认领微心愿208个，帮扶困难群众1322人次。联系引导美国欣欣教育基金会来茶开展支教活动，为舲舫中心学校捐赠学习用品，价值2300余元，免费培训教师3名。发挥“四同创建”在扶贫攻坚中的作用，将“同心乡村”定在贫困村，“同心项目”对接贫困户。虎源生态三茶产业扶贫项目以“公司＋农户＋基地＋合作社”的模式，吸纳260户农户入社，带动1000余农户培育花卉苗木，安排就业500多人，年支付务工工资500余万元，建成油茶林示范基地3000亩、茶叶（苗）种植基地800亩和“茶乡花海”生态健康产业园2000余亩；湘冠现代农业扶贫项目在渡里、左江、白石和清水等贫困村以“湘冠公司占股49%+村委会占股15%+贫困户占股36%”的模式，发展紫淮山、杭白菊、彩色有机稻、红心柚、蛋白桑等特色种养2500余亩，帮助村集体年增收近5万元、贫困户年增收近1.2万元，辐射带动1.3万余人种养致富；清水村引导统战成员参与创建“同心乡村”，实施基础设施建设和民生项目16个，累计转移贫困劳动力就业665人，引进湘冠现代农业公司发展杭白菊、有机稻等特色种养240余亩，直接帮助300多名贫困人口脱贫致富。虎源生态三茶产业扶贫项目授牌省级“同心项目”，湖南湘冠现代农业扶贫项目和思聪街道清水村分别授牌市级“同心项目”和市级“同心乡村”。开展“结同心·送科普、送法律、送健康、送温暖、关爱留守儿童、关爱老人”等系列活动，发放科普资料2800余册、健康知识宣传资料800份，法律服务260人次，义诊1860余人次，走访辖区学童、老人3550人次，慰问贫困村民86人次、贫困学生8人次。安排一名副部长担任驻儒仕坪村精准扶贫工作队队长，8名部机关干部结对23户贫困户，定期开展帮扶活动，儒仕坪村贫困发生率降至0.28%。县委统战部荣获全省统一战线聚力脱贫攻坚行动成效突出单位。

**【自身建设】** 严格按照全面从严治党的总体要求，加强党的建设。一是全面加强党的领导。建立完善县委统一战线工作领导小组，健全完善各领域统战工作联席会议制度，统战部门牵头协调作用不断增强，大统战工作格局得到巩固发展。二是系统优化统战成员单位设置。12月将县民宗局划转政府机构序列管理，恢复主体执法资格，推动成立茶陵县归国华侨联合会和恢复工商联党组。三是强化统战干部业务能力。6月举办统战干部专题培训班，邀请省市领导和专家作政策宣讲和业务指导，培训统战干部55人次。（撰稿：黄纪凯　审稿：黄　勇　谭晓辉）

## 机构编制工作

**【概况】** 茶陵县机构编制委员会办公室是茶陵县机构编制委员会的常设办事机构，共有在职工作人员9名，内设综合组、登记组两个机构，下设茶陵县机构编制信息中心为正股级公益一类事业机构。2017年，茶陵县编办被评为全县扶贫工作优秀单位、全县深化改革工作先进单位、全县双文明建设先进单位等荣誉称号。

**【行政审批制度改革】** 2017年全县行政审批制度改革工作，重点推进行政审批标准化建设和“互联网＋政务服务”工作。按照省、市、县三级“同一事项、同一名称、同一编码、同一标准”原则，对县本级行政许可事项、公共服务事项进行梳理、调整，确定县本级行政许可事项267项，政策支持、法律和信息咨询、知识产权保护、就业技能培训等综合性服务事项238项。按照标准化要求，逐项梳理、编制，对各事项名称、基本编码、实施编码、事项类型、设定依据、行使内容、行使层级、实施机构等43项要素清单，全部录入全省“互联网＋政务服务”一体化平台。为切实解决群众“办事难”问题，启动全县减证便民专项行动，组织全县各级各部门集中清理群众办事创业各类“奇葩证明”和“循环证明”，按照“五个一律”的要求（即：没有法律法规依据的一律取消，能够通过个人有效证照证明的一律取消，能够采取申请人书面承诺方式解决的一律取消，能够由行政机关及相关机构调查核实的一律取消，能够通过部门之间信息共享解决的一律取消），清理取消村（社区）及基层单位证明事项175项，审核确定需保留的村（社区）及基层单位证明事项19项。

**【纪检派驻体制改革】** 为深入推进全面从严治党，进一步加强党对党风廉政建设和反腐败工作的统一领导，设立中共茶陵县纪委驻县委组织部、县人民政府办公室、县委政法委员会、县教育局、县财政局、县住房和城乡规划建设局、县林业局、县卫生和计划生育局8个纪律检查组。主要负责依据党章规定，围绕监督执纪问责，对全县82个党政群机关事业单位履行党的纪律检查职能，核定行政编制32名（每个纪律检查组4名），其中组长8名，为副科级领导职数（每个纪律检查组1名）。所需编制从中共茶陵县纪律检查委员会划转21名，向上级机构编制部门申请，从县公安局、县人民检察院、县人民法院、县司法局机关各置换1名政法专项编制，另从全县其他党政群机关编制内调剂划转7名。2016年3月茶陵县机构编制委员会办公室《关于茶陵县纪委机关机构设置和核定领导职数的批复》（茶编字〔2016〕11号）中核定的17名派驻党政群机关纪检组长（副科级）职数予以核销。

**【巡察体制改革】** 为加强巡察、巡视工作，设立中共茶陵县委巡察工作领导小组办公室，为中共茶陵县委巡察工作领导小组日常办事机构，与中共茶陵县委巡视工作联络办公室一个机构、两块牌子，列入县委工作机构序列，设在县纪委，机构规格为正科级，核定行政编制6名，其中主任职数（正科级）1名，副主任职数（副科级）1名。为推动巡视工作向基层延伸，实现党内监督全覆盖，设立县委巡察组3个，每组核定正科级领导职数（组长）1名、副科级领导职数（副组长）1名，行政编制12名（其中:组长、副组长所需6名行政编制，分别从县民政局、县国土资源局、县水利局、县审计局、县食品药品工商质量监督管理局、县安全生产监督管理局各划转1名行政编制），纳入中共茶陵县委巡察工作领导小组办公室统一管理。其他工作人员根据工作需要从巡察人才库抽调）。

**【监察体制改革】** 根据中央深化国家监察体制改革试点工作安排和统一部署，县委常委会议决定，从县人民检察院划转14名政法专项编制至县纪委机关，以适应监察体制改革工作需要。

**【机构编制管理】** 一是严控机构总量。严格执行“机构零增长”规定，原则上职能没有大幅增加、政策没有硬性规定的，一律不予批准新增。截至2017年底，全县共有行政事业机构489个（含上级下放的质监、工商、公路系统机构20个，不含教学点108个）。与2016年相比，新增机构2个（茶陵县归国华侨联合会、中共茶陵县委巡察工作领导小组办公室），减少机构1个（株洲市公共资源交易中心茶陵分中心）。与2012年同口径相比，减少机构44个。全县共有各类编制11249名，其中行政编制1219名，政法专项编制573名，事业编制9339名，工勤编制118名。各类编制均严格控制在控编基数以内。二是严审用编需求。坚持“超编单位只出不进、满编单位先出后进、余编单位从紧用编”的原则，从严审批用编需求。在全年实现财政供养人员“只减不增”总目标的前提下，共批准用编计划468名，其中：教育系统用编计划243名，卫生系统用编计划95名，政法系统公开选调计划20名，政策性人员安置用编28名，县直其他事业单位和公务员招考计划82名，着重保障县内重点工作、文教卫系统、综治维稳等民生事业用编，确保社会和谐稳定。三是解决历史遗留问题。县食品药品工商质量监督管理局机关核定的12名全额拨款事业编制予以收回，适当增核其下属事业单位编制，解决工商系统从垂直管理改为地方管理过程中编制核定不规范的问题；将县食品药品和质量技术检验检测所核定的14名差额拨款事业编制和10名全额拨款事业编制，统一按现有人员编制性质进行置换，解决其编制核定不规范和后续人员补充问题。四是适时理顺职能职责。将县委统战部承担的民族、宗教、侨务事务相关行政职能划入县人民政府办公室,在县人民政府办公室加挂“茶陵县民族宗教事务局”牌子，核定专职副局长1名，解决民族宗教侨务工作机构行政执法主体资格缺失问题；按照全县交通运输现状和木材检查工作实际，对全县木材检查点相关机构设置进行调整，解决木材检查点设置不科学、不合理的问题。

**【茶陵云阳国家森林公园管理局升格】** 2017年4月，省、市编办相继行文，明确茶陵云阳国家森林公园管理局（茶陵县云阳山风景名胜管理局、茶陵县云阳国有林场）为副处级机构。机构升格后，茶陵云阳国家森林公园管理局（茶陵县云阳山风景名胜管理局、茶陵县云阳国有林场）核定全额拨款事业编制25名，其中：局长（副处级）1名，副局长（正科级）2名，茶陵县云阳国有林场专职副场长（正科级）1名，科长（副科级）5名，设置综合科、资源保护科（安全生产工作科）、开发建设科、旅游事务科、林场管理科等5个内设机构，均为副科级。茶陵县云阳山景区管理站（茶陵县云阳森林公园行政执法大队）、游客服务中心的职责划入茶陵云阳国家森林公园管理局（茶陵县云阳山风景名胜管理局、茶陵县云阳国有林场），不再保留茶陵县云阳山景区管理站（茶陵县云阳森林公园行政执法大队）、茶陵县云阳山景区游客服务中心。茶陵县云阳国有林场云阳分场、贻山分场、二仙分场、潞水分场继续保留，为正股级公益一类事业机构，共核定全额拨款事业编制213名（只作为财政预算经费的基数，不具体到人），承担辖区内森林资源培育、林业资源调查统计、公益林管理、野生动植物保护、森林病虫害防控、森林防火、安全生产等工作，配合有关部门做好林木林地和林政资源管理工作。

**【消化超编工作】** 根据《中编办关于加强机构编制问题整改推进审批联动的意见》，建立《茶陵县机构编制问题整改台账》，制定《茶陵县党政群机关事业单位消化超编人员工作方案》，分年度完成消超任务。2017年，通过自然减员、组织调剂、使用周转编制等手段，完成县直党政群机关行政总量消超12名、15个绝对超编单位消化超编任务，消化超编人员43名。县编委会出台5项措施，严防产生新的超编：一是严格控制人员新增。凡存在超编问题的党政群机关和事业单位，一律暂停新进人员。同时，在县直党政群机关行政人员未完成整体消超前，严格控制乡镇机关、政法机关、参公事业单位人员流入县直党政群机关。二是统一实行编制预留。明确全县各党政群机关、事业单位不得满编进人，统一预留10%的编制用于人员政策性安置和领导班子调整。三是有序推进人员调整。各类在编人员未完成总量消超前，全县各级党政群机关、事业单位确需补充人员的，原则上优先考虑从绝对超编单位同类编制在编人员中选调。四是动员提前退休。由组织、人社部门牵头，对全县公务员队伍进行全面摸底，凡符合提前退休条件的，动员其提前退休，在尊重本人意愿的前提下，空出编制用于消超或改善现有人员结构。五是适当调剂编制资源。对在规定期限内无法通过人员调剂等方式完成消超任务的事业单位，由县编办采取适当调剂集中管理编制的方式，帮助其完成消超，待其在编人员消化到核定编制以内时，再视情将集中管理编制予以收回。

**【机构编制“云平台”建设试点】** 2017年，中编办将株洲市列为全国机构编制云平台应用试点城市。“机构编制云平台”是指机构编制部门利用大数据、云计算等信息化手段，进行机构编制创新管理和评估的新机制。通过对“互联网+机构编制管理”的探索和创新，逐步实现对机构“三定”、权力清单和责任清单、行政审批等工作的在线管理、监测与评估，进而优化配置机构编制资源，助力政府职能转变，服务全面深化改革。茶陵县在全市率先完成全县党政群机关事业单位“三定”信息系统、“权责清单”信息系统、历史沿革信息系统的信息录入工作，共审核“三定”职责信息862条、权力清单信息2657条、责任清单信息362条、历史沿革信息460条。

**【事业单位登记管理】** 实施登记管理服务标准化建设，推行“网上办”（事业单位登记、发布登记公告、报送和公示年度报告、提供信息服务、受理投诉举报等工作均通过网络进行）、“马上办”（简化优化办事流程，对符合条件的事项做到即时办结，所有登记工作办理时限在国家规定时限基础内统一压缩三分之一以上）、“一站办”（建立健全“窗口”服务机制，将申办受理、咨询查询、审批核准、办结发证等事项统一纳入一个“窗口”，实行统一受理、统一回复、统一办结）。将全县党政群机关、事业单位统一赋码工作由一人负责，实行“一站式”服务。全年办理事业单位设立登记1项，变更登记240项，注销登记39项，实地核查信息12家；办理党政群机关变更登记23项。

【网上名称管理】 一是加强网站开办审核。严格按照网站开办的资格条件，清理5家无法正常运行的网站，对新建未审的10家网站单位下发整改通知，促进网站域名的规范使用。二是加强网站挂标确认工作。主动与未及时加挂网站标识证书的4家单位进行联系，指导其嵌入标识代码，规范悬挂标识证书。与县政务服务中心（县政府电子政务中心）衔接，对集中管理的党政群机关事业单位政务网站统一规范标识证书悬挂，加强政府网站管理。三是加强中文政务和公益域名注册管理工作。结合事业单位换证、党政机关赋码等工作，推进中文政务和公益域名注册管理工作，共完成436个党政机关和事业单位中文政务和公益域名注册工作，考核指标完成率达100.5%。

【实名制数据管理和应用】 做好机构编制实名制数据更新维护、应用工作，全年办理人员入库368人次，库内划转687人次，人员出库308人次；全年共接待编制查询事项3000余人次，为拟定全年用编计划、制定消化超编工作方案、建立机构编制问题台账、审核公务员津补贴及事业单位绩效工资发放对象等工作提供信息服务。

（撰稿：谭金虎　谭圆圆　审稿：刘　浩）

## 老干部工作

【概况】 中共茶陵县委老干部局有工作人员6人，退休人员5人，服务管理老干部94人，其中县级实职退休干部27人，离休干部46人，享受副县级待遇21人。全县离退休干部党支部33个，纳入离退休干部党支部管理党员780多名。全县涉老组织7个。2017年,县委老干部局获“县文明建设先进单位”称号。县关工委被评为全国第三届“关爱明天·普法先行”青少年普法教育活动先进单位。

【老干部政治待遇】 落实学习阅文、通报情况、参加重要会议、走访慰问、参观视察等一系列政治待遇制度。元月召开老干部迎春座谈会，县“四大家”领导参加会议，通报县域重大决策部署、经济社会发展情况。全年组织老干部以学习党章党规、习近平重要讲话精神等为主题的政治理论集中学习10次。每月发放《茶陵工作》《老年人》《中老年人保健》《党建研究》等学习资料。采取收听收看、组织宣讲、座谈讨论等多种形式，组织老干部学习中共十九大精神，开展“两学一做”学习教育活动。建立离退休干部学习室，落实重要节日必访、困难老干部必访、生病住院必访、“百年之后”必访的“四必访”制度。县四大家主要领导在春节、七一期间登门看望老干部30人。局领导节日走访、住院探视、慰问困难老干部等65人次，支出慰问经费2万余元。围绕“点赞新变化、喜迎十九大”活动，8月7日，组织离退休县级老领导参观考察卧龙村旅游开发项目，让老干部感受全县经济社会发展变化，引导他们为全域旅游建言献策。继续开展“美好茶陵，阳光生活”主题活动，组织全县离退休干部党员以摄影、书画、诗歌等形式关注发展、宣传茶陵、点赞茶陵，选送56幅书画作品参加市评选。老领导刘桃珠获“学习宣传党的十九大精神”活动先进个人、张武珠获市“点赞株洲新变化、喜迎党的十九大”活动先进个人、彭震获“贯彻发展新理念转型升级补短板金点子征集活动”先进个人。12月召开老干部座谈会，老干部围绕茶陵经济社会建设、脱贫攻坚等工作畅所欲言、献计献策，提出建设性意见建议10余条。

【老干部生活待遇】 继续推进“三个机制”规范有效运行，全县离休干部离休费、医疗费、津补贴、护理费等上级关于离休干部的各项政策规定的生活待遇全部落实到位。全面完成老干部的体检。按时发放20名企业离休干部“四节”补助2.8万元。建立茶陵县困难离休干部帮扶机制，为谭永寿、李淼等10名困难离休干部每人解决困难慰问金共计5000元。奖励未住院离休干部医疗补助20人，共2.4万元。发放老干部年终慰问金7.12万元。2011年8月1日起死亡的离休及退休县领导一次性抚恤金落实到位。自2017年7月1日起生活长期完全不能自理的离休干部护理费标准由原每人每月1000元提高到每人每月2500元，为周作圣、龙男如等9名离休干部办理生活长期完全不能自理护理费。离任村（居）主干享受生活补助对象新增39人，调标16人，共有631人，财政支出经费136万元，“两委”成员备案1229人，财政支出经费152.8万元。

【离退休干部党支部建设】 确定2017年为离退休干部党组织规范化建设年，编印《茶陵县离退休干部党组织规范化建设一本通》。5月在县委老干部局办公室加挂离退休干部工委办公室牌子，县财政解决县委离退休干部工委工作经费10万元。离退休干部党支部书记培训工作纳入全县干部教育计划，4月6—8日在县委党校举办第一期全县离退休干部党支部书记培训班。主动争取县委组织部从补缴党费中下拨离退休干部党支部规范化建设经费11.1万元。县商务和粮食局、财政局、林业局、教育局、交警大队离退休干部党支部被评为“全市示范性离退休干部党支部”，其中县商务和粮食局离退休干部党支部被评为“全省示范性离退休干部党支部”。茶陵县离退休干部党建工作在全市离退休干部党建工作推进会上作典型发言。印发《关于加强离退休干部经常性学习教育工作的意见》，明确了离退休干部党组织专项工作经费按离退休干部党员每人每年不低于1000元的标准核定，每个离退休干部党组织每月600~800元的工作补贴落实到位，其中党支部书记每月工作补贴200元，其他党组织成员每人每月工作补贴150元。党费按100%返还到位。离退休干部党建工作纳入全县绩效考核范围。组织离退休干部党员参加“两学一做”、扶贫攻坚、创文创卫等全县中心工作的一线，深入学校和社区讲党史、上党课，开展“忆党史、送温暖”七一主题活动，发挥老党员正能量。

【扶贫攻坚】 全局5名工作人员在舲舫乡洮水村，结对贫困户20户，支持洮水村脱贫资金2万元。汇编装订各项脱贫攻坚资料，制作《扶贫大爱》画册，制作结对帮扶卡，开通贫困户与结对帮扶干部联系绿色通道。坚持每月走访结对贫困户2次以上，和贫困户拉家常、讲政策、同劳动、解难题。端午节、中秋节、春节等重大节假日，及时为贫困户送上节日的祝福和温暖，全年共支出慰问品和慰问金2万元。专程赶赴长沙、广州等地看望慰问常年在外务工的贫困户郭秋苟、彭晚寿和李艳芳2次。8月30日，邀请爱心企业佳莱国际到茶陵开展“送温暖、献爱心”活动，为舲舫乡洮水村、车浦村的50名建档立卡贫困生送去价值1.2万元的爱心礼包，其事迹在省扶贫办图片展上公开展览。

【关心下一代工作】 抓好党史、国史教育，宣传好中共十九大精神，讲好中国故事。深化“三爱”教育活动，引领青少年从小树立学习最有用、劳动最光荣、祖国最可爱的观念，激发爱学习、爱劳动、爱祖国的热情。组织和参与第三届“关爱明天·普法先行”青少年普法教育活动。县委老干部局副局长、县关工委秘书长陈志谦获全国第三届“关爱明天·普法先行”青少年普法教育活动先进个人。6月1日，举行“茶陵县关爱基金”资金发放启动仪式，向75位困难学生发放7.5万元的关爱资金。开展关爱留守儿童工作，“五老”结对帮扶留守儿童358名。12月20日，召开庆祝县关工委成立三十周年大会暨关心下一代工作总结表彰大会，龙秋生、彭立德荣获“特殊贡献奖”；廖苟生、李振连、谭发文、谭书胜、陈兵乃、陈俭祥、罗超典、包厚文、陈玉义、陈菊美荣获茶陵县首届最美“五老”称号。《主动作为、务实创新，全面关爱青少年健康成长》等材料在全省关工委主任会议上作经验推介。

【老年保健】 老年保健协会组织上课9堂，受教育老年人1800多人次。联合县疾控中心为65周岁以上，33155名老年人免费体检，占65岁以上建档人员的61.5%。协同县人民医院、中医院等开展义诊活动15次，接受义诊人数达3800多人，发放常用药品1580多份，发放中老年保健读物200余册。

【老年教育】 成立老年学校234所，创建示范校95所。开设书法、绘画、电脑、唱歌、广场舞、太极拳专业培训班，开设时事政治、老年健康知识、法律常识、手机使用等7门课程，全年授课88堂，县老年大学在校学员280余人。制定《茶陵县老年教育“十三五”

发展规划》，召开全县老年教育工作会议和18个乡镇、街道的老年教育工作调研座谈会，出台《关于村级区划调整后村办老年学校设置问题的通知》。组织老年人合唱团参加全市离退休干部“喜迎十九大，放歌新株洲”老年合唱比赛，在全市五县四区9支参赛队伍中取得第三名。

（撰稿：陈安红　审稿：肖凌武）

## 信访工作

【概况】 2017年，茶陵县信访局践行为党和政府分忧、全心全意为群众解难的服务宗旨，完善信访工作机制，全力维护社会稳定，在全国、省、市“两会”和中共十九大等各个重要特护期，均实现了“五个不发生”的工作目标，全县信访形势整体平稳可控。

【群众信访件办理】 全年办理群众信访件1063批2056人次，比2016年同期增加10%，网上信访131件，比2016年同期增加13%，按期办结率达100%。

【信访问题摸排】 平时注意摸排信访问题，根据“属地管理、分级负责”的原则，将信访问题逐一交办、稳控，化解不稳定因素。做到合理诉求解决到位，不合理诉求解释到位，有困难帮扶到位，行为违法的依法处理。

【接访机制建设】 完善乡镇（街道）信访接待室（群众工作站）基层基础设施，推进网上信访。组织相关人员参加省、市组织的业务培训，提高网上信访录入业务水平。完善每周一的“1+X”县领导联合接访机制，变领导被动接访为主动接访，变领导单个接访为部门参与联合接访，在县领导的示范效应带动下，全县各乡镇（街道）、县直有关部门开展领导联合接访，处理信访问题关口下移。

【疑难积案化解】 开展信访维稳“百日攻坚”活动和信访积案清零专项行动。共排查信访隐患185个。完成市以上交办3件，化解3件，录入3件，完成率100%。全县共化解信访积案32起。

（撰稿：牛　炜　审稿：陈华勇）

## 督查工作

【概况】 2017年，茶陵县督查局获县文明建设先进单位、县社会治安综合治理先进单位、县脱贫攻坚工作优秀单位和省、市督查工作先进单位等荣誉称号。

【督查督办】 受理上级和县委、县政府领导批示件10件，及时向各责任单位下发督办函并跟踪督办落实。对市委督查室9件信访交办件，安排专人调查处理。所有批示件和交办件均按要求在规定的时间内督办到位，并形成督查专报，办结回复率100%。承担完成各类重大决策部署、重大事项的督查任务20余项，涉及“企业帮扶”“城乡建设用地增减挂钩”“安全生产”“环境保护”“公车改革”“项目攻坚”“村（居）两委换届”“四个十”工作、行政审批、“脱贫攻坚”等方面，及时印发督查通报、专报。督促各承办单位按要求办理人大代表议案、建议和政协委员提案222件。

【作风监督】 开展常态化作风明查暗访，受理节假日公务用车报备300次、400余台车。对重大节假日期间公务用车情况，开展督查3次，查实通报违规用车1起，全县公车运行得到规范。参加全县重大会议会风会纪督查11次，参加村（居）“两委”换届纪律跟踪督查2个月，全县会风会纪明显好转。

【优化环境】 落实市优化办2017年度工作要点和2017年株洲市第二批行业协会商会与行政机关脱钩工作会议要求，受理优化经济发展环境投诉件和市优化办交办件20起，办结20起，办结率100%。落实《关于进一步规范涉企检查工作的通知》，规范涉企检查行为，加强行政审批电子监察，杜绝黄、红牌产生。

【结对扶贫】 制定《2017年杨柳村脱贫攻坚实施方案》《杨柳村脱贫攻坚突出问题集中整改方案》《县督查局脱贫攻坚“三个全面”集中行动方案》；安排2名干部到杨柳村驻村帮扶，7名干部与27户贫困户结对帮扶，组织结对干部扶贫知识模拟考试；多次召开村支两委、党员、组长、贫困户参加的脱贫攻坚座谈会，及时传达各级脱贫攻坚会议及文件精神；做实杨柳村扶贫基础台账、基础档案，对45户建档立卡贫困户档案及入户资料进行充实完善；指导帮助杨柳村发展产业，2017年21户57人脱贫。

（撰稿：肖　艳　审稿：王文明）

## 党校教育工作

【概况】 中共茶陵县委党校内设办公室、教研室、农广校、函授站、行政组等5个组室。有教职工15人，其中，专兼职教师10名(高级讲师2名，讲师5名，助教3名；行政后勤管理人员5名),教职工中研究生2名，本科12名，大专3名。2017年，学校坚持以“争上名课、争当名师、争写名篇、争创名校”办学目标，各项工作取得良好成效，获市文明建设先进单位荣誉称号；在全市党校系统教育比赛中，茶陵县委党校参赛教师荣获第一名和第二名。

【干部培训】 全年举办培训班14期（其中主体班10期1103人，自筹经费班4期630人），培训时间52天，培训人数达1733人次。其中，举办离退休支部书记培训班1期，培训31人；党务干部培训班1期，培训110人；优秀青年干部培训班1期，培训49人；村级党建专干培训班2期，培训460人；扶贫攻坚培训班2期，培训130人;统战干部培训班1期，培训55人，党外代表人士培训班1期，培训58人；中共十八届六中全会精神专题研讨会班（科干班）1期，培训210人；入党积极分子培训班2期，培训360人，党员发展对象培训班2期，培训270人。

【教学科研】 教学、科研是党校工作的主业。在教学方面，注重创新培训格局，突出培训的多样性。围绕县委决策部署和全县经济社会发展需要，合理设置各类培训班次。注重优化教学布局，突出培训的时代性。紧紧围绕县委中心工作和党员干部的岗位需求，设置不同课目，通过创新教学布局，做到分类培训、按需施教,把党校打造成“红色磁场”“精神家园”。注重规范教学管理，突出培训的严肃性。学员管理强化三种制度，即报到督办制、考勤公布制、通报反馈制。严格按照中组部《关于在干部教育培训中进一步加强学员管理的规定》管理学员。在科研方面，紧贴县委、政府的中心工作，紧贴时代需求，实施科研精品战略，产生一批前瞻实效的科研成果。一是成功申报省市课题。课题《新形势下农村党员理想信念教育研究——以茶陵县为例》在市社科联立项；《全域旅游视角下的县域旅游发展对策研究——以茶陵县为例》在省委党校立项;课题《革命老区产业精准扶贫的困境与对策研究——以茶陵县为例》在省委党校立项。二是撰写论文。举办2017年校内理论研讨会，每位专职老师撰写调研报告或理论文章。经过严格程序评选，报送多篇论文参加省市理论研讨会，有5篇论文在市级理论研讨会中获一、二、三等奖，有2篇论文在省级理论研讨会中分获一、二等奖。三是编写教材。集全校教师之力编写的《2017年教学新专题讲义汇编》顺利出版发行并受到学员喜爱。四是科研咨政。组织研究人员申报4项课题并组织课题报告会，围绕县域经济发展的热点、难点、焦点问题开展调研，撰写调研报告，为茶陵发展建言献策。

【党建工作】 一是抓思想认识，去掉“无关论”、“无用论”。二是抓学习教育，组织学习习近平重要讲话和十九大精神，增强知识内涵和战斗力。三是抓整改落实，整顿机关作风。提升教师的政治意识、大局意识、核心意识和看齐意识。四是抓警示教育，组织党员干部到遵义会议旧址、茶陵工农兵政府旧址、茶陵监狱接受红色教育和警示教育，筑牢拒腐防变的防线。五是抓驻基层活动，推进“千名干部驻基层、城乡党建结对和在职党员进社区”活动，走访群众245户，慰问困难群众89人，发放帮扶金和慰问金3万余元，收集群众意见94条。

【扶贫攻坚】 组织教职工多次到结对帮扶的湖口镇梅林、白露村开展实地走访调研，为贫困户排忧解难。一是实施产业扶贫。为扶贫村扩大蜜柚种植规模，发展光伏发电，扶持种养大户。白露村蜜柚产业完成前期投入20万元。二是完善基础设施。在道路、路灯照明、文化设施、改水改厕等方面加大投入，方便群众生活。三是提升贫困户获得感。因户施策，分类指导，精准帮扶，对接落实有关扶贫措施，使贫困户在住房安全、劳务输出、生态补偿、义务教育、金融贷款、医疗救助和社会保障等方面享受扶贫政策红利。

（撰稿：付晚花　审稿：刘中发）

# 茶陵县人民代表大会

## 茶陵县人民代表大会常务委员会

【概况】 茶陵县人大常委会机关设有办公室、农业和农村工作委员会、教育科学文化卫生工作委员会、选举任免联络工作委员会4个常委会工作机构和法制委员会、财政经济委员会（预算工作委员会）、城乡建设环境资源保护委员会3个人民代表大会专门委员会。有在职在编人员35人。2017年，县人大常委会坚持抓重点、抓要害、抓关键、抓人民群众关心关注的热点、抓人民群众期盼解决的难点，认真履行法定职权，共召开常委会会议8次，主任会议22次，听取和审议专项工作报告14次，形成审议意见、交办意见11件，作出决议决定7件，圆满完成县十七届人大二次会议以来的各项目标任务，为全县经济社会发展和民主法治进步作出积极贡献。

【决定重大事项】 一是全力推动舒解城区“三难”。针对群众反映强烈的城区出行难、停车难、如厕难，县十七届人大二次会议通过《关于解决城区“三难”的议案》的决议。决议作出后，县政府启动“三年行动计划”。瓯江南路、望云东路、紫阳西街等城区路网改造建设全面铺开，文体中心、朝阳街三号地块等停车场正在规划建设，将原中医院地块改建为金山休闲广场、烈士陵园东门入口一排门面改建成停车场，并投入使用。整个工程完工预计新增车位2000余个。湘运时代广场、洣水风光带、工业品市场等地恢复、改造或新建公厕16座。城区“三难”逐步缓解。二是大力支持各项事业发展。新一届人大常委会审议批准城南污水处理厂和配套管网工程、“十三五”易地扶贫搬迁等10个项目的建设立项议案，支持政府融资25.18亿元。作出《关于开展第七个五年法治宣传教育工作的决议》《关于茶陵县人民法院、茶陵县人民检察院首批入额法官检察官职务报备和任命问题的决定》等，推进法治建设和司法体制改革。

【履行监督职能】 一是加强财政性资金监督。严格审查财政预决算，推动县政府和财政部门消减坐收坐支、实行零基预算、开展专项资金绩效评价、财政重大支出向人大报告等，规范财政资金使用。切实加强政府性债务资金监督，听取投融资公司运营管理情况汇报，推动投融资公司主动接受人大监督，重大项目建设、重大资金支出及时向人大报告，人大对平台公司资金的监督首次落到实处。二是加强城市规划监督。为保护云阳山天际线这一茶陵特有城市景观，常委会多次组织专题视察、开展专题调研、听取专题汇报，督促县人民政府及相关部门编制完成茶陵县云阳山天际线控制规划。三是加强法治工作监督。听取和审议县政府法制工作情况汇报，开展落实《中华人民共和国档案法》审议意见、禁毒决议、封山育林决议等情况的调查。听取法院、检察院半年工作情况报告，督促两院开展“司法公正茶陵行”系列活动，组织人大代表听审评议法院公开审理案件5件，接待群众涉法涉诉来信来访30余次，促进司法公正。四是加强社会事业监督。听取教育扶贫和义务教育工作、健康扶贫和基层医疗服务等工作汇报，视察世纪星教育集团，组织开展对全县农产品品牌建设、洮水水库管理保护、拖欠农民工工资治理等情况专题调研。

【依法行使选举和任免职权】 坚持党管干部和依法任免相统一，严格人大任免干部程序，使党委推荐的干部，依法成为国家机关工作人员。全年任免国家机关工作人员90人次，其中接受市人大代表辞职1人、县人大代表辞职13人，补选市人大代表2人，确认补选县人大代表12人。

【开展代表工作】 一是搭建代表履职平台。组织县人大代表开展初任培训、常委会委员议事规则培训。按照“五有标准”“五项要求”，完善乡镇（街道）人大代表联系人民群众平台建设。开展“双联”工作，落实人大代表工作室值班制度，国家、省、市、县、乡五级代表共400余人次参加各乡镇工作室值班，接待来信来访300余人次。邀请县人大代表40人次列席常委会会议。二是强化代表建议办理。领导牵头督办，组成人员集中督办，各办委对口督办，提议代表跟踪督办。11月，对议案和重点建议办理情况“回头看”，多措并举使建议督办落到实处。县人大常委会第八次会议对议案和重点建议办理情况进行满意度测评，代表不满意建议的承办单位县公路局当场表态，并挂牌整改，重新办理，测评结果通报全县。三是开展代表活动。以教育扶贫、卫生扶贫、幸福安居工程、光伏产业扶贫、旅游扶贫、走访慰问贫困户等为主题，组织驻茶市人大代表开展小组活动3次，走访慰问贫困户28户，捐款1.8万元。全县240余名代表分成16个代表小组开展活动30次，开展县人大代表小组组长活动3次，代表们建言献策，提出许多好意见、好建议。

【服务中心工作】 一是带头“三联三包”。常委会领导认真落实县委“三联三包”工作要求，深入联点企业、项目、乡镇、村了解情况，协调指导调度工作，推动项目进展和企业发展。牵头联系的一总街、二总街提质改造，烟草产业发展服务中心，万樟园林，桑德环卫工程等项目全面推进。二是助力扶贫攻坚。围绕脱贫攻坚中心工作，开展2015—2016年扶贫项目资金使用情况和旅游扶贫情况调研，促使扶贫项目资金规范使用管理，探索茶陵旅游扶贫新思路。配合省、市人大开展《湖南省农村扶贫开发条例》、扶贫“7+6”等调研活动，推动教育扶贫全覆盖。开展脱贫攻坚精准识别专项督查，对全县新增贫困户逐户上门核查，并走访调查脱贫攻坚精准识别工作，发现问题4大类，形成书面材料向县委报告，向县政府交办，为县委、政府推进扶贫提供详实参考。开展“人大代表参与脱贫攻坚乡村行”活动，组织各级代表走访贫困户，听取民情民意，宣讲扶贫政策。956名各级人大代表走访贫困户5648户，发现问题2810处，督促解决实际问题764个。450名各级代表直接参与扶贫工作，结对帮扶1320余户2850余人。涌现出全国人大代表龙秋华，省人大代表肖建玲，市人大代表刘祖治、李乐文、张建中、谭运华，县人大代表刘雪文等一大批扶贫先进典型。三是开展驻村帮扶。人大机关向河东村、二仙村两村派出驻村帮扶工作队，并组织机关干部与所有贫困户结对帮扶。2017年，机关干部深入贫困户核查基础资料、宣讲扶贫政策、解决实际困难,54户贫困户实现脱贫。

## 重要会议

【人民代表大会会议】 2月22日至24日，茶陵县第十七届人民代表大会第二次会议在县城紫荆花大酒店举行。会议应到县人大代表244名，实到240名，因事请假4名，邀请列席人员346名。会议审查通过《茶陵县人民政府工作报告》《茶陵县人民代表大会常务委员会工作报告》《茶陵县人民法院工作报告》《茶陵县人民检察院工作报告》；审查《茶陵县2016年国民经济和社会发展计划执行情况及2017年计划（草案）的报告》《茶陵县2016年财政预算执行情况及2017年财政预算（草案）的报告》，批准茶陵县2016年国民经济和社会发展计划执行情况的报告及2017年国民经济和社会发展计划、茶陵县2016年财政预算执行情况的报告及2017年财政预算。会议期间，大会秘书处组织议案审查组共收到议案1件，建议、批评和意见132件，审议通过了茶陵县人民代表大会城乡建设环境资源保护委员会提交的《关于解决城区出行难、停车难、如厕难的议案》及其《决议》。

【人大常委会会议】 2016年12月—2017年12月，召开茶陵县人大常委会会议8次。

2016年12月28日，县十七届人大常委会第一次会议召开。会议听取和审议县人民政府《关于提请审议茶陵南站新区基础设施建设项目（一期）政府购买服务有关事项的议案》《关于提请审议茶陵县东环线道路工程项目政府购买服务有关事项的议案》《关于提请审议茶陵县外环线道路工程建设项目政府购买服务有关事项的议案》《关于茶陵县文体中心建设项目政府购买服务有关事项的议案》《关于将茶陵县城市棚户区改造项目政府购买服务资金列入县财政预算的议案》《关于提请审议茶陵县洣水河前农保护圈防洪工程建设项目政府购买服务有关事项的议案》《关于茶陵县农村公路提质改造工程项目政府购买服务有关事项的议案》等七件议案，并作出批准七件议案的决定；会议任免尹兰青、龙水源等相关人员职务；学习《地方组织法》中关于县级以上地方各级人民代表大会常务委员会有关规定和《茶陵县人民代表大会常务委员会议事规定》。

2017年1月24日，县十七届人大常委会第二次会议召开。会议审议通过《茶陵县人民代表大会常务委员会2017年工作要点》和《茶陵县第十七届人民代表大会常务委员会代表资格审查委员会组成人员名单》，产生县十七届人大常委会代表资格审查委员会主任委员1名、副主任委员2名、委员4名；听取县人大常委会办公室《关于县十七届人大二次会议筹备工作情况报告》，作出《关于召开茶陵县第十七届人民代表大会第二次会议的决定》；初审县人大常委会、县人民政府、县人民法院、县人民检察院工作报告和县计划、县财政的报告；会议接受部分县人大代表辞去代表职务，任免新一届政府工作机构负责人和县人大常委会、县人民法院部分人员的职务。

3月24日，县十七届人大常委会第三次会议召开。会议听取和审议县人民政府《关于提请审议茶陵县城南污水处理厂和配套管网工程项目立项及污水处理费用纳入财政预算的议案》，并作出批准该议案的决定；审议任命张锋为县人民政府副县长，还任免了相关人员的职务。

5月31日，县十七届人大常委会第四次会议召开。会议听取和审议县人民政府《2015—2016年扶贫项目资金使用情况汇报》《关于我县旅游扶贫工作情况的汇报》《全县“六五”普法工作情况及“七五”普法工作规划情况汇报》，审议县人民政府《关于提请审议〈关于开展第七个五年法治宣传教育工作的决议（草案）〉的议案》，并作出《关于开展第七个五年法治宣传教育的决议》；会议听取县人民法院《关于提请杜波等职务备案的报告》、县人民检察院《关于提请郭建等同志职务备案的报告》，审议县人大常委会主任会议《关于提请审议〈茶陵县人民代表大会常务委员会关于茶陵县人民法院、茶陵县人民检察院首批入额法官检察官职务报备和任命问题的决定（草案）〉的议案》，作出《茶陵县人民代表大会关于茶陵县人民法院、茶陵县人民检察院首批入额法官检察官职务报备和任命问题的决定》；会议还任免县人大专委会、县人大常委会工作委员会、县人民政府工作机构、县人民法院相关人员的职务。

7月28日，县十七届人大常委会第五次会议召开。会议听取和审议县人民政府《2017年上半年经济社会发展情况汇报》《茶陵县人民政府法制工作情况汇报》《关于云阳山天际线控制情况汇报》；听取县人民法院和县人民检察院《2017年上半年工作报告》；听取和审议2016年县财政决算情况和同级财政审计情况汇报，批准2016年县财政决算；审议县人民政府《关于提请审议实施“欧洲投资银行贷款湖南森林提质增效示范项目”的议案》和《关于提请审议茶陵县“十三五”易地扶贫项目政府购买服务资金列入财政预算的议案》，并作出批准该两件议案的决定；接受陈艳娟辞去县人民政府副县长的职务。

9月29日，县十七届人大常委会第六次会议召开。会议听取县住建局《云阳山天际线规划情况汇报》，听取和审议县人民政府《关于投融资公司运营管理情况的汇报》；审议任命李甜甜为县人民政府副县长，还任免县人大常委会工作机构、县人民政府工作机构、县人民法院和县人民检察院相关人员的职务。

11月30日，县十七届人大常委会第七次会议召开。听取县政府办《县十七届人大二次会议期间议案和代表建议办理情况的报告》和县人大常委会联工委《关于县十七届人大二次会议期间议案和代表建议督办情况的报告》；听取县财政局《茶陵县2017年财政预算执行情况及预算调整情况报告》，批准茶陵县2017年预算调整方案；听取县档案史志局落实《县人大常委会对我县贯彻实施〈档案法〉工作情况的审议意见》情况汇报；听取县人大常委会办公室《关于县十七届人大三次会议筹备工作情况汇报》，并作出《关于召开茶陵县第十七届人民代表大会第三次会议的决定》；任免县人大常委会工作机构相关人员、部分市人大代表和县人大代表的职务。

12月28日，县十七届人大常委会第八次会议召开。会议初审县人大常委会、县人民政府、县人民法院、县人民检察院工作报告和县计划、县财政、县环保的报告；确认补选的12名县人大代表资格。

（撰稿：郭勇毅　审稿：谭春喜）

# 茶陵县人民政府

## 茶陵县人民政府

**【概况】** 2017年是本届政府的开局之年，全县经济平稳健康发展，社会大局和谐稳定。主要表现在：经济规模不断扩大，全年完成GDP178.1亿元，同比增长8.2%；实现社会固定资产投资157.26亿元，同比增长14.4%。发展动能不断增强，完成规模工业总产值138.47亿元，规模工业增加值45.87亿元，同比分别增长16.2%、6.4%；完成社会消费品零售总额72.87亿元，同比增长11.2%；全县存贷款余额分别为217.95亿元、107.96亿元，同比分别增长9%、16.4%，存贷比为49.5%。发展效益不断提高，完成财政收入14.49亿元，同比增长8.8%，税收收入占比为65.5%；实现城镇居民人均可支配收入30824元，同比增长7.9%；实现农村居民人均可支配收入8740元，同比增长10.4%。

**【脱贫攻坚】** 2017年，全县脱贫7505户27450人，综合贫困发生率降为0.882%，顺利通过省、市评估验收检查。一是结对帮扶全覆盖。开展“全面走访农户、全面核查情况、全面整改问题”集中行动，“三走访三签字”活动落到实处；选派229支工作队、4000余名县乡机关干部进驻贫困村和非贫困村。推广委托帮扶“造血”扶贫模式，21家企业、385家合作社、72个基地、1142个大户带领近4万贫困人口增收。“三个保障”全力落实。完成易地扶贫搬迁1581户5003人；完成危房改造5274户，其中修缮加固4040户、幸福安居495户、拆旧建新739户。资助建档立卡贫困学生26765人次，发放资助金1694.88万元。落实健康扶贫“三个一批”，68个贫困村实现“一村一室、一村一医”。资金保障坚实有力。统筹安排各类财政性扶贫资金8.15亿元；积极争取市产业扶贫投资基金5.2亿元；发放贫困户贷款5290户，2.48亿元。四是基础设施全面提升。投资6.92亿元，大力实施“一五十百千”贫困村基础设施项目，所有贫困村达到通畅标准；101个村架设节能路灯近5000盏，完成31个贫困村的农网提质改造任务。62个贫困村建成光伏电站并实现并网发电。成功入选全国电子商务进农村综合示范县，68个贫困村实现“三站合一”。

**【产业培育】** 三次产业结构比为18.5∶38.8∶42.7，分别拉动GDP增长0.5、2.6、4.9个百分点。实现农业总产值50.97亿元，同比增长3.8%。新种茶叶2300亩、油茶1.2万亩；发展烤烟2.18万亩，入选全省28个重点产烟县。农业龙头企业增加到30家，认证37个“三品一标”农产品，万樟园林获评“国家休闲农业和乡村旅游五星级企业（园区）”。成功创建全国平安农机示范县。规模工业企业达到163家，完成新增“四上”企业40家，创新创业园项目8栋标准厂房如期完工。推进生态电子科技园、开发区污水处理厂和配套管网等产业和基础设施建设，产业集聚明显提升。出台全域旅游实施方案，启动云阳山创国家AAAAA景区，重点抓赤松游客集散中心（一期）、东阳湖生态旅游开发、工农兵政府旧址红色陈展提质和游客服务中心等30个旅游项目。举办“油菜花海·春赏大典”、第六届祖庵家菜美食节、首届茶陵石冲脐橙采摘节等文化旅游活动，成功创建湖南省旅游扶贫示范县。

**【项目建设】** 全年安排市、县重点项目100个，县内列入市重点建设项目41个。签约引进佳邦建设、汇才精加工、维也纳酒店等15个项目，合同引资31.5亿元；洣水河前农保护圈防洪工程PPP项目成功落地。城北农贸市场、高标准农田建设、“天使之橙”、宏泰健康养生园、龙华农牧（东冲二期）等项目进展顺利。持续推进“企业帮扶年”活动，收集解决企业问题108个，办结率100%。全面落实《茶陵县工业企业发展十条》，开通湖南股权交易所茶陵县专板，首批50家企业集体挂牌。鼓励园区企业Q板上市进行股权融资，对接联系19家园区企业申报。完成市科技成果转化2项，完成专利质押融资1200万元，居全市前列。全年完成征地拆迁项目50个，征地面积3180.3亩，国有房屋征收面积15100平方米。开展城乡建设用地增减挂钩工作，完成后备资源摸底8000亩，启动实施2883亩。五个平台公司融资到位22.2亿元。

【城乡发展】 推进“多规合一”，编制4个镇总体规划、103个村庄规划，完成91项市政设施、23个学校以及农村建房选型图册规划设计。马湖公路、106国道至水源旅游公路建成通车，提质改造犀城大道、朝阳街支路等7条城区道路，西环线、345省道（二期三期）、347省道、356国道、渡瑶公路、望云东路、茶祖路建设加快推进，庵贝公路年底通车。依法拆除违法建筑78起、7682平方米，下达停建和拆除通知书161起，对66起建设项目给予行政处罚。农村土地承包经营权确权登记颁证工作初步完成，流转土地51.77万亩。实现商品房销售52.1万平方米，完成棚户区改造3002户。腰潞石材工业小镇、高陇商旅文化小镇、界首边界贸易小镇、严塘生态园林小镇等4个市级特色镇建设稳步推进。马吉村成功创建省级“美丽乡村”，左垅村、沿河村等“美丽乡村”示范点创建工作有序开展。继续实施封山育林，承办全省推进国土绿化工作现场会，新造林5.2万亩，森林覆盖率达到64.16%。大力推行“河长制”，建立县、乡、村三级河长管控体系。

【民生事业】 全年财政民生支出32.8亿元，占公共财政预算支出的80%，同比增长23.1%，“民生100”工程任务指标全部完成。启动职业中专搬迁，解放学校云阳分校教学楼建成并投入使用；投入2673万元实施“全面改薄”项目8个，获国务院教育督导组充分肯定。争取北京健康扶贫基金会1.32亿元的医疗设备全部配备到卫生院，成为全国少有的所有卫生院配齐DR、彩超、全自动生化分析仪等“新三件”的县。“三个中心”“三个广场”建设步伐加快，金山广场全面竣工，公园广场一期基本完工。城西农贸市场投入使用。通过国卫复审和省级文明县城复检。洣水水库移民安置终验顺利通过。举行“万步有约”健走活动，获得“全国优秀健走示范区”称号。获评2017年度全国老龄工作先进单位。加快实施社区“网格化”管理，深化“平安茶陵”“法治茶陵”创建，圆满完成中共十九大维稳安保任务，入选全国第四批“法治县创建先进单位”，综治民调排名全市第二。开展“三治三保”行动，超载超限及非法营运等交通乱象得到有效遏制。严格实行“一单四制”管理，深入开展安全生产“三大行动”，全县安全生产形势总体平稳。

【依法行政】 学习贯彻落实中共十九大精神，扎实推进“两学一做”学习教育常态化制度化。加快推进“互联网+政务服务”，推行行政审批标准化建设；实施“三清单一目录”，对全县25个工作部门的权力职责事项、收费事项和投资准入管理项目进行清理编制，制定《茶陵县优化行政许可项目审批程序实施方案》，2017年共受理办结行政审批项目20518个。成立投融资决策管理委员会，出台《茶陵县人民政府投融资管理办法（试行）》，建立地方政府债务风险防控机制，严格控制融资成本。抢抓省直管县经济体制改革试点机遇，有序承接省厅下放权限406项，争取各类项目资金近2亿元。深化供给侧结构性改革，全县7家烟花爆竹生产企业全部关闭退出。实施第八轮乡镇财政管理体制改革，国库集中支付改革、“营改增”改革进一步扩面。全面落实人大及其常委会的决议决定，自觉接受人大和政协监督，认真办理人大建议124件、政协提案98件，解决率不断提升。处理县长热线、县长信箱中的群众咨询、建议和投诉共1029件。受理行政复议案件14件，应诉省市县行政诉讼34件，办结率和胜诉率均为100%，有力维护了政府法治形象。严格落实从严治党责任，大力开展“雁过拔毛”式腐败问题专项整治，“互联网+监督”平台建设得到省政府肯定。

【县政府常务会议】 2017年县政府召开常务会议10次。

1月22日会议，讨论研究《2017年度全县经济和社会发展主要目标、重点投资、项目保障计划（草案）》《政府工作报告》及“四个十”项目（征求意见稿）。听取2016年度全县乡镇（街道）和县直机关单位人口计生工作考核评估结果、环保违规建设项目专项整治、国家重点生态功能区县域环境质量考核工作等工作汇报，会议讨论了金沙新能源重启项目合作协议。

2月7日会议，讨论通过《茶陵县人民政府关于2017年经济社会发展目标管理考核的通知》，听取茶陵县2017年财政预算编制、茶陵县茶祖印象茶业有限公司向县文旅投公司借款、茶陵县文化旅游开发投资有限公司董事会成员调整、金沙新能源项目重启有关情况汇报。

3月23日会议，听取“三个中心”和“三个广场”项目建设情况汇报，原则同意建设“三个中心”和“三个广场”项目。听取2016年中央环保督察及全县环保工作、加快脐橙产业发展的实施意见、茶陵县突发事件预警信息发布系统情况汇报。会议讨论茶陵县2017年招商引资工作实施方案、茶陵县第八轮乡镇（街道）财政管理体制实施办法、茶陵县人民政府与深圳市安华达投资管理有限公司投资合作协议书、茶陵县2017年统筹使用财政涉农资金支持精准扶贫工作实施方案。会议原则同意《茶陵县城乡建设用地增减挂钩工作实施方案》《茶陵县全民健身实施计划（2016—2020年）》，实施“一五十百千”贫困村基础设施项目。会议还讨论了干部任免事宜。

5月25日会议，听取县信访局的工作汇报，并传达省信访工作责任实施细则精神。讨论县矿产资源税费统一征收办公室（以下简称县统征办）撤销工作，原则同意撤销县统征办。听取夜宵摊集中经营安置点建设管理、县图书馆新馆变更设计装修、县档案馆采购设备、残疾人就业保障金征收使用管理、县公安派出所及交警中队办公用房办理不动产权证、茶陵县招标投标管理办法、茶陵县人民政府投融资管理办法、茶陵县投融资决策委员会工作规则等汇报，还讨论茶陵县病死畜禽无害化处理机制建设实施方案、东阳湖国家湿地公园建设、茶祖路、瓯江中路、茶祖路与赤松街交叉口增加工程造价建设、原锴隆钢铁厂兴办东阳实验学校项目投资协议书、茶陵县贫困村路网提质升级改造建设管理实施办法及东南大桥等4座桥梁工程增加、345省道茶陵和吕至攸县高和公路（严塘至茶陵县城段）增设慢行道、县集体土地征收及房屋拆迁补偿安置办法、深化供销合作社综合改革、相关人员职务任免以及公职人员处分有关事宜。

7月12日会议，讨论解除2016年11月1日《茶陵县生猪产业精准扶贫合作协议》，并重新订立协议。讨论农村低保和社会保障兜底脱贫对象认定清理整顿、茶陵县洮水水库耕地占用税纳税主体、茶陵县茶祖印象茶业有限公司向县文旅投公司借款、修建茶陵县云洮公路旅游专线、食品安全监管、公车改革交通补贴发放等工作。讨论《茶陵经济开发区企业服务公司组建方案》《茶陵县经济开发区污水处理厂及配套管网建设项目PPP模式详细实施方案》《茶陵县小水电自供区移交国网管理框架协议》和《茶陵县小水电自供区移交国网管理工作实施方案》、茶陵县电子商务进农村工作及2017年电商扶贫专项项目合作合同、“天使之橙”脐橙产业链项目及产业扶贫合作协议、湖南一心医药集团项目投资合同书、茶陵县与五矿二十三冶项目战略合作框架协议、东阳实验学校项目投资协议书等，听取新建12个乡镇污水处理设施、清水煤矿资产拍卖后续处理和人民煤矿租赁合同到期后处置、规划报建、核实面积与房屋测量面积不一致、规划展览馆布展等情况汇报。会议还讨论相关人员职务任免、调整领导分工等工作。

8月29日会议，讨论2017年统筹整合财政涉农专项扶贫资金、调整生态保护红线范围、茶陵县保安服务有限公司脱钩改制、2017年湖南省交通运输厅下达的安防计划地方自筹资金、茶陵县县道建设征地拆迁补偿标准、原民办教师相关待遇、洮水水库水上交通安全专项整治等工作。原则同意《茶陵县妇女儿童发展规划》《茶陵县大中型水库移民避险解困试点实施方案》，原则同意设立茶陵县国省干线公路建设协调办公室。

9月20日会议，听取财政涉农整合资金项目调整以及增加扶贫办工作经费、茶陵县洣水河前农保护圈防洪工程PPP项目、规划建设停车场、茶陵县城市生活垃圾无害化处理场实行市场化运营、茶陵县洞口老垃圾填埋场转场工程公开招标、城南商圈湘赣建材城项目、增加辅警编制和财政经费预算情况汇报。讨论推行河长制及水利工作中需要解决的若干问题、县政府班子成员分工、县人大“三难”问题交办件有关事宜，会议还讨论了《茶陵县老城旧住宅区棚户改造项目征收补偿安置方案》。

10月19日会议，听取乡镇居委会运转情况及村级组织运转经费提标、茶陵县乡镇管道天然气及县经济开发区加气站建设等工作汇报。讨论《茶陵县“小而优”产业扶贫投资基金实施方案（讨论稿）》《推进祖庵家菜产业发展实施意见》《第六届湖南茶陵祖庵家菜美食节方案》《茶陵县调整公务员津贴补贴水平实施方案》《茶陵县调整事业单位绩效工资水平实施方案》《2017年统筹整合使用财政涉农资金及实施项目年末调整方案》。会议还讨论相关人员职务任免及县政府班子成员分工。

11月27日会议，讨论《落实〈中共湖南省委办公厅湖南省人民政府办公厅关于支持贫困地区发展产业扩大就业的若干政策〉实施方案》《茶陵县脱贫攻坚后续帮扶巩固提升实施方案》《茶陵县2017年脱贫攻坚分类考核办法》和《茶陵县人民调解“以奖代补”实施办法（修改意见）》。听取茶陵县教师周转宿舍建设三年行动计划、城区义务教育布局和学校紧张、345省道和高公路严塘至县城段湾里村境内路基边坡滑坡、云洮公路项目建设、茶陵县耕地占补平衡补充耕地、全县机关事业单位工作人员2016年度考核有关情况汇报。会议还讨论彭某某违纪案件处理意见。

12月8日会议，听取县脱贫攻坚市初审评估情况汇报、关于贯彻落实《株洲市农村村庄规划建设管理条例》、湘赣汽贸城入驻企业招商优惠政策、茶陵县农业品牌建设、推进茶陵县公证处机构体制改革工作等情况汇报。讨论云阳山自然保护区管理机构和职责、茶陵县畜禽养殖污染防治工作方案、茶陵县320省道界化陇联合治超执法站建设方案、伟仕达电子产业园项目建设、湘赣国际物流园投资等工作。

表3

**茶陵县人民政府2017年重要文件一览表**

| 发文单位 | 文　号 | 文件标题 |
|---|---|---|
| 茶陵县人民政府 | 茶政发〔2017〕1号 | 关于2017年经济社会发展目标管理考核的通知 |
| 茶陵县人民政府 | 茶政发〔2017〕6号 | 关于印发《茶陵县创建全国“平安农机”示范县活动方案》的通知 |
| 茶陵县人民政府 | 茶政发〔2017〕12号 | 关于印发《茶陵县2017年统筹使用财政涉农资金支持精准扶贫工作实施方案》的通知 |
| 茶陵县人民政府 | 茶政发〔2017〕21号 | 关于公布《茶陵县第五批县级非物质文化遗产代表作名录》的通知 |
| 茶陵县人民政府 | 茶政发〔2017〕22号 | 关于印发《茶陵县招标投标管理办法（试行）》的通知 |
| 茶陵县人民政府 | 茶政发〔2017〕26号 | 关于印发《茶陵县2017年财政涉农整合资金及实施项目调整方案》的通知 |
| 茶陵县人民政府 | 茶政发〔2017〕43号 | 关于下达2017年茶陵县贫困村路网提质改造项目实施计划的通知 |
| 茶陵县人民政府 | 茶政发〔2017〕50号 | 关于印发《茶陵县2017年财政涉农整合资金及实施项目调整方案》的通知 |
| 茶陵县人民政府 | 茶政发〔2017〕52号 | 关于清理规范县政府部门行政审批中介服务事项的决定 |

（撰稿：伍志华　罗君平　彭利佞　审稿：苏明亮）

## 县政府办公室工作

【概况】 2017年，茶陵县人民政府办公室按照“办文见水平，办会见作风，办事见精神”的要求，切实履行参与政务、管理事务、综合服务等职能，务实创新、开拓进取，圆满完成年度各项工作任务。

【办文办会】 坚持高效严谨办文。注重文稿的思想性、针对性和指导性，顺利完成政府工作报告、经济工作会议等各类综合性材料。撰写会议报告、领导讲话、工作汇报等文字材料200余篇，及时总结茶陵工作经验，展示工作成绩，并为政府领导决策提供依据或参考意见。同时，按照精简文件要求，提高文件质量，控制文件数量，把好文件政治关、政策关、格式关、文字关，切实做到能不发的文不发、能少发的文少发、惠民利民的文及时发。坚持精心细致办会。严格按照中央八项规定要求，精简会议次数，切实改进会风，不断提高办会水平，各类会议力求节约务实。按照县政府的要求落实会议安排、组织和服务工作。从会议的前期工作、人员通知、会场布置，到会后情况反馈、督办，全部责任到人。2017年，组织县政府、办公室各类工作会议291次，县政府常务会议10次、专题会议77次。

【政务服务】 强化信息调研编报。围绕县委、县政府中心工作和各阶段重点工作,发挥信息“前哨”的作用，全年收到各部门报送信息2980条，采用600余条，整理上报省、市信息1121条，超额完成省、市信息年度考核任务。抓住影响改革、发展、稳定的热点、难点以及领导的关注点，组织开展扶贫攻坚、城市建设管理、重大项目建设、教育事业发展、乡村旅游等专题调研，撰写调研文章，为领导掌握情况、指导工作、科学决策提供有益参考。强化沟通协调服务，确保各项工作有序展开。全年承办大型活动和会议19次，组织重点项目建设领导调研和视察活动76次，召集和组织群众座谈20余次，均较好地完成协调服务工作。主动与县委办、县人大办、县政协办联系，互通情况，搞好日常协调工作；加强与乡镇和部门日常工作的衔接、沟通，对涉及部门多、环节多的重大问题，主动牵头协调，搞好上传下达，保证政府决策的贯彻落实。强化政务督查考核。紧紧围绕县委、县政府确定的中心工作、重大决策、重点工作任务、会议议定的事项以及上级、领导交办的任务开展工作。对人大代表会议及其常务会议、县政府常务会等做出的重大决策和重要工作部署，进行分解立项，跟踪督查，了解情况，找准问题，分析对策，提出建议，有力推动政府各项工作的顺利开展。抓好“四个十”重点工作督查督办，围绕城市建设、民生等重点工作，向有关乡镇及部门下达督办通知单，明确责任单位、责任人，限时办结，提高办事效率，确保政令畅通。强化信访接待服务。做好信访接待工作，进一步畅通群众联系渠道，创新工作机制，排查化解各类社会矛盾纠纷，重视群众反映的各类问题，维护群众的根本利益。2017年，公开招聘“12345”热线办人员7名，接到12345热线交办件1030件，办结980件，办结率95.15%。强化应急值守管理。加强应急管理工作，坚持24小时值班制度，认真做好信息报告、值班值守等工作，完善应急预案体系，组织开展应急演练，提高救灾减灾应急能力。修订县级专项应急预案8个，组织森林防火应急演练、消防火灾演练、冲锋舟救援演练300余次；做好应急基础信息采集工作；控制处理多起流行性腮腺炎疫情。

【依法行政】 继续深化行政审批制度改革。对政府工作部门权力清单实行动态管理。抓好重大决策听证工作，建成责任政府、法治政府、阳光政府、效能政府、服务型政府。推进行政执法体制改革，完善执法程序，减少执法层次，强化相对集中处罚权工作，加强执法队伍建设，提高综合行政执法水平。加强规范性文件审查备案。执行规范性文件管理的“三统一”(统一登记、统一编号、统一公布)制度，严格规范性文件的管理，做好县政府规范性文件的审查工作。法制办审核各类文件160余件，其中规范性文件16件，备案率100%。做好“两案”办理工作。县政府及其所属部门承办县人大十七届二次会议期间代表议案1件、建议124件(7件被县人大常委会确定为重点代表建议)，全部答复办结完毕。代表对办理态度很满意的38件、满意的80件，满意率为95.2%；对办理结果很满意25件、满意81件，满意率为85.5%。承办政协委员提案98件，重点提案7件，所有提案全部办结。

【脱贫攻坚】 一是协调服务脱贫攻坚工作。政府办起草编发扶贫相关文件45件，撰写会议报告、领导讲话、工作汇报等扶贫材料50余篇，组织县委、县政府扶贫工作会议30余次，加强与乡镇、部门日常工作的衔接、沟通，对涉及部门多、环节多的重大问题，做好牵头协调工作，及时传达政令，确保全县扶贫决策的贯彻落实。二是开展结对帮扶工作。政府办在桃坑乡西坑村和界首镇白洲村开展结对帮扶工作，派出工作队长1名、工作队员2名，组织23名干部开展结对帮扶工作。印发《茶陵县政府办2017年脱贫攻坚作战图》，召开驻村帮扶、结对帮扶专题会议12次，调度会12次，安排帮扶资金38万元，其中贫困村26万元。组织干部扶贫政策知识培训12次，一把手带头到结对帮扶村解决实际问题20次。11—12月，全体干部取消双休日抓扶贫。2017年，西坑村脱贫38户137人，白洲村脱贫58户252人。

【自身建设】 激发队伍创新力。通过组织学习、选派培训、岗位锻炼等方式，加强政治思想、业务知识和理论学习，引导办公室工作人员时刻注重自身素质的提高，努力做到政治上“强”、业务上“精”、作风上“实”，精心办文，悉心办会，细心办事。针对文字人员少的实际情况，采取以老带新的办法，发挥老同志的传帮带作用，并根据新进年轻干部特点，因人而异派任务、压担子，让他们在具体工作中成长。增强集体战斗力。领导班子坚持民主集中制，发扬民主作风，鼓励办公室工作人员提意见和建议，群策群力，促进决策的科学性。提升党建工作水平，发挥战斗堡垒作用和共产党员的先锋模范作用。全体干部职工自觉服从工作安排，树立大局观念和集体意识，坚持心往一处想、劲往一处使，为政务工作提供动力支撑。办公室上下团结一致，迎难而上，分工协作，相互支持，形成思想同心、目标同向、工作同步的良好风气。提升干部公信力。强化干部职工责任意识，正确看待个人得失，正确把握利益关系。牢记宗旨，践行使命，保持对人民的深厚感情、对事业的执着追求、对名利的平常心态；严格遵守政治纪律、组织纪律、工作纪律、财经纪律、生活纪律，开展作风建设，加强机关效能建设，提高工作节奏、办事效率、干部公信力得到提升。

表4

**茶陵县人民政府办公室2017年重要文件一览表**

| 发文单位 | 文　号 | 文件标题 |
|---|---|---|
| 县政府办 | 茶政办发〔2017〕1号 | 关于印发《茶陵县建档立卡贫困人口生态护林员考核管理办法》的通知 |
| 县政府办 | 茶政办发〔2017〕7号 | 关于印发《茶陵县人民政府领导分工》的通知 |
| 县政府办 | 茶政办发〔2017〕9号 | 关于建立困难群众基本生活保障工作协调机制的通知 |
| 县政府办 | 茶政办发〔2017〕11号 | 关于印发《茶陵县道路交通“三治三保”工作实施方案》的通知 |
| 县政府办 | 茶政办发〔2017〕18号 | 关于印发《茶陵县灭火救援应急处置预案》的通知 |
| 县政府办 | 茶政办发〔2017〕30号 | 关于印发《茶陵县森林火灾应急预案》的通知 |
| 县政府办 | 茶政办发〔2017〕33号 | 关于印发《2017年茶陵县河长制工作考核办法》的通知 |
| 县政府办 | 茶政办发〔2017〕36号 | 关于印发《茶陵县道路交通事故应急预案》的通知 |
| 县政府办 | 茶政办发〔2017〕37号 | 关于印发《茶陵县城区道路交通拥堵应急预案》的通知 |
| 县政府办 | 茶政办发〔2017〕38号 | 关于加强农村留守儿童关爱保护工作的实施意见 |

续表 4–1

| 发文单位 | 文　号 | 文件标题 |
|---|---|---|
| 县政府办 | 茶政办发〔2017〕44 号 | 关于印发《茶陵县农村危房修缮加固改造实施方案》的通知 |
| 县政府办 | 茶政办发〔2017〕46 号 | 关于印发《茶陵县规范水库渔业利用加强水库水质保护工作实施方案》的通知 |
| 县政府办 | 茶政办发〔2017〕49 号 | 关于印发《茶陵县贫困村路网提质改造建设管理实施办法》的通知 |
| 县政府办 | 茶政办发〔2017〕50 号 | 关于印发《茶陵县 2017 年农村基础设施改善提质工程建设实施方案》的通知 |
| 县政府办 | 茶政办发〔2017〕51 号 | 关于明确 2017 年度统筹整合财政涉农资金项目责任清单的通知 |
| 县政府办 | 茶政办发〔2017〕55 号 | 关于印发《茶陵县 2017 年农村危房改造工作实施方案》的通知 |
| 县政府办 | 茶政办发〔2017〕56 号 | 关于开展行政许可标准化建设、“减证便民”、编制公共服务事项目录等工作的通知 |
| 县政府办 | 茶政办发〔2017〕65 号 | 关于开展家谱档案征集工作的通知 |
| 县政府办 | 茶政办发〔2017〕66 号 | 关于印发《2017 年茶陵县产业扶贫实施意见》的通知 |
| 县政府办 | 茶政办发〔2017〕67 号 | 关于印发《茶陵县 2017 年封山育林工作方案》的通知 |
| 县政府办 | 茶政办发〔2017〕68 号 | 关于明确 2017 年度农村部分计划生育家庭奖励扶助、计划生育家庭特别扶助对象的通知 |
| 县政府办 | 茶政办发〔2017〕69 号 | 关于转发《残疾人就业保障金征收使用管理办法》的通知 |
| 县政府办 | 茶政办发〔2017〕71 号 | 关于印发《茶陵县农村低保和社会保障兜底脱贫对象认定清理整顿工作方案》的通知 |
| 县政府办 | 茶政办发〔2017〕77 号 | 关于印发《茶陵县全民参保登记工作实施方案》的通知 |
| 县政府办 | 茶政办发〔2017〕78 号 | 关于印发《茶陵县财政专项扶贫资金管理办法》的通知 |
| 县政府办 | 茶政办发〔2017〕82 号 | 关于印发茶陵县健康扶贫工程“三个一批”行动计划及农村贫困住院患者县域内先诊疗后付费工作实施方案的通知 |
| 县政府办 | 茶政办发〔2017〕87 号 | 关于印发《茶陵县洣水河前农保护圈防洪项目二期工程国有土地上房屋征收补偿安置方案》的通知 |
| 县政府办 | 茶政办发〔2017〕90 号 | 关于印发《茶陵县危险化学品安全综合治理实施方案》的通知 |
| 县政府办 | 茶政办发〔2017〕93 号 | 关于印发《茶陵县 2016—2020 年扶贫项目库》的通知 |
| 县政府办 | 茶政办发〔2017〕94 号 | 关于下达“百村”基础设施扶贫项目计划的通知 |
| 县政府办 | 茶政办发〔2017〕103 号 | 关于印发《茶陵县大中型水库移民避险解困试点实施方案》的通知 |
| 县政府办 | 茶政办发〔2017〕104 号 | 关于印发《茶陵县农村一二三产业融合发展试点项目建设管理办法》的通知 |
| 县政府办 | 茶政办发〔2017〕109 号 | 关于印发《洮水水库水上交通安全专项整治并推进整治常态化的工作方案》的通知 |

续表 4-2

| 发文单位 | 文　号 | 文件标题 |
|---|---|---|
| 县政府办 | 茶政办发〔2017〕115 号 | 关于印发《茶陵县统筹整合使用财政涉农资金管理办法》的通知 |
| 县政府办 | 茶政办发〔2017〕119 号 | 关于增补农村贫困人口住院救治定点医院的通知 |
| 县政府办 | 茶政办发〔2017〕135 号 | 关于印发《茶陵县涉企信息统一归集公示工作实施方案》的通知 |
| 县政府办 | 茶政办发〔2017〕139 号 | 关于印发《茶陵县开展打击成品油非法经营专项整治工作方案》的通知 |
| 县政府办 | 茶政办发〔2017〕140 号 | 关于印发《茶陵县县级储备粮食管理办法》的通知 |
| 县政府办 | 茶政办发〔2017〕143 号 | 关于进一步明确农村危房改造有关事项的通知 |
| 县政府办 | 茶政办发〔2017〕149 号 | 关于印发《茶陵县食品安全工作评议考核办法》的通知 |
| 县政府办 | 茶政办发〔2017〕150 号 | 关于印发《茶陵县绿色建筑行动实施方案》的通知 |
| 县政府办 | 茶政办发〔2017〕151 号 | 关于印发《茶陵县“小而优”产业扶贫投资基金投放管理工作实施方案》的通知 |
| 县政府办 | 茶政办发〔2017〕157 号 | 关于印发《茶陵县精准就业扶贫爱心企业评选办法》的通知 |
| 县政府办 | 茶政办发〔2017〕167 号 | 关于印发《茶陵县土壤污染防治工作方案》的通知 |
| 县政府办 | 茶政办发〔2017〕168 号 | 关于印发《茶陵县易地扶贫搬迁后续产业扶持工作实施方案》的通知 |
| 县政府办 | 茶政办发〔2017〕173 号 | 关于印发《茶陵县自然灾害救助应急预案》的通知 |

（撰稿：陈志华　审稿：苏明亮）

## 政务服务

【概况】 茶陵县人民政府政务服务中心（简称政务中心）成立于 2002 年 12 月。2016 年，将县电子政务中心并入县政务服务中心，加挂县政府电子政务中心牌子，组建县政务服务中心，为县政府直属正科级事业单位，定编 8 人，内设综合股、政务服务管理股、电子政务应用股、审批业务协调股 4 个机构。有在职在岗人员 7 人，其中主任 1 人，副主任 2 人，一般干部职工 4 人。

【事项流程管理】 2017 年，政务中心联合审改办对全县各单位行政许可事项和公共服务事项进行调查摸底，制定行政许可事项目录清单和公共服务事项目录清单，以茶政发〔2017〕42 号文件下发到各个单位，并在政府门户网站上公布，其中行政许可目录 267 项，公共服务事项 238 项。全面推行行政审批“减证便民”工作，以“三个凡是”为标准清理规范各类证明，精减行政审批申报材料，编制行政许可事项和公共服务事项《办事指南》和《流程图》。在“三证合一”“五证合一”基础上，实施“多证合一、一照一码”登记改革。全县投资项目报建审批事项由 37 项减少为 22 项，住房城乡建设、交通运输、国土资源、水利、气象、发改等 10 个部门在政务中心实行联合审批。完成全省“互联网＋政务服务”一体化平台目录清单和实施清单的填报工作。至年底，进驻大厅的单位有 20 个，审批事项及公共服务事项 40 个。

【窗口管理】 一是建立大厅主任负责制。将工作岗位前移，及时加强大厅人员日常管理和年度考核工作，督促检查各窗口的工作秩序和纪律，提升窗口形象，更好地解决有可能发生的纠纷，有效地掌握第一手真实情况。二是建立健全政务服务群众满意度测评制度。干得好不好，由服务对象来评判，充分发挥社会监督作用。三是建立窗口首席代表制。

首席代表是由各部门任命，管理本部门驻政务服务中心窗口，按不同审批项目的授权范围，行使决定受理、审核备案、现场审批、登记发证等权力。四是建立重大项目绿色通道制，为企业设立提供业务咨询、政策解读，并实行企业随到随办、全程代办。五是建立网上咨询服务制。组织工作人员将行政许可事项全部录入到网上办事大厅运行。

【政务大厅管理】 2017年，政务中心将国土局不动产登记办证大厅纳入政务中心一体化管理。由县政务中心派出一名专职监管人员入驻茶陵县不动产登记中心，并设立行政审批投诉热线和意见箱，具体负责收集行政审批意见和监督协调大厅审批行为。同时，规范乡镇（街道）便民服务中心建设。以枣市镇为示范点，推进乡镇（街道）、村便民服务中心规范化建设和常态化管理。对各乡镇便民服务中心实现“统一窗口设置，统一事项入驻，统一事项流程，统一办事流程，统一办事人员，统一上墙制度”。为此，县政务中心为乡镇便民服务中心统一规范制作了标识标牌、规章制度及办事服务指南。

【互联网+政务服务】 启动政府网站集群建设，全县53个子网站已全部建成挂网。聘请专业人员负责网站普查及运行管理工作，开展网站绩效评估。对全省网上政务服务和电子监察系统“茶陵县网上审批平台”进行优化升级，联合县督查局对各单位网上审批办件的办理进度和办理情况进行实时监察。协助县纪委做好“互联网+监督”平台管理系统的网络、服务器、计算机终端等硬件设施建设，以及相关职能部门数据的收集、录入、共享、对接等前期准备工作。开展微平台建设工作，平台微信已有1万余人关注，每日的点击量高达5000余人次。2017年，30个部门的267项审批服务事项进入县级网上办事平台运行，并在LED显示屏上进行公示，对办件即将超时的、网上办件数量偏低的及时给予警告。全年受理、办结网上行政审批办件4436条。同时，将茶陵县电子政务外网延伸到全县所有乡镇、街道（办事处），实现电子政务外网全覆盖。

（撰稿：邓施环　审稿：段文彬）

## 民政工作

【概况】 茶陵县民政局是县人民政府工作部门，内设办公室（项目建设规划管理办公室）、人事股（政策法规和行政审批股）、财务股、优抚股、基层政权和社区建设股、社会福利和社会事务股、社会救助股（救灾救济股）7个机构，管辖13个全额拨款事业单位，其中茶陵县老龄工作委员会办公室、茶陵县慈善会办公室、茶陵县农村社会保险局、茶陵县民办非企业单位登记管理局4个副科级单位和茶陵县革命纪念馆、茶陵县烈士陵园管理所、茶陵县军队离休退休干部休养所、茶陵县退伍军人安置办公室、茶陵县流浪乞讨人员救助站、茶陵县婚姻登记办公室、茶陵县社会福利中心（县福利彩票销售管理中心）、茶陵县殡葬管理办公室、茶陵县社会救助服务中心9个股级单位。2017年，茶陵县民政工作获全国老龄系统先进集体、市文明单位称号；婚姻登记办公室获市“巾帼文明岗”荣誉称号。

【民生保障】 一是防灾救灾工作。全年下拨救灾资金450万元、帐篷30顶、棉被1100床、棉大衣400件，约2万多受灾群众得到及时救助。投入资金46万元，帮助完成灾后恢复重建住房46栋。下东街道沿河村积极开展争创“综合减灾示范社区”活动，被评为“湖南省综合减灾示范社区”。二是社会救助工作。农村五保年分散供养标准每人每年4400元。现有城市低保4474户7753人，农村低保3490户7787人，城乡低保人均补差分别提高到314元、123元；发放临时救助76.2万元，医疗救助545万元，发放孤儿生活补助费118人共计43.44万元，发放残疾人“两项补贴”512.97万元。三是兜底保障工作。对社会保障兜底对象进行清理整顿，最终精准认定动态调整后的兜底对象为1793户5031人，全部纳入建档立卡贫困系统，并录入民政部社会救助信息网。四是慈善工作。开展爱心捐献、爱心服务活动。广开渠道筹集善款，开展助学、助医、助残、定向捐助等慈善救助活动，全年发放慈善救助款230万元。

【优抚安置】 开展双拥工作。落实优抚对象各项抚恤补助待遇，坚持军民融合发展，与驻茶部队实施军民共建，开展“四帮一扶持”活动，帮助优抚对象解决思想、生活、医疗、住房等困难，发放困难优抚对象慰问金140万元；加强烈士褒扬工作，组织烈士公祭活动，清明节期间组织2名烈士家属6人自行赴广西靖西、那坡等地祭扫烈士墓。做好退役士兵接收与安置工作。全县共接收退役士兵130人，其中自主就业退役士兵115人（含伤残军人3人），符合政府安排工作条件退役士兵15人（含伤残军人1人），发放现役军人家属优待金174万元，发放退役士兵一次性经济补助264万元，发放退役士兵待安排期间生活补助费3.7万元，开展职业教育和技能培训130人；开展“双带双促”活动，扶持退伍军人创业致富典型5人，指导新创建村级“退役军人之家”30余个。

【基层政权建设】 一是完成村（居）委会换届选举。全县完成242个村（社区）委会的换届选举工作，共选举产生村（居）委员会成员732人，其中主任242人、副主任及委员490名。新一届村委会成员中，有共产党员531人，占72.5%；大专以上242人，占33%；高中文化285人，占39%；妇女干部271人，占村委会干部总数的37%；30岁以下的73人，50岁以上255人；村主任连选连任的113人，书记村主任一肩挑的3人，村委会参选率98.5%；居委会参选率99.5%。二是加强基层民主建设。对村务公开栏目录进行重新梳理，严格按照规定的“时间、内容、程序、形式”实行公开，公开率达100%，规范化达到95%以上。全县16个乡镇（街道）215个村，全部实行村务公开、民主管理。建有固定的村务公开栏215块，成立村务监督委员会215个。通过村务公开示范点典型带动和村务公开样板村的典型带动，全县95%以上的村村务公开工作基本实现制度化、规范化、程序化。三是开展城乡社区建设指导工作。云阳街道交通社区被评为“全省和谐社区建设示范社区”和“十大最美社区”；洣水社区被评为“书香社区”。

【社会事务工作】 一是全面开展全国第二次地名普查。2017年外包服务项目共核查19038个地名、257个地名标志。并完成39137个地名照片、43个TXT文本、6个MP4影像资料等多媒体数据采集，通过省市地名普查工作验收合格，得分94.8分的成绩，完成了全县第二次全国地名普查工作任务。二是开展流浪乞讨救助工作。全年救助街头流浪乞讨人员232人次，护送返乡人员26人，送医救治4人，发放救助资金20.4万元。三是推动殡葬改革工作。2017年，通过争取项目资金，投入100余万元完成节能型火化炉建设，启动殡仪馆提质改造工程，进一步提高殡葬管理能力和服务水平。四是推进农村留守儿童摸底排查工作。通过摸底排查，开展农村留守儿童关爱保护及“留守儿童之家”建设，共录入农村留守儿童信息15134人，为农村留守儿童关爱保护工作的开展提供依据。五是依法开展婚姻登记工作。全年结婚登记3273例，离婚登记894例，补发结婚证619例，补发离婚证2例，规范婚姻登记工作，合格率100%，被评为全县计生综治先进单位。六是规范社会组织登记管理工作。依法办理社会团体组织、民办非企业单位登记工作。全县在民政部门登记注册的各类社会组织290个，其中2017年新增13家。根据中央、省市相关文件精神，认真开展第二批行业协会商会与行政机关脱钩工作，推动社会组织健康有序发展。

【革命纪念工作】 完成“红色摇篮”“湖口挽澜”场景更换工作；新征集茶陵籍开国将军谭文邦夫人陈敏在延安大生产运动期间的遗物5件；制作“国际博物馆日”“文化遗产日”宣传栏，为县禁毒办提供禁毒展场地并协助陈列布展；开展送展进学校进社区巡回展活动，送展内容包括纪念茶陵县工农兵政府成立90周年、红军长征胜利80周年、建党95周年、茶陵人民革命斗争史（部分茶陵籍烈士），与省科技馆、县科协合作举办科技体验展。全年接待观众15万人次。

（撰稿：段林香　核稿：刘小春　审稿：刘小明）

## 档案史志工作

【概况】 县档案史志局为县委、县人民政府授权主管全县档案、党史、地方志工作的正科级全额拨款参公单位。内设办公室、业务法规股、党史室、地方志室，下设县综合档案馆。有编制19人，在岗正式人员19人。主要职责：贯彻执行党和国家关于档案、党史、方志工作的方针、政策和法律、法规；负责制订档案史志事业的中长期发展计划，并组织实施；负责指导、检查、督促机关、团体、企事业单位的档案史志业务工作；负责档案史志专业教育、培训和职称评聘有关工作；负责全县档案、资料的保管、利用工作；负责全县党史资料的征集研究工作；负责地方志（含年鉴）的编修和发行；负责指导县直机关单位和乡镇编修部门志、乡镇志。2017年，茶陵县档案史志局获县文明建设先进单位、县宣传思想工作先进单位、市档案工作先进单位、市党史工作先进单位、市地方志信息工作先进单位、市第一次全国可移动文物普查先进集体、省档案宣传工作先进集体等荣誉称号。

**【档案工作考核机制建设】** 2月8日，县政府下文，首次将档案工作纳入对各单位的绩效考核范围，分值为1分。5月4日，县档案史志局印发《考核实施细则》，明确从档案管理体制建设、档案保管保护条件、档案基础业务建设、档案开发利用等4个方面进行量化考核。年底，对照考核标准，进行集中考核，强化各单位档案工作意识，落实单位档案管理责任。

**【新档案馆建设】** 派出1名工作人员常驻施工现场，专职负责协调、指导、监督建设。4月，为借鉴先进经验，县档案史志局与县城投公司、县财政局等单位相关人员到浙江德清、安吉县学习考察档案馆建设，并就智能化、内部装修等方面向主管县领导汇报。5月26日，新馆主体工程正式封顶。7月6日，召开档案图书馆装修设计变更及增加项目专题会议，会议研究决定对“两馆”装修设计进行适度调整。

**【档案执法检查】** 11月8日，与县人大内司委、县政府法制办联合下发《关于开展2017年度档案执法监督检查工作的通知》，11月至12月对全县开展一次档案联合执法监督检查，将检查结果纳入对各单位的年度绩效考核。11月30日，县人大主任会议听取县政府《贯彻县人大对我县实施〈档案法〉工作情况的审议意见》落实情况的汇报。

**【“国际档案日”宣传教育】** “6·9”国际档案日组织各单位档案员在犀城广场开展以“档案——我们共同的记忆”为主题的集中宣传活动。通过悬挂横幅、设立咨询台、组织现场参观人员进行档案知识抢答赛，向群众普及档案知识；举办“档案见证茶陵巨变”图片展和档案实物展，集中展示1993年以来茶陵发展变化的历史轨迹；组织全县档案员参加档案征文活动，共向市局报送征文20篇；张贴“档案——我们共同的记忆”宣传挂图，组织500余人参加国家档案局举办的档案法律法规知识竞赛。

**【档案业务指导】** 一是开展重点建设项目档案管理的登记工作。对朝阳商业购物广场等6个重点建设项目档案管理进行登记；对原洮水水库协调办的档案进行规范化整理，并全部移交进馆，助力洮水水库建设工程正式验收合格。二是加强对档案中介公司的监督与指导。组织东阳、鹿鸣等档案技术服务公司参加档案业务培训，及时传达最新业务标准与规范。其中东阳公司整理的县民政局第二次全国地名普查档案被列为全市各县市区档案整理的模板。三是加强对县直单位档案业务的上门指导。对县农业局、经科局、住建规划局等40多个县直单位开展档案业务指导；对县地税局综合档案室晋升省特级工作进行全程指导。四是加强民生档案业务指导。重点对农村土地确权档案、社保业务档案、集体林权制度改革档案、婚姻档案、精准扶贫档案等进行业务指导。五是开展档案管理示范乡镇创建工作。选定高陇镇为2017年全市档案工作示范镇创建单位。该镇对照标准，重新调整档案室并装修，添置档案保管保护设施与设备，对各门类档案进行规范化整理，10月24日顺利通过市档案局验收。

**【档案收集和利用】** 县档案馆接收县政协和机构改革单位原县商务局、粮食局、潞水镇等单位共计18262卷（件）档案进馆；接收县电视台2015—2016年声像档案光盘205张；接收县委书记彭新军2016年文稿汇编进馆；开展“三重一特”档案收集，对“农商银行开业、东环线竣工通车、中国书法之乡授牌、茶陵县第二届房地产交易展览会、第五届祖庵家菜美食节”等重大活动，对县委、县人大、县政府、县政协换届等重要会议照片档案进行收集归档。县档案馆馆藏档案资料达27.12万卷，为全市馆藏档案数量最多的县。2017年，县档案馆接待查档8101人次，调阅档案13526卷（册），复印出示证明

12648张，为修志编史、重点工程建设、矛盾纠纷调处和服务改制企业职工等方面，提供大量翔实可靠的档案资料。

**【《茶陵籍开国将军画册》出版发行】** 茶陵有25位开国将军，名列全国第12位、全省第3位，是有名的将军县。为了记载这些将军们戎马一生的光辉历史，形象展示他们铁骨铮铮的革命品质，茶陵县档案史志局从2015年起，启动《茶陵开国将军画册》编纂工作。《画册》经多次精心筛选史料，多方征求将军家属和省、市党史部门的修改意见，几易其稿，于2017年9月正式出版发行。《画册》收录500余张照片、3万余文字，翔实地记录茶陵籍每位开国将军叱咤风云的革命足迹，生动再现他们不同时期的光辉形象和丰功伟绩，是一部探寻茶陵革命英雄、重温茶陵红色基因的历史画卷。

**【《红色政权耀千秋》出版发行】** 2017年是井冈山革命根据地建立90周年，也是茶陵县工农兵政府成立90周年。为配合县委、县政府开展以"红色政权耀千秋——纪念毛泽东缔造的第一个红色政权茶陵县工农兵政府成立90周年"系列活动，县档案史志局承担编纂纪念茶陵县工农兵政府成立90周年文集——《红色政权耀千秋》一书。在此书的编纂过程中，举办了以"红色政权，源于茶陵"为主题的面向全国的理论征文活动，同时与县文联开展"铭记光辉历史，传承红色基因"文学采风活动，征集或搜集初稿文章100余篇，通过精挑细选，倾心编审，最终将59篇优秀文稿编纂成《红色政权耀千秋》，并于11月中旬完成出版发行。该书篇幅22万余字，内容分"历史写真""理论研讨""媒体聚集""文学掠影"等4大篇目。主要收录亲身经历过茶陵县工农兵政府创建过程的革命先辈的回忆以及1926—1927年重要报刊对茶陵工农运动和红色政权成立有关报道、全国各地党史专家对"红色政权，源于茶陵"理论研究、近几年全国主要新闻媒体对茶陵县工农兵政府的新闻报道和有关"红色政权，源于茶陵"的诗歌、散文等文学作品。《红色政权耀千秋》的玉成，旨在深刻揭示茶陵县工农兵政府成立的首创历史地位、重大历史意义与现实借鉴作用。它不仅是2017年11月28日县委、县政府举办"红色政权耀千秋"纪念毛泽东缔造的第一个红色政权茶陵县工农兵政府成立90周年活动的会议资料，更是宣传茶陵红色历史文化品牌——茶陵县工农兵政府旧址的精品文献。

**【党史宣传】** 做好茶陵县工农兵政府成立90周年、中共茶陵地方组织建立91周年相关纪念活动。利用县电视台、《茶陵工作》、手机报、党员远程教育微信平台等新闻媒体，向广大党员干部推送党史知识，积聚正能量，激发广大党员干部知党、爱党、信党、为党的热情。在县委组织部组织的"七一"全县党建知识竞赛中，积极提供茶陵地方党组织的重要知识，并将其纳入竞赛内容，让茶陵党员了解身边的党史。积极为茶陵县工农兵政府旧址提质改造把好史料关。

**【党史资料收集】** 茶陵作为中国革命的重要策源地、毛泽东建政建军思想的最初实验田，有着丰厚的党史资源。做好《株洲党史人物大典》《建军建政在株洲——纪念秋收起义、茶陵县工农兵政府成立、连队建党、湖口挽澜90周年》《株洲将军》等党史专著收集资料，并按要求向市党史办上报。为做好《株洲党史人物大典》征编，以县"两办"名义下发文件通知，动员全县各单位积极参加，并由专人负责文稿审核把关，确保符合条件的对象全部入编，已确定符合条件的茶陵党史人物170余人。

**【《茶陵年鉴（2016）》出版】**《茶陵年鉴（2016）》是茶陵年鉴创刊以来的第11部。为实现一年一鉴和当年编撰、当年出版目标，3月初，县"两办"下发编纂通知。3月中旬，首次举办全县《茶陵年鉴》编纂动员会及业务培训会，针对年鉴编撰工作的新特点、新要求，讲授年鉴内容收录原则、年鉴条目选题范围、年鉴常见条目写作要点、年鉴撰稿及资料报送等内容，提高撰稿人员的写作水平；聘请有关专家对《茶陵年鉴（2015）》各供稿单位的文稿质量、存史价值严格评审，评定一、二、三等奖122个单位，发放奖金2万多元。有53个供稿单位因未及时交稿或稿件质量不高未获奖。同时，为加强编辑部与各单位撰稿人的联系，建立"茶陵年鉴工作交流群"，以此为平台，经常发布工作信息，回答撰稿人提出的各种问题，提高工作效率。经过编辑部多次审稿和县委、县政府主要领导审核把关，《茶陵年鉴（2016）》实现年内如期印刷出版发行。

**【部门志、乡镇志编审】** 发挥县志编修办的延伸功能，深化特定工作志、部门志、乡镇志编审工作。聘请原县人大副主任、县政府企业改革负责人编写《茶陵县工商企业改革纪实》，用纪实的手法，全面、客观记述全县国营（集体）工商企业改制的全过程，为茶陵经济发展提供借鉴，积累宝贵经验。指导《林业志》《农业志》《文化志》《建设志》等部门和乡镇志的资料收集和撰稿工作。《县法院志》《下东志》已正式印刷出版；《界首镇志》《县国土资源志》《马江镇志》《交通运输志》《枣市镇志》《城关镇志》编纂工作进展顺利。茶陵档案史志局退休干部李回荷专注从事地方志工作23年，被中国地方志指导小组和省地方志编纂委员会联合授予银质“湖南方志工作荣誉奖”。

**【扶贫攻坚】** 作为结对帮扶后盾单位，继续在腰潞镇碣石村开展精准扶贫。将47户贫困户的帮扶任务落实到局干部肩上，实行精准扶贫“五包”责任制。局人员克服路途远、基础弱等困难，紧扣贫困户“一高于两不愁三保障”的脱贫标准，因户施策，因人而宜，定期入户落实“七个一批”“六个一”等帮扶措施。到2017年底，贫困户享受易地搬迁8户31人、危房改造7户21人、修缮加固35户、幸福安居16户33人、社会保障兜底3户8人、低保7户21人、教育助学22户32人、生态补偿1户4人、医疗救助21户72人、产业发展7户28人、小额贴息贷款10户33万元、生猪产业委托帮扶22户75人、扶贫特惠保47户167人、技能培训5人，有45户163人实现脱贫，村贫困综合发生率为0.46%。另外，局拨付2万元资金，支持村新建40千瓦光伏发电站；发放慰问金3万余元，慰问村贫困户、老年人；引导村民发展400余亩高山茶叶、养黄牛等特色扶贫产业；将印有碣石村发生“十大变化”的宣传年画发给各农户。2017年，经省、市检查验收，碣石村退出贫困村行列。

（撰稿：胡爱平　审稿：周聪文　颜石清　杨秋林　谭平娇）

## 公共资源交易

**【概况】** 2016年8月11日，根据上级精神，撤销茶陵县招标投标管理局，组建株洲市公共资源交易中心茶陵县分中心，定性为县人民政府直属正科级公益一类事业单位，核定全额拨款事业编制人数15人（其中主任1名，副主任2名），内设综合办公室、市场服务股、监督服务股、业务一股、业务二股、业务三股等6个股室。主要职责是：（一）贯彻执行国家、省、市、县有关公共资源交易活动的法律法规和方针政策；拟订公共资源进场交易的技术标准、交易流程、操作规程和现场管理制度。（二）负责公共资源交易平台及信息网络系统建设、运行、管理；为各类公共资源交易活动提供场所、设施和服务并组织交易活动；为电子交易和监管系统提供对接服务；负责查验进场交易项目相关手续和参与交易活动的各方主体资格；负责对公共资源交易活动进行现场管理和见证，维护公共资源交易秩序。（三）负责收集、存储和发布各类公共资源交易信息；记录、整理、保存交易过程中相关资料；开展公共资源交易活动情况统计、分析和评估，为交易各方主体提供信息资料和技术咨询。（四）为行业监管、行政监察提供平台服务，协助配合行政监督部门、纪检监察机关的执法工作；负责组织对参与平台内交易活动的相关人员、机构活动进行评估；记录、留存违反交易现场管理制度行为的证据资料，及时通报公共资源交易活动中的违法违规行为并协助调查。（五）在相关行政部门监督下，承担评标专家抽取有关工作；负责公共资源交易诚信体系建设；负责对纳入集中采购目录的政府采购项目实施代理采购。（六）完成县委、县政府和县公共资源交易管理委员会交办的其他事项。2017年，交易535项公共资源交易项目，总交易金额约35.23亿元，比上年增加14.06亿元。其中工程建设类交易项目73个，交易额5.95亿元，政府采购类交易项目439个，交易额26.19亿元，为财政和招标单位节约资金5990万元；资产资源处置、土地交易项目23个，交易额3.1亿元，增值资金822万元。全年节约资金和增值资金合计达6812万元。

**【规范交易流程】** 多次委派工作人员到市公共资源交易中心跟班学习，结合茶陵县公共资源交易工作实际，完善公共资源交易流程。针对业务一股（工程建设类项目)、业务二股（资产资源处置、土地交易类项目）、业务三股（政府采购项目）和市场服务股等各股室不同业务，制定相对应的交易流程和办事指南。

【优化平台建设】 一是对各功能室的设备进行完善和优化。更换落后淘汰的电子产品和办公家具，优化各功能室的环境，为电子化招投标提供必备办公条件。二是公共资源交易信息并入“株洲市公共资源交易中心”网站。县内所有公共资源交易信息统一在市中心网站进行发布，更好地提升服务平台的信息化水平。

【机构改革】 根据省、县文件精神，2017年12月22日撤销株洲市公共资源交易中心茶陵县分中心。分中心撤销后，法律法规规定必须招标的工程建设、货物采购和服务类等项目全部到株洲市公共资源交易中心由社会代理机构组织交易。国有土地使用权的招标、拍卖、挂牌、矿产资源勘探、开采权出让、土地开发、土地整理等国土项目依照相关法律法规规定进入市交易中心进行交易或委托社会中介机构组织交易。

【脱贫攻坚】 分别向枣市镇车陂村、火田镇三分场派出由一名副主任、一名干部组成的驻村扶贫工作队。在车陂村：一是广泛宣传脱贫政策。全年印发各种宣传资料5000份，安装固定宣传标牌20条。二是全面开展走访。全村走访率达90%以上。组织开展“结穷亲、交真情”“非贫困户大走访”等专项活动，慰问贫困户和困难群众30户，发放慰问金12000元。拨付4万元支持完善“幸福安居工程”基础设施建设，向贫困村捐赠办公桌椅76件。三是发展产业扶贫。吸纳贫困户投资参与光伏发电、黄牛养殖、农业合作化等产业化发展，按照量力而行、分步实施原则，加快设施建设，提高帮扶实效。2017年，经省市扶贫开发领导小组评估核查，车陂村18户62人达到脱贫条件，实现脱贫。在三分场：一是详细掌握贫困户信息，积极向贫困户开展帮扶政策宣传，并且严格执行到位。培训贫困户实名注册社会扶贫APP,发布需求信息，取得社会扶贫。二是清理“四类对象”，认真核实“五类人员”，提高精准识别率。三是发展扶贫产业。利用龙头水库及种植水果、烟叶等特色，水泥硬化道路设施，积极引导三分场融入县旅游扶贫延伸圈中。引导株洲市陇云生态山庄发展有限公司与部分组签订土地流转合同，以点带面，通过科技生态农业带动扶贫产业发展。

（撰稿：赵小波　审稿：黄年华）

## 行业办工作

【概况】 茶陵县行业办公室属正科级全额拨款事业单位，内设综合股、企业改制股、离退休干部管理股、石材管理股等4个股室，编制10人，现有在编人员6人，职工4人。主要工作职能：综合管理已撤销的原经济管理机关离退休人员，处理改制企业遗留问题，管理、协调、服务石材产业，完成县委、政府交办的其他工作。

【脱贫攻坚】 向界首镇花甲村（贫困村）和洣江街道星桥村（非贫困村）派出两支驻村扶贫工作队，开展扶贫攻坚。工作队和结对帮扶干部紧扣“户脱贫、村出列”目标，通过大力实施“七个一批”“八大工程”等帮扶措施，2017年花甲村56户218人和星桥村19户59人的人均收入超过3500元，达到“一稳定两不愁三保障”标准，实现脱贫摘帽。花甲村村集体收入实现6.1万元，达到“两完善两确保”标准，实现贫困村退出。

【服务离退休干部】 组织离退休干部开展参观米江书院、座谈会等活动，支持离退休干部参加县内外门球赛。走访慰问离退休干部。离退休干部生病住院、红白喜事之时，送去关怀和温暖。农历九月初九开展庆重阳活动，召开全体离退休干部茶话会，学习中共十九大会议精神和习近平新时代中国特色社会主义思想。

【处置改制遗留问题】 一是妥善处理改制遗留问题。制定、规范处置改制遗留问题工作机制，先后召开改制工作联系会议6次，受理企业改制职工诉求28批次，启动处置程序28起，处理遗留问题16起，架起政府与改制职工沟通桥梁，让改制职工感受党和政府的温暖。二是完善县液化气公司改制后续工作。聘请会计师事务所对百纳公司改造县液化气公司的费用进行专项审计，与百纳液化气公司签订5年租赁合同。三是开展在茶中央、省属企业“三供一业”分离移交工作。国企“三供一业”（供电、供水、供气和物业）分离移交工作启动后，协调、配合、推进洣江农工贸有限责任公司（茶陵监狱）职工家属区、南昌铁路局驻茶家属区“三供一业”分离移交工作，签订分离移交框架协议。

**【促进石材产业培育】** 为促推“产业培育”新发展，深入矿区、厂区10多次。一是优质服务。因雨水多，导致矿山的原材料不能及时供应到位，县行业办立即协助东山石材工业园实行内部调剂，确保企业全面、正常、保量生产。二是化解矛盾。泰和村因石材开采致使山田损毁，村民上访到省里。县行业办立即启动协调程序，召开协调会，了解实情，稳定村民情绪，及时解决矛盾。三是助力转型发展。邀请中南大学罗建华教授在东山石材工业园开展一场“助推企业转型升级培训会”，引导企业做好产品销售、营销推广、市场开拓等。四是及时调度。按照县定各项指标任务，安排专人每月调度各石材企业联网报送数据。截至年底，完成规模工业产值11.44亿元，完成固定资产投资3.1亿元。

（撰稿：李　岗　审稿：颜　祥）

## 创卫工作

**【概况】** 2017年，县委、县政府对国卫巩固期间的创卫工作提出“班子不拆、标准不降，力度不减，经费不少”的总要求。县创卫办根据这一要求，制定2017—2019年国卫巩固提质工作方案和考评方案，全面巩固国卫成果。

**【健康卫生教育】** 全县健康教育基层网络覆盖率达到100%，各单位、村、社区一季一期健教栏；9月20日，以“倡导文明卫生生活方式，创建健康和谐生活环境”为主题，在三角坪广场举行宣传活动，发放各类宣传资料5000余份，环保袋2000个，吸引广大居民参与现场传播文明卫生知识。居民健康知识知晓率达到90%，健康行为形成率达81.5%，职工相关卫生知识知晓率达85.3%，100%的学校开设了健康教育课；各行业、各单位都有控烟工作制度和措施，控烟宣传工作广泛深入，城区没有烟草广告。

**【环境卫生管理】** 一是市容环境卫生有新面貌。在4月7日“世界卫生日”，组织县直各单位、企事业单位干部职工走上街头，开展环境卫生大清理大整治活动。城区居民小区、主次干道、小街小巷路面硬化、亮化、绿化，建立路灯微机管理系统，路灯亮化率达到95%以上，城区绿化覆盖率达到34.2%；二是环境保护有新亮点。环保局安装自动监测仪，已与省市联网，24小时在线，监测显示城区二氧化硫和监测因子（PM10、$SO_2$、$NO_2$、PM2.5、$O_3$、CO）均达到国家标准；三是病媒生物防控有新推进。“四害”密度一直控制在国家标准内，被省爱卫会评为“灭鼠先进县城”“灭蟑先进县城”。四是食品安全监督有新举措。分行业组织各类经营场所业主进行业务培训，规范经营行为，提高各行业的许可准入门槛，全年未发生重大食品安全事故、饮用水污染事故、职业危害事故。五是传染病防治有新成效。县疾病预防控制中心建设达到国家规定要求，全年无甲类传染病暴发流行，无因防控措施不力导致的乙类传染病暴发流行。医疗机构有较健全的医院感染控制、疫情登记报告制度和死亡报告制度，全县儿童建卡率达95%以上，免疫规划全程接种率达95%以上。学校和托幼机构开展入托、入学儿童预防接种证查验工作，查验率100%。临床用血100%来自无偿献血，自愿无偿献血达90%以上，依法打击非法采供血和非法行医。六是单位、社区卫生管理有新规范。县直各单位、各企事业单位、社区都制定《卫生管理制度》《社区保洁员管理制度》《控烟工作管理制度》《除“四害”管理制度》等相关规章制度；爱卫工作年度有计划，有实施方案，有活动安排，有工作总结；控烟工作有劝导员，有禁烟标志；有固定的保洁队伍，制定文明卫生户评比标准，每季开展卫生检查与评比，落实“门前三包”，车辆停放规范，办公楼窗明几净，庭院干净、整洁，垃圾实行密闭收集运输，日产日清；社区对违章搭建、占道经营等现象进行了治理；公厕有专人清扫保洁，干净卫生；社区卫生服务机构设置符合国家规定要求。七是农村卫生工作有新突破。新型农村合作医疗参合率为99.8%，高于全省水平；村卫生室基本符合国家要求，村医合法执业；中心城区所辖11个村，其中省级卫生村3个、市级卫生村3个；农村改水改厕工作力度加大，自来水普及率均在95%以上，无害化卫生厕所普及率达91%；村庄主干道路硬化、村容整洁，村内垃圾定期清运处理，村委会每季进行卫生评比，开展创建卫生户评比活动；村民卫生习惯良好，家禽家畜实行圈养。村容村貌大幅提升，村民卫生意识明显增强。

（撰稿：刘六娥　审稿：李永香）

## 老龄工作

【概况】2017 年，茶陵县有 60 周岁以上户籍老年人口 9.12 万人，老龄化比例为 14.1%。其中，60~69 周岁 55123 人，占老年人口的 60.1%，70~79 周岁 24009 人，占总人口的 26.2 %；80~89 周岁 10788 人，占总人口的 1.65%；90~99 周岁 1356 人，占总人口的 0.20 %；100 周岁以上 9 人。茶陵县老龄工作委员会办公室被人社部、全国老龄委授予“全国老龄工作先进单位”称号，陈头娇、彭秋月被全国老龄委授予“敬老模范”。茶陵县关心下一代工作委员会获全国关心下一代“关爱明天普法先行活动”活动先进单位称号。王定国获全国老科协协会奖，茶陵县老科协获得市老科协先进单位。县老体协在市第六届“炎帝神农杯”门球赛中获第二名。茶陵县被省老龄委列为农村养老示范县。

【老年人权益保障】一是发放高龄津贴。为全县 80 周岁以上老年人发放长寿补贴和高龄津贴 125.3 万元。其中，百岁老人长寿金 500 元 / 人 / 月，90~99 周岁高龄补贴每人每月 60 元，80~89 周岁低收入老人每人每月发放高龄补贴 40 元。二是 65 周岁及以上的老年人凭老年人优待证免费乘坐公交车得到落实，全年发放老年人优待证 3200 本。三是开展乐享银龄工作。县财政安排 17.8 万元资助 1.2 万名五类特困老年人每人购买 1 份老年人意外伤害保险。四是落实养老购买服务。通过政府购买服务的方式，为全县失能半失能的特困、低保、低收入老年人提供助餐、助浴、助医、急救等便捷服务，解决困难老年人的实际困难，全年享受对象 1515 人，发放基本养老服务补助 41.7 万元，覆盖率 100%。六开展示范创建工作。全年建成省市级养老示范点 10 个、老年人日间照料中心 12 个、小型养老机构 3 个，县财政给予 4 万 ~10 万元开办经费和 1 万 ~2 万元运营补贴。

【基层老年人协会建设】针对茶陵县 2016 年并村后村（社区）两委换届工作实际，老龄工作委员会下发《关于进一步加强基层老年协会建设的指导意见》，加大对基层老年人协会的指导和规范化建设，明确城乡基层老年人协会任务、班子成员职数、会长年龄限制、规范化建设等一系列要求。全县成立 242 个老年协会，实现老年协会全覆盖，老年人入会率达 91%。

（撰稿：谭跃　审稿：陈尽林）

## 人民生活

【概况】随着茶陵县经济社会的发展，城乡居民收入的增加，人民生活持续改善，生活水平不断提高。2017 年，茶陵县城乡居民人均可支配收入 19427 元，比 2016 年增长 8.7%。

【城镇居民收入】一是城镇居民人均可支配收入持续增长。2017 年城镇居民人均可支配收入 30824 元，增长 7.9%，比 2016 年净增 1555 元。其中，工资性收入 8579 元，净增 494 元；经营性收入 6477 元，净增 705 元；财产净收入 2046 元，净增 59 元；转移净收入 13714 元，净增 752 元。转移净收入成为城镇居民可支配收入的主要来源。城镇居民收入增长的主要拉动因素：经济总体平稳，就业较为稳定；工资收入不断增加；外出做工的工资不断上涨，转移净收入不断增加。二是家庭经营净收入小幅提升。城镇居民经营性收入 6477 元，同比增长 12.2%，增长速度较快。经营净收入增长的主要因素：城镇居民经营批发零售、住宿餐饮及交通运输等行业效益大幅提高；从事个体经营人数增加。三是政府民生投入加大，居民转移性收入稳步增长。2017 年，城镇居民转移性收入 13714 元，同比增长 5.8%。增长的主要因素：公务员及事业单位离退休人员津补贴普遍提高，城镇居民转移性收入实现平稳增长；各项政策性补贴力度加大，居民从政府获得补贴明显增长；随着居民生活状况的改善，赡养收入和捐赠收入等人情收入大幅增加。

【农村居民收入】一是农村居民人均可支配收入增长较快。2017 年，农村居民人均可支配收入 8740 元，同比增长 10.4%，增幅在全市排名第一。工资性收入的增长继续带动农民人均现金收入实现平稳增长。工资性收入 4725 元，同比增长 16.7%。企业出现招工难现象，对没有技术的农村居民提供了就业岗位，农村居民就业相对容易，并随同工价的提高，农村工资性收入有所增长。二是现金可支配收入快步提升。2017年，现金可支配收入8456元，同比增长14.6%。其中，现金工资性收入、现金财产净收入、现金转移净收入分别为4722元、327元、1666元，分别增长16.6%、259.3%、22%；现金经营性收入1740元，下降7.3%。三是脱贫攻坚成效显著。由于脱贫攻坚落实扶贫政策，加大劳动力输出力度，农村收入显著提高。2017年，转移净收入1780元，净增345元，增长24.1%；农村居民人均第二产业经营性收入731元，净增145元，增长24.6%；红利收入321元，净增230元，增长251.9%。

**【城乡居民消费结构】** 一是城镇居民人均消费性支出16604元，同比增长5.1%。其生活用品及服务支出增幅最高，为36.3%，反映居民的生活水平提高，消费观念在不断的改变，不再倾向于温饱方面，更倾向于生活质量方面；医疗保健支出增长10.4%，反映居民医疗得到了保障，思想观念有了改变，保健意识增强了。交通通信位居第二位，增长15.4%，依次是衣着、其他用品及服务、医疗保健、居住、食品烟酒、教育文化娱乐。二是农村居民人均生活消费支出7831元，增长8.2%。其中医疗保健增幅最高，为23.4%。生活用品及服务第二位，增长19.1%。交通、教育文化娱乐、食品、衣着紧跟其后。

**【城乡居民生活品质】** 城乡居民生活呈现出两大变化：一是生活现代化程度提高，消费方式日益多样化。家电、移动电话、数字产品、健康等消费需求旺盛，城镇居民生活现代化程度提高。2017年，城乡生活用品及服务性消费增长32.7%，城镇和乡村分别增长36.3%和19.1%；通信技术的发展使移动电话的功能不断拓展，越来越多的居民家庭已经用上了多功能、高档次的通信设备，通信设备家庭拥有量基本饱和。2017年，城乡、城镇和乡村居民人均家庭交通通信消费支出分别为908.7元、1196.4元和638.9元，分别增长13.2%、15.4%和9.2%。医疗保健消费已成为居民消费的主要方向。2017年，城乡、城镇和乡村居民人均家庭医疗保健消费支出分别为914.9元、1444.9元和417.9元，分别增长13.4%、10.4%和23.4%。二是居住条件明显改善。截至2017年年末，城乡居民家庭住房面积达72.3平方米，城镇居民人均住房面积达67.4平方米，农村居民人均住房面积达77平方米。家电设备拥有量的不断增加，以及水电燃等价格的不断上调，使居民家庭用于水、电、燃料、取暖等居住方面的消费支出逐年提高。每百户城镇居民家庭拥有彩电133台，电冰箱98台，洗衣机104台，空调器72台，移动电话231部，电脑46台。每百户农村居民家庭拥有彩电138台，电冰箱92台，洗衣机63台，空调器39台，移动电话261部。

（撰稿：杨 胜 审稿：丁攸平）

# 中国人民政治协商会议茶陵县委员会

## 政协茶陵县委员会

【概况】 2017年，政协茶陵县委员会坚持以服务参与经济建设为主线，牢牢把握团结和民主两大主题，忠实履行政治协商、民主监督、参政议政三大职能，牢固树立“政治意识、大局意识、核心意识、看齐意识”四个意识，在全面建成小康社会中彰显政协作为，开创政协工作新局面。

【协商议政】 一是县委重视政治协商工作。县委常委会专题研究政协工作，确定协商重点，制定协商计划，将全县重大项目、重点工作、重点工程和重点民生实事纳入政治协商的重要内容。二是搭建委员参政议政、政治协商新平台。县委常委会专题研究县政协微建议微协商微监督试点工作，印发《茶陵县政协微建议微协商微监督工作办法（试行）》，同意成立县政协“湖南政协云”和“微建议”管理中心，核定事业编制2名，隶属提案委。运用“湖南政协云”微信平台，推进政协“掌上履职”创新，引导委员用信息化、现代化手段开展协商议政、建言献策，开创政协工作新模式。县政协落实“三个一”和使用“湖南政协云”工作被评为全省先进单位。三是围绕全县工作重点和群众关心的热点难点问题开展专题协商。县政协常委会专题听取县政府、县纪委、县委组织部、县法院、县检察院年度工作情况通报并进行协商；先后就养老事业、西环线工程建设和职业中专项目建设多次调研座谈，围绕脱贫攻坚精准退出工作开展专题协商，提出富有针对性的意见得到重视和采纳。围绕县委“七大战役”和县内重大民生问题，开展云阳山创建AAAAA、西环线建设、洣水河治理等专题视察活动，形成视察报告。开展优化非公经济发展法治环境、养老服务体系建设等调研活动，撰写《优化茶陵县非公经济发展法治环境的调研报告》《茶陵县养老服务体系建设情况的调研报告》，推进县政府相关部门工作。

【民主监督】 健全委派民主监督员工作机制。委派6个民主监督小组，对县法院等12个重点单位贯彻落实党的方针政策、履行职能、遵纪守法、群众反映强烈问题等进行监督，提出意见建议30多条，提升部门行政效能。抓好提案工作。县政协收到委员提案136件，立案98件，由主席会议成员带队对提案实行逐单位督办，提高办理效果；改进重点提案办理民主评议办法，对县职业中专建设、农村大病医疗救助、乡村旅游发展、建筑业转型发展、民间校外托管机构的管理、茶陵环卫工人的合法权益等6件重点提案进行跟踪督办、集中评议。经主席（扩大）会议评议，财政局被评为非常满意单位；教育局、住建局、文体广新和旅游局被评为满意单位。开拓提案工作新途径，主动对接承担“微建议”试点工作，将“微建议”纳入提案工作范畴，得到省、市政协的肯定。及时反映社情民意。把体察民情、反映民意、集中民智作为政协履职的重要抓手。坚持每月20日开展委员接待日活动，收集委员反映意见建议230余条；收集委员微建议71条，办理回复55条。

**【脱贫攻坚】** 一是助推全县脱贫攻坚。9—11月，机关干部和部分委员深入全县17个乡镇（街道），历时两个半月，共随机抽查139个村，调查1247户，其中贫困村83个、非贫困村56个；贫困户955户、非贫困户292户。发现扶贫脱贫工作中存在“四种现象”“十种情况”“九大问题”等情况，形成督查报告和问题清单分别报县委、县人大、县政府主要领导供决策参考，得到充分肯定。二是全员参与结对帮扶。机关全体干部到马江镇玄武村开展联点帮扶工作，落实各项帮扶措施。2017年，该村40户贫困户、140人脱贫，村实现脱贫出列。三是三级联动助力扶贫。三级政协委员全覆盖走访慰问结对户，为贫困户免费提供技术、资金，指导发展产业，开展“三个一”扶贫行动。全县180名政协委员与373个贫困户进行结对，结对率100%。全年各界别组织发放扶贫帮困资金近150万元以上。联络对接省政协文教卫体委员会带领80多位省政协委员到枣市镇开展“三个一”结对帮扶活动，走访慰问64户贫困户，捐助资金50多万元。四是大力开展教育扶贫。把教育扶贫作为助力脱贫攻坚的重点，组织委员及其所在单位开展“金秋助学”行动，县农商银行、宏伟建设公司、云阳建设公司共筹资40万元，分别对260名2017年考上大学、高中的建档立卡的贫困户家庭学生和30名优秀教师给予1000~5000元不等的资助和奖励；其他政协委员也积极捐资助学，共捐助资金80余万元，其中谭建芳、陈旭志等委员个人捐资5万元以上。

**【服务中心】** 开展“三联三包”工作。主席会议成员深入基层，在一线协调服务，帮助解决实际问题，落实“三联三包”工作。包联的下东街道沿河村、马江镇月岭村、思聪街道三华村等，以脱贫退出成绩接受国家、省、市、县检查评估，顺利过关。五次召开西环线和职业中专项目建设推进会及现场办公会，稳步推进两大项目建设进程。服务参与经济建设。发挥政协委员在各行各业“领头羊”的作用，组织和引导他们为茶陵或所在地区的经济社会发展作贡献。陈跃云委员的跃通保安服务公司签约广州市公安局、广州市越秀公园、广州起义烈士公园等11家单位安保业务。2017年参与竞标拍下茶陵县保安公司，安置保安员工103人；谭建芳委员的宏伟建设公司纳税2188万元，陈旭志委员的云阳建设公司纳税1055万元，张伟明委员的伟兴建设公司纳税313万元，三家委员建筑企业纳税占全县2017年建筑行业企业总纳税的42.69%（茶陵县建筑行业企业2017年总纳税8330万元）；谭新彬委员的河南豫辉公司年生产总值突破亿元大关，上缴税收580万元；雷胜明委员的华盛陶瓷公司纳税550万余元，安排贫困户就业110余人；谭联勇委员的虎踞光伏发电有限公司为180户贫困户开展金融扶贫（分贷统还），每户贫困户年均增收3000元。

**【联络联谊】** 邀请民主人士参与政协开展各项调研视察等活动，为他们知情献策提供平台。落实党的民族宗教政策，引导宗教团体自觉支持茶陵建设。热情接待群众来访，全力协助县委、县政府调处各类纠纷数十起。接待全国政协文教卫体委员到茶陵开展群众体育考察暨送体育下乡等活动，牵头对接省政协文教卫体委员会“新春走基层”活动；省政协主席李微微到茶陵调研教育扶贫，并视察枣市镇虎形村文化广场建设等，市政协主席蔡溪走访扶贫联系点洣江街道渡里村，以及祁阳县、醴陵市、炎陵县等兄弟县市到茶陵调研考察活动十多批次，较好地宣传推介茶陵，助推茶陵发展。加强与工商联、无党派人士、各族各界人士的联系，协助做好对台、民族、宗教、侨务工作。密切与在外茶陵籍人士的联系，建立特聘委员制度。在市级以上新闻媒体发表理论文章和新闻报道、消息20多篇。

**【自身建设】** 组织委员学习培训，围绕当一名称职的政协委员、做好提案工作、如何使用“湖南政协云”和撰写“微建议”等内容进行专题讲座。邀请湖南大学教授、博士生导师王修华讲授《小微企业如何应对供给侧结构性改革》。组织政协委员和机关干部学习中共十八届六中全会精神和政协章程。开展履职“五个一”活动和政协委员扶贫帮困“三个一”活动。注重各界别的服务与指导，推进政协工作向乡镇延伸，配齐配强乡镇政协联络工作主任委员16人，提升政协在乡镇履职工作的整体效能。以机关支部主题党日活动为载体，在机关党员中扎实开展“两学一做”活动，组织全体党员学原文、学理论、写心得、上党课。主席会议成员带头上党课，委办主任轮流上党课，形成浓厚的理论学习氛围。修订委员管理、提案工作、民主监督等工作规章制度，健全政协履职考核机制，出台《茶陵县政协关于“两学一做”学习教育和作风建设的六项规定》，严明纪律，推进政协工作制度化、规范化、程序化。

## 重要会议

**【政协茶陵县第九届委员会第一次会议】** 2月21日至2月23日，召开政协茶陵县第九届委员会第一次会议。会议听取并审议了县政协主席王友文、副主席刘福明分别代表县政协九届常务委员会所作的工作报告和提案工作报告；听取并协商县人民政府工作报告；协商县计划、财政、法院、检察院等工作报告；审议通过政协茶陵县第九届委员会第二次会议政治决议；审议通过政协茶陵县第九届委员会第二次会议关于常务委员会工作报告的决议；听取并审议政协茶陵县第九届委员会提案委员会关于九届二次会议提案审查情况的报告。

**【政协茶陵县第九届委员会常务委员会第一次会议】** 2月15日，召开政协茶陵县第九届委员会常务委员会第一次会议，县政协主席王友文主持。会议听取县政府关于2016年经济社会发展情况、2016年政协提案办理情况，县纪委关于2016年党风廉政建设和反腐败工作情况，县委组织部关于2016年组织人事工作情况，县法院关于2016年工作情况、县检察院关于2016年工作情况的通报。协商通过《政协茶陵县委员会关于召开第九届委员会第二次会议的决定（草案）》《政协茶陵县第九届委员会第二次会议秘书处机构设置及人员名单（草案）》《政协茶陵县第九届委员会第二次会议议程（草案）》《政协茶陵县第九届委员会第二次会议日程安排》《政协茶陵县第九届委员会第二次会议联组讨论安排（草案）》等方案（草案）。协商通过县政协九届二次全会工作报告（草案）、县政协九届二次会议以来提案工作报告（讨论稿）。协商通过政协茶陵县第九届委员有关制度（修订稿）。协商通过《政协茶陵县第九届委员会2017年度工作计划要点（草案）》《政协茶陵县第九届委员会2017年度视察工作和委派民主监督员名单及单位安排（讨论稿）》以及《政协茶陵县第九届委员会委员界别活动组划分及联系指导的政协领导和各办委联系指导界别活动组安排（草案）》。

**【政协茶陵县第九届委员会常务委员会第二次会议】** 8月4日，召开政协茶陵县第九届委员会常务委员会第二次会议，县政协主席王友文主持。会议听取茶陵县决胜脱贫攻坚以及2017年上半年茶陵县经济社会发展情况的通报；协商决定政协茶陵县第九届委员会委员、常委辞免、增补事宜以及人事任免。

**【政协茶陵县第九届委员会常务委员会第三次会议】** 10月26日，召开政协茶陵县第九届委员会常务委员会第三次会议，县政协主席王友文主持。会议听取县政府关于重点工程建设工作推进情况、脱贫攻坚精准退出工作情况、环境保护情况、教育工作情况的通报；协商人事任免；听取“湖南政协云”和“微建议”试点工作情况汇报。

**【政协茶陵县第九届委员会常务委员会第四次会议】** 12月25日，召开政协茶陵县第九届委员会常务委员会第四次会议，县政协主席王友文主持。会议听取《政协茶陵县委员会关于召开第九届委员会第三次会议筹备工作情况汇报》《政协茶陵县第九届委员会2018年度工作要点（征求意见稿）》《县政协九届三次全会工作报告（征求意见稿）》《政协茶陵县第九届委员会委员、常委辞免、增补情况的说明》《政协茶陵县第九届委员会第三次会议邀请人员名单（草案）》《政协茶陵县第九届委员会第三次会议联组讨论安排（征求意见稿）》。

（撰稿：曾小兵　刘一冰　审稿：陈石元）

# 社会团体

## 茶陵县总工会

**【概况】** 茶陵县总工会机关设办公室、财务部、组宣部、职工维权帮扶中心、职工培训学校5个股级机构。领导配备主席1名，副主席2名。单位编制8名，其中行政编制4名，机关后勤服务人员事业编制2名，职工学校事业编制2名。现有人员10名，在编在岗8名，临聘人员2名。2017年，县总工会评为市工会工作先进单位。

**【组织建设】** 以非公有制经济组织、社会组织为重点领域，以农民工为重点对象，创新工会组织体制，依法推进工会组织建设。全年新组建县建筑行业协会、株洲顺达科技有限公司等基层工会组织7家，新增农民工（“两新”组织职工）加入工会1000余人；打造湖口镇工会联合会、县地税局等10个“职工之家”示范样板；对腰潞镇、县经济开发区等7个单位工会主席异动工作岗位的，及时依法补选；对机构改革的县农商银行等4家基层工会依法选举产生新一届工会委员会；在全市率先开展乡镇（街道、办事处）工会经费“乡财县管”改革；推荐富盛针织有限公司等4家基层工会为2017年度市级“模范职工之家”。

**【职工维权】** 指导22家企事业单位工会开展职工安全技能培训29场次，参训职工3100人次，营造“关爱生命，关注安全”的良好氛围。县内劳动争议案件和职工伤亡事故的调处，工会参与率100%，全年参与劳动仲裁案件8起，安全事故调查和处理5起，追讨农民工工资4起。开展园区企业工资集体协商活动，保障职工最低工资标准和按时发放，指导企业开展厂务公开，执行职工代表大会制度，落实民主管理。

**【困难帮扶】** 元旦、春节，开展“两节”送温暖活动，对127个单位、338名困难职工进行走访慰问，发放慰问金17万元。日常救助困难职工和农民工80人，发放救助资金10.44万元。创业帮扶12人，发放帮扶资金13.5万元。推行和落实职工医疗互助政策，2017年参加职工医疗互助单位178个，参加人员12209人，交纳互助金78.44万元；参加女职工特殊疾病保障单位175个，参加人员5183人，交纳互助金5.18万元。全年有639名职工报销住院医疗补助，补助资金共计46.45万元；1名女职工报销特殊疾病补助资金1万元。做实企业帮扶，协调县经济开发区管委会为晶彩电子员工提供廉租住房24套，缓解职工住房困难；协调企业增设通气采光设施，改善员工生产环境；协调企业在二园区新增用地面积用于扩大生产规模。

**【职工活动】** 会同县委宣传部等4家单位联合下文，组织职工观看中共党史题材3D立体故事片《冲锋号》和文献纪录片《没有共产党就没有新中国》；筹资5万元，组织参与“欢乐潇湘·小康茶陵”群众专场文艺会演，获一等奖；筹资12万元，开展全县“中国梦·劳动美”职工美术作品展览。开展“当好主力军·建功十三五”为主题的劳动竞赛活动。引导50人以上的企事业单位开展劳动竞赛，参与职工6000多人次；指导各基层工会举办职工职业技能比赛56场次，参与职工4800人次，形成比产量、比质量、比效益、降耗能和学技能、练本领、促创新的热潮。

**【技能培训】** 开展“一户一产业

工人”培养工程活动。结合县内脱贫攻坚工作，采取双向摸底方式，将园区企业用工需求和下岗工人、城乡困难家庭闲置劳动力就业愿望有效对接，投入50多万元，委托2家培训中介机构，开班6个批次，对城乡困难家庭劳动力进行就业技能培训，培训人员303人，其中建档立卡贫困户108人，培训人员就业基本得到解决。采取以奖促学的方式，鼓励基层工会、企业加强对职工技能培训，促进劳动技能提升，对组织员工技能提升培训活动开展比较好的建筑行业工会联合会给予5万元奖补。

【脱贫攻坚】 抓好高陇镇湘东村驻村帮扶工作，抽调2名干部，成立扶贫工作队，长期驻村帮扶；县总工会主席每月走访高陇镇9个村，指导脱贫攻坚工作；机关帮扶结对人员每月进村入户走访2~3次，宣传扶贫政策、落实帮扶措施，实施精准帮扶。资助5万元帮助湘东村购买50千瓦光伏发电基地，仅此一项增加村集体经济年收入4万元以上；对8户易地搬迁贫困户用电开户补贴1万元;投入6万多元，在全村推行村民生活用水改水工程，帮助161户农户接通自来水；协调相关部门帮助贫困户发展黑山羊、牛、家禽、水产养殖业和油茶、杉木林经济生态产业，指导湘东村搞好村部改造、道路硬化、路灯安装、村级卫生室和乡村大舞台建设等民生工程。2017年，湘东村脱贫9户，37人。贫困村退出顺利通过省、市验收。

（撰稿：肖 锋 审稿：陈清平）

## 共青团茶陵县委

【概况】 共青团茶陵县委是在中共茶陵县委领导下的县级共青团组织。现有专职干部4名，其中书记1名，专职副书记1名。

【共青团组织建设】 召开共青团茶陵县第十六次代表大会，选举产生新一届团县委委员、常委、副书记和书记。推动党建带团建工作纳入县委党建工作要点，纳入乡镇党委和县直系统党委书记履行基层党建工作责任述职内容及基层党建工作年度考核，压实团建责任。统筹村（居）“两委”换届后的团组织建设，切实保障村级团组织“三有”，即有牌子、有制度、有办公设备，选优配强村级团组织班子，完成242个村级团组织换届。落实团员发展规划和发展细则，初中阶段毕业班团青比例控制在30%以内。深化“1+100”团干部直接联系青年制度，切实开展基层团组织专项整顿，落实青年清风工作要求，创造性开展共青团网上建团工作。

【青少年思想道德教育】 开展“‘3·5’学雷锋精神·做雷锋传人”志愿服务主题实践活动，组织基层团组织集中开展文明劝导、清洁家园、爱心献血、植绿护绿、敬老助残、医疗服务、旧衣回收等内容丰富、形式多样的志愿者服务活动，全县累计10万人次参与。开展“网上祭英烈”“学习雷锋，做美德少年”“向国旗敬礼、做有道德的人”“不忘初心跟党走”等主题教育活动，覆盖青少年5万人次。开展“农村创业致富带头人”“优秀共青团员”“优秀少先队员”“优秀青年志愿者”等各类评选表彰活动，分类选树先进青年典型。

【关爱留守儿童】 举办首届“关爱基金”发放仪式暨第五届“同在一片天·爱在你我间”联谊活动，组织24个“爱心家庭”与受助儿童进行现场结对。举办“萤火虫”一对一精准扶贫助学仪式，仪式上共发放募集的助学资金26.2万元，131名贫困学生获得资助。通过“关爱基金”“同在一片天·爱在你我间”“萤火虫助学”等项目，累计为300余名贫困学子捐助40余万元。联系潍柴动力公司为洣江街道贫困村星桥村捐赠2万元援助希望小学建设。联系蜂窝电子商务有限公司到腰陂中学开展捐衣助学活动，捐助新衣共计463件，价值4万余元。联系湖南广益实验中学开展“百家联手·情暖童心”捐资助学实践活动，向腰潞镇马家庄村捐赠8000元现金，走访慰问该村20名留守儿童。联合北京协和医学院医学信息研究所社会实践队、疾控中心等单位到严塘镇高径村开展关爱留守儿童活动，为留守儿童举办健康知识讲座，发放儿童读物。

【助力青少年成长】 深化县人大代表、政协委员与青年人才面对面活动，以“支持城乡青年电商创业”为主题，推动城乡青年电商创业和电子商务发展。承办株洲市2017年度“轻松备考‘12355’·与你同行”阳光行动启动仪式、茶陵县中小学心理教师培训班，邀请市知名心理学家为中小学心理老师进行心理健康知识讲座。举办“喜迎十九大·炫彩我青春”茶陵县“农商行杯”青少年才艺大赛，选送优秀节目参加“欢乐潇湘”文艺会演及省市青少年才艺大赛。举行茶陵县“不忘初心跟党走”新团员集中入团仪式。联合县委组织部开展大学生暑期社会实践活动，招募31名茶陵籍大学生参与县域经济社会发展进程。发动1000余名青年志愿者参与“禁毒之声·唱享健康”“6·26”国际禁毒日大型宣传活动，组织2000余名师生参观茶陵县禁毒宣传教育基地，发放青少年远离毒品倡议书5000份。承办茶陵县“学习宣传十九大·不忘初心跟党走”知识抢答赛。表彰一批荣获2016年度市级优秀青年志愿服务集体和优秀青年志愿者。举行湖南省“青年之家”授牌暨茶陵县小天使公益项目启动仪式，推动“青年之家”综合服务平台建设和小天使公益项目落户茶陵。召开茶陵县志愿服务工作座谈会，围绕搭建志愿服务供需平台、打造志愿服务品牌、推进志愿服务项目化运作、建立志愿服务长效机制等工作对县域志愿服务组织进行具体业务指导。举行“与爱同行”大型慈善晚会，展示茶陵志愿团队的工作成效及风采。

**【共青团茶陵县第十六次代表大会召开】** 于2017年10月12—13日召开，县委书记彭新军，县委副书记、县长江小忠，县委副书记谢志军，县人大常委会主任姜衡湘，县政协主席王友文，共青团株洲市委副书记汤立，其他在茶的县委常委会组成人员以及全县群团组织相关领导出席开幕式，来自全县各条战线、各个行业的代表和优秀青年共计200余人参加会议。会议总结之前茶陵团工作情况，落实中央深化群团工作改革精神，谋划后五年茶陵团组织工作重点。尹林军、尹泽轩、龙凯鹏、龙胜平、龙谭通、叶婧、刘颖莹、刘璐桐、陈航、陈迈科、邵权斌、欧阳明、周子杰、周文娟、周华军、钟辉、段京波、徐世俊、彭卉、彭志晖、谢琛皓、简如冰、廖铭鼎、谭红、谭翔、谭懿恒、颜煜27人当选为共青团茶陵县第十六届委员会委员。廖铭鼎、刘颖莹、邵权斌、周华军、叶婧、龙胜平、刘璐桐、陈航、周子杰9人当选为共青团茶陵县第十六届委员会常务委员；廖铭鼎当选为共青团茶陵县第十六届委员会书记，刘颖莹当选为副书记，邵权斌当选为挂职副书记，周华军当选为兼职副书记。

（撰稿：王江陵　审稿：廖铭鼎　刘颖莹）

## 茶陵县妇女联合会

**【概况】** 茶陵县妇女联合会内设办公室、维权办。现有专职干部4名，其中主席1名，副主席1名。2017年，县妇联获市妇女工作红旗单位、县文明建设先进单位、县脱贫攻坚优秀单位、县“十大文明行动”工作先进单位等荣誉。

**【基层妇联改革】** 以村（居）“两委”换届为契机，开展基层妇联组织改革工作，从乡镇妇联到村妇联，各级各地都配齐主席1名，副主席2~3名，选出执委15~30人。到6月底，全县村（居）委会妇联改革工作全部完成。选举产生3735名执委，其中：主席242名，副主席484名，执委委员（不含主席、副主席）人数3009名。到8月底,全县乡镇(街道）妇联组织换届工作全部完成。选举产生妇联执委457人，其中妇联主席18名，副主席36名，行政编制8名，事业编制56名，乡镇党政领导兼任妇联主席1名。

**【服务妇女】** 加大健康宣教，实施农村适龄妇女“两癌”免费检查工作，提高农村妇女“两癌”防治知识知晓率，提升“两癌”免费检查率，做到早诊断早发现早治愈。全县完成“两癌”筛查数17577人。为25名患病妇女发放“两癌”救助金25.4万元。市妇联发放救助金3万余元，慰问30多名“两癌”患者，县妇联拨出3万元用于慰问“两癌”贫困妇女；全县各村（居）委会均成立“妇女之家”，以新农村建设为目标，以党建带妇建，促进经济发展。充分发挥“妇女之家”这一平台，开展各种活动，发挥妇女在经济建设和文化建设中的积极作用。

**【关爱儿童】** 在全县各小学启动“彩虹计划”——小学生心理健康教育进校园活动。根据小学生心理施教，引导孩子健康成长，提升教育水平；继续开办国学经典念诵培训班，先后选送两批孩子参与市妇联组织的“稻花香读书会”；成功招募第二届“有爱不孤单”成长爸妈志愿者约30人，举办成长爸妈与留守儿童见面会，通过成长爸妈两年陪伴，受助儿童体验到缺失的亲情，矫正性格缺陷，并在成长爸妈的影响下，树立正确的价值观与人生观；开展对贫困学生的社会救助，全年争取资金近30万元对50余名儿童进行资金帮助。

【妇儿维权】 出台《茶陵县妇女发展规划（2016—2020年）》和《茶陵县儿童发展规划（2016—2020年）》。6月26日，组织乡镇（街道）、办事处妇联主席和各单位女工委主任参加“禁毒之声，唱享健康”的国际禁毒日大型宣传活动，发挥妇女干部在禁毒宣传教育工作中的亲情作用，提高禁毒宣传教育工作的针对性和实效性。9月30日，在县委党校举办村居妇联主席培训班，邀请省法律专家舒蓉月律师讲解《反家庭暴力法解读及经典案例解析》和《婚姻调解实务》，提高基层妇联干部婚姻调解能力。全年妇联系统接待来信来访案件212起，发出法律援助函57份，结案212起，结案率达100%。

【家庭建设】 结合县委十大文明行动的工作部署，在全县开展“十百千”工程。组织家风家训大讨论，征集“一封家书”，开展“文明家庭”创建活动，寻找“最美家庭”。评选活动经过广泛推荐、初步考察、事迹展播、评定审核、公示监督等环节，赵金梅、李夏元、贺艳红、李琴、颜小蓉5户家庭获县“文明家庭”称号。推选刘年哲家庭获省“文明家庭”称号，李伟平等2户获市“文明家庭”称号，李月球等2户获市“书香家庭”称号，段千年等8户获县“最美家庭”称号。

【脱贫攻坚】 在行业扶贫方面，举办为期7天的建档立卡贫困妇女“巾帼家政培训班”，90人通过考试拿到合格证，提升贫困妇女就业脱贫能力；帮助茶陵益弘生态农业有限公司评选为省脱贫示范基地，取得省妇联扶植基金5万元，选送该基地负责人到义乌免费学习电商创业。在驻村扶贫方面，派出2名妇联干部到严塘镇高径村驻村帮扶，其他结对干部每月至少两次上门走访贫困户，关注他们的生产生活近况，帮助他们提升家庭收入。村党支部和妇联党组开展“党支部结对，助力脱贫攻坚”；为村老年人和留守儿童开展义诊，给老年人免费送医送药120余份、给留守儿童赠送书籍和书包80份；重阳节开展“关爱老年人，欢庆十九大”活动，评选长寿之星2人，评选最美家庭8户；为留守儿童开展“阳光行动·爱在身边”的讲座、辅导等系列活动，助力脱贫攻坚。

【彩虹计划——小学生心理健康教育进校园】 6月13日，“彩虹计划”——小学生心理健康教育进校园活动启动仪式在茶陵县思源实验学校体育馆举行，活动对全县所有中心小学实现全覆盖。“彩虹计划”对学生开展“性教育”课程辅导，通过游戏的形式，让孩子们更容易接受，使孩子们懂得了如何保护自己和保护他人；对家长开展“智慧家长讲座”，让家长从心底接纳孩子的缺点，真正达到科学育儿、智慧育儿；对教师开展“幸福教师密码讲座”，让教师懂得如何教育学生，如何保持幸福温度。全县26所中心小学、2112名四年级学生、788名教师、1237名家长参加“彩虹计划”教育培训81场次。

（撰稿：陈爱玲　审稿：颜亚兰）

## 茶陵县科学技术协会

【概况】 茶陵县科学技术协会（简称茶陵县科协）是茶陵科学技术工作者的群众组织。内设办公室、科普部两个股室。有主席1名，副主席1名，一般工作人员4名（其中在编在岗2名，临聘人员2名）。2017年，县科协获中国科协颁发的全国科普日活动优秀组织单位荣誉称号。

【科普宣传】 一是开展防震减灾科普活动。5月12日，县科协与20多个单位在犀城广场开展以防震减灾为主要内容的知识宣传教育活动。通过设立科普、地震宣传咨询台等形式，向群众讲解科普和地震方面的法律法规。活动设置科普宣传展板26块，氢气球条幅52条，免费发放《防震减灾居安思危》800余册、科普读物200余册、知识产权宣传单1000余份，现场接受群众咨询3000余人次。二是开展全国科普日活动。9月20日，县科协组织相关单位、县级各学（协）会近100名科技工作者和科普志愿者，在紫荆花广场举办“茶陵县2017年全国科普日主题宣传活动”。活动悬挂标语22幅，展示挂图60幅，展板56块，发放宣传资料20000余份，咨询服务2000余人次，义诊义疗300余人次，受益群众达到5000余人。三是承办中国流动科技馆茶陵站巡展活动。6月22日，中国流动科技馆湖南巡展茶陵站启动仪式在烈士陵园革命纪念馆举行。此次巡展以“体验科学 启迪智慧”为主题，设置声光体验、电磁探秘、运动旋律、机器人表演、数字生活七个主题展区，50件互动展品与科学表演、科学实验及科学影视相结合，内容丰富，形式生动。巡展吸引20000余人次中小学生和群众参加，让体验者感受科学魅力、激发科学兴趣、启迪科学智慧。四是开展科普教育进社区活动。针对社区居民对食品安全、科学健身、合理膳食、环保节能等知识的迫切需求，组织开展一系列的“科普进社区”活动。县科协联合云阳街道、食品药品监督管理局、卫计局等十余家相关单位开展“食品安全宣传周”“健康科普知识讲座”“义诊”等系列科普活动6场次，共展出宣传展牌20多块，发放宣传材料1000余份，接受社区居民咨询300余人，为500多名社区居民提供义诊服务。云阳街道金山社区成功申报省级科普示范社区。五是开展校园科普。开展“青少年科技创新”科普宣传活动，展出展板12块，科普宣传挂图20多幅，发放科普小册子2000多份，其他科普资料10000多份。11月初，由省科协、团省委举办的“探知未来”2017年全国青年科普创新实验暨作品大赛活动，茶陵一中作为株洲地区唯一学校参赛，参加科普实验单位的火星探索和风能利用两大块。

【科技培训】 组织科技人员开展定期的实用技术培训、科技咨询，为全县农民和种养专业户提供技术指导服务，提升农村专业技术协会服务水平。3月，邀请县农业局专业种养殖技术人员分别在高陇、火田农村技术协会组织开展两场专业种养殖培训，现场为种养殖户提供技术指导服务。4月，邀请湖南农业大学教授在思聪街道三华村考察茶陵县食用菌协会。10月，又在三华村村部举办食用菌养殖培训班，邀请湖南农大的教授为贫困户和养殖专业户进行技术培训。

【示范创建】 实施科普惠农兴村计划，争取以奖代补项目资金，培植并推荐申报优秀科普示范基地、专业技术协会、农村科普带头人，通过“以点带面、榜样示范”的方式，带动广大农民提高生产技能，提升“造血”功能。虎踞镇水源村、严塘镇上合村、湖口镇八旦村分别获得精准扶贫省“科技助力示范项目”奖补资金各10万元；县鹅鱼养殖科技协会、兴农养殖科普示范基地分别被授予市级先进农技协、先进科普示范基地，获奖补资金各10万元；云阳街道金山社区被授予省级科普示范社区，获得奖补资金10万元。

【脱贫攻坚】 2月，县科协被调整为思聪街道三华村的帮扶后盾单位。县科协全面走访贫困户，摸实情，与市驻村扶贫攻坚工作队共商精准扶贫措施。一是组织三华村贫困户参加食用菌种养殖科技培训。二是通过带领贫困户到腰潞镇参加考察学习、参观科普示范基地，使种养大户、种养能手开拓视野，增强发展种养业的信心和决心，启发和促进产业发展、调整产业结构。三是利用科技活动周、“三下乡”（科技、文化、卫生）等载体，开展科普宣传活动，培育和扶持科普带头人、生产示范户，引导党员群众发展生产，增加收入。

（撰稿：彭 放　审稿：李永香）

## 茶陵县文学艺术界联合会

【概况】 茶陵县文学艺术界联合会（简称县文联）成立于1989年12月22日，于1996年9月正式挂靠县委宣传部办公。有兼职副主席7人,委员71人。下设作协、戏剧、音乐、舞蹈、书法、美术、摄影、京剧、诗词楹联、播音主持等10个工作者协会，有会员1725人。

【文艺活动】 组织第三届“李东阳文艺奖”评选，收到作品100多件，评出30件获奖作品。主办“醉美茶陵2017年迎春画展”“文化进万家”送春联惠民活动。承办纪念工农兵政府成立90周年“红色印象”书画摄影展，展出由本土美术、书法、摄影界名家和爱好者根据活动主题倾心创作的作品90幅。组织“洣江书院大讲堂”活动，以洣江书院为基地，县内外名人、新秀免费开讲，每月一期，全年举行10次讲学活动。组织第一届“清风株洲”廉洁文化创作活动，创作精品9件，有5件作品获奖。参与组织开展元宵、端午“我们的节日”活动。参与组织“茶商行、茶陵兴”2017年茶陵县第九届企业家活动日茶话会。协办“红色政权耀千秋”纪念茶陵县工农兵政府成立九十周年文艺周活动。协办“喜迎十九大·炫彩我青春”茶陵农商行杯青少年才艺大赛。参与组织策划“欢乐潇湘·小康茶陵”大型群众文艺活动，为16个乡镇群众奉献节目200多个，其中原创节目60余个，参演人员达3000余人，观众达5万余人。主办4月8日至7月1日为期80天的中青少年假日京剧免费学唱班。指导四个协会（美术、书法、摄影、作协）换届选举。组织协会开展以“文艺助力精准脱贫攻坚”为主题的系列采风创作活动。美术协会到左垅村、渡里村、马家庄、玳溪村进行墙画创作；作协推出专题文章，助推全县旅游发展，宣传全县扶贫产业；摄影协会开展“茶香花海”摄影展，组织扶贫小分队，深入到田间地头，第一时间记录扶贫工作，拍摄扶贫人物及危旧房屋与新建房屋的对比照；书法协会开展给贫困户送对联活动；舞蹈和音乐协会参与汇演“宣传十九大，脱贫奔小康”的文化大赶集活动。

**【文艺创作】** 创作出版一批文艺精品。出版综合性文艺刊物《铁牛潭》2期，《南浦潮》2期，《茶陵诗联》1期，主编的茶陵旅游文化丛书《读云阳山》和《茶陵传奇》已经正式定稿。编辑出版《茶陵家书2017》。作家协会在市级报刊杂志和网络发表小说、诗歌、散文90多篇（首）。由茶陵籍青年歌唱家陈小艺演唱的茶陵本土歌曲《红色摇篮》，在中央电视台音乐频道《中国音乐电视》栏目分三个时段推荐播出。谭志刚的书法作品《孙子兵法》入展2017年全国第四届青年书法篆刻作品展；《佛经摘录》入展2017年全国第九届“观音杯”书法大赛。谭红阳的行草书中堂在庆祝十九大“芙蓉花开”全国书画展中入展。谢立华的书法作品入展湖南省第六届书坛新人新作展。王晚保、韩建明的大型油画《湖口挽澜上井冈》被《株洲日报》、茶陵电视台报道。刘晚平的书法作品《孔子论语里仁篇》获第一届“清风株洲”廉洁文化创作活动三等奖；谭红阳美术作品《清风》、谭志刚书法作品《阿房宫赋》、张冬娇的文学作品《泥巴书记》、谭穆喜的文学作品《决胜脱贫公仆情》获第一届“清风株洲”廉洁文化创作活动优秀奖。龙件军的独唱《茶山情》在2017年“欢乐潇湘”全省群众文艺汇演决赛获二等奖。王晚保《古镇来客》参加龙虎山全国摄影大赛，《流油的日子》参加都匀第八届国际摄影展。彭建平《荷花》《童趣》参加市摄影展。彭雪生创作的国画，入选湖南省总工会画展，并被收藏。韩建明、谢立华、谭双炜、柳群芳创作的美术作品，入选长沙市画院“美丽星城”画展。茶陵籍知名书画家唐湘子在株洲举办情系家乡书画艺术汇报展，并在茶陵浣砚湖设立创作基地。

（撰稿：张　芹　审稿：刘小琴）

## 茶陵县工商业联合会（总商会）

**【概况】** 2017年，茶陵工商联立足自身实际，发挥非公经济人士参与社会事务的主渠道作用和政府管理非公经济的助手作用，体现统战性、经济性和民间性的三性统一特征，取得较好成效。

**【异地商会建设】** 一是抓牢基础。对已成立的长沙市、广东省、深圳市、东莞市等4个异地茶陵商会及河南、北京、上海等其他8个茶陵籍在外企业家聚集地摸清家底实情，形成专门的调研报告。协助完成深圳市茶陵商会合法注册。二是强化指导。先后赴深圳，协助市委统战部、市工商联筹建深圳市株洲商会；赴东莞，参加东莞市茶陵商会两周年庆典；赴苏州，现场指导苏州市茶陵商会筹建工作；赴北京，对接招商引资和异地商会工作。与商务粮食局、民政局、开发区等部门沟通协调，改善异地商会工作条件。三是主动服务。提升机关工作人员自身服务水平，增强工作的主动性和创造性，搭好政企“连心桥”，充分利用工商联广泛联系服务非公经济的优势，引导更多的优质企业和资源汇聚茶陵。

**【联络联谊活动】** 一是推动非公经济人士的合作交流。举办全县第九届“企业家活动日”，通过“茶陵外埠企业家交流群”“茶陵县工商联·人大代表群”“茶陵县工商联·第九届政协委员群”“茶陵籍在外优秀人才群”等平台，推动企业家之间的交流，营造亲商、尊商、扶商、富商的良好社会氛围；通过“茶陵县工商联”微信公众平台发布相关活动信息20余篇，促进信息互通；联合组织非公经济领域政协委员赴珠三角开展学习考察与交流座谈活动。二是搭建非公企业发展平台。携手县邮储银行举办企业帮扶年系列活动之银企融资洽谈会，助推企业与资本的对接；配合县委统战部、县经科局、省股交所，开展“资本服务进茶陵”系列活动，开启茶陵县企业集体对接资本市场的新征程；协调召开16部门座谈会，采用政府购买服务的方式，出台《茶陵县非公有制经济发展报告》，系全市首创。三是助力非公企业开展爱心活动。6月7日至8日，助力茶陵县联合黄金珠宝商会开展“为高考学子献爱心”等服务活动。

**【非公经济党建】** 一是摸清底子。对会员企业党组织进行排查摸底，准确摸清基层情况，列出问题清单，制定整改方案，精准发力、精准施策。二是抓实“两个覆盖”。加强支部组建，推进党组织与党的工作“两个全覆盖”。新组建茶祖印象公司党支部、南浦文化旅游公司党支部；培育康圣堂药业党支部为“县级非公经济党建示范点”。三是规范党建工作。抓好示范点的规范化建设和党员信息采集工作。推进下属党组织开展“两学一做”学习教育。做好党员学习、培训、发展工作，开展党员活动等常规性工作。四是建立和摸索非公综合党委工作。组建非公经济综合党委，明确人员分工、职责与任务，建立议事制度和履职程序。

**【扶贫攻坚】** 在结对扶贫方面，将扶贫惠民政策分发给结对贫困户，逐一宣传、讲解、比对，确保符合政策的全部享受政策，为不能享受政策的贫困户努力寻求脱贫致富长效机制；帮助务工返乡贫困户，寻找就业门路，确保返乡不返贫；与贫困户建立微信群，随时开展就业指导和情感疏导；到高陇镇居委会开展端午节走访慰问贫困户活动，送去慰问金，另外提供帮扶资金2万元；为马江镇毛芫冲村、严塘镇上合村、枣市镇侯泉村和管塘村提供扶贫资金14万元。在行业扶贫方面，以非公企业及行业商（协）会为帮扶方，以签约结对、村企共建、帮扶到户为主要形式，开展“万企帮万村”工作；组织非公经济领域的政协委员开展“易地搬迁扶真贫，我送家电表寸心”帮扶慰问活动，为枣市镇40户易地搬迁集中安置对象送去液晶彩电和取暖器各1台，活动捐赠家电价值总计5万余元。

（撰稿：凌　炼　付　婷　审稿：谭荣华）

## 茶陵县残疾人联合会

**【概况】** 茶陵县残疾人联合会设办公室、康复、教育就业、组织宣传、维权中心五个股室，机构编制7名，有干部职工（含临时工）14人。

**【残疾人保障】** 一是两项补贴工作。重度残疾人护理补贴和困难残疾人生活补贴项目，由民政部门牵头实施，残联做好配合审批工作。全县有7464名残疾人享受重残护理补贴，7995名贫困残疾人享受生活补贴。二是权益保障工作。落实信访责任制，专人随时接待残疾人来电、来访，并做好登记工作，面对面听取残疾人及亲属反映的一些困难和问题，帮助他们排忧解难。三是帮扶工作。为900辆残疾人机动轮椅车进行燃油补贴，每辆每年补助260元；为37户贫困残疾人家庭实施无障碍改造，平均每户补助资金8000元；为180名重度肢体、精神、智力残疾人提供居家托养服务，每人补贴900元；投入34万元，购买农药、化肥、种苗等农资，为170名贫困残疾人家庭发展生产，实现增收脱贫。

**【残疾人服务】** 一是开展就业培训服务。组织开展残疾人农村实用技术培训120人，职业技术培训90人，残疾人进社区培训90人，创业扶持培训（SYB培训）30人。二是推进残疾人就业。帮助残疾人新增自主创业140名，政府公益性岗位安置33人，投入资金2.2万元扶持残疾人创业11人。三是对全县各单位按比例安排残疾人就业情况进行年检年审。按比例安排残疾人就业53人，依法征收就业保障金275万元。四是推进康复服务。免费完成白内障复明手术115余例，为23名肢残人装配假肢，为16名听障患者免费装配助听器、10名低视力患者装配助视器，为110名精神病患者提供免费药品、17名精神病患者提供住院补助，为残疾人免费提供各种辅助器具363件，完成“0~7岁贫困残疾儿童抢救性康复”60名。五是开展教育服务。按标准资助3名残疾人大学生、11名贫困残疾人家庭大学生、101名高中阶段残疾学生和贫困残疾人家庭学生、25名学前贫困残疾儿童就学；关注和支持特殊教育工作，“助残日”期间，县政府主管领导带队，残联牵头，财政、教育、卫生、民政、劳动和社会保障等残工委成员单位的一把手到特教学校慰问并为特教学校募集捐款15万元。

【扶贫攻坚】 结对帮扶腰潞镇芙冲村实施精准扶贫，落实“五个一批”和“一户一策”的要求，制定芙冲村精准扶贫计划和一户一策脱贫方案，印发便民联系卡，建立民情台账。组织机关8名干部和党员，对37户贫困户进行一对一帮扶，每月下基层不少于2次，帮助他们解决困难，发展烤烟、茶叶、蔬果等特色产业，增加收入。完成易地搬迁8户、修缮加固8户、幸福安居7户、危房改造3户，落实教育助学扶贫19人，享受社会保障兜底19人，发放慰问物品及现金3万元。2017年，实现脱贫31户。

（撰稿：谭新风　审稿：罗年郎）

## 茶陵县红十字会

【概况】 茶陵县红十字会为正科级独立机构，列入群团序列管。编制5人，会长由县主管领导兼任，常务副会长1名，工作人员3名。红十字会主要职责为弘扬“人道、博爱、奉献”的红十字精神，充分发挥政府人道主义，开展“三救”“三献”工作。

【红十字宣传】 利用“5·8”世界红十字日、“6·14”无偿献血日等主题宣传日，开展发放宣传资料、播放红十字知识录像、义诊、培训等为内容的宣传工作，发放资料5000余份，义诊500余人。在学校、社区、老年大学等单位开展救护培训20余场，受益1000余人。争取生命健康安全教育项目在茶陵开展，完成志愿者、学校、社区600人的救护员培训；举办1000余人的亲子讲座两期，举行千人“拥抱”活动，举办以“感恩”为主题的征文活动，邀请消防大队在思源实验小学开展应急演练，在社区开展宣传活动及应急操练。在市红十字会官网、株洲日报、茶陵新闻、茶陵新闻网等媒体发表红十字会各种活动新闻报道10余条，扩大红十字会事业的社会知晓率和认知度，提高全社会参与红十字事业的自觉性和积极性，凝聚更多人道主义力量。

【人道救助】 通过“博爱送万家”为全县发放4.85万元慰问金、4万余元慰问物资；向小天使、中国红十字会基金会申报，获得救助4人,救助金20万元。利用“关爱生命助力脱贫”活动，开展6场应急救护培训，让贫困户掌握应急救护知识，减少因病因灾致贫因素，发放救助资金49600元。开展“救灾助农”活动，及时向上级红十字会报灾，向受灾地区紧急调拨100床棉被、100箱家庭包和100件冲锋衣。联合深圳市茶陵商会爱心人士筹集慰问金10100元关爱孤儿（其中县红十字会筹集2000元，深圳市茶陵商会爱心人士筹集8100元）。

【“三献”工作】 9月12日，完成1例遗体捐献，是株洲市首次县级单位完成遗体捐献，为茶陵县创建省级文明县城和经济社会的持续发展汇聚正能量。

（撰稿：颜明艳　审稿：谭爱妹）

# 军　　事

## 人民武装

【概况】茶陵县人民武装部内设军事科、政治工作科、保障科3个科室，编制10人，其中现役干部4人、文职人员6人，有干部6人，职工3人。有基层武装部17个，配备专武干部30名。2017年，县人武部深入学习贯彻中共十九大和习近平系列重要讲话精神，以党在新形势下的强军目标为引领，坚决落实上级党委和县委的决策部署，看齐追随听指挥、落实改革增效能、聚焦主业抓战备、压实责任保稳定，改进作风、狠抓落实，各项工作稳步推进，武装工作新局面逐步形成。

【政治教育】一是开展改革教育和主题教育。充分发挥党委在落实决策部署、凝聚意志力量、解决现实问题等方面的核心领导作用，抓实“坚决服从改革，正确对待去留”专题教育，以实际行动解除大家的后顾之忧。二是推进“两学一做”学习教育常态化制度化。以党支部为基本单位开展活动，突出支部主体作用。7月底，协调社会公益志愿者到火田镇芙江小学开展“一本书点燃一个梦想”捐赠活动，向70名贫困生捐赠图书、学习用具价值近万余元。全年到扶贫村走访20余次，安排专人驻村帮扶，协调投入资金10万元，县委、政府对县人武部结对帮扶的情况给予充分肯定。三是学习宣传中共十九大精神和习近平新时代中国特色社会主义思想。邀请专家专题讲座，开展“机关学习月活动”。通过集中学习，组织讨论，交流体会，激发党员干部工作的斗志和激情。结合地方扶贫，组织民兵党员与入党积极分子担任宣讲员，到贫困户、军烈属家中清扫卫生、捐赠衣服、宣讲十九大精神。县人武部学习宣传十九大精神的有关情况被省军区要讯刊载。

【战备训练】一是突出重点抓训。3月，为帮助专武干部和民兵营长尽快进入角色，县人武部组织专武干部暨民兵营长集训，把训练重点放在整组备案工作组织实施、民兵教育训练示范帮带、应急与支援保障行动组织指挥上，提高专武干部岗位履职能力。5月组织抗洪抢险骨干集训，把训练重点放在冲锋舟操作和水上救生技能训练上，提高防汛抢险能力。针对茶陵森林覆盖率高、防火任务重的特点，县人武部坚持任务牵引，着力加强应急力量建设，全年完成森林消防训练6期，参训336人。二是务实精准抓训。对参训对象严格审查，按照“编训用一致”的原则落实参训人员。对训练质量严格把关，依据训练计划严扣细训、以考促训，通过考核与演练评估训练效果。三是军民融合抓训。本着军民融合抓训的原则，组织民兵应急分队分别与水利、林业等部门在灾情多发地域实地联保联训。在汛期来临之前，协同水利局组织洣水流域周边乡镇进行抗洪抢险演练，提高联合行动能力和联合指挥能力。

【国防动员】履行好主业主责，强化国防动员能力建设。一是及时调整组织机构。根据地方换届工作的实际，及时调整国防动员委员会组成人员及其办事机构，明确人员组成和工作职责，确保领导机构健全，工作有序运行。二是高质量完成征兵任务。按照“一季征兵、全年准备”的思路，着力在兵员质量特别是大学生士兵比例提高上下功夫。4月底前完成征兵宣传视频、音频制作和相关资料准备；5月底开展征兵宣传进校园活动，鼓励优秀高中生参军报名；6月26日召开全县征兵工作任务部署会，及时安排部署任务，分解压实责任，盯着问题做工作，逐一破解难题。针对宣传发动中发现的问题，采取区分对象，分类展开宣传；针对专武干部扶贫任务重，工作精力难集中的问题，县人武部建立健全奖惩机制；针对翌年毕业的高中在校生兵员流失的问题，协调教育系统，争取为被确定入伍在校生办理毕业证开通“绿色通道”，尽最大努力保住这部分兵员；针对部分准新兵入伍动机不端正、思想动态摸不准的问题，开展为期一周的役前训练，通过严格正规的训练，让准新兵了解部队生活，提前适应部队生活，将问题解决在起运前。

【安全管理】 一是结合人员调整，凝聚思想共识。召开党委扩大会议，与全体干部职工交心谈心，凝聚人心，达成共识，增进团结。二是强化安全意识，规范各项秩序。反复强调安全，做到“逢会必先讲安全，凡事必先讲安全”，帮助干部职工切实提高安全意识，牢固树立安全发展理念。三是压实安全责任，落实安全制度。扎实开展“百日安全活动”，通过党委分工负责，压实安全责任，做到事事有人管，人人有事管。

【民兵整组】 成立由县委常委、常务副县长任组长，人武部部长任副组长，政府办、人武部各科及乡镇相关人员组成的民兵调整改革工作领导小组。实行党委统抓统管，各级各部门分工负责，形成军地合力抓改革的良好氛围。坚持军地联合部署、联合保障、联合考评、联合奖惩，着力破解人员质量、装备配套、编组布局、训练保障四个难题，确保民兵改革调整任务高标准完成。经过整组，全县基干民兵、应急分队、支援分队、储备分队人员全部配备完毕。

【国防教育】 县委中心组设置国防专题，县委议军会宣讲国防形势，增强“居安必须思危、有备才能无患”的意识。征兵期间，县人武部组织力量到秩堂镇列宁学校采访国防教育开展情况，9月10日《解放军报》头条宣传报道列宁学校的情况。“八一”期间，县人武部协调民政局共同看望慰问困难复退军人，结合庆祝建军90周年活动，到茶陵籍一等功臣陈小平家中走访慰问和现地采访，8月6日《解放军报》五版头条用半个版面宣扬报道了其英雄事迹。会同县民政局、电视台向立功受奖官兵家庭送喜报，增强军人军属及驻地民众对人民军队的认同感和自豪感，将国防教育向村、组（社区）辐射。

（撰稿：陈奕含　审稿：陈凌云）

## 武警中队

【概况】 中国人民武装警察部队株洲支队执勤三大队茶陵中队为县主要武装力量，主要担负茶陵县看守所固定目标看守勤务，协助县委、县政府处置突发事件、反暴力恐怖袭击以及支援茶陵县经济建设等任务。

【执勤处突】 2017年，中队出动官兵70余人次，配合公安机关和有关部门完成押解、安保和临时勤务10余次，以实际行动维护茶陵县社会治安的稳定。

【思想政治】 重点进行“维护核心、听从指挥”主题教育和“两学一做”学习教育常态化制度化活动，把抓经常性思想和管理工作放在重要位置，开展以“真诚、真心、真学”为主题的官兵互助和丰富多彩的文体活动，在增进官兵感情的基础上不断融洽内部关系，营造和谐氛围。一是深化教育效果，引导官兵认识。中队扎实开展“强军风采”及“读红色经典、讲强军故事、唱革命歌曲”系列文化活动，发动官兵争做新一代“四有”革命军人。二是做好经常性思想工作。大力培育“一不怕苦、二不怕死”的战斗精神及开展群众路线文化活动。让战士们发表意见和心声，给战士摆事实讲例子，取得较好效果。三是扎实开展文化育人工作。根据计划，开展学“习近平强军兴军”系列重要讲话及“日读一文、周写一篇、月读一书”活动，培养官兵爱读书、想读书、会读书的健康情操。四是深入肃清郭伯雄、徐才厚流毒影响，破除“微态度”，杜绝“微腐败”，维护风清气正的政治生态。

【军事训练】 以“能打胜仗”为标准，始终把加强军事训练作为提高战斗力的重要途径，坚持向训练要战斗力、要作风。以《军事训练与考核大纲》为依据，严格落实执勤制度。牢固树立“一道制度就是一道防线”思想，严格落实支部议勤、议训、“三班四哨”“三员一兵一组”等制度规定。贯彻落实《大纲》规定内容，抓好阶段训练。严格按照军事训练“八落实”要求，落实参训率、训练内容、质量、训练场地等要素。积极抓好战训法，研究学习成果的转化，持续推进执勤方式优化改革，落实以班组作战单元包哨位执勤、定人定岗定责履职、监门哨“3+1”组勤模式等规定要求，不断优化力量编成，提高执勤效能。扎实开展分队训练及执勤方案的现地摆练。执勤秩序进一步规范，提高了目标安全保障系数。

**【军民共建】** 全体官兵坚持“一心为民，服务人民”的优良传统，把驻地当故乡，视人民为父母，想方设法为驻地群众做好事、办实事。3月积极参与植树活动，10月20日组织官兵到马江镇贫困家庭进行走访慰问，加强与驻地的联系，参与地方扶贫帮困。

**【后勤保障】** 以建设“现代化后勤”为主线，以保任务、保基层、保建设为重点，以整风整改和深化改革为动力，以“三个服务”为方向，坚持理顺保障体制与发挥保障优势并进，坚持体系化保障与社会化保障并进，坚持保障任务与保障发展并进，坚持依法治后勤与加强自身建设并进，全面推进应急保障能力、后勤保障制度、依法从严治军、综合保障水平建设。在财务管理上，严格实行双人联签制度，大项经费开支召开支委会研究，确保经费开支合理，将有限的经费用在中队建设上，杜绝消耗性开支，达到“三好五无”目标。在伙食管理上，严格落实伙食管理五项制度，搞好伙食调剂，加强对炊事员的教育培训，不断提高炊事技术和服务意识，保障生活需求。

（撰稿：吕东杰　审稿：李锤锤）

## 人民防空

**【概况】** 茶陵县人民防空办公室内设综合股、执法股，有工作人员7人。2017年，获市人防系统目标管理考核优秀单位、县文明建设先进单位、县综治工作先进单位等荣誉称号。

**【人防宣传教育】** 利用新闻媒体、报刊杂志、社区、机关、企业、党校学校重点宣传《中华人民共和国人民防空法》等法律法规;推进人防知识“五进入”工作;在云阳、思聪街道社区设立人防宣传教育室；在思源学校建设一个国防人防宣传教育基地；将县城中小学纳入人防知识课程教育，普及率和合格率达到100%。

**【人防工程建设】** 坚持“以建为主、以收促建”原则，推进人防建设与城市建设同步规划、同步建设、同步管理，严把工程建设、设计审查、施工管理、质量监督、竣工验收等环节和项目审批关，规范执法程序、征收标准。2017年审批建设项目25个，征收易地建设费1000余万元，实现历史性突破。

**【指挥通信建设】** 全县安装防空警报器10台，强化防空警报器的日常维护管理，做好防空警报试鸣和防空袭演练。组织开展11月1日防空警报试鸣活动和防空袭疏散演练，警报鸣响率和覆盖率均达100%；安装人防视频会议系统和指挥通信专网；参加市人防办组织的指挥通信系统拉练，保障信息化条件下城市防空袭、平时防灾救灾应急救援统一指挥的畅通。

**【脱贫攻坚】** 先后召开决胜脱贫攻坚誓师、精准识别、基础管理提升月、摘帽总攻、贫困退出迎检动员和推进、调度、专题等30余次重大会议，研究部署推进脱贫攻坚工作。明确1名班子成员担任浪滩村工作队队长，每月驻村22天以上。全办5名干部全部结对贫困户24户开展结对帮扶工作，每月下村入户走访2次以上，根据结对贫困户需求，送上微心愿。充分保障帮扶资金，先后投入120万元用于扶贫攻坚、产业扶持、村部基础设施建设、村组道路和水利建设。全面落实帮扶政策，全村实现易地搬迁8户，危房改造55户，其中危房修缮51户、安居工程4户，参与大蒜、生姜、油茶等产业64户，劳务输出121户，享受医疗救助127户，教育助学75户96人，金融扶贫30户(糯米公司15户、龙华农牧15户)。截至2017年年底，建档立卡127户505人中的120户482人实现脱贫。

（撰稿：陈 勇　审稿：刘永新）

# 法　治

## 政法综治

**【概况】** 茶陵县委政法委员会与县社会治安综合治理委员会办公室（综治办）一个机构两块牌子。县委政法委员会内设办公室、执法监督室和维护稳定办公室3个股室，行政编制为8名。其中书记1名，副书记2名；事业编制3名，其中维稳办主任1名，副主任1名。2017年，茶陵县社会大局持续稳定，中共“十九大”等各特护期平稳有序；社区网格化工作全面铺开，平安创建增效明显，综治民调排全市第二；法治创建入选全国第四批“法治县创建先进单位”。

**【信访维稳】** 服务服从中共十九大中心大局，以最高的政治站位，夯实扛牢信访维稳主体责任，化解大量矛盾隐患，打赢维稳硬仗。从年初开始，县委、县政府就把迎接中共十九大胜利召开摆上重要议事日程，多次召开专题会议研究信访维稳工作，部署开展信访维稳“百日攻坚”“喜迎十九大、信访积案清仓”“百日攻坚再行动”等主题活动，对突出问题逐一分解、责任包案、就地化解，打好主动仗、赢得主动权。特别是中共十九大特护期间，劝访化解50余人次。分阶段、分专题开展多轮矛盾隐患摸排调研，共掌握18个重点领域、56个重点问题及336名重点人员，逐一建立台账，实行动态预警预防管控。在“百日攻坚”等主题活动中，对摸排掌握的各类突出问题，均由县级领导牵头包案，全年化解各类矛盾纠纷1600余起，复杂棘手问题80余起，劝返化解进京上访近300人次。加大对非访闹访的治理力度，刑拘1人，治安拘留5人,有效维护信访秩序。县委、县政府研究出台《茶陵县信访工作问责办法》，明确接访劝访责任领导和接访时限，对工作不力者，给予“通报批评”“责任约谈”“诫勉谈话”“党纪政纪处分”等不同程度处理。2017年，对非访问题突出的5个乡镇单位，进行集中约谈，对1个乡镇党政主要领导、分管领导进行诫勉谈话。

**【综合治理】** 一是深化平安创建。实施“以村为主”综治考核，激活平安建设“神经末梢”，在4月和9月组织两次县内综治民调测评活动，压实基层平安创建责任。统筹社会面与新媒体相结合的宣传模式，开展“平安创建与你同行”专项文艺宣传活动，赴各乡镇（街道）巡演20多场，将有温度的政法故事和平安创建知识，传递给全县人民；推进“犀城政法”“茶陵公安”微信公众号等阵地建设，及时回应突发事件中的网络舆论关切。2017年，茶陵县平安建设综治民调下半年排全市第一、全年排第二。二是推行网格治理。将城乡网格化建设列为政法综治重点工作，县委常委会议专题研究，抓好顶层设计、信息整合、力量配备、网格划分等，设立县社会治理网格化中心，核定全额拨款事业编制10人，财政保障经费1080万元。将城区六个乡镇（街道）的16个村（社区）科学划分为93个网格，按照“一网格一员”的标准，招录93名网格员，全部下沉到网格。加强网格的力量统筹、设施连通、工作联动，选定县交警大队五楼为网格中心办公地点，着力软硬件设施建设。加强软件平台支撑，围绕网格化信息平台设计、建设等各环节，甄选优质服务供应商，保障建设进度和质量。三是加强治安防控。坚持“打防管控”四位一体，构建立体化治安防控体系。对严重影响群体安全感的违法犯罪活动，紧抓不放，重拳出击。抓好平安茶陵二期工程建设，城区新增445个城市探头、一个车辆查缉平台、7个电子卡口等硬件设备，投入使用2架警用无人机，实现“空地一体化”，提高治安防控能力。开展交通、消防、危爆等公共安全领域专项整治行动，整合警力，精准防控，尽最大努力消除治安隐患。

**【服务发展】** 政法机关坚持法治理念，立足政法职能，为脱贫攻坚和经济社会发展保驾护航。贯彻实施“七五普法规划（2016—2020）”,开展“新春与法同行”“农村法治宣传月”“法律六进”等法治宣传活动，培训“农村法律明白人”390人,补齐农村法治短板。加强法治阵地建设，建成东阳公园法治文化广场，弘扬法治文化。全县形成尊法守法学法用法的浓厚氛围，荣获“全国人民调解宣传工作先进集体”称号，成功入选全国第四批“法治县创建先进单位”。坚持司法为民、利民、便民，加大对农民工等弱势群体的法律援助力度，多部门协作，完成涉及农民工工伤及请求支付劳动报酬案件132件，为群众挽回经济损失400余万元。公安出入境接待大厅实行“一站式”服务，群众满意率高达99.97%。全力破解执行难问题，依法将305名失信被执行人列入全国黑名单，通过专业平台开展茶陵首例网络司法拍卖，最大程度保障了案件当事人利益，有财产可供执行案件的结案率高达100%。组织政法机关党员干部下基层结对帮扶，帮助解决群众实际困难，助推茶陵早日奔小康。立足自身职能，发挥公安机关打击违法犯罪、检察机关惩治职务违法犯罪、审判机关审理民生案件、司法行政机关调处民生纠纷等方面的重要作用，为经济社会发展保驾护航。

**【队伍建设】** 贯彻落实中共中央《关于新形势下加强政法队伍建设的意见》，结合司法体制改革任务，推进思想政治、纪律作风、业务能力和领导班子建设，确保政法队伍稳定发展。深入学习领会习近平新时代中国特色社会主义思想，增强“四个意识”，全县政法机关把对党和人民的忠诚落实到行动上，以实际行动彰显政治本色，做到有令必行、有禁必止。检察院贯彻监察体制改革决策，统一思想认识，强化政治担当，做好涉改人员的思想政治工作，确保人心不散、队伍不乱、工作不下，确保改革顺利进行。全面推行入额检察官、法官办案，做好省以下地方法院、检察院人财物统一管理的相关准备工作。审判机关全面推行主审法官和合议庭负责制，实现“让审理者裁判，让裁判者负责”的改革目标。2017年，在全县政法系统开展首次“十佳公正执法标兵”评选活动，给予获评者记三等功奖励，激发政法队伍干劲，塑造队伍正面典型。

（撰稿：周蔚华　审稿：郭建林）

## 公 安

**【概况】** 茶陵县公安局内设政治工作室、警务保障室、法制室、纪检监察室4个综合管理机构，下设指挥中心、国内安全保卫大队、交通警察大队、刑事侦查大队、治安管理大队、人口与出入境管理大队、网络安全保卫大队、经济犯罪侦查大队、禁毒大队、巡特警大队、城市管理大队、看守所、拘留所等13个执法勤务机构，有云阳、下东、腰潞、高陇、虎踞、严塘、湖口7个中心派出所以及洣江、思聪、界首3个乡镇派出所。有在职民警317人（含交警62人），另配备警务辅助人员250人，配备率为78.9%。2017年，县公安局接处警7684起，较2016年同期10371起，下降25.91%。其中，立现行刑事案件1429起，较2016年同期1800起，下降21.09%，破获刑事案件663起，现行刑事案件破案率达到46.40%；受理治安案件1175起，查处治安案件885起；刑事拘留368人，强制戒毒91人，逮捕187人，移送起诉505人，治安拘留1007人。县局业务工作与队伍建设年度考核评估排名全市第一；下半年群众安全感、满意度调查综合排名全市第一、全年排名全市第二；获评2017年度全省公安机关执法质量先进单位和全市公安机关工作绩效与队伍建设评估优秀单位、压发案工作先进单位、小案侦破工作先进单位、命案侦破工作先进单位、追逃工作先进单位、反恐怖工作先进单位、市文明单位等荣誉称号。

**【维稳安保】** 围绕十九大维稳安保这一核心，坚持情报信息抢抓主动、矛盾纠纷源头化解、群体事件果断处置、安全保卫严密细致，处置各类群体性事件15起，行政拘留堵门、堵路、医闹等挑头闹事的违法人员18人。稳妥处置腰潞镇因非法开采稀土矿案引发的群体性事件，刑事追究非法采矿犯罪嫌疑人 11 名、妨害公务犯罪嫌疑人 12 名；成功稳控涉军、民办教师、残疾人、水库移民等各类群体 20 余个，治安拘留以上非法上访人员 8 人，确保全国和省、市、县“两会”及十九大等重要时段的全县社会政治大局持续稳定。县局获全市公安机关十九大安保维稳工作先进单位称号，并记集体嘉奖。

【案件侦破】 坚持主力攻坚主业、专业对付职业、警情主导警务，以“平安犀城 1 号、2 号”专项行动为载体，将日常打击整治工作贯穿全年始终，向犯罪分子主动亮剑，全力侦查破案，尽力追赃挽损。全年刑事拘留 368 人，行政拘留 1007 人，强制戒毒 91 人，破获各类刑事案件 663 起，现行刑事案件破案率达到 46.40%，命案实现全破。特别是成功破获以资曾生为首的耒阳籍跨省系列技术开锁入室盗窃案，打掉以潘志峰为首的 14 人涉黑涉恶犯罪团伙，捣毁柳毅等 11 人组织的生产、销售假冒伪劣香烟窝点，震慑了犯罪分子。

【专项整治】 落实安全监管措施，开展交通、消防、危爆等安全隐患大排查大管控大整治行动，连续七年未发生亡人火灾事故，道路交通事故四项指数（事故数、财产损失数、受伤人数、死亡人数）较 2016 年同比分别下降 34%、60%、57%、16%；建立健全清查堵卡长效机制，形成对群众反响强烈的“黄赌毒”等社会治安乱源的高压歼灭之势，全年采取一次性死亡法关停涉黄场所 22 家，捣毁流动赌博团伙 6 个，抓获涉黄涉赌人员 148 人、涉毒人员 520 人（刑事追究 57 人），破获“8·17”部督目标案，抓获毒贩 12 人，缴获冰毒 2 千克，禁毒宣传、禁毒社会化、社区戒毒康复及毒品查缉工作在全市禁毒工作会议上被推介；推行旅馆、网吧、寄递业实名制管理，通过主动培训、明察暗访、从严查处、结果通报等举措，提升从业人员实名制管理意识，全年依法处罚通报违规单位 57 家；参与全县河砂领域集中整治，关停非法砂场 36 家，集中取缔无证砂场 10 家；及时处置 110 千伏输电工程、345 省际公路等重点建设项目阻工闹事事件，为重点工程保驾护航。

【治安防控】 建立警情日通报、周研判机制，坚持以“情报主导、精准预警、精准防控、精准打击”为内容的主动警务，警力跟着警情走。通过整合巡特警、交警及街道巡防力量，对发案重点时段、重点部位有针对性开展巡逻防控，切实增加街面见警率及民警管事率。在主城区 3 个治安岗亭和 2 个环县公安检查站派驻警力，开展常态值守和盘查，形成主城区街面巡逻防控包围圈，增强街面管控能力。全年接报刑事警情 729 起，较 2016 年 1038 起同比下降 30.43%，立现行刑事案件 1429 起，较 2016 年 1811 起同比下降 21.09%，严打严防效果凸显。

【警务设施建设】 建成指挥情报、侦查实战、治安防控、新闻舆情、执法管理五大中心，完成“平安城市”二期工程及车辆查缉平台建设，新增城市探头 300 个、电子卡口 7 个，整合联网公共视频 445 个，城区主干道电子监控实现无缝对接，乡镇主干道交汇路口实现全延伸。建成 350 兆无线数字集群通讯系统，完成 6 台 4G 无线图传车辆安装，列装警用无人机 2 架，新建桃坑警务室及云阳和下东 2 个派出所综合警务指挥室，启动新建洣江派出所，完成强戒所和机动车驾驶员全科目考场施工招投标。

【队伍建设】 认真落实政治建警、从严治警、制度管警、文化育警、科技强警、舆论护警、典型引警、从优待警措施，将全面从严治党向治警管警推进。按照“吃苦的吃香、实干的实惠、有为的有位”用人导向，采取竞争上岗、双向选择、优化组合的方式新提拔正科职干部 1 人、副科职干部 12 人，交流副科职干部 8 人、调整正股职干部 70 人，机关下基层民警 35 人。隆重举行新警入警、提拔任职、入党宣誓、为退休民警颁发从警荣誉勋章等仪式，提升民警对警察职业的归属感、自豪感、荣誉感。开展“严警纪、正警风、铸警魂”主题教育活动，建立健全领导干部政绩考核、民警绩效评估、单位综合考评“三大考评体系”，配套出台刑事案件“三统一”工作规范、业务工作与队伍建设巡察办法、经费预算奖励机制等一系列内部管理制度。派出脱贫攻坚驻村工作队 10 个，安排 152 名民警与高陇、湖口、舲舫、虎踞 4 个乡镇的 560 户贫困户结对帮扶，助力扶贫攻坚。

【破获系列跨省流串诈骗案】 3月3日，刑侦大队利用合成作战优势，经过近五个月的缜密侦查，将多次流窜江西、湖南两地的刘某诈骗团伙一举抓获，破获系列诈骗案4起。该团伙主要成员系江西九江籍的刘某某、吴某、刘某三人，通过买药给报酬或买药赚差价的方式实施诈骗，涉案价值60余万元。

【破获系列盗窃案】 5月30日，刑侦大队联合下东中心派出所经过近三个月的缜密侦查，成功打掉一个盗窃团伙，抓获团伙成员肖某明、肖某某、何某云、肖某保和陈某仔等5人，破获系列盗窃案二十余起。该团伙自2017年2月始，多次窜至茶陵县工业园、虎踞镇、腰潞镇、严塘镇、界首镇等地通过盗剪、三轮摩托车拖运的方式对电缆线、变压器和电动机进行盗窃，疯狂作案，涉案价值十余万元。

【侦破一起特大电信网络诈骗案】 2016年9月7日，犯罪嫌疑人丁某、黄某通过QQ冒充茶陵县中石化新亚管道燃气有限公司老总曾某和刘某，在成功骗取该单位会计刘某和出纳黄某的信任后，以向指定账户汇款的方式骗走该单位现金38.9万元。案情被反映到县公安局后，由刑侦大队抽调精干力量成立专案组，多次远赴广东深圳和广西宾阳、灵山等地调查取证。2017年4月17日，专案组民警在广西灵山县某宾馆将犯罪嫌疑人丁某、黄某一举抓获归案。

【捣毁一处销售假烟窝点】 4月19日，治安管理大队联合下东、严塘等派出所，在茶陵县烟草局稽查大队配合下，成功捣毁一处销售假烟窝点，抓获以福建籍男子柳毅为首的涉嫌生产、销售假冒伪劣产品犯罪嫌疑人11人，涉案价值达200余万元。

（撰稿：李志亮　审稿：周志军）

## 公安消防

【概况】 2017年，茶陵县公安消防大队围绕防火灭火和抢险救援两个中心任务，全年接警出动100次，出动警力1129人次，扑救大小火灾54次，参加抢险救援37次，社会救助7次，其他2次，挽回财产损失1200余万元。

【消防监督】 开展夏季消防检查、高层建筑消防安全综合治理和“十九大”消防安保等专项整治，多次会同安监、住建、工商、文化、民政、教育、卫生等部门对辖区内宾馆、超市、加油站、建筑工地、学校、医院、网吧、敬老院等开展专项消防安全大检查，推行高层公共建筑专职消防安全经理人制度和高层住宅建筑“楼长”制度。突出抓好“重大火灾隐患排查”专项行动，采取联合职能部门检查的方式，排查重大火灾隐患，将三家重大火灾隐患单位向政府报告挂牌督办，并督促重大火灾隐患单位在规定时间内整改到位。强化消防安全重点单位主体责任，督促消防安全重点单位与消防设备生产厂家、消防设施施工安装企业等有维护保养资质的单位签订维保合同。按照“有人员、有器材、有战斗力”的标准和“三知四会一联通”要求，引导和规范重点单位微型消防站建设，发挥微型消防站扑救初期火灾的作用和优势。全年检查社会单位2317家，下发责令改正通知书1280份，督促整改火灾隐患4576处，临时查封火灾危险部位52处，责令“三停”21家，罚款57.515万元，拘留4人。

【消防宣传】 成立由县政府主要负责人或分管负责人牵头的消防安全委员会，健全情况通报、会商研判、联合检查机制，督促各行业部门开展消防安全专项治理。推行消防宣传外包制度，联合街道、公安派出所和相关职能部门，特邀省、市消防协会科普委的教授分行业、分系统、分区域开展消防知识培训120场次，开展消防演练30余次，受益群众3000余人次。依托消防培训学校和消防志愿者组织，培训街道领导、村居“两委”负责人218人，消防控制室操作人员55人，消防安全管理人71人。借助安全生产宣传日、应急知识宣传日、防震减灾主题活动开展消防安全咨询，发放消防宣传知识手册和消防安全常识宣传单，特制印有消防安全警示语的购物袋、水杯、挂包以及快递小哥红马甲等小物品，派送给广大群众。开展“消防宣传进社区、进农村、进机关、进学校、进企业”“消防知识抢答赛”“消防趣味体育竞赛”等宣传活动，开展消防咨询活动12场次，展出消防展板6次18块，发送消防宣传画册8000份，消防宣传单1.7万份，免费发送消防知识短信2.5万余条，派送消防宣传小物品1.2万份。

（撰稿：金六元　审核：谭　武）

## 交通安全管理

【概况】 茶陵县公安局交通警察大队下设机关股室6个，执勤中队5个，现有民警61名，事业编6名，职工1名，其中男民警50名，女民警11名。2017年，全县道路交通安全形势持续平稳，广大群众交通出行安全感、满意度明显提升，茶陵县交警大队获“省文明交通标兵护学岗”“市级文明卫生单位”、市支队“百日会战”行动先进集体、“路面防控战”先进集体、“四大攻坚战”专项行动先进集体等荣誉称号。

【综合治理】 发挥道安委议事协调和考核督办的职能，落实道路交通安全工作纳入安全生产考核制度、安全隐患“一单四制”制度，推动道安委成员单位依法履职、责任上肩；紧盯道路、企业、重点人员、车辆的安全隐患，完成省、市挂牌督办的11处安全隐患的治理验收，全县重中型货车、大中型客车综合检验率92.5%，全市排名第一，五类重点车辆违法清零率居全市第二。完成淘汰黄标车797台，淘汰率100%。加强“两站两员”建设，实行农村道路交通多元化治理，通过城乡联勤联动，确保农村地区道路通、秩序好、事故少。

【事故预防】 打响“隐患歼灭战、路面防控战、宣传攻势战、共治合成战”四大交通安全整治攻坚战。抓重点车辆、农村重点地区等薄弱环节，控风险，补短板。深入客（货）运企业、危化品运输企业、学校、幼儿园进行检查，落实安全管理主体责任，定期将重点车辆和驾驶人违法未清零情况抄送相关单位、企业，督促及时消除道路交通安全隐患。2017年，全县受理交通事故报警4483起，同比下降3.65%，发生死亡事故44起49人，同比下降33.33%、28.98%。道路交通事故四项指数（事故起数、死亡人数、受伤人数、财产损失）全面下降。破获交通肇事逃逸案件9起，侦破率90%，有力震慑罪犯，维护人民群众的利益。

【勤务整治】 坚持全警全员投入一线路面执勤，交通管理警务效能明显增强，辖区道路交通畅通有序，圆满完成道路40余次交通安全保卫、维护任务，做到路线勤务零事故，工作保障零失误，执勤执法零合理投诉。开展“百日会战”“百日行动”“四个不发生”创建暨“四大攻坚战”“集打斗争”暨“冬春攻势”等专项行动，全警保持“不是在路上，就是在上路”的战时状态。2017年查处各类交通违法156089起，其中现场执法20943起，同比增长26.43%，非现场135144起，同比增长1.49%；现场查获客车违法409起，同比增长33.22%，酒驾447起，同比增长115.94%，醉驾76起，同比增长76.74%，公告报废1089台，同比增长122.7%，重考科目一2228人，同比增长32.38%，行政拘留252人，同比增长342.1%；全年破获刑事案件92起，移送起诉98人。

【交通科技建设】 建成公安交通指挥中心，半年有效预警拦截违法车辆率高达93.1%，全年完成交通科技建设财政投入486万元；在原有14个移动测点的基础上改造6个重点测速点位，增加夜间测速功能；在城区主要路段及中小学校周边路段新建24个违停自动抓拍球机，对城区主要路口标志标线进行清理和优化；机动车驾驶人全科目考场项目建设已完成招投标，车（驾）管所搬迁至汽贸城项目、交通违法扣留车辆停车场项目、新建交警第四、五、六执勤中队项目已完成立项、规划、国土手续，第二、三执勤中队营房完成提质改造。

【便民服务】 2017年，违法处理中心处理交通违法76056起，无一起合理投诉。车（驾）管所办理机动车业务49807台次，同比增长25.7%。办理驾驶人业务22720笔，同比增长13.4%，完成20548人次的科目一考试。事故调解中心受理申请调解各类交通事故损害赔偿纠纷案件263起，调解成功233起，涉案金额1460余万元。开展全方位、多角度、多层次的交通宣传教育工作，利用新媒体资源，将便民服务送到用户手边。2017年，“茶陵交警”微信公众号推送249篇文章，最高一篇文章阅读量达到近4万人次，微信公众号多次进入全省县级公安微信10强榜。

表 5

2017 年道路交通事故情况表

| 事故数（起） | 其中（起） | | | | 死亡人数（人） | 受伤人数（人） | 经济损失（万元） |
|---|---|---|---|---|---|---|---|
| | 较大死亡事故 | 一般死亡事故 | 受伤事故 | 财产损失事故 | | | |
| 4483 | 2 | 42 | 108 | 1690 | 49 | 198 | 61 |

（撰稿：陈果萍　龙　娉　审稿：颜勇军）

## 森林公安

【概况】 森林公安机关既是国家公安机关的组成部分，又是林业行政主管部门一支重要执法力量。森林公安机关实行林业和公安双重领导，负责维护辖区社会治安秩序，保护辖区内森林和野生动植物资源。茶陵县森林公安机关始建于1981年，初建时称林业派出所，1986年8月设立茶陵县公安局林业分局，2000年更名为茶陵县公安局森林分局，加挂茶陵县森林防火指挥部办公室的牌子。2009年1月20日，更名为茶陵县森林公安局，副科级单位，属政法行政专项编制。内设办公室、法制股、治安（刑侦）股、消防股等4个股、室，下辖云阳、高陇、桃坑等3个森林公安派出所。

【封山育林执法】 茶陵县实施封山育林后，涉林违法犯罪率降低。森林公安坚持从严打击一切涉林违法犯罪行为，保护封山育林成果。2017年，接到各类报警228起，出警228起。刑事立案21起，破案11起；林业行政处罚案件立案102起，结案93起；涉林治安行政处罚案件立案3起，结案3起；处理其他案件51起。打击处理违法犯罪人员103人次，其中刑事拘留9人，逮捕2人，追捕在逃犯罪嫌疑人1人，移送起诉10人，林业行政处罚93人。依法收缴各类罚没款80.31万元，为国家、集体及公民个人挽回直接经济损失300余万元。2017年被湖南省森林公安局授予“全省森林公安机关十九大安保维稳工作先进集体”，并记集体三等功一次。

【大案要案侦办】 一是查办网络舆情反映的高陇镇水头村仓下组“泥鳅湖”山场毁林造林事件中，刘某仁非法采伐国家重点保护植物案及刘某东非法经营案件，依法取缔县内3个无证炼樟油小作坊，现场捣毁炼樟油设备、拆除非法炼油厂棚。二是根据国家环保督查行动，依法查处“汲秀园”在云阳山国家森林公园非法占用林地等社会反响较大的案件。三是依法对县内乱采乱挖、占用林地行为进行专项整治，查办腰潞镇建明村非法提炼稀土而非法占用林地案件、高陇镇“青家山”、腰潞镇鑫旺采石场等非法采矿案件。

【森林防火】 一是抓宣传，提高防火意识。乡、镇各村组张贴防火宣传画，出动宣传车，聘用宣传员，制作黑板报，张贴宣传标语，发放宣传资料，邀请电视台跟踪报道森林火灾案件及侦破过程，采取多种形式进行森林防火宣传，使林区群众防火意识不断增强。二是加强督察，及时整改。密切配合防火办和防火成员单位对全县重点乡镇和林区责任单位进行检查督促，加大对林区重要地带、重点路口巡逻检查，防火特护期坚持每日一查制度，并将巡查的情况认真登记，及时汇报，发现问题及时解决，限期整改。三是发挥公安职能作用，严厉打击违法野外用火行为。在春节、清明、春耕和“十月朝”期间，集中警力加大巡查力度，对森林火灾案件及时查处，从严从快打击防火期内擅自野外用火的违法行为。2017年，侦破森林火灾刑事案件4起，查处非法野外用火行政案件23起，打击处理森林火灾违法犯罪人员25人次。四是加强队伍管理。组织全县242名村级护林员集中培训，严格生态管护责任；通过统一考试招录组建了一支20人的专业森林消防队伍；先后进行两次大规模森林消防培训演练。五是加强基础保障。全县十年森林防火规划持续推进，配备森林防火数字通讯设备。六是加强重点防控。针对大风、高温等极端高火险天气和重点节日，强化源头管理，有效防范森林火灾风险。

【结对扶贫】 湖口镇一心村是森林公安的结对精准扶贫村。局派出驻村工作队，全体民警与该村贫困户实施结对帮扶。帮扶民警放弃节假日休息，走访贫困户，对92户建档立卡贫困户落实结对帮扶措施，解决实际困难。结合一心村实际，进行特色产业帮扶，重点发展食用菌产业；落实封山育林补助和天然商品林保护补助两个惠林项目。申请天然商品林保护项目12591亩，发放贫困户补贴资金13.85万元；光伏发电项目于7月建成并正式发电，年发电量5万千瓦时。

【摧毁一条非法经营蛇类的黑色通道】 2017年年初，省森林公安局指派县森林公安局对市部分涉嫌非法经营“三有”野生动物的饭店、酒楼进行秘密摸底排查。经过三个月的前期艰苦工作，掌握了市“天诚蛇馆”等餐饮企业及其上线非法经营“三有”野生动物的违法犯罪事实。6月20日、7月11日，县森林公安局联合县公安局、县森林消防大队共计120余名警力果断出击，对犯罪嫌疑人展开抓捕行动，抓获张某、汤某等9名犯罪嫌疑人，捣毁经营窝点3处，缴获菜花蛇、王锦蛇及乌梢蛇等活蛇1350公斤，查获账本、销货清单、现金等相关物品若干，涉案车辆4台。

（撰稿：谭 芳 审稿：谢 彬）

## 检 察

【概况】 2017年，茶陵县人民检察院内设反贪污贿赂局、反渎职侵权局、公诉科、侦查监督科、林业检察科、民事行政检察科、控告申诉检察科、监所检察科、技术科、法警大队、案件管理中心、职务犯罪预防科、政工科、监察室、办公室等15个科(局)室。有编制63人，实际在编人数51人。全年，批准逮捕各类犯罪嫌疑人195人，提起公诉478人，同比上升2%和24%。其中，批捕各类毒品犯罪嫌疑人44人，起诉40人；批捕抢劫、盗窃、诈骗等侵财犯罪嫌疑人58人，起诉90人；对虽涉嫌犯罪但没有逮捕必要的，依法作出不批捕决定76人；对犯罪情节轻微不需要判处刑罚的，依法作出不起诉决定95人。开展检调对接工作，促成刑事和解24件。组织检察长接待日42次，处置群众来访50余件，成功化解信访纠纷20余件，办结刑事申诉案件2件，申报国家司法救助3件。构建未成年人维权帮教机制，不批捕未成年犯罪嫌疑人5人，附条件不起诉9人。

【服务大局】 运用法治思维和法治方式服务和保障创新、协调、绿色、开放、共享发展的新理念，把防控风险、服务发展摆在突出位置，依法惩治破坏社会主义市场经济秩序犯罪，共批捕此类犯罪嫌疑人10人，起诉33人。开展“检企结对帮扶”活动，推行“除虫护花”工作机制，在查办涉企案件中，对4家涉案企业开展风险评估，努力减少办案对企业产生不利影响。

【反腐倡廉】 重点查办发生在群众身边、危害群众安全、损害群众利益的职务犯罪，立案侦查职务犯罪案件18件24人，其中贪污贿赂犯罪案件11件13人，渎职侵权犯罪案件7件11人，查办人数同比分别上升180%和175%，其中查办正处级干部2人，副处级干部1人，科级干部8人。查办该县有影响力的湘东钨业公司原保安部长肖某3人贪污案和腰陂中学刘某、谭某挪用公款案。在省市院统一安排部署下，组织力量参与查办全省全市有影响的腐败大要案件。依法查办市城市管理行政执法局原党组副书记、副局长张某受贿案、市南方通用发动机公司原党组书记李某贪腐系列案、攸县吉林桥煤矿五·七中毒重大安全事故相关人员玩忽职守案和炎陵县林业贷款贴息领域渎职犯罪案件等一批大要案。推进行业性廉政风险防控，开展预防调查2件、案例分析2件，综合分析报告1份，开展法制宣传和警示教育5次，发放宣传资料2000余份，受教育干部400多人次。加强对重点工程项目招投标领域的监督，给有关单位和法人提供行贿档案查询2051次，为经济健康运行建起“防火墙”。

【检察监督】 办理立案监督案件2件14人，纠正漏捕2人，纠正漏捕后作出有罪判决4人（含积案），其中追捕的黄某因贩卖毒品罪一审被判处无期徒刑，该案获评全省检察机关侦查监督优秀案件；追诉漏罪3件。向侦查机关提出书面检察建议、发出纠正违法通知书22份。加强刑事审判和民事行政诉讼监督。加强对刑事案件庭审活动监督，所有刑事案件均派员出庭支持公诉，提出量刑建议191份，依法提请市院抗诉2件。针对民事行政诉讼监督案源少的问题，完善“两法衔接”平台建设，实现信息资源共享。民行部门共受理各类民事行政案件21件，向相关行政职能部门发出检察建议21份。办理生态环境和资源保护领域公益诉讼案件6件，向行政机关发出诉前检察建议6份，依法保护国家和社会公共利益。加强刑罚执行和监管活动监督。审查减刑及暂予监外执行3人，针对监管活动中存在的问题发出检察建议和纠正违法通知书51份，开展羁押必要性审查40人，监督收监罪犯2人，办理渎职行为调查案件2件。驻所检察室通过国家二级规范化检察室验收。

**【司法和监察体制改革】** 积极稳妥推进司法体制改革，首批入额的22名检察官和18名检察辅助人员全部配置到办案一线，完成9名司法行政人员的身份转认工作。落实司法责任制，调整司法办案权限，制定员额检察官权力清单。坚持领导带头办案，实行电脑轮案，严禁办挂名案、办简单案，5名入额院领导办案102件。做好省以下地方检察院人财物统一管理的相关准备工作。坚决贯彻党委和上级院关于监察体制改革的决策部署，配合做好监察委改革工作，加强向党委请示汇报和与纪委的沟通协调，切实做好改革的衔接工作；做好涉改人员的思想政治工作，确保人心不散、队伍不乱、工作不下，摸清转隶部门人员编制、机构设置、案件线索、档案资料等基本情况，为圆满完成监察体制改革试点工作打下基础，确保转隶工作有序开展。

**【公益诉讼】** 主动向县委、人大汇报检察机关提起公益诉讼工作，邀请17个行政职能部门、乡镇和律师代表召开公益诉讼工作座谈会。印发《公益诉讼扬帆起航》宣传手册1000余册，通过下乡走访、展板宣传等多种形式，向群众宣传公益诉讼工作。在生态环境和资源保护领域，办理公益诉讼案件6件，发出诉前检察建议6份，依法保护国家和社会公共利益。在办理朱某、宁某伙同他人非法开采稀土一案中，对环保、林业、国土怠于履职导致森林资源被毁、国家级公益林遭受破坏进行立案审查，依法维护社会公共利益免遭继续受损。

**【检察队伍建设】** 推进“两学一做”学习教育常态化制度化，领导班子和领导干部以上率下。规范党支部建设，实行党建工作一月一调度、一季一考核，严格落实常态化组织生活制度。落实“两个责任”，加强干警监督管理，紧盯执法办案环节和“八小时以外”，坚决纠正“四风”突出问题。组织开展警示教育5次，全院干警没有违纪违法行为。选派干警参加各级各类培训100余人次，组织全院干警到高校法学院轮训一周。继续开展“月月有活动，次次有评比”主题活动和出庭评议、优秀法律文书评比等岗位练兵活动，助推干警成长成才。县检察院反渎局被省院评为全省业务工作先进集体，全院有20多人次获各级表彰，4名干警被评为全国检察机关优秀侦查能手人才，2名干警分别荣获“全省优秀反渎局长”“省优秀侦查员”称号。完善电子阅览室、体能训练室、青年公寓建设，更新办公设备，改善干警办公办案环境。开展登山比赛、国学讲座、读书月等活动，举行优秀读书心得评选和读书心得交流会，提升干警文化内涵和品味。2017年，县检察院被评为全省检察文化活动先进单位，荣获首届“全省读书风气最盛检察院”提名奖。在2017年民调中，该院察官形象排名全市第二和全县政法系统第一。

**【脱贫攻坚】** 成立驻思聪街道下清村和辉山村帮扶工作队，完成贫困户易地搬迁、危房改造、幸福安居和修缮加固项目129户，协调启动下清村村级综合服务中心建设，完成光伏发电站、村小学改扩建和“乡村大舞台”建设，帮助争资近300万元解决两个村的“饮水难”问题，安装路灯220盏，硬化道路13千米，成立农民专业合作社3家，建设休闲农庄1个。安排干警与123户贫困户结对帮扶，在院公用经费中挤出资金30多万元助力两村脱贫，为两村贫困户和在读大学生送去慰问品、助学金6万余元。

**【设立派驻检察室、成立林业（生态环境资源）检察科】** 探索建立巡回检察制度，设立驻下东中心派出所检察室，做到有场地、有人员、有设施、有制度。在原林业检察科加挂生态环境资源检察科，统一归口开展业务工作，配备一名专职员额检察官从事林业（生态环境资源）检察工作。

（撰稿：谭大善　杨　娟　审稿：王亚波）

## 法　院

【概况】 茶陵县人民法院内设立案庭、刑事庭、民一庭、民二庭、行政庭、林业庭、腰陂人民法庭、下东人民法庭、枣市人民法庭、审判监督庭、执行局、法警大队、办公室、政工室、监察室、工会、司法技术室、审判管理办公室、非诉执行庭等19个部门，有在编干警78人。设有大审判庭1个、中审判庭2个、小审判庭10个、少年审判庭1个，其中数字化法庭4个。2017年，受理各类案件3754件，审执结3407件，结案率90.76%，平均办案周期55天，审限内结案率100%，员额法官人均办案113.57件。在2017年度全市法院司法绩效和执法状况综合考评中排名第一；全省综治民调得分居全市法院第一；获市“六五”普法先进单位、全市法院工作“先进单位”、县“文明单位”、县学习型党组织建设先进单位荣誉称号。

【刑事审判】 受理各类刑事案件381件，审结370件，同比分别上升26.15%和26.27%，结案率97.11%，判处被告人442人。依法加大对“两抢一盗”、涉赌、涉毒等危害人民群众生命财产安全犯罪行为的打击力度，从严审理涉毒案件61件，涉毒案件被告人无一判处缓刑。严厉打击职务犯罪，依法审结县林业局3名干部滥用职权案。参与社会管理创新工作，调解刑事附带民事案件41件，最大限度地保护受害人的合法权益。加强民事矛盾纠纷诉前调解工作，成功调处案件212件，将大量矛盾纠纷化解在进入诉讼程序前。严格落实院长接待日制度，“零距离”接访群众，切实解决老百姓实际问题。充分发挥审判执行在社会治理中的重要作用，参与平安创建，配合做好全县综治民调工作，维护社会和谐稳定。

【民商审判】 受理各类民商事案件2143件，审结2017件，同比分别上升12.49%和18.09%，结案率94.12%。在审结的案件中，经调解结案459件、撤诉结案573件，调撤率51.17%。高度重视涉民生案件审判，对朝阳新城30余户购房户的预售房合同纠纷系列案件，认真做好稳控和矛盾化解工作，依法调撤一批、判决一批，没有形成群体性事件，社会效果较好。体现“司法温度”，依法对39件赡养、抚养、劳动争议纠纷案件免收诉讼费，为确有困难的当事人缓减免收诉讼费11万余元，发放及申报司法救助金32.4万元。不断拓宽司法为民渠道，如法官通过微信视频的方式，组织未出庭的当事人进行债务清算，并最终促使双方达成和解协议并当场履行。

【执行工作】 受理各类执行案件1177件，执结案件972件，结案率82.58%，执行到位标的4523.43万元，有财产可供执行案件的结案率100%，执行标的到位率95.28%，执行工作主要指标稳居全市前列。在全市法院首创“依法执行”微信公众号，向当事人公开推送执行法官手机号码及微信二维码，公开执行信息，接收举报线索。对于有能力履行却拒不履行的“老赖”，依法采取强制措施，司法拘留114人次，拘留人数全市法院最多。对2起逃避执行和拒不协助法院执行的当事人最高处以20万元罚款。加大失信被执行人曝光力度，在犀城广场大型LED显示屏上曝光“老赖”照片等信息，依法将305名被执行人列入全国失信被执行人黑名单，限制高消费。通过淘宝网司法拍卖平台成功进行茶陵首例网络司法拍卖，最终成交价格的溢价率高达49.7%，最大限度保障申请人的权益。

【司法改革】 推进司法人员分类管理改革，将全院人员进行编排调整，确保审判力量向一线倾斜，激发办案活力。在入额遴选改革中，经省遴选委员会审议表决和省法院党组研究决定，31名法官顺利入额，并举行首批入额法官宪法宣誓仪式。严格落实最高院《关于加强各级人民法院院庭长办案工作的意见（试行）》的办案规定，全年院领导办案207件，庭长办案907件，占全部办案量32.7%，均大大超过相应办案指标，结案率位居全省前十名。审结、执结案件周期均比全市法院平均周期少30余天。

【法院队伍建设】 学习贯彻落实中共十九大精神和习近平新时代中国特色社会主义思想，邀请县委十九大精神宣讲团到茶陵县人民法院专题宣讲，增强法院干警“四个意识”，坚定“四个自信”，确保法院工作正确的政治方向。完成机关党总支换届、各支部的调整和支委换届，夯实了机关党建基础。组织党员干警赴江西瑞金开展“缅怀革命先烈，重温入党誓词”主题活动。落实“两个责任”，院党组担起主体责任，院监察室履行监督责任，在全院开展纪律作风专项整顿活动，严肃查处各类违纪违法行为。不断增强团队凝聚力，“五四”青年节当天，院团委组织青年干警开展主题为“迎五四·致青春”快闪活动，并在县电视台、优酷、腾讯、爱奇艺等网络媒体上播放，组织青年干警结合脱贫攻坚工作开展“圆梦微心愿·情系贫困户”主题活动。

【服务大局】 开展“法官五进”“送法进校园”等活动150余次，在全县举办法治讲课5场，发放宣传册3000余份。“法官五进”活动被省高级人民法院在工作报告中作为典型推介。强化行政执法与司法执行的衔接力度，快速执结非诉执行案件21件，公开宣判两件污染环境案件，依法妥善处理虎踞造纸厂诉镇政府索要淘汰落后产能补偿款案，陈某等8人销售病死猪肉被依法从严判处刑罚；开展季度专项执行活动，2017年第一季度开展的涉金融案件专项活动执行到位1130万元，保障全县金融环境安全。

【脱贫攻坚】 将3个结对帮扶村、144户贫困户的脱贫攻坚任务逐一落实到人。投入扶贫专项经费60余万元，用于3个帮扶村集体项目建设。发展产业脱贫项目，协调解决项目推进过程中遇到的困难和问题。帮助上坪村和洒水村各建成一座光伏发电站。推动发展传统农业项目，为贫困户免费发放6000余只鸡鸭鹅苗，让贫困户通过养殖猪、牛、羊、家禽、蜜蜂，种植黄桃、天麻等方式增收。加大扶贫工作宣传，营造脱贫攻坚浓厚氛围，茶陵县人民法院关于扶贫工作的宣传报道被今日头条、新浪网、长安网、《株洲日报》等媒体刊载报道。分管院领导每周下到帮扶村2次以上，督促落实“六个一”“三个全面”等各项要求。对帮扶干警每月走访情况进行严格督查，确保脱贫攻坚各项任务坚决完成。

【依法审结—销售病死猪肉案】 3月23日，茶陵县人民法院公开开庭审理一件涉食品安全的典型案件，涉及该案的8名被告人均被认定犯生产、销售不符合安全标准的食品罪，并被判处相应刑罚，社会各界人士受邀旁听此案庭审经过。庭审查明：被告人李某华为谋取非法利益从被告人许某光、陈某雄等人处收购病死或死因不明的猪，而后将死猪分解加工销售给被告人周某成；被告人刘某庚为谋取非法利益从被告人刘某勤等人处收购病死或者死因不明的猪，而后将死猪分解加工后销售给被告人周某成；被告人周某成将从李某华、刘某庚及被告人旷某云等人处收购来的死猪或死猪肉销售给被告人陈某秋，陈某秋将上述收购来的死猪肉加工腊肉后向市场销售。本案被告人中许某光、旷某云、刘某勤、陈某雄系生猪养殖户，李某华、刘某庚、周某成系死猪贩子，陈某秋系将问题死猪处理成腊肉等肉制品销往市场的买卖贩子。庭后经合议庭评议，根据7名被告人的犯罪事实，依据《中华人民共和国刑法》及相关法律规定，对上述被告人作出了有期徒刑六个月至一年六个月并处罚金人民币2万至5万元的有罪判决。

【依法审结—污染环境案】 5月24日，茶陵县人民法院公开开庭审理了一件涉污染环境的典型案件，涉及该案的4名被告人均被认定为犯污染环境罪，并被判处相应刑罚。庭审查明如下案件事实：2016年，被告人周某品从他人手中接手了一批桶装有机废液，并存放在周某品在江西黎川县铭亮钢结构厂租用的仓库内。2016年9月27日被告人周某品要求被告人王某锋帮助其处置这批废液，并提出所有的处置费用由周某品负责。于是王某锋联系被告人谭某建，商量好将该批废液在茶陵县秩堂镇晓塘村以挖渗坑的方式倾倒填埋。2016年9月30日，谭某建和谭某强聘请邝某辉、谭某明、谭某生、谭某明、谭某文等人进行挖坑填埋，因在倾倒填埋过程中产生大量白烟及刺鼻气味，谭某建等人被迫停止倾倒。2016年10月2日，王某锋到达现场进行指挥，对该批次65桶废液油全部倾倒填埋在挖好的两个渗坑内，对当地生态环境造成了危害。依据《中华人民共和国刑法》及相关法律规定，经合议庭评议，对四名被告人周某品、王某锋、谭某建、谭某强作出有期徒刑六个月至十个月、并处罚金人民币5至10万元的有罪判决。

（撰稿：陈柏文　徐世俊　审稿：杜　波）

## 司法行政

【概况】 茶陵县司法局为县人

民政府工作部门，内设办公室、政工法规室、宣教股、基层股、社区矫正管理股5个股室，管辖法律援助中心、公证处2个下属机构，有乡镇（街道）司法所16个，有司法行政编制52个，公证处事业编制3个，在编工作人员39人。2017年，茶陵县司法局获全国人民调解宣传工作先进集体、湖南省司法行政工作先进集体、全市政法工作先进集体、全市司法行政工作先进单位、全市“公共法律服务建设推进年”活动先进单位、全市法治文化建设先进集体、株洲市青少年普法教育活动先进集体等称号。茶陵县被推为“全国法治先进县”，县委书记彭新军被评为“全省十佳法治建设推进者”。

**【人民调解】** 2017年，全县调解纠纷2100余起，成功调处2080起。其中行业性专业性调解委员会调处各类矛盾纠纷405件，调处成功率98%，涉及当事人4800名，纠纷主要以邻里纠纷、婚姻家庭纠纷、宅基地纠纷、损害赔偿纠纷、生产经营纠纷、征地拆迁纠纷为主。在矛盾纠纷排查调处中，基层人民调解员是主力军。全县16个乡镇（街道）、248个行政村都建立基层人民调解组织，指导成立行业、专业性调委会10个，驻法院、检察院、公安派出所调解室8个。完成全县1024名人民调解员的颁证工作，组织300余名调解员集中培训，提高基层人民调解员的综合素质和业务水平。审核的“以案定补”案件数累计达3012件，发放补助金额213700余元。12月，《茶陵县人民调解“以奖代补”实施办法》通过县政府办公室正式发文。开展省级模范、规范化司法所创建工作，对严塘所、云阳所提质升级改造，紫徽所进入全省一流规范所行列。组织“法润三湘”法律服务志愿者开展人民调解、法律援助、社区矫正、法律服务等志愿者活动，推选两篇三调联动案例入选全省优秀典型案件。

**【社区矫正】** 规范社区矫正工作，对社区服刑人员实行宽管、普管和严管三级管理机制，联合县人民检察院开展防脱管、漏管监督检查。全年接受法院、监狱委托出具调查评估意见函202件，采信率达90%。为所有社区服刑人员建立工作档案和执行档案。每个季度定时召开社区矫正安全形势监管分析会，各司法所定期集中组织社区服刑人员进行认罪悔罪教育和法律常识、公民道德教育，经常组织到敬老院、社区参加公益劳动，组织全县200余名社区矫正人员在县职专开展行为规范训练，促使服刑人员树立自律意识和遵纪守法观念，自觉养成良好行为习惯、改正不良恶习。2017年，接收社区服刑人员192人，解除矫正165人，在册332人，无脱管、漏管、重新违法犯罪；衔接刑释人员103人，在册103人。

**【法治宣传】** 落实“谁执法谁普法”责任制，抓住重点开展法治宣传教育活动，与各级各部门齐抓共管，健全完善普法机制，增强全民法治意识和法律素质，提高社会法治化水平。深入基层开展“送法下乡”活动，为广大群众提供法律宣传资料，进行法律咨询、宣传政策等。全县如法网学法考法总人数8213人，参考率100%。以“法律六进”为载体开展法治宣传教育活动，各法制副校长下到各学校上法治课47堂，法治电影巡演赴全县各中小学轮流放映50场次，组织农村“法律明白人”在线培训，目前在线学习“法律明白人”256人。在县电视台开办《法治茶陵》电视专栏，精心打造东阳法治文化公园，采取群众看得懂、听得进、记得住的方式，创新形式，将法律法规编成小品、舞蹈、小戏等进行宣传，寓教于乐。联合县湘剧团通过相声、戏剧、歌舞等方式深入基层进行40余次“送法下乡”宣传活动，发放法治宣传资料10万余册，牵头组织全县30多个单位100余人在犀城广场开展2017年“12·4”宪法日宣传活动。深化“法治茶陵”和“民主法治示范村（社区）”建设，界首上联村、下东街道沿河村被评为全省“民主法治示范村（社区）”、枣市洞头村被评为全国“民主法治示范村（社区）”，茶陵县被确定为全省“法治县（市、区）创建活动先进单位”。

**【法律服务】** 开通“绿色通道”，适当放宽援助标准，简化援助程序，做到应援尽援。全年办理各类法律援助事项230件，其中刑事案件36件，民事法律援助案件194件，涉及农民工工伤及请求支付劳动报酬案件132件，民刑案件共结案156件，为人民挽回损失500余万元。稳妥推进公证机构体制改革，办理各类公证408件，开展公证预约服务48余次，上门服务52次，为全县弱势群体提供公证法律援助25件，累计减免公证费用3万余元，全年无假证、错证发生。拓展证据保全、婚前财产公证等证源；为全县土地征收、房屋拆迁、不良贷款清收等工作提供公证服务。2017年，全县各律师事务所、法律服务所担任常年法律顾问91家，办理各类法律事务530件，解决矛盾纠纷200余起，避免经济损失1200万元；担任中小微企业常年法律顾问17家，参与企业谈判16次；进乡镇、社区提供法律服务40余次，处理矛盾纠纷百余起。

**【基层建设】** 5月完成公共法律服务中心建设，将社区矫正中心进行提质改造。中心配备中央空调和电梯，安装电子显示屏和触摸屏，办公环境得到优化，方便群众办事。推进农村公共法律服务体系建设，全县16个乡镇（街道）都建立公共法律服务工作站，248个村（社区）建立公共法律服务工作点，公布相关电话、网址及二维码，让老百姓在家就可以享受法律服务。

（撰稿：龙定敏　刘丽丽　审稿：谭新华）

## 茶陵监狱

**【概况】** 茶陵监狱内设31个科室，有医院、水电站等服务单位，有工会、共青团群团组织，有武警株洲市支队驻狱武警大队、株洲市人民检察院驻狱检察室等机构，是国家的刑罚执行机关，主要职能是对受到国家刑罚处罚、被判处15年以下有期徒刑的罪犯进行惩罚和改造。

**【安全监管】** 始终强化安全首位意识，坚守安全稳定“一条底线”，推动平安监狱、法治监狱建设，全年实现“四无”和“七个不发生”工作目标。中共十九大特别防护期，所有科级以上干部到联系点蹲点，在人财物等资源配置上优先满足安全需要，投入60多万元添置执法记录仪、对讲机、视频报警等设施，投入5万余元维修周界报警系统。推动罪犯三大现场“警力全覆盖、监管无盲区”，全面加强罪犯监管监控；推行分组包管包教、罪犯互监组制度试点工作，全面落实警察包管包教责任制；推行落实医疗工作九项基本规定；建成全狱立体、综合性情报信息网，制订茶陵监狱处置暴力恐怖事件等应急预案，提升突发事件应急处理能力。

**【教育改造】** 全面开展“有事必谈、有约必谈”工作，畅通警囚沟通渠道；开展“为了花儿的微笑”帮扶活动，监狱领导带队赴江西萍乡市开展帮扶工作，为服刑人员子女做眼科手术，并送上帮扶金5000元，点燃服刑人员新生的希望；全狱新添置卡拉OK设备，丰富服刑人员的改造生活；举办首届服刑人员心理运动会和狱园好声音，释放服刑人员的心理压力，使服刑人员安心改造。

**【规范执法】** 坚持规范文明执法、依法治监，适应国家新的刑事政策，按照新的减刑假释规定和新的考核计分标准，办结三批罪犯的减刑假释，呈报罪犯减刑假释457人，法院裁定431人，办理暂予监外执行8人。加大对老病残罪犯的减刑假释力度，有6名老病残犯呈报减刑并得到法院裁定。进一步加强罪犯劳动改造，提高罪犯劳动报酬，发放总额较上年提高87%。加强罪犯劳动保护，规范劳动改造，层层签订安全生产责任状，落实安全生产主体责任和一岗双责管理责任。

**【监狱扩建】** 加强高度戒备监狱的建设，完成第一标段建设，第二、三、四标段主体结构全部封顶，进入装修阶段，第五、六标段于2017年10月底公开招标后，完成基础正负零建设；启动连接高度戒备监狱和106国道的“连接线”项目，通过环境影响评估、设计、地勘等工作。

**【队伍建设】** 推进“两学一做”学习教育常态化制度化，坚持知行合一、学做结合，每月的支部主题党日活动开展丰富多彩。增强政治意识、大局意识、核心意识、看齐意识，把依法依规办事贯穿始终，打造政治、纪律、思想、作风过硬的班子队伍。全面落实“一岗双职”“一岗双责”，调整领导联系点制度，将所有监狱、公司领导和机关科室联系到基层单位，实现责任、考核相挂钩。制定出台《茶陵监狱骨干警察培养方案》，分批安排骨干警察到外省先进监狱参观学习，充分发挥骨干警察的支柱和示范带动作用。对茶陵监狱高度戒备监狱改扩建工程的监督工作，专门设立监审组，并对所有高戒建设指挥部成员，以及项目施工代表等都签订廉政承诺书。积极践行“四种形态”，坚持执纪问责“零容忍”，使挺纪在前成常态，下发10期纪委监督通报。

（撰稿：谷道衡　审稿：唐　建）

# 综合监督管理

## 发展和改革

【概况】茶陵县发展和改革局是县人民政府主管经济的综合工作部门，负责拟定并组织实施全县总体规划与年度计划、研究与调控全县宏观经济运行、推进和综合协调全县经济体制改革、价格监管等工作，内设办公室、法规股、项目股（县国民经济及装备动员办公室）、投资股（行政审批股）、价格股5个股室，下辖茶陵县价格监督检查局（县成本调查队）、茶陵县重大项目前期工作办公室、茶陵县"两型"社会建设综合配套改革工作办公室、茶陵县以工代赈办公室、茶陵县价格认证中心5个事业机构。现有在职干部职工28人。2017年，茶陵县发改局被评为县文明标兵单位、县综合治理先进单位、县争资立项先进单位、县企业帮扶先进单位、县重点工程建设先进单位。

【参政设谋】针对茶陵县经济运行出现的新情况、新问题，做好季度经济形势分析和项目攻坚情况总结，将部门经济形势分析材料形成报告呈送县委、县政府。全年形成各类分析材料11篇，搜集整理争资引项信息35条，出台相关政策参考6篇，为县委、县政府的决策提供参考依据。围绕"一带一路""长江经济带""国家重点生态功能区"等上行规划，重点在特色镇建设、产业发展、脱贫攻坚、农业供给侧改革等方面通过调研，形成《茶陵县农业供给侧结构性改革现状及对策》《茶陵县特色镇建设发展的建议》等调研报告5篇。围绕脱贫攻坚，会同扶贫办、城投公司等单位编制《茶陵县"一五十百千"工程实施方案》。完成《国家重点生态功能区产业准入清单》《茶陵县2017年国民经济和社会发展计划执行情况及2018年计划（草案）的报告》的编制，牵头开展《茶陵县"十三五"扶贫开发项目库》的编制工作。

【项目攻坚】借脱贫攻坚、省直管县等系列政策优势，重点围绕教育、体育、城建、卫生、农业、旅游等11类行业，策划包装东阳湖游客服务中心、腰潞商贸城、县城主城区停车场建设等项目92个，总投资107.36亿元。完善扶贫49个小项共223个项目，总投资5.76亿元。建设"135"项目库，搜集项目168个，形成"建设一批、前期一批、储备一批"的动态管理的项目储备库。围绕研究国家、省市投资方向和重点领域，主动对接各类规划、项目以及政策，向上申报老城旧住宅区改造配套基础设施建设项目、政法项目、下东中心小学、秩堂镇区道路提质改造、县妇幼保健和计划生育服务大楼项目、县人民医院新住院大楼二期工程建设项目等67个项目，争取到龙华农牧城中村棚户区改造、"四水治理"项目、以工代赈示范工程等21个项目，到位资金1.65亿元。实施项目攻坚"4116"工程，全年安排市、县重点项目100个，县内列入市重点建设项目41个，新开工项目34个，竣工项目12个，实现重点项目投资81.46亿元。全年完成社会固定资产投资157.26亿元，同比增长14.4%。云阳山创AAAAA景区、东锦商城等15个市重点项目实现新开工。万樟园林、"茶乡花海"、晶辉电子、湘赣汽贸城等15个市重点续建项目全部实现复工。龙华农牧（东冲二期）、强强陶瓷（二期）、朝阳商业购物广场等5个市重点项目竣工投产。围绕国家稳增长专项政策，紧盯重点投资方向，主动衔接、成功对接106个项目，争取国家各类资金23.48亿元。参加港洽周、沪洽周活动，签约引进佳邦建设、汇才精加工、维也纳酒店等15个项目，合同引资31.5亿元。深化平台公司改革，创新融资方式，实现五大平台公司融资22.2亿元，基本满足县市重点项目资金需求。全年完成征地拆迁项目50个，征地面积3180.3亩，国有房屋征收面积15100平方米。开展城乡建设用地增减挂钩工作，完成后备资源摸底8000亩，启动实施2883亩。坚持有报必查、查实必打，项目施工环境不断优化。全年审批、核准、备案项目52个，核准招投标事项34个，受理办结率为100%，群众满意率为100%。

**【改革创新】** 贯彻落实省、市“放管服”改革要求，在有效承接并运行省发改委的4项赋权基础上，进一步深化投资审批改革，将投资项目审批、核准、备案等职能集中到行政服务中心。对已列入重点项目名单的，纳入项目审批“绿色通道”，会同规划、国土、环评等建立信息互通制度，将各项审批由“串联”调整为“并联”，实行“统一受理、统一评估、统一评审、统一审批”服务新模式。全面推广应用投资在线监管平台，创新网上备案制度，在全省率先实现网上备案工作。继续推进公共资源交易改革，成立茶陵县公共资源交易管理委员会，出台《茶陵县招投标管理办法》《关于规范农村集体资源、项目招投标工作的通知》，加强规范县级公共资源交易管理，配合省市开展公共资源交易管理平台改革。对招标投标各个环节，加强各方主体全过程、全方位监管；对应招而未招的项目进行清理排查，查处一批违法违规典型案例。持续开展高标准农田建设综合改革试点，整合涉农资金1.19亿元，建成高标准农田8万亩，实现“多个渠道进水，一个池子蓄水，一个笼头放水”的建设模式。围绕“两型”示范创建，成功将万樟园林申报为省级“两型”发展项目、“茶乡花海”为省级“两型”示范项目，逐步探索并制订资源负债表、准入目录等制度。

**【价格监管】** 加强行政事业收费管理，强化价格职能。印发中小学、幼儿园收费和农村校车最高限价有关通知，落实教育收费管理。印发降低涉企行政事业性收费标准，取消和停征涉案物价格鉴证收费、机动车抵押登记费等23项收费标准，降低无线电频率占用费和水土保持补偿费2项收费标准，全县无提前或推迟时间执行收费政策的行为。强化价格监测和价格信息工作。选择步步高、中心农贸市场等12个销售网点或经营企业作为价格监测点，对涉及农民生产生活的农业生产资料、瓶装液化气、粮油副食蔬菜及特色农产品等五大类进行定期价格跟踪分析，对价格变动异常的商品或服务，及时上报并重点监测。依法开展价格认证，全年共受理各类案件88件，认定金额79.63万元。开展涉农涉企价格和收费专项检查，严肃查处不执行涉企优惠政策、未按要求取消收费项目的单位。加强与县政务中心、财政局等单位联系，做好价调基金代征工作。发挥“12358”价格举报平台案件窗口作用，做到有报必查、有查必果、有果必复，全年办结率100%。

表6

**茶陵县2017年粮油食品价格监测表**

| 品　名 | 规格、等级 | 计量单位 | 1月价格 | 2月价格 | 3月价格 | 4月价格 | 5月价格 | 6月价格 | 7月价格 | 8月价格 | 9月价格 | 10月价格 | 11月价格 | 12月价格 |
|---|---|---|---|---|---|---|---|---|---|---|---|---|---|---|
| 一、粮油 | | | | | | | | | | | | | | |
| 早籼稻 | | 元/50公斤 | 132 | 132 | 132 | 132 | 132 | 132 | 132 | 132 | 132 | 132 | 132 | 132 |
| 晚籼稻 | | 元/50公斤 | 135 | 135 | 135 | 135 | 135 | 135 | 135 | 135 | 135 | 135 | 135 | 135 |
| 早籼米 | 标一 | 元/500克 | 2 | 2 | 2 | 2 | 2 | 2 | 2 | 2 | 2 | 2 | 2 | 2.4 |
| 晚籼米 | 标一 | 元/500克 | 2.2 | 2.2 | 2.2 | 2.2 | 2.2 | 2.2 | 2.2 | 2.2 | 2.2 | 2.2 | 2.2 | 2.4 |
| 菜籽油 | 散装 | 元/500克 | 9 | 9 | 9 | 9 | 9 | 9 | 9 | 8 | 8 | 8 | 8 | 8 |

续表 6-1

| 品 名 | 规格、等级 | 计量单位 | 1月价格 | 2月价格 | 3月价格 | 4月价格 | 5月价格 | 6月价格 | 7月价格 | 8月价格 | 9月价格 | 10月价格 | 11月价格 | 12月价格 |
|---|---|---|---|---|---|---|---|---|---|---|---|---|---|---|
| 大豆油 | 散装 | 元/500克 | 6 | 6 | 6 | 6 | 6 | 6 | 6 | 6 | 6 | 6 | 6 | 6 |
| 花生调和油 | 一级桶装（金龙鱼） | 元/5升 | 56 | 56 | 56.9 | 56.9 | 56.9 | 56.9 | 56.9 | 56.9 | 56.9 | 58 | 58 | 58 |
| 大豆调 | 一级桶装（金龙鱼） | 元/5升 | 42 | 42 | 45.9 | 45.9 | 45.9 | 45.9 | 45.9 | 45.9 | 45.9 | 45.9 | 45.9 | 45.9 |
| 二、蔬 菜 | | | | | | | | | | | | | | |
| 白 菜 | 新鲜一级（本地） | 元/500克 | 1 | 1 | 1.5 | 1.5 | 1.5 | 1.5 | 2 | 2.5 | 2 | 2 | 1 | 1 |
| 豆 芽 | | 元/500克 | 2 | 2 | 2 | 2 | 2 | 2 | 2 | 2 | 2 | 2 | 2 | 2 |
| 油豆腐 | | 元/500克 | 7 | 7 | 6 | 7 | 7 | 7 | 7 | 7 | 7 | 7 | 7 | 7 |
| 黄 瓜 | 新鲜一级（大棚） | 元/500克 | 3.5 | 3 | 2.5 | 2 | 1.5 | 1.5 | 2 | 2 | 2 | 3 | 3 | 3 |
| 茄 子 | 新鲜一级（大棚） | 元/500克 | 3 | 3 | 3 | 3.5 | 2 | 1.5 | 2 | 2 | 2.5 | 3 | 3.5 | 3 |
| 尖青椒 | 新鲜一级（大棚） | 元/500克 | 5 | 3 | 3 | 4 | 2.5 | 1.5 | 2 | 2.5 | 2.5 | 3.2 | 4.5 | 5.5 |
| 土 豆 | 新鲜一级（大棚） | 元/500克 | 2.5 | 2.5 | 3 | 2.5 | 2 | 2 | 2 | 2 | 2 | 2 | 2 | 2 |
| 豆 角 | 新鲜一级（大棚） | 元/500克 | 5 | 5 | 4 | 3.5 | 2.5 | 1.5 | 2 | 3 | 3 | 3 | 3.5 | 4 |
| 西红柿 | 新鲜一级（大棚） | 元/500克 | 4 | 4 | 3.6 | 3.6 | 3.5 | 3 | 3 | 3 | 3 | 3 | 3.2 | 3.5 |
| 生 姜 | 新鲜 | 元/斤 | 2.5 | 3 | 3 | 3 | 3 | 3 | 3 | 4.5 | 5 | 5 | 5 | 5 |
| 大 蒜 | 干蒜 | 元/斤 | 8.5 | 8.5 | 9 | 9 | 8 | 7 | 6 | 6 | 6 | 6 | 6 | 5 |
| 三、肉禽鱼 | | | | | | | | | | | | | | |
| 鲜猪肉 | 精瘦肉 | 元/500克 | 13 | 13 | 13 | 12 | 10 | 9 | 10 | 11 | 11 | 11 | 11 | 10 |
| 鲜猪肉 | 排骨 | 元/500克 | 18 | 18 | 18 | 18 | 17 | 17 | 17 | 18 | 20 | 18 | 18 | 17 |
| 鲜猪肉 | 五花肉 | 元/500克 | 13 | 13 | 13 | 12 | 10 | 9 | 10 | 11 | 11 | 11 | 11 | 10 |
| 鲜牛肉 | 新鲜去骨 | 元/500克 | 40 | 40 | 40 | 40 | 38 | 38 | 38 | 38 | 40 | 38 | 38 | 38 |
| 鸡 肉 | 白条鸡、开膛上等 | 元/500克 | 8 | 7 | 7 | 7 | 7 | 7 | 7 | 7 | 7 | 7 | 7 | 7 |
| 鸡 蛋 | 新鲜完整 鸡场蛋 | 元/500克 | 7 | 6 | 3.5 | 3.5 | 3.5 | 4.28 | 5.18 | 5.18 | 5.88 | 5.88 | 5.88 | 6.28 |
| 草 鱼 | 活1000克左右一条 | 元/500克 | 7 | 7 | 7 | 7 | 7 | 7 | 7 | 7 | 7 | 7 | 7 | 7 |
| 鲤 鱼 | 活500克以上一条 | 元/500克 | 9 | 9 | 7 | 7 | 8 | 8 | 8 | 8 | 8 | 7 | 7.5 | 9 |
| 雄 鱼 | 活1000克左右一条 | 元/500克 | 6.5 | 6.5 | 6.5 | 6.5 | 7 | 7 | 7 | 7 | 7 | 6.5 | 6.5 | 6.5 |

注：采价点为县城中心农贸市场

表 7

**茶陵县 2017 主要农资价格表**

| 品　名 | 规格标准 | 计量单位 | 1 月价格 | 2 月价格 | 3 月价格 | 4 月价格 | 5 月价格 | 6 月价格 | 7 月价格 | 8 月价格 | 9 月价格 | 10 月价格 | 11 月价格 | 12 月价格 |
|---|---|---|---|---|---|---|---|---|---|---|---|---|---|---|
| 早籼稻收购价 | 中等 | 元 /50 公斤 | 132 | 132 | 132 | 132 | 132 | 132 | 132 | 132 | 132 | 132 | 132 | 132 |
| 中籼稻收购价 | 中等 | 元 /50 公斤 | 132 | 132 | 132 | 132 | 132 | 132 | 132 | 132 | 132 | 132 | 132 | 132 |
| 晚籼稻收购价 | 中等 | 元 /50 公斤 | 135 | 135 | 135 | 135 | 135 | 135 | 135 | 135 | 135 | 135 | 135 | 135 |
| 碳酸氢铵 | 含氮 17% 以上水分≤ 3 | 元 / 公斤 | 1.1 | 1.2 | 1.2 | 1.2 | 1.2 | 1.2 | 1.2 | 1.2 | 1.2 | 1.2 | 1.1 | 1.1 |
| 尿素 | 含氮 46%，国产 | 元 / 公斤 | 2 | 2.1 | 2.1 | 2.1 | 2.1 | 2.1 | 2.1 | 2.1 | 2.1 | 2 | 2 | 2 |
| 过磷酸钙 | 含磷 12% 国产 | 元 / 公斤 | 1 | 1 | 1 | 1 | 1 | 1 | 1 | 1 | 1 | 1 | 0.8 | 0.7 |
| 氯化钾 | 含钾 60% 国产 | 元 / 公斤 | 3 | 3 | 3 | 3 | 3 | 3 | 3 | 3 | 3 | 3 | 2.8 | 2.6 |
| 三元复合肥 | 国产含 P.N.K 各 25% | 元 / 公斤 | 1.4 | 1.4 | 1.4 | 1.4 | 1.4 | 1.6 | 1.6 | 1.6 | 1.6 | 1.5 | 1.4 | 1.3 |
| 高压聚乙烯棚膜 | 折径 1 米厚 0.10mm | 元 / 公斤 | 15.3 | 15.3 | 15.3 | 15.3 | 15.3 | 15.3 | 15.3 | 15.3 | 15.3 | 15.3 | 15.3 | 15.3 |
| 高压聚乙烯棚膜 | 厚 0.014mm ± 0.02 | 元 / 公斤 | 14.8 | 14.8 | 14.8 | 14.8 | 14.8 | 14.8 | 14.7 | 14.8 | 14.8 | 14.8 | 14.8 | 14.8 |
| 敌敌畏 | 78.0% | 元 / 公斤 | 18.6 | 18.6 | 18.6 | 18.6 | 18.6 | 18.8 | 18.6 | 18.6 | 18.7 | 18.6 | 18.6 | 18.6 |
| 氯氰菊酯 | 标准 | 元 / 公斤 | 48 | 48 | 47 | 47 | 47 | 47 | 47 | 47 | 47 | 47 | 47 | 47 |
| 氧化乐果 | 40% 乳剂 | 元 / 公斤 | 25 | 25 | 25 | 25 | 25 | 25 | 25 | 25 | 25 | 25 | 25 | 25 |
| 稻瘟灵 | 40% 乳剂 | 元 / 公斤 | 28 | 28 | 30 | 30 | 30 | 30 | 30 | 30 | 30 | 30 | 30 | 30 |

**【脱贫攻坚】** 围绕“七个一批”，继续牵头推进易地扶贫搬迁工作，完成易地扶贫搬迁任务 1600 户 5003 人，工程竣工率 100%、验收达标率 100%、搬迁入住率 100%、补助拨付率 100%。旧房拆除 785 栋，旧房拆除率 90%；做到安置房建设不改规划、不超面积，在年终易地扶贫搬迁绩效考核中排名全省第一。牵头推动全县 68 个贫困村中的 62 个贫困村建设村级光伏发电站，有 42 个村投资 3284 万元自建 4005 千瓦的村级光伏电站，其中 3645 千瓦的光伏电站已并网发电 1229464 千瓦时，实现收入 120.48 万元；带动 4 个贫困村、460 户农户扩建 360 千瓦的光伏电站；有 20 个贫困村、农户 142 户，共投资 1180 万元，在株洲白关（13 个村）和茶陵虎踞统一购买（即统建分售或委托代建）了 1475 千瓦的光伏电站，已并网发电 274012 千瓦时，实现收入 26.85 万元；有 20 多个面上村投资建设光伏发电站，为全县脱贫攻坚奠定坚实基础。实施“一五十百千”工程，牵头推进 101 个村架设节能路灯近 5000 盏，亮化面积达 20000 平方米，完成投资近 2000 万元。全体机关干部深入湖口北斗村、荷塘村开展驻村帮扶工作，支持村组硬化道路 3 千米，制定帮扶措施 30 余个，干部与贫困农户形成良好的干群关系。

（撰稿：彭　友　审稿：肖海华）

## 统计管理

**【概况】** 茶陵县统计局系县人民政府工作部门，内设办公室、法规股、业务股 3 个机构，下设调查中心、普查中心两个副科级事业单位及考核办、计算站两个股级事业单位。有编制 24 个，其中行政编制 7 个，事业编制 17 个，有在编在岗工作人员 20 人，党组成员 3 人。2017 年，茶陵县统计局获全县综合治理红旗单位、推进新型工业化先进单位、企业帮扶先进单位、绩效考核工作先进单位称号。

【统计业务】 开展统计业务培训，健全联动、培训、督查、奖惩四大机制，指导、服务全县365家“四上”企业按时进行“企业一套表”联网直报，“三率”（直报率、上报率、数据录入准确率）达100%，并逐步建立联网直报工作长效机制；完成农业统计、规模以上工业等二十多个日常统计专业任务和政绩考核、为民办实事考核、社会公众评估等多项考核任务。做好“生猪调出大县”监测、小康监测、城市劳动力变动调查、资源产出率调查、国家贫困县基础数据监测、粮食监测等工作任务。

【农业普查】 2017年是第三次全国农业普查的收官之年，茶陵县统计局根据全国农业普查方案要求，分批次、分区域组织县、乡、村三级普查人员业务培训，圆满完成入户登记工作。采取局干部包乡镇、乡镇PDA操作员包户的方式，推动农业普查工作全面开展。组织全局干部职工分四个督查组，对全县的农业普查工作进度和质量进行4次督查，及时通报各乡镇（街道、办事处）的普查落实情况。组织专业人员对全县普查表格进行匹配性、逻辑性审核，并实地把关数据填写质量。入户登记工作完成之后，针对国家、省、市返回的农业普查数据信息，在第一时间内组织专业人员对普查数据信息的逻辑性、行业属别进行修正，确保农业普查数据符合普查要求。

【统计服务】 突出“服务党政领导”这一原则，针对经济社会发展趋势和发展过程中暴露出来的热点问题，坚持把经济运行情况和统计调研分析摆在统计职能的重要位置。围绕领导决策需要，密切关注全县经济运行形势，收集、整理统计数据资料，有针对性地加以剖析，并召集专业人员进行专题分析，提高分析的高度、广度、深度和真实度。定期撰写全面性、综合性、专业性的分析报告，为县经济发展决策提供建议性的统计参考。推行统计服务面向社会、面向公众，加大统计产品开发力度，把国民经济和社会发展运行情况编印成册，定期送给县委、县政府领导和乡镇、部门领导。

【数据质量】 规范统计工作行为，抓源头确保统计数据质量。严格按照统计报表制度，强化数据质量意识；加强数据评估审核，从监督上严控统计数据质量。执行统计报表“四审”制，对上报数据严格把关。开展重点督查，对重点单位、有疑问单位以及重点指标经常开展数据质量检查和督查工作，消除疑问，解决问题；依法统计，提高统计数据的真实性。严格依照《中华人民共和国统计法》执行范围，全方位、高密度加强排查，查处和整治统计工作中违法违规报送行为，消除统计数据质量隐患，遏制统计工作中的虚假行为。

【住户调查】 加强记账户真实性筛查工作。组织力量集中时间对全县119户调查户进行一次全面上门筛查，现场核对身份证、户口本，对不真实记账户坚决清除，做到所有记账户100%户账对应，真实可信，经得起检查。加强辅助调查员和记账员业务培训，分两批分别对城镇调查户和农村调查户进行业务培训，提高业务水平，确保数据质量。完善辅助调查员考核办法及优秀记账户评选办法。针对工作中出现的问题，不断完善细化考核办法，提高工作要求，充分调动辅助调查员工作积极性，引导记账户真记账、记实账，做到不瞒不漏，真实反映居民生活水平。

【扶贫攻坚】 严格按照全县脱贫攻坚要求，专题研究、认真部署，落实扶贫结对工作，对单位承担的主要脱贫指标进行重点监测，确保脱贫攻坚成效。2017年，全县城乡居民人均可支配收入完成19427元，增长8.7%，增速在全市排名第一；农村居民人均可支配收入完成8740元，增长10.4%，增幅在全市排名第一；比2017年计划脱贫的12个县的平均增速高0.2个百分点。

（撰稿：杨　胜　审稿：丁攸平）

## 审计管理

【概况】 茶陵县审计局是县人民政府工作部门，主要职责是贯彻执行国家有关审计法律法规和方针政策，依法对公共资金、国有资产、国有资源进行审计监督，对党政领导干部和国有企业领导干部的任期经济责任进行审计，严肃查处违法乱纪行为，维护国家财政经济秩序，促进廉政建设，保障国民经济健康发展。局机关内设办公室、法制审理股、经济责任审计股、财政与社会保障审计股、行政事业审计股、企业审计股、审计技术股7个股室。核定行政编制17名，其中：局长1名，副局长2名，总审计师1名，经济责任审计工作领导小组办公室专职副主任1名，机关后勤服务事业编制1名。下设茶陵县重点建设项目审计监督中心，为全额拨款事业单位，核定编制8名。2017年，茶陵县审计局完成审计项目192个，其中：预算执行审计项目7个；经济责任审计项目10个；专项资金审计或审计调查项目3个；国有企业（融资平台公司）经营情况审计项目6个；财政财务收支审计项目1个；在财政评审的基础上抽审政府投资建设项目165个。查出违法违纪问题金额3324万元，处理处罚收缴财政752.87万元，督促被审计单位缴纳其他资金19万元，调账处理金额35196万元，为政府投资项目核减投资额646万元。出具专题审计报告38篇，综合审计报告4篇，提出审计建议57条。向主管部门移送线索1件，下达督促整改函3件。

**【财政审计】** 推进以同级和乡镇财政预算执行审计为主线，以部门预算执行情况审计为基础，以专项资金管理使用为重点，以二、三级单位延伸审计工作为补充，以提高资金使用效益为目的的全部政府性资金审计工作模式。开展2016年度同级财政预算执行情况审计，下东、洣江、桃坑等乡镇财政预决算情况审计，城管、畜牧等部门预算执行情况审计，把着力点放到促进提高公共资金绩效上，突出“预算执行效果”和“审计整改落实”目的，加大审计力度，扩大审计范围，增加审计内容，强化财政一般预算、基金预算等执行效果审计，促进财政管理的科学化、精细化，提高财政资金综合绩效。从培育和壮大财源、完善全口径预算管理、盘活存量资金、加强资金管理等方面提出切实可行的审计建议，形成的财政预算执行情况审计综合报告在县政府网站进行公开公示。

**【经济责任审计】** 以加快政府职能转变、工作作风转变和完善体制机制为目标，开展领导干部经济责任审计，促进领导干部依法行权、履职尽责，确保政令畅通。年初，召开县领导干部经济责任审计联席会议，听取2016年度全县领导干部经济责任审计情况汇报，审议通过2017年度经济责任审计工作计划。全年完成县卫计局、城管局、龙下灌区管理局、人民医院、文广新旅局、畜牧水产局、洣江街道办事处、下东街道办事处、桃坑乡、县交通运输局等10个单位主要负责人的任中审计，查出违纪违规问题金额5803.50万元，向县委、人大、政府提交领导干部经济责任审计综合报告。

**【融资平台公司审计】** 为摸清融资平台公司的真实资产、负债、损益情况，融资及资金管理使用情况，内部控制机制建立健全及运行情况，工程项目实施及工程款支付情况，管理费用开支及法人职务消费情况，首次向社会购买服务，按政府采购方式向社会聘请4个中介会计师事务所分别对5个国有融资平台公司进行审计，每个项目县审计局确定一名局领导对口协调，由中介机构独立实施审计，出具审计报告，审计机关召开业务会议把关，形成平台公司综合审计报告提交县委、县人大、县政府管理决策，弥补审计力量严重不足。

**【政府投资审计】** 政府投资审计仍然以工程项目造价审计为主，在财政评审的基础上实行抽审制。2017年抽审165个项目，抽审比例12.18%；其中预算项目抽审50个，抽审金额52000.23万元，审定金额51502.80万元，终审核减金额497.43万元，终审核减比例0.96%；结算项目抽审115个，抽审金额36762.31万元，审定金额36613.81万元，终审核减金额148.50万元，终审核减比例0.41%。预结算项目终审共核减金额645.93万元。

**【专项资金审计】** 围绕“稳增长、促改革、调结构、惠民生、防风险”一系列政策措施，结合茶陵实际，对政策措施贯彻实施情况，专项资金的归集、分配、管理和使用情况进行审计，揭示在资金分配管理使用中存在的问题，促进规范管理，确保惠民政策得到落实，维护人民群众根本利益。开展2016年度扶贫整合涉农专项资金使用情况审计调查，根据市审计局的统一安排对醴陵市2017年度城镇保障性安居工程跟踪审计，对除医疗保险资金以外的劳动社会保障资金进行审计，协助配合省审计厅完成扶贫专项资金和政府性债务的审计。在审计过程中，重点关注资金分配、拨付、管理和使用情况，对查出的问题，分析产生的原因，提出改进建议，督促被审计单位做到专款专用，提高资金使用效益。

**【审计信息化管理】** 实行OA无纸化办公管理系统，所有的行政公文、业务公文以及外来文件都在OA管理系统中进行流转。2017年在OA中流转公文138篇。开展计算机审计，所有的审计项目都采用OA审计系统进行现场审计，年初将审计项目计划在OA办公系统中统一编制，方便审计组在开展审计时下载审计项目数据包。发挥计算机对大型数据的分析功能，利用计算机对人民医院、房产局等单位业务数据进行审计分析比对，提高审计效率。

**【审计宣传】** 将宣传《中华人民共和国审计法》《国务院关于加强审计工作的意见》等作为列入审计进点会、审计报告征求意见会、审计回访座谈会等的一个重要议程进行宣传。免费向全县行政企事业单位赠送2017年度的《审计财经法规选编》《中国审计》《中国审计报》等报刊杂志，增强各界审计监督意识，促进单位加强财务管理，规范会计行为。

**【脱贫攻坚】** 派出工作队驻虎踞镇西屏村开展脱贫攻坚驻村帮扶工作。局机关干部与西屏村118户贫困户进行结对帮扶，并经常对特困户、老年人等进行走访慰问，发放慰问金4万余元。2017年为西屏村筹集各类建设资金31.7万元，建立村级卫生室并置办医疗设施，对黄泥祠堂至西屏铁甲组、向仁组至小水桐山组的道路进行水泥硬化。

（撰稿：罗玉萍　审稿：谭龙武）

## 人力资源和社会保障管理

**【概况】** 茶陵县人力资源和社会保障局（下称人社局）为县人民政府工作部门，下辖8个二级机构，分别为社会保险管理局、城乡居民医保管理服务中心（含原医疗保险局和原新型农村合作医疗管理委员会办公室）、劳动就业管理局、城乡居民养老保险局、人力资源服务中心、劳动保障监察大队、考试培训中心、劳动人事争议仲裁院；内设办公室（政工股）、计划财务股、法规和行政审批股、专业技术人员管理股、事业单位人事管理股、工资福利股（退休人员管理办公室）、公务员管理办公室、基金监督股、网络信息中心9个股室。有干部职工182人。其中：在编在岗干部职工118人（含乡镇劳保站工作人员29人），离退休人员43人，临聘人员21人。

**【脱贫攻坚】** 人社局作为涉及医疗保险、就业保障等重要帮扶政策和帮扶措施的制定和推进者，承担着重要的政府帮扶职能，举全局之力投入脱贫攻坚战。一是精准识别促就业。劳务协作脱贫、贫困劳动力转移就业、“两后生”培训、贫困劳动力素质提升培训是省市对县政绩考核四个指标。⑴“进村入户”摸清底数。建立“稳岗清单”“任务清单”“责任清单”三个清单，通过采取逐户逐人的方式进行摸查，完成全县14185个贫困劳动力的数据采集和录入工作，100%完成任务。⑵“因地制宜”开展培训。从实际出发制订培训方案，通过普惠性职业技能培训，提高贫困户的劳动技能。人社局会同市5家“就业扶贫爱心培训机构”开展就业扶贫爱心培训，共培训285人；开展“两后生”培训90人，占目标任务90人的100%；开展贫困劳动力素质提升培训1058人，占目标任务400人的264.5%。⑶“量体裁衣”开发岗位。共举办扶贫大型招聘会两场，邀请中国中车、蓝思科技、比亚迪、吉利汽车等全国著名的企业提供就业岗位13000多个，现场达成求职意愿450余人。全年共完成贫困劳动力转移就业1466人，占年任务1400人的104.7%；对有劳动能力和就业愿望的就业困难贫困劳动力采取托底安置办法，提供公益性岗位援助，实施“一村一岗位”工程，为全县327个零就业家庭（贫困村2人）提供为期三年的保洁类公益性岗位，累计将为327个零就业家庭增收1506.8万元。把贫困劳动力创业纳入创业小额担保贷款扶持范围，全县累计扶持贫困劳动力创业115人，放贷金额807万元。⑷“筑巢引凤”对口安置。针对劳务协作系统中已经就业的8516人，县政府制定《茶陵县精准就业扶贫爱心企业评选办法》，对接收贫困劳动力就业的本地企业，通过授予荣誉称号、发放一次性以奖代补资金等方式，促进企业稳定现有贫困劳动力就业，吸纳更多贫困劳动力就业。推荐5家企业成功入选市“就业扶贫爱心企业”，实现有就业愿望的贫困劳动力与爱心企业对口安置。二是精准施策强保障。按照“全民参保、应保尽保”原则，建立起全覆盖、多层次、深维度的医疗保障体系。⑴织牢基本医保参保“兜底网”。全县所有建档立卡贫困人口都参加了城乡居民医保和大病医疗保险，参保率100%。⑵织牢医保补偿“升级网”。将建档立卡贫困户在慢性病门诊和在二级以上的定点医疗机构住院的可报医疗费用报销比例，在现有补偿政策基础上提高10%。2017年基本医疗补偿21496人次，同比增加4761人次；补助金额7771.20万元，同比增加2280.61万元，提高10%增加补偿金额716.13万元。建档立卡贫困户参保的个人费用全部由财政扶贫专项资金支付，实现了贫困人口医保费用100%全额补助。2017年全县贫困人口个人缴费财政专项补助支付金额1045.5万元，补贴人口86142人。实行农村五保户在县域定点医疗机构住院基本医疗费用全额减免和低保对象起付线全免政策，低保对象在县外县级及以上级别定点医院起付线较同级别医院下降300元。⑶织牢重特大疾病救治“优惠网”。将所有建档立卡贫困户人员大病保险起付线降低50%。2017年大病保险赔付人数624人次，同比增加290人，赔付金额418万元，同比增加244.02万元。将24个病种（组）全部纳入全县新农合重大疾病救治保障范畴。全年重大疾病救治人数为2083人次，补偿金额1834.18万元；其中住院1318人次，补偿金额901.28万元；门诊透析765人次，补偿金额932.90万元。三是精准发力抓帮扶。制定脱贫攻坚时间表、路线图、责任书，对标对表、挂图作战，凝心聚力抓好单位自身帮扶点上的帮扶工作。人社局与虎踞镇茶干村、银湖村、狮江村，以及界首镇界市村结对帮扶，共派驻驻村工作队4个，工作队员8人；安排结对帮扶干部83人，结对帮扶贫困户共计245户。通过制定脱贫攻坚问责办法，对履职不到位、群众不满意、严重违反工作纪律的驻村干部，实行召回，并取消年度考核评先评优资格。编辑人社惠民政策“口袋书”10000余册、宣传画2000余份，发放到贫困户手中，提高贫困户对惠民政策的知晓率。落实帮扶资金、慰问资金27万余元，帮助结对村夯实基础设施建设、发展支柱产业、解决实际困难。

**【就业创业】** 坚持以市场导向，结合脱贫攻坚，开展以扶贫培训为主线，汽车驾驶员、保育员等为辅助的技能培训，全年培训1968人。强化就业见习基地建设，开发就业见习岗位，做到高校毕业生就业服务率100%、就业准备率100%、就业跟踪回访率100%。强化政策宣传力度，精简办事流程，全年发放小额担保贷款1357万余元，创业带动就业1429人。推荐9名个体工商户成功申报市“100创优”工程和省创新创业示范典型。健全公共就业创业服务体系，加快湖口镇、舲舫乡等12个乡镇劳保站的提质改造工作，完善230个行政村农民工综合服务所建设，县乡村三级就业创业服务网络基本形成。

**【社会保障】** 全县社会保险参保总数达101.15万人次，共筹集各项社保基金84921.9万元，支付各项社保待遇100147.6万元，各项待遇按时足额支付到位。向上级财政争资33635.6万元，减轻县财政兜底负担。创新缴费模式，城乡居民养老保险参保缴费已全部实现手机缴费；全面开通职工医保全国跨省异地联网结算，方便了异地安置退休人员和转外住院人员异地住院费用结算；深入实施全民参保登记计划，全县参保登记工作入户调查率超过90%，系统录入率达100%，超市局目标任务5个百分点。

**【劳动者合法权益维护】** 坚持专项执法与日常监督相结合，努力将劳动纠纷化解在早、在小、在苗头，全年共调解劳资纠纷65起，依法为农民工追讨工资400余万元；建立疑难案件集体协商制度，邀请律师、法官等专业人士参与讨论，已办理工伤案件162起；建立健全快立、快调、快审、快结制度，依法办理劳动仲裁案件57起。

**【人事人才】** 完成14名退役士官及1名军转干部的安置工作，军转安置工作平稳可控。坚持凡进必考原则，把好组织领导、招聘程序、社会监督“三关”，公开、公平、公正选拔人才，人事考试安全运行，全年考录公务员33人；为教育系统招聘县直中学教师56人，面向社会公开招聘教师68人；公开招聘事业单位工作人员51人。加强专业技术人员管理，全年申报高级专业技术职称147人。按照“统一项目、统一标准、统一资金来源、统一发放办法”的要求，调整公务员规范津贴标准及事业单位绩效工资水平，让机关事业单位人员共享改革发展成果。

（撰稿：陈 勇 审稿：刘文平）

## 国土资源管理

【概况】 茶陵县国土资源局为县人民政府工作部门，内设11个股室，下设9个直属事业单位和7个中心所，有干部职工177人，其中临聘人员64人。主要负责全县18个乡镇（街道、办事处）的土地、矿产等自然资源规划、管理、保护、合理利用等工作。2017年，茶陵县国土资源执法监察大队被国土资源部授予“全国国土资源执法监察工作先进集体”荣誉称号；县国土资源局获全省“永久基本农田划定工作表现突出单位”，省、市国土资源系统“信访维稳工作先进集体”，全市“抗洪救灾先进集体”等荣誉，连续三年荣获“株洲市国土资源系统先进集体”，被推荐为市文明单位；湖口中心所荣获省国土资源厅“全省依法办事示范窗口单位”荣誉称号。

【保障发展】 全力保障用地需求。完成土地利用总体规划调整完善工作，拓展建设用地空间。结合县域经济发展情况制定2017年度建设用地报批计划，全年上报建设用地24宗，面积228.6公顷（3429亩）；批回建设用地13宗，面积112.6公顷（1689亩）。稳定土地出让收入。应对土地市场形势变化，科学编制土地供应计划，全年出让土地17宗，面积48.82公顷，实现土地出让入库收入3.76亿元。主动做好项目服务。完成48个征地拆迁项目任务，征地总面积204.5公顷，兑现补偿款9753.4万元。

【保护资源】 严格耕地管控。贯彻执行最严格的耕地保护制度，全县实现耕地保有量40021公顷（60万亩），永久基本农田保护面积33340公顷(50万亩)。2017年，实施高标准农田建设项目2个，总投资7949.73万元，建成高标准农田3550.78公顷；完成土地开发项目4个，总投资448.69万元，新增耕地31.15公顷，连续18年实现耕地占补平衡。严格矿政管理。第三轮矿产资源总体规划全面对接生态保护红线，成果已获省国土资源厅批复；抓好国家环保督察自查整改，责令停产整改企业2家；推进去产能工作，关闭退出矿山企业4家，保有采矿权71个。严格执法监察。保持对国土资源违法行为“零容忍、严打击”的高压态势，全年组织开展土地矿山巡查152次，矿山打非治违行动20次，查处违法案件13宗，收缴罚没款38.9万元，拆除违法建筑物面积6546平方米，没收非法建筑物2.88万平方米；完成2016年度国家土地矿产执法卫片监察工作，实现“零问责、零约谈”目标。

【服务民生】 解决群众居住用地问题。将10个易地扶贫搬迁集中安置点纳入土地利用总体规划调整范围，办理分散安置户建房用地手续629户，用地总面积5.88万平方米；审批农村村民占耕地建房1719户、重点工程安置524户。有效回应社会关注。全年接待群众来信来访35起，回复、处理率100%；调解土地纠纷16起，应诉行政诉讼案件13起；解决部分地籍登记、征地拆迁等历史遗留问题。实施脱贫攻坚项目。争取上级帮扶项目5个、总投资1000余万元，配套支持帮扶资金145万元；把地质灾害防治作为“生命工程”来抓，紧盯全县431处地质灾害隐患点、36处重点隐患点，完成应急处置项目56个，实施腰潞田土、下东官铺等地质灾害综合治理项目9个，总投资1254.8万元，维护群众生命财产安全。

【改革创新】 落实土地变更调查与遥感监测任务，联合县统计局发布《关于茶陵县2016年度土地变更调查主要数据成果的公报》，并完成2017年度共412个监测图斑的外业调查。推进农村集体土地所有权确权登记发证工作，全域推进不动产统一登记。完成林业、房产等部门的电子和纸质档案移交工作，完成7个中心所便民服务中心、标准化档案室建设，推进不动产登记窗口服务向乡镇延伸，实现全县各乡镇（街道）农村宅基地不动产登记发证。2017年，办理不动产登记业务15693宗，其中颁发证书、证明10197本（份），审批集体土地5496宗。用好用活国家和省市对集中连片特困地区的特殊支持政策，实施增减挂钩项目2883亩，总投资1.46亿元，签订节余指标流转意向协议2份，实现指标交易收入8000万元。

（撰稿：曹腾飞　审稿：王　素）

## 安全生产与监督管理

【概况】茶陵县安全生产监督管理局为县人民政府工作部门，内设办公室（行政审批股）、财务股、政策法规股（综合协调股）、煤炭安全监督管理股、非煤矿山安全监督管理股、烟花爆竹安全监督管理股、危化和行业安全监督管理股（职业安全健康监管股）7个职能股（室），下辖茶陵县安全生产执法大队1个直属单位，在编工作人员24名。2017年，茶陵县安全生产形势总体保持稳定，全年发生各类伤亡事故165起，死亡33人，受伤131人，直接经济损151.37万元。其中，生产经营性道路交通事故15起、死亡7人，非生产经营性道路交通事故75起、死亡24人，煤矿行业事故1起、死亡1人，河道采砂行业事故1起、死亡1人以及消防火灾领域73起、死亡0人。县安监局荣获2017年度县文明建设先进单位、县安全生产工作先进单位、县计划生育工作优秀单位、县企业帮扶先进单位等称号。

【安委会组织建设】调整县安委会成员单位，县长担任安委会主任，常务副县长分管安全生产工作，强化安委会的综合协调职能。印发《茶陵县委县政府领导安全生产责任清单》，细化落实党委和政府的领导责任。县委先后2次召开常委会议、县政府先后4次召开常务会议专题听取安全生产工作汇报，研究解决全县安全生产中存在的重点难点问题。县政府召开全县安全生产工作大会2次，县安委会召开安全生产工作例会3次，专门安排部署安全生产工作。“十九大”“两节”“两会”、春运、汛期、高温等特护期间，县委、县政府主要领导深入乡镇（街道）和企业一线带队检查指导安全生产工作，确保全县特护期间的安全稳定。

【安全生产机制建设】年初，各乡镇（街道）、县安委成员单位、重点企业与县政府签订安全生产责任状。将安全生产责任按照“党政同责、一岗双责”和“三个必须”的要求层层分解落实到各乡镇（街道）、各部门和各生产经营单位。制定安全生产考核办法，对安全生产工作实行每季度一考核和年终总考核，同时将安全生产工作纳入县政绩考核、精神文明建设、社会综治考核内容，严格实行“一票否决”。乡镇（街道）和安委会成员单位继续实行安全生产责任保证金制度。县财政安排季度考核奖励资金20.8万元，对每季度考核排在前3名的乡镇（街道）和前4名的安委会成员单位实行奖励。4月1日县政府召开全县安全生产工作会议，全面落实企业主体责任。一是推动企业主体责任“六到位”。采取“四不两直”方式，加强明察暗访、计划执法和“双随机”抽查的执法措施，切实督促企业履行主体责任，依法生产经营，强化安全管理，足额提取安全生产费用，组织开展安全生产教育和培训，加强隐患自查自改，开展应急规范化建设。二是完善排查治理安全隐患常态机制。推进安全生产诚信体系建设，建立严管严查累计扣分机制，对企业迟报、漏报、瞒报、虚报、拒报等违规行为实行扣分，累计扣分达到一定数量的列入安全生产不良记录“黑名单”。三是推行烟花爆竹行业约谈制度。凡是在日常检查、专项检查、行政计划执法中发现存在重大安全隐患的烟花爆竹企业，对该企业主要负责人进行约谈，并实行累积处罚制，凡约谈三次以上，将列为重点监管单位，实行重点监管，督促企业消除安全隐患。

【安全生产专项整治】一是开展洮水水库水上交通安全整治行动。由县政府办牵头，县交通运输局、公安局、安监局、洮水水库管理局、桃坑乡政府等十余家单位联合开展了洮水水库水上交通安全集中整治行动，打击各类非法船、排共计200余艘。二是开展烟花爆竹经营专项整治及“打非清剿”行动。县安监局、公安局、食品药品工商质量监督管理局、交通局等多部门联合开展烟花爆竹零售经营市场专项整治及“打非清剿”行动，重点打击超量储存大户，整治期间共出动执法人员160人次，执法车辆96台次，检查经营户210家，取缔不符合条件的烟花经营户5家，收缴各类非法经营的烟花爆竹价值约20万元，行政拘留3人。11月24日，将所有收缴的烟花爆竹进行了集中销毁。三是继续深入推进工贸行业企业有限空间、粉尘防爆、液氨制冷等安全生产专项整治行动。共检查三类工贸企业18家，排查隐患78条，对其中2家存在违法违规行为的企业罚款1万元。四是开展职业卫生“三同时”专项检查。由县安监局牵头，经科、发改、住建等多部门协调联动，摸排掌握可能产生或存在职业病危害的新、改、扩建建设项目分布情况，并通过强化宣传、组织集中培训、行政执法等手段，督促指导相关企业开展职业卫生“三同时”工作。五是开展道路交通“三治三保”。县政府成立道路交通“三治三保”工作领导小组，拨付专项资金200余万元，从相关单位共抽调61人组建“三治三保”联合执法大队，开展“三治”（治超、治非、治乱）工作，有力保护和改善道路交通条件，保障人民群众出行安全。

**【安全生产大检查】** 在中共十九大胜利召开期间，茶陵全面开展安全生产大检查。一是突出落实安全责任。把抓好监管部门的监管责任和企业主体责任作为工作重点，把领导干部带队检查安全生产作为工作的突破口，通过监管部门倒逼企业落实隐患自查自改，推进安全生产事故隐患排查整治常态化、制度化和规范化。二是推进“一单四制”。县安委办根据各乡镇（街道）、各部门报送的重大事故隐患清单，实行交办制、台帐制、销号制、通报制管理。挂牌督办重大事故隐患42处，已整改到位23处，确保重大事故隐患治理任务不落实不放过、隐患不消除不销号，形成工作闭环。三是开展高危行业企业安全体检工作。组织开展非煤矿山、煤矿、危险化学品和工贸企业安全体检工作，共检查企业29家，排查安全隐患380余条。四是强化监督检查。7至11月，组织检查组53个，614人次参加检查，监督检查企事业单位和场所317次，责令改正、限期整改、停止违法行为114起，打击严重违法违规行为10起，责令停产整顿26家，暂扣或吊销许可证照2家，行政处罚罚款58万元。

**【安全生产宣教活动】** 围绕“企业安全生产主体责任年活动主题”，广泛开展“安全生产月”活动。活动期间共发放安全生产宣传资料2万余份，接待群众咨询1万余人次；安监、教育、气象、消防、公安、交通等部门利用短信平台发送安全生产宣传短信7000余条，以增强全民安全生产意识；在县电视台开辟安全生产宣传专栏，专题报道安全生产事迹和播放警示教育片；邀请专家教授在紫荆花大会议室举办“落实企业主体责任年专题培训”，全县各行业共计300多人参加培训；在县犀城广场开展“6·16”集中咨询日活动，宣传安全常识；县教育局开展安全知识进校园活动，组织学生开展安全知识竞赛；各部门开展企业员工教育培训专项执法检查，督促监管行业企业落实企业员工三个第一课；县城以及乡镇重点路段设置安全生产宣传牌和电子宣传屏，用电子宣传屏持续播放安全生产宣传教育片等，通过各种形式广泛宣传安全生产法律法规，在全社会营造“关爱生命、关注安全”的良好氛围。

**【“三大百日行动”】** 攸县黄丰桥镇吉林桥煤矿“5·7”气体中毒事故后，5月9日县委、县政府召开全县安全生产紧急动员大会，学习贯彻杜家毫书记、许达哲省长关于攸县黄丰桥镇吉林桥煤矿“5·7”气体中毒事故指示批示精神，吸取事故教训。一是下发《关于在全县开展安全生产大排查大整治的紧急通知》，对全县安全生产大排查大整治工作进行安排部署。二是开展安全生产巡查。开展“三大百日行动”，由县安委办牵头，会同县政府办对各乡镇（街道）、各部门安全生产工作进行巡查，督促各单位履行安全生产监管职责，整治交办的安全隐患，并对督查情况予以通报。百日行动期间，全县组织（包括日常、集中、联合、专项等）执法活动142次，出动执法人员1541人次，检查生产经营单位813家，下达执法文书607份，立案调查22起，下达行政处罚决定书27份，经济处罚31.5万元。排查安全隐患1326处，挂牌督办3处，行政拘留6人。

**【烟花煤炭落后产能关闭退出工作】** 一是按期完成烟花爆竹生产企业关闭退出任务。召开县政府常务会议，专题研究落实烟花爆竹整顿关闭退出工作。成立常务副县长任组长的领导小组，制定《茶陵县落后烟花爆竹生产企业整顿治理和关闭退出工作总体方案》，对整顿治理和关闭退出工作进行了整体规划部署。7家烟花爆竹生产企业顺利通过市联合验收小组现场验收，茶陵县烟花爆竹生产企业完成整体退出任务。二是有序开展落后小煤矿关退工作。元王鸭坪里煤矿于年初关闭到位，星丰煤矿主动申请兼并重组至人民煤矿。

（撰稿：谭世明　审稿：张友清）

## 食品药品工商质量监督管理

【概况】 2015年11月，将原食药监局、工商局、质监局、食安办四个单位合并组建“茶陵县市场和质量监督管理局”，加挂“县食品药品监督管理局”和“县食品安全委员会办公室”2块牌子。2017年2月，更名为“茶陵县食品药品工商质量监督管理局”，仍加挂茶陵县食品安全委员会办公室牌子，为县人民政府工作部门。

【食品药品监管】 一是加大食品药品许可管理力度。从严规范许可受理审批工作，严格审查许可登记的申请材料、现场环境和设备，对一些食品药品安全管理制度落实不到位、经营场所环境卫生差、从业人员安全意识淡薄的单位，坚决督促整改，直至申请材料与现场同时规范达标。2017年，新办食品经营许可证1455个，变更10个；新发放食品生产许可证10家，延续换证4家，新办食品小作坊证4个；完成药品许可事项14件，其中新开办4家，变更30家；完成器械许可事项3件，办理器械备案14件。二是抓好食品专项整治。开展生产环节食品专项检查和整治行动，以桶装饮用水、米粉、大米、酱腌菜等食品为重点，检查大米企业11家，桶装饮用水生产厂8家，酱腌菜企业、小作坊6家，米粉小作坊9家，下达责令改正通知书25份，约谈食品生产企业6家，督促其完善生产条件，按要求完成整改；开展学校及校园周边食品安全“护苗”行动，检查各类食品经营户343家，下达责令改正通知书50份，督促办理、变更食品经营许可证60家，抄告无办学许可托幼机构34家；开展网络食品安全“清网行动”，检查入网食品经营者58家,其中食品销售8家，餐饮服务50家。立案查处各类食品违法案件101起。 抓好重大时间节点食品药品安全工作,为“两节”“两会”、高考、“祖庵家菜美食节”、纪念茶陵县工农兵政府成立90周年等重大活动提供保障。全年未发生一起食品药品安全事故。三是强化药品、保健食品及医疗器械监管。配合市局对株洲市康圣堂药业有限公司及茶陵县兴龙气体有限公司开展GMP认证跟踪检查，对检查存在的缺陷项整改情况进行现场复查。制定实施县GSP推进工作方案，全县6家药品批发企业均已达到GSP要求。开展保健食品及医疗器械非法体验店“护老”专项整治、化妆品“护美”行动、医疗器械专项整治，立案查处各类药品、保健食品、医疗器械违法案件48起。上报药品不良反应266份，医疗器械不良反应22份，茶陵县医疗机构、零售药店、乡镇卫生院均已设置ADR网上录入端口，全县21家乡镇卫生院无零上报现象。四是加大食品监督抽检力度。完成食用油、米粉、糕点、黄酒等食品委托检验32批次；配合市局对茶陵县6家桶装水生产企业、9家大米厂家、4家食品生产厂家进行了抽检，检验结果均为合格；开展食品检验检测，抽检643批次（包括食用农产品240批次），将检测结果予以公示；对于省、市交办的9个批次不合格食品，全部核查处置完毕。加强检验检测能力建设，在10个监管所设立食品快检室。五是开展示范创建工作。对全县所有的食品生产经营行为进行安全监管“责任网格化、检查格式化、监管痕迹化”，完成规范化建设2200余户；推进“食品安全示范街”创建工作，将云阳街道办事处东阳街作为创建街道；开展餐饮量化分级和“明厨亮灶”，将城区所有餐饮单位及乡镇所有学校食堂进行量化分级管理，建成6家“明厨亮灶”示范点，完成10家放心早餐示范店创建。

【商事登记制度改革】 实施“五证合一”“一照一码”商事登记制度，申请人通过“一表填报、一窗受理、一次告知、一证发放”，跑一个部门、提交一份材料，7个工作日内可领取营业执照，简化行政审批程序，提高市场服务效率。新发展各类市场主体2164户，其中个体1644户，内资企业520户，农民专业合作社170户。全县实有各类市场主体20497户，其中个体工商户16943户，内资企业2699户，农民专业合作社855户。强化“宽进”后的“严管”，加强事中事后监管。有序推进企业年报公示工作，全县综合年报率达91.84%；启动“双随机一公开”抽查程序，建立执法人员库，全局79名执法人员入库随机开展执法检查；加强经营异常名录管理，全县共有252户企业、48户农民专业合作社被列入企业经营异常名录，对1106户个体工商户进行异常经营标注，173户市场主体移出经营异常名录，其中企业112户，农专9户，个体52户；牵头开展全县38家涉企信息统一归集工作，为促进协同监管和联合惩戒打下基础。

【品牌创建和质量标准化】 一是强化商标品牌培育。结合“4·26”世界知识产权日，召集驰名、著名及地理标志证明商标企业负责人进行集中座谈，在电视台制作一期知识产权宣传特辑，在县三大广场开展现场咨询，通过一系列活动加大商标宣传力度，鼓励企业树立品牌意识。开展地理标志证明商标工作，指导茶陵黄牛养殖协会、茶陵大蒜生姜协会加强地理标志商标的运用、保护和管理，提高地理标志商标的知名度及使用率。湖南巨龙生态种养农民专业合作社已加入茶陵黄牛养殖协会，产品使用“茶陵黄牛”地理标志商标。把“茶陵生姜”列为申报地理标志证明商标储备库，进行培育和申报。全县商标有效注册量1202件，其中驰名商标1件（“贵派”电器），著名商标3件（“炎陵牌”茶叶、“好恰”茶油、“春程”门业），地理标志证明商标2件(茶陵黄牛、茶陵大蒜)。2017年新申请商标118件。二是开展质量强县工作。落实“质量强县”牵头单位职责，组织开展“3·15”消费者权益日、质量月、安全生产月等宣传活动；加强质量管理，开展“质量提升”活动，鼓励省名牌企业、县20强企业导入《卓越绩效评价准则》；实施品牌发展战略，实行全过程帮办服务,共推荐申报、复评省名牌4个，市名牌2个。全县有湖南名牌6个（贵派电器、春程门业、好恰油厂、深港服饰、金田锌业等），株洲名牌21个（华盛陶瓷、勇光玻璃、兴博食品厂等），株洲市市长质量管理奖1个（贵派电器）。三是实施标准化战略。帮助企业制订企业标准72个，修订湖南省地方标准2个,采用国际标准3项，创建湖南省“标准化良好行为企业”1个。部署实施现代农业标准化试点工作，茶陵县万樟园林成功创建国家级农业标准化示范区项目。启动实施企业标准自我声明公开制度，督促、指导4家企业进行公开声明和数据录入。

【消费维权】 拓宽消费维权网络。整合“12331”“12315”“12365”投诉热线平台，成立统一协调、指挥有序的消费投诉举报中心，依托44家“12315”联络站，将“12331”“12365”维权工作触角延伸到基层。全年受理各类投诉举报案件121起。其中“12315”平台投诉73起，市长热线12起，互联网投诉24起，投诉举报案31起，办结率100%，为消费者挽回经济损失30万元，加倍赔偿金额18万元。强化消费维权宣传。以守护食药安全为重点，开展“3·15”消费、“12315”“12331”投诉、“5·12”应急和食品安全宣传周活动，向群众发放《食品药品投诉举报知识手册》《食品药品安全知识100条》《致群众的一封信》等资料共计4000余份，接受群众咨询800余人次，公开销毁处理假劣食品药品33箱件。配合“护老”行动，制作一期打击保健品非法营销的公益宣传片，在县广场显示屏播放；联合县教育局举办学校食品安全监管知识讲座活动，培训学校食品安全管理人员180余人；组织开展《中华人民共和国食品安全法》及“三小”条例宣传，培训食品经营者240余人。开展民生计量行动。对全县20家乡镇、社区医疗服务机构，8家大型集贸市场的计量器具免费开展强制检定，共检定B超机、心电图机、X光机、血压计等医疗计量器具600余台（件），集贸市场计量器具1500余台（件），为企业节省检定费用68万元。开展加油机周期检定，共检定加油站44家，加油机106台，加油枪258个。

【市场监管】 一是做好质量检验。签订委托检验服务协议12份，帮助企业送检产品8批次，受理工业产品委托检验4批次，检验合格率100%。指导企业完善实验室条件，培训实验室检验人员6人次，改进工艺布局和卫生条件7家。做好流通领域商品抽检，抽检黄金首饰产品7批次，装饰板材11批次，水暖器材7批次，消防产品3批次，液化石油气3批次，立案查处不合格商品案件9起。二是规范市场经济秩序。开展“红盾护农”、取缔无照经营、打击商标侵权工商领域三大专项整治，电线电缆、电器商品、建材产品、消防产品等四项“质监利剑”专项行动，食品药品五大集群战役，立案查处各类违法案件217起，结案209起。三是强化特种设备监管。做好特种设备登记，全县登记在册锅炉30台、压力容器99台、电梯557台、起重机械62台、场（厂）内机动车辆4台、气瓶23000余只。开展节日期间安全生产检查、电梯安全、液化石油气、大型游乐设施等各类特种设备专项整治，累计检查特种设备使用单位143家，检查特种设备290台（件），下达安全监察指令书24份，立案4件，结案3起，对违法行为和安全隐患进行有效查处。

【省级"守合同重信用"企业】培育省级"守合同重信用"企业25家，其中建材加工类3家，即茶陵县华峰科技发展有限公司、茶陵县东山石业开发有限公司、株洲华锋钢结构有限公司；物流配送类1家，即茶陵县鸿远食品配送有限责任公司；农业加工类2家，即茶陵县飞鹏竹木业有限公司、湖南省茶陵县土壤肥料公司；建筑类19家，即茶陵县宏厦建筑工程有限公司、湖南一顺建设工程有限公司、湖南伟兴建设工程有限公司、湖南良林建设工程有限公司、湖南宏伟建设工程有限公司、湖南良林建设工程有限公司、湖南华美建设工程有限公司、湖南省云阳建设工程有限公司、茶陵县金大建筑有限责任公司、茶陵盛泰建筑有限公司、湖南仙厦建筑有限责任公司、湖南湘立建设工程有限公司、湖南安顺建设工程有限公司、株洲新洲建筑安装有限责任公司、茶陵县鸿盛建筑工程有限公司、湖南博鸿建筑工程有限责任公司、湖南普天项目管理有限公司、湖南佳邦建设有限公司、茶陵县第二建筑工程有限公司。

（撰稿：段路茜 审稿：陈新民）

## 茶陵县消费者委员会

【概况】2017年，茶陵县消费者委员会受理消费者投诉35件，接受咨询30人次，调解成功率达100%，为消费者挽回经济损失3.5万元。围绕"网络诚信 消费无忧"年主题，开展"3·15"纪念宣传活动，组织20余家职能部门、理事单位县犀城广场开展现场咨询活动，指导消费者辨别商品真假。设立各类咨询展台12个，接受咨询1200余人次，现场受理消费者投诉案件7起，发放宣传资料1500余份。各消委分会投诉站在各自辖区的农贸市场设立投诉咨询台，发放宣传资料2000余份，接受咨询人数2500余人次。学习贯彻《中华人民共和国消费者权益保护法》及《侵害消费者权益行为处罚办法》，开展2次全县消委专干培训，提高队伍素质教育，增强调解水平，为消费者提供优质服务。

（撰稿：段路茜 审稿：陈新民）

## 市场管理服务

【概况】茶陵县市场管理服务中心成立于2001年8月，属正科级自收自支事业单位，2017年6月迁入公园路原人事局办公地址办公。内设办公室、政工股、财务股、业务股、工会等5个股（室），下设云阳、中心、城西、洋岭、湘赣5个市场管理所。现有工作人员56人，其中党政领导3人，一般干部2人，职工46人，退休人员5人。管辖7个专业市场，其中5个有产权市场（中心农贸市场、城西农贸市场、工业品市场大厅、洋岭农贸市场、湘赣大市场）；2个代管市场（摩托家电市场和建材市场）。

【市场建设】投资300万元，完成新建城西农贸市场的室内装修，市场经营环境舒适、设施齐全、布局合理，市场品味得到提升。投资50万元，对其他5个市场的摊位、给排水排污、电力线路、防渗防漏、消防系统进行改造，改善市场基础设施。

【市场开发】启动对新建农副产品批发市场、搬迁干辣椒市场的调研。深入市场走访调查，获取第一手资料；召开经营户座谈会，掌握市场及行业情况；对接农业等相关职能部门，了解全县农产品产销情况；实地考察农副产品批发市场建设选址，协同县政府办、县国土资源局等相关单位完成初步选址。

【市场经营】投入60万元对洋岭农贸市场进行培育，在市场内开展优惠促销活动，让利于民，提振市场人气，巩固培育成效。转变培育理念，引进专业公司对洋岭农贸市场进行整体运营，运用先进管理理念和模式，开拓市场，力求通过3~5年的努力，将洋岭市场做活、做大、做强。

【市场管理】通过向社会购买服务的方式，引进2个专业保洁公司进驻4个农贸市场，推进市场保洁向专业化方向发展。加强经营秩序整治，按照划行归市要求，狠抓市场整治。6~8月，联合工商等部门在中心农贸市场、湘赣市场连续开展三个月集中整治行动，对出摊经营、占道经营、跨行经营、乱摆乱放行为进行整治，对马路市场进行"清场"，引导经营户入市经营。市场环境卫生在改善，经营秩序在规范，顺利通过"创文""创卫"省检复核验收。

**【安全生产】** 完善工作机制，形成一把手统筹抓，分管领导带头抓，各基层所负责人具体抓，安全生产专干专门抓的管理机制，抓好市场安全生产。6月，开展“安全生产宣传月活动”；7月，组织全体工作人员及市场经营户代表开展消防安全知识培训，利用市场LED显示屏、宣传专栏等开展安全生产宣传教育，增强经营户安全意识与防范技能。开展安全生产“三大行动”“打非治违”等行动。领导干部带头，一把手每季度至少到各市场排查4次，分管领导每月至少到市场排查2次，各基层所严格落实“日巡查”“月排查”，建立安全隐患整改台账，跟踪督查督办。2017年，各市场未发生一起重特大安全事故。

**【文明创建】** 完成机关办公楼整体搬迁，加强服务平台建设，改善机关办公条件。加强宣传教育，在办公楼设置宣传栏、文明标语，开设道德讲堂，提高职工道德素养。设置图书室，购买各类图书2000余册，浓厚机关学习氛围。激励体育建身，设置健身室，鼓励职工参加体育锻炼。组队参加2017年全县职工篮球赛，荣获甲级组第四名，并获“道德风尚奖”。开展创建活动，开展“文明餐桌”活动，厉行节约，杜绝浪费，开展无偿献血等学雷锋志愿服务活动。

**【党建工作】** 成立市管中心总支委员会，设立中心农贸市场等三个非公经济组织党支部，将中心市场党员经营户纳入支部管理。加强党员学习教育。推进“两学一做”学习教育制度化、常态化，组织学习中共十九大精神5次。领导带头，开展党员进社区活动，赴云盘社区送党课、送温暖、献爱心，开展实现“微心愿”、志愿者服务等活动。抓好制度落实。落实好“三会一课”制度，每月开展一次主题党日活动，如“红色七月”“党建促脱贫”等主题党日活动，发挥党员干部在各项工作中的先锋带头作用。

**【脱贫攻坚】** 派出3个驻村帮扶工作队共6人，每月驻村20天以上。40余名工作人员参与结对帮扶，开展基础资料整理、贫困户情况核查、政策宣传与落实、送温暖送爱心等工作。聚焦产业发展。与县委办及枧田支村两委合力推进枧田村产业开发，发展光伏发电产业。2017年4月并网发电，装机容量91.52千瓦，每年增加贫困户收入1000元；发展黑山羊养殖产业，建立羊舍2个，成立合作社，共有36户贫困户加入合作社，实现年分红1000元；流转土地500亩建设油桃种植扶贫产业示范园。

（撰稿：陈劲化　谭　腾　审稿：陈　科）

# 工业 科技服务

## 湖南茶陵经济开发区

【概况】 湖南茶陵经济开发区成立于1992年，原名茶陵县云阳经济技术开发区；1994年经省人民政府清理整顿后明确为省级开发区；2006年经国家发改委审核通过为省级经济开发区，并更名为湖南茶陵经济开发区，规划面积4平方千米，2013年在全市园区中率先完成扩区调区工作，规划面积扩至8.46平方千米。开发区位于茶陵县城南部，106国道、320省道、衡炎高速、岳汝高速、泉南高速及衡茶吉铁路穿境而过，紧临衡茶吉铁路客货运站，加上醴茶铁路、茶常高速，地理位置优越，交通物流便捷。开发区设党的工作委员会和开发区管理委员会，为县委、县政府派出机构，合署办公；内设办公室、财税金融科、规划建设科、企业发展科、招商产业科5个科室；下辖利民办事处、开发公司2个实体机构；所辖“一区五园”统计企业178家，获中国驰名商标企业2家（贵派电器、古城香业）。开发区列入省推进新型工业化30个重点调度园区，被中国建筑陶瓷协会授予“承接建筑陶瓷产业转移示范基地”称号。2017年，茶陵经济开发区“一区五园”企业完成技工贸收入165.1亿元，同比增长11%；完成固定资产投资57亿元，同比增长21%；完成规模工业增加值38.4亿元，同比增长9%；完成高新技术产值17.14亿元，同比增长12%；上缴税金6.61亿元，同比增长12.1%。

【招商引资】 派出招商人员常驻上海、深圳招商，签约引进秀益达电子、光宇顺电子、伟仕达电子、林铭科技项目，总投资8亿元。对接深圳茶陵商会进行以商招商，加大深圳生态电子科技园招商力度。协调县政府出台“三免两减”（头三年免租、后两年减半）的标准厂房招商优惠政策，促推标准厂房招商，引进26家企业入驻。园区建筑建材主导产业、电子电器新兴战略产业的集聚效应明显提升，产业发展初现雏形。

【项目建设】 按照“五个一”项目落地机制，制定项目建设责任分解，每个科室负责人对接1个项目，督促项目建设。全年策划包装组织实施基础类、民生类、产业类项目46个，总投资12.6亿元，其中市重点项目9个、县重点项目6个。三园区主干道、一园区提质改造等基础设施项目建设顺利推进，职业中专、工人文化宫、汽车南站等民生工程前期准备工作进展顺利，汇才精加工、九方石业等产业项目落地建设，晶辉电子、琳铭科技实现投产。

【园区配套设施建设】 高标准推进园区提质改造项目，加强园区民生事业建设，保障园区失地农民利益，推动失地农民转型变市民，共享园区发展成果。科学规划孟溪、金星、齐心、桥边安置区建设，稳步推进，分步安置。推进园区学校、市场、休闲广场、村级活动中心等惠民工程建设。加强失地农民业务培训，鼓励园区周边村民到企业上班。做好信访维稳工作，确保园区内不发生影响社会大局的信访突出问题和群体性事件。

【园区服务】 开展“三联三促”（即科室负责人以上每人联系一个重点工程、一个骨干企业、一个产业项目，有力促进园区项目落地、经济发展、社会和谐）帮扶活动，实行“一月一调度、一季一兑现、半年一通报、一年一总结”，全年为项目建设解决实际困难64项。采取多种模式帮扶企业解决资金难题，充分利用株洲市股权交易所，鼓励园区企业Q板上市进行股权融资，已对接联系19家园区企业申报。走IPO上市绿色通道，支持、培育贵派等园区优秀企业上市融资。节假日以及每季度定期对园区企业开展安全检查，发现问题立即整改，确保安全生产无事故；加强企业环保隐患排查治理力度，落实风险防范措施和隐患整改措施，确保企业生产环保达标。

【脱贫攻坚】 开发区是舲舫乡垸井村的驻村帮扶单位，联系腰潞镇碣石村。垸井村有贫困户98户、385人。在垸井村投资60万元建设的光伏发电项目6月底建成发电；瀚森种养合作社种植花生、淮山等农作物400亩；4户特困户全部入住"幸福安居工程"，村卫生室建设完成并投入使用，投资160万元的文化广场全面竣工；开展"爱心助学、大病救助"捐款活动，为贫困大学生、贫困患者捐资3万余元。2017年，垸井村有91户贫困户336个贫困人口实现脱贫。碣石村有贫困户47户，167人。该村成立黑山羊养殖专业合作社，养黑山羊近200头；引进浙江老板扩种茶叶400亩；40千瓦的光伏发电站于6月底建成发电；开展"金秋助学"行动，为贫困户贫困学生捐款2万余元；与交通部门对接，投资600万元，拓宽并水泥硬化碣石至虎踞银丰的村主干道4.5千米，实现组组通水泥路的目标。

（撰稿：彭锋　柳杨　审稿：王友义）

## 园区企业选介

【湖南省春程不锈钢有限公司】
湖南省春程不锈钢有限公司是一家集专业设计、生产、销售、安装和售后服务于一体的不锈钢门业生产企业，主营不锈钢防盗门、非标门、铜门、仿铜门、伸缩门、高档罗马柱门，不锈钢门花，板材，管材，厨柜等不锈钢产品。公司拥有一万多平方米的现代化标准厂房，具有一套国内先进水平的生产设备，其产品以新颖的设计、精湛的工艺、稳定可靠的质量、优越的防盗功能、合理的价格和优质的售后服务占领广大市场，深受广大经销商和用户的一致好评。公司自1996年成立以来，坚持"以质量求生存、以管理求效益、以创新求发展"的信念，在发展的道路上，始终秉承"质量第一、诚信为本、顾客至上"的经营理念，引进和吸收了国内部分不锈钢门业设计、生产的精华，独立自主的研发一系列具有"春程"品牌特色的门业产品，获湖南省著名商标。

【株洲康圣堂药业有限公司】 株洲康圣堂药业有限公司始建于2003年，是通过招商引资，在原茶陵制药厂基础上通过股份改造、重新注册成立的民营股份制企业。株洲康圣堂药业有限公司是一家高速发展的包含药品生产、药品经营、药物研发、中药材种植的新型综合性药品生产企业，公司生产基地于2005年通过GMP认证，是湖南省认定的绿色企业和高科技企业。2013年，为了加强企业发展后劲和市场竞争能力，公司通过增资扩股和股份重组方式整合医药行业及资本市场的优质资源。公司股份重组完成后，注册资本达到5000万元，固定资产规模达到2亿元。公司生产的主要品种为骨伤科用药、消化系统用药、风湿用药、内分泌用药、增加白细胞及补益类用药五大类别，主要产品剂型有搽剂、酊剂、口服液、酒剂，其中雪上花搽剂、玄芪口服液为全国独家产品、藿香正气水、雪上花搽剂为湖南省医保产品，酒类产品主要有舒筋风湿酒、风湿酒、三蛇药酒、复方天麻益阴酒、三鞭酒等。

【湖南茶陵县富盛针织有限公司】
湖南茶陵县富盛针织有限公司总部坐落于湖南省茶陵县经济开发区一园区，是一个集针织服装设计、生产、出口、销售于一体的现代化企业，是农民工创新创业的基地。该公司创办于2001年，占地面积20亩，总建筑面积9000多平方米，下设五个分厂，有员工500多人，总资产9000万元。公司设有行政部、党支部、工会、设计部、电机部、前整部、后整部及包装部，拥有完整的毛衣生产线和生产工序，年产量200多万件。公司依托当地丰富的劳动力资源和投资环境，经营团队通过与客户的长期合作，把握国际针织产业优势，以强大的设计研发力量为后盾，集多年的针织毛衣制造经验，引入欧洲、日本及台湾先进的针织生产设备，投资3000万元购买200台全自动电脑编织机。公司注重开发富有特色的系列产品，享有自主进出口经营权，凭借先进的生产设备、精湛的生产工艺、严格的品质管理，通过不断地努力和创新，产品出口至美国、加拿大、日本、俄罗斯、意大利等发达国家。

【茶陵晶辉电子实业有限公司】 茶陵晶辉电子实业有限公司成立于2016年6月，是一家集设计开发、生产制造、销售服务于一体的专业生产液晶显示器高科技民营企业，注册资金800万元，占地面积40余亩，其中净化车间面积1万多平方米。公司是由茶陵县政府及经济开发区2016年重点招商引进第一家落户三期工业园的现代化高科技电子企业。公司拥有一批长期在液晶显示器行业的一线员工与优秀的行业管理团队，有在职行业精英450余人，且凭借严谨的管理体系，通过ISO 9001：2008质量管理体系认证。公司主要产品有液晶显示屏（LCD）、液晶显示模块（LCM），产品服务网络覆盖全国，同时拓展海外市场，产品远销日本、中东、欧洲、美洲、澳大利亚等多个国家与地区。

（撰稿：彭　锋　柳　杨　审稿：王友义）

## 投资开发经营

【概况】 茶陵经济开发区经营开发有限公司成立于2007年6月，公司注册资本14350万元。属国有独资企业，设董事会和监事会，内设综合管理部、财务融资部、工程建设部、资产经营部、征拆协调部等五个部门，现有员工34人。2017年，公司筹集资金3.8017亿元；完成固定资产投资2.29亿元；完成税收上缴4626万元，比目标任务净增2226万元；公司总资产42.64亿元，负债28.64亿元，净资产14亿元，资产负债率67.17%。

【项目建设】 全年安排项目35项（其中在建项目3个，续建项目8个，新开工项目20个，计划项目4个），投资概算4亿元（含BT项目）。一是抓好省市重点项目。省“135”工程和市“146”工程创新创业园项目8栋标准厂房竣工并投入使用。省重点项目湘赣国际物流园铁路专线签订框架协议和接轨合同，完成可研、立项、红线图、平面图、勘测等工作，获得道路交通运输许可证核准，进入洽谈投资合同签订、实施征地拆迁和土地报批前期工作。省重点项目茶陵县经济开发区污水处理厂和配套管网建设项目于3月正式启动，项目完成规划选址、红线图、平面图、国土预审、可研、环评、立项、清表、征地拆迁及物有所值评价和财政承受能力论证等前期工作，进入公开招投标以确定社会资本方；污水处理厂（一期）项目，于12月底建成并投入使用。市重点项目深圳生态电子园项目完成项目选址、规划设计、一期土方平整测量、红线图、平面图、项目可研、环评等前期工作，已有部分在创新创业园一、二期之内土地报批审批到位，剩余174亩也进入土地报批前期手续办理和一期土地平整工作。二是抓好基础设施建设项目。公司安排道路及配套设施建设资金约2.5亿元，占公司全年总投资计划的62.5%。完成一园区提质改造工程、金孟路和心桥路绿化工程、五号支道工程、创新创业园附属工程、马江工业园主管网安装工程、株洲东路、耒阳东路、工业二路路基等工程，其它项目按预期推进。三是抓好民生工程。完善南站安置小区，启动孟溪安置点项目建设及下东中学门前道路提质改造工程。南站安置小区全面建成投入使用，孟溪安置点启动土地平整，下东中学门前道路提质工程全面完工。县职专项目完成可研、环评、地勘、红线图、平面图、立项、林地报批、规划和建筑设计招投标工作；工会活动中心项目完成项目选址、可研、环评、规划设计、立项，进入实施施工图设计和土地报批前期工作。四是抓好产业项目。启动强强陶瓷（二期）、湘东现代农业园（一期）、港盛针织、晶辉电子、东晟床具、卓帝制品等项目落地。

【项目要素】 一是做好土地经营文章。公司自组建后，将土地收储作为工作的重中之重。2017年，投入15830万元报批18个项目，用地1583.22亩（工业用地），因受国家土规调整及耕地指标限制影响，导致报批资料虽已递交，但尚未批回土地。二是做好融资工作。包装策划“茶陵南站新区新型城镇化建设项目”，对接农发行融资5.8亿元，是年到账8000万元；包装策划“茶陵南站新区基础设施项目”，对接长沙银行融资2亿元，全部到位；包装策划“茶陵县城南污水处理厂和配套管网项目”，对接建设银行融资1.7亿元，到账1亿元；通过省市专项补助、奖励，向上争资

1017.78 万元。三是做好征地拆迁工作。配合县征拆办和利民办事处及其他周边被征地乡镇，按照“先安置、后拆迁”的原则实施征拆工作。投入 2000 万元，完成征地 452.182 亩，拆迁房屋 14 栋。

【项目管理】 把项目入口。着重从项目的规划、可研、初设、技施阶段抓起，执行“项目法人制、招投标制、工程监理制、合同制”等制度，并加强监督检查，对不符合四项制度要求的建设项目不允许开工。符合招投标规定的项目，依法进行招投标，抵制人情工程、打招呼工程。抓工程调度。每周召集工程负责人、监理人员召开工程项目调度会，为施工单位排忧解难，全力推动工程项目顺利施工。注重班子建设。在“七个一”上下足功夫，即（树立一种规矩意识，发扬一种团队精神，规范一些规章制度，获得一份相互信任，理顺一些工作关系，坚守一条廉洁底线，培育一种企业文化），加强业务培训及廉政作风建设，当好园区项目建设的服务兵、先锋队、生力军。抓资本运营。公司成立全资子公司——茶陵经济开发区企业服务公司，通过子公司运作，搞好资产经营维护、安全保卫、环境卫生、物业管理等工作，避免资产闲置，实现国有资产收益最大化。

【脱贫攻坚】 结对帮扶非贫困村——马江镇文江村。公司提供 30 万余元资金，支持文江村村道和危桥改造及产业扶持，解决贫困户就业人数 100 多人，劳务输出 10 人，实现贫困人口逐步减少，农村基础设施建设、群众生产生活条件得到明显改善，群众生活质量显著提高。2017 年，文江村脱贫 47 户，202 人。

（撰稿：刘晓晚　审稿：罗四海）

## 龙下工业园区

【概况】 茶陵县龙下灌区管理局（龙下工业园）位于湖口镇（原浣溪镇）境内，是一家集发电、供电、防洪度汛、灌溉、工业园区管理于一体的综合事业单位。该局下辖办公室、财务室、人事股、监察室、综治保卫股、用电股、生技股、工会、青年电站 9 个股室，有人员 232 人，其中在岗人员 88 人，专业技术人员 12 人。龙下工业园园区现有民营、合资等企业 30 余家，员工 3000 余人，固定资产 10 亿元，主要生产棉纱、化工材料、工艺瓷、焊接材料、塑料制品等 10 余种产品。青年电站装有 4 台发电机组，总装机容量 14000 千瓦，年设计发电量 6000 万千瓦时，总库容 2260 万立方米，正常蓄水位 167 米，汛期限制水位 166 米，发电型式为迳流式坝后水力发电。

【项目建设】 投资 80 余万元对两栋职工老宿舍楼进行危房改造，7 月完工并投入使用。10 月，投资 50 万元在院内新建一座高标准的门球场，占地面积 1080 平方米，12 月投入使用。投入资金 5 万元，对青年水库内拦污栅进行重新维修、刷漆，以保证青年电站发电机组安全运转。

【安全生产】 一是强化安全责任。园区各企业向局党组递交安全生产责任书，企业将安全生产层层分解，落实到人；安全领导小组每月深入企业检查安全生产各个环节，确保企业正常经营。二是强化安全教育和培训。经常开展管理人员责任意识和职工遵章守纪意识教育，开展防洪度汛演练、安全消防演练，举办专题培训班进行安全生产“一单四制”训练，加强园区员工安全意识。三是抓综治维稳。以“企地共建”工作为抓手，开展“平安小区”创建活动；对园区流动务工人员加强管理，做好身份摸底登记工作，预防和打击违法犯罪行为。加强大坝管理，确保上下游安全。

【企业帮扶】 对园区 30 余家企业进行遴选，确定 12 家企业重点帮扶，明确 12 名领导帮扶责任，与重点帮扶企业开展结对帮扶。为恒宇化工企业解决防爆隔音墙等困难 24 起；组织园区多家企业与县金融部门进行对接洽谈，开展银企协调服务，为企业解决融资难题，其中福旺硅石粉厂等企业获贷款支持 100 多万元；协助企业申报机械投资等项目，带领东信棉业等企业多次到市、县经信部门报项目、争资金，争取各类专项资金 100 万元；利用园区企业电能销售市场，推进电力体制改革，组建售电公司，推行电力价格市场化，降低企业用电成本；继续推进服务企业“全天候”制和“一站式”办结制，解决企业因生产用电、用水等影响正常经营所面临的问题，保持好的营商环境。

【脱贫攻坚】 与湖口镇寒江村、井和村和龙下村结对帮扶。全局 32 名机关工作人员每人平均结对

2户以上贫困户，每月至少2次以上进村入户开展脱贫攻坚帮扶工作，开展“六个一”帮扶措施，重点帮助贫困户落实各项帮扶政策。2017年，分别给龙下村和井和村拨付5万元，用于村基础设施建设，拨付15万元给寒江村用于开发第二期中华鲟养殖基地。

（撰稿：周 文 谭艳琴 审稿：肖小文）

## 园区企业选介

**【茶陵县龙下工业有限公司售电公司】** 注册资本1000万元，经营范围为水利发、供电；电力产品销售；配售电服务；送变电工程施工、电力设备维护、电线电缆、电力设备批发、零售、租赁；电力技术咨询；电力信息系统开发；电力系统安装服务；发电机组设备安装；架线工程服务。

**【茶陵县飞鹏竹木业有限公司】** 公司于2014年入驻园区，总投资1400万元，占地面积20亩，7月正式投产，主要生产竹筷子、竹签等精品竹制品。2017年，年产值5000万元，用工100余人，是一家出口创外汇型企业，产品远销日本、美国、俄罗斯、加拿大、巴西等国家。

（撰稿：周 文 谭艳琴 审稿：肖小文）

## 经济科技信息工作

**【工业经济】** 2017年，通过落实《茶陵县促进工业企业发展十条》《茶陵县工业企业贷款贴息办法》等政策，激发企业增长活力，工业经济呈稳中向好、活力增强的发展态势。培育新增新投产、小升规企业14家，政策关停烟花炮竹、采矿等“五小”落后产能企业、以及市场淘汰倒闭企业14家。规模工业企业总数为162个，其中年产值5000万至1亿（含）的57个，1亿元至3亿元（含）的38个，3亿元以上的5个。完成规模工业总产值138.47亿元，同比增长16.2%；实现规模工业增加值45.87亿元，同比增长6.4%；工业用电量2.65亿千瓦时，同比增长13.4%。园区规模工业总产值81.1亿元，同比增长17.5%，占全部规模工业总产值的58.59%；园区规模工业增加值25.6亿元，同比增长14.4%，占全部规模工业增加值的55.8%。

**【科技创新】** 实施创驱动发展战略，培育科技型、高新技术型企业，科技支撑力量不断提升，科技成果转化有突破。全年完成专利申请量330件，同比增长29%，其中发明专利申请量32件，同比增长23.08%；新增科技型企业13家、高新技术企业晶彩电子1家、高新技术产品企业30家，全县累计拥有高新技术企业2家、科技型企业29家、高新技术产品企业37家，高新技术产业增加值占GDP比重由2016年的2.4%上升到4.5%，科技进步对经济社会发展的贡献率达到53.67%。贵派电器完成专利权质押融资1200万元，实现茶陵县专利权质押融资“零”的突破。

**【“企业帮扶年”】** 2017年，茶陵县委、县政府确定为“企业帮扶年”，各乡镇（街道）、园区和县直部门向县内重点企业派驻企业特派员49名。立足行业优势和企业需求开展主题活动16项，其中“资本服务进茶陵”成为湖南省第一个股权交易县级挂牌点；积极筹划中小企业公共服务平台建设，在落实工作机构、编制、人员、经费、场地和运作机制等方面做了大量前期准备工作，为实体经济发展提供长效服务平台。贵派电器、春程门业、华锋钢构、利邦生物等4家企业获首届科技创新奖69万元，12家企业获得217万元贷款贴息，14个企业获新增规模企业奖，30个企业获上台阶奖，33家企业获经科系统项目经费507万元。派驻企业特派员收集解决企业问题和困难108个，办结率100%。

（撰稿：谭雪林 谭靓亮 李 斌 审稿：周秋仔 王福庚）

## 农副产品加工业

**【概况】** 茶陵县是传统的农业大县，农业资源丰富。“茶陵三宝”“一叶三茶”、苗木花卉、畜牧养殖等特色农产业优势明显。近年来，茶陵县开渠新辟道，搭建产业链，做强特色农产品加工业，狠抓农产品生产、精深加工、网上销售等环节。在政策、项目、资金等方面培育扶持农业龙头企业，发展壮大了龙华农牧、虎源生态、林丰农业、红星盛康油脂、万樟园林、慧科生态农业等一批农业产业化龙头企业，开发设计适合市场需求的特色农产品，增加附加值。茶陵县成功认证36个

“三品一标”农产品，茶陵县林丰肉牛养殖特色产业园、虎源生态休闲农业特色产业园、顺丰鹅鱼养殖特色产业园被评为2017年度“湖南省现代农业特色产业园省级示范园”。

【湖南龙华农牧发展有限公司】湖南龙华农牧发展有限公司是一家集原种猪扩繁、优质商品猪养殖、饲料加工销售于一体的省级农业产业化龙头企业。公司始创于1990年，占地4000余亩，拥有4个基地共7个现代化养殖场和一个大型饲料厂，总建筑面积逾40万平方米。公司自成立以来，一直倡导安全生态环保养猪，在湖南省率先实现生猪养殖自动化、数字化、智能化、标准化、工业化、环保化。先后引进智能化母猪群养系统、自动供料系统、自动环境控制系统、机械刮粪系统、猪场生产管理信息化ERP系统等先进设备和软件用于提升生猪产品质量与猪场管理水平。2017年，公司生猪年出栏30万头，饲料年生产能力20万吨，有机肥年生产能力3万吨，销售收入达3.5亿元，安排农村劳动力就业450余人。

（撰稿：谭雪林　谭靓亮　李　斌　审稿：周秋仔　王福庚）

## 医药制造业

【概况】　茶陵县医药制造业虽然起步较晚，但作为园区新兴产业，县委县政府给予了大力支持，企业规模在扩大，产业效益日益凸显，代表企业主要有康圣堂药业、华地生物科技、汇才农科、保灵生物等。

【株洲康圣堂药业有限公司】　株洲康圣堂药业有限公司前身为国营茶陵制药厂，生产地址位于茶陵县城关镇炎帝南路34号。1993年茶陵县政府通过招商引资，将企业改制为私营企业，企业更名为株洲康圣堂药业有限公司。为满足公司发展规划及符合2010年版GMP要求，公司于2014年在茶陵经济开发区新建厂房，生产地址和注册地址变更为湖南茶陵经济开发区。公司主要产品有8个，分别为藿香正气水、舒筋风湿酒、风湿酒、三鞭酒、三蛇药酒、复方天麻益阴酒、雪上花搽剂和复方益肝灵胶囊。2017年3月，公司启动开展新产品阿托伐他汀钙片药学部分的研发合作，年底在片剂生产线上完成该产品的中试放大工作；4月获得复方益肝灵胶囊生产批文；8月拿到硬胶囊剂生产GMP证书；12月新增片剂生产许可。2017年公司发货3144.82万元，回款3015.97万元，缴税328.79万元。

（撰稿：谭雪林　谭靓亮　李　斌　审稿：周秋仔　王福庚）

## 电子电器制造业

【概况】　电子电器制造行业具有环保节能、科技含量高、就业带动力强的特点，是抢占未来产业制高点的战略性新兴产业之一。茶陵县电子电器制造业产品主要包括开关、插座、断路器、漏电保护器、转换器、LED节能灯、LED吸顶灯、LED灯管和灯支架、浴霸、终端附件、LCD /LCM液晶显示屏等产品。

【贵派电器股份有限公司】　贵派电器股份有限公司成立于1995年6月，是一家集科研、制造、生产、销售于一体的股份制企业，公司注册资本6000万元。公司专业生产家用开关、插座、断路器、漏电保护器、转换器、LED球泡（柱泡）、LED吸顶灯、LED灯管、LED一体化支架、LED装饰灯具、LED筒射灯、浴霸、终端附件等低压电器，产品有13大系列1000多种规格；其中开关插座年产3600万只，LED灯年产150兆瓦。公司总部位于株洲市总部一号；电工生产基地位于茶陵经济开发区，占地100亩；销售中心、研发中心设于株洲市粟雨工业园；照明中心设在“中国灯都”广东中山市古镇。销售网络和形象专卖店遍布全国，在各个省、自治区、直辖市设有分公司和办事处。2017年实现销售额5亿元，实现利税总额5000万元。

【株洲晶彩电子科技有限公司】　株洲晶彩电子科技有限公司于2008年3月成立，属民营企业，注册资金2000万元，占地面积40亩，现有一条LCD生产线，产值5000余万元，资产8800万元，职工人数460人，其中工程技术人员56人，通过国家实用型专利10项，2017年被湖南省科技厅授予湖南省高新技术企业，被茶陵县评为双文明建设先进单位、企业发展进步奖、创新创业之星等荣誉。公司主要生产用于消费类电子计算器、手表、游戏机、及医疗、家电、通信、金融消费类，车载和航海航空设备上的显示屏。2017年实现销售5197万元，完成各项税收任务180余万元，并被省科技厅评为“高新技术企业”。

（撰稿：谭雪林　谭靓亮　李　斌　审稿：周秋仔　王福庚）

## 采掘冶炼业

【概况】 茶陵县矿产资源储量十分丰富，现已探明境内有钨、锡、铜、铅、锌、钽、铌等26种有色金属，其中已探明钽铌储量5000金属吨，位居亚洲第二、中国第一。累计探明铅锌金属量22.44万吨，保有铅锌金属量15.32吨。新探明锡田矿区钨锡资源量达32万金属吨，相当于8个大型钨锡矿床基地，预测远景资源量70万金属吨，潜在价值300亿元。“十三五”规划期间，县委、县政府采取一系列措施，出台一系列政策，鼓励支持有色采选业的发展，经过不断地努力，有色采选业业逐步成为县域经济的支柱产业之一。全县从事有色金属开采业的规上企业有鑫源矿业、神钇矿业、泰和仙铅锌矿、龙兴矿业、昌鸿矿业、大地钨业、大垅铅锌矿、宝海生物等企业。

【湖南宝海生物科技有限公司】 湖南宝海生物科技有限公司是由湖南金田锌业有限公司变更而来的（2015年5月变更），坐落在茶陵县虎踞镇工业园。2014年1月与江西宝海公司合作，并由宝海公司控股，公司占地面积70余亩。现有员工100余人，各类专业管理技术人员30余人，工艺流程、环保治理不断创新和完善，建有2.5米转窑一条，年产氧化锌5000金属吨以上；有年产10000吨一水（七水）硫酸锌生产能力的生产线。公司先后通过质量管理体系认证和食品安全管理体系认证，运用其独特工艺技术，打造一条从废弃物到资源的完整产业循环链条，实现资源100%综合利用，获得ISO9001认证、欧盟FAMI-QS认证。2013—2014年公司实施湖南省《湘江流域重金属综合治理工程项目》和厂区综合治理整改工程项目，并于2014年12月正式通过验收。2015年8月通过环境管理体系认，企业年产值在亿元以上，年纳税额在400万元以上。该公司于2016年1月26日在中小企业股权中心挂牌成功，为锌营养行业第一股，注册资本13898.6万元，总股本1.39亿股。2017年，公司硫酸锌产量7500多吨，生产总值将近5000万元，缴纳税金350多万元。

（撰稿：谭雪林　谭靓亮　李　斌　审稿：周秋仔　王福庚）

## 建筑建材业

【概况】 建筑建材业主要包括建筑陶瓷业、建筑石材业及其他建材业。全县初步建成了以东山石材园为主的石材生产基地、以开发区二园区为主的陶瓷产业基地。东山石材园区于2008年6月开园，总投资达2亿多元，现有恒源、福磊、洋美、大德、佳宏、新盛祥、南方、福尔8家企业，拥有矿山开采掘口11个，全自动生产线20余条，年加工板材能力达120余万平方米，年加工路沿石能力达6万米，初步形成石材开采、石材加工、石材销售、石材运输等为一体的产业链。陶瓷企业主要有强强陶瓷、华盛陶瓷，从事建筑加工的主要有湖南春程不锈钢有限公司。

【湖南春程不锈钢有限公司】 湖南省春程门业有限公司是一家集研发、设计、生产、销售、安装及售后服务于一体的大型非标门制造企业。公司现有员工241人，本科以上学历25人，占总人数的10%。公司拥有生产线2条，投资引进国内同行业先进设备11000T防盗门数控液压机1台、2800T数控液压机2台、3500T数控液压机1台、数控折弯机5台，自动油漆房流水线和自动焊接机械手流水线各1条。拥有现代化生产工艺、先进的全数控作业流程、数字智能的机械设备和近百亩的花园式、高标准的现代化工业园区。成为湖南省非“国标”门生产行业的领军企业。公司主营各类高档不锈钢门、纯铜门、仿铜门、铝雕门、铝门等近百种款式，并可根据客户个性化需求提供私人订制。2017年，公司实现销售收入9197万元，上缴税金285.35万元，净利润813万元，资产负债率31.52%，银行等级A级，各项经济指标均呈现出良好的增长趋势。

【茶陵县强强陶瓷有限公司】 茶陵县强强陶瓷有限公司是一家集研发、设计、生产为一体，专产陶瓷内墙砖的大型现代化陶瓷生产企业。公司占地面积28万平方米，总投资4.8亿元，根据自身发展条件，积极引进国内外最先进的压机、窑炉、印刷机、数控器等陶瓷生产设备，并建有两条目前领先国内的生产流水线，结合先进的研发中心，实现高端化、自动化、专业性的生产模式。产品设计融汇人文、艺术、自然及美学特征，品种花色有100多种，规格有300×600毫米、400×800毫米、300×900毫米等，配套齐全，风格多元，高贵典雅，时尚个性，能满足现代人更个性化、更高品质的家居装饰需求。2017年，公司生产总值6400万元，纳税310多万元，解决劳动力就业535人。

（撰稿：谭雪林　谭靓亮　李　斌　审稿：周秋仔　王福庚）

## 纺织业

**【概况】** 茶陵的纺织业以东信棉业、富盛针织和深港制衣为代表，全县有纺织企业6家。轻纺服装已作为园区重点产业来打造。

**【湖南东信棉业（茶陵）有限公司】** 湖南东信棉业（茶陵）有限公司是湖南省最大的纺织企业湖南东信集团有限公司的全资生产子公司，于2003年在茶陵县龙下工业园创建，在龙下工业园和茶陵县经济开发区陆续建有三座大型纺纱与织布厂，注册资本1.1215亿元，拥有10万枚纱锭和400台布机的生产规模，有员工1360人，年产值3亿元以上。自投产至2017年完成工业总产值28亿余元，上缴税收1亿多元。公司现拥有纺织工程等高中级技术人员25人，拥有意大利自动络筒机等国际先进的纺织设备和纺织检测、试验仪器。2017年，公司实现税收900多万元。

**【湖南茶陵县富盛针织有限公司】** 湖南茶陵县富盛针织有限公司创办于2001年，是一个集服装设计、生产、销售于一体的现代化企业。厂区占地面积20亩，总建筑面积9000多平方米；下设5个分厂，有员工500多人，总资产9000万元。拥有完整的毛衣生产线和生产工序，年产量200多万件。公司集多年的针织毛衣制造经验，引入欧洲、日本及台湾先进的针织生产设备，投资3000万元购买160台全自动电脑编织机。公司享有自主进出口经营权，凭借先进的生产设备、精湛的生产工艺、严格的品质管理，通过不断地努力和创新，产品出口至美国、加拿大、日本、俄罗斯、意大利等发达国家。公司获评2011年“株洲市龙头企业”、2014年和2016年“湖南省龙头企业”、2017年度株洲·中国动力谷“中小企业100强”等殊荣。公司通过ISO90001质量管理体系认证，“FU”富牌产品已在京东、淘宝等电商平台和线下同步销售，产品设计时尚、品质优良、价格适宜，深受广大消费者喜爱。由于生产需要，扩大生产规模，公司于2015年在二园区购买100亩地，投资2.2亿元建设新厂房，于2016年8月动工，现两栋厂房已竣工。2017年，公司年产量200多万件，年产值1亿多元，上缴税金160万元。

（撰稿：谭雪林　谭靓亮　李　斌　审稿：周秋仔　王福庚）

## 气象服务

**【概况】** 茶陵县气象局实行市县双重领导的管理体制，以市业务部门管理为主；内设综合办公室、防灾减灾科、气象台、气象服务中心；有干部职工13人。其主要职责是地面气象预报预测服务、气象为农服务、气象科技服务、人工影响天气以及雷电、气球、探测环境等。2017年，茶陵县气象局获评市综合管理优秀达标单位、市卫生文明先进单位。

**【气象服务】** 一是汛期服务。2017年汛期，该县出现三次暴雨，日降水量分别为82.8毫米（6月28日）、77.9毫米（7月31日）、64.7毫米（8月28日）。每次预计强降水过程来临前，及时向县防汛抗旱指挥部及县政府相关领导汇报，并通过网络、电视台、手机短信、气象预警平台、乡镇气象服务站等多种渠道向社会公众发布预报信息、降雨实况等气象资料。汛期期间，发布《中期天气预报》36期；清明节、高考、端午节、强降水天气过程发布《专题气象服务》27期，《重大气象信息专报》4期，发布手机短信15万余次；播放天气预报节目360次，电视台专题节目2次；针对水稻、烤烟、油菜等主要作物发布农业气象服务信息30期，农业气象灾害监测预警评估3期。二是建立部门联动机制。与国土、交通、电力、林业、水利等部门相关责任人建立“直通式”联系，每次灾害性天气过程的服务信息及时传递到位。三是开展“三重”专项气象服务。在县委、政府及有关部门重大活动、重要会议，以及全县人民欢庆重大节日等期间，主动提供优质气象预报预警服务。

【气象宣传】利用“3·23”世界气象日、“5·12”防灾减灾日、“6·16”安全生产月开展宣传活动。通过电子显示屏、专题资料、现场咨询等方式，全方位开展气象科普知识宣传，发放各类宣传册1000余份。结合扶贫工作，深入火田贝水村小学进行雷电知识现场授课，提高基层群众预防气象灾害的能力。加强对外宣传，在国家气象网发表文章1篇、省气象网3篇，在市局刊物以及《茶陵工作》、茶陵红网发表文章20余篇。

【人工影响天气作业】2017年安排两批次人员参加三七高炮和火箭炮作业的学习培训。在作业前完成对三七高炮、火箭炮检修工作。8月开展人工增雨抗旱作业，两次发射增雨弹40发，抗旱效果明显，4个站点达到大雨，3个站点达到中雨，21个站点达到小雨，有效缓解茶陵旱情。

【防雷击安全生产检查】联合安监、住建等部门开展防雷安全大排查、大管控、大整治行动，出动162人次，对50家易燃易爆场所进行联合执法检查，对存在的安全隐患下发整改意见通知书35份。认真研究部署《重大事故隐患治理“一单四制”制度方案》，推动防雷安全重大事故隐患排查治理。建立防雷重大事故隐患清单，防雷安全生产企业名录库监管企业数量94家，累计排查企事业单位86家，排查数量达到91%，其中进入“一单四制”的隐患企业1家，经整改，隐患已销号。

【气象设施建设】完成县级突发事件预警信息发布系统的省、市端口对接软件开发，进入评审环节。雷达项目落户茶陵工作进展顺利，省气象局批准茶陵县为新雷达的第一选址，在相关调规和数据到位后即可申请国家级层面的论证。

（撰稿：杜嘉欣　审稿：邓丰年）

## 水文测报

【概况】2017年9月，茶陵县水文站测报大楼建成投入使用，经湖南省水文水资源局批准，茶陵县水文站更名为茶陵县中心水文站，办公地点由思聪街道办事处红桥村整体搬迁至云阳街道办事处滨江社区。茶陵县中心水文站是湖南省水文水资源勘测局下辖的国家一类精度重点站，内设监测股、水情股、水资源股，有在编人员9人，管辖茶陵、龙家山、高陇3个基本水文站，洲陂、严塘、洮水、青年电站等9个水位站和14个委托雨量站。其主要工作任务是收集茶陵县境内洣水流域的水位、雨量、水温、水质，流量资料、水情预测预报、监测评价、水文调查、水资源环境评价等，通过水文监测分析评估和研究水质变化状况为茶陵县的水利工程建设与管理、防洪抗旱、水资源开发与保护、水环境监测、农村饮水安全等提供决策依据和技术支撑。2017年茶陵县中心站洣水县城断面实测最高水位101.22米，年降雨量1409毫米，年降雨天数118天，实测最大流量2300米/秒。茶陵中心站每月完成茶陵县城、醴茶铁路大桥、虎踞大桥3个洣水断面的水质取样，均达到三类水标准；每季度对市水功能区、洮水、岩口、东坑水库取样监测并对茶陵县境内的26个排污口、31个农村集中供水水厂进行抽查取样。

（撰稿：陈湘华　审稿：罗陵伟）

## 地震测报

【概况】湖南省地震局茶陵地震台（以下简称茶陵地震台）是全国地震监测台网的组成部分，现有工作人员4人，其中工程师2人，助理工程师2人。主要职责是开展多学科、多手段观测，保证地震监测系统正常运行，获取完整、可靠的原始观测数据；对观测数据进行跟踪分析，产出观测报告等数据产品；通过光纤将获取的原始资料和处理后的数据及时传送到湖南省地震台网中心，以满足地震监测预报特别是本辖区监测预报工作的需要。2017年，茶陵地震台日常数据预处理情况正常，没有明显影响观测质量的情况，也没有发现前兆异常现象；茶陵周边没有地震事件发生，观测数据完整率、传输率达99%以上。茶陵地震台依法对茶陵地震监测环境与设施进行保护，10月至12月对观测山洞进行优化改造。茶陵地震台参与茶陵县政府每年举办的“5·12”防灾减灾宣传周活动及举办地震应急演练宣传活动。2017年，茶陵地震台获湖南省地震局文明台站荣誉称号。

（撰稿：陈润兰　审稿：常玉龙）

## 供　电

**【概况】** 2017年11月30日，国家电网公司由全民所有制企业改制为国有独资公司，企业名称由“国家电网公司”变更为“国家电网有限公司”，为国家电网公司二级单位。原“国网湖南省电力公司”，于同年10月26日改制并更名为“国网湖南省电力有限公司”，原“国网湖南省电力公司茶陵供电分公司”也相应更名为“国网湖南省电力有限公司茶陵县供电分公司”，是国家电网有限公司县级供电公司，受国网湖南省电力有限公司株洲供电分公司直接管辖。主要职能是从事电能传输、电网管理、电能分配、销售和用电服务等业务。公司现有正式员工118人，内设综合管理部、运维检修部、营销部（客户服务中心）、发展建设部、电力调度控制分中心、乡镇供电所管理部、财务资产部、安全监察质量部8个部室及株洲高新电业集团有限公司茶陵县分公司（原宏源电力有限责任公司），其中运维检修部和营销部（客户服务中心）为主要业务实施机构；乡镇供电所管理部下设下东、洣江、腰潞、火田、虎踞、界首、湖口7个供电所和月岭、瑶莞两个运行所，农电员工274人，主要职能是执行乡镇供电服务工作和农电配网运行维护工作。组织机构如图：

**国网湖南省电力有限公司茶陵县供电分公司机构设置图**

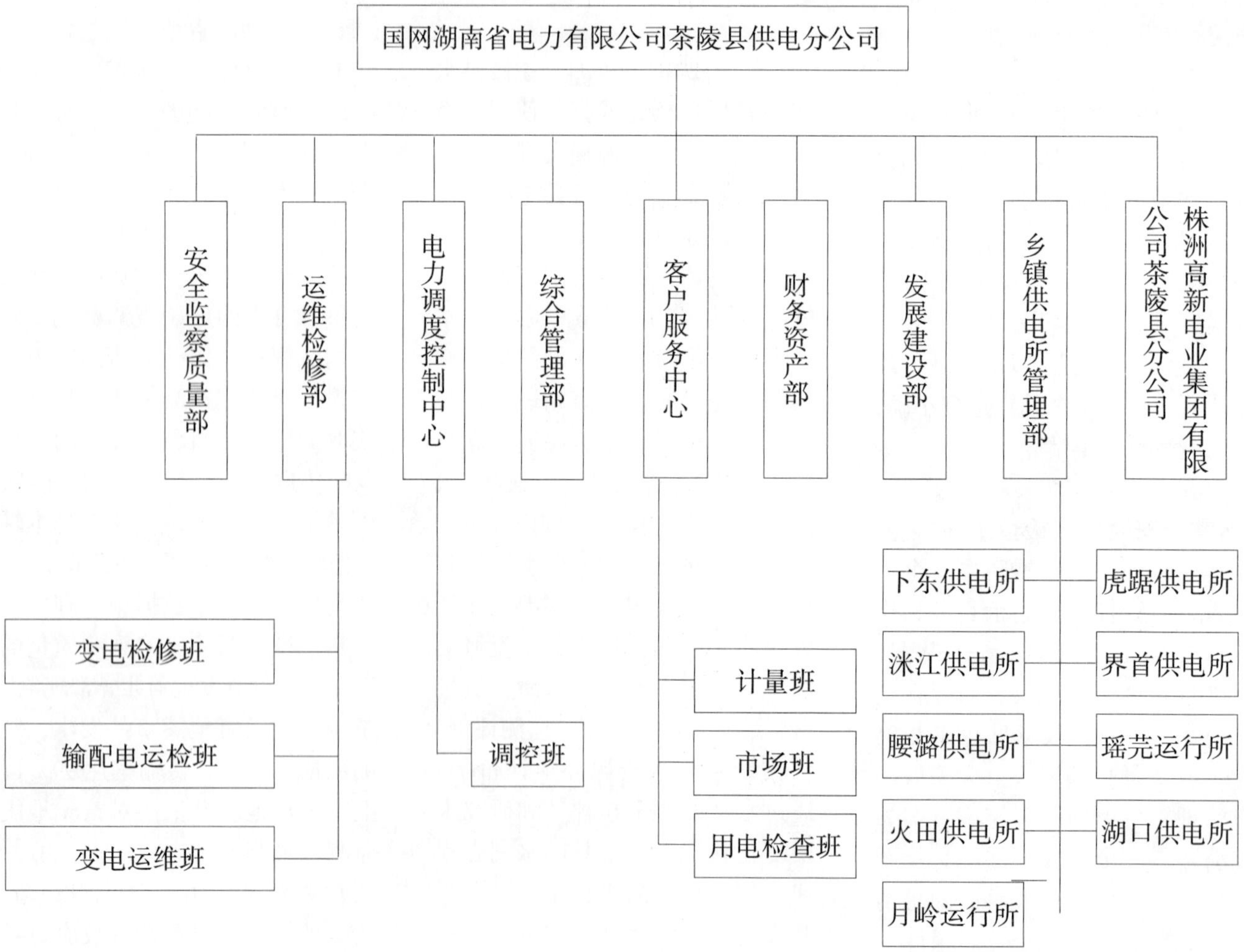

2017年，国网茶陵县供电公司开展季节性安全检查，推进输变配设备状态评价，强化电网运行控制和风险管控，抓好迎峰度夏、防冻融冰、防雷防汛防山火等工作，完成“两会”、节假日、“十九大”等重大保电任务，全年安全生产局面稳定，完成售电量4.96亿千瓦时，同比增长9.9%；完成综合线损率8.77%，同比下降0.01%；台区低压线损率6.88%，同比下降0.92%。完成到户售电均价701.25元/千千瓦时，同比增加2.31元/千千瓦时。电费回收率100%。人才当量密度1.0093，同比提高0.0042。公司获评2017年度市文明标兵单位及县安全生产先进单位称号。

表8

**2017年度月供电量、售电量、最大负荷、平均负荷统计表**

| 月　份（月） | 供电量（亿千瓦时） | 售电量　（亿千瓦时） | 最大负荷（兆伏） | 平均负荷（兆伏）） |
|---|---|---|---|---|
| 1 | 0.51 | 0.3804 | 128.22 | 102.55 |
| 2 | 0.46 | 0.4332 | 158.72 | 112.29 |
| 3 | 0.38 | 0.4362 | 88.03 | 76.95 |
| 4 | 0.41 | 0.4094 | 75.47 | 65.83 |
| 5 | 0.38 | 0.3254 | 77.23 | 68.72 |
| 6 | 0.38 | 0.3653 | 86.43 | 77.11 |
| 7 | 0.55 | 0.3997 | 138.26 | 96.50 |
| 8 | 0.44 | 0.4898 | 137.07 | 94.61 |
| 9 | 0.61 | 0.4820 | 117.28 | 77.59 |
| 10 | 0.40 | 0.4141 | 73.99 | 63.82 |
| 11 | 0.44 | 0.4024 | 117.64 | 72.72 |
| 12 | 0.48 | 0.4292 | 117.74 | 105.51 |
|  | （总计）5.44 | （总计）4.9653 | （最大）158.72 | （平均）84.41 |
| 增长率 | 8.71% | 9.90% | 10.15% | 4.10% |

【**电网建设**】全年投资约1亿元用于电网建设改造升级。2017年1月24日，110千伏齐星变电站投运，该变电站为茶陵县第一座智能变电站；完成高陇变扩建、严塘变增容，改善茶陵县城区及南部、西北部电网结构，提升茶陵马江、湖口、枣市、界首、高陇等地区供电能力与供电质量。2017年8月29日，与茶陵县人民政府签订小水电自供区电网移交国网管理框架协议。至此，茶陵县9个小水电自供区电网正式移交国网茶陵县供电公司管理，并完成9个自供区内贫困村电网改造和59个贫困村农网改造，投入改造资金7117.28万元。截至2017年年底，完成62个贫困村非自然人光伏电站和62个自然人光伏发电站全部接入并网。

表 9

## 2017 年度茶陵电网 35 千伏及以上变电规模合计

| 总规模 | | | 220 千伏 | | 110 千伏 | | 66 千伏 | | 35 千伏 |
|---|---|---|---|---|---|---|---|---|---|
| 变电站数（座） | 变压器数（台） | 变电容量（兆伏安） | 变电站数（座） | 变电容量（兆伏安） | 变电站数（座） | 变电容量（兆伏安） | 变电站数（座） | 变电容量（兆伏安） | 变电站数（座） |
| 16 | 24 | 120 | 1 | 196 | 4 | 0 | 0 | 103.8 | 11 |

表 10

## 2017 年度茶陵电网 35 千伏及以上线路总计

| 总规模 | | 220 千伏 | | 110 千伏 | | 66 千伏 | | 35 千伏 | |
|---|---|---|---|---|---|---|---|---|---|
| 数量（条） | 长度（千米） | 数量（条） | 长度（千米） | 数量（条） | 长度（千米） | 数量（条） | 长度（千米） | 数量（条） | 长度（千米） |
| 36 | 572.442 | 2 | 103.2 | 16 | 271.722 | | | 18 | 197.52 |

（注：1 座 220 千伏下东变电站以及 2 条 220 千伏输电线路的运行维护管理工作属株洲市供电公司）

表 11

## 2017 年度茶陵配网设备规模统计表

| 设备类型 | | 数量（台、条、个） | 容量（兆伏安）/ 长度（千米） |
|---|---|---|---|
| 配变 | 箱 变 | 199 | 136.725 |
| | 室内变 | | |
| | 双杆变 | 1768 | 242.645 |
| | 单杆变 | | |
| | 单相变 | | |
| | 地埋变 | | |
| 线路 | 架空线路 | 83 | 1834.049 |
| | 电缆 | 359 | 83.981 |
| 配电设施 | 开闭所 | | |
| | 环网柜 | 10 | |
| | 高压分支箱 | 114 | |
| | 柱上开关 | 137 | |

**【营销、客户服务】** 通过大数据管控平台存储电力客户服务各类营销数据、客户服务数据、电网设备远程监控数据，实时监测电网运行情况和调取电力客户用电情况，并通过用电管理信息系统、

电力负荷管理系统、服务呼叫中心系统，各相关部门加强协同合作，提高客户服务水平，规范营销服务程序，完善经营模式，满足客户需求。2017年年末，用电客户总数为199996户，其中非工业用户6631户，商业用户4315户，农业生产用户2849户，大工业用户98户，非居民用户3570户，普通工业用户283户，居民生活用户182250户。设有8座供电营业厅，分别是国网茶陵中心供电营业厅、和下东、虎踞、腰潞、洣江、界首、湖口、火田供电营业厅。全年费控推广完成率99%，户表采集成功率由年初的99.20%提升到99.60%；新型业务推广顺畅，大力推广微信、支付宝和掌上电力缴费方式，继掌上电力缴费后，支付宝缴费于2017年2月开通，微信缴费于2017年8月开通，通过网上缴费的用户约14万户。全年完成86户分布式电源并网，用户满意率100%；营业人员服务技能大幅提升，参加市公司2017年营业厅窗口服务竞赛取得团体第一、个人第一和个人第四的好成绩；加大对属地电话的推广，印发便民服务卡，推广四级微信群，全公司建立政府、企业、社区、部门四级微信群327个；推进星级供电所及全能供电所建设，火田供电所、湖口供电所顺利通过省公司“四星级”供电所验收，完成年度实现2个“四星级”、5个“三星级”供电所建设目标。

【脱贫攻坚】 国网茶陵县供电公司在农网改造、电网建设、光伏扶贫及驻村结对帮扶等方面落实县工作要求，推进精准扶贫。2017年茶陵县供电公司第一批农网改造工程所涉村网改造63个，贫困村50个(含大英村自供区重叠村)，总投资金额为4939.66万元。批复工程量为新建/改造台区269台，容量为44340千伏安；新立/更换高压杆1472基，新立/更换低压杆4383基；新建/改造10千伏线路63.009千米，新建/改造0.4千伏及以下线路300.719千米。其中2017年贫困村批复工程量为新建/改造台区207台，容量为31640千伏安；新立/更换高压杆1137基，新立/更换低压杆3322基；新建/改造10千伏线路49.345千米，新建/改造0.4千伏及以下线路231.625千米;第三批工程所涉6个自供区，9个贫困村的村网改造任务，总投资金额为1464.22万元。光伏接网项目1个批次工程，投资金额为62.38万元，批复工程量为新建/改造台区7台，容量为2200千伏安，新建/改造10千伏线路路径长0.66千米，新建电缆0.92千米，于2017年全部竣工通过验收，公司全年完成86户分布式电源并网，保障53个贫困村光伏电站上网电费及时结算到位。公司由领导班子带队组织4个工作组50人对腰潞镇潞水村、七地村、木冲村、双泉村4个村223户贫困户开展驻村结对帮扶。其中安排4人驻村，员工人均结对5户贫困户。通过宣传脱贫攻坚政策，落实劳务输出、产业发展、教育助学等措施,帮助110余户贫困户脱贫。此外，配合乡镇村组，开展县贫困村1000千米道路拓宽杆线搬迁工作。

【队伍建设】 以企业家园文化为主导思想，通过“三室两厅一广场”复式楼文化展示平台，组织开展“电子相册制作传播大赛”“职工篮球联谊赛”“朗读会”“女工读书会”等活动，丰富职工生活；盘活人力资源，重视使用年轻干部，近年新进的大学生已有5人走上部门负责人岗位、6人担任班组长及班组技术负责人职务；通过出台供电所长管理办法，对供电所骨干队伍进行调整，新提拔3名年轻所长、调整5名副所长，对各供电所所长实行推磨式轮岗，激发广大农电员工的工作积极性，促进公司农电整体工作质效大幅度提升；在全局(公司)范围培养骨干队伍“三个三”行为准则，即要求骨干队伍具备大局观、责任感、前瞻性三项意识，履行系统思考、时间管理、培养替手三项使命以及廉洁自律、精诚团结、精益求精三项工作要求；坚持把宣传贯彻党的十九大精神作为首要政治任务，举行12次中心组集体学习研讨，推动“两学一做”学习教育常态化制度化。落实“三重一大”和“一岗双责”制度，把履行好党委主体责任、纪检监督责任作为党风廉政抓手，总支专题研究党风廉政建设工作2次，总支委员开展廉政谈话12次；组织共产党员服务队开展活动30多次，建立党员活动室9处。公司总支分别与省公司客服中心一支部、省电科院状态评价中心支部签订“联学联创”协议；供电所共产党员服务队“一所一品”活动初见成效。

(撰稿：陈云兵　审稿：孙辉军)

## 自来水生产和供应

【概况】茶陵县自来水公司注册资金696万元，拥有固定资产4600万元；日供水能力5万吨，供水面积25平方千米，供水户数29092户，其中新增用户2027户，供水服务区域人口12万人以上；供水主管网200余千米，管网中途配置茶陵监狱、金星工业园加压泵房2处。2017年，县自来水公司供水1127万吨，实现总收入2082万元，上交税金148万元。

【供水管网建设与维护】为配合工业园重点工程建设需要，实施工业园加压泵房、纯净水厂房工程建设，组织项目土建、供电、管网工程施工，完成加压站整体搬迁工作。斥资180多万元拆除一座老滤池，改建成新的V型滤池。加大巡查、听漏力度，防止供水漏损。发现漏点Φ100以上主管6处，Φ100以下主管4处，查漏前水厂日供水量34300吨，查漏结束后日供水量为31362吨，平均每天减少3000吨，每月为公司挽回经济损失10万元左右。全年维修管网515处，其中DN300管网3处，DN200管网6处，DN160管网17处，DN110管网23处，DN63及以下管网466处。全年检表3862块，换表893块。

【整治供水市场】整顿消防用水、绿化用水市场，杜绝用水铺张浪费；对沿河村、火车南站、金星村等城乡结合部的私拉乱接现象进行摸底，查处私拉乱接50余处，收回水费2.3万元；协助抄收中心水费回收，追缴水费7万元。

【业务拓展】管道安装队全年完成产值572万元，完成大小工程项目30处，其中政府重点工程4处，铺设DN100以上主管7000米。完成朝阳新城步步高广场、锦绣华府三期、工业园三园区、新加压站、茶陵三中给水主管改造等项目的安装和建设。纯净水全年生产销售17万余桶，销售收入78万元。

【水厂园林景观改造】公司投资150万元，对水厂进行绿化、亮化改造。水厂内重新铺设柏油路，并按照绿化规划设计新栽15万株树木花卉，在厂区内修建花园曲径、木质亭台，安装草坪音响，环厂照明节能灯，将公司打造成花园式园林单位。

（撰稿：周建女　审稿：曾小雄　彭军武）

# 农业　林业　水利

## 农　业

【概况】 茶陵县农业局（中共茶陵县委农村工作办公室）为县人民政府工作部门，主要履行县人民政府规定的有关全县农业农村工作的综合协调、农业行政管理及生产指导、技术服务、农产品质量安全监管、农业生态建设等职能。该局设有办公室、人事教育股、计划财务股、政策法规和行政审批股、市场信息股、农业产业化办公室、农产品质量安全监管股等7个内设机构和农村能源办公室、农业技术推广服务中心、农业行政执法大队、植保植检站、土壤肥料监测站、种子管理站、粮油作物站、经济作物站、农产品质量安全检验检测中心、农业资源与环境保护管理站等10个全额拨款事业机构；下辖16个乡镇（街道）农技推广服务站，主要从事农业技术公益服务工作；下辖蓝天种业、土肥公司、植保公司3个经济实体和长岭茶场、茶陵县示范繁殖农场2个农垦场，其中茶陵县示范繁殖农场于2017年10月划归下东街道办事处管理。2017年，茶陵县被评为株洲市农产品质量安全监管工作目标管理考核红旗单位，茶陵县农业局被评为株洲市农业产业化先进单位。

【粮油作物生产】 全年粮食播种面积69.74万亩，比2016年减少1.07万亩。早稻种植面积30.24万亩(其中政策性休耕2.52万亩)，比2016年减少0.36万亩，中稻种植面积2.3万亩，比2016年增加0.57万亩，晚稻种植面积33.1万亩，比2016年减少0.43万亩。其他粮食播种面积4.10万亩，其中玉米0.52万亩，高粱0.23万亩，豆类1.84万亩，红薯1.2万亩，其它杂粮0.31万亩。全年油料作物播种面积15.75万亩，其中冬种油菜面积15.25万亩，其它油料播种面积0.5万亩。早稻亩产465.3公斤，比2016年增加3.1公斤；中稻亩产623.5公斤，晚稻平均亩产480.2公斤，与2016年基本持平。夏收油菜籽亩产110公斤，比2016年增加5公斤。

【经济作物生产】 全县经济作物播种总面积为29.96万亩，比2016年的20.21万亩增加0.75万亩，增长2.57%；总产值94060万元，比2016年的95940万元减少1880万元，减少1.96%。其中种植面积增加的有：茶叶0.23万亩，花卉苗木0.05万亩，果树0.65万亩，其他0.1万亩；减少的有：棉花0.03万亩，西甜瓜0.1万亩，烤烟0.17万亩。

表12

2017年经济作物生产汇总表

单位：万亩、吨、万元

| 品种项目 | 面　积 | 产　量 | 产　值 | 备　注 |
|---|---|---|---|---|
| 蔬菜 | 9.05 | 160800 | 35400 | 含复种 |
| 棉花 | 1.3 | 1100 | 1000 | |
| 蚕桑 | 0.2 | / | 10 | |

续表 12-1

| 品种项目 | 面 积 | 产 量 | 产 值 | 备 注 |
|---|---|---|---|---|
| 苎麻 | 1.3 | 2320 | 1500 | |
| 茶叶 | 1.51 | 470 | 2820 | |
| 甘蔗 | 0.35 | 15000 | 760 | |
| 烟草 | 2.4 | 5950 | 14800 | |
| 药材 | 0.5 | / | 1520 | |
| 花卉 | 0.8 | / | 1750 | |
| 水果 | 11.25 | 69000 | 30500 | |
| 西（甜）瓜 | 0.9 | 12000 | 3600 | |
| 其他 | 0.4 | / | 400 | |
| 合计 | 29.96 | | 94060 | |

**【农技服务】** 全年发布病虫情报8期，印发10万份病虫防治公告，安排5次重大病虫防治战役。水稻病虫发生面积为262.3万亩次，比上年248.35万亩次增加13.95万亩次，防治面积为391.3万亩次，比上年354.8万亩次增加36.5万亩次，通过防治挽回损失14870吨，实际损失1783.8吨，病虫害损失率控制在5%以内。培训新型职业农民490人，其中生产经营型职业农民250人、专业技能型和社会服务型职业农民240人。提升基层农技推广人员的从业素养，选送农技人员5人参加专升本学历提升，30人参加省级培训，组织60人参加县级培训。推广水稻良种11个，油菜良种6个，各类经济作物良种62个。推广水稻集中育秧、测土配方施肥、秸秆还田、再生稻高产栽培以及茶叶绿色防控、葡萄避雨栽培、蔬菜漂浮式育苗、杨梅绿色栽培等优质栽培技术17项。

**【执法监管】** 开展春季农资打假、放心农资下乡村、“清源行动”等专项整治行动22次，出动执法人员383人次，检查农资经营单位210家，抽取肥料样品3批次、水稻杂交种子样品17批次、农药22批次，受理投诉举报12起，立案4起，结案3起。开展农产品质量检测，全年累计抽检各种农产品17815批次，其中合格样17753批次，农残质量合格率为99.7%。在例行监测的基础上，分别于春节、“两会”、端午、中高考等重要时段开展基地抽检10次以上，扩大监测品种、范围和频次，并结合专项整治排查重点隐患，对监督抽检不合格的农产品，及时依法组织查处。开展“三品一标”申报认证及监管，通过“三品一标”认证产品7个，对证后企业实施监管和年检，年检合格率100%。

**【农业产业化】** 培育种植大户。全县30亩以上种粮大户1540户，其中100~500亩的284户，1000亩以上有10户，流转水田面积达14万亩，占全县水田的35.9%；经济作物种植面积30亩以上的大户185户。服务龙头企业。2017年，成功申报株洲汇才现代农科有限公司、湖南金森农牧生态开发有限公司、湖南宏昇现代农业发展有限公司、茶陵县嘉华姜业开发有限公司、茶陵县三和生态农业发展有限责任公司、茶陵平源生态农业发展有限公司等6家市级龙头企业，茶陵县农业龙头企业增加到30家，其中省级龙头企业6家、市级龙头企业24家。组织企业参展。5月25—29日，推荐组织湖南宏泰食品、林丰林业、嘉华姜业参加香港农产品贸易洽谈周活动；9月8—11日，组织农灿茶叶有限公司、茶祖印象茶叶有限公司、康成庄园茶叶种植农民专业合作社参加第九届湖南茶叶博览会；11月17—24日，组织华地茶叶有限公司、茶祖印象茶叶有限公司等8家县内企业参加中国中部（湖南）农业博览会。

表13

## 茶陵县农业龙头企业2017年基本情况表

单位：万元、万元、人、万元

| 企业名称 | 联系地址 | 法人代表 | 总产值 | 利润总额 | 年末从业人员 | 劳动者总报酬 |
|---|---|---|---|---|---|---|
| 茶陵县龙华农牧有限责任公司 * | 茶陵县 | 龙秋华 | 31191 | 4372 | 305 | 1695 |
| 湖南红星盛康油脂股份有限公司 * | 茶陵县 | 罗　跃 | 8238 | 342 | 108 | 348 |
| 茶陵县富盛针织厂 * | 茶陵经济开发区 | 付祖德 | 7676 | 1053 | 820 | 2536 |
| 茶陵县林丰农业开发有限公司 * | 茶陵县 | 封林为 | 16408 | 1013 | 201 | 641 |
| 茶陵县湘南皮革有限公司 * | 茶陵县虎踞镇 | 陈春生 | 10718 | 207.4 | 158 | 378.3 |
| 茶陵虎源生态园林有限公司 * | 茶陵县 | 李乐文 | 7400 | 2610 | 360 | 1000 |
| 茶陵县兴达畜牧有限公司 | 腰潞镇清水矿区 | 尹建清 | 1316 | 35 | 38 | 45 |
| 株洲市清河粮油食品有限公司 | 枣市镇 | 陈双拥 | 9650 | 80 | 22 | 80 |
| 株洲市好恰绿色油业发展有限责任公司 | 腰陂镇 | 刘红兰 | 7700 | 800 | 43 | 97 |
| 茶陵慧科农业发展有限公司 | 马江镇 | 龙秋华 | 2342 | 453 | 223 | 588 |
| 茶陵县万樟园林绿化工程有限责任公司 | 严塘镇 | 刘祖治 | 23661 | 1375 | 364 | 2000 |
| 茶陵县兴博糯米粉食品有限公司 | 茶陵县 | 周运明 | 8560 | 440 | 106 | 150 |
| 茶陵县茶祖印象茶业有限公司 | 茶陵经济开发区 | 黄成植 | 8528 | 617 | 102 | 625.55 |
| 茶陵县飞鹏竹木业有限公司 | 龙下工业园 | 陈　飞 | 9435 | 1334.12 | 200 | 482 |
| 茶陵县宏泰薯业有限责任公司 | 枣市镇 | 吕志勇 | 2200 | 60 | 46 | 260 |
| 株洲康圣堂药业有限公司 | 茶陵经济开发区 | 秦　鹏 | 11879 | 412 | 210 | 567 |
| 茶陵县众康乡村土特产开发有限公司 | 湖口镇 | 谭小毛 | 4375 | 35 | 55 | 172 |

续表 13-1

| 企业名称 | 联系地址 | 法人代表 | 总产值 | 利润总额 | 年末从业人员 | 劳动者总报酬 |
|---|---|---|---|---|---|---|
| 湖南省尚竹家居用品有限公司 | 茶陵经济开发区 | 林起恩 | 3800 | 285 | 150 | 450 |
| 茶陵县鑫丰人造板厂 | 虎踞镇峰仙村 | 陈小芳 | 3584 | 299 | 162 | 547 |
| 湖南湘冠现代农业发展有限公司 | 严塘镇 | 张建中 | 2260 | 45 | 200 | 200 |
| 茶陵县有心家具有限公司 | 茶陵经济开发区 | 肖友新 | 5127 | 660 | 220 | 480 |
| 株洲市顺丰农业科技有限公司 | 舲舫乡长鸭村 | 陈见林 | 7077.6 | 566.2 | 45 | 129.6 |
| 株洲市方绿生态园林绿化有限公司 | 枣市镇 | 沈小春 | 2013 | 328 | 76 | 225 |
| 茶陵县明旺生态养殖场 | 洣江街道诸目村 | 罗运娥 | 2396 | 199 | 150 | 67 |
| 株洲汇才现代农科有限公司 | 茶陵经济开发区 | 陈春香 | 912 | 62 | 320 | 216 |
| 茶陵县嘉华姜业开发有限公司 | 下东街道黄堂村 | 陈圣发 | 2200 | 50 | 58 | 120 |
| 湖南金森农牧生态开发有限公司 | 湖口镇石井村 | 彭学明 | 6540 | 833.6 | 277 | 512.4 |
| 茶陵县三和生态农业发展有限责任公司 | 枣市镇东岭村 | 颜　军 | 2098 | 208.2 | 136 | 713.2 |
| 茶陵平源生态农业发展有限公司 | 虎锯镇水源村 | 汤运华 | 2246 | 296 | 630 | 339.4 |
| 湖南宏昇现代农业发展有限公司 | 湖口镇妙石村 | 段青发 | 2283 | 370 | 52 | 118 |

备注：其中标★的为省级农业龙头企业，未标★的为市级农业龙头企业

**【美丽乡村建设】** 2017 年，开展 1 个省级、6 个市级、30 个县级美丽乡村示范村创建工作，其中秩堂镇马吉村创建湖南省美丽乡村示范村成功，下东街道沿河村、腰潞镇潞理村、思聪街道左垅村、火田镇大英村创建株洲市美丽乡村建设示范村成功。

表 14

**历年茶陵县创建的省级美丽乡村示范村一览表**

| 年　度 | 乡　镇 | 村　庄 | 批　次 |
|---|---|---|---|
| 2011 | 火田镇 | 贝水村 | 第 4 批 |
| 2013 | 下东街道 | 黄堂村 | 第 6 批 |

续表 14–1

| 年 度 | 乡 镇 | 村 庄 | 批 次 |
|---|---|---|---|
| 2013 | 枣市镇 | 枣园村 | 第 7 批 |
| 2014 | 火田镇 | 卧龙村 | 第 8 批 |
| 2015 | 严塘镇 | 高径村 | 第 9 批 |
| 2016 | 枣市镇 | 洞头村 | 第 10 批 |
| 2017 | 秩堂镇 | 马吉村 | 第 11 批 |

注：2008—2013 年为省新农村示范村，2014 年后更名为省美丽乡村示范村

表 15

## 历年茶陵县创建的市级美丽乡村一览表

| 年 度 | 乡 镇 | 村 庄 | 备 注 |
|---|---|---|---|
| 2014 | 枣市镇 | 曹柏村 | |
| | 腰潞镇 | 横屋村 | |
| | 火田镇 | 卧龙村 | |
| 2015 | 秩堂镇 | 吉川村 | |
| | 桃杭乡 | 夏乐村 | |
| | 枣市镇 | 曹柏村 | |
| | 下东街道 | 茶园村 | |
| 2016 | 腰潞镇 | 元王村 | |
| | 枣市镇 | 洞头村 | |
| | 马江镇 | 曾虎村 | |
| | 洣江街道 | 诸睦村 | |
| 2017 | 思聪街道 | 左垅村 | |
| | 洣江街道 | 诸睦村 | |
| | 枣市镇 | 管塘村 | |
| | 下东街道 | 沿河村 | |
| | 下东街道 | 齐溪村 | |
| | 湖口镇 | 妙石村 | |
| | 腰潞镇 | 潞理村 | 自主创建 |
| | 火田镇 | 大英村 | 自主创建 |

【重金属污染耕地修复治理及农作物种植结构调整试点工作】 2017年，茶陵县被确定为长株潭重金属污染耕地修复及农作物种植结构调整试点项目10个县市中3个整县推进之一的县，试点项目面积为19.06万亩，其中第三方修复治理安全利用区耕地9.68万亩。在轻中度污染区的枣市镇车陂村、马江镇塘富村、思聪街道下清村、严塘镇爱里村实施4个500亩的VIP+n修复技术模式标准化示范片，明确VIP+n修复技术模式应用效果、应用阈值与适用范围，构建可复制、可推广的VIP+n标准化修复技术体系和联合推进机制（VIP+n即"V：种植镉低积累水稻品种，I：优化水分管理，P: 施用生石灰，n: 施用土壤调理剂、喷施叶面阻控剂和施用商品有机肥"）。完成优先保护区705个土样和705个农产品样、安全利用区1124个土样和1124个农产品样、严格管控区32个土样和32个农产品样、382个灌溉水样和293个农业投入品共4397个品样的取样送检工作。安全利用区中度污染区完成土壤调理剂撒施2.9579万亩，叶面阻控剂喷施2.9579万亩，优化水分管理2.9579万亩，生石灰撒施1.06万亩。安全利用区轻度污染区完成优化水分管理2.5786万亩，完成生石灰撒施5.4万亩。在安全利用区和严格管控区实施治理性休耕面积为25227.58亩（含2016年5498.09亩继续休耕），分布在7个乡镇（街道）15个行政村，建立休耕区监测点14个。完成水稻低镉品种采购和发放48.525万千克，其中早稻19.425万千克，一季稻9.75万千克，晚稻19.35万千克；低镉品种种植面积22.385万亩，其中早稻6.01万亩，一季稻6.7万亩，晚稻9.672万亩。完成经济作物结构调整1235.7亩（新增200亩，复种1035.7亩）。

【产业扶贫】 起草并由县政府出台《茶陵县2017年产业扶贫实施意见》，按照"四跟四走"的发展思路，明确直接帮扶、股份合作、委托帮扶、劳动力参与等四种产业发展利益联结模式。引导贫困人口53244人与新型经营主体建立产业利益联结关系实现稳定脱贫，占建档立卡贫困人口总数74.7%。指导63个贫困村成立特色种养专业合作社，种养专业合作社在贫困村覆盖率为92.6%。支持15家农业龙头企业在36个贫困村建立产业基地，产业基地在贫困村覆盖率达52.9%。在62个贫困村新建70个总装机容量为5624.82千瓦的村级光伏发电站，其中有67个总装机容量为5314.82千瓦的村级光伏发电站并网发电。

【高陇镇石冲村入选全国"一村一品"示范村镇】 2017年，农业部公布第七批全国"一村一品"示范村镇名单，全国300个村镇上榜，其中湖南省11个，茶陵县高陇镇石冲村（石冲脐橙）入选。高陇镇石冲村地处偏远山区，有着得天独厚的地区气候，该地生产的脐橙有独特的风味和纯正品质。近几年来，该村脐橙种植面积逐年扩大，成为茶陵县水果的重要品种之一，为果农发家致富的"摇钱树"。2014年、2015年，高陇镇石冲脐橙种植农民专业合作社生产的纽荷尔脐橙，连续两次在中国中部（湖南）国际农博会上荣获"金奖"荣誉称号。株洲市获评为全国"一村一品"示范村镇有五个，其中茶陵县湖口镇小潭村（红薯）、高陇镇石冲村（脐橙）获此殊荣。

（撰稿：谭忠海　审稿：谭文平）

## 现代农业产业化示范企业选介

【湖南万樟园林集团有限公司】 湖南万樟园林集团有限公司成立于2002年，注册资金5000万元，国家林业重点龙头企业。公司下辖茶陵县万樟园林现代农业产业示范园有限公司、蜜柚实业有限公司、黄桃发展有限公司、绿化工程有限责任公司、旅游开发有限公司5个子公司和茶陵县万樟园林苗木种植农民专业合作社。集团公司现有员工364人，其中工程师26人、技术员18人、会计师3人、导游3人；本科文化21人、专科文化19人、高中文化255人、初中文化69人。

2010年5月，湖南万樟园林集团公司开始在茶陵县严塘镇投资创建现代农业产业示范园。园区规划面积11.6万亩，计划投资32亿元，坚持以建设国家级旅游度假区、国家农业公园（田园综合体）、国家AAAAA级旅游景区、国家级现代农业产业示范园为目标，致力于发展名贵花卉及珍贵树种产业、蜜柚产业、黄桃产业、旅游观光产业，建设丹桂、罗汉松、银杏、小叶桢楠、石楠、朴树、榉木、樟树等珍贵树种战略储备林，建设桂花园、杜鹃园、紫薇园、樱花园、红枫园、玉兰园、桃花园、蜜柚园、芙蓉园及腊梅园，打造集一二三产业融合发展的现代农业特色产业园。

园区流转土地 6 万余亩，开发面积 5 万余亩，完成投资 6.65 亿元，建成万亩紫薇园、万亩桂花园、万亩杜鹃园、万亩红枫园和玉兰园。栽植各种珍贵树种、名贵花卉 9800 多万株，铺种草皮 21 万多平方米；修筑淤地坝、拦砂坝 23 处，水塘 40 多处，水沟 6000 多米。2017 年，吸收当地村民就近就业 2000 多人，其中贫困农民占 42%。当地农民每年可得土地流转收入 300 多万元，务工收入 2000 多万元。该集团公司还承担 2134 个贫困人口的脱贫任务，每人每年发放帮扶资金 1000 元，连续帮扶 10 年，将共发放帮扶资金 2000 万元以上。公司还对园区周边特困户每年走访慰问一次，对特困户中的大、中学生发放奖助学金，对园区周边贫困村修建农民休闲广场、绿化村道等。

集团公司暨农业产业示范园被列入省重点工程、茶陵县“十三五”发展规划，获国家林业重点龙头企业、国家休闲农业和乡村旅游五星级企业（园区）、国家现代园林标准化示范区、“全国万企帮万村脱贫攻坚行动先进民营企业”、省林业产业化龙头企业、省现代农业特色产业园、省万企联村共同发展样板项目、省同心工程产业扶贫同心项目、省五星级休闲农业庄园、省级林业示范合作社、省“重合同、守信用”单位、省创新创业带动就业示范典型、省优质初创企业、株洲市优秀旅游示范景点、株洲市农业产业化龙头企业等称号。企业法人代表刘祖治是全国农业劳动模范、湖南省十二届政协委员、湖南省工商联常委、株洲市第十五届人大常委会委员（兼职）、株洲市工商联副主席，2017 年被评为湖南省先富带后富十大典型之一、湖南最美扶贫人物。

（撰稿：谭忠海　审稿：谭文平）

## 种植大户选介

**谭海林**　茶陵县严塘镇玳溪村人，现年 44 岁，现任严塘镇玳溪村村主任，茶陵县严塘海林农机农民专业合作社理事长。谭海林于 2013 年被评为“湖南省先进种粮大户”；2014 年被评为“株洲市先进种粮大户”“茶陵县推进农业产业化先进个人”；2015 年被评为“湖南省大规模种粮大户”；2016 年被评为“茶陵县党员创业先锋”，并当选中共株洲市第十二次代表大会代表、中共湖南省第十一次代表大会代表。

谭海林 1992 年高中毕业后就外出福建、深圳务工，做过工厂工人、质检员、中层管理者，虽然工资不低，但总觉得不是长远之计。1998 年，他带着 8 万元的积蓄到新疆建设兵团，承包 300 余亩土地种植哈密瓜，头两年产生了好的经济效益。2000 年后，由于盲目扩大种植面积，缺乏管理经验，导致亏损几十万元。为摆脱困境，他又回到深圳务工，做起码头货柜车司机，经营小生意。

在深圳的日子虽然轻松，也有一定的固定收入，但他对土地深厚情结却无法放下。2008 年年底，他毅然收拾行李回到家乡，看到村里有相当一部分土壤质量好的良田荒芜或种植单季稻，他开始把心思放在家乡的这块金土地上。经过走访调查，2009 年年初，流转本村耕地 150 余亩开始种植水稻，当年就取得丰收，且经济效益可观。初试牛刀的谭海林对种粮充满信心，他开始逐年增加流转土地，扩大种植规模。种植规模扩大，必须依靠科学种植技术和机械化，以及规范化的管理。2015 年 3 月，谭海林注资 300 万元，吸收股东 5 人，成立茶陵县严塘海林农机农民专业合作社，该社 2016 年被评为“全国农机合作社示范社”。接着，合作社又投入资金 300 多万元，流转土地面积 2200 多亩，新建粮食仓库、烘干中心共 1200 多平方米，机库（棚）面积 800 平方米，农机维修车间 160 平方米；投入 280 多万元，购置大中型农业机械设备 43 台（套），其中新型机械植保飞机 3 架。合作社成立农机服务队，构建农科教、管推用紧密配合的工作机制，制定科学合理、相互适应的农机服务体系、作业规范和质量标准，加强农机从业人员技术培训和安全教育。从机插、植保、烘干等薄弱环节发力，推广新机具应用，特别是利用飞防技术统防统治，提高生产效率和经济效益。2017 年，种植水稻 2200 亩，生产粮食 1650 吨，实现产值 380 万元，利润 75 万元。

从事水稻规模化生产 8 年间，合作社积累较为丰富的水稻种植、农机作业和技术服务、企业管理实践经验。同时，也带动当地农户种粮积极性，解决入社农户、缺少主要劳动力的困难户、外出务工农户的后顾之忧。合作社为本区域内12户贫困户搭建发展平台，每年每户平均领取劳务报酬18000余元。通过农机、农艺技术培训，农机信息转播，使贫困户掌握一技之长，加快脱贫致富的步子。

（撰稿：谭忠海　审稿：谭文平）

## 烟草种植

【概况】茶陵县烤烟办公室内设综合股（办公室）、烟叶发展股、基础设施建设股（加挂茶陵县基本烟田土地整理办公室、茶陵县烟草水源工作水源建设办公室牌子）3个股室，有事业编制8名。其主要职责是贯彻执行国家有关烤烟产业政策和法律、法规，负责编制全县烤烟产业发展规划，拟定年度计划和工作措施，并负责组织实施；负责协调、配合涉及烤烟产业的相关部门做好烤烟产前、产中、产后的服务工作；负责全县基本烟田基础设施建设的规划、项目申报和工程验收等工作；会同有关部门做好烟叶新品种、新技术的引进和推广工作，提升烟叶质量；配合有关部门搞好原烟市场整顿和规范化管理。2017年，茶陵县有7个乡镇、43个行政村、1109户烟农种植烤烟，种植面积2.18万亩，其中火田镇5050亩、腰陂镇3640亩、马江镇5460亩、枣市镇3280亩、界首镇2600亩、高陇镇910亩、秩堂镇820亩，收购优质烟叶5万担，实现烟叶税收1600万元。

【烟叶生产】一是强化组织领导，加大扶持力度。县委、县政府把烤烟产业列入十大产业项目之一，且县烤烟办成立3个工作队，由副主任任队长，一般干部为成员，分片负责，督促种烟村尽早落实种植计划，切实解决烟农生产与生活中的实际困难；组织技术人员深入每一个种烟村、组，针对春季雨水偏多、土壤板结的不利条件，召开专题会议并现场指导烟农抢抓有利时节及时翻耕起垄、烧制火土灰、沤制土杂肥；继续实行烟叶税分成政策，县财政从烟叶税中提取15%、15%和25%分别奖励给种烟乡镇、村和烟农，按12.5%的比例提取烟叶发展基金，专门用于烟叶发展；将烤烟生产纳入农业保险，政府与烟草部门共同出资105.6万元支持烟农参加农业灾害保险，有力保障烟农利益。二是狠抓技术管理，提高烟叶品质。努力实现全面推广翻耕起垄两步走、全面施用火土灰土杂肥、全面进行地膜覆盖、全面推行合作社专业化工场育苗、全面开展阶段考核“五个全面”，严格落实烟叶标准化生产，提升烟叶生产水平，提高烟叶质量；严控采收标准，防止采青、采杂，严格坚持“下部叶适时采收，中部叶成熟采收，上部叶4~6片充分成熟集中一次性采收”的原则，实行许可制度，由烟叶培植员把握成熟采收的标准；出台《茶陵县烟叶生产考核办法》，由县烤烟办牵头组织对全县7个种烟乡镇，43个种烟村烟叶生产技术管理落实情况进行阶段考核；开展烟农专业化散烟分级培训工作，组织专业技术人员深入农户指导烟农除青、除杂和分级，提高烟农专业化分级水平，提升烟叶分级纯度。全年开展烟农技术培训6000余人次，印发烟叶生产技术资料20000余份，且先后组织烟叶管理人员、烟叶技术员、烟农3支队伍，分批次赴桂阳、浏阳、龙山、江华等种烟先进县市学习烤烟生产管理和种植技术，为全县烟叶生产提质增效注入新的动力。

【烟叶收购】2017年，茶陵县实际产烟近6万担，而最终下达给全县的收购计划为5万担，产收矛盾较为突出。为规范收购秩序，维护烟区稳定，及早谋划，及时制定《2017年茶陵县烟叶收购工作方案》，召开烟叶收购工作会议，对全年烟叶收购做具体的安排和周密的部署；拓展渠道，通过“走出去”与“请进来”，积极与周边烤烟生产县互通信息、互通有无，拓宽业务渠道，稳定烟农情绪；各种烟乡镇高度重视烟叶收购工作，针对实际制定应急预案，每天安排得力干部到收购点值守，及时协调和解决收购中的矛盾和问题，使全年烟叶收购工作提前圆满结束。

【烟基建设】全年全县开挖疏浚衬砌硬化渠道23条15.8千米，修建机耕路16条13.93千米，新建桥、涵、闸等附建物105处；投资38万余元，更换5个育苗大棚的棚膜，在烤房闲置期间完成163座烤房的改造和修缮。2017年12月中旬，市县联合验收组对茶陵县基本烟田土地整理项目进行100%的全面验收，一致认为茶陵县基本烟田土地整理项目真实可靠、设计合理、质量优良、档案齐全规范，工程项目

100%验收合格。全力做好大垅水库项目建设前期工作，成立茶陵县烟草水源工程建设工作领导小组，确保项目工作顺利实施，项目通过公开招标确定勘察设计单位，设计招标完成后即时启动项目可研工作。截至2017年年底，完成坝区、库区、灌区的测量及地质勘测工作，确定灌区范围和灌溉面积、工程等级和防洪标准，选定移民安置区的位置，编制《可行性研究报告》《成库论证报告》《移民调查报告》和部分专题报告。

【队伍建设】 一是开展职业烟农建设，利用烟农考核记录手册详细记录农事操作过程，设专人做好信息资料的采集，建立烟农档案，将其作为职业烟农评定和考核的重要依据；制定《茶陵县职业烟农评定和管理实行办法》和《茶陵县职业烟农考核办法》，根据“政府主导、烟农自愿、严格标准、动态管理”的原则，坚持优胜劣汰，按照职业烟农评价体系，建立市场主导的职业烟农培训机制，培养一批有文化、懂技术、会管理、善经营、讲诚信的职业烟农，有效提高烟农队伍的稳定性和专业性。二是打造专业技术队伍。以乡镇烟站为依托，对集中连片种植烤烟面积250亩以上的村、组，配备专职技术员，长驻农户，与烟农同吃同住同劳动，无偿提供全程技术服务，建立一支技术精湛、作风优良的烟叶生产专业技术员队伍；科学整合现有资源，将全县小型专业合作社整合进综合型服务烟叶合作社—金犀烟叶合作社，开展运输、烘烤、分级、收购等专业化服务，更好地促进烟农降本增效。

（撰稿：陈 波 审稿：钟思平）

## 林 业

【概况】 茶陵县林业局是县人民政府工作部门，主管全县林业行政工作的政府职能部门，负责全县森林生态建设、资源保护和国土绿化工作，执行国家有关林业法律法规和方针政策，拟订全县林业中长期发展规划及年度计划并组织实施，组织开展植树造林、封山育林、国土绿化工作，负责森林资源调查、监测建档、保护管理。林业局下设森林公安局和山纠办2个副科级，内设10个股室站，下辖秩堂、桃坑、湖口、枣市、云阳、严塘、腰潞、高陇、火田、虎踞10个林业管理站和洪山庙、老虎山、由义、金星、界化垅5个木材检查站，有在编人员160人。2017年，茶陵县林地面积264万亩，覆盖率为62.88%，林木绿化率64.11%，增长率为0.06%；活立木蓄积量4896650立方米，增长率为4.0%，森林质量得到明显改善。3月16日，湖南省加快推进国土绿化现场会在茶陵召开。

【森林资源保护】 按照《茶陵县封山育林工作实施方案》和《茶陵县封山育林实施细则》，严格执行十个禁止，保护茶陵生态，推进国土绿化。广泛开展林业宣传。利用“植树节”“爱鸟周”“森林防火特护期”等活动，发放林业相关宣传资料，出动流动车辆宣传，做好日常防火值班、火情监测工作，防控森林火灾。2017年，全县火灾火警发生36起，发生率同比减少70%，火灾发生率和受害率均控制在省定标准之内。禁伐护林有效开展。全年采伐办证202份，办理各类型采伐手续蓄积量17483立方米，出材量10162立方米，占约束性指标的51.5%；保护全县省级以上公益林面积88.0984万亩，发放补偿基金1442.29万元；全县发生林业病虫害面积0.745万亩，成灾率0.3‰，无公害防治率91%；开展“利剑”联合行动，收缴非法捕猎、买卖野生动物竹鼠、斑鸠等150只/羽、蛇982.3公斤。林地管理日趋规范。全年办理永久性使用林地16起，占用林地62.37公顷，完成植被恢复费收入925.6万元，超过任务数225.6万元，同比增收62.2万元。加强湿地保护力度。执行“河长制”，加大全县主要河流、湖泊、水库等湿地生态保护和建设，加快东阳湖国家湿地公园创建。实施全面封山育林，实现资源消耗量、火灾受害率、林业案件发生率“三下降”；资源增量、林业增效、林农增收“三增长”。

【林政管理】 规范木材运输管理，严格按照省厅文件规定，办理木材运输证4100多立方米。加强木材加工管理，对全县201家木材加工企业定期监督检查，建立管理台账；对木材经营加工许可证进行年审，对20家不合格企业不予通过。全力调处山林纠纷。全年调处山林纠纷20起，调处争议面积2000亩，接待群众来访60批，350人次，应对山纠诉讼4起。严厉打击破坏行为。全县查处各类涉林案件135起，打击处理违法犯罪人员103人次，依法执收各类款项102.31余万元，为国家、集体及公民个人挽回直接经济损失330余万元。

【产业培育】 一是油茶产业发展迅速。2017年完成油茶造林面积1.2万亩，油茶垦复3.0万亩，造林成活率和垦复质量高。到2017年底，全县累计新造油茶8万多亩，低改老油茶林20余万亩。2010年、2011年、2012年所造油茶林鲜果平均亩产达900千克，亩产值达4000元，成为茶陵县绿色经济新的增长点。二是楠竹产业发展稳定。全县楠竹林19.2万亩，完成楠竹低改面积10万亩，建成严塘和吕、火田卧龙、高陇白龙、桃坑利民等楠竹产业示范基地。三是林业企业活力增强。全县有林业企业181家，其中国家级重点林业龙头企业一家（万樟园林），省级林业龙头企业11家，涉及竹木加工、茶油加工、家居制造等行业，“康御”茶油等品牌畅销全国。

【脱贫攻坚】 落实“生态补偿脱贫一批”政策。组织实施建档立卡生态护林员补助项目，投入资金242万元，涉及全县16个乡镇（街道）223个村（单位），补助建档立卡护林员242户，精准脱贫994个贫困人口，生态护林员人平年补助资金10000元，一人护林，全家脱贫。林业产业带动精准脱贫。优先安排贫困户林业项目建设，包括森林抚育、造林补贴、油茶造林、油茶低改、楠竹低改等。以万樟园林、虎源生态等林业龙头企业为载体，以委托帮扶的形式带动7681名贫困人口脱贫。选派16名干部组成8个工作队驻村开展精准扶贫，派出82名局干部与8个村的贫困户开展结对帮扶干部。2017年，贫困村竭石村实现贫困退出，带江、马溪、东江、夏乐、坑口、桃坑、晓枫7个非贫困村的82户272个贫困人口脱贫。

【护林队伍建设】 组建242人生态护林员队伍，完善森林防火大队、武警消防中队、云阳林场、平水林场、乡镇防火队100余人的队伍建设。开展经常性的森林保护、森林防火宣传教育和巡查，发现问题快速处置，预防涉林违法违规行为的发生，实现护林队伍常态化、规范化管理，为森林资源保护发挥主力军作用。

【湖南省加快推进国土绿化现场会在茶陵召开】 3月16日，湖南省加快推进国土绿化现场会议在茶陵召开，省政府办公厅、发改委、财政厅、林业厅、住建厅、农业委、交通厅、国土厅等单位以及全省14个市州相关人员参加会议。首先，与会代表参观湖南万樟园林集团有限公司2017年度及往年造林现场、珍武村旺丰油茶万亩油茶高产栽培基地，茶陵县先进的营造林模式以及国土绿化成果给参会代表们留下深刻印象。之后，茶陵县人民政府做先进典型发言，省林业厅党组书记胡长清做湖南省加快推进国土绿化主题报告，湖南省人民政府副省长戴道晋做讲话。

（撰稿：周志强　审稿：刘喜春）

## 云阳国家森林公园（云阳国有林场）

【概况】 茶陵县云阳国家森林公园管理局（茶陵县云阳山风景名胜区管理局、茶陵县云阳国有林场）是茶陵县人民政府授权主管云阳国有林场（云阳山国家森林公园）范围内风景名胜、旅游景区、自然保护区和地质公园保护开发和经营管理的副处级机构，核定局长职数（副处级）1名。设有茶陵县云阳山景区管理站（森林公园行政执法队）、云阳山景区游客服务中心，云阳国有林场下设云阳、贻山、潞水、二仙4个分场。

【森林资源培育和保护】 一是大力造林。2017年实施造林补植2523亩，抚育7993亩，森林质量精准提升1200亩，国储改造培育1000亩，林分结构向着大径材与珍稀树种异龄复层混交发展。云阳国家森林公园所辖范围活立木蓄积449275立方米，森林覆盖率92.73%。二是精心护林。全年印发森林防火宣传册5万份，投入资金50万元添置消防灭火器材设备；在国家环保督查中，对损害林木构成违法的依法移交公安机关查处，立案2起；松毛虫烟雾剂药物防治2500亩。全年没发生一起火灾，没发生一起严重病虫灾害。三是科学管理。对云阳山自然保护区卫星遥感人为活动点124处进行核查，启动“云阳国有林场和森林公园森林资源监管平台”系统操作前期准备工作。

【景区建设】 景区建设投入资金

近1000万元，修缮公园东门至望水沟旅游防火通道，抢修公园内多处因自然灾害造成的山体滑坡护坡工程，修缮神龟谷铁索桥、放生池观景桥桥墩等有安全隐患的景点设施，对公园内的道路、游步道、供电、供水、路灯等基础设施改造升级；对东门服务区公共厕所进行星级改造及园区内的厕所设施进行更新，启动景区出入口监控系统建设；自筹资金50万元用于除险排患工作。2017年，景区实现全年旅游安全责任事件为零、森林火灾为零、游客投诉为零。建设智慧旅游，建立云阳国家森林公园微信公众号，开通云阳山旅游网站；开拓长株潭一体化市场，与“潇湘风情”联合体成功合作；与北京华夏五五网络科技有限公司、杭洲安畅科技有限公司、湖南快游神洲旅游科技有限公司合作，建立广泛旅游横向联系，面向市场推出有品位年卡产品。2017年云阳国家森林公园接待游客40余万人次，外地游客门票收入112万元，该园在2017年全省森林公园质量管理评定中被评为优秀森林公园。

【项目建设】 2017年实施国家储备林培育项目，投资150万元；长江防护林森林质量精准提升项目，投资60万元；仙人湾未成林造林地林相结构改造项目，投资1600万元。启动湖南省森林康养试点示范基地项目，由虎源生态园林有限公司与云阳国家森林公园管理局共同合作开发；欧洲银行投资贷款湖南森林提质增效示范项目，计划投资2400万元，已经开展项目实施的前期准备工作；潞水分场十三工区防火通道建设，投资1800万元，相关林地调规和项目规划设计基本落实。

【林场改革与自身建设】 国有林场改革向深度推进，对富余职工继续实行“内退内养”制度，富余职工中安排12人上岗，对未内退内养的富余职工发放一定的生活补贴。投资30万元改造机关办公楼、家属宿舍照明线路，投资5万元改造二仙分场电力线路，投入6万元维修改造云阳分场林区道路，二仙村饮水主管工程预算资金13万元，林场基本设施修复及办公设备添置投入资金20万元。

（撰稿：刘小矛　审稿：肖晓勇）

## 畜牧水产业

【概况】 茶陵县畜牧兽医水产局内设办公室、人事股（科技股）、工会、计财股、畜牧站、动物卫生监督所（加挂畜禽水产品质量检测中心）、动物疾病预防控制中心、水产站（加挂渔政管理站）、质量安全股、兽药饲料管理站、生猪定点屠宰办11个机关股站室，下有15个乡镇街道动物防疫站、1个国营湖塘鱼场和1个畜禽良种场，主要工作职责是贯彻执行党和国家有关畜牧水产事业的方针政策和法律法规；组织协调科技项目攻关、技术开发；负责畜禽良种、水产新品种、新兽药、优质饲料的推广应用；负责全县种畜禽、水产种苗、兽药、饲料、饲料添加剂的质量监测和执法监督管理；组织实施全县动物疫病的防治、控制与扑灭；负责全县渔业行业行政执法监督管理，负责生猪定点屠宰的监督管理工作。2017年，茶陵县发展生猪131.6万头，出栏生猪85万头，常存栏生猪46.6万头；出栏肉牛3.03万头，存栏肉牛8.07万头；出栏山羊3.1万只，存栏山羊3.14万只；出笼家禽121万羽，存笼家禽145万羽；投放鱼种5100万尾，出产水产品12940吨。全县养殖业呈现出健康、稳定的发展态势。

【养殖技术服务】 科技培训。积极推广养殖新技术，对重点产业、重点项目、规模养殖场继续派驻科技特派员，组织技术人员下乡入户，开展栏舍设计、标准化示范养殖场建设、水禽养殖技术、水产养殖技术、人工授精技术、畜禽疫病诊断与防治等知识讲座和现场指导。全年举办培训班60期，培训人员5860多人次，解答咨询服务近2950人次，发放技术资料15000余份。实地指导。每个技术干部与2~3家规模养殖大户建立紧密的技术扶助关系，结成“对子”，做到每月带资料、技术和信息到养殖户中实地指导工作2天以上，帮他们提供产前、产中、产后技术和信息服务。提供销售信息400条，培育科技示范户100家。

【动物防疫】 一是抓好动物集中免疫。按照“政府部门保密度，业务部门保质量”的要求，强化防疫责任，落实防疫经费、防疫人员和物资，对高致病性禽流感、口蹄疫、小反刍兽疫3种动物疫病实行强制免疫，确保畜禽群体常年免疫密度达到90%，应免畜禽免疫密度达到100%，免疫抗体合格率达到70%以上。二是规范检疫行为。强化检疫队伍培训和管理。通过开展法律法规学习、检疫技术培训、案卷评查、执法考试和警示教育等活动，提高检疫人员法律和业务素质，增强检疫人员责任和风险意识，规范检疫出证行为。探索建立网格化管理模式，实行动物产地检疫分区划片，责任到人。严格依法受理群众检疫申报并实施现场检疫，以强制免疫、防疫档案、耳标佩戴等为基础，严格检疫程序，规范检疫行为。严禁弄虚作假违规补开、虚开检疫证明的行为，定期和不定期开展明察暗访、内部督查、定期通报等活动，严厉查处不检疫就出证、违规检疫出证等执法违法行为。2017年，全县产地检疫生猪368326头，屠宰检疫动物产品3077631公斤，产地检疫率较2016年提高10%以上。强化监督检查。采取主动出击与群众举报相结合、定期稽查与突击检查、明查和暗访相结合，切实加强监管。探索和完善监管对象基础信息登记全覆盖和信息每季核查制度，全面摸清辖区内养殖场户底数，其中生猪规模养殖场378户，肉牛规模养殖场54户，肉羊规模养殖场23户，家禽规模养殖场29户，准确掌握规模养殖场户养殖的种类、数量、存出栏动向、动物疫病防控、病死动物无害化处理等方面的动态变化。严厉查处逃避检疫和跨省调入不报告等违法行为，强化日常监督检查，及时通过湖南省动物卫生监督信息平台上传监管信息843条。

**【畜禽屠宰监管】** 加强畜禽屠宰环节监督检查和抽样监测的频次和力度，督促辖区内定点屠宰企业落实质量安全和生产安全主体责任，规范“瘦肉精”自检和肉品品质检验流程。严格执行畜牧兽医执法“六条禁令”和屠宰检疫“五不得”等相关规定，按照申报受理、宰前和同步检疫检验要求规范操作，确保人员和措施到位。推进屠宰监管“扫雷”行动。重点加强对屠宰场点所在地、城乡结合部、交通要道周边和肉食品加工集中地等风险区域监管，打击私屠滥宰、屠宰病死畜禽、注水或注入其他物质等违法行为，涉嫌犯罪的移交公安机关处理，持续形成高压态势和有效震慑。

**【养殖业污染治理】** 一是禁养区养殖场全部关停。全县规模养殖场禁养区23户（其中规模养殖场21户，专业户2户）。2015—2016年，茶陵县退养、搬迁或关停6家养殖场，分别是下东街道肖富生养殖场、贺敬平养殖场、肖艳养殖场、虎踞镇林宗云养殖场，秩堂镇龙金生养殖场，思聪谭爱和养殖场。2017年4月，县政府下发《关于取缔关闭胡头生等10家养殖场的决定》。至2017年11月底，政府文件决定关停的10家养殖场（吴东红养殖场、谭小红养殖场、谭晚和养殖场、谭国中养殖场、胡头生养殖场、陈春发养殖场、灵犀养牛场、彭四云养殖场、彭六生养殖场、彭段兰养殖场）已全部关停或搬迁，其他禁养区范围内的5家规模场（李有权养殖场、周九来养殖场、李苟来养殖场、张革平养殖场、谭朱生养殖场）及2家专业户（彭红平养殖场、张革武养殖场）也全部关停或搬迁。另外10月在处理马江镇长联村养殖业污染环保部督查件中，关停雷春生、雷伍来养殖场2家。二是养殖业污染治理基本完成。茶陵县有规模养殖场总数344个，在建养殖场84个，至2017年年底，全县完成规模化养殖场污染治理的养殖场122个，粪污设施设备配套比例达到75%，畜禽粪污资源化利用达到85%。

**【重点项目】** 龙华农牧（东冲二期）已建设头胎线一条，经产线二条，宿舍楼1栋及附属设施等，计划总投资16300万元，实际完成投资16340万元。龙华农牧生猪产业精准扶贫项目在严塘、高陇等4个乡镇投资建设年出栏规模30万头肥猪的3个养猪基地和养殖规模相配套的养殖废弃物无害化综合处理与资源化循环利用基地、3个年产能共计5万吨的有机肥生产基地、3个使用有机肥的农产品种植示范基地，计划总投资6500万元，实际完成投资6600万元；林丰黄牛产销一体化建设，新扩人工草场500亩，牧草改良1050亩，新建扩建栏舍3100平方米，新建青贮饲料仓库2000立方米，新建茶陵黄牛繁育中心1500平方米及其他配套基础设施，计划投资5000万元，实际投资5300万元；病死畜禽无害化收集处理体系项目预计投资1300万元，采取招商引资模式建设，由茶陵宝丰生物无害化处理有限公司投资建设。9月20日，该项目在马江镇月岭村举行建设开工仪式，12月底，基本建成可覆盖全县所有养殖场（户）的病死畜禽无害化收集处理体系，并投入运行。

【畜禽水产品质量监管】 一是“瘦肉精”等违禁药品的专项整治。元旦、春节、5月和中秋国庆节期间开展“瘦肉 精”、兽药、饲料及饲料添加剂等专项整治行动，出动执法人员1980人次，平时不定期开展抽查工作。县畜牧局采购价值8万余元的“瘦肉精”快速检测卡24000多条，分发至各乡镇站，在全县对存栏生猪按2%比例、牛羊10%的比例开展“瘦肉精”抽样检测排查，共检查养殖户960户，对68万头存栏生猪、2.4万头存栏菜牛、羊抽尿样，其中抽样尿样生猪13600余个，牛、羊尿样2400余个，进行“瘦肉精”（盐酸克伦特罗、莱克多巴胺、沙酊胺醇）等违禁药物的快速检测，结果全部为阴性。对100头以上养猪户督促并指导建立养殖台账，签订不使用“瘦肉精”等违禁物品承诺书。严格实行动物产地检疫与检测同步进行制度、对出栏及定点屠宰生猪按比例抽检，全年以来无检出“瘦肉精”等违禁药物残留阳性案例现象发生。二是兽药饲料经营市场的整治。5、9月组织专职行政执法队伍出动执法人员58人次对全县27个兽药经营店和39个饲料经营店进行2次全面监管检查，全部签订不经营含“瘦肉精”违禁物品承诺书，清理销毁一批过期失效药品，净化兽药饲料经营市场。严格实行GSP达标管理制度，坚决取缔无证经营，严厉打击经营违禁药品、人用药、假劣兽药违法行为，督促建立兽药购销记录，实行经营的饲料登记备案制度，严禁经营“三无”饲料。抽取饲料样8个送省检测，无不合格产品，未发现兽药饲料经销商有经营“瘦肉精”等违禁药物的违法行为。三是“打非治违”专项整治。从9月开始，从养殖生产、投入品经营、定点屠宰监管多环节开展畜禽水产品安全生产专项大检查。重点排查非法使用违禁药物、人药兽用、滥用抗生素、出售病死畜禽等违法行为，养殖台账是否完整，病死畜禽是否无害化处理，屠宰环节重点排查购销台账，动物及其产品有无检疫证明，“瘦肉精”检测记录以及是否屠宰病死动物等，共检查27个兽药店、39个饲料经营户、359个养殖场、27个农贸市场的220个肉品经营店摊以及县定点屠宰场，确保全县不发生畜禽水产品质量安全事故。

【渔政执法】 一是开展舆论宣传。发放法律条文宣传资料1200份；在水域要道共竖立不锈钢宣传牌8块，悬挂横幅15条，出动宣传车98次，制作永久性固定宣传牌5块。通过宣传发动，让禁止电鱼炸鱼毒鱼工作家喻户晓，人人皆知。二是加强日常巡逻。由渔政站牵头，组成巡逻执法队，9月至11月每晚开展日常巡逻执法，从严查处“电鱼、炸鱼、毒鱼”等破坏水域资源的违法行为。全年出动执法人员280人次，查处电捕鱼违法案件15起，没收电鱼设备15套，捣毁电鱼船15艘，没收非法渔获物35公斤，抬网22个、电抄网28副，并对涉案人员进行说服教育与和惩戒。三是实施渔政区域管理。与舲舫乡官溪、舲舫、垅井、中州四个捕鱼高发村签订渔政区域管理目标责任状，聘请村干部为渔政协管员，发挥他们熟悉当地河段和村民的优势，及时劝阻有电捕鱼苗头的村民，全面掌握电捕鱼的第一手证据并提供给渔政部门，便于执法人员及时打击电捕鱼、毒鱼行为，取得很好的效果。为保护洣水河渔业资源，合理增值鱼类资源，在洣江河畔举行主题为“增殖水生物、促进绿色发展”的鱼类人工增殖放流活动，人工放流鱼种400万尾。

（撰稿：彭双智 审稿：陈立文）

## 水利水电

【概况】 茶陵县水利局是县人民政府工作部门，主管全县水行政工作，局机关内设办公室（行政审批股）、人事科教股、计划财务股、水利水电工程建设管理股、防汛抗旱指挥部办公室、水电管理股6个机构。下辖水土保持站(副科级全额拨款事业机构）和农村饮水安全管理办公室（县水质检测监督中心）、水政水资源与河道管理站（县水政监察大队）、水利水电工程建设服务中心（项目办）3个正股级全额拨款事业机构以及茶安灌区管理所、岩口水库管理所、东坑水库管理所、龙头灌区管理所4个正股级自收自支事业机构。2017年，全县兴建各类水利工程1950处，完成项目总投资1亿元。县水利局在全市最严格水资源考核中获第一名，被评为县文明标兵单位、县综合治理红旗单位、县计划生育优秀单位。

【“河长制”】 围绕“水清、河畅、岸绿、景美”的治水目标，推进“河长制”，建设美丽生态新茶陵，治水取得初步成效。一是构建工作体系。对全县范围内113条河流全部落实具体责任人。由县委书记任县级第一河长，县长任县级总河长，5位县级领导分别担任县级副河长兼洣水、洮水、茶水、沤江和文江河的县级河长。河流所流经乡镇（街道）的151位主要负责同志担任乡级河长。208位村支书或村主任担任村级河长。各级河长名单均在茶陵县新闻网站公示，实现县、乡、村三级河长全覆盖。二是健全工作机制。下发《茶陵县河长制实施方案》《2017年茶陵河长制工作考核办法》等文件，对各级河长、各相关部门的工作职责和主要任务进行再细化、再明确。县委、县政府召开专题会议，研究解决推进河长制工作中的一些具体问题，每年增加预算河长制工作经费200万元。三是营造工作氛围。利用电视、报刊、微信等媒介，开展宣传动员，让全县上下认识实施“河长制”、保护水安全的重要性和必要性，激发广大群众参与水环境保护的积极性和责任感，为“河长制”工作营造良好的社会氛围。

【防汛抗旱】 一是强化责任落实。调整充实县防指机构和成员单位，落实以行政首长负责制为核心的各项防汛责任制。修订防汛抗旱应急预案，举办全县水利系统防汛抗旱知识培训班，提高基层人员的应急防范能力。二是强化监测预警。加强天气监测预报，密切关注天气、水雨情变化，及时向公众发布气象预警信息4800余条，预警广播2100余次。开展相关防范工作，积极应对强降雨天气。三是强化防汛督查。派出5个检查组在全县范围内开展备汛安全检查，对全县山塘水库、山洪地质灾害易发区等重点区域和防汛薄弱环节进行集中式排查，确保防汛安全；加强对水库、山塘、堤防、电站、山洪地质灾害易发区的巡查值守，不定期抽查各乡镇（街道）防汛值班情况，保证防汛责任人到岗到位。四是强化水库管理。组织县水文站、县气象局多次会商，提前调度流域性控制水库，降低水位，腾空库容。明确水库管理责任人，组织技术人员对建成的雨量、水位、广播等监测、预警设备进行维护保养。五是强化防灾救灾。做到早部署、早行动，有预案、有措施，提升防灾减灾救灾综合能力。加强应急演练，举行全县冲锋舟操作手抢险演练，提高应急抢险能力。县级储备防汛抢险救灾物资，常年保有编织袋麻袋1.6万条、木材300立方米、砂石料200立方米、铁丝2吨、帐篷100顶、移动泵车1台、发电机5台、各型水泵和抽水机60余台套等各类抢险物资，确保紧急情况防汛物资供应到位。2017年特大洪涝灾害，全县未垮一库一堤，无一人因灾伤亡，无一户因灾致贫，茶陵县水利局被评为市抗洪救灾先进集体。

【农村饮水安全】 农村安全饮水项目建设是水利扶贫的重点任务，集中力量解决贫困人口饮水困难问题。在资金安排上向贫困村倾斜，帮助解决“因水致贫”问题，出台《关于加强农村饮水安全建设管理的实施意见》，推动贫困村水利建设发展。水利局采取地毯式排查，对全县68个贫困村，开展安全饮水“大走访、大核查”，从2027户6622人中精准确定183户603人存在饮水问题。实施“一户一策”的灵活机制，结合人口分布状况和水源分布等实际情况，因地制宜，采取接自来水、引山泉水、打井等方式妥善解决；投入资金3510万元，兴建集中供水工程34处，覆盖16个乡镇（街道）、181个行政村，让2.69万名贫困人口喝上自来水。对于特困户、五保户，投入47.91万元，全免其上户费、水费。

【脱贫攻坚】 一是结对帮扶。水利局包联腰潞镇珍武村和横屋村2个贫困村，派出2支驻村工作队，47名机关干部与438户贫困户结成帮扶对子，实现局领导联点、工作队驻村、干部结对三个全覆盖。结对干部每月至少走访2次，落实好“拉好一次家常、宣讲一次政策、落实一次帮扶措施、实现一个微心愿、核算一次收入、搞好一次卫生、吃一次饭”的“七个一”走访要求，每月汇总贫困户问题，进行集中办理，解决贫困户的难题。二是帮扶有举措。投入帮扶资金105万元，指导贫困村发展产业、完善基础设施建设。为扶持贫困户就业，水利局将推进“河长制”与脱贫攻坚结合起来，优先安排建档立卡贫困户为河道保洁员，并组织开展专项培训，让缺乏基本工作技能又要照顾家庭的贫困户在家门口也能找到工作。全县聘请610名河道保洁员，其中安排建档立卡贫困户403人，每人每月增收1500元。

【水资源管理】 按照推进生态文明建设，推动绿色发展方式和生活方式要求，确立水资源开发利用控制、用水效率控制、水功能区限制纳污3条红线，着力控制用水总量，提高用水效率，实现水资源持续利用。全县2017年用水总量有效控制在3.25亿立方米目标以内，有效控制一般工业万元增加值用水量下降至45.67立方米，低于年度指标47立方米。农田灌溉有效利用系数提高到0.537，高于0.532的考核目标值。所有指标均未突破红线，在《株洲市实行最严格水资源管理制度》考核中，茶陵县荣获第一名。严格执行水功能区限制纳污制度，制定饮用水源地突发事件应急预案；划定10处水功能区和39处农村500人以上集中式饮用水源保护区，设立水源保护区警示牌80余块、交通警示牌6块。根据“一户一表、一户一台账”原则，深入各取水用户核实数据，建立45个证账相符、信息全面的取水许可台账。

【水利建设】 服务扶贫工作大局，将水利建设项目向贫困村倾斜，增强贫困村的自我“造血”功能。一是农业水价综合改革项目。实施范围为枣市镇的车陂、侯泉、枣园、五星、岩口5个村。11月动工建设，计划建设山塘整修加固9口，渠道衬砌改造2885米，灌排渠道衬砌265米，清淤扫障渠道2.51千米，电灌站更新改造1处，投资458万元。二是农田水利综合改革试点高效节水灌溉项目，投资815万元。实施的一期项目范围为枣市镇西岭、五星、车陂3个村，11月动工建设，实施内容有：枣市镇西岭村滴灌区新建取水河坝一座，铺设管道10747米；枣市镇车陂、五星三个村低压管道区铺设管道16227米，取水口1处。三是高标准农田建设高效节水项目，投资758万元。实施范围为湖口镇的洣渡、江南、湖口、塘头4个村。12月动工建设，实施内容有：新建提水泵房1座；取水口4处，取水坝1座，蓄水池1座，铺设管道64557米。

【水政执法】 开展采砂专项整治行动，在洣水河城区段定期开展“乱倒乱扔、乱排乱放、乱搭乱建、乱采乱挖”清查整治行动，组织专项行动28余次，出动执法人员500人次，扣押机械设备2台、清除非法码头7处、捣毁砂场机械设备7处、取缔非法采砂场9个，立案查处2起，有效遏制非法采砂行为。

（撰稿：龙小元　审稿：王全忠　彭　文）

## 洮水水库管理

【概况】 茶陵县洮水水库管理局（东阳湖景区管理局）成立于2011年11月，为正科级全额拨款事业单位。其主要职责是负责贯彻落实国家、省、市有关水库管理的法律、法规、方针、政策；制订洮水水库（东阳湖景区）发展战略和年度计划，并组织实施；负责监督管理洮水水库国有资产，确保国有资产保值增值；负责库区日常行政管理工作，牵头组织相关部门做好社会治安、防洪管理、公共安全、生态环境保护等工作；负责建立健全水库管理协调机制；督促水库业主执行《特许权协议》等。内设办公室、财务室、规划开发办、综合管理办4个机构。有干部职工22人，其中包括从桃坑乡和交通、国土、林业、水利、畜牧、环保等部门抽调人员8人。

【生态环境保护】 一是执行水面垃圾清理打捞机制。组织专门班子对库区日常性和洪水期间垃圾打捞，全年累计打捞杂材、垃圾等1000余吨。二是规范渔业管理。规定库区3月1日至6月30日为休渔期，联合公安、渔政等部门多次开展水库渔业管理专项整治行动，查处非法捕鱼30起，收缴捕捞鱼网2000余米、淀网40余张，清理电灯诱捕设施67套。三是规范林地管理。严格景区范围内用地审批管理，严查乱伐滥挖行为，查处非法砍伐林木案例10起，查处非法推挖林地案例3起，保护库区林地资源。

【水上安全生产】 定期召开包括管理局、新裕洮水开发有限公司全体员工及库区船主、渔民参加的水库安全工作会议，增强安全防范意识。认真开展安全隐患排查，清除各类安全隐患30余处。建立库区日常巡查机制，全年巡查近200余次，开展库区水上交通安全集中整治行动，查处“三无”船舶80余艘，及时劝导制止非法营运行为40余次。督促新裕洮水开发有限公司对大坝实行24

小时安保值班，对所有进入坝区的人员进行实名制登记。

【库区发展】 与县林业、水利等部门加强对接，开展东阳湖国家级湿地公园和水利风景区创建。实施景观标志广场改造、大坝左侧边坡加固、大坝公厕及华里、南坑执法船只停靠点建设、清理枯死树木等工程，启动水库生态渔业养殖前期准备工作。

【水库防汛调度】 落实防汛度汛工作责任，严格实行24小时值班制度，坚持汛期水位、水情日报制度，安排专人巡库，及时掌握库区水情、雨情、蓄水位、地质灾害等观测情况，第一时间向有关部门报告，严格按省防指《大型水库汛期控制运用方案》调度运行，确保安全度汛。

（撰稿：凌志创　审稿：贺　鹏）

## 移民工作

【概况】 茶陵县移民局内设办公室、搬迁安置股、规划计划股、后期扶持股、财务股5个股（室），有在编干部15人。主要职责是贯彻落实移民政策、法律法规，负责移民安置规划的实施，会同有关部门管理好移民资金，检查移民后期验收移民安置工作，负责移民后期生产扶持。

【移民安置】 全县未分户的30余移民户，分户审核工作初步完成，待征地工作完成（15亩），将通过抽签方式安置所有符合分户条件的移民户；对于洮水水库7户未签协议的移民户，其中6户有签协议意愿，待协议签订后，马上启动建房工作；开展乔家冲二次搬迁工作，年底全面完成搬迁任务；5月，省局出具洮水水库移民安置正式验收报告，标志着茶陵移民安置工作全面完成。

【后期扶持】 3月完成当年移民后扶直补资金计划和600元以内的项目安排计划的编制上报工作；并将后扶资金发放到移民户“一卡通”，共计9952人、596.91万元；在特困移民帮扶上，对考取重点本科院校的独生子女户、计划生育二女户奖励3000元，非独生子女及二女户奖励2400元；考取普通本科院校的，独生子女及二女户奖励2400元，非独生子女户及二女户奖励1800元。启动全县移民避险解困试点工作，完成287人纳入省市“民生100”考核项目。培育产业基地，以产业带动就业，在桃坑乡马溪村、带江村、南坑村、华里村、春枫村、晓枫村等完成楠竹低改11000亩。完成移民劳动技能培训379人，其中移民就业技能培训64人，农业实用技术培训315人（油茶栽培培训158人，楠竹低改培训157人）。

【维稳工作】 接待在县级信访及咨询相关政策2720余人次，收到上级各种信访事项12起35人次，受理移民行政诉讼3起。本着以人为本和维护移民的利益出发，实事求是、依法依规的原则，积极稳妥做好稳定工作，并将处理意见和处理结果回复本级和上级相关单位。切实帮助移民解决实际困难，全年走访225户特困移民户，并送上慰问金和生活用品，对90岁以上的高龄移民户，每年重阳节开展座谈慰问活动，多渠道推进移民稳定。

（撰稿：谭振林　审稿：杨平华）

## 农业机械管理

【概况】 茶陵县农业机械管理局内设办公室、财务股、项目办（加挂科技质量股）、管理股（加挂法规股）、农机推广服务中心、农机学校、农机安全监理所、乡镇农机安全管理服务站；有在编人员39人，其中局机关15人、监理所10人、推广中心5人、农机学校9人；16个乡镇（街道）各有农机员1人。2017年，全县农机装备总量增长迅速，保有量9.75万台、82.15万千瓦，增幅均为6%。引进使用一些新机具、新技术，推广遥控飞行喷雾机4台、高速插秧机7台、谷物烘干机43台、水果分级机清洗机2组，新建现代化育秧工厂1个。全县水稻全程机械化水平为77%，覆盖领域迅速延伸。经济作物机械化逐渐推广，种植烟叶2.2万亩，机耕率100%。种植油菜4.5万亩，机收1.35万亩，机收率30%。举办新型职业农民培训班6期290人，其他培训班20期800人。农业部、国家安全监管总局授予茶陵县全国“平安农机”示范县，市政府授予茶陵县“农业机械化工作先进单位”；县农机局获评省农机购置补贴工作先进单位、省农机安全生产目标管理先进单位、省农机项目管理工作先进单位、市农机工作先进单位和县文明建设先进单位等荣誉。

**【全国“平安农机”示范县创建】** 县政府印发《茶陵县创建全国“平安农机”示范县活动方案》，明确创建目标、创建内容及标准、主要措施。建立健全联系会议制度、考核细则。分层分类举办乡镇农机员、农机合作社、经销企业创建工作培训。指导高陇、虎踞等6个乡镇和42个村（社区）开展“平安农机”创建工作，做好各类创建资料制订、报送、整理、归档。强化农机安全监管。受理上户大中型拖拉机48台、盘式拖拉机13台，联合收割机73台，工程机械53台；年检车辆305台；培训拖拉机驾驶员185人，按照异地交差监考模式，合格率100%。互助保险工作稳步推进，出单480份，其中续保289份，保费总金额17.9万元。开展农机安全“三大行动”，实行农机安全“一单四制”。开展对报废、灭失和长期脱检拖拉机专项清查工作，组织乡镇（村）农机安全员逐台核查，发出书面整改通知书，提前2个月告知机主办理注销登记、补检和转移登记的相关手续。全面开展变型和盘式拖拉机专项整治工作，联合交警、安监开展执法和专项整治，严厉打击各种违法违规行为，消除安全隐患。全县农机安全生产事故发生率3‰以下，安全生产形势稳定向好。

**【稻油种植机械化】** 结合农时，组织农机干部深入乡镇、村组，通过发放资料、集中宣讲、现场讲解等多种形式做好宣传发动、技术指导、典型示范，讲给农民听、做给农民看、带着农民干。分别在腰潞镇、严塘镇、秩堂镇举办水稻、油菜全程机械化示范表演。严塘吉丰合作社投资200多万元，新建立1个年育秧可达万亩的机械化育秧基地。搭建农机综合服务体系，与24家农机合作社、5家农机经销商和13家农机维修点签订农机综合服务承诺书。建立全市首个“农机综合服务平台”，通过110式服务，及时受理政策咨询、调度农机维修、零配件供应、农机事故处理。依托农机局网站和服务对象手机短信平台，及时发布农机政策、工作动态、市场信息、技术要点等信息。中国农机化信息网、农业论坛、省农机化信息网、株洲日报等媒体多次宣传报道茶陵农机工作。

**【农机专业合作组织培育】** 对申报创建省现代农机合作社的组织专门培训，做到早动员、早安排、早准备，在坚持上年条件的基础上，增加“三减量”机具的引导性要求。由管理、补贴、监理人员组成专门班子到各个合作社进行指导、查看摸底。新成立的11家农机专业合作社中，砂下、秋兰、家兴、鑫农、新富、招伟、五门、顺旺、共创9家申报省现代农机合作社并全部通过省市县验收评估，其中有8家纳入市“民生100”工程建设。严塘海林、吉丰农机合作社被评为省农机合作社示范社。

**【农机购置补贴发放】** 办理补贴申请表347份、受益户数159户，补贴机具394台，成交总额2030.0549万元，总补贴550.032万元（其中：国家补贴528.632万元、省级补贴6.4万元、报废补贴15万元），结算率100%，结算进度全省排名第一。

**【农机深松整地作业】** 县政府出台《茶陵县农机深松整地作业补助试点项目实施方案》，承办全市农机深松整地项目推进会，在腰潞镇东南村、洣江街道土沙村等举办深松整地作业示范表演。县政府将深松作业工作列入“三冬”生产工作目标任务，成立工作协调小组加以推进，专门负责对接、跟踪指导、全程监督。组织中标合作社到常德、慈利学习考察，完成深松作业面积6.4万亩。

**【干部作风建设】** 组织干部开展“两学一做”学习教育活动，学习现代化农机管理服务等业务知识。坚持“三会一课”“党员主题日”活动，组织党员进社区、进村组扶贫帮困，发挥党员的示范引领和先锋模范作用。积极接受市委、县委巡察工作，开展问题整改，进一步建立健全制度管理体系。制订完善《中层干部选拔任用办法》《人事工作管理办法》《新型职业农民培育工程资金使用管理办法》《省现代农机合作社建设项目财政扶持资金拨付使用管理暂行办法》等一系列的规章制度，做到用制度管人、管事，从根本上规范干部勤政廉政行为。助力脱贫攻坚，安排强有力的工作队驻火田镇白石村、鼓石村开展结对帮扶工作，干部职工与贫困户“结穷亲”。在市对县脱贫摘帽验收抽查中，白石村非贫困户群众满意度96.4%，综合评分95分。

（撰稿：曾 孝 刘军明 审稿：段华文 曾治国）

## 农村经济管理

【概况】 茶陵县农村经济管理服务站内设办公室、农村财务指导股、农业承包合同管理股3个股室，加挂农民维权监管办公室牌子。站机关有工作人员9人，乡镇(街道)有专职在编经管干部9人。主要负责农村土地承包及流转、土地纠纷仲裁管理，新型农业经营主体扶持指导，村集体经济组织财务管理及审计，农民负担监督管理。2017年，县经管站被评为省发展适度规模经营工作先进单位。

【农村土地承包经营管理】 加强对农村土地承包经营权确权登记颁证工作的指导。2017年，县经管站重点抓好数据汇交和外业扫尾工作，全县4家技术公司增派人手加快各自内业的整理、数据修改和建库等工作。一是抓进度，实行每月一调度。每月组织召集各技术公司碰头会，汇报每月工作进度。二是抓质量，要求进度服从质量原则。抓好内业户籍、田块等资料整理；为解决各公司户籍资料难以收集的问题，县经管站与县公安局协调对接，由各技术公司在公安机关打印户籍资料，确保户籍资料收集率达95%以上。三是抓矛盾协调，解决历史遗留问题。组织技术公司和乡镇经管干部进行外业扫尾，对疑难纠纷的历史遗留问题，逐一排查，确保外业工作基本到位。与农业、林业等相关单位配合，组织乡镇站所指导好农村土地流转。全年流转土地1.08万亩，调处各类土地经营纠纷40余起。

【村级财务管理】 2017年是村级换届选举之年，配合抓好换届选举工作，确保农村社会稳定。县经管站提请县“两办”下发《茶陵县2017村级财务清查和村干部任期及离任经济责任审计工作方案》，组织召开全县各乡镇（街道）经管员会议，督促各乡镇（街道）经管员在3月底前完成村级账务清理和审计工作；会同县财政、审计等相关业务部门对全县的村级财务管理制度进行多次研究探讨，并提请“两办”下发《茶陵县村级财务管理办法》；按照省审计厅提出的整改要求，结合茶陵县“互联网+监督”村级财务公开工作，与县有关部门开展全县农村财务清理工作；推动全县村级财务管理电算化，完善农村财务管理软（硬）件建设；指导发展全县村集体经济，争取省市业务主管部门支持，申报腰潞镇东山等4个村为2017年湖南省发展村集体经济奖励项目村，每村奖励资金都不少于10万元；启动农村集体产权改革工作，选定腰潞镇东山村、虎踞镇峰仙村为农村集体产权制度改革试点村。

【惠农减负】 检查农村义务教育收费、村级组织报刊杂志征订、部门收费罚款和各类惠农补贴发放情况。落实惠农补贴备案制，对种粮补贴、生态公益林、农机购置补贴等项目进行备案，加强对惠农补贴的监管。健全完善并严格落实涉农收费文件“审核制”、涉农收费和价格“公示制”、农民负担源头监管制度、村级组织公费订阅报刊“限额制”、涉及农民负担案(事)件“责任追究制”等农民负担监管制度。

【新型农业经营主体建设】 引导发展农民专业合作社，全年发展农民专业合作社86个，茶陵县旺丰农林生态开发农民专业合作社成功申报为2017年度省级示范社，取消4家不合格的合作社。创新发展家庭农场，有18户家庭农场在工商部门登记注册。建立健全合作社、家庭农场检查机制，规范好合作社和家庭农场。对不符合规定的，责令限期整改，预期仍不改正的，建议工商部门依法撤销工商登记，对“假、冒、空”的予以摘牌除名。

（撰稿：谭英坤　审稿：彭晓宁）

## 扶贫开发

【概况】 茶陵县扶贫开发办公室为茶陵县人民政府授权主管全县扶贫开发工作的正科级全额拨款参公管理事业机构。内设综合督查室、开发指导室、贫困检测室、办公室4个机构，编制人数17人，在职在岗13人（含抽调3人，临聘2人）。主要职责是调查研究并协调解决全县扶贫开发工作中的重大问题；检查、监督全县农村扶贫开发政策的贯彻执行情况；会同有关部门研究提出全县扶贫开发工作规划和年度计划，并协调有关部门实施；拟定村级扶贫开发的总体规划，并组织实施；组织贫困状况监测与统计；研究拟定全县扶贫专项资金分配方案；指导、监督和检查扶贫资金的使用情况；组织财政扶贫资金项目的规划、设计、论证、筛选；负责财政扶贫资金项目的申请，并组织实施；组织信贷扶贫项目的立项、审核、推荐和申报工作；制订扶贫开发科技推广和培训计划；组织协调贫困乡、村扶贫科技推广，以及贫困乡、村干部和贫困人口扶贫培训；负责扶贫开发有关信息和宣传工作；协同有关部门制订驻村帮扶计划；联系机关单位定点扶贫工作。2017年，是茶陵县脱贫攻坚决战决胜之年，也是承载百年夙愿，真正实现茶陵脱贫摘帽的关键一年。县扶贫办按照“六个精准”“七个一批”要求，深入推进“八大工程”，取得减贫2.7万人，59个贫困村退出的决定性成效。

**【决策部署】** 一是强化组织领导。在已成立扶贫开发工作领导小组的基础上，县委出台《进一步压实县级领导脱贫攻坚工作责任意见》，设立精准识别、产业扶贫、健康扶贫等19个脱贫攻坚工作领导小组，各小组至少每月召开一次工作调度会，每月向县扶贫开发工作领导小组组长汇报工作进展情况。二是强化责任落实。县、乡、村逐级签订“军令状”，制定《茶陵县脱贫攻坚各级责任清单》，明确从县委书记、县长到结对帮扶干部10个层次的工作责任，县、乡级责任主体向县委递交脱贫攻坚履职承诺书。出台《茶陵县脱贫攻坚工作问责暂行办法》，建成“互联网+监督”平台、开展“到扶贫一线去”专项行动，对17个乡镇（街道）开展专项巡察，紧盯“不落实的事”、严查“不落实的人”，以责任追究倒逼工作落实。三是强化资金保障。争取中央、省、市扶贫资金1.16亿元，整合涉农资金5.24亿元，用于精准扶贫。规范和加强财政专项扶贫资金管理，确保资金安全、高效。修订《茶陵县统筹整合财政涉农资金管理办法》，出台《茶陵县财政专项扶贫资金管理办法》《茶陵县村级财务管理办法》等文件；全面推行公开公示制度，注重将村级扶贫项目、资金在行政村村务公开栏和村民主要活动场所进行公开、公示，接受群众监督；深入推进“互联网+监督”工作，在公众信息平台公开121个民生资金项目，总金额达105380.37万元。四是强化政策支撑。在“1+8+N”脱贫攻坚政策基础上，结合实际出台《2017产业扶贫实施意见》《关于推进光伏发电产业扶贫工作的实施意见》《关于确保贫困退出验收“三率一度”达标的指导意见》《关于漏评问题的处理意见》等指导性文件，有效推动脱贫攻坚。四是强化结对帮扶。实施县级领导联点、工作队驻村、干部结对三个全覆盖，引导干部下沉到村、扶持到户。全县所有县级领导到乡镇办点，每个县级领导包联1至3个贫困村和1个非贫困村，带头落实“三走访三签字”，对办点乡镇及包联村的脱贫攻坚工作负总责。省、市、县（区）三级联动，共选派229支工作队进驻贫困村和非贫困村，实现驻村帮扶全覆盖，确保每个村有1个工作队、1至2个帮联单位、选派1名“第一书记”。全县派出4000余名县乡机关干部与贫困户结成帮扶对子，每户建档立卡贫困户都有1名结对干部。每次走访，都要落实好“拉好一次家常、宣讲一次政策、落实一次帮扶措施、实现一个‘微心愿’、核算一次收入、搞好一次卫生、同吃一次饭”的“七个一”走访要求。五是强化基础工作。以支村“两委”换届为契机，优化支村“两委”班子建设，278名带富致富能手、创业返乡人员和种养大户等当选新一届村支“两委”，其中党组织书记103人。选派68名县直机关党员领导干部到贫困村担任“第一书记”，4名退出领导岗位的科级干部到村担任支部书记。创立“党建+”的发展模式，打造党建+旅游、党建+脱贫、党建+产业等示范点10个。六是强化考核督查。成立专门督查巡查组，对全县脱贫攻坚工作进行全方位、不间断督查，重点督查各级各部门传达会议精神、落实各项扶贫政策、工作队驻村、结对帮扶开展、行业扶贫等情况，对发现的重大问题点名通报，并根据问题开出“交办卡”限时整改落实。七是强化典型引路。及时总结推广脱贫攻坚工作的好做法、好经验、好典型。湖南万樟园林集团有限公司获评全国“万企帮万村”精准扶贫行动先进民营企业，刘祖治获评全省十大“先富带后富”先进典型，杨军、龙秋华获评湖南省“最美扶贫人物”，肖诗军等3人获评“株洲市脱贫攻坚标兵”，陈林等30人获评“株洲市帮扶之星”；枣市镇虎形村贺志国作为茶陵建档立卡贫困户代表，被邀请在省政协第十一届委员会常务委员会第二十五次会议上视频分享扶贫行动给他的生活带来的变化，激发了全县贫困农户脱贫致富的内生动力。

**【工作措施】** 一是发展扶贫产业，促进就业创业，实施扶贫民生保障工程，全力帮助贫困户实现“一超过、两不愁、三保障”。实施委托帮扶，依靠龙华农牧、万樟园林、林丰农业、虎源生态等13家龙头企业，385家合作社，1142个大户，带领近4万贫困人口脱贫，帮助每个贫困人口每年增收近2000元；发展特色农业，出台奖补政策、提供技术支持，鼓励贫困农户自主或合作发展“一叶三茶”、生猪、脐橙等特色种养业，全年茶叶产业新建基地2300余亩，“茶陵三宝”产业扩面种植1000余亩，脐橙产业新建基地6500亩，种植烤烟32800亩，种植油茶11300亩，养殖家畜7706头、家禽63100羽，惠及918个贫困户3141人；推进全域旅游事业，启动10个贫困村乡村旅游扶贫项目建设，整合投入资金3134万元，参与贫困户达614户。开展就业帮扶，完成贫困劳动力素质提升培训727人，通过就业帮扶、职业介绍、公益性岗位安置等措施，劳务输出安排贫困户劳动力就业1466人，完成贫困劳动力转移就业1388人、劳务协作14148人；把贫困劳动力创业纳入创业小额担保贷款扶持范围，扶持贫困劳动力创业115人，放贷金额807万元；242名建档立卡贫困对象担任生态护林员，每人每年补助1万元。医疗保障方面，全县建档立卡贫困人口100%免费参加城乡居民医保；全面落实健康扶贫“三个一批”要求，精准识别“因病致贫、因病返贫”人员4805名，其中：重病兜底16人、大病集中救治229人、慢性病签约管理4560人。义务教育保障方面，贫困家庭学生教育资助实现全覆盖，除个别因智障、残疾等特殊原因不能上学的外，其他所有建档立卡贫困学生均在校就读。住房保障方面，易地扶贫搬迁完成安置1600户5003人;完成危改改造5274户(修缮加固4040户,幸福安居495户，拆旧建新739户)。社会保障兜底方面，全面落实低保和城乡特困人员供养政策，认定兜底脱贫对象1799户5063人，认定低保对象3494户7821人，80%为建档立卡贫困对象。

二是壮大村级集体收入，完善基础设施，提升公共服务，全力帮助贫困村实现“两个确保、两个完善”。大力实施“一村一社”“一村一品”战略，从光伏扶贫、特色种养、旅游扶贫等扶贫产业中找准适合各村实际的产业,增强村级集体经济的自我“造血”功能，确保每个贫困村有集体收入来源。全县有42个贫困村自建光伏电站、20个贫困村向外地购买光伏电站，并全部实现并网发电。聚焦基础设施完善，抓实“一五百十千”工程，一千公里贫困村路网提质改造项目路基部分基本完成；抓实安全饮水工程，新建34处饮水安全项目，解决2.69万贫困人口的安全饮水问题,100%的贫困农户通过自来水、打井、饮用山泉水等方式有效解决安全饮水问题；抓实贫困村电网建设，完成所有贫困村的农网提质改造任务。聚焦公共服务提升，贫困村学校办学条件全面改善，乡村教师待遇全面提高；实现贫困村标准化卫生室全覆盖，建档立卡贫困户患者在县域内定点医疗机构住院实行先诊疗、后付费制度，基本医疗保险、大病保险、医疗救助实行“一站式”信息交换和即时结算；贫困村综合文化服务中心全部建成；贫困村金融扶贫服务站、助农取款服务店、农村电商服务站“三站合一”全面推进，建成电商网点68个；村级组织运转保障充分，68个贫困村党建服务设施、便民服务设施、文体活动设施、农业服务设施、医疗服务设施等综合服务平台功能基本完善，基层党建工作全面提升。

三是全面走访核查，确保贫困县摘帽“三率一度”达标。坚持“应退尽退”，凡是达到脱贫标准的贫困户按程序退出，确保全县综合贫困发生率控制在2%以内；对2014—2016年脱贫对象和2017年预脱贫对象开展“地毯式”核查，重点查贫困退出达标情况、贫困退出程序执行情况，能补救的补救，不能补救的作返贫处理，力争做到“零错退”；村支“两委”、驻村工作队全面走访没有纳入建档立卡系统的农户,采取“六看工作法”“一看、二聊、三印证”的入户调查方式核定是否漏评户，对疑似漏评对象，从严从紧纳入建档立卡系统或让其与贫困户享受同等政策，尽量减少漏评人口；深入开展全面走访活动，驻村工作队、结对帮扶干部和村支两委成员做到贫困户和非贫困户走访全覆盖，积极宣传落实政策，与贫困户算好实惠账，与非贫困户算好村容村貌变化账，切实提高广大群众的获得感、认可度。广泛凝聚合力。动员社会组织、爱心人士参与扶贫，全年各界社会人士等通过定向捐赠或各种公益平台捐款1000余万元，用于贫困村的基础设施、公共服务建设和帮扶、慰问困难群众；各界爱心人士资助各学段贫困学生1700余人次，发放助学金310余万元；捐赠图书、体育用品、衣物等物资5000余件（套），价值12万余元。深入推进“中国社会扶贫网”试点运行，指导帮助贫困户完成“社会扶贫APP”用户注册和发布需求，引导组织、企业、爱心人士进行用户注册，对接贫困户需要，然后线下配送到贫困户手中。全年累计注册爱心人士数量11613，累计注册贫困户数量15340，发起贫困需求18846条，实现需求对接7207条。提升基础管理。在全市率先开展“基础管理提升月”活动，县里统一模板，规范县、乡、村和贫困户“四套档案资料”，对基础数据、基础台帐和基础档案全面进行采集、清理、补充和完善，确保县、乡、村三级脱贫攻坚相关资料及贫困农户档案资料完整、规范。落实省扶贫办统一安排和部署，全年进行两次动态调整，包括不符合贫困户条件需清除、符合贫困户条件需纳入以及贫困人口自然增减员等工作。全年整户新增782户、2453人，整户清除2877户、10890人，因死亡或户口迁出减少贫困人口6850人，因新生或户口迁入增加贫困人口12031人，因各种原因返贫70户、193人。排查整改问题。坚持问题导向，对国务院、省、市、县实地督查发现的问题，实施清单整改、销号整改、限时整改。在全县组织开展“大培训、大宣讲、大落实”活动，推动脱贫攻坚突出问题整改落实。以大培训促能力提升，解决扶贫干部政策不熟悉、业务不过硬、贫困群众政策不知晓等问题；以大宣讲促群众满意，解决贫困户“等靠要”思想严重、非贫困户满意度不高等问题；以大落实促作风转变，解决结对帮扶不实、帮扶措施不实、项目推进缓慢等问题。部署开展“三个全面”集中行动，即全面走访农户、全面核查情况、全面整改问题，补齐脱贫短板。

**【脱贫成效】** 2017年，减贫7505户27450人，59个贫困村退出。全县贫困对象减少至1724户4859人，综合贫困发生率下降至0.882%，贫困村全部退出，减贫成效显著。农村面貌大为改观。通过实施水、电、路、房、网、环境治理“六到农家”工程，村级公共基础设施更加完善。农村环境综合整治实现全覆盖，村容村貌焕然一新，打造了枣市枣园、严塘高径等一批新农村建设示范村。民生事业全面改善。贫困村小学、幼儿园以及乡镇卫生院、村卫生室标准化建设力度加大，贫困群众就医、就学、就业、住房、养老等民生问题得到有效解决，广大群众的获得感、安全感和满意度明显提升。攻坚合力明显增强。县、乡、村三级脱贫责任体系不断健全，全面构建专项扶贫、行业扶贫、社会扶贫“三位一体”的工作格局。干部作风进一步转变，干群关系更加和谐。村级集体经济不断壮大，基层党组织的凝聚力、战斗力进一步增强。群众思想积极转变。坚持治穷和治愚相结合，“输血”和“造血”相结合，大力实施智力扶贫和产业扶贫，有效激发贫困户脱贫的内生动力，贫困群众思富求变、致富奔小康的愿望日渐强烈。

**【评估验收】** 12月2日，市验收核查工作组进驻茶陵县，开展贫困县摘帽初审和贫困退出验收核查工作。2—5日，工作组走访33个村，包括30个贫困村，3个非贫困村，共走访贫困户451户1749人，非贫困户219户987人。其中普查2个贫困村和1个非贫困村，普查贫困户91户364人，非贫困户159户751人。经工作组核查，30个贫困村都达到脱贫验收的标准，评分都在80分以上；群众的认可度均达到90%以上；漏评和错退率控制在较低范围内。12月8—21日，省实地检查（核查）第三组对茶陵县进行实地检查（核查）。实地核查4个村（其中贫困村3个、非贫困村1个），抽查农户124户（贫困户100户），分析测算茶陵县综合贫困发生率0.835%、错退率0、漏评率0、群众认可度98.2%。12月12—18日，北京锐观察咨询有限公司项目部负责人带领第三方评估组对茶陵进行脱贫攻坚“三率一度”情况进行评估。走访调查18个村1072户农户（其中贫困户552户），认定茶陵错退率0.36%、漏评率0、群众认可度93.35%。市脱贫攻坚验收核查工作组、省实地检查（核查）组和第三方评估组都对茶陵脱贫攻坚工作给予肯定，认为县委县政府高度重视，扶贫措施扎实有效，脱贫质量可靠，贫困退出程序履行到位，错退率、漏评率、错评率较低，群众认可度较高，达到贫困县摘帽标准要求。

（撰稿：贺荣华　审稿：杨　军）

## 农业综合开发

**【概况】** 茶陵县农业综合开发办公室为县财政局下属副科级全额拨款事业机构。内设土地治理项目股、产业化项目股，有在职人员9人。主要负责全县农业综合开发后备资源调查和开发项目的筛选、评估论证、审核、申报，开发项目的勘测设计和施工管理以及资金使用督促、竣工验收，负责全县农业开发生态环境保护和产业结构调整项目等具体工作。

【政策宣传】采取多种宣传手段，调动和激发项目区干部群众参与建设热情。在县电视台开辟宣传专栏，在项目区印发宣传资料，宣传《湖南省农业综合开发条例》《国家农业综合开发资金和项目管理办法》《农业综合开发资金报帐实施办法》等有关政策法规，让项目区农民群众了解农业综合开发选项原则、资金投入机制、资金管理流程，提高项目区干部群众对农业综合开发的认识，营造好的工作氛围。召开村组干部、党员、群众大会，宣传政策，统一认识，实现从“要我开发”到“我要开发”的思想转变。实施项目规划时，县农开办工作人员与规划设计人员深入到田间地头与群众面对面座谈，征求群众意见，现场解释项目规划的合理性，构建和谐开发环境。

【项目规划】聘请有资质的专业勘察设计单位规划设计，提高规划设计的总体水平和效能。尊重受益单位意愿，选好、选准项目，将规划方案变为群众意愿和行为；在初步设计过程中，采取从群众中来到群众中去的方法，数易其稿，务求规划科学，设计合理，保证发挥投资效益。把项目工程质量、使用年限作为单项工程设计的主要考虑因素，不因为资金少项目多而降低建设标准，砼宜厚不宜薄，浆砌石挡土墙宜浆不宜干，杜绝使用砼预制作，提高土地治理项目规划设计的合理性、准确性。

【项目监理】以“三保三提”（“三保”即保质、保量、保期，“三提”即提高全员业务水平、提高项目区的工艺水平、提升县农开办的整体形象）为目的，狠抓项目的监督管理。执行招标投标制，按照“公平、公正、公开”原则，邀请县监察局、县招投标管理局、县财政局、县审计局、项目区乡政府等单位，对思聪街道、腰潞镇潞水片高标准农田建设项目进行公开招标，确定中标单位。在项目实施过程中，实行“六定”（即定领导、定人员、定职责、定车辆、定出勤、定奖罚）工程监督管理措施，提升土地治理项目的管理水平。实行三级督察制度，即监理公司设立旁站，进行现场全程监督；县农开办将所有单位工程划分到人，分片包干，全员参与工程质量督查；群众参与监督，要求所有单项工程都有受益单位指派的质量监督员参与监督。

【资金管理】所有计划项目建设地点、建设内容不变通、不变更，不作“技术处理”，严格按计划不走样。资金拨付实行县级财政报帐制，每笔资金报帐都按计划、有合同、有验收报告、有项目相关负责人签字，经造价评审后拨付。

【思聪街道、腰潞镇潞水片高标准农田建设项目】该项目为县2017年度农业综合开发土地治理项目。项目建设范围涉及思聪街道办事处的思聪村、茶冲村、左垅村、三华村、深塘村、清水村、龙溪村、下清村等8个村以及腰潞镇的泰和村、芙冲村、石陂村、路理村、睦兴村、潞水村、双泉村、碣石村等8个村，共计16个村；以及帮助修建或改善附近乡镇的峰仙、车陂、黄堂等3个村和虎踞镇虎源生态园林有限公司有关配套的农业设施建设，扶持帮助贫困村发展产业。项目计划总投资3536万元，其中中央财政农发资金2526万元，省级配套财政农发资金1010万元。项目具体实施情况：一是改扩建小型拦河坝6座，电灌站设备配套5座，衬砌硬化灌排渠道39.07千米，改扩建主要渠系建筑物6座，新建、扩建小型蓄排水工程39座；二是整修泥结机耕路7条长5.292千米，硬化机耕路8条9.503千米，建设高标准农田2.72万亩；三是在双泉村、睦兴村、清水、龙溪排洪渠沿岸栽种水土保持林，改变农村居住脏乱差的状况，主要种植樟树（胸径8厘米），林木间距为5米。

（撰稿：谭婷婷　审稿：肖著新）

# 交通　邮政　通信

## 交通管理

【概况】 茶陵县交通运输局为县人民政府工作部门，负责全县公路、水路等交通基础设施的规划、建设与管理，负责全县运输市场的行政管理。有干部职工 91 人，内设办公室、人事股、财务审计股、法规安全股、计划统计基建股、交通工程建设质量监督站、督查室、纪检监察室等 8 个股室站，下辖县公路局（正科级单位）和县道路运输管理所（副科级单位）。2017 年，交通系统融资投入 8 亿元，争取资金 2.9 亿元，实施交通建设项目 1600 多个、1300 多千米（含贫困村路网改造）。规划储备 20 多个大项目，主要包括分秩公路（战备项目）45 千米、洣江茶场至舲舫公路 8 千米、高秩公路 12 千米、云洮公路、夏乐至洮水公路、中心车站搬迁等。

【项目建设】 一是脱贫攻坚改建农村公路。按照县脱贫攻坚“一五十百千”工程部署要求，规划改建贫困村农村公路 1000 千米，投资规模 5.8 亿元。2017 年下达脱贫攻坚贫困村路网提质改造指导性计划 1000 千米，完成路基施工 980.3 千米、路基验收 842.5 千米，完成路面施工预算评审 974.3 千米、路面招投标 799.3 千米，完成水泥路面硬化 350 千米。乡村东部旅游扶贫环线项目全长 47 千米，总投资 3 亿元，按三级公路标准建设，建设工期为两年，分四段实施。二是全域发展推进项目建设。国省干线建设规模 110 千米：345 省道总投资 15000 万元，二期工程严塘—县城段 19 千米基本完成路基，进入路面施工，三期工程县城—虎踞段 20 千米完成招标；347 省道浣溪—湖口段 4 千米已完成，湖口—夏乐段 13 千米进入招标；马湖公路 6.5 千米基本完工；356 国道浣溪—安仁羊脑段 6 千米进入招标；205 省道潞水—严塘十里冲 33 千米进入工可批复、设计批复；320 省道提质改造 40 千米纳入省厅计划。重点县乡道建设总里程达 70 余千米，古汉公路 10 千米已开工，庵贝公路 17 千米已开工，马枣公路 7 千米进入设计等前期工作，山田—爱里公路 5.6 千米完成预算评审，水源旅游公路 25 千米已分段实施，洣茶高度戒备公路 3.5 千米完成工可评审，并列入省交通运输厅普通干线公路计划。三是“四好农村路”创建。国干支线综合路况优良率为 94.82%，较 2016 年同期增长 1.95%；农村公路列养率 100%，常养里程县道 100%、乡道 86%、村道 74%，年末路况优良率 89.6%，农村公路绿化率 85%。茶陵县被推荐为全省“四好农村路”样板工程县，秩堂镇创建为示范管养乡镇，马吉村道创建为文明示范路。创建工作得到省市交通部门的肯定，株洲市“四好农村路”创建现场会在茶陵召开，推介茶陵经验。

【“三治三保”】 全县“三治三保”（治超、治非、治乱，保安全、保秩序、保发展）工作取得明显效果，共检测过往车辆 30 万余台，查处超限车辆 294 台，查扣非法营运车辆 417 台（其中非法营运小车和残疾车 34 台、摩托车 383 台），行政处罚 100 余万元，卸载超限货物 2730 吨。高速路口超限率 11 月为 1.21%、12 月为 0.21%，远低于省考核 2% 的指标要求，连续两次在全市考核排名第一。

【行业监管】 组织开展洮水水库安全专项整治工作，出台水库综合整治通告，印发宣传手册 2000 余份。从 2017 年开始，每年安排 50 万元的整治行动经费。开展全县道路运输安全生产“大排查大整治大管控”专项行动，执法检查 10 余次，查处安全隐患 15 处，限期完成整改。重点对4家客运企业、226台客运班车、113条客运线路、35台公交车、100台出租车、2019台货运车辆、7个驾校经营全面监管，确保运输市场平稳有序发展。全年完成客运量982万人，客运周转量35.4亿人千米，货运量1080万吨，货运周转量10.6亿吨千米。

（撰稿：尹美林　陈莹如　审稿：邝先勤）

## 交通运输管理

**【概况】** 茶陵县道路运输管理所内设办公室、运政中心、客运股、货运股、驾培维修股、城客股、法安股、教育处罚室、稽查一中队、稽查二中队等10个部门，负责全县道路客货运输、维修、驾驶员培训行业管理和客运站场、招呼站建设工作。2017年，全县新增农村招呼站18个，拥有农村客运线路60条，运行班车168辆，座位3349个，乡镇班车通车率97%。

**【机动车证照管理】** 全年办理各项业务24166台本，受理行政许可货车83台次、客车53台次、维修企业1家、普货企业1家。车辆年审1371台本，其中货车1018台次、客车193台次、教练车160台次。

**【驾驶培训管理】** 2017年，全县7所驾驶培训学校全年招收驾驶培训学员7991人次，经培训合格考取驾照4602人次。分别对544名、246名营运性道路运输从业人员进行网络继续教育培训和培训班学习。

**【道路运输安全监管】** 建立领导带队检查和行业职能股室月检查机制。开展安全生产大检查大管控大整治行动、客运驾驶员违法违规行为专项整治行动等，查处治理安全隐患26处，查处纠正客运驾驶员违章行为48人次。组织安全“隐患清零”工作，强化客运车辆动态监控管理，严格按“一单四制”要求治理隐患。全年治理消除隐患110余次，在年底全省“隐患清零”检查中排名株洲市第一。

（撰稿：陈林旭　方　菲　审稿：龙张明）

## 公路管养

**【概况】** 2017年，新的公路管理体制改革后，茶陵县公路局内设办公室、政工股、财务股、计划统计股、工程股、机料股6个机构，下辖茶陵县路政管理大队（马江超限检测站）、茶陵县公路养护中心（马江养护站、金星养护站、溪江养护站）2个单位，有在职干部职工115人，负责管养茶陵县境内国、省、县、乡、村级公路2834.852千米。其中国道养护里程140.299千米，省道养护里程288.827千米，县道养护里程368.839千米，乡道养护里程395.362千米，村道养护里程1641.525千米。2017年，县公路局在全市公路系统公路工作目标管理考核中被评为红旗单位，获全县道路交通安全工作先进单位、综合治理先进单位、统战工作先进单位等荣誉。

**【干支线公路养护】** 加大对公路病害处治、路容路貌、绿化等考核力度。以路面完好为中心，做好日常小修保养工作，及时处治路面病害。坚持每日上路保洁，及时抢修水毁路段，保障公路畅通。加强对公路内外边坡整修、边沟清理和桥梁日常养护。突出生态养护，维护公路两旁绿化。全年完成切割补油4860平方米，水泥稳定基层修补720立方米，水泥砼路面板修补1225立方米，清灌缝15690米，清挖标准水沟216680米，铲挖路肩229620平方米，清除垮方2570立方米，浆砌挡土墙1122立方米，清除倒伏的行道树20棵，绿化修剪193.8千米，绿化补植1600余株，桥梁养护78座。2017年，全县干支线综合路况优良率达94.82%，较2016年同期增长1.95个百分点。

表16

**2017年公路路况指标完成情况表**

| 管养里程（千米） | 干支线综合路况优良率 | 干线路况优良率 | 支线路况优良率 |
|---|---|---|---|
| 222.511 | 94.82% | 90.79% | 98.2% |

【农村公路管理】强化责任考核，将农村公路管养工作纳入县、乡两级政府目标责任考核体系，签订目标责任状，把全年的工作任务分解到乡镇农村公路管理养护站，明确养护质量要求、养护里程、费用及期限、养护工作内容及要求、养护质量考核、安全事项等内容。对所管养的农村公路实行“村负责、乡主管、县考核”的管理办法，坚持每周巡检、每月综合检查、每季考核排名，对排名靠前的乡镇进行奖励，对排名靠后的乡镇进行全县通报并核减费用。加强技术指导，定期组织乡村养护员开展业务培训，实地操作学习水泥路面裂缝修补等养护项目的新工艺，提高养护员的规范化操作技能和养护水平。有效应对大风暴雨等恶劣天气，及时组织技术力量指导农村养护站抢修水毁设施、修复路基，保障公路安全畅通。2017 年，全县修复路基塌方 13260 立方米，清除垮方 47650 立方米，浆砌挡土墙 2846 立方米。推动“四好农村路”建设，配合县政府推进秩堂乡马吉村“美丽乡村”建设，投入 200 余万元提升农村公路品质，改善路容路貌，创建秩堂镇为示范管养乡镇、马吉村村道为文明示范路。加快危桥改造，省厅下达的农村公路危桥改造 12 座，都属于拆除重建桥梁。公路局把质量、安全管理贯穿于工程施工的全过程，严格督促每座桥梁的施工企业规范施工、安全施工，按质按量完成。2017 年，全县农村公路列养率达 100%，常养里程县道达 100%、乡道 86%、村道 74%，年末路况优良率 89.6%，农村公路绿化率 85%。

表 17

**2017 年农村桥梁建设情况表**

| 名　称 | 地　址 | 投资金额（万元） | 结　构 | 长（米） | 宽（米） | 备　注 |
|---|---|---|---|---|---|---|
| 红旗桥 | 严塘镇田心村 | 36.1203 | 钢筋混凝土实心板 | 14.08 | 6.0 | 危桥改造 |
| 兰家祠桥 | 虎踞镇把集村 | 65 | 钢筋混凝土实心板 | 28.00 | 6.0 | 危桥改造 |
| 松江一桥 | 舲舫乡西岸村 | 140.3757 | 预应力砼空心板 | 38.04 | 8.5 | 危桥改造 |
| 尧市桥 | 严塘镇尧市村 | 17.857 | 预应力砼空心板 | 54.04 | 6.0 | 危桥改造 |
| 脚蛄桥 | 秩堂镇田湖村 | 48.6197 | 钢筋混凝土实心板 | 8.0 | 6.5 | 危桥改造 |
| 康王庙桥 | 严塘镇龙井村 | 132.415 | 预应力砼空心板 | 54.04 | 7.0 | 危桥改造 |
| 太阳冲桥 | 湖口镇寒江村 | 47.3278 | 钢筋混凝土实心板 | 17.00 | 6.5 | 危桥改造 |
| 杨梅坳桥 | 湖口镇寒江村 | 47.3278 | 钢筋混凝土实心板 | 17.00 | 6.5 | 危桥改造 |
| 湖山桥 | 枣市镇车陂村 | 42.2317 | 钢筋混凝土实心板 | 8.0 | 6.5 | 危桥改造 |
| 寒下桥 | 火田镇新华村 | 120.695 | 预应力砼空心板 | 35.04 | 6.0 | 危桥改造 |
| 元背桥 | 严塘镇兴和村 | 75.726 | 钢筋混凝土实心板 | 23.04 | 6.5 | 危桥改造 |
| 王岸山桥 | 马江镇月岭村 | 66.62 | 预应力砼空心板 | 18.0404 | 6.0 | 危桥改造 |
| 合　计 | | 840.316 | | | | |

【公路建设】落实县“项目攻坚年”要求，按计划目标加强项目前期的协调沟通，将目标任务分解到部门、落实到岗位、量化到个人，推行精细化管理。重点加强原材料、人员等工程质量源头管理和各道工序的细节管理，强化工程质量安全巡查，工程质量合格率 100%，优良率 90% 以上。

表 18

**2017 年公路工程完成情况表**

| 工程项目 | 投资金额（万元） | 备　注 |
| --- | --- | --- |
| 公路抢修 | 289.3116 | 106 国道、320 省道、204 省道、206 省道、J03 县道、J04 县道、153 县道、337 省道、124 县道等线路水毁工程。 |
| 安保工程 | 1417 | 国省干线 254 万元，农村公路 1163 万元。 |
| 合　计 | 1706.3116 | |

**【治超管理】** 开展路警联合执法。4 月，公路局抽调 30 名超限检测站执法人员与县交警、运管、城管部门的人员统一并入县“三治三保”办公室，强化联动机制 + 站点治超模式。与高速公路管理机构建立联合执法工作机制，从 10 月起，对县内各个高速入口实行 24 小时不间断执法，推进全县治超工作精准化、常态化。全年检测货车 39 万余台次，查处超限超载车辆 381 台，卸（驳）载货物 3513 吨，行政处罚金额 100.95 万元，超限超载率始终控制在 0.1% 以下；查处非法改拼装货车案 12 件，责令其恢复原状，行政处罚 2.9 万元。严格落实“一超四究”“一单四制”制度，对县境内的违法当事人，将其违法信息分别抄告给相关职能部门和相应乡镇（街道）；对本市其他县、区的违法当事人，将其违法信息呈报给市治超办。发出县运管所抄告单 23 份，乡镇街道 44 份，呈报市治超办境内抄告单 28 份，收到处理结果反馈单 17 份，并将 1 年内违法超限运输超过 3 次的货运车辆及驾驶人清单抄送给道路运输管理机构。加强源头监管，定期对县内 15 个重点货运源头企业进行登记、统计、核查，与每个监管的货运源头单位签订规范装载协议。完成茶陵县辖区内重点货运源头单位称重设备安装，不定期对监管货运源头单位的计量台账进行抽查。马江超限检测站固定磅信息已与市治超办实时数据传输。

**【公路整治】** 坚持日常巡查，及时查处涉路案件。下达责令改正通知书 500 余份，查处路政案件 26 起（其中路政许可案件 2 起，路政赔偿案件 11 起，路政处罚案件 13 起），结案率 100%。开展专项整治，以创建 320 省道县城至界首段“路政管理示范路”为引领，抓好干线公路和农村公路的环境整治。先后开展违法棚屋、非公路标志、摆摊设点、污染公路等专项整治活动。拆除违法棚屋 9 处、清除公路堆积物 426 处、拆除非公路标志 242 块、移除在公路上占道经营摊点 23 处、处罚因采取密闭防护措施不全而污染公路的车辆 11 台次。强化教育引导，深入到公路沿线乡镇政府进行路政宣传并签订爱路护路公约 28 份，与乡镇国土管理所（站）互建工作信息平台。以“全国路政宣传月”为契机，走访乡镇、学校、厂矿宣传公路法律法规，在各乡镇、重点路段悬挂宣传条幅 30 余条，出动流动宣传车 5 台，人员 40 人次，巡回 1000 多千米宣传，现场发放宣传资料 600 余份。

**【结对帮扶】** 选派纪检书记、工会主席和副主任科员组建 3 个扶贫工作队并担任扶贫队长，与单位工作脱钩，进驻湖口等 3 个村开展脱贫攻坚。4 名副科级以上干部和 29 名业务骨干与 3 个村的所有贫困户结对帮扶，并将干部帮扶工作落实情况纳入月度工作目标考核，考核结果与干部评先评优挂钩。召开专题会议 25 次，开展县扶贫办人员授课、局主要领导政策解读、赴乡镇现场学习扶贫业务知识等形式的培训活动 6 次。帮扶干部通过在贫困户家中张贴扶贫宣传海报、面对面宣讲等形式，把政策精神及时传达到村、户。针对因病、因残致贫等自身发展能力不足的贫困户和贫困村基础设施不足等方面存在的突出问题，向市公路管理局争取资金支持，投入扶贫资金 558460 元。

（撰稿：陈艳玲　审稿：阮　平）

## 交通建设

**【概况】** 茶陵县交通建设投资经

营有限公司是2014年经县人民政府批准成立的国有独资有限责任公司,公司注册资本1亿元,主要经营范围有：负责县内农村公路、干线公路、汽车站场、中小型水上项目和农村渡口渡船项目的建设、投资与经营；负责新、改、扩建交通项目周边土地一级开发；建设交通项目派生的加油（气）站、广告位等资源的经营。根据2014年12月25日下发的《茶陵县人民政府常务会议纪要》（第9次）精神，交投公司划归茶陵县交通运输局管理运营。2016年7月，交投公司由茶陵县人民政府直接监管。公司下设综合管理部、财务融资部、工程项目部、项目策划部等4个部室，有在职人员18人。

**【项目建设】** 2017年，交投公司就农村公路提质改造项目向县农业银行融资3亿元，完成投资2.26亿元。开工项目7个，分别是345省道严塘至县城段改建工程、345省道县城至虎踞段改建工程、106国道至水源旅游公路改建工程、150县道毛铺至马江公路改建工程、洣江渡瑶公路路基工程、2016年茶陵县农村公路安保工程、166县道古汉公路改建工程；前期项目3个，其中：347省道夏乐至浣溪公路、356国道浣溪至太英公路完成招投标工作；205省道茶陵路岭坳至严塘公路完成设计评审和用地预审批复工作。主要的开工项目建设情况如下：

345省道严塘至茶陵县城段，二级公路标准，总长19.7千米，路面宽8.5米，总投资约1.5亿元，2016年9月8日开工建设，工期2年，已通车；345省道茶陵县城至虎踞段，二级公路标准，全长19.19千米，路面宽8.5米，总投资约1.6亿元，2017年完成征地拆迁和招投标工作，建设工期2年，正在抓紧施工。

106国道至水源旅游公路，三级公路标准，全长9.2千米，含三座小桥及附属工程，总投资2400万元,2017年7月开工建设，现已通车。

150县道毛铺至马江镇公路，四级公路标准，全长8.87千米，路面宽6米,总投资约2000万元，2016年8月开工，已通车。

166县道古城至汉背公路，三级公路，全长约10千米，路面宽6米，总投资约2400万元，2017年开工，预计2018年完工。

表19

**2017年道路建设情况表**

| 道路名称 | 总投资额（万元） | 起点 | 终点 | 长度（米） | 路面宽度（米） | 路面结构 | 完成工程量 | 备注 |
|---|---|---|---|---|---|---|---|---|
| 345省道严塘至县城段改建工程 | 15000 | 严塘 | 县城 | 19700 | 8.5 | 沥青混泥土 | 65% | |
| 345省道县城至虎踞段改建工程 | 16000 | 县城 | 虎踞 | 19190 | 8.5 | 沥青混泥土 | 10% | |
| 106国道至水源旅游公路改建工程 | 2400 | 106国道 | 水源村 | 9200 | 6.5 | 沥青混泥土 | 100% | |
| 150县道毛铺至马江公路改建工程 | 2000 | 毛铺 | 马江集镇 | 8870 | 6 | 水泥混泥土 | 100% | |
| 166县道古汉公路改建工程 | 2400 | 古城 | 汉背 | 10000 | 6 | 水泥混泥土 | 20% | |

（撰稿：周蔚飞 审稿：谭志雄）

## 交通建设质量安全监督

**【概况】** 茶陵县交通建设质量安全监督局为市财政全额拨款正科级事业单位，人、财、物隶属市交通行政执法监督处。主要负责全县交通运输建设农村公路、危桥改造和渡改桥工程质量安全监督工作。

**【质量安全监督】** 加强对2016

年受监未完工的农村公路、危桥改造、渡改桥附属工程进行质量安全监督。一是严格基本建设程序，办理质量安全监督手续。根据茶陵县交通运输局提供的2017年农村公路危桥改造、渡改桥实施计划建设项目，通过审查，受监在建农村危桥改造5座（分秩二桥、康王苗桥、胡山桥、王岸山桥、太阳冲桥），农村公路2条（150县道毛铺至马江公路改建、水源至106国道旅游公路改建）。二是加强现场指导和监督，确保工程质量。2017年，县启动实施贫困村基础设施“一十百千”工程，拓宽改造和提质升级乡村公路1000千米。在施工过程中，县交通建设质监局进行全程监督，对窄路加宽路基要求压实，路面宽度达标，路基排水设施齐全，安全措施要求到位，并联合交通运输局、公路局、各乡镇等相关部门召集业主、施工单位、监理，每月召开两次以上农村公路窄路加宽工作会。对检查监督出来的质量安全问题进行商讨，全面提高项目建设单位、施工单位和监理单位的质量安全意识。三是加强对工程实体质量、施工工艺和质量管理行为的检查巡查。检查实体质量60余次，下发隐患整改通知书14份,限期整改和停（返）工，对未及时办理相关手续进行口头和书面报监催办手续，下达公路水运工程质量安全监督申请手续催办单6份。10月，配合市处查处省某集团有限公司150县道毛铺至马江镇公路改建项目部，其未在施工现场设置明显的安全警示标志行为，K6+200路段水泥路面硬化现场无专人指挥，存在较大安全隐患。

（撰稿：欧阳恒　审稿：陈友发）

## 公路客运

**【概况】** 湘运集团有限责任公司茶陵客运分公司内设办公室、财务科、安全科、业务科等15个职能科室，下辖茶陵汽车站（二级甲等）、中心汽车站（四级甲等）、汽车东站（四级甲等）、城北汽车站（四级甲等）4个等级客运站，界首客运站、界化垅车站2个农村客运站，1个公共汽车分公司，1个一类修理资质的汽车修配总厂；有在岗在册人员165人；主营公路客运、城市公交、汽车维修，兼营汽配售销和住宿、餐饮服务等项目。2017年，公司拥有各种不同型号客车129辆,其中班线营运客车94辆、城市公交车辆35台；开通客运班线41条，其中省际班线17条、市际班线9条、县际班线7条、县内农村客运班线8条，运行公交线路6条；完成汽车客运量318万人次，完成客运周转量26786万人千米。

表20

**茶陵客运分公司2017年开通客运班线一览表**

| 班　线 | 起点站 | 讫点站 |
| --- | --- | --- |
| 省际班线（17条） | 茶陵汽车站 | 广州罗冲围汽车站 |
| | 茶陵汽车站 | 深圳南山汽车站 |
| | 茶陵汽车站 | 惠州汽车站 |
| | 茶陵汽车站 | 珠海上冲汽车客运站 |
| | 茶陵汽车站 | 东莞市汽车客运站 |
| | 茶陵汽车站 | 东莞樟木头汽车客运站 |
| | 茶陵汽车站 | 中山汽车客运站 |
| | 茶陵汽车站 | 龙岗布吉汽车站 |
| | 茶陵汽车站 | 顺德汽车站 |
| | 茶陵汽车站 | 普宁汽车站 |

续表 20-1

| 班　线 | 起点站 | 讫点站 |
| --- | --- | --- |
| 省际班线（17 条） | 茶陵汽车站 | 温州汽车站 |
| | 茶陵汽车站 | 上海汽车站 |
| | 茶陵汽车站 | 石狮汽车站 |
| | 茶陵汽车站 | 萍乡汽车站 |
| | 茶陵汽车站 | 永新汽车站 |
| | 茶陵汽车站 | 莲花汽车站 |
| | 茶陵汽车站 | 武汉汽车站 |
| 市际班线（9 条） | 茶陵汽车站 | 湘潭汽车站 |
| | 茶陵汽车站 | 邵东汽车西站 |
| | 茶陵汽车站 | 耒阳市中心汽车站 |
| | 茶陵汽车站 | 衡阳中心汽车站 |
| | 茶陵汽车站 | 郴州汽车总站 |
| | 茶陵汽车站 | 长沙汽车南站 |
| | 茶陵汽车站 | 安仁安平司汽车站 |
| | 茶陵汽车站 | 浏阳市长途汽车站 |
| | 茶陵汽车站 | 益阳赫山汽车站 |
| 县际班线（7 条） | 茶陵汽车站 | 株洲汽车中心站 |
| | 茶陵汉背 | 株洲汽车中心站 |
| | 茶陵界首 | 株洲汽车中心站 |
| | 茶陵秩堂 | 株洲汽车中心站 |
| | 茶陵汽车站 | 炎陵汽车站 |
| | 茶陵汽车站 | 攸县南站 |
| | 茶陵虎踞 | 攸县南站 |
| 县内农村班线（8 条） | 茶陵汽车站 | 虎踞 |
| | 茶陵汽车站 | 平水五峰 |
| | 茶陵汽车中心站 | 湖口汽车站 |

续表 20-2

| 班　线 | 起点站 | 讫点站 |
| --- | --- | --- |
| 县内农村班线（8条） | 茶陵汽车中心站 | 舲舫汽车站 |
| | 茶陵汽车北站 | 秩堂汽车站 |
| | 茶陵汽车北站 | 汉背汽车站 |
| | 茶陵汽车北站 | 潞水汽车站 |
| | 茶陵汽车北站 | 清水汽车站 |
| 公交班线（6条） | 1线汽车北站 | 火车南站 |
| | 2线云阳山北门 | 二中 |
| | 3线工业品市场 | 二期工业园 |
| | 4线汽车东站 | 湘东铁矿 |
| | 5线汽车东站 | 诸目 |
| | 6线汽车北站 | 老虎塘 |

**【客运安全】** 层层落实安全责任状和各岗位安全职责，严格按照安全生产标准化规范运营；夯实安全管理基础工作，建立健全安全工作长效机制；加强联网联控建设，各车装配GPS监控以及车载视频；设立安全监控平台，每天派专人值班，实时监控建制客车的运行动态，监督各车驾驶员的驾驶行为，从源头上杜绝超速、疲劳驾驶等违法违规行为；坚持“三会一课”制度不动摇，全方位、多层次教育驾驶员遵章守纪，牢固树立安全意识，提高驾驶水平。2017年，公司行车安全四项指数分别为：肇事频率2.3次/百车年，受伤频率2.7人/百车年，直接经济损失率2.1万元/百车年，死亡频率0人/百车年，实现治保、消防、机务管理均无事故。

**【生产经营】** 投资1200余万元，对茶陵至长沙、株洲、湘潭班线车辆进行更新，对车辆档次进行升级，提升旅客舒适度；将长株潭专线实行整体公车公营，统一车辆调度、稽查控收、费用开支、经营管理，提高利用效率及服务水平；开拓市场，完成茶陵至长沙西、茶陵至平水水源村班线的市场调研和可行性分析，并向行业职能部门申报开班手续，待职能部门许可后营运；大力整治站场周边秩序，每天抽调10余名工作人员，从早到晚在车站周边巡查，制止拉客行为，协助运管执法人员依法查扣20余台非法营运黑车。

**【服务质量】** 茶陵客运分公司下属茶陵汽车站，坚持按GB/T 19001-2000和GB/T 28001-2001两个管理体系标准持续改进服务规范，定期组织站务人员进行岗位技能和服务意识培训，提高全员服务水平。茶陵汽车站连续多年通过省级“群众满意客运站”的考评考核，并在全省客运站考核排名中名次靠前，获得行业主管部门的充分肯定和广大旅客的称赞。

**【站场建设】** 为配合茶陵县政府“拓城兴旅”战略，茶陵客运分公司立项在茶陵火车南站旁兴建“茶陵新中心汽车站”，项目总投资8000余万元，拟征地100亩。2017年，完成投资944万元，办理挂牌土地37.6亩，并与政府相关职能部密切配合，完成拟征地上的拆迁工作，开展环评立项和设计。

（撰稿：龙　涛　审稿：谭文平）

## 铁路运输

**【概况】** 茶陵南火车站车站等级

为三等站，业务性质为客货运站，技术性质为中间站，隶属中国铁路南昌局集团有限公司宜春车务段。茶陵南站为车间级单位（内部称茶陵南管理站），管辖里程吉衡线和文茶联络线169.89千米，东端炎陵站与赣州车务段睦村站相连，西端衡南站和广州铁路集团公司衡阳车务段颜家垄站毗邻，茶陵站是醴茶线的尽头站。茶陵南管理站下辖茶陵站、炎陵站、茶陵西站、攸县南站、安仁站5个四等站，浣溪站、云盘站、禾市站、衡南站4个五等站，待接管莲花站。茶陵南管理站设党总支1个，有党员60人，下辖炎陵党支部、茶陵党支部、茶陵南党支部、安仁联合党支部4个班组党支部。2017年末，茶陵南管理站有职工165人，其中行车人员53人、客运人员63人、货运人员5人、管理及其他人员44人，平均年龄43.5岁。吉衡线各站班次，实行行车人员三班倒、客运人员二班倒；茶陵站实行行车人员二班倒、货运人员二班倒，调车组人员一调两连。吉衡线日均接发列车14对（客车8对、货车6对），其中有营业的客车为炎陵7趟、茶陵南9趟、攸县南6趟、安仁8趟。K2369/2370次逢周五、周六、周日开行，K161次炎陵、安仁隔日开行。2017年，炎陵站、茶陵南站、攸县南站、安仁站4个有旅客运输的车站合计发送旅客335598人次（炎陵56725人、茶陵南140221人、攸县南45749人、安仁92903人），日均发送旅客919人（炎陵155人、茶陵南384人、攸县南125人、安仁255人），客运收入3055.5万元（炎陵523.2万元、茶陵南1448.3万元、攸县南404.5万元、安仁688.4万元）；茶陵站发送货物3.23万吨，装481车，卸3123车，货运收入191.1万元；茶陵南管理站客货运输总收入3246.6万元。截至2017年12月31日，茶陵南站安全天1280天。

表21

**茶陵南管理站2017年运输统计表**

| 发送旅客（人次） | 到达旅客（人次） | 客运收入（万元） | 发送货物（万吨） | 到达货物（万吨） | 装车（辆） | 卸车（辆） | 货运收入（万元） |
|---|---|---|---|---|---|---|---|
| 335598 | —— | 3055.5 | 3.23 | —— | 481 | 3123 | 191.1 |

**【安全作业及教育】** 开展接发列车作业安全专项整治活动，制定细化措施，加强对关键岗位、关键人、关键时段的检查，落实把关作业制度，保证接发列车安全。全年茶陵南管理站接发列车9552列，日均26列。落实各项安全卡控措施，确保施工安全，计划Ⅲ级施工66项，天窗修4550次，作业时间10630小时。以近年来的事故案例为教材进行安全教育，周期性的开展全员劳动安全教育活动；以现场作业控制为重点，落实保洁人员上线登记、签认和防护制度，抓好上道作业不按规定穿防护服、不佩戴防护用品、抢越列车等劳动安全倾向性问题，确保全年无职工劳动人身安全问题；制定假日运输方案，采取定人定岗原则，落实实名验证工作。北戴河会议期间，严格落实进站旅客"人人手检"和携带品"件件过机"规定，确保K2386次北戴河、秦皇岛安检查危工作的安全。

（撰稿：张庆宜 审稿：张庆宜）

## 邮　政

**【概况】** 茶陵邮政分公司内设市场经营部、综合办公室、渠道中心、快递包裹中心、代理金融中心、文化传媒中心，下辖秩堂、高陇、火田、腰陂、严城、交通街、炎帝路、管塘、界首、浣溪、湖口、马江、洣江茶场、八团14个自办邮政储蓄所，下设平水、虎踞、潞水、老虎山、桃坑、严塘、尧水、八团等9个邮政代办所；有干部职工189人，其中在岗固定合同职工92人、劳务派遣合同工27人、劳务承揽18人、退休职工52人；有邮运干线3条（茶陵—马江—湖口—桃坑；茶陵—严塘—尧水—平水—虎踞；茶陵—思聪—清水—潞水—八团），乡村邮路单程总长3504千米，实现村村通邮路。邮政经营的业务有储蓄、代理保险、汇兑、函件、集邮、包裹、报刊发行、代办代开、电子商务等10种，其中储蓄是邮政的支柱业务。2017年，实现储蓄余额净增4.64亿元，增幅20%，市场占有率达到26.74%，比2016年多1.27个百分点；实现快递包裹收入462.65万元，增幅141.66%，处理进口包裹19万件，出口包裹10.2万件；茶陵县邮政分公司被株洲市邮政分公司授予“先进单位”“四好”班子建设等称号；茶陵县邮政分公司总经理曾炎鹏被湖南省邮政公司授予“优秀管理者”称号。

**【函件业务】** 主动融入地方经济文化，加快邮局主题业务建设，创新开展文化活动，书信赛创收13万元；邀请县工商联、检察院、海龙房产等18家单位到市公司召开的腾邮峰会上，现场签单8单，共计20.8万元；完成国土局、检察院的新媒体业务转化；举办首届生肖鸡票首发式，得到当地政府的支持。

**【报刊发行】** 加强常年收订、项目营销、教育期刊征订、第三方订阅等业务营运，稳步扩充基础客户，确保专业收入完成。2017年，完成报刊流转额543.3万元，较上年增多40.5万元，其中党报党刊250.3万元、行业报刊78.46万元、校园报刊集装备报刊29.94万元、畅销报刊80.41万元、其他报刊74.39万元。

**【集邮业务】** 以客户需求为导向，以经营效益为目标，壮大集邮业务规模。2017年，开发形象年册合作商家1户，创收30.94万元；新邮预订订户400户，实现预订额18万元；销售生肖金、贵金属类产品60余万元，实现阶段性项目营销短、平、快。

**【服务“三农”】** 增强功能，提升邮政服务网络运行效能，夯实邮政服务地方、服务民生的基础能力；加强与政府衔接、沟通和汇报，借助政府公信力及政府对“双创”工作的重视，将“双创”（大众创业、万众创新）建设纳入政府年度绩效考核，推进综合便民服务平台建设；与县人民政府签订电子商务进农村项目战略框架协议，确立邮政在县级农村电商发展中主力军的地位。截至2017年底，全县累计建成综合便民服务站700余个，方便了广大群众和客户，做到金融服务不出村、购物不出村、娱乐不出村，强化“最后一公里”服务工作。

**【通信服务质量】** 开展农村支局评等划级达标活动及评比星级营业员、“十佳”营业员、投递员等竞赛活动，提高员工的业务能力及服务意识；印发《通信服务质量考核办法》，从制度层面规范通信服务质量考核方式；加强通信服务质量大检查，对督查情况每月进行通报，奖优罚劣；强化窗口服务检查，提升全县邮政营业网点现场管理和规范操作，用户投诉率下降，2017年群众服务满意度为96%。

（撰稿：刘　奇　审稿：曾炎鹏）

## 电　信

**【概况】** 中国电信股份有限公司茶陵分公司内设综合部、销售服务部、网络部3个职能部室，下辖腰潞、界首、湖口、高陇、虎踞、严塘6个支局，客户服务中心、政企客户中心、商业客户中心、渠道运营中心、客户端维护中心、接入网维护中心6个中心，有合同制员工74人、劳务派遣工68人。2017年，茶陵电信分公司优化网络架构，加快4G、互联网建设升级发展；强化服务质量监管和用户个人信息保护，保障用户权益；加强应急通信保障和电信设备安全管理，保障网络运行安全；加强信息化扶贫，突出“宽带乡村”建设；实施“提速降费”，用实际行动提高茶陵人民的通信水准。

**【无线网络】** 在城区房屋密集区域和县中医院、紫荆花、妇幼等4个单位实施室分深度覆盖；发挥电信网络频段是信号强、覆盖广的4G黄金频段优势，将移动信号覆盖大部分自然村、高速公路和铁路沿线、工业园区、云阳山风景区、洮水水库沿线等区域，基本实现茶陵城乡无线网络全覆盖。截至2017年12月底，公司有1X CDMA网络基站（含语音和3G信号）145个，4G基站192个，其中城区及乡镇集镇1.8G LTE基站81个、乡村L800M基站111个。

**【光网宽带】** 全年投入近400万元，用于光网宽带建设。截至2017年年底，累计投入建设资金约1亿元，端口容量达10万户，出口带宽160G；在县城城区新建楼盘、住宅区，根据楼盘交房入住情况跟进建设，其余区域实现100%覆盖；茶陵215个行政村完成光网覆盖212个，覆盖率98.60%，仅有桃坑、湖口山区3个行政村未覆盖。按照湖南省通信管理局规划，对建设难度大、投入资金大的山区光网建设，纳入政府普遍服务范畴，采取招标补贴方式完成网络覆盖。

【优质服务】 贯彻落实《电信条例》等相关法律法规，做好互联互通工作，无阻碍互联互通事件发生；收费公开、透明，无乱收费现象；严格首问负责制、服务承诺制及工单回访等制度，提高办事效率；杜绝装移机和故障查修超时现象，提高客户服务满意度；面向城区及农村公开六项服务承若，即城区实行8小时装机、8小时修障，农村实行24小时装机、24小时修障（当日18：00前申报的故障当日修复，慢必赔；真宽带、真速率、低必赔；无条件受理，0拒单；老用户免费提速；新装用户免费调测无线网络）；全天24小时电信客户服务热线10000号，提供各类电信业务的咨询、查询、受理和投诉等服务，全县64个网点全业务受理电信各项业务，51位客户装维工程师全天候为用户排忧解难；依托“天翼智能组网”高速宽带网络打造智慧家庭，将4K天翼高清、天翼智能组网、家庭云存储、全高清天翼想家、宽带智能提速等创新业务融合打包，提供一揽子的智慧家庭信息服务，将提速降费真正落实到每一个家庭。

（撰稿：段俊　审稿：彭建军）

## 移动通信

【概况】 中国移动通信集团湖南有限公司株洲市茶陵县分公司有员工58人，有移动服务一级网点115个、二级网点66个，覆盖县城及绝大部分乡镇。主要业务经营范围包括移动电话、有线宽带、集团专线、高清数字电视以及其他基于移动通信业务的各类增值业务。2017年，茶陵县移动手机客户市场份额占比达到60.44%，4G用户数超过13万户，移动宽带用户数突破2.5万户。

【服务提质】 开展“心连接、诚相伴”等活动，加强客户沟通，改进服务质量，提升客户感知，以优质的服务回报用户；定期组织营业员、大客户经理、政企客户经理等一线人员开展“岗位练兵”等专业服务技能竞赛，增强服务意识，提升服务水平；落实实名登记，加强网络信息保护和用户个人信息安全，遏制网络信息违法行为；落实提速降费相关政策和要求，相继推出99不限量套餐、50元50G流量月包、18元移动大王卡（1元1G）等超低资费套餐，同时，宽带提速至100兆，并推出组网送宽带等优惠政策，确保为客户提供优质满意的产品及服务；开展一线服务评优活动，采取奖惩结合方式，激励员工持续改进服务，提升窗口服务形象；梳理前台投诉处理流程，主动跟踪回访，及时有效帮客户解决问题，提升客户满意度。

【网络建设】 全年完成4G宏站建设75个，室内分布11个，微站建设3个；进行大规模家庭宽带建设，城区覆盖率达到95%，乡镇驻地网小区覆盖率达到70%。截至2017年底，公司完成全县215个行政村村部、卫生院、学校等主要生产区域4G信号100%覆盖。

【强化社会责任】 做好中共十九大、春节、国庆、冰灾、汛期等特殊时期的通信保障工作，为县内大型活动提供应急通信保障；投入400多万元，开展“信息化精准扶贫联络卡终端配送到户”工作，为1.2万户贫困户每户提供一台价值350元左右的4G智能手机，一张话费价值290元的扶贫联络卡；组建文明创建志愿小组，参与文明创建现场劝导活动，做好文明传播工作。

【党建工作】 茶陵县移动党支部推进“两学一做”学习教育常态化制度化，开展“反腐倡廉教育月”活动，围绕“强党性、敢担当、有作为”主题，通过“每旬一课”“在线学习”“每日一测”、演讲比赛等形式，提升党员干部的党性修养，带动全体员工廉洁从业意识。开展支部主题党日活动，运用红色资源、警示教育基地、扶贫联系点、网络平台以及生产经营一线阵地，通过诵读党章、重温入党誓词、参观革命纪念地、接受廉政教育、开设网络党课等形式，提升党员意识，增强支部活力，规范政治生活。

（撰稿：鄢道静　审稿：朱忱）

## 中国联通

【概况】 中国联合网络通信有限公司株洲市茶陵县分公司，2017年8月经过改革、资源整合，由之前的3个业务单元变成2个业务单元，即茶陵县分公司、茶陵乡镇营销中心。2017年，公司有3个自营厅和1个大型手机卖场，有员工60余人。公司秉持“一切为了客户”宗旨，改造门店形象，提升门店营业人员的业务能力，提高新老客户的服务满意度。针对宽带装移维服务推出“1548考核”“NPS提升考核”，以总经理带头，对用户端服务进行全流程闭环管控督导，提升整体服务能力。

**【互联网公司合作】** 2017年中国联通公司被列入首批国企混改企业，截至12月底，与腾讯公司、阿里集团、京东等各大互联网公司合作，并分别推出腾讯王卡、天王卡（腾讯应用产生的流量全部免费）、蚂蚁大小宝卡等产品，契合用户需求。

**【基础设施建设】** 全县68个贫困村，经过近两年的扶贫建设，截至2017年11月，联通移网基站建设覆盖61个村，光纤宽带网络覆盖63个村，比2016年村组覆盖率提升20%。2017年，投资1200万元，完成4个村的联通移网基站建设，14个村的光纤宽带网络覆盖。

**【提速降费】** 9月1日，中国联通响应国务院“提速降费”号召，取消漫游费用，为客户谋福利。公司推出全国流量及省内流量不限量套餐、高带宽产品及融合产品，单产品由原来的4兆带宽提高至50兆，融合宽带100兆起。

**【脱贫攻坚】** 公司组建一支13人的帮扶队伍与火田镇贝江村41户贫困户、湖口镇小潭村43户贫困户进行结对帮扶。公司根据贫困户的致贫原因等具体情况，因户制宜，做到“一户一帮扶计划”“一户一策”“一户一档”，经常入户走访，落实“七个一批”等扶贫政策措施。2017年，贝江村脱贫17户71人，给予帮扶资金21300元；小潭村脱贫27户89人，给予帮扶资金22160元。

（撰稿：彭 玲　　审稿：宾 颖）

# 商贸流通

## 商务和粮食

【概况】 2017年，茶陵县商务和粮食局强力推进招商引资，挖掘进出口潜力，加大商务和粮食工作力度，加强市场建设和流通领域监管，突出转方式、调结构、促消费、稳增长、改作风，各项工作稳步推进。2017年，茶陵县完成内联引资23.96亿元，同比增长16.8%；新批外商投资项目4个，实际到位外资2157万美元，同比增长13.5%；完成自营外贸进出口660万美元，同比增长61.9%；完成对外投资1500万美元，完成对外承包工程和对外劳务合作营业额3600万美元；完成社会消费品零销售总额72.9亿元，同比增长11.2%；新增限额以上商贸企业13家；完成储粮33808吨，其中市级储备粮4000吨、县级储备粮6000吨、最低收购价粮23808吨。

【招商引资】 出台《茶陵县2017年招商引资工作方案》，首次明确任务单位的重点招商产业，加强对招商项目的统筹协调；出台《茶陵县驻外招商工作实施方案》，首次以文件的形式规范管理驻外招商工作；拟订《茶陵县关于进一步加强招商引资工作的意见》初稿，多方征求意见，进一步完善招商优惠政策；精心组织招商活动，结合港洽周、2017年中国企业家年会、茶陵县夏季重大签约活动、株洲（深圳）产业对接暨市情推介会、湘商大会、央企合作对接暨市情推介会等活动大力推介茶陵，并在活动中成功签约天使之橙、“茶乡花海”生态健康产业园、光宇顺电测、汇才精加工、太和仙风电、爱尔恒泰康医院、电子商务进农村（赶街网）、湖南一心医药集团、电商扶贫、五矿二十三冶战略合作、东阳实验学校、数据线项目、多彩电子、维也纳酒店、洣水河前农保护圈防洪工程PPP项目等16个项目，合同引资31.5亿元；充分发挥驻深圳和上海招商办的驻点作用，涵盖珠三角和长三角地区，其中上海招商办跟踪、洽谈润田生态农业科技项目、上海宏图艺术工程有限公司等60多个项目，深圳招商办跟踪洽谈佛山佳邦建设、深圳泰立德科技有限公司等70多个项目；继续推行“六帮制”，落实推进重点招商项目履约落地责任，提升服务，优化环境，提高项目履约率、开工率、资金到位率和投产达标率，14个项目全部正式开工建设，进展顺利。

【外经外贸】 多位县委、县政府领导参与组织本地企业参加中部国际食博会、食品餐饮博览会、湖南网购节、义乌国际电子商务博览会，引导茶陵优秀企业和产品走出去；支持电商协会和相关企业举办祖庵家菜美食节、脐橙采摘节、高山杨梅采摘节、鲜果电商扶贫推介会、黄桃扶贫推介会等，实现线上和线下、品牌和销量齐头并进。截至2017年年底，茶陵县对外贸易备案登记企业12家，其中拥有自营进出口权的企业9家，有外贸进出口实绩的企业7家，正在办理自营进出口手续的2家（东信棉业、红星盛康油脂），提前一个季度完成480万元的年度任务，实现1个倍增、2个破零。

【内贸流通】 深入挖掘消费潜力，促使全县社会消费品零售总额保持平稳增长态势；帮助指导12家小型微型批发零售企业规范升级；新增监测企业，完善和健全全县市场运行监测系统；完善市场体系，不断推进现代流通方式，准确、及时完成全县网上商务部直报企业的数据上报；做好市场监测运行工作，全年报送率为98%以上；积极开展边贸市场建设工程，完成八团卧龙山货边贸市场建设，对正在建设中的兴农鲜活农副产品运输服务中心加强进度跟进和监管指导，确保项目按标准建设。

**【成品油管理】** 做好成品油年检工作，按照要求对40家加油站进行年检，其中合格40个；加强行业安全管理，3月上旬和10月下旬对全县加油站进行两次全方面检查，排查安全隐患50余起，对群众举报的高陇界化陇流动加油车违规加油和界首镇农村客运站1家违规私建加油站（点）的现象，下达停营和停建通知，并函件告知相关部门配合制止；规范加油站的建设，8月对2家新建加油站进行验收，并将验收资料逐项上传到省厅；对全县“十二五”和“十三五”成品油体系30个规划点进行重新梳理，已建设加油站4家，其中2家验收合格投入运营，2家待验收合格后投入运营；对全县23家加油站单层油罐进行防渗改造，保障储蓄油的安全。

**【电子商务】** 出台《茶陵县关于加快发展电子商务的若干意见》《茶陵县电子商务进农村发展规划2017—2019年》《茶陵县电商精准扶贫实施方案》《茶陵县商务和粮食局关于扶持贫困村建设村级电商服务站（店）的方案》等文件，为电子商务的发展提供依据；争取2017年省电商扶贫资金94万元，成功申报全国电子商务进农村综合示范县项目，获得国家电商资金2000万元；完成一个县级电商运营服务中心和251个村级服务站点（包含68个贫困村）的三站合一站点（村级电商服务站、金融扶贫服务站、助农取款服务点）建设。截至2017年年底，茶陵县从事电商企业50多家，省商务厅认定的电商企业4家（百易、百事通、悦家、飞米科技），培育10家电子商务限上企业；网购人数超过26万人，新增各类网店360多个，电商交易额3.2亿元，其中农特产品网络销售额2169万元；成功认证37个“三品一标”农产品,其中国家地理标志2个(茶陵大蒜、茶陵黄牛）、无公害农产品21个、绿色食品14个；累计培训电商人员5500人次，农村电商就业人员累计达到1030人。

**【粮食工作】** 落实县内粮食应收尽收颗粒归仓，杜绝域内不出现“卖粮难”现象，稳步推进粮食收储工作，全年收购粮食6.8万吨，其中国有企业收购2.9万吨（含该局所属粮食购销总公司5220吨）；规范管理，提升设施，保障储粮安全，全县国有粮食企业现有储粮11.5万吨，其中该局所属购销总公司3.4万吨；完成立项争资2项，获得上级项目资金支持52.36万元，其中智能粮库建设资金51.36万元、市放心粮油网点建设资金1万元；完成粮食质量安全检验检测体系建设项目——茶陵粮食质监站建设项目的可行性调研和项目申报相关资料的编制及呈报工作，做好大贝岭粮库1万吨粮食仓库建设和茶陵县鑫业水稻种植农民专业合作社1.6万吨粮食仓库建设项目协调和进展情况以及进度报表的上报工作；推介企业参(观)展，相继组织湖南省红星盛康油脂股份公司、茶陵县兴博糯米粉食品公司、株洲市清河庆丰粮油公司、株洲市汇才现代农机公司以及茶陵县鑫业水稻农民合作社等单位参加2017年粮食科技周活动、第八届湘博会活动、第15届中国国际粮油产品及先进设备技术展示会等活动，助推企业发展；加强粮食安全监管，参加县食安委组织的食品安全宣传周活动，印发宣传资料500份。

**【行政执法】** 对全局执法人员进行资格审查和考核，对12名符合执法条件的人员颁发执法证；规范行政执法程序,认真执行新《粮食流通管理条例》和《成品油市场管理办法》;对中央储备粮、国家临时存储粮(含最低收购价粮、国家临时储存粮和国家临储进口粮)、地方储备粮，以及自营粮食企业的商品粮库存进行全面检查，落实粮食政策，做到账、表、物三相符；加强商务和粮食市场监管，组织各类执法检查26余次，出动人数78余人次，检查企业80个次，对6家粮食收购企业到期的粮食收购许可证进行换证，对2家到期自愿注销的企业进行注销，全县粮食市场价格平稳，未出现违规现象。

**【脱贫攻坚】** 召开动员大会，安排部署2017年驻村扶贫和结对帮扶及行业扶贫工作，要求驻村帮扶干部驻村时间全年不能低于200天，干部结对帮扶每月至少2次；选派4名工作能力素质强的干部到马江塘富村和界首镇莲荷村开展驻村帮扶工作，为塘富村发展大蒜种植产业积极向上争取项目资金16万元；安排全局干部到塘富村和莲荷村开展结对帮扶工作，走访慰问贫困户，为帮扶对象按照每户10棵的标准发放红心蜜柚树苗，发放食物油207桶，大米207袋，整理完善207户贫困户资料档案；开展产业扶贫，帮助塘富村种植烟叶760亩、生姜35亩、莲藕10亩，同时70兆瓦的村级光伏电站于2017年1月开始产生效益，与上海“天使之橙”项目合作初见成效，为参与项目合作的贫困户每年增收4000元，帮助莲荷村大力发展油茶产业；开展电商扶贫，引进湖南高速广和有限公司，运用浙江“赶街”模式对全县电商企业进行培训，通过电商平台调动社会扶贫力量，实现土特产品精准对接，加速农特产品商品化、品牌化，加快“互联网＋特色旅游”发展，带动产品增值和农民增收。

**【办理人大代表建议和政协委员提案】** 2017年，该局接到代表委员建议提案5件，其中代表建议2件、政协提案3件。自两案办理工作会议后，该局党组召开专题会议对办理工作进行部署，成立局两案办理工作领导小组，制定两案办理工作方案，将两案办理工作的责任落实到人。各承办部门积极与代表委员见面，深入开展调研，认真听取意见，主动上门对接，确保件件有回应，回应必落实，落实必满意。

表22

**茶陵县2017年主要电子商务企业表**

| 企业名称 | 企业简介 | 备　注 |
| --- | --- | --- |
| 茶陵百事通电子商务有限公司 | 公司成立于2013年12月，是茶陵较早成立的电商公司，目前运营茶陵本地最大的微信公众号“今日茶陵”，长期致力于“互联网＋农产品”，为本地农产品种植户搭建销售平台，每年为数十家茶陵农产品企业提供网店开通、包装设计、产品拍照上传、线上线下推广等电商服务 | 省商务厅认定电子商务企业 |
| 茶陵县蜂窝电子商务有限公司 | 公司成立于2016年1月，位于茶陵老虎山汽车北站大楼，办公面积1400平方米，主营服饰、农副产品、电商培训、电商创客孵化业务，开设有目前最大规模的私营电商培训机构 | |
| 株洲品致电子商务有限公司 | 成立于2014年11月，注册资本200万元，公司以“品质保证，极致服务”为宗旨，2015年荣获淘宝年度金牌卖家称号，主营保健食品、家用电器等，旗下主要销售平台（渠道）：天猫、京东、拼多多。目前持有注册商标“品致健康”“品议堂” | 省商务厅认定电子商务企业 |
| 株洲市飞米科技有限公司 | 成立于2015年5月，以“专业专心·高质高效”为企业宗旨，为线上线下客户提供：配音、摄影摄像，音效制作、视频制作、外文翻译，无人机航拍，平面设计，网店代运营等技术服务。成立以来服务客户上百家，其中线上服务的国内外知名企业（品牌）有十余家，线下为客户视频制作综合点击率达百万人次 | 省商务厅认定电子商务企业 |
| 茶陵杰希环球电子商务有限公司 | 成立于2015年10月，是茶陵目前最大的跨境电商企业，主营服装鞋包、小商品等，在国外电商网站开设网店6个，2017年实现营销额超过130万美元 | |
| 株洲百易电子商务有限公司 | 2013年在茶陵县城开设第一家母婴之家直营实体店；2014年实体店升级成线下实体商品展示厅，开通母婴类产品湖南地区首家O2O运营模式；2015年株洲百易电子商务有限公司将跨境电商理念带入湖南，在茶陵开设湖南地区首家母婴用品海淘O2O业务；2016年株洲百易电子商务有限公发展到员工85余人，湖南地区业务年销售额达到2000万人民币以上，通过在百易公司进行面试参加培训的茶陵本地电子商务人员已超过600人 | |

续表 22-1

| 企业名称 | 企业简介 | 备 注 |
| --- | --- | --- |
| 茶陵筋斗云网络科技有限公司 | 茶陵筋斗云网络科技有限公司（茶陵首个云平台）是鸿蒙公司一个县级分支机构，独立法人，2015 年 12 月 24 日由省公司授权，系湖南省第一个授权、开业的县级公司。鸿蒙国际云计算网络科技有限公司，是全国一家集政府网站、新闻网站、社区网站和商业网站为一体，全国联网，互联互通，并拥有“无限分层信息遗传技术、海量信息数据库管理技术、搜索引擎目标核心优化技术”的特大型的综合网络云平台。首个云平台为全中国每个省、市、县、镇量身打造本区域的智慧云，也为每个县、镇、村及中小企业同时量身打造了综合性应用云平台，并可以专门针对各村自动建设本村云平台 | |

（撰稿：张腾腾　审稿：颜运华）

## 供销合作

【概况】 茶陵县供销合作社联合社（以下简称供销联社）属参公管理全额拨款正科级事业单位，内设办公室、政工股（项目办）、财务股、业务股（两社一会办）4 个股室；下辖供销资产经营管理公司，管理改制后供销社剩余资产。2017 年人员编制由 10 人增加到 12 人，增加监事会主任职数，年末有在职在编人员 10 人。其主要职责是贯彻执行国家、省有关供销合作的法规、方针、政策，推进供销社综合改革，加强基层组织建设；创新为农业生产服务方式，提供政府委托的公益性服务；建设区域物流配送中心，指导发展合作经济组织等。

【综合改革】 5 月，县政府常务会议专题研究深化供销社综合改革工作。6 月，出台《中共茶陵县委、茶陵县人民政府关于深化供销合作社综合改革的实施意见》和《茶陵县深化供销合作社综合改革实施方案》。县供销联社落实文件和政策要求，积极推进综合改革，拓宽服务领域，成立土地托管中心 1 个、分中心 2 个，在坚持依法自愿有偿和家庭联产承包责任制不变、农民土地承包权不变、农民经营主体不变、农民受益主体不变的原则下，开展土地托管服务。服务中心配备专业农技人员和农机作业手，为农户提供农技和农机耕作服务，农户负责种籽、化肥、农药、水电等农资投入，通过改善生产条件、规模化种植、引进新品种、采用新技术，降低生产成本，提高科学种田含量，让土地资源得到充分利用。加强基层组织建设，发展县级供销惠民中心 1 个，乡村级供销惠民服务社 1 个；发展电子商务，利用农民专业社现有电子商务平台，积极拓展农产品电子商务网上贸易业务，湘冠现代农业专业社、利民生猪专业合作社、正德坛菜专业合作社等都开展生猪、土鸡、鸡蛋、稻谷、大米等农产品电子商务交易，年交易额为 6000 万元。

【农资冬储供应】 从 3 月初至 9 月底，县供销联社领导带领供销农资公司与生产厂家，送货到各乡镇开展科技种田、测土施肥、配方用药知识宣传和送肥到村组活动，现场推广高含量、低价格的新化肥和高效、低毒、无残留农药。2017 年，在没有贴息贷款的情况下，冬储化肥 12500 吨，配送化肥到村组 1 万吨，农资销售额 12000 万元。

【新供销大厦建设维权】 县供销大厦于 2012 年动工建设，至 2015 年快竣工时，开发商拒绝履行交房承诺，要求县供销联社支付 1~3 层半房屋的建安成本 1600 万元。为维护合法权益，县供销联社向县委、县政府领导汇报。县政府于 2015 年 12 月召开县长办公会议，形成会议纪要，要求相关部门统一思想，依法维护国有资产安全。2016 年 4 月，县供销联社向茶陵县人民法院提起诉讼。2016 年 9 月，案件移交炎陵县人民法院。2017 年 6 月，炎陵县人民法院一审判决县供销联社胜诉，开发商不服判决，上诉至株洲市中级人民法院。株洲市中级人民法院于 11 月作出驳回上诉、维持原判的终审判决。

【棚改项目争取】县供销联社家属宿舍楼坐落于腊园社区，院内2栋（其中原生资公司、食杂公司共1栋）家属宿舍均建于20世纪70年代。供销联社下属公司、基层社改制后，2栋（34套）家属宿舍近十年来被租户无偿占用，未交房租。因年久失修，存在较大的安全隐患，经房产局等相关部门鉴定为危房。为此，县供销联社写出维修工程可行性研究报告，请规划、设计部门测量、设计，同时向县人民政府申请纳入棚改项目。2017年12月，省住房和城乡建设厅等五部门将供销联社家属宿舍纳入2018年棚改计划。

【脱贫攻坚】一是加强领导。年初成立领导小组，党组书记、主任任组长，派出党组成员、副主任任驻桃坑乡郴坑村结对帮扶工作队队长，加大帮扶力度。每月召开一次党组会、一次全体工作人员会议专题研究、部署脱贫攻坚工作，全年召开12次党组专题会议、12次全体工作人员脱贫攻坚调度会、12次脱贫攻坚政策培训会议。二是入户核查。及时掌握贫困户的家庭人口及变化情况、致贫原因、家庭收入来源、住房情况、享受的帮扶政策等各种信息，实行动态管理，做到底子清、数据准、资料全，清退不符合标准的贫困户5户。三是宣传政策。每月3次以上到贫困户家、非贫困户家走访，宣传党和政府的扶贫政策，结合各自家庭情况，面对面讲解清楚，按照国家政策界定能享受哪些方面的帮扶政策，不能享受哪些方面帮扶政策的理由，消除疑虑。四是产业帮扶。投入3万元帮助郴坑村发展养蜂专业社，养殖中蜂（中蜂改良）70箱，把未脱贫的25户贫困户全部加入专业社，2017年每户分红1200元；拨付帮扶资金2万元，支持秩堂镇龙江村发展茶叶产业。五是因户施策。针对贫困户致贫原因等实际情况，因户施策，享受异地搬迁9户31人、幸福安居工程4户7人、医疗救助43户147人、教育助学24户33人、产业扶持25户76人、生态扶持32户124人、民政兜底3户11人，共享受国家扶贫资金126万元。六是走访慰问。通过走访慰问，送去慰问金、慰问品5.8万元。2017年，郴坑村实现脱贫21户65人。

【企业帮扶】成立领导小组，坚持早部署、早安排，制定《驻企业帮扶实施方案》《驻企业帮扶工作规划》，派出得力干部驻枣市电杆厂进行帮扶。驻企业特派员深入帮扶企业了解该厂生产、销售、资金周转、原材料供应、生产规模等情况，写出调研报告，并付诸实施。协助企业做好参与国家电网公司湖南分公司2017年第一次配网线路材料招标，并中标；协助企业做好质量管理体系认证书更新，上升为2015版IS09000认证书；在原材料砂砾石紧张时，协助企业到江西组织原材料，保障企业正常生产。2017年，枣市电杆厂扩大生产规模，新建一栋2400平方米的生产车间；完成销售收入2207万元，比2016年增长82.2%；完成税收134万元，比2016年增长109%。

【党建工作】出台2017年党建工作计划和“基层党建提升年”活动方案，及时召开推进“两学一做”学习教育常态化制度化工作会议，落实好“三会一课”制度，全年召开党支部大会12次、支委会议12次，上党课4堂。撤销农资行业党支部、离退休党员干部党支部，合并为茶陵县供销联社党支部。确定每月第一周周五下午为党支部主题党日活动日，重点内容是“争五个先锋，做五个表率”。召开党组民主生活会、党支部组织生活会，开展严肃的党性分析，查摆各自存在的问题，开展相互批评，加强班子团结和建设。

（撰稿：曾玉兰　审稿：谭善林）

## 粮食储备

【概况】2017年12月，根据国有企业公司制改革要求，中央储备粮株洲直属库茶陵分库正式更名为中央储备粮株洲直属库有限公司茶陵分公司，隶属于中央储备粮株洲直属库有限公司。分公司内设3个科室，有职工52人，其中在岗26人、预备岗13人、内退3人、退休10人。2017年，分公司贯彻落实“从严治企、突出主业、强化基础、转型升级”的要求，全面加强仓储管理，粮情正常，均处于安全状态。全年分公司收购粮食14341吨，创历史新高。

【仓储工作】完善仓储管理制度，把贯彻执行“四单”要求作为提升管理的重要抓手，通过强化责任，细化管理，实现对中央事权粮油保管、质量控制、出入库和作业安全的控制，有效促进仓储管理水平的提升。规范仓储工作人员的行为，坚持“日常工作分类抓，中心工作齐心抓，重点工作集中抓”原则，实行粮情检查周报制，做好“春季隔热，夏秋排热，秋冬通风”和防虫等基础性工作，运用各种科技储粮技术，努力达到分公司规定控温目标要求。在春季气温回升前，对储粮仓房实施薄膜和稻壳压盖，延缓粮温升高；夏季气温高时，利用空调适时补充冷源，控制粮温；秋冬季通风，降低基础粮温。落实仓储管理责任，做到有令必行、有禁必止，严格坚持“一、三、五、七、十五”粮情检测制度、储粮月度安全检查与粮情分析会制度，实行月度百分制考核评分。充分利用智能在线监测的“千里眼”和“保健医生”的作用，加强库区在线监测，每天巡看，每周汇总和通报监测发现问题及整改情况。

【轮换移库工作】 抢时间，抓进度，顺利完成轮换任务11989吨，其中早稻2200吨、中晚稻9789吨。利用春节档市场上少粮的机遇，发挥粮源足、价格优、服务好的优势销售轮换粮，1月就把销售合同全部签订，缴纳保证金，锁定终端客户销售价格不低于公司的最低指导价，并于6月底之前全部销售出库。为做好早稻轮入工作，分公司分析茶陵的稻谷种植情况，决定比2016年提前一个星期开仓收粮，抢时间，抢粮源，找种粮大户，在8月底之前完成早稻收购任务。9月初开始中晚稻收购，9月17日，在国家还没有启动最低价收购预案之前，分公司一直按130元每百斤挂牌收购，预案启动之后立即按国家预案价挂牌收购，切实保护农民利益，于10月初，顺利完成全年收购任务，并实现轮换不亏损的好局面。成立跨地移库工作小组，建立工作微信群，加强远程协调，搞好调运、接运安排，在一个月之内快速高效地向醴陵、长沙、娄底完成跨地移库任务5000吨。

【“标准仓、规范库”创建】 按照总、分公司仓储标准化建设要求，以“五个标准化”（人员标准化、作业标准化、检查标准化、设施设备管理标准化、考核标准化）为核心，对照标准抓落实，在辖区开展“标准仓、规范库”创建。一是高度重视，精心部署。成立以主任为组长、各科科长为成员的“标准仓、规范库”创建工作领导专项小组，多次开会研究部署工作。二是确定范围，积极培训。从实际出发，明确以单个仓房或货位为基础单元开展“标准仓”创建，组织仓储人员学习总公司“标准仓”10条、“规范库”20条标准内容，并开展上岗业务资格考试，确保从业人员应学尽学、应知尽知。三是落实责任，标准作业。以“四单一证”为核心，全面梳理和细化从粮食入库、检验、计量、入仓保管到出库整个链条的关键点，制定流程实施细则，实现全程留痕、状态可跟踪、责任可追溯；落实仓储管理细则和员工行为规范，做到仓内外卫生整洁、粮面平整，符合“四无粮仓”标准，账、卡、簿、牌悬挂填写规范准确，“一口清”汇报标准流利；定期开展准军事化训练，培养提升员工的标准规范意识和团队协作精神。四是对照整改，检查考核。开展全面自查摸清实底，找准问题和差距，制定相应整改措施，明确整改期限和责任人。同时，加强检查考核，采取月中小组自查、抽查和月末定期检查相结合的“三级检查制度”，每月一次考核评比，以此促进仓储规范管理标准化、常态化。

【安全生产】 开展学习培训和消防演习。全年派出6人次参加专业知识学习和培训，邀请茶陵消防中队到分公司开展消防知识讲座4课时，指导消防演练1次，提高安全生产意识及各项设备操作的规范化；执行“四单”制度和安全员巡查制度，强化保管员、装卸工的安全生产意识，确保安全生产管理作业；定期对储粮仓房、挡粮板、门窗开关等设施和机械设备进行安全生产检查，对存在的安全隐患进行整改；严格执行巡查制度，仓储科长、安全员不定时巡查生产作业场所，对装卸工现场作业、机械设备现场操作进行检查督促，禁止违规操作、违章作业，发现违章作业及时予以纠正，杜绝安全事故的发生。

【党建工作】 建立和完善党员干部理论学习制度，制定年度理论学习计划，采取平时自学、集中辅导和警示教育相结合，多形式开展党员干部的思想教育，确保党员干部头脑清醒、政治坚定。加强对《中国共产党党内监督条例》《中国共产党纪律处分条例》《党员权利保障条例》等的学习，增强党员干部遵章守纪的自觉性；深入开展党的群众路线教育实践活动，加强党员干部党性修养，增强为人民服务的宗旨意识；开展专题教育，组织学习红旗渠精神，收看《榜样》专题教育片，对党员干部进行集中辅导；组织召开民主生活会，每名党员对照标准开展严肃认真的批评和自我批评，认真剖析自身存在的问题，虚心听取并诚恳接受其他人的批评和意见，并提出整改措施。

（撰稿：段小中　审稿：易继平）

## 烟草专卖

**【概况】** 茶陵县烟草专卖局（分公司）下设9个职能股室和2个基层烟草工作站，有员工74人，其中副科级以上干部6人，35岁及以下员工45人，大学本科及以上学历58人。2017年，县烟草专卖局签订烟叶种植收购合同1008户，合同面积1.79万亩，收购散烟5万担，收购均价26.92元/公斤，其中上等烟比例占66.87%，中等烟比例占33.13%，烟叶收购等级质量合格率为82%；销售卷烟18284箱，实现销售收入5.16亿元，实现税收7456.18万元。2017年，茶陵县政府被评为全省烟叶工作优秀单位；县烟草专卖局被授予县企业发展进步奖。

**【现代烟草产业】** 稳守烟叶红线，提前15天完成5万担收购任务，名列全省第一，原收原调工作获省局肯定和表扬。落实精益生产关键技术，推进现代烟草农业建设，培育职业烟农130名，建立精益生产示范区1.3万亩，推广专业化烘烤7021亩，实施地膜覆盖技术1.3万亩，散放僵蚜2万亩，5700担出口备货计划转为国内销售，增收1100余万元。指导烟农实行专业商品化育苗，烟农烟苗成本每亩减少7元；开展专业化翻耕，烟农翻耕成本每亩减少20元。控制管理成本，烟基项目建设补贴总额同比减少50%以上；业务外包人员同比减少58%，费用减少60%，收购费用下降5.57%。烟农收入进一步增长，种烟亩均收入、烟农户均收入提升，分别为3976.7元、8.16万元。

**【卷烟市场】** 针对2016年省内烟销售“断崖式”下降的实际情况，2017年及时调整销售模式和营销策略，利用拜访服务、客户培训、经营指导、市场考核四辆“马车”，牵牢销量“牛鼻子”，破解市场“寒冰期”，卷烟销量、销额、结构稳中向好；按照“宣传发动、建章立制、重点推进、全面建设”的工作步骤，启动25个卷烟价格自律互助小组建设，零售户通过自我约束、相互监督、抱团取暖，共同维护卷烟市场价格稳定；稳步推进高效安全配送服务，全年物流配送工作实现“四个零”，即“甲货乙送”“集中配送”等不规范配送行为“零存在”、未电子结算资金回笼“零延误”、安全管理“零事故”、客户满意度调查“零投诉”。

**【市场监管】** 持续保持打假打私高压态势，全年查获各类涉烟案件125起，其中假烟案81起，先行登记保存违法卷烟136.27万支，案值达79.92万元；查获涉烟刑案3起，成功申报省督办案件2起，破获国标网络案1起，刑拘犯罪嫌疑人12人，执行逮捕7人，判刑1人。全面落实“双随机一公开”监管，建立“一单两库一细则”，将“定向抽查”和“不定向抽查”深度结合，全年走访客户5523户次，检查覆盖面达100%。坚持依法行政，专人值守县政府政务中心烟草窗口，推行“一站式”服务，优化办证流程，简化申报手续，落实8个工作日办结制度，提升许可证办证效率，新办证件210户。强化许可证后续监管，坚持日常走访与基础信息维护相结合，及时处置证件非法转让、证照不符等问题，全年延续260户、停业205户、恢复营业38户、歇业66户、注销270户、补办2户。

**【企业管理】** 一是从严从细实施绩效考核。按照PDCA闭环式管理思路，抓实各部门工作计划、计划实施、工作考核、工作改进的管理，同时部门内部考核严格规范并切实拉开差距，形成积极的正面导向作用。二是强化财务管理监督。牢牢把住预算管理与资产管理两条主线，扎紧企业“钱袋子”；抓好会计基础，顺利完成专项巡视整改工作。三是规范物资采购。按照采购管理办法及相关实施细则，组织评标、询价、谈判小组成员和三项工作管理委员会成员依规开展工作，严格依照三项工作流程控制成本、强化跟踪、推进进度，全年办结“一项一卷”资料归档16份。四是加强安全和法律风险管控。落实安全生产责任制，推进安全生产标准化二级企业复评工作；坚持用法治思维和法治方式履行职责，提升全员法律风险防范意识和应对能力；加强不稳定因素排查，及时妥善处置信访维稳和舆情事件，全年实现安全、和谐、平稳运行。五是推进基本建设。坚持“好快省廉优安”原则，严格规范程序，完成县烟草产业发展服务中心项目土方回填验收，三通一平工作基本结束。

**【党建工作】** 一是完善党组织建设。按照年初县委组织部的批复，成立党总支及下辖的四个党支部，分别选优配强党务工作者。以“三会一课”为基本制度，以党支部为基本单位，扎实开展支部学习、主题党日、评选“党员示范岗”等活动，严肃组织民主（组织）生活会、谈心谈话、党员民主评议等，深化对党员日常教育管理。二是加强党的思想政治建设。深入学习贯彻中共十八届六中、七中全会以及中共十九大精神和习近平新时代中国特色社会主义思想，深入推进“两学一做”学习教育常态化制度化。全年组织辅导讲座1次、专题讨论5次、上党课9次、党务知识测试1次、主题座谈3次、道德讲堂2期。三是压实“两个责任”。坚决贯彻执行中央和国家局、省市局党组关于党风廉政建设和反腐败工作的一系列方针政策和重大决策，县局班子专题研究党风廉政建设和“两个责任”实施情况2次。坚持“作风建设永远在路上”，全年开展日常纪律作风检查30次，发出处理通报8次，处理11人次。全力支持纪检监察机构依规依纪履职，全年因工作履职问题立案1起、问责2起，行政记过1人次、行政警告1人次、诫勉谈话3人次、通报批评8人次、经济处罚11人次。

（撰稿：王　茜　审稿：刘永平）

## 石油销售

**【概况】** 中国石化销售有限公司湖南株洲茶陵石油分公司（简称茶陵石油公司）主要经营油品批发、零售，有员工151人，下有深塘油库1座，加油站23个，其中县城7座、乡镇12座、2个高速公路服务区4座。2017年，公司坚持“安全第一，经营至上”的工作方针，服从上级指挥积极组织货源，加强调配，确保市场供应，严格遵守国家价格政策，维护市场秩序，销售成品油67502吨，其中直销批发11917吨、零售55585吨。全年各加油站基础设施设备情况良好，符合相关技术规范要求，防雷装置检测检验、电气设备检测均达到合格要求。2017年12月，株洲市石油分公司对公司加油站的消防器材集中送至检定部门进行检定、更新、换药，消防设施完全按照消防部门的要求配置。

（撰稿：杨　娟　审稿：谭佳可）

## 盐业专营

**【概况】** 茶陵县盐务管理局（公司）隶属于株洲市盐务管理局（公司），是国有企业，负责全县盐业行政管理、盐政执法和食盐专营工作，担负着辖区内盐产品的供应和消除碘缺乏病的责任。公司内设盐政股、综合股、营销股（盐品经营）3个股室，有在册职工10人，其中在岗7人。2017年，县盐业公司加强盐业市场监管，开展消除碘缺乏病健康宣传教育，做好日常监管，积极配合相关部门，集中安排市场检查，做到查漏补缺，规范市场。全年销售各类盐2778吨，其中小包盐销售1615吨、工业盐和饲料添加剂销售1108吨、加碘大包盐销售55吨；非盐商品销售总额92.45万元。

**【盐政稽查】** 全年查获各类涉盐违法案件35起，司法机关判处1起，批评教育34起，收缴各类盐产品12吨。其中：2015年刘福荣涉嫌销售假冒“雪天”牌400克绿色加碘小包盐案的上线赵普成于2017年1月22日经茶陵县人民法院审判，判决其犯销售不符合安全标准的食品罪，判处有期徒刑一年六个月，缓刑二年，并处罚金3万元人民币。

（撰稿：邹　繁　审稿：唐志军）

# 非公有制经济

## 非公有制经济

【概况】2017 年，茶陵县非公有制经济持续、健康、快速发展 . 一是总量不断扩大。截至 2017 年 12 月底，全县有个体工商户 17198 户，注册资金 120871.37 万元；私营企业 2537 户，注册资金 719448.10 万元；农民专业合作社 903 户，注册资金 179471.10 万元。其中本期新增个体工商户 2157 户，注册资金 31946.16 万元；新增私营企业 667 户，注册资金 222226.20 万元；新增农民专业合作社 225 户，注册资金 43392.00 万元。二是层次不断提升。全县非公企业注册资金 1 亿以上的有 5 户，1000 万 ~1 亿元的有 341 户；500 万 ~1000 万元的有 491 户；100 万 ~500 万元的有 1655 户。三是结构不断优化。行业领域不断拓展，产业结构日趋合理，基本形成以商品批发、零售、制造、建筑业、商务服务为主，遍及农业、采掘业、交通运输业、房地产、饮食服务、信息技术服务等各个行业，产业格局符合茶陵县情，门类齐全、结构合理。

表 23

**茶陵县市场主体基本情况统计表**

<table>
<tr><th colspan="4">项 目</th><th>单 位</th><th>期末实有</th><th>本期登记</th></tr>
<tr><td rowspan="8">企 业</td><td colspan="3">企业总数</td><td>户</td><td>2820</td><td>691</td></tr>
<tr><td rowspan="5">内资企业</td><td colspan="2">户数</td><td>户</td><td>2820</td><td>691</td></tr>
<tr><td colspan="2">注册资本（金）</td><td>万元</td><td>1232558.80</td><td>238679.00</td></tr>
<tr><td rowspan="3">其中：私营企业</td><td>户数</td><td>户</td><td>2537</td><td>667</td></tr>
<tr><td>注册资本（金）</td><td>万元</td><td>961226.30</td><td>222226.20</td></tr>
<tr><td>从业人员</td><td>人</td><td>5098</td><td>1261</td></tr>
<tr><td rowspan="2">外商投资企业</td><td colspan="2">户数</td><td>户</td><td>0</td><td>0</td></tr>
<tr><td colspan="2">注册资本</td><td>万美金</td><td>10.00</td><td>0.00</td></tr>
<tr><td rowspan="3">个体工商户</td><td colspan="3">户数</td><td>户</td><td>17198</td><td>2157</td></tr>
<tr><td colspan="3">资金数额</td><td>万元</td><td>120871.37</td><td>31946.16</td></tr>
<tr><td colspan="3">从业人员</td><td>人</td><td>7614</td><td>2969</td></tr>
<tr><td rowspan="3">农民专业合作社</td><td colspan="3">户数</td><td>户</td><td>903</td><td>225</td></tr>
<tr><td colspan="3">出资总额</td><td>万元</td><td>179471.10</td><td>43392.00</td></tr>
<tr><td colspan="3">成员总数</td><td>个</td><td>5168</td><td>1271</td></tr>
</table>

表 24

## 茶陵县 2017 年年末个体工商户情况统计表

| 行业分类 | 期末实有 | | | | | | 其中：本期登记 | | | 本期注销（户） | |
|---|---|---|---|---|---|---|---|---|---|---|---|
| | 合计 | | | 其中：城镇 | | | | | | | |
| | 户数（户） | 从业人员（人） | 资金数额（万元） | 户数（户） | 从业人员（人） | 资金数额（万元） | 户数（户） | 从业人员（人） | 资金数额（万元） | 合计 | 其中：城镇 |
| 合　计 | 17198 | 7614 | 120871.37 | 9563 | 4185 | 75114.55 | 2157 | 2969 | 31946.16 | 1061 | 552 |
| 农、林、牧、渔业 | 223 | 121 | 9524.90 | 72 | 13 | 2432.40 | 22 | 29 | 1190.00 | 11 | 3 |
| 农、林、牧、渔服务业 | 18 | 8 | 524.60 | 10 | 2 | 287.60 | 2 | 2 | 4.00 | 1 | 0 |
| 采矿业 | 15 | 3 | 600.50 | 8 | 0 | 87.50 | 1 | 1 | 10.00 | 2 | 2 |
| 开采辅助活动 | 0 | 0 | 0.00 | 0 | 0 | 0.00 | 0 | 0 | 0.00 | 0 | 0 |
| 制造业 | 889 | 571 | 8467.10 | 550 | 224 | 4527.60 | 97 | 229 | 1672.40 | 23 | 17 |
| 金属制品、机械和设备修理业 | 3 | 0 | 1.90 | 0 | 0 | 0.00 | 0 | 0 | 0.00 | 0 | 0 |
| 电力、热力、燃气及水生产和供应业 | 18 | 19 | 228.20 | 3 | 3 | 18.00 | 0 | 0 | 0.00 | 1 | 0 |
| 建筑业 | 33 | 22 | 325.80 | 9 | 5 | 64.00 | 11 | 15 | 97.00 | 1 | 1 |
| 批发和零售业 | 11267 | 4212 | 68611.17 | 6379 | 2488 | 46773.62 | 1097 | 1373 | 19154.82 | 717 | 361 |
| 交通运输、仓储和邮政业 | 751 | 285 | 7191.22 | 314 | 75 | 2828.22 | 114 | 125 | 1669.18 | 43 | 14 |
| 住宿和餐饮业 | 1029 | 914 | 10375.18 | 762 | 614 | 8693.33 | 269 | 434 | 3112.10 | 90 | 78 |
| 信息传输、软件和信息技术服务业 | 339 | 252 | 1985.20 | 98 | 40 | 589.00 | 143 | 146 | 1023.00 | 17 | 7 |
| 金融业 | 1 | 5 | 10.00 | 0 | 0 | 0.00 | 0 | 0 | 0.00 | 0 | 0 |
| 房地产业 | 4 | 6 | 41.00 | 3 | 0 | 16.00 | 0 | 0 | 0.00 | 1 | 1 |
| 租赁和商务服务业 | 410 | 439 | 2655.36 | 192 | 197 | 1129.00 | 223 | 327 | 1855.56 | 39 | 6 |
| 科学研究和技术服务业 | 36 | 5 | 132.10 | 21 | 5 | 90.60 | 0 | 0 | 0.00 | 3 | 2 |
| 水利、环境和公共设施管理业 | 1 | 3 | 5.00 | 1 | 3 | 5.00 | 1 | 3 | 5.00 | 0 | 0 |

续表 24–1

| 行业分类 | 期末实有 | | | | | | 其中：本期登记 | | | 本期注销（户） | |
|---|---|---|---|---|---|---|---|---|---|---|---|
| | 合计 | | | 其中：城镇 | | | | | | | |
| | 户数（户） | 从业人员（人） | 资金数额（万元） | 户数（户） | 从业人员（人） | 资金数额（万元） | 户数（户） | 从业人员（人） | 资金数额（万元） | 合计 | 其中：城镇 |
| 居民服务、修理和其他服务业 | 2084 | 685 | 8656.14 | 1072 | 470 | 5928.18 | 159 | 241 | 1900.10 | 109 | 56 |
| 教育 | 2 | 13 | 66.00 | 1 | 12 | 50.00 | 2 | 13 | 66.00 | 0 | 0 |
| 卫生和社会工作 | 52 | 22 | 352.00 | 44 | 18 | 318.60 | 6 | 11 | 17.00 | 1 | 1 |
| 文化、体育和娱乐业 | 41 | 34 | 1630.50 | 34 | 18 | 1563.50 | 9 | 19 | 160.00 | 3 | 3 |
| 其　他 | 3 | 3 | 14.00 | 0 | 0 | 0.00 | 3 | 3 | 14.00 | 0 | 0 |

表 25

## 茶陵县 2017 年年末私营企业情况统计表

| 行业分类 | 期末实有 | | | | | | | | |
|---|---|---|---|---|---|---|---|---|---|
| | 合　计 | | | | | 其中：城　镇 | | | |
| | 户数（户） | 其中：分支机构 | 投资者人数（人） | 雇工人数（人） | 注册资本（出资金额）（万元） | 户数（户） | 投资者人数（人） | 雇工人数（人） | 注册资本（出资金额）（万元） |
| 合　计 | 2537 | 125 | 4593 | 505 | 961226.30 | 1234 | 2124 | 162 | 540682.80 |
| 农、林、牧、渔业 | 315 | 0 | 574 | 159 | 141580.88 | 81 | 169 | 4 | 53848.00 |
| 农、林、牧、渔服务业 | 19 | 0 | 39 | 24 | 5367.00 | 5 | 12 | 0 | 1999.00 |
| 采矿业 | 82 | 2 | 191 | 14 | 35157.00 | 11 | 23 | 2 | 947.00 |
| 开采辅助活动 | 0 | 0 | 0 | 0 | 0.00 | 0 | 0 | 0 | 0.00 |
| 制造业 | 310 | 6 | 576 | 63 | 130581.24 | 110 | 194 | 28 | 69084.00 |
| 金属制品、机械和设备修理业 | 2 | 0 | 2 | 0 | 100.00 | 1 | 1 | 0 | 50.00 |
| 电力、热力、燃气及水生产和供应业 | 118 | 1 | 351 | 6 | 36880.98 | 21 | 80 | 0 | 10461.00 |

续表 25–1

| 行业分类 | 期末实有 | | | | | | | | |
|---|---|---|---|---|---|---|---|---|---|
| | 合计 | | | | | 其中：城镇 | | | |
| | 户数（户） | 其中：分支机构 | 投资者人数（人） | 雇工人数（人） | 注册资本（出资金额）（万元） | 户数（户） | 投资者人数（人） | 雇工人数（人） | 注册资本（出资金额）（万元） |
| 建筑业 | 199 | 16 | 348 | 7 | 183559.00 | 132 | 227 | 4 | 126660.00 |
| 批发和零售业 | 742 | 51 | 1182 | 145 | 168208.00 | 375 | 534 | 56 | 84743.80 |
| 交通运输、仓储和邮政业 | 79 | 9 | 140 | 10 | 21554.00 | 38 | 59 | 3 | 9989.00 |
| 住宿和餐饮业 | 50 | 0 | 112 | 10 | 10092.00 | 32 | 80 | 8 | 6358.00 |
| 信息传输、软件和信息技术服务业 | 64 | 1 | 112 | 1 | 5776.00 | 36 | 63 | 1 | 3948.00 |
| 金融业 | 16 | 4 | 54 | 0 | 17610.00 | 15 | 53 | 0 | 17600.00 |
| 房地产业 | 72 | 1 | 124 | 0 | 58477.00 | 58 | 104 | 0 | 53067.00 |
| 租赁和商务服务业 | 256 | 24 | 451 | 34 | 60024.20 | 166 | 289 | 7 | 38633.00 |
| 科学研究和技术服务业 | 65 | 6 | 112 | 8 | 33324.00 | 41 | 57 | 6 | 16088.00 |
| 水利、环境和公共设施管理业 | 19 | 0 | 29 | 0 | 6705.00 | 9 | 18 | 0 | 5264.00 |
| 居民服务、修理和其他服务业 | 56 | 3 | 96 | 14 | 8878.00 | 41 | 66 | 9 | 7343.00 |
| 教育 | 16 | 0 | 31 | 5 | 2706.00 | 11 | 25 | 5 | 2236.00 |
| 卫生和社会工作 | 7 | 0 | 10 | 20 | 18968.00 | 4 | 6 | 20 | 15168.00 |
| 文化、体育和娱乐业 | 70 | 1 | 97 | 7 | 21105.00 | 52 | 74 | 7 | 19205.00 |
| 其他 | 1 | 0 | 3 | 2 | 40.00 | 1 | 3 | 2 | 40.00 |

表 26

## 茶陵县 2017 年年末农民专业合作社情况统计表（一）

| 项目 | 合计 | 按业务范围分（户） | | | | | | | | | 出资总额（万元） |
|---|---|---|---|---|---|---|---|---|---|---|---|
| | | 农业生产资料的购买 | 农产品销售 | 农产品加工 | 农产品运输 | 农产品贮藏 | 与农业生产经营有关的技术、信息等服务 | 种植业 | 养殖业 | 其他 | |
| 期末实有 | 903 | 0 | 0 | 80 | 0 | 0 | 0 | 520 | 230 | 73 | 179471.10 |
| 本期登记 | 225 | 0 | 0 | 18 | 0 | 0 | 0 | 121 | 62 | 24 | 43392.00 |

表 27

## 茶陵县 2017 年年末农民专业合作社情况统计表（二）

| 项目 | 出资方式（万元） | | 按出资总额分（户） | | | | 成员总数 | 按成员类别分（个） | | | | |
|---|---|---|---|---|---|---|---|---|---|---|---|---|
| | 货币出资额 | 非货币出资额 | 100 万~500 万元 | 500 万~1000 万元 | 1000 万元~1 亿元 | 1 亿元以上 | | 农民成员 | 非农民成员 | 企业单位成员 | 事业单位成员 | 社会团体成员 |
| 期末实有 | 74977.00 | 104494.10 | 555 | 72 | 21 | 0 | 5168 | 4952 | 211 | 5 | 0 | 0 |
| 本期登记 | 31310.40 | 12081.60 | 140 | 15 | 4 | 0 | 1271 | 1199 | 71 | 1 | 0 | 0 |

（撰稿：段路茜　审稿：陈新民）

# 城乡建设与房地产

## 住房和城乡规划建设

【概况】 茶陵县住房和城乡规划建设局下辖县重点办、县园林绿化处、县市政设施维护中心、县自来水公司、县勘察建筑设计院、县规划设计院、县规划综合执法大队、县公用事业管理办、县排水污水处理管理办、县同一质量检测中心、建筑工程管理站、建筑工程质量安全监督站、信息中心、城建档案馆、装饰办、散装水泥办、墙改办等，内设办公室、财务股、政工人事股、法规股、行政审批股、城建股、招投标监督管理股，全系统有干部职工338人，其中机关干部156人。主要工作职能是贯彻执行国家、省、市有关推进新型城镇化、城乡规划、城乡建设、住房保障、城市园林绿化、市政公用事业的方针政策和法律法规，加强对全县规划业、建筑业、房地产业、勘察设计咨询的行业管理。2017年，县住房和城乡规划建设局各项工作完成较好，被评为县安全生产工作先进单位、县争资立项工作先进单位等。

【农村危房改造】 一是科学组织。科学制定危改政策，印发《茶陵县2017年农村危房改造工作实施方案》等6份规范性文件，为全县危房改造的顺利实施提供科学指导；定期开展工作调度，每月召开一次危房改造工作调度会议，实行一月一督查、一月一调度、一月一通报，有力推进危改工作。二是严格审查。入户核查，通过三级审核、三级公示的程序，确定全县2017年危房改造对象6490户，其中修缮加固5235户、幸福安居516户、拆旧建新739户；会同有关部门对核定对象进行逐一信息比对，杜绝“非四类重点对象”享受补助、“四有”对象享受补助以及重复享受住房补助，清退222户；联合第三方公司，邀请乡镇（街道）和村组人员共同参与，对全县5235户贫困家庭修缮加固改造项目逐一进行入户丈量、造价核算等工作。三是精准施策。危房改造分为幸福安居、修缮加固和拆旧建新三种形式，其中幸福安居分45平方米和68平方米两种户型，房屋产权归贫困户所有，截至2017年年底，全县1821户无房贫困户不花一分钱住进舒适、干净、明亮的新房；修缮加固按照“十个一”标准（即：保障一面安全的墙体、一栋不渗漏的屋面、一座稳固的楼梯扶手、一间整齐的客厅、一间温暖的卧室、一扇完整的门窗、一间适用的厨房、一个干净的卫生间、一处耐久的墙面、一层可靠的楼板）进行具体操作，简单易懂，成为南方地区实施房屋修缮加固工程的样板，并于10月27日将茶陵县农村危房改造宣传视频和做法推送到住建部农房建设技术指导公众号；拆旧建新统一编制《茶陵县农村建房选型图册》，免费供农户参照选择改建危房，同时严控一户一宅，规范建房面积，实行统一的补助标准，即拆旧建新补助3万元、拆除旧房补助1万元，全年有739户贫困户拆旧建新，补助资金2800多万元。四是督查验收。成立日常督查组、矛盾协调组、技术丈量组、资料整理组、工作宣传组以及日常管理组等6个危改工作小组，负责全县农村危房改造工作的日常督查、矛盾协调、技术指导、入户丈量和宣传报道等工作，其中日常督查组由该局班子成员带队，各股、站、室为成员，组建15支农村危房改造工作督查小组，对全县农村危房改造进行入户督查；开展危房改造逐村入户专项督查9次，对各乡镇（街道）危房改造工作进度、质量安全等方面进行全方位督查，并及时将各小组督查结果汇总，由县委、县政府发文全县通报；联合乡镇（街道）、村、组四方人员对已竣工的危房改造项目进行验收，对未达到住房保障安全的下达整改通知，督促乡镇继续加大力度，确保“四类人员”的住房安全得到保障。

**【土坯房改造】** 出台《茶陵县土坯房改造工作方案》，全面启动全县土坯房改造工作。一是危旧土坯房改造。通过摸排调查、登记造册，符合“一户一宅”政策且有人居住的存量土坯房数1761户，符合“一户一宅”且无人居住的土坯房户数361户，不符合“一户一宅”政策存量土坯房户数804户；完成“四类重点对象”土坯房改造307户，完成“非四类重点对象”土坯房改造1096户。二是开展传统村落保护。桃坑乡以客家文化为主，土坯房建造工艺独特，形成独具湘东特色的传统村落，为保护历史风貌，将桃坑乡华里村、双元村申报为全国第五批传统村落保护与发展项目。

**【空心房拆除】** 根据《株洲市农村土坯房改造百日攻坚行动方案》《茶陵县土坯房改造工作方案》文件精神，出台《〈茶陵县土坯房改造工作方案〉有关补充意见》，对拆除对象、奖补标准、资金拨付等进行说明；通过各乡镇（街道）摸底上报，县住建局安排工作人员实地走访调查，全县需拆除不符合“一户一宅”的土坯房、空心破败房、废弃杂屋（包括牛栏、旱厕等）42554间；通过上门动员、个别谈心等方式方法，耐心细致与房主沟通，全面掌握群众对拆除工作的思想情况，同时帮助群众解决实际困难，引导房主自觉配合拆除工作。截至2017年年底，拆除危旧土坯房4万余间。2017年11月28日，中央电视台第七频道“聚焦三农”栏目播出“茶陵县腰潞镇马加庄村空心房治理工作”，大力宣传茶陵县土坯房拆除工作成果。

**【规划编制】** 突出抓好城市详细规划编制，高起点编制9项棚户改造规划项目（2018—2020年）、古城区一总二总街提质改造、体委和老中医院改造、赤松广场二期、残疾人康复中心、怀麓书院、龙华农牧科技园、东环线南苑等91项修建性详细规划编制，以及青云东街、紫阳西街等91项市政设施设计；有序开展村镇规划编制工作，高标准编制4个合并镇的镇总体规划和103个合并村的村庄规划编制，并经规划专家评审通过，进入规划公示及报批阶段；高效率编制严塘中心小学、下东金星中心小学、解放学校云阳分校等23个学校的规划设计以及农村建房选型图册规划设计。

**【规划管理】** 严格行政审批，核发建设项目选址意见书51件、建设用地规划许可证552件、建设工程规划许可证360件；加强规划评审，组织中央豪庭、幸福里（学府家园）、体育广场等项目的专家评审，完成茶陵县云阳山风景名胜区总体规划、东阳·嘉垄港、怀麓书院、一总街二总街历史文化街区提质改造等项目的规划委员会评审工作；强化规划验收，先后对符合规划验收条件的茶陵县中医院、城西农贸市场综合楼等9个项目进行规划验收；推进阳光规划，所有开发建设项目和私人建房的建设现场统一制作规划公示牌，接受群众监督，确保规划的公平、公正，全年安装公示牌552块；严格规划执法，依法下达停建和拆除通知书161起，配合县政府强制拆除违法建筑78起，强拆面积7682平方米，并对已采取改正措施且不影响规划实施的66起建设项目依法给予行政处罚。

**【图审及建筑设计】** 在初步设计审查方面，始终把服务作为工作的重心，充分依据科学办事流程，有效提高技术会审的服务效能。2017年，编制初步设计审查批复26项，提出修改意见和合理化建议500余条，施工图审查备案登记37项。在建筑设计方面，进一步加强工程设计质量、设计进度和设计服务的管理，完成设计项目136个，完成营业收入305万元。

**【工程建设】** 一是省市县重点工程建设。2017年，全县有省市重点工程52个，截至年底，县内重点项目实际完成投资75.86亿元，占年度投资计划（72.67亿元）的104.4%。二是规划展览馆建设。启动布展工作，成立布展工作领导小组，在进行方案制定、招标代理机构比选等前期工作。三是城市道路工程建设。瓯江南路、望云东路完成地下管网、路面基层；紫阳西街完成工程地质灾害评估和招投标等前期工作；茶祖路在进行路基施工；完成摩托车市场、线路局、纸厂、排布岭后、汶江路口五个安置区内道路工程建设；完成朝阳街支路一和支路二道路、状元府第支路一和支路二道路、金碧和苑公共道路和东阳街（文江路安置点）支路改造工程建设。四是城区电力杆迁工程。完成云阳变电站至瓯江南路110千伏管线预埋工程的招标工作，并启动建设；完成城区所有35千伏杆迁工程；完成下云Ⅰ线、下云Ⅱ线杆基础浇筑。

**【新型城镇建设】** 出台《茶陵县推进新型城镇化工作考核办法》《茶陵县推进新型城镇化综合试点工作实施方案（2015—2020）》《2017年茶陵县推进新型城镇化综合试点工作要点》以及《茶陵县特色城镇建设实施方案》，推进新型城镇建设；联合县财政局对乡镇申报的小城镇建设项目可行性进行初步核查，报请县领导小组审议通过后，联合县发改、财政局等单位制定小城镇建设年度项目计划和资金计划，确定除7个特色镇外的5个乡镇共计1000万元奖补资金计划，启动乡镇污水处理设施建设；组织界首镇、腰潞镇、高陇镇、严塘镇四个特色试点镇到北京参加“千企千镇”培训班，上报特色小镇培育项目，每月上报项目进度表；根据“一五十百千”项目实施方案，组织界首、高陇、秩堂、腰潞、严塘、虎踞、湖口7个建制镇申报建设项目33个，经县政府确定，对所申报的项目实施5+2特色镇基础设施建设项目和补助资金计划。

**【园林绿化和市政维护】** 加强园林绿化养护、栽植及管理工作，制定《绿化养护标准》和《绿化管护考核办法》，并按绿化考核办法每月对中标公司进行两次严格考核，保证绿化日常养护工作的效果；完成犀城大道、茶乡街隔离带苗木补栽和思聪洣江高速连接线1100株树木的栽植工作以及火车北站转盘除草补栽工作。加强市政维护管理工作，对城区主干道的4000余雨水口和污水检查井进行两次系统的清淤，并更换雨水口与检查井盖200个；完成对炎帝路、交通街、公园路人行道板和树池的维修和茶陵大道下水道改造工程，实施建筑围挡3000米。

**【建筑市场管理】** 全年办理施工许可证31项，总投资6.43亿元，建筑面积52.32万平方米。加大对建筑市场的管理力度，对建筑工地下发执法意见书76份，停工通知书4份，立案查处2起；办理合同备案93项，其中施工合同备案47项，监理合同备案26项，劳务合同备案20项。

**【质量安全管理】** 2017年监督工程39项，总建筑面积56.69万平方米，建筑造价约6.19亿元。强化监督执法，下发整改通知书和停工整改通知书39份，发现隐患190余条，签署整改意见400余条，有效避免质量安全事故的发生。全年未发生任何重大伤亡事故和质量事故。

**【招投标和造价管理】** 全年受理招标文件备案43项，依法监督开标34项。严把招标入市条件及招标文件的备案与审查，加强开评标过程的监督，做到客观、公平、公正；加强对招投标代理公司的管理，在茶陵承担招投标业务的代理公司有35家，均登记在册；加强建筑市场的造价管理，认真调查测算建筑材料价格，做到按季发布建筑主要材料预算价格。

**【供水供气排水监管】** 按照“安全第一、预防为主”的方针，通过抓生产保供应，抓源头保安全，抓监管保质量，确保老百姓用上放心气、安全水。开展燃气行业安全隐患大排查和联合执法检查行动，查处并下发违法违规经营点9家，确保燃气安全供应，未出现燃气安全责任事故；完成供水1200余万吨，处理污水量850万吨，污水处理率达93%。

表28

**茶陵县2017年建设工程主要建材监测情况表**

| 类别 | 材料名称、规格、型号 | 单位 | 预算价格（元） | | | |
|---|---|---|---|---|---|---|
| | | | 1—3月 | 4—6月 | 7—9月 | 10—12月 |
| 钢筋 | 光圆钢筋 Φ6.5-Φ10 HPB300（萍钢） | 吨 | 3970 | 3920 | 4460 | 4840 |
| | 螺纹钢筋 Φ12HRB400（萍钢） | 吨 | 4210 | 4180 | 4670 | 5050 |

续表 28-1

| 类别 | 材料名称、规格、型号 | 单位 | 预算价格（元） | | | |
|---|---|---|---|---|---|---|
| | | | 1—3 月 | 4—6 月 | 7—9 月 | 10—12 月 |
| 钢筋 | 螺纹钢筋 Φ14HRB400（萍钢） | 吨 | 4100 | 4110 | 4600 | 4970 |
| | 螺纹钢筋 Φ16–25HRB400（萍钢） | 吨 | 4010 | 4010 | 4500 | 4850 |
| | 螺纹钢筋 Φ12HRB400（涟钢） | 吨 | 4330 | 4230 | 4720 | 5080 |
| | 螺纹钢筋 Φ14HRB400（涟钢） | 吨 | 4210 | 4110 | 4610 | 4970 |
| | 螺纹钢筋 Φ16–25HRB400（涟钢） | 吨 | 4130 | 4030 | 4530 | 4890 |
| 木材、水泥、砖、砂、石灰（县城规划区内） | 松原木 Φ80–120 | 立方米 | 640 | 640 | 640 | 620 |
| | 松原木 Φ140–280 | 立方米 | 780 | 780 | 780 | 760 |
| | 杉原木 Φ120–180 | 立方米 | 1440 | 1440 | 1440 | 1420 |
| | 杉原木 Φ200–300 | 立方米 | 1600 | 1600 | 1600 | 1580 |
| | 杉原条 Φ80–100 | 立方米 | 1000 | 1000 | 1000 | 980 |
| | 杉原条 Φ120–300 | 立方米 | 1330 | 1330 | 1330 | 1310 |
| | 装饰条 | 立方米 | 1930 | 1930 | 1930 | 1910 |
| | 杉木方 | 立方米 | 1350 | 1350 | 1350 | 1330 |
| | 水泥 32.5 级袋装（南方、红狮牌） | 吨 | 348 | 417 | 429 | 520 |
| | 水泥 42.5 级袋装（南方、红狮牌） | 吨 | 394 | 464 | 475 | 567 |
| | 白水泥 | 吨 | 940 | 940 | 940 | 940 |
| | 生石灰 | 吨 | 350 | 350 | 350 | 350 |
| | 砂子 | 立方米 | 130 | 148 | 134 | 152 |
| | 砾石 | 立方米 | 85 | 90 | 77 | 89 |
| | 片石 | 立方米 | 67 | 90 | 90 | 90 |
| | 碎石 | 立方米 | 90 | 112 | 112 | 112 |
| | 水磨石（白石子） | 吨 | 240 | 240 | 240 | 240 |
| | 水磨石（彩石子） | 吨 | 1140 | 1140 | 1140 | 1140 |
| | 标砖 页岩实心砖 240 × 115 × 53 | 块 | 0.4 | 0.45 | 0.45 | 0.45 |
| | 标配砖 190 × 115 × 53 | 块 | 0.4 | 0.45 | 0.45 | 0.45 |
| | 页岩多孔砖 240 × 190 × 115 | 块 | 1.5 | 1.55 | 1.55 | 1.55 |

续表 28–2

| 类别 | 材料名称、规格、型号 | 单位 | 预算价格（元） | | | |
|---|---|---|---|---|---|---|
| | | | 1—3 月 | 4—6 月 | 7—9 月 | 10—12 月 |
| 木材、水泥、砖、砂、石灰（县城规划区内） | 页岩三孔砖 240 × 190 × 115 | 块 | 1.5 | 1.55 | 1.55 | 1.55 |
| | 页岩多孔砖 240 × 115 × 115 | 块 | 0.84 | 0.9 | 0.9 | 0.9 |
| | 页岩多孔砖 240 × 90 × 115 | 块 | 0.8 | 0.85 | 0.85 | 0.85 |
| | 模板 | 平方米 | 35 | 35 | 35 | 38 |
| | 竹架板 | 平方米 | 42 | 42 | 42 | 42 |

（撰稿：吴泽殿　审稿：陈志勇）

## 城市建设投资经营

**【概况】** 茶陵县城市建设投资经营有限公司（以下简称城投公司）属国有独资有限公司，成立于 2004 年 8 月，并于 2011 年 5 月按照县委、县政府要求进行重组，注册资本 3 亿元。公司设有董事会和监事会，内设办公室、财务融资部、企划部、工程项目部等 4 个部室，下辖国有资产经营有限公司、云阳房地产开发有限公司、扶贫开发投资有限公司等 3 个全资子公司，有员工 36 人。公司按照现代企业制度进行运作和管理，县财政局对公司履行出资人职责。2017 年，城投公司完成项目融资 11.05 亿元；完成项目投资 10.13 亿元，其中竣工项目 8 个、新开工项目 6 个；完成租金收入 610 万元；上交税收 1057 万元。

**【项目融资】** 2017 年，城投公司在面临融资政策紧缩与项目资金需求增大的双重压力下，大力创新融资方式，为全县项目建设提供充足的资金保障。一是争取国家扶贫资金。抢抓国家扶贫政策机遇，积极策划包装贫困村基础设施等一批扶贫项目，并安排专人与国家开发银行、农发行等政策性银行紧密对接。公司与国开行签订 5.7 亿元的贫困村基础设施建设项目贷款协议，并根据项目建设需求，发放资金 3.3 亿元；公司子公司扶贫开发公司争取国家易地扶贫搬迁项目资金 21323.9 万元，其中中央预算内 2807.7 万元、长期政策性贷款 14038.5 万元、地方政府债券 5667 万元。二是争取商业银行贷款。把商业银行贷款作为融资补充渠道，积极对接长沙银行、浦发村镇银行等县内商业银行，包装策划文体中心停车场、城市环线等一批大融资项目，其中公司以文体中心停车场项目向长沙银行申请贷款 3 亿元，资金全部发放到位；以城北农贸市场项目向华融湘江银行申报贷款 1.5 亿元。三是探索新型融资方式。加快推进企业发债、PPP 等新的融资方式，为公司转型发展奠定良好的基础。经积极对接有意向发债的证券公司，并由 2017 年 12 月 7 日县政府召开常务会议批准，全面启动由广州证券为城投公司发行企业债 5 亿元的前期工作。同时，公司对接株洲市城市建设发展集团有限公司洽谈高陇特色小镇合作开发项目的具体合作事项，标志着公司首个合作开发项目进入实质性实施阶段。

**【项目建设】** 2017 年，公司负责建设项目 28 个，其中市政府重点项目 5 个、县重点项目 6 个、县政府“四个十”工程考核项目 12 个，总投资规模 27.16 亿元，完成投资 10.13 亿元。一是落实项目建设责任。全面落实和建立“一个项目、一个分管领导、一个责任单位、一个工作班子、一个倒排工期计划、一竿子抓到底”的“六个一”责任机制，将工作计划、工作目标层层分解、级级落实，确保每一个项目有人负责、有人跟踪、有人协调、有人解决实际问题，形成“人人有任务，事事有人抓，件件有保障”的工作局面。二是推进项目前期工作。安排多人负责协调办理项目前期，通过积极协调省市县相关部门关系，加快项目规划设计以及国土、建设、水利、林业、交通、环保、立项等各项审批手续的办理速度，尽量缩短项目前期时限。全年公司启动“三个中心”（影视中心、体育中心、政务商务中心）、体育广场、紫阳街改造、白云街、瓯江路二期、河东洣江风光带等项目前期工作，加快洣江大道二期、进士路三期、戒毒所等项目的前期工作进度。三是加快在建项目进度。采取由项目管理员现场蹲点督促施工单位抢抓天气施工的办法，实现犀城大道提质改造工程、渡瑶公路、金山广场、公园广场等项目“当年开工当年竣工”的目标。依照“公正公开、依法合规”原则，公司将长时间无法推动的文体广场部分苗圃拆迁、青苗补偿等问题，通过强制执行等方式得以全部解决，确保文体广场在年底完成地下停车场主体工程。强化工作督办，每周一上午召开工作安排职工大会，总结上周工作，安排本周工作，并以“周工作销号表”形式明确每个人的工作任务，提高工作效能。洣水风光带、排渍站、湘赣汽贸城污水管改道工程、东环线等项目的建设步伐明显加快，洣水河水利治理项目中的防洪堤和景观工程、东环线项目中的绿化和亮化工程、排渍站办公用房主体工程装修和机电设备安装、湘赣汽贸城污水管改道等项目工程年底完成竣工验收。四是加强协调服务。项目点多面广，涉及部门多，矛盾复杂，公司通过多次召集相关部门协调，及时化解项目矛盾，快速推进西环线、城西农贸市场等重点项目建设。西环线项目当年完成前期审批程序、土地报批，并全面启动拆迁；城西农贸市场当年完成竣工验收。五是聚力脱贫攻坚。截至2017年年底，易地扶贫搬迁项目完成5003个贫困人口搬迁、1600套安置房的建设任务；“一五十百千”项目实施1011千米村道改扩建、百村亮化和绿化工程，十个示范村、“五+二个”扶贫+特色镇和一条旅游环线项目也全面启动；农村综合服务平台项目第一期实施69个村综合服务平台建设，主体工程完工。

**【资产经营】** 一是优化传统租赁业务。公司合法依规开展资产租赁管理工作，全年完成租金收入610万元，全面完成资产经营任务。二是探索开发房地产项目。公司子公司云阳房地产公司投资开发建设城西农贸市场综合楼房地产项目，2017年累计完成投资3781万元，共建楼房72套（31套安置房、41套商品房），41套商品房全部出售，取得收入1371.7万元；完成1~4层商业裙楼公开招租，实现年租金收入170万元。三是积极发展股权投资。2012年投资500万元参与浦发村镇银行筹建，获得10%股权，经过5年培育发展，2017年首次获得投资收益40万元。四是开创处置银行不良资产先河。2016年9月23日，公司以563万元的价格取得中国农业银行5662.97万元债权受让主体资格，其中本金2016.04万元，利息3646.93万元。2017年公司对农行债券中的法人债券及自然人债券进行全面摸底清查，并形成报告提交县政府研究决定。

**【茶陵县“十三五”易地扶贫搬迁项目全面竣工】** 县城投公司根据县政府常务会议研究决定，按照“中央统筹，省负总责，市州组织，县抓落实”的管理体制，于2016年3月18日出资设立县扶贫公司，专门负责实施茶陵县易地扶贫搬迁项目建设，并与省扶贫公司对接，承接国家相关专项资金，独立封闭运行。省扶贫公司、国开行、农发行、县发改局、财政局、审计局等部门负责资金监管。茶陵县“十三五”易地扶贫搬迁项目资金34002万元，其中中央预算内资金3966.9万元、国家专项建设基金2833.5万元、地方政府债券5667万元、长期政策性贷款19834.5万元、农民自筹金额1700.1.万元。中央预算内资金由中央下放到省财政，省财政下放到县财政，县财政再拨付到县扶贫公司；国家专项建设基金、地方政府债券由城投公司负责对上承接，并全额注入县扶贫公司作为项目资本金；长期政策性贷款由县扶贫公司直接对上承接，并由中央财政和省财政安排资金对长期政策性贷款分别给予90%和10%的贴息。茶陵县易地扶贫搬迁工作目标为搬迁1617户5667人，项目资金34002万元，采取集中安置和分散安置两种方式，其中分散安置投资1.5亿元、集中安置投资0.5亿元。全县共建设10个集中安置点，包括湖口镇寒江（龙下）集中安置点、北斗集中安置点、洮水集中安置点，高陇镇白龙集中安置点，桃坑乡马溪、华里、西坑、郧坑集中安置点，腰潞镇潞理集中安置点，枣市镇管塘集中安置点。截至2017年年底，全县完成1600

户5003人安置房建设，房屋建成总面积12.6万平方米，其中分散住房建设面积10.6万平方米、集中（含五户以上自主集中）安置建房2.01万平方米。

**【“一五十百千”贫困村基础设施项目】** 城投公司以犀城建设发展有限公司名义，通过政府购买服务方式向国家开发银行申请贫困村基础设施项目贷款5.7亿元，主要用于改善贫困村基础设施条件，包括通往贫困村的水、电、气、路及农村人居环境整治工程。为用好用活5.7亿元国开行项目贷款，县政府在2017年3月23日召开的政府常务会议上，明确要求按照“突出重点、总体规划、分步实施”原则，以“扶贫+”的形式，结合全域旅游，在全县范围内实施“一五十百千”贫困村基础设施项目，全力打好脱贫攻坚战。即：改建“一条”扶贫+乡村旅游环线。按照国家二级公路标准，提质改造从严塘经秩堂至高陇的“一条”扶贫+乡村旅游环线，沿线长约45千米，将沿线贫困村和旅游景点串连起来，实现沿线乡村旅游扶贫目标。打造“五+二个”扶贫+特色镇。通过完善教育、卫生、医疗、安全饮水、养老、道路、管网等基础设施来打造“五+二个”扶贫+特色镇，实现“镇带村”精准脱贫。创建“十个”扶贫+示范村。按照“五个优先”原则（优先有乡村旅游资源挖掘和景点提升的村、优先合并村并涉及贫困村的村、优先有一定产业基础的村、优先村级公共服务及基础设施差的村、优先村级班子有战斗力的村），以打造美丽乡村为目标，重点支持10个村，按照统一设计打造高标准农村综合服务平台，并完善旅游扶贫基础设施，创建“美丽乡村”示范点。实施“百村”扶贫+人居环境改善。以改善人居环境为切入点，计划对全县100个左右的村（含68个贫困村）进行道路、饮水、亮化、美化等人居环境改造。完善“千公里”扶贫+村道改造。拟对全县范围内乡村窄道进行拓宽（含上述“百村”人居环境改善项目中的道路改造），改变过去的道路单行拥堵现象，打通通村通组通户脱贫路。至2017年底，“一条”扶贫环线项目完成12千米路面设计，并启动12千米路基施工；“五+二个”扶贫+特色镇项目完工3个（秩堂镇集镇提质改造项目、严塘镇智慧严塘扶贫网络信息化建设项目、严塘镇集镇提质改造项目）；十个示范村项目有7个在建，3个主体竣工进入装修（高陇镇石冲村、桃坑乡上坪村、腰潞镇睦兴村）；百村人居环境改善项目全部竣工，并支付部分工程款；千公里村道改造项目路基工程完成97%，设计、预算完成1011千米，评审完成993千米，路面开工138.503千米。由于项目实施过程中，各村对提质改造需求大、质量设计标准高、建材物价上涨等多方面原因，致使千公里村道改造项目投资总额大幅增加，由原先计划的3.6亿元增加到6亿元，其中的资金缺口由县政府整合涉农资金解决。

**【茶陵县农村综合服务平台建设】** 湖南省发改委《关于统筹推进全省农村综合服务平台建设有关事项的通知》文件要求以县市区政府牵头，通过自筹或整合组织、发改、财政、民政、人社、卫计、农业、林业、文化、体育等部门用于农村“七站八所”建设的相关专项资金，用于农村综合服务平台建设。另由国开行湖南省分行等金融机构提供专项贷款（约占项目总投资的70%~80%），由县级政府分10~15年，以政府购买服务方式分期偿还。农村综合服务平台建设，主要包括便民服务大厅、文体活动设施、农业服务设施、医疗服务设施、党建服务设施五个方面。茶陵县农村综合服务平台项目共建设17个乡镇（街道）的169个行政村村民服务综合服务平台，其中新建139个（乡镇级平台11个、村级平台128个）、改扩建30个（乡镇级平台3个、村级平台27个），主要包括村级卫生室、基层组织党建室、农资配送仓库、社会养老、电子商务、图书档案室、娱乐休闲等建设内容。城投公司以犀城建设发展有限公司名义，通过政府购买服务方式承接国开行农村综合服务平台项目贷款1.22亿元。至2017年年底，完成投资1102万元，已启动70个村级综合服务平台建设，其中11个完工（秩堂镇马吉村，枣市镇，腰潞镇左江村、长义村、碣石村、东南村，严塘镇尧水村、上合村，舲舫乡祠湾村，虎踞镇水源村、河东村）；16个主体工程竣工进入装修（秩堂镇彭家祠村，腰潞镇，腰潞镇睦兴村；桃坑乡上坪村，思聪街道清水村，马江镇月岭村，界首镇花甲村、白洲村，火田镇卧龙村、洲陂村、新华村、五门村，虎踞镇高水村，高陇镇石冲村、湘东村、荔市村）；28个正在进行二层主体工程建设，10个正在进行一层主体工程建设；3个正在实施改建（桃坑乡政府、华里村，思聪街道龙溪村）；2个进行基础平整（思聪街道红桥村、湖口镇文泰村）；8个村（镇）暂未启动（秩堂镇合户村，枣市镇东岭村，腰潞镇石陂村、潞水村，严塘镇，马江镇红旗村，火田镇大龙村，湖口镇）。

**【西环线进展顺利】** 西环线项目是茶陵县重点建设项目，也是株洲市委、市政府列为考核的重点项目。该项目于2016年年初启动规划设计，株洲市规划设计院为设计单位。西环线按照“生态、创新、和谐、共享”的设计理念，定位为兼具景观、服务功能的城市交通性主干路，按照国家一级城市公路标准设计，全长4.57千米，用地500余亩，路幅宽45米，双向六车道，设计时速60千米/小时，包含景观绿化、路灯、给排水等附属工程，项目工程投资概算3亿元，建设期限3年，由县人民政府委托市公路局为代建单位，县城建投公司为项目业主单位。该项目北起云阳街樟木冲水库道路入口处，途经云阳街道十八丘村、东山坝村，下东街道的头铺村，南至茶陵大道衡炎高速茶陵收费站入口处，南北纵贯整个茶陵县城，紧贴云阳山和茶祖文化产业园，相接洣水风光带，与朝阳街、赤松街、青云街、紫阳街等城市干道平交，与规划中的北环线、茶水南路及建成的东环线一起组成茶陵县的一条环城公路，是茶陵县城区交通规划的“三环四连”主干路系统的重要组成部分，交通功能十分突出。2016年11月25日，西环线正式启动建设。至2017年底，完成部分路段路基施工与箱涵建设，下东街道头铺村应拆85户，签订协议81户，完成拆迁13户；云阳街道十八丘村应拆39户，征拆协议未签订。

**【文体中心广场建设】** 文体中心广场是市、县重点项目，位于规划设计院、档案图书馆、青少年宫、影视中心、政务商务中心、体育馆等项目中间。文体广场项目总占地面积100.69亩，其中广场铺装面积25000平方米，绿化及景观面积13947.76平方米，地下车库车位645个，总投资概算8000万元。2017年底，完成基础施工及地下车库主体工程。

**【犀城大道提质改造工程竣工】** 犀城大道提质改造工程为市、县重点项目。该项目为在原有的犀城大道路面上加铺沥青工程，北起曲江320省道大桥，南至三公里红绿灯，全线路面铺设沥青，全长5.3千米，宽60米，双向六车道，总投资概算4000万元。2017年3月正式启动施工，于2017年10月全面竣工。

（撰稿：王建华　陈勇华　谭珊珊　审稿：谭　科）

## 房地产管理

**【概况】** 茶陵县房产管理局是茶陵县人民政府授权主管全县房产管理工作的正科级全额拨款事业机构，内设13个股室，下辖茶陵县国有土地上房屋征收中心1个中心（系房产局下属副科级二级机构），有在职在编干部职工48人。其主要职能是负责全县廉租住房、公共租赁住房、经济适用住房等保障性住房建设、储备、销售、分配安置和交易等管理工作；负责住房保障对象的资格审批，实施保障性住房货币补贴；负责全县的商品房建设管理和存量商品房、二手房交易管理；负责房产测绘工作；负责全县房地产开发经营管理和房地产开发企业资质审核，报批以及开发项目审定、资本金监管、竣工综合验收、住宅使用说明书与住宅质量保证书的管理等相关工作；负责整顿、规范房地产市场，查处全县房地产违法违规行为；负责城市物业管理活动的监督管理；负责管理物业维修资金；物业服务企业资质管理；对业主大会、业主委员会成立及其日常工作进行指导和监督；负责全县房屋的安全鉴定工作；负责全县房屋白蚁防治和灭治工作；负责全县直管公房的维修、改造、设施建设、保护和经营；负责全县直管公房租金的管理工作；负责国有土地上房屋征收（拆迁）工作的管理。2017年，房产局的保障性安居工程、房地产市场监管、房屋交易抵押、国有土地上房屋征收拆迁等各项工作取得较好成效，被评为县争资引项工作先进单位、县综合治理先进单位、县计划生育工作红旗单位、县统战工作先进单位、县安全生产红旗单位、县企业帮扶先进单位。全年完成各项规费收入265万元，协助地税入库房产交易契税587.5万元；完成房地产固定投资16.16亿元；完成商品房销售59.46万平方米，同比增长 53.7%；合同备案 3322 户，面积 519450 平方米；归集房屋维修资金 9128 万元。

【保障性安居工程】 一是城市棚户区改造项目。开工棚户区改造项目 7 个，完成签订拆迁协议 3007 户，其中老城旧住宅区棚户区 100 户、洣江城中村 76 户、龙华牧业城中村 93 户、十八丘曲江城中村 102 户、头铺城中村 303 户、东山坝城中村 403 户、云阳城中村 1930 户。二是续建工矿棚户区改造新建安置房项目。完成湘东钨业棚户区改造项目 130 套；茶陵利民办事处(原湘东铁矿)独立工矿棚户区改造项目 64 套。三是续建公共租赁住房项目和分配情况。完成 384 套公共租赁住房的主体工程建设，占总任务的 100%，其中兴云家园公租房 40 套、县教育系统公共租赁住房 72 套、茶陵监狱公租房 96 套、汉背钨矿公租房 176 套；分配保障性住房 614 套，预分配 169 套，其中景丰家园廉租房 192 套、辉山公租房 224 套、孟溪公租房 177 套、思源学校公租房 108 套、职专学校公租房 48 套、城东学校公租房 28 套、湖口卫生院公租房 6 套。四是租赁补贴发放。全年发放住房租赁补贴 900 户，发放补贴资金 193 万元。

【脱贫攻坚】 对洣江街道沙溪村、拱塘村、桃源村、雅环村、湖塘渔场 5 个村实行结对帮扶，统一思想、凝聚力量、精准扶贫，下拨产业帮扶资金 38.5 万元，发放慰问金 12.7 万元。一是加强领导。成立以党组书记、局长为组长，分管副局长为副组长，股室所负责人为成员的精准扶贫工作领导小组，驻村工作队各司其职，全局干部职工分户负责，形成主要领导亲自抓、分管领导具体抓、股室所全面抓的工作格局，做到机构、人员、经费、责任“四个到位”。二是专题研究。根据工作进展情况及时召开党组会议、党员会议和全局干部职工大会，专题研究部署精准式扶贫工作，制定精准式扶贫工作专项工作方案，从指导思想、工作目标、基本原则、实施步骤、工作进度安排及经费保障措施等方面，为精准扶贫提供坚实保障。三是宣传政策。积极组织全局干部职工进村入户，利用标语、手册等大力宣传扶贫政策，召开群众大会 20 余次，印制宣传标语 60 副，喷绘大型宣传画 13 幅，电子标语 2 幅，制作政务公开栏 4 处。四是业务培训。根据扶贫工作进程及时召开全局推进精准扶贫工作会议，对精准扶贫建档立卡工作中存在的问题和知识进行培训，同时对全局干部职工进行多次精准扶贫业务知识考试，确保全局干部对脱贫攻坚知识掌握全面和精准扶贫建档立卡工作规范有序、数据真实。五是走访慰问。落实干部包户责任，包户干部每月至少到结对帮扶贫困户家中进行走访慰问 5~8 次，还有部分干部职工根据贫困户实际情况，自己掏腰包，适时给生活特别困难的贫困户送去大米、白面、油、书包和冬季御寒衣物。据不完全统计，累计赠送物品折合人民币约 5 万余元。

【房地产开发、交易管理】 贯彻落实县人民政府《关于进一步促进房地产业持续健康发展的实施意见》精神，从顺应居民住房需求导向，鼓励农民进城购房；建立购租并举的住房制度，推行“农民安家贷”工作；支持房地产企业参与工业地产和商贸物流地产开发建设；全面实行公租房货币化补贴制度、鼓励征拆征收户选择购买商品房安置方式，减轻房地产开发企业负担等方面来扶持企业发展，拉动住房消费，缓解库存压力。根据农民工和在外工作人员春节返潮过年的特点，延续第二届房地产交易展示会优惠政策，刺激购房消费。春节期间成交各类商品房（含商铺）1633 套，成交金额 5.52 亿元，成交面积 14.84 万平方米，其中商业门面 983 厢，成交金额 3.04 亿元，成交面积 6.33 万平方米；车位销售 48 个，面积 619 平方米，销售金额 336.1 万元。严厉打击违规违法开发行为，立案查处房地产违法违规案件 3 起。积极开展房地产开发经营活动中的信访维稳工作，参与接待群众来访 4 次，办结县信访办交办件 19 起。优化服务环境，抓好服务窗口建设，简化办事程序，压减审批时间，推行审批受理“零推诿”、办理事项“零积压”、工作流程“零障碍”、审批质量“零投诉”的工作标准，房屋交易抵押服务质量再提升。全年办理房地产转让手续 612 起，面积 8.57 万平方米；办理抵押手续 3188 起，抵押面积 12.75 万平方米。规范房屋测绘及楼盘表管理，完成房屋预测量 27 栋，面积 15.88 万平方米，房屋实测量 306 栋，实测面积 30.62 万平方米。加强档案管理，整理档案 6729 卷，综合为局内外提供档案利用 2547 卷，提供档案有偿查阅 3871 人次。

【物业管理】 加大政策法规宣传力度，面向社区居委会、物业公司和广大业主制作发放物业宣传材料8000余份，使社会各界进一步了解、认识物业管理工作的重要性；以“创国卫”为契机对全县住宅小区的分布、居住、物业管理等基本情况进行摸底，成立台账，并纳入动态管理，为建立全县物业管理组织网络以及长效工作机制奠定基础；依照“成熟一个，组建一个”的原则，提高全县业主委员会组建率，并通过规范业主大会、业主委员会的行为，促进业主自律和民主决策，依法维护自身合法权益；针对保障性住房小区物业管理资金短缺的现状，分管领导亲自组织材料，报经县政府领导批准，争取到30余万元的公益性补贴资金。

【国有土地上房屋征收】 在房屋征收过程中严格依法依规，充分考虑被征收人利益，顺利推进征收工作，为县重点工程建设顺利实施提供基础保证。完成洣水河前农保护圈防洪项目二期工程房屋征收16栋，面积4558平方米，补偿资金1400万元，并于10月份全部发放到位；征收老城旧住宅区改造项目房屋168栋（分三期实施），面积11919平方米，其中2017年完成一期征收房屋58户，征收房屋面积11131.54平方米，补偿资金4394.6万元，于12月底前全部发放到位；积极参与西环线123栋房屋、东锦商城60栋房屋的入户丈量和345省道茶陵虎踞段的土地丈量分类工作。

【直管公房管理】 对直管公房实行信息电子化台账管理，为668户承租户建立电子台账；对直管公房进行全面检修，分解落实安全生产工作职责，开展各类房屋维修16起；开展“安全生产月”活动，组织集中安全检查2次，直管公房未发生一起安全事故；参照县廉租房租金标准，报经县发改局重新调整直管公房住宅租金收费标准，规范房屋租赁市场，杜绝擅自转租、转让从中牟利等非法行为，实现直管公房国有资产的保值增值。

【白蚁防治】 加强白蚁防治，有效地减少白蚁危害给人民群众所造成的损失。全年签订白蚁预防合同37份，预防面积18.3万平方米；开展白蚁灭治10宗，灭治面积0.45万平方米，灭治收入2.68万元；工程回访27宗，面积0.59万平方米；鉴定危房12栋，其中房屋改建8栋、房屋大修4栋，面积0.34万平方米。

（撰稿：谭晓波　吕晓思　彭　莉　审稿：谭晓祝）

## 棚户区改造投资

【概况】 茶陵县棚户区改造投资有限公司成立于2016年8月，是由县财政局出资的国有独资企业，注册资本1亿元。公司内设办公室、财务部、工程部、资产运营部等4个部门，有员工14人，按照现代企业制度进行管理和运行。2017年，公司形成政府主导、部门落实、全员参与、整体联动、协调配合的工作机制，争资80397.6万元，其中争取中央专项资金11397.6万元、向农发行融资69000万元，顺利完成棚户区（城中村）改造项目。

【项目建设】 全年公司实施县重点项目3个，完成投资13405万元。一是一总街、二总街提质改造项目。完成规划设计初步方案，并通过县规划委员会的审定，与81户征拆户签订货币化安置补偿协议，支付征拆补偿款。二是护城河、洣湖与洣水水系连通工程及两岸房屋提质改造与保护利用项目。完成项目的规划设计、土地储备和部分征拆工作。三是西角垅安置区建设项目。启动项目用地报批程序，完成项目用地红线图、选址意见书等工作。

【古城项目近期愿景】 茶陵古城将打造成集休闲观光、餐饮、娱乐、农土特产、文物鉴赏、爱国主义教育以及历史文化民俗风情街区为一体的综合性文化体验区，在护城河、洣湖两岸建设一批客栈、茶馆、酒楼、商铺、亭台楼阁等配套设施；对古城内的一总街、二总街道路采用青石板、红石板、红砂岩条石铺成石板路，统一明清徽派建筑风格，建设一批古色古香、原汁原味的古建筑群，再现明清时期茶陵州城的民俗生活风貌。

（撰稿：周春葵　审稿：彭长青）

## 住房公积金管理

【概况】 茶陵县住房公积金管理部是株洲市住房公积金管理中心辖直属的正科级单位。2017年，县住房公积金管理部管理和服务质量实现规范化、信息化、制度化的目标，精神文明建设、创优争优活动以及各项中心工作取得显著成效，被县政府评为“先进单位”，同时也被市住房公积金中心评为“先进单位”。2017年，全县新增建制住房公积金单位8户，新增缴存职工总人数627人，完成年目标的139%；为全县2175位干部职工办理提取业务，提取住房公积金9746.65万元，同比增长11%；向235户职工家庭发放公积金贷款，贷款总金额为5268万元，同比增长约20%，贷款逾期率为零。

【业务管理】 向县政府申请，将全县职工的第十三个月工资纳入到职工公积金缴存基数中，至2017年12月31日，全年实现公积金归集额2.03亿元，完成归集任务的105%，比2016年增长16%；成功上线安全快捷的新一代住房公积金综合业务信息系统，业务工作办理走向完全独立；革新业务运作模式，简化业务办理手续和流程，做到即到即办，当场办结；取消必须绑定龙卡的要求，职工可自由选择五大国有商业银行的储蓄卡；依托市公积金中心信息交换平台，职工可通过中心门户网站、微信APP等渠道随时查阅到单位以及个人的住房公积金缴存明细、余额以及贷款等方面的详情；加强网络信息化的运用，在网上可以实现业务预约、信息查询、互动交流，同时也可办理单位归集、退休提取等核心业务。

（撰稿：李 军　审稿：刘伟森）

# 环境保护与城市管理

## 环境保护

【概况】 茶陵县环境保护局担负着全县的环境保护工作，内设办公室、行政审批股、污染总量控制股、法规宣教股、生态股、规划财务股、环境监测站、环境监察大队8个附属机构，有干部职工31人，退休人员16人。2017年，全县城区空气优良天数319天，优良率87.4%，比2016年同期增加37天；县城区空气优良率在全市范围内排名第二，全县空气质量整体状况稳中向好；饮用水水源取水口断面水质实现100%达标，水质均达到II类水质标准；地表水断面水质均达到II类水质标准，水质质量有明显上升。全年及时处理并处置“12369”环保热线、市长信箱等各类环保投诉122起，办结率96.7%，维护群众的合法环境权益。2017年10月，环境监测业务楼建成投入使用，总建筑面积1754.76平方米，添置原子荧光光度计等多台精密仪器，提升实验室分析能力。截至2017年年底，县环保局完全具备地表水29项分析监测能力。

【建设项目环境管理】 严格遵守建设项目管理制度，对不符合环保政策和产业政策的建设项目不予审批，从源头上控制污染。全年依法审批建设项目环评文件46个，其中环境影响报告书7个、环境影响报告表39个，否决项目5个，备案环境影响登记表79个，建设项目环境影响评价和环保“三同时”执行率为100%。

【农村环境综合整治】 投入410万元建设分散式生活污水处理设施；由桑德公司投资1亿元，计划在全县建设20个垃圾中转站、3000个垃圾收集亭，项目土建工程于9月底启动；在全县打造21个农村环境整治示范村，各乡镇（街道）、村组抓住时机，自行投入总金额逾千万元，加大支持农村环境综合整治力度，村容村貌得到有效改善。

【环境监测】 强化环境监测工作，在做好空气日报监测、饮用水源地和地表水等常规监测工作的同时，加强污染源监视性监测、执法监测和应急监测，为环境监管提供科学依据。健全环境监测系统，建成空气自动监测站1个、工业废水在线监控设施4套，设置地表水监测点6个，布设土壤监测点34个和声环境监测点100个。

【环境执法】 组织开展畜禽养殖行业整治、环境安全隐患大排查、饮用水源排查整治、医疗机构专项行动、关闭停产矿山企业排查等环保专项行动，出动1200余人次，检查企业263余家。全面落实企业环境行为信用评价体系，保持对环境违法行为“零容忍”。2017年查处环境违法行为26起，立案26起，已结案26起，其中重大案件9起（严重污染环境犯罪案件3起、行政拘留案件2起、查封扣押案件4起），下达行政处罚决定书处罚金额74.23万元。

【污染减排】 加大二氧化硫、化学需氧量、氨氮、氮氧化物减排力度，确保排放总量得到控制。县污水处理厂污水处理能力达到4万吨/天，出水全部达到一级A标准；2017年竣工完成的工业园污水处理厂一期项目投资1200万元，日处理能力200吨；无害化生活垃圾填埋场高效运行；组织茶陵县华峰科技发展有限公司、茶陵县强强陶瓷有限公司、湘南皮革公司等重点排污企业开展污染治理，总投入超过1400万元。

【环保安全】 编制突发环境事件应急预案，组织消防、安监等部门、部分企业开展环境应急演练；

加大对重点区域、流域和企业的巡查监管力度，严格建设项目环境安全审查；着力维护饮用水安全，坚决杜绝饮用水源保护区内增加新的污染源；投入资金72万元完成农村1000人以上的饮用水源保护区的划定工作。全年无重、特大环境污染事件发生。

**【环保机制】** 制定《茶陵县环境保护工作职责规定》《茶陵县重大环境问题（事件）责任追究办法》等规范性文件，全面落实环境保护“党政同责、一岗双责和终身负责”。挂牌成立县公安局、检察院驻县环保局联络室，持续加大环境行政执法力度。严格贯彻落实新《中华人民共和国环境保护法》和“两高”关于环境污染案件的司法解释，丰富执法方式和手段，始终保持对环境污染的高压严管态势，全县齐抓共管环保工作大格局逐步形成。

**【环保宣传】** 在电视台、犀城广场电子显示屏等平台播放“绿水青山就是金山银山”公益片，在城市主要街道设置高炮广告；组织开展“呵护茶祖圣山、善待洣水母亲”“6·5”环境日主题活动，发放画报60套、宣传手册320本、宣传活页1000余册；编撰一本涵盖中央领导人有关环保重要讲话、近年修订的环保相关法律法规、生态损害担责相关办法的图书，供各级领导学习。

**【脱贫攻坚】** 县环保局驻村结对帮扶3个村，分别是枣市镇虎形村（贫困村）、管塘村（非贫困村）、五星村（非贫困村）。该局干部对3个村的118户建档立卡贫困户，结合实际情况，分类指导，因户施策，确保各项扶贫政策落实到户、到人。就贫困村虎形村而言，该局落实各项帮扶措施，改善住房条件，4户12人纳入易地扶贫搬迁对象名单，由镇进行统一集中安置，2户7人纳入分散安置，8户全部住进村幸福安居工程安置房，对28户建档立卡贫困户和4户非贫困户房屋进行修缮加固，11户贫困户纳入危房改造；完善社会保障，低保对象14户38人，享受社会保障兜底16人；实施教育助学，50户75人享受教育助学，享受“雨露计划”2人，实现建档立卡贫困户子女教育助学全覆盖；落实健康扶贫，建档立卡贫困户全部签订家庭医生签约服务协议；39户158人参加湖南龙华农牧生猪产业种养结合精准扶贫委托帮扶项目，每人每年分红1000元，帮扶年限为5年；全部贫困户参与开发脐橙产业100亩，进行施肥栽苗，有效带动贫困户在家就业增收。2017年实现结对帮扶贫困村107户脱贫，虎形村实现贫困村摘帽。

（撰稿：陈昱婷　审稿：段秋文）

## 城市管理和行政执法

**【概况】** 茶陵县城市管理和行政执法局（以下简称城管局）内设城市管理行政执法大队（下辖4个执法中队、法制考核办、渣土中队、控违拆违大队）、环境卫生管理所、办公室、财务室、服务中心、法制督查室、数控中心等7个职能机构，有干部职工（环卫所除外）153人。其主要职责是负责市容管理、环境卫生行业管理、城区环境卫生整治工作；负责城镇生活垃圾、餐厨垃圾和建筑垃圾处置的指导、监督和管理；负责城区户外广告的设置审批及户外广告资源的监督管理；行使城市管理相对集中行政处罚权等。2017年，县城管局扎实推进城市管理和综合执法体制改革，加大城市网格化管理力度，市容市貌环境进一步优化。

**【市容市貌管理】** 一是网格管理促规范。按照精细化管理的要求，实行划片划点管理，确定重点考核网点23个，实行定人、定点、定时、定岗、定责“五定”管理机制。一期投资460多万元的数字城管完成平台建设和软件安装，大力提升城市管理科学化水平。二是集中整治促长效。全力开展市容市貌“六乱”整治、农贸市场秩序整治和工业品市场安全整治。全年开展集中整治行动82次，查处乱停车辆4600余辆，取缔乱摆摊点210余个，疏通消防通道1200米，确保市容市貌规范有序，工业品市场无安全事故发生。三是疏堵结合促美化。采取“不敢贴+规范贴”方式根除城市“牛皮癣”非法小广告。投资15万元建立城管电话追呼系统，追呼联系电话200余部，让城市“牛皮癣”不敢乱贴；在城区显眼的地方设置4块公益广告发布栏，规范小广告的张贴；严格户外广告审批，拆除破旧广告610个，取缔其他违法设置的户外大型广告29处。四是市场运作促亮化。全面实行城区路灯升级改造和维护公司化运营，主要街道全面实行单灯智能控制，城区路灯亮化率为98%，楼宇亮化异彩纷呈，智慧城市路灯雏形初步形成。

【环境卫生管理】 一是清扫保洁常态化。围绕打造“干净整洁”城市的目标，实行“三班制＋清洗作业”新模式，确保环卫作业做到“管理细、行动快、效果净”。加大环卫设施投入，投入685.67万元，购置环卫作业车辆、环保垃圾桶；更新公厕、中转站、污水处理、垃圾防渗膜等环卫设备；完善垃圾场雨污分流工程，确保垃圾即产即清、日产日运。二是渣土管理规范化。强化渣土源头治理，初步选定在虎踞镇龙新洲建设城区建筑垃圾填埋场，完成规划设计工作；严格实行渣土运输公司化运营，对一定规模的建筑工地实行“三必须”管理，有效杜绝路面污染。三是夜市经营集中化。严格落实夜宵摊点“五统一”管理，有效杜绝夜宵乱倒乱泼行为。积极推行城区夜宵摊点集中经营，投资500多万元，启动老城西农贸市场夜宵摊集中经营安置点的建设，将城区所有的夜宵摊全部集中到安置点，实行统一经营、统一管理，促使城市管理长效化。

【行政执法】 规范执法流程，进一步明晰权责，确保城市管理相对集中行政处罚权的有效运行，避免多头执法、交叉执法、“踢皮球”执法等不良现象的发生；规范权力运行，实行行政审批“一支笔”批字，行政审批实行统一归口管理，彻底杜绝乱收费、乱减免现象；规范效能监督，建立健全行政执法权力运行制度、督查考核细则和督查奖惩机制，严格规范执法队员的着装、执法车辆的标志和执法案卷的制作；强化群众监督，设立学雷锋志愿服务点，明确服务人员和联系电话；强化执法队伍建设，选优配强执法力量，通过民主测评和集体决议，辞退3名履职不到位的合同工；加大执法平台建设，投资460多万元启动实施“三位一体”数字化城市管理新模式项目工程建设。

【控违拆违】 始终保持打击违法违规建设行为的高压态势，努力打造一支听党指挥、敢打硬仗、善打硬仗、能打硬仗的控违拆违队伍。建立健全控违拆违机制和考核方案，简化控违拆违程序，提高拆违速度效率。全年组织拆违行动92次，拆除违章建筑1.2万平方米，规范城市建房秩序，助推城市经济的发展。

【设立临时交易市场】 春节前夕，按照“因地制宜，方便群众，疏堵结合”总体要求，采取划定区域、统一标准的方式，在城西过渡农贸市场和云峰广场设置临时年货市场，以方便市民生活。中元节前，在临近城区的地段设置稻草临时交易市场，并安排执法人员在多个路口全天值守，劝阻稻草进城。

【启动城管追呼系统】 2017年9月15日，投资15万元的电话追呼系统（俗称“呼死你”）启动，追呼联系电话200余部，整治城区随意张贴涂写非法小广告行为，让城市“牛皮癣”不敢乱贴。该系统通过自动电话播放语音和发送短信方式告知非法小广告发布者到县城管局接受处理，对逾期不接受处理的当事人，不间断呼叫涉事电话，使其失去通信能力，直至接受处理解除电话追呼为止，从而使非法小广告在源头上得到有效治理。

【脱贫攻坚】 县城管局负责桃坑乡华里村、舲舫乡长鸭村、车浦村、堤洲村、舲舫村、西岸村等村的扶贫工作，采取多举措齐下，顺利推进脱贫攻坚工作。一是领导重视。成立以局长为组长的扶贫工作领导小组，局班子成员为小组成员，每个村再设一名扶贫专干，具体负责对口村的扶贫工作。二是入户调查。深入各村进行调查研究，了解扶贫村及贫困户的情况，制定确实可行的扶贫工作计划。三是落实帮扶措施。协助制定农业产业发展规划，培育特色产业；培养“七个一批”带头人，充分发挥村干部、致富能人特别是种养大户的示范带头和传帮带作用，引导、带领农民发展“七个一批”特色经济。四是开展科技培训。聘请科技人员，针对贫困户在水稻等主要农作物育秧、栽培、田间管理、病虫防治以及养猪、养鸡等方面存在的主要问题，开展科技培训，提高贫困户脱贫致富技能。五是加强工作组自身建设。制定驻村工作组的学习、考勤、工作等各项制度，工作组成员按要求到点帮扶，单位主要领导经常深入驻点村进行调研，帮助驻点村解决实际问题和困难。2017年，华里村实现脱贫38户136人；长鸭村实现脱贫102户381人；车浦村实现脱贫53户222人；堤洲村实现脱贫48户178人；舲舫村实现脱贫 54 户 178 人；西岸村实现脱贫 53 户 216 人。

【队伍建设】 严格按照军事化的标准管理队伍，坚持早点名、日督查、月考核，强化纪律作风教育和整顿；坚持周五集中学习制，以知识武装队伍；制定专题培训方案，加大业务知识、政策理论、法律制度等方面的培训力度；积极参加县内举办的各类大型公益活动，以文化聚合人心；建立健全各项规章，以制度约束行为，全力打造城管执法队伍新形象；又好又快地做好信访工作，及时办理投诉举报问题 79 个，来信来访 12 件，涉茶舆情 13 份，办理结果均为满意；支持重点工程建设，从速免费办理行政审批手续。

（撰稿：吴可佳　审稿：张鹏阳）

## 环境卫生管理

【概况】 茶陵县城市环境卫生管理所为茶陵县城市管理和行政执法局下属副科级全额拨款事业机构，内设行政办公室、督查室、财务室、清扫保洁管理办公室、环卫综合执法中队、社区卫生管理办公室、车辆设备管理办公室、城市生活垃圾无害化处理场和后勤保障室等 9 个股室，有干部职工 517 人，其中正式在编人员 33 人、人事代理 1 人、合同工 26 人、临聘人员 457 人。环卫所的主要职责是负责编制全县环境卫生规划和环境卫生质量标准，并组织实施；负责对环卫设施的运行进行监督管理和考评；指导和监督环卫基础设施建设和管理；承担城区生活垃圾收运和管理；负责城市生活垃圾经营性清扫、收集、运输、处理服务审批。

【环卫作业】 一是清扫保洁。按照主干街道清扫保洁时间不低于 20 小时，一般街道清扫保洁时间不低于 15 小时的作业方式，各班组无缝对接，每天对县城主次道路开展洒水、定期清洗。全年城区主要街道清扫保洁面积 258 万平方米，人均清扫面积 7068 平方米。二是垃圾清运。严格实行垃圾“日产日清、密闭运输、无害化处理、车走场地净”的质量标准和巡回收运垃圾制度，环卫清运作业车辆按照任务分配和既定路线每天凌晨从 4：30 开始工作，对城区垃圾清运点及在主干街道设置的 1020 个垃圾桶进行收集和清运，日清运垃圾 100 余吨。加大对城区垃圾死角的清除和乱倒垃圾行为的处罚力度，强化宣传教育，提升市民的环保意识，县城垃圾清运率为 100%。三是垃圾无害化填埋处理。城市生活垃圾每天均送往县无害化垃圾处理场进行卫生填埋，日填埋量 101 吨，日处理污水能力 100 吨。全年处理垃圾总量 17 万余吨，处理污水 11 万余立方米，垃圾无害化处理率为 100%。

【环卫设施升级改造】 完善环卫基础设施，投入 98.92 万元增购 3 台环卫作业车辆，投入 11.7 万元购置环保垃圾桶，投入 51.48 万元更新公厕、中转站、污水处理、垃圾防渗膜设备，投入 75 万元完善垃圾场雨污分流工程；积极和规划部门对接，完成 2017—2019 年城市公厕建设规划和实施方案，投入 400 万元新建 9 座公厕、改造 5 座公厕、恢复 2 座公厕；对各类环卫基础设施增加检查频率和维护力度，确保正常运转，充分发挥环卫设施服务功能，全年各项设备维修维护费 48.57 万元。

【市容管理】 加强宣传，印刷文明卫生宣传单逐户发放，在重要地段制作、悬挂文明卫生宣传牌，对主干道路的 4753 个门面逐户宣传，进一步增强市民的环境卫生保护和文明意识；加强对生活垃圾乱倒、乱丢、污染路面的管理，对重点路段进行蹲点劝阻，疏堵结合，消除垃圾乱倒和污染路面现象；加强责任落实，制定《茶陵县城区环卫工作考核方案》《街道清扫保洁精细化管理考核细则》等管理制度，使环卫各项工作目标明确、责任明细。全年查处乱倒乱扔垃圾行为 140 余起，查处车轮带泥污染路面行为 80 余起。

（撰稿：吴双丽　审稿：宁文明）

# 财税　金融　保险

## 财　政

【概况】2017年，在国家不断优化经济结构，不盲目追求高速度，由注重速度向提升质量转变的大环境下，县财政局主动应对复杂严峻的财政经济形势，攻坚克难，开拓创新，务实进取，圆满完成各项财政工作任务。2017年，全县公共财政预算收入完成14.49亿元，比2016年实际完成数增长8.8%；公共财政预算支出实际完成41.30亿元，比2016年增长20%，其中涉及民生的财政支出31.26亿元，比2016年净增4.62亿元，占公共财政总支出的75.7%，比2016年增长17%。县财政局通过"省文明单位"复检，在全市财政系统年度工作考核中获得"优秀"等次，并被评为县脱贫攻坚优秀单位、县综合治理红旗单位。

【财政收入】2017年，面对国家减税降费万亿行动计划、省政府压减非税收入的"两个坚决"要求、营改增扩面等多种因素带来的严峻挑战，通过深入开展"项目攻坚年"和"企业帮扶年"两个活动、创新招商引资、做优总部经济、实施第八轮乡镇财政管理体制、强化收入征管调度、加强综合治税等一系列培源征管措施，实现财政收入总量扩大、质量提升。全年全县一般公共财政总收入完成14.49亿元，比年初计划超出1.8个百分点，比省、市财政收入平均增幅分别高出1.42、0.8个百分点。其中，税收收入完成9.49亿元，增长20.5%，税收收入占公共财政总收入的比重为65.45%，比2016年提高6.35个百分点，比五县市平均税比高9.38个百分点，排名第二。乡镇（街道）财税收入提前一个月超额完成全年收入总任务，全年累计完成3.5亿元，16个乡镇（街道）均超额完成全年收入目标任务。

【财政支出】财政支出保障精准发力，突出向"保民生、保运转、保重点、促发展"等领域倾斜，较好地保障全县经济和社会事业发展的需求。全年一般公共财政实际支出41.30亿元，比2016年净增6.84亿元，全年收支相抵，滚存结余3.34亿元，全部结转2018年支出。在民生支出当中，教育支出7.8亿元，同比增长12%；社会保障和就业支出3.74亿元，同比增长87%；医疗卫生与计划生育支出4.34亿元，与2016年基本持平；公共文化支出1.58亿元，同比增长5%；农林水支出9.62亿元，同比增长36%；住房保障支出2.01亿元，同比增长52%；增加财政支出1.05亿元，用于提高公职人员福利待遇。统筹整合财政涉农资金5.24亿元用于精准扶贫，比2016年增长139.8%，其中县本级预算安排专项扶贫资金2323.2万元，比2016年增长55.7%，有力支持脱贫攻坚"七个一批""八大工程"政策目标的落实。

【财政管理】进一步规范全口径预算管理，实现"四本预算"统筹、统编、统批、统管。严格执行零基预算，对当年未使用的预算指标全部清零收回财政国库。全面推行预决算公开，"阳光财政"进一步彰显。强力推进预算绩效评价，对县人大确定的42个200万元以上重点专项资金项目进行绩效目标申报，总金额达3.05亿元，在全省财政管理绩效综合评价中，茶陵县被评为"B级"。严格规范财政专户管理，撤销9个专户，并致力盘活专户资金保值、增值措施，实现财政国库资金存款利息1968.7万元。创新和强化非税收入征管手段，全年完成非税收入6.25亿元，其中纳入公共财政预算管理5.01亿元。实现政府采购预算金额27.16亿元，实际采购金额25.86亿元，节约资金1.3亿元。完成工程预结算评审项目1897个，送审金额26.92亿元，审减金额3.42亿元，审减率为12.7%。社会保障进一步扩面提标，基本养老保险实现制度全覆盖。5月1日起启动国库集中支付授权支付制度，政府购买服务、PPP模式等改革得到有效实践。惠农补贴发放由“一卡一折（单）”升级为“两卡两折”，即惠农补贴明白卡（折）和扶贫补贴明白卡（折），惠农补贴进一步便捷安全。推进国有资产管理科学化、规范化和信息化建设，采取“互联网+监督”模式，积极推进121项10.7亿元民生资金公开目录及要素采集工作。系统地编制财政内部控制及预算单位内控制度，实现内部控制在预算单位的全覆盖。采取措施化解政府性债务存量和严控增量，向上级财政争取到政府置换债券资金2亿元，减少银行融资利息支出1056万元。

【脱贫攻坚】 县财政局的结对帮扶村是严塘镇玳溪村（贫困村）、长江村、杨塘村、田心村、北岸村和火田镇大英村（贫困村），通过压实责任，强化措施，结对帮扶工作取得较好成绩，被评为全县扶贫工作先进单位。加强对脱贫帮扶工作的组织领导，明确专抓的分管领导和扶贫专干；向严塘镇玳溪村（贫困村）、长江村、杨塘村、田心村、北岸村每个村派驻工作队，并将6个结对村共323户贫困户的结对帮扶任务分解到局干部身上，确保每个贫困户有一位干部结对帮扶；强化责任，签订“结对帮扶责任状”，并将精准扶贫工作纳入年度工作目标管理考核内容；开展“六个一”活动，积极对接落实“七个一批”“八大工程”等帮扶措施，培育脱贫致富示范户，其中严塘镇玳溪村贫困户杨晓明被评为五星级“脱贫之星”;倡行“爱心帮扶”，设立特困帮扶专项经费，走访慰问特困贫困户84户，发放慰问金4.65万元。

【队伍建设】 贯彻落实全面从严治党的各项要求，坚持以党建工作带动其他工作。加强干部作风建设，层层压实“一岗双责”，年初各股室和财政所向局党组签订党风廉政建设责任状。注重干部常态化教育，采取“内部讲学”“外请授课”“选送培训”等形式，加大干部教育培训力度。积极创建离退休示范性党支部。组织干部职工开展各类文体活动，参加县篮球赛、羽毛球赛、气排球赛、“学习宣传十九大·不忘初心跟党走”知识抢答赛以及市财政系统“不忘初心，牢记使命”文艺汇演等活动，且在知识抢答赛中获二等奖。

（撰稿：陈造良　审稿：刘　峥）

## 国家税务

【概况】 茶陵县国家税务局担负着茶陵县范围内的增值税、消费税、企业所得税等税种的征收管理工作。局内设12个科室、2个税务分局、1个稽查局，在职干部职工104人，党员干部74人，大专以上文化程度人员占总人数的98%。2017年，累计组织国税收入60871.97万元，同比增加20996.19万元，增长52.65%。县国税局获湖南省2016届文明标兵单位，县企业帮扶先进单位、县综合治理先进单位等称号。

【税收征管】 县国税局以完善协税护税平台为切入点，推动政府出台综合治税信息共享机制和实施方案，搭建并启用信息交换平台系统，按季归集各类涉税信息，组织风险管理团队分析利用好第三方涉税信息，提升风险管理的针对性、协同性和精准性。开展“百日千户”税收风险管理专项行动，成立5个专项评估组，采用项目负责、分工协作的形式，实行每日通报进度和每月例会协调的督查督办模式，完成上级推送风险任务90户，查补税款1339.94万元。自2017年11月起，在全县范围内开展为期两个月的生活服务业、建安及房地产三大行业的税收专项整治行动，分3批推送清查名单，运用大数据实行风险管理精确制导，做到边检查边入库，核查110户，入库税款330.31万元。组织开展2016年度增值税、消费税、企业所得税的结算核查工作，重点聚焦房地产业、建筑业等营改增新试点行业，充分挖掘日常申报、抵扣等业务中的盲点、堵点和漏洞，累计结算691户纳税人，结算入库增值税481.36万元。

【纳税服务】 以“前台一家受理、后台分别处理、限时办结反馈”为目标，联合县地税局制定“一窗一人办税”实施方案和责任分解表，统一设置办税窗口，协同招聘28名窗口人员，举办为期一个月的“夜校”学习班，于3月13日正式运行“一窗一人办税”服务模式，真正实现“进一家门、办两家事、三方共赢”。及时开通实名办税“绿色通道”，分行业、分批次制定实名认证办理清单，为有特定诉求的纳税人提供预约、延时等特色服务，先后全面启动实名办税和办税服务厅排队叫号机实名制系统，开启“刷脸办税”新时代。联合县地税局举办一次登山友谊比赛、一次纳税人座谈会、一次税法知识抢答赛、一次“税企换位大体验”、一次纳税人大走访的“五个一”活动，加大税法宣传力度，有效扩大税法的影响力和覆盖面。联合县地税局组成12个调研走访组，深入开展“问需求 优服务 促改革”行动，将1675户纳税人名单分配至中层副职以上干部，面对面发放调查问卷，广泛征集纳税人的意见和建议，根据企业需求精准推送政策“礼包”，做纳税人的贴心人、知心人和引路人。

【文明创建】 以文明建设为风向标，按季组织道德讲堂、季度之星评选，开展拓展训练、团队建设活动，参与关爱老人、成长爸妈等志愿公益活动，开展“共产党员示范岗”、在职党员进社区等系列党员活动，传播身边正能量，凝聚局内向心力，获得“省级文明标兵单位”称号。局干部谭胜娇获评首届“感动湖南国税人物”。大力推进以师徒协作为主题的“青蓝工程”项目建设，相互协作、相互配合，实现青年干部“一年跟着干、两年单独干、三年成骨干”的愿景。持续推进孝文化进机关，召集23名老干部代表参加走访一个企业等“六个一”活动，点赞茶陵新变化，组织离退休干部和青年干部共同举办“情浓重阳 共庆十九大”文艺汇演，促进尊老敬老的孝道理念蔚然成风。

【脱贫攻坚】 开展“一对一”结对帮扶工作,成立5个帮扶工作组，组织全局干部与虎踞镇双芫村、和丰村、低车村、黄坪村373户贫困户“结穷亲”。坚持每月走访2次以上帮扶对象，在逐户摸清帮扶对象的家庭底子后，有针对性地制定产业脱贫、医疗救助、低保等脱贫措施，累计拨付60万元脱贫专项资金用于产业扶贫，通过委托帮扶模式引导60余户贫困户投入200余万元信贷资金入股。组织开展“实现农户微心愿 点亮脱贫微梦想”活动,通过实地走访、问卷调查、电话访问等多种渠道征集结对帮扶贫困户的微心愿420个，在通过中国社会扶贫网发布需求的基础上，号召干部主动认领并帮助实现微心愿。

（撰稿：皮　恒　审稿：陈向东）

## 地方税务

【概况】 茶陵县地方税务局内设办公室、人事教育科、监察审计室、收入规划核算科、财务管理科、征管和科技发展科、税政法规科7个科室，有稽查局、信息中心、办税服务中心3个直属行政机构，下设第一税务分局、第二税务分局、第三税务分局、第四税务分局4个税务分局。2017年有在职干部职工78人，退休18人。全年征收入库县政府考核口径收入35335.2万元，完成县政府调整（年初）收入任务34900（33200）万元的101.35%（106.43%），剔除营改增因素，同比增长26.09%；入库费金收入3481.5万元，同比增长41%。县地税局在市局49次分档考核中36次获得优秀，获2017年度全市地税系统绩效考核先进单位、县综合治理先进单位、县企业帮扶先进单位等称号。

【税收征管】 一是营业税欠税实现清零。采取递交涉税事项通知书、限期缴纳通知书，约谈企业负责人，联合县国税局、国土局、房产局多部门助力等手段催促纳税人及时缴税，清理营业税欠税及滞纳金3460.22万元，成为全市地税系统首个清欠任务完成的单位。二是风险管理变被动为主动。先后接受省市局推送12批次风险任务，通过预先筛选下发的风险数据，分类应对处理，对一些税收政策性强的先组织培训，处理风险任务859条，入库税款1572万元。主动思考县级特殊风险，通过国土交易中心网站信息、《茶陵县财政预算执行分析》等途径发现风险疑点，自行推送风险9批次，涉及46户纳税人，入库税款489万元。三是评估稽查上新台阶。评估分局完成评估户数30户，入库税款及滞纳金2612.6万元，风险应对率100%。稽查结案25户,比2016年同期增加5户，入库税款、滞纳金及罚款1689万元，占县局税收任务总额的5%。四是行政事业单位征管“全覆盖”。全县申报缴纳个人所得税的行政事业单位户数从2016年年初的55户增长到145户，个人所得税征收入库893.36万元，比2016年同期增加514.06万元，增长1.35倍。残保金征收入库320.64万元，其中行政事业单位征收261.29万元，比2016年同期增收121.8万元，增长87.32%。五是数据管理突出质量。同步国税个体户纳税人2608户，清理79户应登记户、231户国税应注销户，对金三系统90%以上的纳税人进行数据关联，征管数据质量得到提升；由县政府牵头建立覆盖县财政局、国土局、房产局等19个单位的财税综合信息共享平台，实现涉税信息互通共享。

【纳税服务】 以纳税人满意为目标，持续优化办税服务，再获市地税系统办税优质服务流动红旗。"一窗一人双系统"办税模式顺利运行，便民办税再上新台阶，纳税人真正实现"走进一家门，办理两家税"。2017年国税局代征地方税费1886.7万元，代征税费总量在全市排名第一。大厅窗口全年提供延时服务574人次，延时时间6328分钟，预约服务39次，首问责任服务484笔。

【税收宣传】 联合县国税局开展"五个一"税收宣传活动，通过举办税收知识抢答赛、税企座谈会等方式主动向纳税人宣传税法，发放各类税收知识手册和宣传资料2万余份，解答纳税人涉税问题300余个，获全市地税系统优秀宣传项目。举办纳税人学堂三期，就国务院"六项减税政策"、网厅二期操作、残疾人就业保障金申报缴纳等税收政策进行现场辅导答疑，有针对性地向纳税人普及相关政策。

【税务监督】 对全县490户纳税人核定纳税信用ABCD等级，引导诚信纳税；利用"金三"系统积极参与县委组织的人大代表、政协委员、预备党员以及优秀党员的资格审查工作，进一步发挥纳税信用的作用，彰显选举评选工作的严谨性和法治性。

【扶贫攻坚】 对口帮扶贫困村桃坑乡上坪村，结对帮扶5个非贫困村（利民办事处桥边村、小车村，虎踞镇金山村、把集村、合湖村）共245户892人。成立精准扶贫结对帮扶领导小组，派遣驻村帮扶队员10名，其他干部每人负责1~5户贫困户的脱贫工作。全年投入扶贫资金33.48万元用于节日慰问、帮扶孤寡老人、产业注资等扶贫事项。

【全县残疾人就业保障金征收】 2017年10月27日，茶陵县残疾人就业保障金征收会议在县地税局召开，明确行政事业单位残疾人保障金由"财政代征"改为"地税自征"。会议就残保金征收的意义、用途和就业年审等方面做了详细说明，并现场辅导纳税人进行残保金申报缴纳，发放宣传册《残疾人就业保障政策问答一本通》200余册。

【队伍建设】 制订改进作风建设、严明工作纪律的规章制度；充分运用绩效管理体助推作风建设，全年扣绩效考核分125.84分，加分38分，同时运用特殊绩效系数奖励勤劳肯干的干部，调动工作积极性，增强干部执行力。组织干部参加风险管理培训、扬州培训、武警学校多批次培训，开展周五业务学习日培训42次，获2017年度全市地税系统全员业务培训工作先进单位；加强法治基础建设，在办公楼三楼开辟依法治税文化长廊，"七五"学法考法参考率和通过率达"双百"，在法治基础建设评比中获得优秀；组团报考税务师，11人通过18个科目；在文秘考试中，2人获全市"十佳文秘"称号，1人入选省文秘人才库；在纳税服务大比武中，1人获市级优秀办税员；提拔中层正职1名，中层副职5名；干部踊跃投稿，《湖南地税》杂志中入选6篇文章。为活跃职工文体生活，举办各种文体活动，夺得全县庆"五一"首届气排球赛冠军，增强队伍凝聚力。在全县中共十九大知识抢答赛中获总决赛冠军。

（撰稿：陈淑群　审稿：龚　杰）

## 人民银行

【概况】 2017年，中国人民银行茶陵支行（以下简称茶陵支行）贯彻稳健中性货币政策，决胜金融精准扶贫攻坚；强化金融监管，维护辖区金融稳定；加强廉政内控管理，夯实党建工作基础，促进辖区经济金融的良性发展。茶陵支行代表队在人行株洲市中支举办的"喜迎十九大 健康央行人"气排球比赛中获得第一名。

【货币信贷】 把握宏观调控方向，增强窗口指导效应，结合全县产业特点和扶贫攻坚大局，促请政府出台政策，引导银行加大信贷支持力度。向辖内法人金融机构发放扶贫再贷款2.35亿元，执行年利率1.75%，比支农再贷款年利率低1个百分点，增强涉农金融机构资金供给能力，降低融资成本。执行审贷会制度，逐级审批，定期开展现场核查，规范再贷款管理。截至2017年年底，茶陵县农商行、浦发村镇银行运用人民银行扶贫再贷款向5290户建档立卡贫困户累计发放扶贫小额信贷2.48亿元，全年新增1.1亿元。推进金融产品和服务方式创新，强化“支农支小”金融服务，继续加大对“三农”领域及小微企业的信贷支持。截至12月末，全县涉农贷款余额78.08亿元，同比增长3.15%，比年初新增2.34亿元；小微企业贷款余额29.59亿元，比年初新增0.24亿元。

**【金融扶贫】** 服务全县脱贫摘帽大局，深入贫困村调研，积极向县政府汇报，召开全县金融精准扶贫协调推进会5次，采用“政策、平台、推手”的模式推进金融精准扶贫工作。经验做法被《武汉金融》以“扶贫脱贫攻坚：基层央行的作用无可替代”为题推介，且在2017年罗霄山片区金融精准扶贫工作会议上交流。一是用好优惠政策。对支持县域经济发展考核达标的1家地方法人金融机构，下调1个百分点的存款准备金率，对考核达标的县域农行三农金融事业部，下调2个百分点的存款准备金率。截至12月末，茶陵县增加发放贫困农户小额贷款2459户，发放金额增加1.19亿元，分别完成计划数的120.4%和215.5%。二是建好工作站点。完成茶陵县68个贫困村“三站融合”建设，涵盖联系小额信贷、小额取现、小额转账、助农补贴支取、人民币反假等基础金融业务及电商服务功能，推动“三站融合”建设可持续发展，成功探索出“三站合一”加载反假货币工作站的“茶陵模式”。在第二届浙闽赣粤湘反假货币工作协作会议上，茶陵农村反假货币工作站建设经验被推介。至2017年年底，全县建成金融扶贫服务站68个，实现贫困村全覆盖；建成助农取款服务点599个，实现行政村全覆盖。通过金融扶贫服务站联系发放贫困户小额信用贷款981笔，金额4610万元。创建扶贫再贷款示范点，运用扶贫再贷款资金撬动银行信贷资金有效投入12254万元，将扶贫再贷款的各项优惠政策惠及贫困地区企业和建档立卡贫困户2536户。三是创新信贷产品。探索金融精准扶贫信贷产品和服务方式创新，推出小额贴息贷、银保贷、油茶贷、黄牛贷、安家贷、烟农贷、养老贷等多种信贷产品和信用贷、循环贷等多种贷款方式，督导茶陵农商行以“银行+经济组织+贫困户”模式，通过14家委托帮扶经济组织发放扶贫贷款1675户、金额8318万元；引导茶陵浦发村镇银行采取“农户+公司+保证金”的模式发放贷款资金1010万元，带动3个乡镇5个行政村348户发展脐橙等产业，发挥产业扶贫的示范作用；推动县邮政储蓄银行、浦发村镇银行重点开展创业担保贷款业务，累计发放贷款余额2911万元，支持587户就业重点群体和困难人员创业脱贫。四是讲好扶贫故事。组织开展“金融精准扶贫宣传推进月”主题活动，普及信贷风险防范、个人征信、人民币反假等知识，营造良好的工作氛围。五是压实工作责任。将各类金融精准扶贫工作细化分解到辖内相关银行机构。联合县相关部门成立督查组，以问题为导向按月督查，推动各项工作落细落实。茶陵支行金融扶贫“五种做法”和“三站合一”模式，得到民进中央常务副主席蔡达峰和全国政协副秘书长、民进中央副主席朱永新的高度评价。

**【金融监管】** 加强金融统计管理，组织辖内金融机构学习相关制度，开展金融精准扶贫统计制度执行情况专项检查，针对辖区部分银行机构金融精准扶贫指标完成进度慢的问题，采取约谈等方式督促其整改。组织辖内10家接入银行机构和县住房公积金中心签订金融信用信息数据库使用责任承诺书，对华融湘江银行茶陵县支行、邮政储蓄银行茶陵县支行开展征信合规管理检查。对辖内7家金融机构开展人民币收付专项检查，规范金融机构办理人民币收付工作行为，维护人民币正常流通秩序，提高流通中人民币质量。督促辖内金融机构认真落实《金融机构大额交易报告和可疑交易报告管理办法》，对茶陵农商行开展反洗钱执法检查。开展账户备案检查，推动账户实名制工作进一步落实。

**【风险监测预警】** 积极参与存款保险评级工作，对辖内2家地方性法人金融机构的存款保险工作进行现场评级。严格按照《存款保险条例》《存款保险现场核查手册》等规定，对茶陵农商行的资产质量和资本充足状况等进行现场风险状况核查。建立监测人员对口法人机构定点联系机制，分片落实责任，实施“点对点”按月跟踪监测，适时掌控辖内法人机构经营整体风险，加强对投保机构的日常风险监测、预警与处置。组织开展中小企业民间融资风险排查，做好20家企业民间借贷利率监测和5家个人民间借贷的利率监测工作。落实重大事项报告制度，督促金融机构及时向人民银行报告重大变化，严格防范系统性、区域性金融风险。加强常备借贷便利业务的政策宣传和业务培训，组织地方法人金融机构人员学习《湖南省常备借贷便利操作细则》和《湖南省常备借贷便利操作指引》，发放常备借贷便利3.5亿元，有效弥补其流动性缺口。

（撰稿：胡 曦　审稿：唐建根）

## 工商银行

【概况】2017年，中国工商银行股份有限公司茶陵支行（以下简称支行）各项存款余额84974万元，各项贷款余额15695万元，实现中间业务收入109万元，实现营业利润1112万元，净利润830万元。

【存款业务】拓宽存款新思路，实行储蓄存款、对公存款、同业存款一起抓，多渠道增加资金来源。出台整套考核考评办法，强化员工增存稳存意识，重点抓好“大零售业务旺季会战”工作，充分体现“贡献重奖、多揽多得”，鼓励员工揽存积极性；优化客户结构，加强对财富客户、私人银行潜在目标客户进行分层面、有针对性走访，在做好增存稳存的同时注重培育和发展优质客户群体；做好系统大户的增存稳存工作，改善服务质量，加强联系与走访，有效保证全行对公存款的稳定增长；通过以贷引存等方式，稳定现有优质客户，扩大支行优质客户群体。

【信贷拓展】抓牢资产业务的龙头拉动作用。根据县域经济和行业特点，构建公司贷款、中小企业贷款、个人贷款均衡推进。抓客户经理队伍建设，进一步优化从业人员结构，落实尽职调查和贷后管理各个环节，特别是注重对从业人员职业道德的风险防控；加强与客户的联系与沟通，及时掌握客户信息，有针对性地开展信贷资产营销；加强与上级行各部门的联系，提高工作进度；紧贴县域经济热点拓展新客户，储备一批优质信贷资产项目。2017年，发放公司贷款5530万元，个人贷款2414万元。

【新型业务】积极发展新型业务，致力全方位提升中间业务收入水平。强化理财、基金、保险、电子银行等新型业务的营销，发展融e联、融e行、融e购、渠道二维码，拓宽中间业务收入渠道。全年代理保险业务销售400多万元，代理理财9800万元。

【合规经营】开展内控合规“执行强化年”活动，提高内控管理执行力，从上而下层层签订安全生产与社会治安综合治理工作责任书、客户经理从业自律书；开展非法集资排查与整治工作，采取从思想源头、内控制度、业务技术培训和检查监督建设等多种措施，保证各项业务安全运行发展。2017年未发生任何安全事故。

【金融扶贫】推介金融精准扶贫产品和服务，积极扶持中小微企业发展，全年发放小微企业贷款5530万元；积极参与社会扶贫捐款，全年捐款1.6万元；为建档立卡贫困户发放小额扶贫贷款17笔，金额85万元。

【党建工作】厉行节约，规范公务和商务接待，严格执行中央八项规定精神和支行各项规定。严格廉洁自律，讲政治，讲规矩，坚持党建引领，在“三重一大”事项上坚持相关制度规定和公开、公平、公正原则，接受群众监督。加强党的队伍建设，注重对党的后备力量的培养，全年发展吸收新党员1名、预备党员1名。

（撰稿：谭华钢　审稿：罗　勇）

## 建设银行

【概况】中国建设银行茶陵支行下辖两个网点一个行长室，有编制24个。截至2017年12月31日，支行一般性存款时点余额176082万元，年增11987万元，其中对公余额51786万元，较年初增加1364万元；个人存款124296万元，较年初增加10623万元。全年各项贷款余额90468万元，年增长7099万元，其中成功营销茶陵县金孟实业发展有限公司“城南污水处理厂”授信17000万元；存贷比51.4%；不良贷款153万元，较年初减少95

万元，逾期贷款456万元，较年初减少166万元，不良率为0.1%；个贷办理450笔，投放9500万元；营销“小微快贷”授信客户25户，实际支用贷款余额2250万元；实现经营利润3717万元，中间业务收入350万元，税收294万元。全年实现“无重大违规，无重大安全责任事故，无任何案件发生”的管理目标。

【产品营销】 支行服务招商引资，在扩量提质商户拓展活动期间，营销商户900户。全年个人加权有效客户增加12332户，私人银行级客户增加5名，龙支付商户增加251户，POS机商户增加183户，金湘通增加258户，信用卡客户增加1698户，完成信用卡分期4582万元；龙支付增加11450户，个人手机银行增加8518户，活跃客户增加12000户；对公账户增加47户，其中基本户增加53户，企业手机银行增加67户，企业网上银行增加64户；公司机构类客户增加76户，对公产品覆盖度提高0.618。

【内部管理】 顺利完成新一代对私业务、自助设备业务上线，对客户信息补录、反洗钱尽职调查，智慧柜员机及双录管理专项检查，会计和COST各项指标运行正常，有效防范风险，促进合规操作。投入200多万元，对支行营业部进行全面升级改造，个性化设施进一步方便客户业务的办理。组织员工参加职业技能学习培训，提高员工服务和知识水平，推荐优秀员工参加市行后备人才选拔活动，为员工提供更大的发展平台。

（撰搞：罗洪涛　审稿：陈　浪）

## 中国银行

【概况】 2017年，中国银行茶陵支行本外币个人存款新增6535万元，余额为10.8亿元，公司存款新增18392万元，余额为3.92亿元；各项贷款余额30808万元，累计投放9250万元；实现净利润1807万元。全年内控案防到位，文明服务达标，安全运营无事故。

【金融扶贫】 开展扶贫公益活动，组织员工参与公益中行公益精准扶贫，利用“公益中国”平台采购物资，帮扶贫困户，累计公益消费1万多元；组织员工开展“爱要让你听见”信用卡积分捐赠活动，为耳聋残疾儿童捐赠爱心积分5万分；积极为脱贫攻坚项目捐款6000元；盘活存量授信，大力拓展新客户，积极争取上级政策支持，为茶陵县春光现代农业有限公司等企业累计投放5800万元，扶持当地企业持续发展，被省分行授予2017年信贷工厂优秀网点。

【金融产品推广】 在业务宣传上主动创新，利用“互联网+”，将产品宣传方案精心制作“邀请函”音乐册，以欢快的音乐和简明扼要文字将支行各种金融产品呈现给客户，使用微信平台转发到朋友圈和微信群，扩大宣传；制作员工二维码，张贴在服务区，实施扫码推产品，推送到微信朋友圈，推介自己，推介产品；印制《中国银行金融产品推介册》走进企业，参与重点公司客户年会活动，进行会场解析和业务推介，促进银企合作发展。

【智能服务】 随着互联网金融发展，支行通过与上级行、医保、科技公司多次协调，10月份成功开通手机银行“医保网上缴费系统”，使城镇居民医保缴费智能化，减轻几万居民柜台排队缴费压力；推广“智能柜台”，配置3台智能柜台终端，客户可直接在“智能柜台终端”完成插入身份证件、插入介质、自助录入交易信息、领取ETOKEN/新开借记卡等一系列非现金业务自助操作，改变传统业务办理模式，释放柜内员工，转化服务客户角色，增强厅堂服务能力。

【信贷催收】 高度重视不良贷款的清收，指定专人负责催收管理，多次召开攻坚会，实施重点督办，紧盯“钉子户”，采取措施压降不良，收回逾期达4期以上的房贷17万多元，收回逾期13期的信用卡不良14.95万元，收回已核销银行卡不良8.43万元；对新账不良，更是坚决催收到位，坚决不允许新帐不良抬头，不良余额21.91万元，不良率为0.1%。

【严控风险】 实施专项排查，开展集中家访，利用晚上集中走访全员家庭，对非法集资、民间借贷进行排查和风险提示，进行人文关怀和意见交流，促进员工队伍建设；开展“严内控防风险堵案件”警示教育活动，开展“三套利”专项治理、“三违”行为专项治理、内控案防专项治理、涉赌问题专项整治等一系列专项整治活动，提高风险防范能力和自律能力。全年堵截防范虚假开户、冒充他人开卡、掌控他人账户、大额假币存款等风险事件10

余起，有效保障安全运营和资产安全。

（撰稿：颜文胜　审稿：沈头华）

## 农业银行

【概况】中国农业银行茶陵县支行内设5个部室，下辖营业部、云峰处、城区处、城南处、界首处、腰陂支行6个营业网点，在职员工84人；党组织建设设支行党委，下设8个党支部。2017年年末各项存款余额29.71亿元，净增2亿元（其中：储蓄存款余额24.64亿元，净增1.75亿元，完成91.28%；对公存款余额5.07亿元，净增0.25亿元）；贷款余额12.6亿元，净增0.33亿元；贷款不良率为0.36%。2017年，支行被评为茶陵县文明建设先进单位。

【信贷投入】与财政局、城投公司、交投公司等单位营销宣传农行信贷惠农政策，协商合作意向项目，相继审批投放东环路、农村公路提质改造等项目贷款3亿元；逐一走访营销园区企业，信贷支持贵派电器、春程门业等企业做强做大，促推实体经济发展；拓宽信贷业务渠道，试水业务新产品，推动与中华联合保险公司担保的农业生产主体保证保险贷款试点，在全省试点油茶林权抵押贷款，同时发放“粮食贷”“富农贷”等个贷新产品。全年个人贷款年净增5925万元，完成103.95%，其中农户贷款净增911万元，完成101.22%。

【优质服务】在全县各乡镇设立340多个助农取款点，配备三农服务流动车，设立8个扶贫工作站，实现新农保、新农合、财政直补等民生代理“一卡通”；代理界首、枣市两个乡镇财政直补业务，方便广大百姓；加强乡镇营业网点建设，茶陵腰陂支行审批后于2017年11月开业，方便秩堂、高陇、火田、腰潞等镇村民办理农行业务；加强自助银行建设，设立三公里、云阳华天、老虎塘、严塘等惠农金融便利店以及妇幼保健院自助银亭；在所有营业网点和金融便利店配备超级柜台，方便客户办理综合业务；加强网上银行、手机银行等电子渠道建设，与现代业务办理接轨。

【案件防范】全面推行农总行“三线一网格”（三线：党建线、纪检线、运营线；一网格：员工行为管理网格化责任体系）员工管理模式，强化员工行为管理，提升风险管控能力，严控各类案件发生。5月份，组织召开“三线一网格”推广动员部署会议，开展“三线一网格”管理操作培训，组织学习“三线一网格”管理模式实施方案以及相关制度，明确网络管理员等各岗位职责，学习《中国农业银行员工违规行为处理办法》，使每一位员工都处于监督与被监督的双重网格中，做到“支行成网，网中有格，格中定人，责任分区，各尽其责”。

【党建工作】按照中国农业银行关于在营业网点设立党支部的要求，支行6个基层网点全部设立党支部，配齐支部成员，设立支部活动室。各党支部认真实施“三会一课”制度，行领导、支部书记上党课，开展“岗位建功、争做标兵”以及党员评先评优活动。2017年，云峰分理处党支部被评为湖南分行示范党支部。

（撰稿：雷叶文　审稿：彭振春）

## 农业发展银行

【概况】2017年中国农业发展银行茶陵县支行加强业务营销，增强业务发展动力，有效增强盈利水平，强化风险管控，促进综合业务全面有效发展，被县委县政府推荐为2017年度“市文明先进单位”。全年发放贷款4.38亿元，年末贷款余额14.36亿元，较年初增长700万元；存款余额7.79亿元，较年初减少1.93亿元；实现利润0.35亿元。

【支持县域经济发展】发挥优势，积极助力精准扶贫，做好省统贷“易地扶贫搬迁”资金拨付监管工作。全年投入1.51亿元支持炎陵县“异地扶贫同步搬迁”项目建设，支持茶陵、炎陵两县3141户9984名建档立卡贫困户“挪穷窝”，支付易地扶贫搬迁基金2684万元、贷款13942万元，拨付率分别为99.5%、92.8%。支持辖区棚户区改造工作，全年审批棚户区改造贷款6.9亿元，投放3.5亿元。支持湖南龙华农牧公司不断发展壮大，并通过其所属企业龙华循环科技与茶陵县政府合作启动2万人精准脱贫产业扶贫项目，促推民营企业做大做强。做好最低价收购中晚稻工作，全年支持轮换粮食收购10220吨，辖内未出现“卖粮难”问题。

（撰稿：田力佳　审稿：许金奇）

## 邮政储蓄银行

【概况】 中国邮政储蓄银行茶陵县支行有营业网点17个，其中自营网点3个、邮政代理网点14个；有职工37人，其中具有大专以上学历的员工35人。2017年9月27日，支行搬迁至朝阳街的新办公楼。截至2017年年末，支行各项存款8.51亿元，其中个人存款结余6.38亿元、公司存款余额2.13亿元；新投放贷款2亿余元，年净增2716万元，贷款结余3.61亿元，贷款不良率为0.67%。全年零案件和安全事故发生。2017年，支行被总行和省行评为“模范职工之家”，被市分行授予2017年度信用卡外拓“最佳人气奖”、评为2017年度工会工作先进单位，被县委、县政府授予2017年度企业发展进步奖。

【服务“三农”】 始终将“三农”金融服务放在发展与改革的重要战略位置，成立三农金融部，依靠“专门机构+专业团队（建立5人小额贷款专业团队）”，发挥资金、网络、技术等方面的独特优势，以产品与服务创新不断提升“三农”金融服务水平。2017年，支行建设9个扶贫站，统一配备取款机、点钞机、保险柜和宣传牌，实现“三站合一”；“财银保”精准扶贫贷款年累计放款817万元，带动建档立卡贫困户327户获得收益，放款量在全省、全市均排名第一，并在全省小额贷款专题会议上作先进经验介绍。

【服务小微企业】 加大力度支持县域地区小微企业，通过支持县域小微企业发展为“人的城镇化”提供就业支持，为“产业城镇化”提供金融服务，为“技术城镇化”提供一揽子服务。积极创新产品，继续为小微企业飞鹏竹木有限公司发放信用贷款，为企业融资难、担保难解决后顾之忧；创新产品税贷通业务，为缴税记录良好的小微企业提供无担保纯信用贷款；开通线上申请审批放款，在线申请、及时审批，为企业客户提供更加方便、快捷的融资渠道；积极为小微企业提供银行承兑汇票开票和贴票业务，拓展小微企业融资渠道。

【服务民生】 继续做好代收代发、公共缴费等工作，并配合政府相关部门做好社保年检工作。全年由支行提供养老金代收代发服务的人数为14000人，代发金额3亿元以上，占全县养老金代收代发的92%。为所有网点配备年审远程设备，做到农村、县城均可年审，为退休人员社保年审工作提供便利。多次派员工参与茶陵地方职能部门组织的“打击非法集资”“反假币”“反洗钱”“反电信诈骗”等活动，提升群众的防骗意识。

【金融扶贫】 针对乡镇种养植大户，支行开发“家庭农场”贷款，最高额度300万元。2017年，发放家庭农场贷款约1066万元，建设扶贫服务站点9个。通过前期建点工作及调查走访摸底，支行针对金融扶贫服务站的种植规模较大的10户100亩以上、15户50亩以上的种植大户及养殖规模较大的，通过不同的资金需求开展金融扶贫信贷服务支持，成功对金融扶贫服务站区域内投入信贷资金约100万元，收集意向贷款约200万元。为及时发放金融扶贫贷款，针对小额贷款审批绿色通道，对上报的小额贷款实行优先审批，对符合条件的优先发放。截至2017年年末，支行发放“财银保”扶贫贷款小额贷款817万元，提供扶贫捐赠16000元。

【自身建设】 投入资金，新建办公楼，增加5台自助设备，提升品牌形象和服务能力。加强学习，全面提升员工综合素质。一方面建立党群工作室，组织多种形式的学习、考试，加强党员干部的自我提升学习，更好地为广大客户提供更优质的服务；另一方面加大对员工能力素质的考核，鼓励支行员工多考证，通过激励考核，员工持证较2016年提高20%。

（撰稿：郭丽瑶　审稿：付国辉）

## 农村商业银行

【概况】 湖南茶陵农村商业银行股份有限公司（以下简称茶陵农商行）总行内设16个职能部室，拥有28个营业网点，是全县营业网点最多、服务范围最广的金融机构。截至2017年年末，全行各项存款余额78.06亿元，比年初净增13.66亿元，增长21.21%，占茶陵县银行业金融机构存款总量的35.82%；各项贷款余额35.73亿元，比年初净增4.67亿元，增长15.04%，占茶陵县银行业金融机构存量贷款的33.09%；实现各项业务总收入5.76亿元，同比增加5680万元；实现经营利润2.46亿元，同比增加971万元；缴纳各项税收8677万元。2017年，开通借记卡20058张、手机银行7836户、便民卡2303张、社保IC卡40075张、居民健康卡525553张，电子银行替代率71.8%、手机银行动户率38.33%、社保IC卡激活率99.58%。

【金融扶贫】 茶陵农商行围绕金融产业扶贫目标，建立贫困农户小额信用贷款绩效考核制度，加快贫困农户小额信用贷款投放进度，全年累计投放贫困农户小额信用贷款1.86亿元。积极探索并开辟金融扶贫新途径，采取"三站合一"模式，建立金融扶贫服务站、助农金融服务点。截至2017年年末，建立金融扶贫服务站49个、助农金融服务点46个、"三站合一"43个。建立脱贫攻坚作战室，抽调4名员工组建扶贫攻坚队，负责对接云阳街道滨江社区和舲舫乡大岳村的151户贫困户脱贫工作。同时，将151户扶贫对象分解到茶陵农商银行机关人员名下，每人负责2~3户，制定脱贫工作计划，形成专人对口帮助脱贫。截至2017年末，累计发放51户、金额247万元扶贫小额贷款助力贫困户脱贫，发放慰问金总额13.23万元，安排帮扶资金20万元，其中10万元用于2个村基础设施建设，10万元用于购买电视、电饭煲等生活用品帮助特困户提升基本生活水平。

【优质服务】 在辖区范围内统筹开展"访客户、问需求、优服务""两扫五进"及"大走访"等专题活动，通过主动出击、上门营销、问需于民、问计于民，拉近与老百姓之间的距离。截至2017年底，回访客户69055户，其中2016年末有贷款余额客户11001户、无贷款余额客户57055户、大额存款客户999户；收回贷款4094笔，金额31634万元；完善贷后管理4294笔，金额54235万元；更新评级授信资料13078户，授信额73520万元。

（撰稿：谭振辉　审稿：陈见明）

## 华融湘江银行

【概况】 华融湘江银行股份有限公司茶陵县支行内设综合室、营销部、营业部3个部门，在岗员工14人。2017年年底各项存款余额7.53亿元，较年初增长1.01亿元，其中储蓄存款余额2.4亿元，较年初增长0.56亿元，对公存款5.13亿元，较年初增长0.45亿元；各项贷款余额7.9亿元（含3亿元表外融资），较年初增长5.77亿元，其中个人贷款0.34亿元，较年初增长482万元，对公贷款7.56亿元，较年初增长5.72亿元。

【支持县重点项目建设】 支行投放6亿元，支持县重点项目建设，为县重点项目提供资金保障，其中包括茶陵县文化旅游开发投资有限公司3亿元洣水河前农保护圈项目建设、茶陵县城市建设投资经营有限公司3亿元城市环线项目建设。

【金融扶贫】 开展绿色助学行动，资助茶陵县11名贫困学生，发放助学金每人3000元；通过茶陵县慈善会为腰潞镇枧田村捐赠4万元，帮助贫困村实现产业脱贫；于国家扶贫日捐赠1万元支持全县扶贫工作；捐资6000元资助茶陵县桃坑乡基础设施建设；积极加强与总、分行对接，争取政策支持，为11户建档立卡的贫困户发放小额扶贫贷款44万元。

（撰稿：龙旭华　审稿：黄民喜）

## 浦发村镇银行

【概况】 茶陵浦发村镇银行股份有限公司以"立足县域，服务三农、支持小微"为宗旨，充分发挥一级法人机制活、链条短、效率高的优势，坚持错位竞争，探索特色经营，助推县域经济发展。截至2017年年末，资产总额12.32亿元；各项存款余额9.95亿元；各项贷款余额9.28亿元，户均贷款25.49万元，涉农贷款占比90.62%。自开业以来，公司累计投放贷款近25亿元，累计缴纳税收4184万元。全年安全无事故、无案件、无重大业务差错。2017年，茶陵浦发村镇银行获评"全国百强村镇银行"、湖南地区浦发村镇银行2017年度先进集体，且在浦发系统全国28家村镇银行全年业务营销竞赛中排名第二。

【支农扶贫】 以支持产业扶贫和农民致富为导向，把握国家惠农扶贫政策，扶持委托帮扶企业，做大"金牛通"扶贫贷款，支持茶陵烟叶种植等地方特色农业发展。通过创新，以灵活、便捷的小额贷款扶持农户发展，支持农业产业化龙头企业做强做大。以企业担保、农户联保、农机设备抵押等方式满足不同经济主体的信贷需求，助推企业发展、农民致富和贫困户脱贫。一是因地制宜开展产业扶贫。加大对黄牛养殖业的资金支持力度，对从事黄牛养殖的农业专业合作社、龙头企业，通过搭建利益联结机制，采取“公司+合作社+贫困户”运作模式，扩大对农户惠及广度和深度。截至2017年年末，发放支持黄牛养殖贷款187户，金额1008.9万元。二是响应政策委托帮扶。落实湖南省扶贫政策，通过“分贷统还”的模式，加大扶贫力度；利用自身平台和资源优势，为政府招商引资牵线搭桥，吸引上海巨昂投资有限公司在茶陵建立脐橙生产基地，帮助广大农户创收。截至2017年年末，发放“分贷统还”扶贫贷款5735万元，涉及贫困户1147户。三是发挥金融扶贫工作站的作用。在“贫困户比较集中、金融需求比较集中、业务比较集中”的地区建立3个金融扶贫工作站和1个金融扶贫示范点，就近为贫困户宣传金融知识，办理扶贫贷款，以流动服务的形式解决贫困地区优质金融服务缺失的现状，支持农民脱贫、增收、致富。

**【产品开发】** 充分发挥一级法人的体制优势，在做深做透已有“薪资贷、烟农贷、金牛通、创业通”等特色产品的基础上，深入“田间地头”实地调查，开发3款满足市场需求的新信贷产品，分别为面向“三农”的“惠农贷”、针对社区的“惠民贷”、满足按揭客户需要的“家装贷”。“惠农贷”是针对农户担保方式单一、抵押物缺失的现状而开发的产品。该产品积极创新担保方式，加强与村委会和农户联动，通过村委会了解农户的生产经营、生活消费情况，采取“家庭联保、公司+农户”等模式整村推进、集中授信的方式发放单户不超10万元的贷款。“惠民贷”是针对部分社区居民缺乏有效担保物的现状，采取公积金质押等方式发放贷款，进一步满足茶陵城区居民的贷款需求，深化社区金融服务。“家装贷”是为适应市场需求，满足优质楼盘业主装修、购置家电等合理消费用途而开发的产品，可进一步助推居民消费升级。

**【扶植小微】** 按照“实质风险可控”的原则，对产品有销路、生产经营正常，迫于没有银行常规认可的不动产抵押而无法融资的小微企业，在掌握企业实际经营状况的前提下，因地制宜地创新信贷产品和设计操作流程，有效突破贷款担保方式，支持小微企业创业初期的发展，实现金融服务实体经济的初衷。截至2017年底，累计支持小微企业75户，发放小微贷款6.01亿元。在小微企业金融产品开发上，结合茶陵实际，重点突出“特色”，力求通过发挥一级法人自主创新的优势，采用“贴近市场、满足客户、标准设计、批量投放”的策略，创造符合茶陵经济特点的低成本、可复制、易推广的简单实用金融产品。至2017年年底，公司已开发“银电通”“银林通”“银运通”“银园保”等多项符合小微企业需要的产品。

**【服务下沉】** 定期上门为社区居民提供优质的现代金融服务，帮助居民解决“消费升级”的资金需求问题，以便捷高效的专业化金融服务取信于民；开展背包银行、流动银行服务，通过延伸服务，将柜台搬到客户身边，将“新思维 心服务”的经营理念落到实处;开展“金融服务宣传月”“国家网络安全宣传周”“反洗钱知识宣传”等专题宣传活动，积极宣传金融知识，提升公众金融安全意识，增强公众金融运用技能，营造学金融、懂金融、用金融的良好社会环境，构建和谐金融关系。

（撰稿：彭雪芝　审稿：贺春如）

## 长沙银行

**【概况】** 长沙银行茶陵支行自2014年3月26日开业营运以来，各项业务蓬勃发展，至2017年年末，长沙银行在茶陵开设3家营业点，分别为长沙银行茶陵支行、长沙银行洣水社区支行、长沙银行东阳社区支行。截至2017年年末，支行一般性存款时期数达到8亿元，表内外贷款金额10亿元，全部为当年新增贷款，且因工作突出被县委、县政府授予企业发展进步奖、金融支持工作先进单位等。支行以支持地方经济发展和县内重点工程建设为己任，全年发放县内重点工程项目贷款5亿元，发放小微贷款3713万元。同时加强内控，开展争先创优活动和健全案防体系，确保全年安全无事故。

（撰稿：左浩辰　审稿：颜佳强）

## 中国人民财产保险

**【概况】** 中国人民财产保险股份有限公司茶陵支公司（简称人保

财险茶陵支公司）内设经理室、综合部、车险业务部、商业非车险业务部、农险业务部、社保业务分部、出单分中心、理赔分部，下辖腰陂三农服务部、马江三农服务部、交警队保险服务点，有在职员工43人，销售人员及协保员100余人。2017年，公司被中国人民财产保险股份有限公司株洲市分公司授予“经营管理先进单位”。全年实现总保费收入4458万元，其中车险1963万元、商业非车险554万元、农险823万元、社保（新农合）业务1118万元。

【“三农”建设】 下辖2个“三农”营销服务部，其一是腰陂“三农”服务部，位于茶陵县腰潞镇政府对门，面积80平方米，有销售人员及协保员近40人，实现保费收入767万元；其二是马江“三农”服务部，位于茶陵县马江镇长远村（农商银行对门），面积80平方米，有销售人员及协保员近20余人，实现保费收入581万元。依据国家扶持“三农”政策，投身农村保险事业，发挥保险支农、惠农、强农、富农的主渠道作用，为新型农村经营主体、小微企业和农户等提供支农支小融资等综合金融服务。2017年，公司实现农业保险保费收入823万元，承保育肥猪、能繁母猪8.33万头，承保森林43.53万亩，提供农业风险保障3.25亿元。

【内控管理】 坚持依法合规经营，严格按照保监委和上级公司要求，不断强化公司内控制度建设；强化反腐倡廉警示教育，严把承保入口关、财务管理关、理赔出口关“三道关”，完善内控体系建设；开展“反垄断、反洗钱、反恐怖融资、反逃税监管、非法集资”等重点领域的风险排查，确保公司稳健、持续经营。

【服务提质】 聘请北京零点公司对客户服务标准化开展培训，努力提升柜面人员、理赔人员的标准化服务水平。客户服务在全市标准化竞赛中荣获团体二等奖。开展“恪尽职守，提质提效”活动，打造“品德优、作风硬、专业强、效率高、服务好”的专业理赔团队。开通365天24小时全国服务专线“95518”，接受事故报案及保险咨询，设有电话销售专线、网销平台、移动互联平台、柜面一体化和“湖南人保财险”微信在线理赔等，且有独家直升机救援服务，形成强有力的服务网络，随时随地为客户提供投保咨询、理赔查询、一站式在线服务，可以与任何客户实现“点对点”快速对接。

【服务县域发展】 充分发挥保险保障与补偿功能的作用，致力于服务全县经济和社会发展大局，全年为全县人民提供风险保889.58亿元，累计处理各类赔案7626件，支付保险赔款3252万元，上缴地方税收353万余元。响应国家扶持“三农”政策，承保“特惠保”1.56万户，承保政策性农房12万户，承保民生责任险60万户，提供风险保障39.42亿元。探索“金融扶贫、保险先行”模式，助推保险脱贫攻坚，持续深化定点扶贫、对口扶贫工作；开展爱心捐赠、慰问贫困户、关爱弱势群体等内容丰富、形式多样的公益类活动，传递保险正能量。

（撰稿：王金艳　审稿：刘发冰）

## 中国人寿保险

【概况】 中国人寿保险股份有限公司茶陵支公司经理室下设综合管理部、客户服务中心、个险销售部、团体业务部、银行保险部5个部门，个险销售部下辖城区、平水、腰陂、严塘、舲舫、马江、界首、湖口、高陇9个营销服务部。公司有正式员工22人，销售人员1310人，拥有长期客户8万余人，接受过中国人寿茶陵支公司服务客户超过20万人。2017年，公司持续健康发展，被评为全省系统内“县城三十强支公司”、市级先进支公司、县企业发展进步奖等，产生全国系统职工代表1名。全年总保费收入2.06亿元，缴纳各类税收261.3万元，其中缴纳个人所得税217.6万元；各类满期给付8130万元，政保业务赔付1520万元。

【保险产品】 保险产品主要涵盖养老、健康、意外、家庭理财四大类，产品数量超过400个。包括金鑫尊、金瑞鑫、康定保、金双喜、康宁保、鑫如意、鑫福年年、鑫福赢家、国寿福、国寿如意随行、鑫易宝、鑫年金、盛世臻享、国寿康悦等产品，满足客户对保险的不同需求。升级传统产品系列，涵括大病种类由20种增加到115种，保障更全面。在坚守传统学生平安险业务的同时，做大做强“计生美满家庭”“湘女关爱保”和“小额信贷保险”，承办茶陵县城乡居民大病保险和扶贫特惠保险，并推出“惠农卡”“老年人意外保险”“村干部意外保险”和“校方责任险”。

【服务县域发展】 公司承办茶陵县城乡大病保险追补和扶贫特惠保险经办业务，政策性保险赔付1520万元。与县人社局联合推进城乡居民医疗保险“百村工程”项目，在全县100个村村部设立咨询点服务民生。加大保险宣传，开展“明明白白买保险”宣传活动，并通过“6・16”国寿客户节和“7・8”全国保险公众宣传日进行各类宣传与回馈，把保险送到农村和社区。在结对扶贫点马江镇等坪村开展扶贫工作，帮扶对象36户，涉及人口132人，公司给予2万元扶贫基金，并组织各类捐赠5万元。2017年年底，马江等坪村脱贫33户。

（撰稿：周运兵　审稿：李亦昊）

## 中国太平洋财产保险

【概况】 中国太平洋财产保险股份有限公司茶陵支公司位于县城东阳商街，承保各种财产保险、短期健康保险和意外伤害保险、机动车辆保险及责任险、信用保险与再保险等业务。2017年，公司聚焦新政策，审视新形势，以客户需求为导向，完成保费收入1726.26万元，占茶陵县行业市场份额14.9%。

【农业保险】 2017年，公司的育肥猪、特色（鸡、鹅）农业保险涉及8个乡镇，受益农户42户。建立农业保险理赔绿色通道制度，简化理赔流程，迅速及时地进行理赔。全年公司理赔赔款均支付到位，无任何投诉。

【脱贫攻坚】 扶贫特惠保作为健康扶贫中的一项重要举措，解决贫困农户意外身故、疾病返贫等问题，发挥保险的风险保障和经济补偿功能，进一步增强贫困人口的抗风险能力。2017年，公司承保虎踞、腰潞镇特惠保工作，支公司工作人员到各村核实建档立卡贫困户名单、人数，通过走访、粘贴海报等多种方式，确保所有贫困户都参加特惠保。支公司经理带领帮扶小组和思聪街道红桥村的19户贫困户开展结对帮扶，实地了解帮扶对象生活、健康、经济情况，因户施策，助力被帮扶对象顺利脱贫。

（撰稿：董喜艳　审稿：叶红波）

## 中华联合财产保险

【概况】 中华联合财产保险股份有限公司茶陵县支公司内设综合科、农险科、车险科、非车险科4个科室，成立21个乡镇农业保险办公室，有正式签约员工15人，营销代理人员1人，聘请乡镇农险协保员39人、村级农业保险示范村协保员12人。主要经营车险、政策性农险、地方特色农业保险、企业险、家财险、责任险、健康险、保证保险等险种。2017年实现保费收入3484.34万元，承担风险保障301.36亿元，上缴各项税费209.76万元，赔款1866.45万元。其中：车险承保机动车辆保险保费955.03万元，车辆数6983台，保险金额65.21亿元，赔付507.32万元；非车险总保险费910.06万元，赔付232.01万元，包括货物运输险保费2.29万元、保险金额2430万元，家庭及个人财产险保费21.97万元、保险金额12208.8万元，健康险保费849.31万元、保险金额173.13亿元，企业财产险保费36.49万元、保险金额14968.6万元；农险类签单保费1619.25万元，保险金额60.05亿元，赔款1127.13万元，受益5723户/单位/次。

【农业险】 支公司承保水稻、杂交水稻制种、公益林、油茶、烟叶等种植保险，能繁母牛、黄牛等养殖险，生猪价格指数精准扶贫保险，林权抵押贷款保险，新型农业经营主体贷款保证保险，新型农业经营主体精准扶贫贷款保证保险，贫困户家庭成员综合保障保险等农业险种，把政策性农业保险和省级特色、县级特色及商业性农业保险有机结合，有效渗透到“三农”生产中，为“三农”生产化解风险，转移损失。一是水稻保险。全年17个乡镇（街道）273个村201861户次投保水稻保险，保险面积559750亩，保险金额20151万元，保费1007.55万元。早稻因洪水受灾面积11586.7亩，赔付387.29万元，受益农户数1834户；晚稻因钻心虫害受灾面积6305亩，赔付174.96万元，受益农户数1976户。二是杂交水稻制种保险。全年3户制种单位投保杂交水稻制种保险，保险面积7175亩，保险金额1076.25万元，保险费75.34万元。6月因洪水导致制种不结实面积

791 亩，赔付 54.89 万元，受益农户 2 户。三是公益林保险。全年 9 个乡镇 3 个林场共 643 户投保公益林保险，保险面积 451657.5 亩，保险金额 18066.3 万元，保费 72.27 万元。1—9 月，西坪村、横屋村、平水林场和云阳林场因火灾烧毁公益林面积 311.5 亩，赔付 9.03 万元，受益户 4 户。四是油茶保险。全年 6 户油茶林种植户投保油茶保险，保险面积 3043 亩，保险金额 304.3 万元，保费 18258 元。五是烟叶保险。与茶陵县人保公司共保茶陵县烟叶保险，保险面积 20000 亩，保险金额 2000 万元，保费 140 万元，该公司占 20%，折合保险金额 400 万元，保费 28 万元。6 月因洪水受灾面积 1296.1 亩，赔款 22.03 万元，受益农户 903 户。六是能繁母牛养殖保险。全年 14 个乡镇及 1 个养殖企业共 226 户养殖户投保能繁母牛保险，投保 5655 头，保险金额 3393 万元，保费 135.72 万元，死亡 645 头，赔付金额 361.18 万元，受益农户 645 户次。七是黄牛养殖保险。全年 14 个乡镇及 1 个养殖企业共 300 户养殖户投保黄牛保险，投保 8006 头，保险金额 24018 万元，保费 84.06 万元，死亡 349 头，赔付 99.71 万元，受益农户 349 户次。八是生猪价格指数精准扶贫保险。全年 5 个养殖企业投保生猪价格指数精准扶贫保险，投保 10050 头，保险金额 1206 万元，保费 48.24 万元。九是林权抵押贷款保险。全年 3 户林业生产经营者投保商品林抵押贷款，保险面积 12048 亩，保险金额 1204.8 万元，保险费 10.84 万元。十是新型农业经营主体贷款保证保险。全年承保 37 笔，为主体在农行茶陵县支行担保贷款 1774.5 万元，保险金额 1774.5 万元，保险费 53.24 万元，逾期 1 笔，赔付金额 10.5 万元。十一是新型农业经营主体精准扶贫贷款保证保险。全年承保 21 笔，为主体在邮政银行茶陵县支行担保贷款金额 867 万元，保险金额 867 万元，保险费 17.34 万元。十二是贫困户家庭成员综合保障保险。承保枣市镇、界首镇、马江镇等三个镇的 3623 户 14138 人贫困户家庭成员综合保障保险，保险金额 528054.3 万元，保险费 84.83 万元，出险 9 次，赔付金额 7.53 万元，受益户 9 户。

【特色经营】 承办政府购买服务，履行社会管理责任。采取政府主导、商业化运作、协同推进模式，承办茶陵人社局的工伤工亡保险，运用保险机构职能和资源优势，不以赢利为目的，切实管理好工伤工亡保险资金，达到资金运用的合理性、真实性和普及性，保障全县人民的切身利益。2017 年工伤保险认定 32 起，赔付 79.38 万元，工亡认定 2 起，赔付金额 135.47 万元。

【精准扶贫】 积极探索“精准扶贫 + 财银保”模式，与农业银行、邮政银行两家银行合作，支持全县新型经营主体及扶贫产业发展，解决经营主体融资难、利息高的难题，主体享受财政贷款利息和保费 50%~80% 的补贴，为帮助带动贫困户脱贫致富的主体提供金融“活水”。一是特色农业保险。全年为投保生猪价格指数保险的精准扶贫经营主体享受 70% 的保费补贴，共计 33.77 万元，既为精准扶贫经营主体的生产经营提供风险保障，也间接为贫困户提供就业岗位，增加收入。5 家先期参与试点的新型农业经营主体为 26 户建档立卡户提供就业岗位，人均年收入 1.44 万元。二是财银保、扶贫特惠保。承保精准扶贫贷款保证保险 20 笔，邮储银行茶陵县支行发放精准扶贫贷款 817 万元；通过提供贫困户就业岗位、整合资源分红、产业帮带等多种形式，为近 1400 户贫困户家庭成员提高收入；承保农业银行茶陵县支行贷款 37 笔业务，贷款金额 1774.5 万元；承保界首、枣市、马江三个乡镇 3623 户贫困户、14138 个贫困人口的家庭成员综合保障保险，公司免去贫困人口自缴的 10% 保费，共计 8.48 万元，年底发生赔付 9 起，金额 7.53 万元。

（撰稿：肖敏雄　审稿：谭朝红）

## 泰康人寿保险

【概况】 泰康人寿保险有限责任公司湖南分公司株洲中心茶陵支公司内设经理室、综合部、客户受理岗、理赔岗、收展部，下辖思聪服务部，有业务员 368 人。公司包括保险、资管、医养三大核心业务保险，以医养为主。业务范围涵盖养老、少儿教育、理财、企业年金、互联网、医疗、健康管理等。2017 年，公司发展大健康产业生态体系，以客户为中心，参与市场竞争。全年送保险下乡 10 次，理赔 126 万元。

【内部管理】 2017 年，公司先

后招聘业务人员 169 人，对新聘人员加强教育培训，学习反洗钱、诚信服务等内容，落实保险监管要求，规范其行为；每月举办新人业务竞赛活动，定期派送经理、主管分赴各地参加培训，增强员工专业能力和业务水平，提高综合素质。

（撰稿：焦立敏　审稿：肖文娥）

# 教　育

## 教　育

【概况】 茶陵县教育局内设办公室、人事股、党委办、教育股、计财股、督导室、纪监室、教研室、师训站、招考办、后勤办、装备站、资助中心、基建办、社办职教股、安全与综治办、重点办、校车办等18个股（室、站）及1个督学责任区,有局机关干部职工85人。2017年，县教育局围绕“建湘赣边界教育强县，办人民满意教育”总目标，突出“保安全”和“提质量”两个重点，全力破解学位紧张、队伍建设、教育改革三大难题，全县教育事业健康、快速发展。茶陵县获评湖南省教育信息化创新应用示范县；县教育局获评株洲市学生资助优秀单位；“全面改薄”工作代表湖南省接受国务院专项督查，获得充分肯定和高度评价；“送教上门”特殊教育获省厅表彰和典型推介；教育扶贫工作获评2017年度株洲市“教育创新工作特等奖”。

【教学质量】 学前教育优质发展。学前三年毛入园率88%。义务教育均衡发展。小学辍学率为零，义务教育巩固率为98.09%。高中教育提质发展。2017年高考一本上线人数242人，二本以上上线人数1039人，实现高考上线人数稳中有升的目标。普通学业水平考试合格率省示范性高中为98.9%，一般性高中为92.8%，被市教育局授予“2017年学业水平考试先进县”称号。职业教育转型发展。职业中专从规模扩张向内涵发展转变，各专业与优质企业深度融合；开辟对口升学新路线，全年有34名学生上二本线。全年学生参加省市级各类竞技、比武活动获奖近200人次。教育督导力度加大。开展对枣市中学等10所学校的素质教育督导评估，枣市中学等3所学校被评为先进学校，并参评市先进学校。

【基础建设】 推进公办幼儿园和普惠性幼儿园建设，投入资金467余万元，新建2所，改建20余所幼儿园。实施小规模学校提质工程，投入120万元对思聪下清小学等学校进行提质改造，改善学校办学条件。实施城区学校扩容提质工程，投入近4亿元推进城区学校布局调整，缓解城区学校“入学难”“大班额”问题。改善农村薄弱学校办学条件，投入2673万元，实施“全面改薄”项目8个，规划建设思聪中心小学等8所项目校，“20条底线”全面达标。2017年11月，茶陵县接受国务院“全面改薄”考核组的评估验收，得到高度肯定。

【教育安全】 为学校安装视频监控设备和一键式报警装置，保障学生安全。开展校园及周边治安综合治理，建立领导干部带队检查学校安全工作制度，落实领导责任制。全力打造校园安全文化，狠抓平安校园创建，茶陵立项湖南省“平安校园建设先进县市区”，城西小学、列宁学校通过市级“平安校园”验收评估，高陇中心小学、界首中心小学等被评为县级“平安校园”。

【教育扶贫】 一是贫困学生资助。全年资助贫困学生45946人次，发放财政资助金3367.19万元，实现建档立卡贫困户学生全覆盖。二是控辍保学。层层压实责任，全面走访摸底核查，精准识别辍学情况，落实“一生一案”制度，开展“三帮一”劝返复学等一系列控辍保学行动，确保无一人因贫失学。三是营养餐管理。2017年全县农村义务教育学校享受营养餐学生人数91327人次，营养餐总经费下拨3748.14万元，减轻学生家庭负担。四是驻村结对帮扶。派出83名机关干部，对田湖、毗塘等3个村148户贫困户结对帮扶全覆盖。五是师生结对帮扶。全县4800余名教师与12000余名建档立卡贫困户学生实施结对帮扶。茶陵《教育助学全覆盖，结对帮扶献真情》做法，荣获2017年株洲市教育工作创新特等奖。

【教师队伍建设】 加大教师招聘力度，配强师资。全县招聘教师273人。强化教师培训，提高教师能力，培训2895人次，793名教师参加发展测评，通过率95.46%。推进素养提升“十百千万”工程，组织教师建设220节优质课堂教学资源，组织株洲市第七届学科带头人的选拔考核工作，评选出31名市学科带头人。开展市、县“优秀教师”“最美乡村教师”评选和优秀事迹展播活动，举办学科赛教活动12次，参赛教师100人次，观摩教师2160人次。在2017年度的各级教学比赛活动中，获市级以上各类奖励26人次，其中省级二、三等奖2人，市一等奖12人，市二等奖12人。

【党建工作】 开展“两学一做”学习教育，落实党风廉政建设责任制，党员干部的思想政治素质得到提高。慎重发展新党员，落实主题党日活动，增强党组织的凝聚力和战斗力。开展“两个专项整治”活动，着力整治违规征订教辅材料，优化教育环境。中共十九大召开后，开展一系列宣讲活动，传达、贯彻中共十九大精神。

（撰稿：王博林　审稿：谭玉元）

## 茶陵一中

【概况】 茶陵一中占地面积12.18万平方米，总建筑面积56078.6平方米（洣江书院2452.6平方米），绿化面积68660平方米，绿化率为56%。学校教学科研设施齐全，建立宽带网络系统、闭路电视系统、远程教育系统、智能广播系统、教室多媒体系统和教学录播系统，基本形成数字化校园。2017年，学校有62个教学班（含2017年下期按市教育局要求，开办的两个初中津梁班90人），在校学生3126人；在编教职工269人，在岗243人（含无编制9人）；有特级教师2人，正高1人，高级教师93人，中级教师109人。年内，学校学考合格率为98.84%，优秀率42.01%，在株洲市名列前茅；高考二本以上上线人数515人，其中一本183人，985高校录取23人，211高校录取57人，600分以上12人；茶陵县文、理科第一名分别为该校的胡子康（643分）、谭乔聃（645分），都被浙江大学录取，另有刘湘冀（543分）、黄琦（553分）两位同学被录取为空军飞行员。学校获省文明卫生单位、省青少年科技活动示范学校、市文明校园等称号，顺利通过省普图工作验收。

【德育工作】 狠抓诚信教育，重视学生的人生观、价值观以及文明习惯、遵纪守法等方面的教育。开展丰富多彩的德育活动，举办“珍爱生命，远离毒品”禁毒知识专题讲座，发放禁毒教育材料1000多份；组织志愿者参加志愿活动，如文明劝导、慰问孤寡老人、环保日志愿服务等活动。开展校园社会实践活动，设立6个岗位，让学生养成爱劳动和珍惜他人劳动成果的良好习惯。

【教育科研】 2017年，学校注重教学科研工作，教研成果突出，教师龙件军、王诗琴、谭海平等的课堂教学获市级以上各项奖励，教师彭爱平获“株洲市优秀教师”称号。学校承担的《高中理科错题预警及对策研究》取得阶段性成果，编写出教材《学海预警》。科技创新成绩显著，学校的《可显电量压敏开关太阳能无线鼠标》在第38届省青少年科技大赛中获创意项目奖；在湖南省科学素质大赛暨首届青少年网络科普知识竞赛活动中，茶陵一中参赛学生人数居株洲首位，被省科协评为优秀组织奖，被市科协评为“2017年科普先进单位”，获奖金2万元。全年学校学生参加各种竞赛获奖920人次，其中获国家一等奖3人次、二等奖3人次、三等奖8人次，获省级一等奖81人次、二等奖156人次、三等奖275人次。

【基础建设】 投资180余万元完成艺术教育中心、创新教育基地的改建工程；投资5万元增添部分学生课桌和学生的铁质睡床；更换食堂锅炉，引进大型餐饮公司“千喜鹤”托管学校食堂，使食堂的服务和菜品上新台阶；投入240余万元对教室和学生公寓安装中央空调；投入70余万元改造学校的篮球场及对田径场进行维修；在广场和舞台增设一块大型电子显示屏，让师生及时了解学校工作动态，提升舞台效果。

【教育扶贫】 完善资助机制，落实教育扶贫工作，组织200余名党员、教师、行政人员利用双休日深入乡村帮扶，发放资助金180余万元；联合兴业银行株洲市分行举行资助贫困生捐赠仪式，学校有10名学生受助。

【“探知未来”科普创新】 11月16日，湖南省科技馆组织的“探知未来”2017年全国青年科普创新实验暨作品大赛初赛长沙赛区株洲站在茶陵一中开赛，学校有42支队伍参加这种体验式的比赛。茶陵一中被中国科协评为优秀组织单位奖。

（撰稿：谭国平　审稿：王　勇）

## 茶陵二中

【概况】 茶陵二中2017年下学期有54个教学班，学生总人数为2940人；有教职工243人，其中高级教师56人，硕士12人，市县学科带头人10人。2017年，学校围绕“立德树人、特色强校”目标，践行“用责任和智慧成就学生一生幸福”办学理念。全年学校高考一本上线9人，学生曾诚如被浙江大学设计专业录取；二本一次性上线148人，录取人数218人；谭凌凯被俄罗斯圣彼得堡大学录取，李阳俊被韩国亚洲大学录取。立足基础，落实分层教学，高二学业水平考试也取得一次性93%合格的成绩。2017，学校获“六五”普法先进集体、株洲市教育资助工作先进单位、“欢乐潇湘·小康茶陵”2017文艺会演优秀奖、“农商行杯”青少年才艺大赛青少年组二等奖等荣誉。

【德育工作】 建立健全安全管理制度，开展形式多样的安全宣传与检查评比活动；秉承规范化、细节化、常态化的管理理念，抓实、抓细、抓深学生常规管理；坚持每月主题教育活动和每周主题升旗、班会教育相结合，加强对学生的法制教育和道德教育；关注学生心理健康，成立学校心理发展中心，定期开展学生心理健康教育；全面落实扶贫政策，帮助学生理解精准扶贫帮困工作，认识扶贫更要扶志；重视德育课程，将新生入学教育、师生体艺节、学生社团等各种活动常态化。

【教学教研】 开展教学教研中心工作，强化课堂教学有效性，创新教研方式，力促教学质量上台阶。深化“课堂高于一切”的理念，出台《茶陵二中课堂教学事故认定和处理办法》，完善课堂教学管理制度；把课堂作为教学改革的突破口，深入评估“四环节学案导学”课堂教学模式。规范常规教研，保证教研的质量，研究适合不同学科、不同年级的课堂教学模式；改革备课方式，采取“集体备课、互相协作”的方式，建设学科资源库，实现优质资源共享；创新教研方式，倡导小课题教研，教研活动以问题为导向，以交流反思为主导。

【特色教育】 树立特色精品意识，在课程建设上树特色，在教师专业技能上树优势，在设施设备建设上拼效益，实现由规模数量型向精品质量型转变。立足精品战略，做强音体美特色教育，彰显特色学科优势，创办省市特色学科基地。召开首届体艺节，开展美术专业生书画展、音乐舞蹈专业生汇报演出等活动。2017年，学校选送的音乐舞蹈类节目，有三项获市二、三等奖，有四项获县二、三等奖；组建的运动队参加市三好杯田径运动会，取得女子团体第五的成绩；参加县运动会，男女囊括高中组20枚奖牌中的19枚。

【校园文化建设】 一是建设书香型校园。4月，茶陵二中成为“书香湖南”全民阅读共建点，12月顺利通过湖南省“普图”工作评估验收；积极开展各类读书征文活动，师生阅读热情高涨，阅读风气盛行。二是建设活动型校园。以体艺节为抓手，带动学校体艺特色发展，成立教职工合唱团，学生动漫社、篮球社、太阳花文学社等社团，丰富校园师生文化生活；开展学科竞赛、百家讲坛等活动，提升校园隐性文化。三是建设环保型校园。勤俭节约，开展以节电、节水、节粮、节约教育资源为重点的节能活动；从净化、绿化、美化整治校容校貌入手，竭力让每面墙壁都说话，各个角落都育人，打造师生精神乐园。

【教师队伍培育】 开展教师继续教育活动，落实“国培”“省培”“市培”计划；深化校本培训，制定教师校本培训中长期计划，依据校情、师情，有针对性地制定培训内容；增加教师外出交流的机会，鼓励教师学习先进的教育教学理念；组织教学竞赛活动，支持教师参加校外教学教研活动，促进教师在教学实践中不断成长；加强青年教师队伍建设，实施“青蓝工程”，促进青年教师的发展，激发老教师的工作活力，以老带新，共同进步。2017年，学校教师陈艳群获“湖南省生物实验技能大赛”三等奖，尹美琴获“株洲市2017年高中化学新课程微课制作评比”一等奖，胡玲获“2017年株洲市高中生物课堂青年教师说课竞赛”二等奖，罗轶群获2017年“一师一优课，一课一名师”省厅优课奖，陈志蓉、李维、郭菲飞等7位教师获得市优课奖。

（撰稿：谭卫红　沈　璐　审稿：罗小中）

## 茶陵三中

**【概况】** 茶陵三中创建于1964年，其前身是茶陵师范，1995年改办茶陵职专。2016年下学期，茶陵县职业中专整体搬迁到工业园区，恢复茶陵三中普通高中办学。2016年下期与2017年上期与茶陵职专共处一个校园。2017年暑假，茶陵职专余下的班级全部分离。2017年下学期，学校有高一、高二两个年级20个班，学生996人；有教职工84人，其中研究生学历5人，高级教师18人，一级教师18人，县优秀教师9人。2017年下期，学校参加教育局组织的全县三校（世纪星、二中、三中）期末联考，高二理科数学、生物与文科数学平均成绩居第一名，其余学科居第二名；高一年级生物、政治、历史、地理四门学科的平均成绩均居第一名，其余学科平均成绩居第二名。2017年，学校获县文明校园、县综合治理先进单位等荣誉。

**【德育教育】** 管理好每一个空档，开展早上的演讲与口才、中午的唱歌练字、晚上的听力训练等活动，注重培养学生良好的习惯。为每一个学生设立成长档案，要求各班都设立学习小组值日积分表，记载每个学生各种表现，提高学生综合发展的潜能。根据学生不同潜质，实施“导师育人制”等个性化培养措施，让每一个学生都能找到自己的发展平台，健康成长，自信成才。利用主题班会、校园之声等活动加强对学生的思想熏陶，落实社会主义核心价值观的培养。促进班级创先争优，实行“优秀班集体”竞赛积分评价方法，调动班主任工作积极性，并促进各班学生为争创“优秀班集体”而齐心协力。开展“文明教室、寝室”评比活动，培养学生良好的卫生习惯和班级凝聚力。注重礼仪教育，着重在升旗仪式、颁奖仪式等活动中，对“旗手”或“礼仪小姐”进行严格培训，对音乐、穿着、手势等各种细节进行严格要求。注重榜样教育，树立学生各方面的典型与榜样，进行表彰，将各类星级学生的照片与事迹张贴在教学楼，形成楼道文化，传递正能量。

**【教学管理】** 重视教学常规检查，推行约谈制度；落实堂堂清、周周清，及时进行学情调查，掌握师生动态；抓好集体备课，落实教研活动。推行“五环节课堂教学模式”、行政与备课组长巡课制，实行听课制、课堂教学调查、教学质量评价、面向家长开放课堂等措施，加大对课堂的监管力度，确保课改落地生花。以赛促学，举行各种征文比赛、英语能力大赛、双语经典诵读比赛、文综知识大赛、数学解题大赛、英语单词竞赛、演讲比赛等，为学生提供展示风采的平台，激发学生的潜能。

**【教师队伍建设】** 教师加强自身学习，注重知识更新，提升综合素养。加强政治理论学习，定期组织教职工学习党的路线、方针、政策和法律法规；加强专业知识学习，要求一线教师每年认真阅读一本教育理论专著，每月专心研读教育理论和专业知识并做好读书笔记；定时举行教师学习心得交流活动，取长补短。采用多种培训形式，加快青年教师成长。开展“大小教研”活动，落实“青蓝工程”，要求每位骨干教师带1至2名青年老师为徒弟，从备课、上课等各方面进行手把手地帮扶；开展骨干教师上示范课、青年教师上汇报课等课堂教学比武活动；采用“请进来，走出去”的办法，邀请全国著名教育专家陈斌、王连升、张国强等到校做关于高效课堂、班主任管理、教师执行力等专题报告，分批安排教师到上海名校、河北衡水中学、攸县二中参观学习交流，为教师提供学习平台，广泛汲取其他学校的优秀教育教学经验，促进教师成长；组织参加远程教育培训，拓宽教师的视野，更新教学观念，改变教育方法，促进教师队伍的培养。

【校园建设】 加强学校硬件设施建设，完成自来水给水项目、公租房道路修建、学生寝室改扩建、食堂教室维修改造、添置各项教育教学设施设备等，改善办学条件。强化软件建设，创新管理运行机制，逐步建立分线管理、分块负责的管理体制。处室是“线”，年级组是“块”，学校适当下放管理权限，实行处室、年级组、教研组互相渗透、协调并进的管理模式，把管理渗透到学生学习、生活的全过程，确保事事有人管，人人有事管。充实完善学校《教职工考勤制度》《教学质量评估及奖惩制度》《班主任管理制度》《教研制度》和《后勤管理制度》，规范升旗、放学、例会等学校常规管理，使精细化管理理念落实到学校管理的各个层面。

【扶贫助学】 一是会议安排。学校定期召开扶贫助学工作会议，传达并落实教育脱贫措施，布置安排学校教育脱贫攻坚工作。二是入户走访。学校由德育处牵头，行政管理人员带队，全体教职工分13个小组，走访154个建档立卡贫困学生家庭、低保户、残疾学生、特困供养家庭，以及275个提出申请国家贫困资助的学生家庭，做到精准识别资助对象。三是政策宣传。加大教育扶贫宣传力度，发放教育扶贫资助政策明白卡，宣讲国家扶贫政策；制作资助政策宣传展板，召开家长会进行宣讲，公示资助对象与金额；开展教育脱贫主题系列活动，在第二届师生体艺节上开辟专栏展示扶贫成果。四是结对帮扶。每位教职工与建档立卡学生进行结对帮扶，建立长期帮扶机制，每月逐一进行家庭走访、心理疏导、学习指导、励志教育等，并给予学生一些力所能及的物质帮助与精神帮助。五是资金帮扶。通过走访摸底，做到精准资助，让贫困学生及家庭享受国家的惠民政策。学校享受国家助学金学生人数285人，其中享受一档的学生85人、二档115人、三档85人，享受国家助学金28.5万元；为142名建档立卡户、1名特困供养、1名残疾学生减免学费11.52万元。六是控辍保学。学校针对没有及时来校报名缴费的学生由领导小组牵头，分成几个片区小组，逐一电话联系进行劝学，对电话联系后还没来的学生，又逐一进行家庭走访，了解真实情况，做通学生和家长的思想工作，确保没有一个学生因贫困而失学。

（撰稿：谭水牛　审稿：刘福生）

## 茶陵职专

【概况】 茶陵县职业中等专业学校办学历史悠久，历经茶陵耕读师范、茶陵“五七”大学、茶陵师范、茶陵教师进修学校、茶陵三中等办学历程，文化底蕴深厚。1995年改制为茶陵县职业中等专业学校。2017年8月茶陵职专整体搬迁到工业园过渡校区办学。2017年下学期，学校有56个教学班，全日制在校学生1748人；教职工149人，其中在编教职工125人，外聘行业企业能工巧匠与专业教师24人；开设计算机应用（含软件信息与服务、工业设计与仿真方向）、电子技术应用（含SMT方向）、汽车运用与维修、旅游服务与管理（含酒店管理方向）、会计电算化、工艺美术、音乐（开设学前教育主干课程）、电子商务和老年人服务与护理9个专业。学校坚持“内涵发展、稳中有升、提质转型”办学理念，发展成为一所集中等职业教育（主体）、成人教育（电大）、教师进修、职业技能培训、职业技能鉴定和社区教育于一体的公办中等职业学校，省示范性县级职教中心牵头单位。

【教学质量】 学校致力于培养具有“工匠精神”的人才，通过学校、企业、行业三位一体化教学，实施“学中做,做中学”教学模式，培养“能工巧匠”。2017年，学校专业对口就业率在80%以上；高考二本以上一次性上线34人，其中600分以上21人。全年学校有80余名学生参加市里各项竞赛活动，获奖人数50余人；参加株洲市文明风采大赛，斩获二等奖2个、三等奖9个，获奖选手17人，以绝对的优势荣获县级职校第一名；在第13届中国青少年创造力大赛决赛中,学生谭斌的“智能听诊器”获金奖，谭敏薇的便携式伸缩衣架、肖勇勇的一体式牙膏、彭龙强的口红香水获银奖，林志龙的梦幻婴儿车作品获铜奖，学校获项目创意设计团体金奖。

【成人教育与培训】 学校通过电大工作站、职教中心、技能鉴定站开展学历教育、技能培训和技能鉴定工作。茶陵电大工作站帮助292人提升学历，获“2017年度全市电大站办学工作教材管理先进单位”称号；组织3个批次的职业技能培训，共计262人；

组织国家职业资格鉴定6个批次，总鉴定人数383人。

【校企合作】 坚持育人与用人的“无缝对接”，保障产教融合和校企合作，实现高就业率和优质就业率。2017年，与湖南省高等医学专科学校签订联合办学协议，共同开设社会紧缺的护理专业；与香港理想教育集团、湖南车先生有限公司、长沙众升模具公司、贵派电器、华天集团、世纪星教育集团、凯舟科技（IT）、惠州TCL、精诚电子科技等企业建立长期合作关系，为学生提供实训平台，提升学校的办学品质。

【项目建设】 2017年，学校的“现代学徒制试点”确定为省教育教学重点改革课题；“商贸服务”专业群、“生产性实习实训基地”列入市重点建设项目；学校成功入围“2017年度湖南省农村中等职业教育攻坚项目”。2017年2月，启动茶陵职专新校区建设，计划投资2.15亿元在火车南站附近新建一个占地面积318亩，容纳学生3600人左右的高标准职业中专。截至2017年年底，新校建设进入主体工程招标建设阶段。

【脱贫攻坚】 学校对建档立卡贫困户学生实施结对帮扶，一户一户走访，建档立卡做到“零误差”。加强教育扶贫政策的宣传力度，对中职免学费政策等各项优惠政策精准覆盖。全年通过免学费、校内资助、“雨露计划”、免住宿费、国家助学金、金秋助学等项目发放各类资助款726.28万元，资助学生6414人次。

（撰稿：谭年勇　审稿：谭立恒）

## 云阳中学

【概况】 云阳中学始建于1980年，2003年创建为株洲市规范化完全中学，2007年创建为湖南省示范性普通高级中学。2011年，改办为公办初级中学。2017年下学期，学校有学生3503人，60个教学班，教职员工213人。学校确立“走内涵发展之路，做有品位的教育”办学目标，推行素质教育，构建书香墨浓、文明和谐的校园。在茶陵一中“洣江书院杯”选拔赛中，学校录取113人（全县共录取200人），其中创新人才班录取55人（共80人），前10名云阳包揽；中考5A238人，2A3B以上等级507人；学生肖娟华、陈毅斌均以5A的成绩分别录为空军和海军航空飞行员；中考语文、英语、物理、化学平均分夺得全县第一名；毕业会考十科人平总分以665.81分居全县第一名（含民办学校）。2017年，学校被授予湖南省园林单位、湖南省海军青少年航空学校优质生源基地、县文明校园、教育信息化创新应用先进单位等荣誉。

【教育科研】 学校坚持“科研兴校，科研兴教，研教一体”方针，充实队伍，提升品位，教育科研呈现新亮点。制订优秀学科组评选方案，数学教研组被株洲市教育学会被为“优秀教研组”；在2017年株洲市“一师一优课、一课一名师”活动中，学校教师15人次获奖，教师汪娜获市生物实验操作比赛一等奖，张艳获市初中化学微课比赛二等奖；开展赴景炎学校中考复习研讨活动，承办2017年株洲市历史中考研讨会，承担“国培计划（2017）C518初中语文工作坊”研修活动，相互学习研讨，提高科研水平；开展“送教八团，送教祖安”教育均衡活动，提高乡村教师的课堂教学能力，促进全县初中教育均衡发展。

【艺体教育】 学校坚持课堂教学改革和综合实践活动课程齐头并进，以青少年活动中心为阵地提升学生的核心素养，各项比赛硕果累累。在株洲市中小学经典诵读中获市一等奖；在“传承华夏文明·汉字书写美德”为主题的2017年株洲市第五届中小学生汉字听写大赛中，取得第二名；七年级学生刘瑾璨获省演讲比赛一等奖，并代表湖南省参加全国总决赛，获得三等奖；在市三好杯中女子团体获第四名，并获体育道德风尚奖；在茶陵县第26届中小学运动会中获初中组团体总分第一名。

【教师队伍建设】 开展“青蓝工程”活动，传授青年教师教学经验；举办五四青年教师座谈会，了解青年教师的内心世界；举办首届“云阳杯”教学比武活动，实行岗位练兵。教师彭小桂获“湖湘首届优秀班主任”称号；何义雁、李元亮、谭慧芳、张艳、张永红被评为“株洲市第七届学科带头人”；刘翔参与市“千百万”教师研修，并担任国培计划（2017）C518工作坊坊主。

【学校管理】 学校选举产生新一届教代会代表，修订教师职称评定方案、教师绩效发放方案等系列规章制度，规范公共用品的采购程序；成立学校膳食监督委员会，组建学校工程建设验收小组，健全重大事项民主商议制，主动让权力在阳光下有序运行。

**【校园建设】** 完善校园设施建设，改造党员活动室、工会活动室和学生食堂；增设教师办公室，新建校园书吧。加强校园文化建设，提升文化品位，开设云阳公众号，及时将云阳的声音传播出去；《株洲日报》先后以《让每一个学生学中有乐，学有所成》《云阳中学:实践教学让理论教育“活起来”》对学校社团活动予以报道；工作坊《深秋凉意渐 国培送盛宴》在株洲新闻网上推介，教师刘翔的《知性李巧文》发表于《株洲日报》副刊；学校工作《坚持五个一，促推茶陵教育新发展》在《茶陵工作》上刊登，对学校好的做法做全面推介；举办谭雪君国学讲座、“梦想与爱同行”感恩励志教育演讲、法制讲座、国培计划（2017）C518初中语文工作坊等活动；出刊四期《领航》学校语文刊物；在语文课程基地出版《魅力语文》校本教材；举办“畅享青春，飞越梦想”为主题的第七届师生体艺节。

**【教育扶贫】** 召开扶贫扶智、保辍控失会议，坚持“扶贫先扶智，治贫先治愚”的理念，不让一个学生因家庭贫困而失学；开展为贫困学生募捐活动，募集资金5600元；组织为八年级1616班患长QT综合症的学生捐款37368.5元。全校202位建档立卡贫困户学生全部资助到位，无一人因贫失学。

（撰稿：刘　翔　审稿：谭星醒）

## 九年制义务教育名校选介

**【茶陵县思源实验学校】** 茶陵县思源实验学校是2015年创建的一所九年一贯制义务教育公办学校，占地面积173.76亩，总建筑面积4万平方米，投入建设资金1.65亿元，其中香港言爱基金捐资助学1000万元，省人民政府配套建设资金1000万元。学校采用港式建筑设计，体育馆、图书馆、展览厅、400米标准塑胶跑道、教师公租房、学生宿舍楼等教育教学设施完备。2017年8月，因生源数量激增，扩大办学规模，新建一栋20间教室的教学楼，满足教育教学需求。2017年，学校有教职工180人，其中高级教师7人、一级教师52人，市、县学科带头人12人；在校学生3600人，教学班级67个，其中小学部有一、二、三、四年级4个教学年级，初中部有七、八、九年级3个教学年级。学校先后成功创建为“全国青少年校园足球特色学校”“株洲市防震减灾示范学校”，被县委推荐为“市文明校园”创建单位，且被评为县教育督导先进单位、县教育技术装备管理应用先进单位、县实验教学先进单位、县教育信息化创新应用先进单位。2017年，学校在市生物、地理学科毕业会考以及县八年级语文期末教学质量抽测中均获全县第一名，在市初中物理、化学、生物学科学生实验操作比赛中获团体一等奖，且蝉联全县教育系统篮球赛冠军。

学校坚持“育人为本、德育为先”的理念，把立德树人作为学校教育的根本任务。一是打造专业化的班主任队伍。通过“走出去，请进来”模式，分批组织班主任参加省、市级教育部门组织开展的班主任工作论坛，邀请岳阳市平江县教育体育局党委书记、局长到学校进行学校现代管理、师德师风建设等方面的专题讲学。二是培养学生的良好习惯。推进“好习惯银行”管理系统，将“好习惯”的存储量化成长值和习惯币，以兑换积分的形式对学生进行物质、精神奖励，达到提升孩子能力、养成良好习惯、形成健全人格的育人目的。三是搭建德育工作阵地。邀请湖南师大全国素质教育讲学团到学校开展以“铭记感恩·励志奋进”为主题的感恩励志演讲活动，且先后开展“预防校园侵凌”“防溺水安全知识”“禁毒知识进校园”“防震减灾应急演练”等主题活动，以主题活动推进德育工作阵地的建设。

学校重视教研教改工作，促进教学质量的提高。集体备课严格按照“集体研讨定框架—个人主备出初稿—集体下水做微调—二次备课成定稿”的原则进行，同时举行“思源杯”“青苗杯”课堂教学比武等活动，助推形成高效活力课堂。同时，学校精准落实教育扶贫政策，全面构建“督导、宣传、调研、联络、帮扶”五位一体教育扶贫工作格局，做到贫困信息核实到位、扶贫政策宣传到位、师生结对帮扶到位、教师走访慰问到位、扶贫资金发放到位，确保教育扶贫政策全面覆盖、全面惠及学校273名建档立卡户贫困学生。

（撰稿：谭公明　审稿：欧阳红勇）

【茶陵县城东学校】 茶陵县城东学校是由原洣江中学和洣江中心小学合并而新建的一所九年一贯制学校，于2014年下学期正式办学。学校坐落在洣江街道中瑶村，占地面积186亩，总建筑面积18086.65平方米，总投资6000多万元。2017年下学期，学校有72个教学班，3716名学生，在岗教职工161人，下辖诸目、立新、新桥、云华、五垅、沙溪、仙源、土沙8个教学点。2017年，学校264名九年级学生参加中考，被茶陵一中录取83人，被其他高中录取120人。学校被评为市素质教育先进单位、市园林式单位、绩效考核优胜单位。

学校全面落实素质教育各项措施，深化课堂改革，建设高效课堂，完善常规教学管理，坚持以教研促教学，开展各种形式的教研活动，中国科协捐赠的株洲地区唯一的机器人馆落户学校。全县2017年“铁犀杯”小学英语课堂教学比武、市2017年初中英语罗军名师工作室“送教下乡”教学研讨交流和全县教研室主任学校教研及课题培训活动在该校举行。落实《学生体质健康标准》，设立跆拳道、拉丁舞、乒乓球、美术、书法等各类课外活动社团，开展内容丰富、形式多样的文体活动，学生体质健康达标率98%。

学校重视德育工作，以少先队和共青团为开展德育的主阵地，覆盖家庭、学校、社区，构建和谐文明校园。开展主题班会、关爱留守儿童和进城务工人员随迁子女等活动，把养成教育作为开展德育的突破口，以制度为准则、活动为载体、评价为导向促进养成教育的规范化和实效性。同时，学校重视教师队伍建设，落实教师培训计划，建立骨干教师、新教师成长档案，实行结对帮扶。面向全县公开招聘优秀教师21人,参加“国培”教师27人，培养市县学科带头人6人。

（撰稿：陈曙光　审稿：肖志理）

## 民办教育名校选介

【株洲世纪星实验学校】 株洲世纪星实验学校于2007年创建，是茶陵县唯一所十二年一贯制民办学校。学校占地总面积79774.4平方米，建筑总面积48138平方米。2017年，学校有小学、初中、高中3个学部，87个教学班，3842名学生；有教职工356名，其中研究生学历5人，县级学科带头人10人，市级学科带头人5人，高级教师20余人，全国优秀教师2人，省、市骨干教师10余人，县名师库成员20余人。2017年高考，二本上线学生231人，比2016年净增90人。初中部中考成绩、优秀率、省重点高中升学率连续八年全县第一，小学部自茶陵县教育局举行教育教学质量综合评价后，均获优异成绩。学校先后被评为全国“十二五”规划重点课题教改基地、省经典诵读特色学校、省骨干民办学校、市优秀民办学校、市课改优秀实验基地、市语言文字规范校、市快乐德育示范校、市体艺“2+1”优秀单位。

（撰稿：杨　光　审稿：谭玉元）

# 文化 传媒

## 文体广新和旅游工作

【概况】茶陵县文体广电新闻出版和旅游局（以下简称文体广新旅局），设立于2015年12月23日，挂茶陵县版权局牌子；内设办公室（政工股）、法规和行政审批股、社文股、体育股、广电股、旅游股，下辖茶陵县文化市场综合执法大队、茶陵县文物管理局、茶陵县文化馆、茶陵县图书馆、茶陵县文化产业发展研究所、茶陵县有线电视台、茶陵县农村广播电视总站、茶陵县业余体校、茶陵县体育彩票管理站、茶陵县全民健身服务中心、茶陵县广播电视转播台11个二级机构。2017年，文体广新旅局突出示范区创建、全域旅游、脱贫攻坚三大工作重点，真抓实干，开拓创新，各项工作取得明显成效。茶陵县被评为湖南省旅游扶贫示范县；文体广新旅局被评为全省文化工作先进单位、全省“扫黄打非”先进单位，且在湖南省体彩杯青少年举重锦标赛中获团体第一名；腊园社区成功创建为全国“扫黄打非”进基层示范点；作品《茶山情》获2017年“欢乐潇湘”全省决赛二等奖。

【公共文化服务和建设】实现免费开放多样化创新，文化馆推出“你点单，我服务”后，收到东山坝、云阳中学、中医院等多家单位的点单，取得很好效果。图书馆借阅窗口回答读者咨询4.5万条，接待读者16.5万人次，外借图书18.5万册次；流动图书车对外服务144次。图书馆总分馆建设经验，以“罗霄山上‘七彩书屋’惠民利民”为题，在《中国文化报》上推介。丰富文化活动，完成“送戏曲进万村、送书画进万家”演出120场，公益电影放映4299场；举办“欢乐潇湘·小康茶陵”“平安创建·与你同行”“4·23世界读书日 让阅读成为习惯”“我们的节日——元宵”“秩堂油菜花海 春赏大典”文艺演出及纪念茶陵县工农兵政府成立90周年文艺周等群众文化活动20余场，形成“群众演、群众看、群众乐”的群文活动局面。加强文化设施建设，完成117个基层综合文化服务中心建设，其中贫困村47个；文化馆、青少年宫项目完成桩基建设，新图书馆完成主体工程，进入装修阶段。

【广电发展】网络公司新增有线电视基本用户2288户，实现经营收入1395.5万元。加强山洪预警广播系统的巡检工作，完成16个乡镇（街道）、124个预警站的巡检维护任务，维修更换设备12台。启动直播卫星“户户通”设备维护工作，完成广播“村村响”升级改造工程。强化广播电视安全播出工作，开展“安全播出检查活动”，重点做好中共十九大特护期广播电视安全播出工作，制定应急预案，建立特护专用电话。

【旅游产业】按照“1122”旅游思路（第一个“1”指的是“鹰击长空”旅游开发战略，重点做好“昂首、挺胸、展翅、亮爪”开发文章；第二个“1”指的是一个奖励扶持办法——《茶陵县加快发展旅游业奖励扶持办法》；第一个“2”指的是2个规划，即《云阳山创AAAAA级景区提升规划》《茶陵人文生态百里长廊及沿线景区景点建设规划》；第二个“2”指的是2个方案，即《茶陵县（2017—2021年）旅游宣传基础工作实施方案》《茶陵县（2017—2021年）旅游项目建设方案》），致力打造以云阳山、茶陵古城、东阳湖为主体，乡村旅游为补充的全域旅游发展格局。加强旅游顶层设计，召开茶陵县全域旅游暨云阳山创国家AAAAA级景区动员大会，开创全域旅游发展新局面。引导社会资金发展旅游产业，全年20多亿元社会资金流入旅游产业，引进天伦酒店、途家酒店及湖南万达亲和力旅游国际旅行社、长沙温馨之旅老年旅行社、湖南新康辉国际旅行社落户茶陵，激发旅游产业活力。推进乡村旅游建设，围绕严塘、秩堂、火田、桃坑等重点乡镇景区（点），发展万樟园林现代农业产业园、茶乡花海生态健康产业园等一批休闲观光基地。全县10个村（含8个建档立卡的贫困村）成功纳入神奇湘东文化生态旅游精品线路，争取到罗霄山片区发展省预算内基建资金1239万元，乡村旅游发展资金35万元，乡村旅游扶贫资金100万元。卧龙山庄旅游景区成功创建为国家AAA级景区，毗塘旅游景区成功创建为国家AA级景区。加强旅游宣传推介，下发《茶陵县旅游宣传基础工作实施方案》，举办“情定云阳山·花海茶乡行”2017茶乡花海茶花、郁金香花展，“为茶陵的春天加冕”2017湖南·茶陵“秩堂油菜花海·春赏大典”，第三届茶陵锡田百合花节，茶陵县第六届祖庵家菜美食节等活动，利用新媒体、纸质媒体、旅游商品，全方位开展立体宣传，大力推介茶陵旅游资源。

**【文物修缮】** 加强文物修缮工程建设，完成茶陵古城墙一期工程修缮预算资金评审，启动招投标工作；完成晓塘古墓保护主体工程，积极推进附属工程建设，启动展示工程；完成苏维埃政府的修缮工程、陈家大屋抢救性修缮工程、工农兵政府旧址游客服务中心工程；完成茶陵县工农兵政府旧址红色陈展提质工程，并于11月28日正式开馆。

**【非物质文化遗产保护】** 推进非物质文化遗产宣传和保护工作，在茶祖文化园、城东学校、桃坑学校、虎塘社区等地举办非物质文化遗产展览多次，并在烈士陵园内革命纪念馆外设置长期性展览墙；参加2017湖南省文化厅迎新年传统手工艺博览会；举办首个文化和自然遗产日宣传展示活动；省级非遗保护项目《客家火龙》形成比较稳定的进校园模式；完成非遗项目《茶陵湘剧》进校园、进乡村等演出活动50多场；“洣江红茶传统制作技艺”和“洣江绿茶传统制作技艺”两个项目正式纳入县级保护名录。

**【体育事业】** 加强体育基础设施建设，完成对体校训练室、住宿、食堂整体改造并通过验收；更换农民健身工程34套，全部发放到位。稳步推进体彩工作，体彩销量500余万元。组队参加株洲市第十三届运动会，游泳项目、登山项目获得县市区组团体总分冠军。举办全县首届气排球邀请赛、老年门球赛、“农商银行杯”职工乒乓球羽毛球赛、庆国庆“房产杯”职工篮球赛等形式多样的群众体育活动，推进全民健身持续发展。

**【文化市场监管】** 健全监管体系，维护文化市场秩序，提升全县文化市场综合执法效能，繁荣文化市场发展。加强日常巡查，维护全县文化市场平安稳定，出动日常巡查1698次，检查经营单位849家次，立案调查7起，受理举报投诉11起。加大节日期间监管力度，联合公安、安监、消防、质监等部门开展岁末年初安全生产大检查；在中高考期间，针对网吧、娱乐场所、演出市场等开展“护考”专项行动，为广大考生营造安静、文明的文化市场环境。加大出版物市场监管力度，对全县的音像店、书刊点进行集中检查，对农贸市场、城乡结合部、大街小巷等附近的流动书摊进行清理，查获一起流动摊贩无证经营案，收缴非法书籍3000余册。推进扫黄打非，开展创建“扫黄打非”全国基层示范点工作，启动创建湖南省“扫黄打非”示范县工作。

**【精准扶贫】** 一是结对帮扶。全局结对帮扶干部每月走访贫困户1~3次，每个月通过电话等方式联系1~2次结对贫困户，开展“六个一”和端午节、国庆节、中秋节慰问等行动，解决贫困户的困难和问题；驻村干部坚持每月驻村20天以上，与单位工作脱钩，全身心开展驻村帮扶。二是业务培训。召开扶贫干部培训会9次，强化帮扶干部对茶陵县帮扶政策、措施的认识，提高干部的业务水平，宣讲分贷统还扶贫政策，69户贫困户签订分贷统还扶贫项目协议。三是整改考核。开展基础管理提升“回头看”，对照基础管理工作存在的问题，重点对信息不全、数据不准、逻辑不清、涂改严重等，及时加以整改，确保扶贫帮困资料齐全、及时归档；制定《局脱贫攻坚结对帮扶考核实施方案》，每个月组织全局结对帮扶干部进行考核，对考核不合格者兑现扶贫绩效处罚。四是行业扶贫。启动“神奇湘东”精品旅游线路建设，策划推动茶陵旅游扶贫环线建设，带动614户贫困户脱贫；加强贫困村广播和电视维护、管理、建设，确保所有贫困村能得到便捷、优质的电视广播服务；启动“戏里戏外话脱贫”演出活动，创作小品《懒汉脱贫》、三句半《精准扶贫》、歌舞《脱贫攻坚之歌》等节目，做好68个贫困村送戏下乡演出活动和公益电影放映。

（撰稿：周文贵　审稿：刘小元）

## 旅游景点选介

**【“茶乡花海”生态健康产业园】** “茶乡花海”生态健康产业园位于云阳山国家森林公园东麓旺水沟区域，距县城和火车南站2千米，毗邻茶陵大道，泉南、岳汝两条高速交汇的茶陵西收费站，具有区位优势和交通便利条件。产业园包括国际山茶花博览园、四季名花观赏园、珍贵树种植物园、名优特水果园、茶花科研繁殖基地、茶花及特色农产品基地加工厂、湘赣花卉苗木大市场、旺须沟森林康养基地项目，四季花期不断，空气清新，被称为“天然氧吧”。产业园设有餐饮、精品酒店、康养小木屋、森林水疗、休闲娱乐设施，能够满足游客吃、住、行、游、娱、购、医、疗、养不同需求。

**【卧龙山庄景区】** 卧龙山庄景区是国家AAA级景区，位于罗霄山脉太和仙脚下火田镇卧龙村，距茶陵县城38千米，距攸县酒埠江旅游区26千米。2015年，卧龙村因其山水资源独特、民居特色鲜明、设施条件完好等诸多因素，被国家农业部评为中国最美休闲乡村。境内资源丰富，山清林深、古树参天、水秀沟奇，民风古朴，有万亩竹林、千亩杜鹃、十里卧龙漂流、娃娃鱼、无鳞鱼、野山菜、野菌等，是一个集旅游、采摘、登山、观花、避暑、休闲度假为一体的生态旅游去处。

（撰稿：周文贵　审稿：刘小元）

## 旅游项目开发

**【概况】** 茶陵县文化旅游开发投资有限公司是实施县“鹰击长空”全域旅游开发战略，打造湘赣边界生态文化旅游休闲中心县而成立的国有独资公司，2014年6月正式挂牌。公司注册资本2亿元，内设综合部、财务部（兼融资）、工程部、营销策划部、扶贫工作队等5个部门，下辖茶陵乡约卧龙旅游经营管理有限公司、茶陵县东阳湖运输发展有限公司、茶陵全域旅游客运公司3个子公司，有员工28人，其中县委管理干部4人、中层员工8人、普通员工16人。公司经营范围主要是文化旅游项目的规划、开发、融资、招商引资、投资、建设，文化旅游景区的运营管理，文化旅游宣传促销，水利工程投资与建设，道路旅客运输，内河旅游运输，政府授权范围内的土地储备与开发，其他涉旅方面的投资与经营。

**【经营情况】** 茶陵乡约卧龙旅游经营管理有限公司注册资本500万元，2017年5月举行卧龙首届乡村旅游节，试营业卧龙百果园、山货市场等项目，运营收入15万元。茶陵县东阳湖运输发展有限公司注册资本5000万元，2017年公开招标购买一艘468万元的豪华游船，经相关职能部门验收合格后，2017年12月运抵茶陵。根据株洲市海事局办理水路运输经营许可证须达到100个客位的要求，公司通过公开招标采购2艘休闲游船。截至2017年12月底，公司培训合格船员7名。茶陵全域旅游客运公司注册资本500万元，通过公开招标购买5辆旅游观光客车，并办理相关手续，将其中的4辆旅游观光客车与云阳国家森林公园管理局合作运营。

**【融资招商】** 截至2017年12月底，融资到位资金7.7亿元。公司开展招商引资，积极与东方园林、上海隧道股份、万达亲和力、汉普基金、中国航天科工集团、新华联集团、深圳铁汉生态股份集团等公司对接洽谈云阳山、东阳湖、南宋古城、乡村旅游等旅游项目，促进茶陵旅游事业发展。

**【项目规划】** 2017年年初，全县全域旅游动员大会召开后，公司迅速启动全域旅游的规划策划工作，全年完成各项规划文本20多个，其中完成全县性的大规划3个，即《湖南茶陵旅游开发策略方案》《茶陵人文生态百里长廊及沿线景区景点规划》（又称茶陵县旅游扶贫环线）《云阳山创AAAAA提升规划》。完成火田的卧龙村、秩堂的龙江峡、腰潞的马加庄村、虎踞的水源村、严塘的上合村、枣市的虎形村等6个脱贫示范村的旅游规划；完成谭延闿故居、李东阳故居、文庙、抗日遇难同胞纪念广场、东阳湖码头等16个项目规划设计工作。

【项目建设】 2017年，公司策划、启动工程项目30个，其中新建项目23个、续建项目3个，累计完成投资1.6亿元。项目主要由云阳山创AAAAA级景区旅游开发、南宋古城文化旅游开发、东阳湖生态旅游开发、乡村旅游开发等4大板块组成。一是旅游道路建设。完成云阳山景区（赤松仙至旺水沟）森林消防通道改造工程、抗日战争遇难同胞纪念广场道路工程、143县道庵贝旅游公路改造工程、李东阳故居旅游公路改建工程，实施茶陵县茶乡花海道路工程等项目。二是乡村旅游示范品牌打造。公司把卧龙村作为全县乡村旅游示范点进行开发，组建卧龙乡村开发旅游子公司，完善基础设施，举办首届卧龙乡村旅游节。7月，卧龙村通过国家AAA旅游示范点的评审验收。三是乡村旅游景区景点建设。启动龙江峡景区、抗日战争遇难同胞纪念广场等乡村旅游景区景点建设；完善秩堂油菜花海的步行游道、景观亭等旅游基础设施；建设秩堂镇马吉村部农村综合服务平台、列宁小学旧址门前沥青铺设等；实施东阳湖马溪码头景观改造工程建设。四是云阳山建设。完成云阳山赤松游客集散中心一期建设和云阳山四十八垅（望水沟）景区景点建设；完成云阳山放生池挡土墙加固、云阳山竹咀湖茶楼维修、云阳山东门服务区卫生间翻新等11个维修项目；实施云阳国有林场仙人湾未成林造林地改造项目，完成清山、打穴。五是老城区改造。启动洣水河前农保护圈防洪工程PPP项目建设，完成核心区域13栋房屋拆迁任务；完成南宋古城墙入口停车场改造工程、工农兵政府旧址旅游公共厕所建设；完成工农兵政府旧址布展提质改造工程和影剧院室内装饰工程。

【活动宣传】 2017年，公司举办4场大型旅游节庆典活动，分别是2月14日的“情定云阳山、茶乡花海行”、3月4日的“第三届秩堂油菜花节”、5月1日的“卧龙首届乡村旅游节”以及6月28日的“爱在中国”中国国家交响乐团音乐会，宣传茶陵旅游，提升茶陵的美誉度和知名度。文旅融合，做优特色宣传，邀请茶陵籍青年优秀歌唱家陈小艺以茶陵南宋古城、工农兵政府旧址、严塘苏维埃政府旧址、茶园等景点为背景拍摄制作一部高水准的《红色摇篮》音乐短片，在中央电视台音乐频道播出；以茶陵非物质文化遗产湘剧为主题拍摄制作《少有人看见的美·湘剧匠人黄晓燕》微纪录片；在茶陵县工农兵政府成立90周年之际，完成《毛泽东与茶陵》丝绸画册，充分展示毛泽东与茶陵的情缘。

【旅游扶贫】 公司结对帮扶火田镇卧龙村贫困户47户，贫困人口181人，2017年脱贫24户，脱贫人口85人。根据卧龙村的优势，公司实施“旅游+扶贫”策略，把乡村旅游产业扶贫作为公司2017年精准扶贫工作的重头戏。着力培育百果园，在百果园内溯溪捉蟹、果蔬采摘、稻田捉鱼、泥里滂鳅、山间垂钓、林中抓鸡等休闲旅游项目，于4月29日正式开园营业，接待游客；建设边贸山货市场，投资5万元成立卧龙电子商务服务部，通过网络平台销售卧龙的农特产品；投资5000万元建设乡村旅游道路“卧龙旅游专线”12.8千米；优先安排贫困户参与乡村旅游的建设经营和管理工作，让贫困户在乡村旅游建设和经营工作中增收，确保贫困户快速脱贫。

（撰稿：谭春艳　审稿：李秋林　龙　毅　颜绯绯）

## 文化市场管理

【概况】 茶陵县文化市场综合执法大队（以下简称大队）有工作人员15人，其中在编人员12人，合同工3人，主要负责全县文化、广电、新闻出版、旅游、体育市场行政执法工作，履行县“扫黄打非”领导小组办公室日常工作。2017年，大队强化监管手段，加大对文化、旅游、体育等市场的日常监管，规范市场经营秩序，抓好安全生产和“扫黄打非”工作，指导腊园社区创建全国“扫黄打非”进基层示范点，大队被评为省“扫黄打非”工作先进单位、县文明建设先进单位。

【文化市场监管】 加强文化市场监管。针对文化市场高危领域不正常现象，召开经营业主座谈会，分析排查思想动态，规范经营业主的经营行为，严格要求合法合规经营。以网吧、校园周边、娱乐场所和出版物市场为重点，把握各重大时间节点、重点地段地点，加大巡查、执法力度，维护全县文化市场平安稳定。对固定场所的日常巡查做到每月至少1次以上，通过看现场、看台账、看管理，及时制止违规经营行为，维护市场大环境。对举报投诉的案件，做到30分钟内到达处理，并给举报者满意答复。在重要节假日开展重点执法，开展中、高考护考行动、禁毒宣传季活动、校园周边流动书贩整治行动等，净化文化市场。全年出动日常巡查2068人次，检查经营单位1034家次，查出违规经营案件31起，受理各类举报投诉12起，收缴非法书籍5000余册，盗版光碟1000余张，行政处罚5万余元，确保全县文化市场健康有序发展。

**【安全生产】** 召开全县文化、体育、旅游等市场负责人安全生产工作动员大会和调度会议，督促经营户主动落实安全生产“主体责任”，开展自查自纠，加强易燃易爆物品管理，增强消防意识，提高防火防盗能力，确保公私财物安全。要求每个经营场所将《安全员岗位职责》《企业安全生产主体责任》制度牌悬挂在显著位置，时刻提醒工作人员抓好安全工作。邀请市旅游外事侨务局专业讲师对全县旅游行业从业人员进行针对性培训，重点对各种案例进行详细讲解，降低旅游事故发生率，提升旅游从业人员管控安全生产工作的力度。对云阳山景区进行详细的安全隐患排查，通过排查发现吊桥景点缺少安全警示标牌，放生池桥梁上的护栏有开裂现象，迅速进行整改，在危险区域设立安全警示牌，对放生池进行封闭修复。组织各游泳场所负责人召开专题会议，严格持证经营，对隐患不消除、没有证照的场所一律不准开馆营业，做好安全防范措施，设立各种警示标牌，配备有资质的安全救生员。开展主题为“文明旅游，安全出行”的“5·19”中国旅游日户外宣传活动,在电视台播出《关于户外俱乐、协会等涉嫌违法经营旅行社业务的消费警示》，提高群众外出旅游安全意识，提升自我保护能力，确保旅游市场安全稳定。举办为期3天的全县首届文化、体育、旅游市场安全员培训班，对培训人员进行统一考试，考试合格者颁发结业证，做到“不合格不发证、没学会重新学”。开展岁末年初安全生产大检查行动，联合消防部门对消防设施、设备等器材进行保养和规范管理，对办公场所用电、用火和可燃性废品进行排查和清除，规范应急照明、疏散标志、消防警示标志等设置。对经营状况良好的网吧、歌厅等人流密集场所实行常态化抽检，经营场所和设备相对老旧的门店，由大队出资聘请电工等专业人士上门服务。

**【“扫黄打非”】** 开展“春雷”“利剑”“净网”“护苗”“秋风”等专项行动，做到违法行为冒头就打，扩大社会影响力，对不法分子加大震慑力，让广大经营户形成守法经营的自觉性。向社会公布“12318”监督举报电话，印发“扫黄打非”知识手册6000余份，开展各类宣传，动员全民参与“扫黄打非”，增强群众抵制侵权盗版等非法出版物的自觉性。组织召开“扫黄打非”工作部署会，选择20余户经营状况好、配合意识强的经营业主设立“扫黄打非”监督岗，签订扫黄打非监督岗职责承诺书，接受来自群众的监督。指导腊园社区建立巡查到网格、宣传到门栋、监督到业主的“三到”基层工作新模式，成功创建全国“扫黄打非”进基层示范点。

（撰稿：吴华勇　审稿：邝　戎）

## 文物管理

**【概况】** 茶陵县文物管理局隶属县文体广电新闻出版和旅游局管理，系全额拨款副科级事业法人单位，履行国家文物管理保护政策法律法规及文物行政执法职能，协调文物宣传、利用工作。内设办公室、文物保护股、财务股、茶陵县工农兵政府旧址管理所4个股室。截至2017年年底，茶陵县有馆藏文物1639件，各级文物保护单位88处，其中全国重点文物保护单位1处两个点（茶陵古城墙、铁犀），省级文物保护单位9处10个点，市级文物保护单位36处，县级文物保护单位42处。2017年，茶陵县工农兵政府旧址接待省内外游客40万余人次，其中国庆七天小长假接待游客约7万余人。

**【文物安全】** 加强文物保护单位安全防范工作，合理制定文物安全巡查工作计划，每季度安排专人对各级文物保护单位进行巡查，掌握保存现状；实行文物安全责任目标管理，落实文物安全责任制，与各文物保护单位联络员续签责任状，强化联络员的职责；邀请消防专业人员对局工作人员进行现场讲课，传授消防知识，提升消防意识，并安排消防专职工作人员参加省级消防初级职业技能培训工作，增加消防技能。2017年，馆藏文物无被盗、遗失、损毁事故。

**【文物修缮】** 启动茶陵古城墙一期修缮工程前期准备工作，成立修缮工作领导小组，制定工作方案；召开相关会议，明确各职能单位职责；联合县规划局、棚户区改造公司多次现场调查，划定茶陵古城墙一期修缮范围图，并摸清拆迁对象，将其纳入古城区棚户改造工程；根据《茶陵古城墙修缮工程（一期）设计方案》，编制完成经费预算，并完成财政评审工作。完成晓塘古墓的本体保护工程；完成市级文物保护单位即茶陵县苏维埃政府政治保卫局、秩堂人民大会堂、虎踞陈家大屋抢救性修缮工程；推进省保单位龙家牌坊和月到岩摩崖石刻文物本体修缮工程，争取修缮经费150万元。

**【基地建设】** 组织资金1400余万元，对茶陵县工农兵政府旧址红色陈展进行提质升级。该项目包含室内红色陈展提质，提质面积约1008平方米，展线长470余米，陈展内容包含“潮起云涌，觉醒茶陵”“引兵井冈，首占茶陵”“建政茶陵，割据井风”“红色政权，源于茶陵”“不忘初心，牢记使命”5个部分，12个展室，展出照片150余张，文物40余件；对景区消防、安防、空调、展厅屋面防漏等基础配套设施进行提质升级，新增景区无线网络覆盖、景区二维码、语音导览等智慧旅游系统；完成茶陵县工农兵政府旧址全国红色旅游经典景区基础设施建设项目（二期），该项目占地12000平方米，总投资1600余万元，内容包含游客服务中心、游客餐饮中心、旅游厕所、生态停车场等基础配套设施建设。

（撰稿：张露丹　审稿：侯联平）

## 新华书店

**【概况】** 湖南省新华书店有限责任公司茶陵县分公司优化教材教辅品种，深挖一般图书和文化用品市场，销售码洋4830万元。公司组织货源，创新发行方式，加强与各单位的沟通联系，提供优质服务，做好政治理论读物的发行。全年在全县乡镇、村、机关发行《胡锦涛文选》《读有所得》《全面从严治党面对面》《十九大报告单行本》《中国共产党章程》《十九大文件汇编》《十九大辅导读本》等理论书籍，基本做到党员干部人手一册。公司严格遵守国家对教材、教辅发行的有关规定，遵循“自愿征订”原则，严格落实“五限”政策，坚持上门征订、送书到校的服务方式，优化品种，做好余缺调剂，确保“课前到书，人手一册”。

**【门店建设】** 加强阵地建设，从文化气息、文化氛围、阅读体验等角度，不断对门店进行改造和完善，添置阅读桌椅，摆放花卉，营造良好的阅读氛围；抓好门店员工的业务技能学习，提升门店整体服务水平，坚持月末考试和季末评星，提高营业员综合素质；优化图书品种，勤进勤添，吸引读者；经常性开展营销活动，寒暑假招募小学三年级以上的“小小志愿者”，整理图书、打扫卫生、接待读者，丰富假期生活，让小朋友认识、爱上新华书店，成为新华书店忠实的读者。

**【校园书店建设】** 继茶陵二中校园书店后，云阳中学、世纪星实验学校、严塘小学三家校园书店悉数完工，并投入使用。校园书店成为教师、学生文化休闲的场所，成为学校课研、年级开会的场所，为教师学生提供便利服务，提升校园的文化品位。组织“写作之星”潇湘少年作文大赛，激发学生热爱读书热爱写作的热情，丰富书店品牌内涵。

**【扶贫工作】** 公司为虎踞镇西屏村的扶贫后盾单位，同时也是虎踞镇黄石村的结对走访单位，在力所能及完成资金支助任务的同时，安排驻村帮扶工作队开展扶贫工作。安排15名队员，签订扶贫工作责任状，每个月3次以上走访65户贫困家庭，宣传落实政策、搜集资料、谈心慰问，鼓励困难户脱贫先立志。

（撰稿：陈　刚　审稿：陈文浩）

## 广播电视

**【概况】** 茶陵县广播电视台内设办公室（加挂政工室牌子）、财务室、新闻部（加挂专题专栏部牌子）、广告部（加挂活动中心牌子）、总编室（加挂技术部牌子）等5个机构，下设茶陵县广电传媒中心和茶陵县广播电视转播台2个差额拨款事业机构，有干部职工50人，有编制数48个，其中台机关全额拨款事业编10个、茶陵县广电传媒中心差额拨款事业编30个、茶陵县广播电视转播台差额拨款事业编8个。2017年，电视台强化安全意识，完善应急预案，落实排查整改，实现中共十九大期间和重大活动、重要节目安全播出“零事故”“零差错”。同时，电视台积极承办活动，与县疾控中心合作，参与策划、组织、宣传、推动全国第二届“万步有约”职业人群健走激励大赛茶陵赛区活动。

**【新闻宣传】** 全年制作《茶陵新闻》310期、播出新闻稿件2639条；编发新闻网站稿件2187条、手机报1562条、大美茶陵微信公众号1876条。开辟《喜迎十九大》特色专栏，全方位、多角度、宽领域、立体式宣传报道中共十九大精神，让中共十九大精神深入千家万户。围绕全县项目建设、脱贫攻坚、全域旅游、茶陵县工农兵政府成立90周年、道德模范评选等重大主题主线，开办电视专栏，制作《决战决胜脱贫攻坚》《红色政权耀千秋》《砥砺奋进又一年》《说在点上干在实处》《让居者有其屋》《“万步有约”让茶陵更出彩》等13部电视专题片。完成红网茶陵县分站改版工作，加强通联和创优工作，在省市台组织的新闻评比中，3件作品获奖。通过积极对接、用心策划、全力参与，中央电视台财经频道《消费主张》栏目对“茶陵过年”进行专题采访，播出长达25分钟的《家乡的年味——湘味儿年》节目。

**【广告运营】** 面对日益严峻的广告营销形势，调整心态、加压加责、改进作风，想方设法巩固原有广告客户，争取新客源。主动担负社会责任，贴近现实生活，创新表达方式，用动漫的形式制作精美的参评《清风株洲》廉政文化公益广告、加强道路交通安全管理“三治三保”公益广告等；对扶贫政策、文明创建、环境保护、森林防火、消防安全、停水停电、土地增减挂钩、“禁毒”、防邪反邪等涉及民生事业、公益事业信息宣传，开辟“绿色通道”，优先安排时段、整合平台、保足版面、免费制播。

**【项目建设】** 与县城建投公司明晰权属性质、用管职责，犀城广场LED显示屏于2017年上半年正式投入使用，进一步拓宽新闻和广告宣传渠道。推进云阳山无线广播电视发射塔复建工程建设，于2017年年底实现节目信号试播。将县广播电视台技术功能用房纳入影视文化中心项目范畴，整体规划、同步建设。

**【队伍建设】** 深入推进“两学一做”学习教育常态化制度化、“学习十九大”等主题活动，强化干部职工的理论素养和“四个意识”。选派4名干部参加由中国市县电视台原创节目交流中心、湘鄂赣电视联盟体举办的首届播音主持研讨班；坚持新闻三审制和季度讲评、新闻早会制，提升新闻从业人员特别是一线记者的业务素养；注入新鲜血液，面向社会公开招考、招聘13名工作人员。（撰稿：陈歌今　谭志芳　核稿：袁庆阳　审稿：谭冬祥）

# 卫生　医疗

## 卫生和计划生育

【概况】 县卫生和计划生育局（以下简称卫计局）下辖医疗计生机构708个，其中县直卫生单位5个（人民医院、中医院、妇幼保健和计划生育服务中心、疾控中心、卫生计生综合监督执法局）、民营医院15个、乡镇卫生院19个、乡镇（街道）卫计办16个、村卫生室421个、个体诊所232个。卫计局局机关设办公室、党委办、人事教育、财务、法规和行政审批、医政、公卫、基层指导、家庭发展、流管、爱卫、宣传、应急办、医改（公管）办、规划项目、信息中心、计生协会、机关支部、监察室、机关工会、改革办、科教、药具站等股室站。系统实有在岗干部职工1986人（人民医院576人、中医院371人、妇幼保健院175人，卫生院、卫计办864人），离退人员667人；正高职称4人（人民医院3人、中医院1人），副高职称92人（人民医院39人、中医院27人、妇幼保健院13人、卫生院2人、其他单位11人）。2017年，县卫计局被评为省计划生育良好单位、市重点工作考核良好单位、县文明建设标兵单位、县绩效考核工作先进单位、县计划生育工作优秀单位、县安全生产工作先进单位、县综合治理先进单位、县企业帮扶先进单位等。

【健康扶贫】 县卫计局以落实国家健康扶贫政策、建好贫困村卫生室和有效救治“因病致贫返贫”建档立卡贫困患者为重点，有序实施“三个一批”行动。一是层层统一思想。各级单位成立健康扶贫领导小组，多次召开会议，传达县委、县政府会议精神和部署健康扶贫工作；卫生院多次召集医务人员和乡村医生召开工作和政策培训会议；医疗机构、村支两委不断强化培训，宣传资料入户到人，健康扶贫政策知晓率持续提高。二是全面压实责任。按照“主要领导负总责、分管领导具体抓、副职领导包片抓、股室干部包乡镇、卫生院工作人员包村”工作机制，形成层层有责任、级级抓落实、个个有任务、人人有压力工作局面。局党委领导分成6个组，带领全局机关股室干部深入到乡镇（街道）、卫生院开展健康扶贫工作大检查、大督导、大整改行动。三是精准落实措施。建档立卡贫困户患者在县域内定点医疗机构住院实行“先诊疗后付费”制度，贫困户患者不需要缴纳住院押金，直接住院治疗；定点医疗机构设立综合服务窗口，实现基本医疗保险、大病保险、医疗救助“一站式”信息交换和即时结算；政府买单为所有贫困人口购买大病保险“特惠保”；利用“健康大讲堂”、组建扶贫政策宣讲团、中心组集中学习等形式，进行健康扶贫政策大宣传、大讲解、大培训；全面启动健康扶贫“送医送药送健康”活动，让贫困户充分了解国家扶贫政策，确保政策不变形、不走样，确保贫困户患者不因缺钱而得不到医疗救治。全年新建和改造贫困村标准化村卫生室68所；精准识别认定全县“因病致贫返贫”人口4541名，其中不可逆患者741人、一次性可治愈515人、慢性病长期管理3285人，重点对可一次性治愈的515名贫困患者安排到定点医院救治到位；农村贫困人口纳入家庭医生签约服务74150人，服务签约率99.2%，“因病返贫、因病致贫”人口签约服务率为100%；对192名农村贫困人口中患食管癌、胃癌、结肠癌、直肠癌、终末期肾病、儿童白血病、儿童先天性心脏病等4类9种大病进行集中救治；“因病致贫返贫”人口恢复劳动力人数1259人；重性精神病、农民工尘肺病、肺结核病等专项救治分别为97人、36人、387人；农村妇女“两癌”筛查17577人，免费产前筛查7277人。

【基础设施建设】 县人民医院住院大楼精装修工程全面进行；疾控中心业务用房建设项目主体工程完工；舲舫、平水、湖口保障性住房，湖口住院楼、高陇医技楼、思聪综合楼、腰陂精神病住院楼，八团周转宿舍、腰陂医技楼，湖口、界首、枣市、思聪、高陇中医馆等项目完工；投入资金2178万元，在乡镇卫生院实行“穿衣戴帽”工程，马江综合楼、秩堂综合楼、舲舫住院楼等项目正在建设，虎踞、严塘综合楼完成招标，洣江综合楼、思聪周转宿舍在设计阶段。同时，不断完善乡镇卫生院医疗设备，和北京健康扶贫基金会签署的三年战略合作协议和基层卫生服务能力公益项目稳步实施，相关医疗设备全部配备到卫生院，设备安装、人员培训均到位，设备使用率100%。2017年，茶陵县成为全国少有的全部卫生院配齐DR、彩超、全自动生化分析仪等“新三件”的县。

【信息化建设】 稳步推进居民健康卡推广应用，公立医院居民健康卡弱电环境改造基本完成；三家县级医院被确定为全市远程会诊合作医院，医院远程会诊设备采购和人员到位，广电专网测试通过。2017年1—10月，累计向省卡管平台提交制卡计划60万张，完成制卡18.29万张。

【公共卫生工作】 以签约服务为抓手，构建“县级主导，基层主体、财政买单，部门协作、社会参与、群众受益”工作格局，建立公共卫生项目服务“首诊制”“团队制”、考核制度、信息登记报送等制度。与23.33万名居民建立稳定的契约式服务，发放健康管理手册9.6万本，家庭医生签约覆盖率为39.69%，重点人群签约覆盖率65.22%。全县建立居民健康档案526548份，建档率89.58%，有动态记录的档案201471份，居民健康档案使用率38.98%。全年全县免疫规划一类疫苗接种率均在95%以上，报告传染病例3359例，及时报告传染病人3359例，对34256名65岁以上老年人进行健康管理、免费健康体检，管理率为59%。

【计生服务】 2017年，全县总人口65.72万人，期内出生人口7984人，符合政策生育率95.52%，出生率12.26‰；自然增长率8.19‰，出生性别比105.24，期内计划生育手术落实全县完成各项节育手术2637例。各综治部门通过多种措施对计生家庭进行帮扶，县财政发放独生子女保健费、农村奖励扶助、独生子女伤残扶助、计生结扎手术并发症等专项项目资金619.44万元；县人社局代发城镇独生子女父母奖励资金114.916万元；县民政局落实城乡低保62人、享受城乡居民养老保险缴纳费补贴人数79人；县住建局落实廉租房2人、危房改造2人、异地搬迁6人、幸福安居工程2人；县移民局对移民户计生家庭考上高中奖励1000元/人，考上大学奖励3000元/人，发放奖金3.9万元；县卫计局落实计划生育特殊困难家庭就医“绿色通道”，并做好家庭医生签约189人，特扶对象护理保险人数209人，保险资金5.53万元；计划生育协会对特殊困难家庭开展结对帮扶，走访慰问76户，发放慰问金3.2万元。

【医疗改革】 医疗保障实现“三保合一”并启动异地结算；公立医疗机构执行药品采购“两票制”（药品生产企业到流通企业开一次发票，流通企业到医疗机构开一次发票）；组建人民医院与高陇卫生院、中医院与界首卫生院两个县域医联体；人民医院与湘雅医院开通影像、心电、病理的远程会诊中心，中医院与湘雅二医院开通远程教学和会诊中心，并与湘雅、市中心医院、省直中医院均签订转诊协议。全年乡镇卫生院向县级医院转诊病人387人，县级医院向卫生院转诊123人，省、市医院开展会诊69人。同时，继续开展“创群众满意的乡镇卫生院”活动和“平安医院”创建活动，腰陂中心卫生院被评为全国“群众满意的乡镇卫生院”。

【爱卫工作】 开展纪念“开展爱国卫生运动65周年”活动。县长发表“爱卫月”活动电视讲话，印发爱卫小册子15000份；县主要领导带头走上街头、圩场，开展卫生大清理、文明大劝导、宣传文明出行等，分发爱卫成果展示册1000份；组织观看《国家记忆》爱卫专题片，提高爱卫工作的影响力。全年投鼠药3680公斤，蟑药3750盒，建成集中生活污水处理场3处，建设三格化粪池1800个。2017年，火田大垅村、严塘高径村成功创建市级卫生村，交警大队、气象局创建市级文明卫生单位，妇幼保健院、城东学校、城西小学创建市级无烟管理示范单位。

【党建工作】 增添新鲜血液，增强党组织战斗力，发展党员3人，转正党员4人，培训入党积极分子8人；发挥先进示范带头作用，庆“七一”系列活动表彰优秀党员17名、优秀党务工作者6名，先进基层党组织3个；将乡镇卫生院支部纳入卫计局党委管理，建立16个卫生院支部；整合民营医院党支部，重组局机关退休党员支部，基层党支部机构更合理，管理更规范。

【党风廉政建设】 配齐配优医疗卫生机构纪检监察联络员，实现“哪里有党组织，哪里就有纪检监督”目标。扎实开展元旦、春节、中秋、国庆期间纠“四风”监督检查活动，发现违规违纪问题3起，处理9人；清理整治公职人员违规参与涉矿等经营性活动1500余人；清理整顿违规公款购买消费高档白酒问题，清理25家单位。加大直查快办信访力度，强化对违纪行为的问责处理，全年行政警告处分3人，党内警告处分1人,降低岗位等级处分2人。

（撰稿：王慧艳 审稿：邓小会）

## 卫生计生综合监督

【概况】 2017年，县卫生计生综合监督执法局严格执法，扎实开展卫生计生综合监督工作。全年监督管理公共场所生产经营单位816家、学校46所、集中供水单位24家、餐具集中消毒生产经营单位3家，查处宾馆、美容店等无证经营单位6家，罚款1.06万元；查处无证行医案16起，超范围执业案1起，聘用非专业技术人员案1起，罚款人民币7.06万余元；查处“两非”案件6起，罚款10万元。

【公共卫生监督】 全县公共卫生安全持续稳定向好，突发公共卫生事件零发生。以日常监管为主线，深度融合创卫创文活动，深入旅店、歌厅、理发美容、洗浴等经营单位，仔细查看卫生许可、店内卫生、公共用品消毒保洁、制度落实、卫生设施设备运行运转情况，面对面、手把手地现场指导卫生规范生产、经营，下达卫生意见书800多份，提出卫生整改意见1000多条，推动公共场所经营单位卫生提质升挡。将公共场所经营单位卫生水平按优劣量化分成A、B、C三个等级，评定A级单位6家、B级单位31家、C级单位245家，依等级确定监管频次，等级越高监管频次越少，等级越低监管频次越多，及时消除卫生安全隐患，降低卫生安全风险；在经营门店内醒目处定期公示卫生监督信息和卫生水平量化等级，为消费者提供知情权，积极引导群众参与监督，共同促进公共场所经营单位卫生安全。加大法律法规宣传和卫生知识培训，印发生活饮用水、学校卫生、传染病防治宣传手册15000多份；举办水厂负责人、旅店、歌厅、理发美容、洗浴等场所经营单位负责人以及从业人员培训15场次，培训经营业主和从业人员2000多人次；开展“3·15”消费者权益保护日、食品安全周宣传活动，接受卫生知识咨询300多人次。

【医疗执业监督】 规范医疗机构执业行为，大力整治医疗市场，严防非法行医问题反复和反弹，积极营造群众放心就医环境。以依法执业专项整治行动为切入点，严查“城中村”农贸市场、乡镇圩场、生活美容机构、零售药店等重点场所，严厉打击无证“黑诊所”、坑害群众利益的游医假医、未取得医疗机构执业许可证擅自从事医疗美容诊疗活动、未取得医疗机构执业许可证擅自聘用医师或非医师坐堂行医、医疗机构非医学需要鉴定胎儿性别、非医学需要选择性别的人工终止妊娠的行为。对不具备资质、条件的非法行医机构依法予以查封取缔。畅通医疗机构审批渠道，结合医疗机构设置“十二五”发展规划，在充分调研和论证的基础上调整医疗机构设置规划，在医疗机构设置规划中科学、合理规划非营利和营利性医疗机构的布局，鼓励民办医疗机构（含个体诊所），引导当前无《医疗机构执业许可证》从事口腔诊疗活动的个人依照医疗机构管理条例规定的条件申请设置医疗机构，做到依法行医，减少无证开业行为。全年全县新增民营医院1所，个体诊所2家，维护医疗服务市场秩序。

【传染病防治监督】 全面落实国家2017年传染病防治监督抽检计划，依法对全县医疗机构、疾病预防控制机构、学校、托幼机构开展传染病防治检查。以春、秋季学校开学为关键时间节点，联合教育相关部门、疾控中心相关职能科室，集中力量深入学校、托幼机构开展传染病防控专项检查。全年检查学校、托幼机构100多所，监测学校饮用水样20多份，检查学生健康档案3000多份。11月份，桃江四中爆发肺结核疫情后，重点对城区及周边12所学校进行全面监督检查，随机调查学生300多人次，及时了解学校传染病防控措施和工作开展情况，对发现的卫生安全隐患及时下发监督意见书，防止桃江肺结核疫情事件的出现。以医疗机构院感控制、医疗废物废水为重点检查内容，以手术室、产科室、医护人员、医疗废物废水存放处置点为重点检查对象，检查医疗机构196家，下发整改监督意见书42份，实现院感管理规范有序、医疗废物定点存放、规范处置、安全运出、医疗废水合格排放。协调城区村卫生室、个体诊所医疗废物统一存放到平安医院医疗废物暂存点，降低医院感染风险，提高就医环境安全。

【社会抚养费征收】 充分发挥乡镇村计生人员情况熟、信息灵的作用，抓住村支“两委”、人大代表、政协委员换届时机，以异地就学人员为重点，摸清违法生育对象社会抚养费缴纳情况，通过宣传、教育、行政、法律等手段，严格按照立案、调查取证、审批、告之权利与义务、下达社会抚养费征收决定书、收缴社会抚养费等程序办理，不乱征乱罚，不随意扣押征收对象户的人、财、物，依法依规履行社会抚养费征收职责，提高社会抚养费征收缴纳率和到位率。2017年，了结历年来未立案征收或征收不到位的计划外生育对象案件100余起，征收社会抚养费123万多元，社会抚养费征收额和结案数量较2016年翻两番。

【队伍建设】 加强业务技能学习培训，按照缺什么学什么的要求，全局干部职工在国家卫计监督网自选学习内容，学习均超30学时以上；积极派送人员参加上级部门组织的专业知识培训，全年送培10人次。建立重大行政处罚案件集体讨论制度、重大行政执法决定备案制度、过错错案责任追究、行政执法评议等制度，严格按照法定程序行使权力、履行职责，做到公正执法、文明执法，确保综合监督执法工作规范化、法治化。深化综合监督执法政务公开，以群众看得到、看得清、看得懂、方便群众办事、便于群众监督为原则，设立许可程序、行政处罚流程、行政执收项目和执收标准的综合监督执法公开专栏，内容齐全、简单明了；在门厅设立“投诉意见举报箱”，公开科室职能职责、举报投诉电话等，接受社会群众监督。

（撰稿：谭文华　审稿：陈代文）

## 疾病预防控制

【概况】 茶陵县疾病预防控制中心内设疾病控制科（含急传科、应急办、免疫规划科、性病艾滋病科）、检验科、社区卫生科、卫生监测科（含职业卫生科、学校卫生科）、慢病科（含公卫办、结核病防治科）等5个业务科室和办公室（含后勤科、质量管理科）、财务科2个职能科室；下设健康教育所和云阳街道卫生服务管理中心2个正股级机构。有在职干部职工61人，其中专业技术人员54人(高级职称8人，中级职称20人，初级职称19人)，主要承担全县疾病预防与控制、突发公共卫生事件应急处置、疫情及健康相关因素信息管理、健康危害因素监测与干预、实验室检验检测与评价、健康教育与健康促进、技术管理与应用研究指导等职能。2017年，县疾控中心被授予县“文明单位”称号。

【免疫规划】 提升免疫规划信息系统运行质量，推进接种门诊规范化建设工作，全县21个预防接种门诊全部实施儿童预防接种信息化管理，疫苗扫码接种覆盖率为100%。2017年，全县5个产科出生新生儿6432人，新生儿建卡和预防接种证发放率为100%。联合各乡镇卫计办、乡镇卫生院，开展麻疹类疫苗查漏补种工作，摸底登记适龄儿童46697人，其中漏种麻疹类疫苗1952人次，补种麻风疫苗、麻腮风疫苗1840剂次，补种率为95.88%。联合教育部门开展秋季入学入托预防接种证查验工作，全县159所幼儿园、134所小学应查验18661人，实际查验18633人，查验率为99.8%，漏种疫苗8195人次，实际补种疫苗7896人次，补种率96.3%。根据传染病疫情预警和风险评估情况，重点开展腮腺炎疫苗、水痘疫苗、流感疫苗的应急接种。通过多措并举，确保全县免疫规划疫苗接种率达到95%以上，有效建立重点传染病的免疫屏障。

**【传染病防控】** 加强法定传染病报告管理，县、乡医疗卫生单位严格执行传染病报告和登记制度，疾控中心及时对传染病预警信息进行核实、分析。传染病诊疗机构网络正常运转率为100%，网络及时报告率99.87%，及时审核率100%，有效证件号完整率100%。有效处置突发公共卫生事件，全年全县报告传染病暴发疫情11起，均为学校或托幼机构疫情，其中流行性腮腺炎暴发疫情7起、流感暴发疫情3起、水痘暴发疫情1起，通过快速反应、科学应对、有效处置，没有发生疫情蔓延。

**【结核病、艾滋病防治】** 加强结核病防控工作管理，指导学校落实结核病防控各项制度，推进结核病诊疗转型，巩固防治一体化建设。重点做好学校结核病筛查工作，筛查密切接触者（教职工和学生）784人，未发现肺结核病人。组织高危行为干预队进入娱乐场所开展100%推广使用安全套工作，发放艾滋病防治宣传资料3700份，艾滋病抗体筛查40人，未发现感染者。截至2017年底，全县存活的艾滋病病毒感染者和病人全部得到免费抗病毒治疗，病人入组治疗率为92.92%。

**【寄生虫和地方病防治】** 联合盐业公司开展碘盐监测工作；开展水碘监测，为科学补碘提供流行病学数据；开展蚊媒监测工作，有效防控疟疾疫情；开展土食源寄生虫病监测与检验，为预防控制寄生虫病提供第一手资料。

**【健康教育】** 借助各种卫生日开展县大型活动。围绕“健康素养促进”“健康生活方式行动”“基本公卫健康教育服务项目”等工作重点，联合医疗机构、老龄委、社区开展多种形式的健康教育活动，利用各种媒体开展宣传，让预防疾病知识深入人心。在茶陵电视台开设《预防与健康》栏目，制作健康知识宣教片24期，播放48次；印刷基本公共卫生服务折页、老年人保健、妇女儿童保健、慢性病及各类重大传染病宣传单8万余份，印刷2015版《健康素养66条》4000册、《肺结核知识》宣传单5万份。

**【全国第二届“万步有约”职业人群健走激励大赛茶陵赛区活动】** 6月15日，举行全国第二届“万步有约”职业人群健走激励大赛茶陵赛区实地健走活动启动仪式。全县有90个单位参与，407名队员参赛。县疾控中心作为主办单位，结合慢病防控工作，传递健康生活理念，倡导职业人群健康生活方式。当天，在教练的带领下，参赛选手冒雨热身，沿着洣江风光带，实地健走。在100天的比赛中，开展实地健走3次、领队培养3次、健康知识讲座2次、主题征文1次等活动。参赛队员发扬“茶陵牛”精神，把健走运动作为日常生活的常态化运动，并及时上传数据。最终，茶陵赛区在全国419个赛区中组织绩效排名第5、健走排名第24，获得“全国优秀健走示范区”“全国示范区优秀组织奖”“省内优秀示范区”等荣誉。

**【疾控中心业务用房建设】** 疾控中心业务用房建设项目严格按省市县批复请求进行设计、预算、招标，该项目总建筑面积3412.47平方米，坐落在疾控中心院内，计划总投资800万元，资金来源主要是中央预算内基建资金470万元、县财政330万元。该项目于2017年7月17日正式开工。中心作为建设方严格把关施工质量和进度，于12月11日完成主体工程封顶。

（撰稿：谭正良　审稿：谭　慧）

## 人民医院

**【概况】** 茶陵县人民医院是一所集医疗、教学、预防、科研、康复、保健为一体的二级甲等综合性公立医院，是全县农村卫生三级网医疗技术指导中心、急危重症病人急救中心、产科急救中心，2017年成立胸痛中心和卒中中心。医院占地面积5.3万平方米，建筑面积7.58万平方米，床位590张。在职员工651人，其中高级职称41人、中级职称156人；内设机构50个，其中职能科室21个、医技辅助科室15个、临床科室17个，有单独的传染病住院大楼、门急诊综合大楼及消毒供应中心、大型高压氧治疗中心等。2017年，该院门急诊人数232181人次，同比增加8252人次，增长3.69%；入院人次23466人次，同比增加2918人次，增长14.2%；出院人次23297人次，同比增加3113人次，增长15.38%；

体检人次为15000人次；手术2622台次；药占比为27.44%，同比降低2.48个百分点，降幅为8.29%。全年实现医疗收入17563.43万元，同比增加2341.71万元，增幅为15.38%。其中，门诊收入4604.54万元，同比增加176.79万元，增幅为3.99%；住院收入12958.89万元，同比增加2164.92万元，增幅为20.06%。

**【公立医院改革】** 加大“医联体”建设、“分级诊疗”及“双向转诊”等制度的落实，促进上级医院优势技术力量和资源的下沉，推动该院及下级卫生院业务技能的快速提升。与全县19个乡镇卫生院建立“双向转诊”合作关系，特别是针对“急性胸痛、脑卒中”患者开通无障碍转诊，促进医院在疑难病转诊制度合理化、规范化。全年双向转诊280余人次；与高陇、湖口、枣市、严塘、虎踞、腰陂6家中心卫生院签订医联体协议的基础上，又与其余的13家卫生院签订医联体协议；积极与上级医院进行对接，与湘雅附一医院、附二医院结成双向转诊定点医院，与湘雅附二医院结成医疗联盟，与株洲市中心医院、三三一医院结成对口支援关系，并与省内分泌专科联盟医院、省腹腔镜联盟医院、省眼科联盟医院实现诊疗对接。

**【专科建设】** 2017年，围绕国家“四个中心”建设要求，在“综合医院专科化发展”战略思路指导下，相继成立胸痛中心、卒中中心。胸痛中心通过集合急救医疗系统（EMS）、急诊科、心内科、影像学科等多个关联科室的优势技术力量，可对胸痛患者进行有效的分类治疗，提高早期诊断和治疗ACS的能力，降低心肌梗死发生的可能性或避免心肌梗死发生；能准确筛查出心肌缺血低危患者，达到减少误诊、漏诊或过度治疗，改善患者临床预后的目的。卒中中心通过规范和完善卒中患者诊疗流程，优势技术力量的聚集，相关设备及药品的到位，提高对急性脑梗死疾病的救治率。2017年10月，脑卒中中心正式对接中国卒中中心联盟，并开始上传病例。2017年12月2日，该院正式成为湖南省卒中中心联盟医院。

**【医疗管理】** 推进专科专治。门诊部先后开设心内科、神经内科、呼吸消化内科、内分泌科、神经脊柱关节等专科门诊，并对原普内、普外门诊医师诊疗行为进行规范，有效提高专科诊治能力。开展抗菌药物专项整治活动，加大质子泵抑制剂管控力度，规范临床用药，每个月定期对临床科室的抗菌药物使用情况、使用率进行查检统计，并对不符合用药规范的处方进行点评；将质子泵抑制剂的规范化使用纳入专项整治活动，对临床科室医生进行质子泵抑制剂规范化使用培训，并对质子泵抑制剂的规范化使用情况进行督察通报；对无指征或指征性强、滥用抗生素者进行诫勉谈话。全年开展全院抗菌药物合理使用培训2次，培训人员500余人次。抓好临床路径管理工作落实，年末对所有临床路径实施情况进行严格考核，考核结果与科室绩效紧密挂钩，规范诊疗行为。全年开展19个单病种临床路径，6月增加试运行临床路径病种2个，基本覆盖全院所有临床科室。做好慢性疾病管理工作，加强公共卫生管理，完成慢病网报病例800人次；完成结核初治登记392人，所有在册结核病患者均实现规范管理，全年无传染病漏报现象；完成全县中小学校结核病患者密切接触者筛查，筛查人数约1900人次。

**【技能培训】** 先后3次邀请湘雅医院、株洲市中心医院的专家到院开展业务培训、查房及义诊活动；举办16次全院性医师业务学习，参训人员1300人次；选派22名临床业务骨干到上级医院进修和学习；派遣业务骨干参与各类学术学习、会议40余次；安排护理管理人员赴省、市进行培训，参培率达护理管理人员的80%；选派4名护理管理人员参加第三届“中国护理质量大会”；开展新进护理人员集中培训，受训率为100%；开展护理骨干能力培训班，参培人次164人次；按层级组织护理人员考试12次，参考率100%，合格率92.3%；开展全院性层级护理培训考核，操作培训参与率为100%，合格率100%；选派护理骨干外出学习60余人次，其中26人次到省市级医院进修ICU、NICU、CCU、呼吸内科、神经外科、手术室专科、血透室专科等。

**【技术创新】** 医院各科室开展技术创新，进一步丰富技术体系，提高服务能力，满足社会需求。包括影像科开展的新生儿胆囊收缩率检查、血管穿刺定位及血管造瘘术前检查、超声检测下输卵管造影术；外二科开展的颈椎经后路减压侧块固定术、椎体压缩性骨折经椎弓根植骨、老年骨质疏松性压缩骨折经皮椎体成形术、微创小切口髋关节置换术、椎间孔镜手术治疗椎间盘疾病；妇产科开展的宫颈内膜病变及宫内膜息肉手术；创伤骨科开展的MIPPO技术、动静脉造瘘术、小儿弹性髓内钉内固定术等一系列新项目、新技术。

【健康扶贫】 一是送医疗进社区下乡镇义诊。全年组织7次大型进社区下乡镇义诊活动，为患者或社区、乡镇居民提供导医、咨询、健康教育、送医送药等服务，发放各类健康宣教资料2000多份，约1800余名群众从中直接受益。二是“精准扶贫送光明”白内障复明行动。在全县范围内广泛开展“精准扶贫送光明”白内障复明活动，实行“五免”惠民举措（免费筛查、免费建档、免费住院、免费手术、免费复查），全年免费为225名患者实施白内障手术，减免各项费用73万余元。三是“送医送药送健康”大型公益义诊活动。11月，抽调精干医护人员，分成4个组，每组15人，赶赴秩堂、高陇、腰潞等8个乡镇开展为期20天的义诊活动，通过为老百姓开展现场诊疗服务、健康咨询服务、健康知识宣传和健康扶贫政策解读等方式，使农村群众在家门口享受优质医疗服务，并免费为有需求的老百姓提供10万余元的家庭常备药品。

【新住院大楼建设】 人民医院新住院大楼改扩建项目是茶陵医疗卫生行业的重点民生工程，占地5095平方米，总建筑面积约41004.33平方米（其中地上建筑面积34972.50平方米、地下建筑面积6031.83平方米），设计床位600~800张，预设心内科、普外科、手术室、重症监护室等17个临床科室。初步预算，项目总投资约1.8亿元。2015年7月31日动工，2016年6月完成主体框架工程，并通过验收。2017年，新住院大楼完成外墙和标准病房的装修，启动相关配套设备的购置。

【优质服务】 注重医患沟通，加强病情告知力度，严格要求每位医师在向患者如实告知的同时，还要将告知内容详细记录。针对高风险患者，要求临床科室及时报告医务科并由医务科主导，做出有效应对及措施。全年开展各类紧急医患沟通90余人次，有效防范医疗纠纷的发生。稳妥处理医疗纠纷，通过与当事人理性沟通，处理医疗投诉事件7起；通过合法的途径还原事实真相，处理医疗纠纷5起。加大先进医疗设备的引进力度，全年新购置大型设备10余台次，新开输尿管镜激光碎石、关节镜等手术，新开展电子胃肠镜、输尿管镜、膀胱镜、关节镜等检查项目，通过更专业、更科学、更有效的检查和治疗，促进医患关系良性互动。推进“优质护理服务”，开展“优质护理流动红旗”评比活动、“呼叫最少奖”等比赛，提高广大护理人员服务意识。全年护理人员参加志愿者服务138人次，共计1134小时。

（撰稿：姜志芳　黄清良　审稿：周德春）

## 中医院

【概况】 茶陵县中医医院位于县城新城区犀城大道西侧临街，占地35.5亩，建筑面积36000平方米，医疗区由门急诊楼、医技楼、住院楼三栋主体建筑组成，开放病床500张，是一所集医疗、教学、科研、预防、保健、康复于一体的二级甲等综合性中医医院。医院设有门诊1个、临床科室13个（增设重症监护室、血液净化中心）、医技科室9个及120急救中心；有在职职工534人，其中高级职称1人、副高级职称24人、中级职称104人、研究生4人、省农村名老中医1人、市名老中医4人。2017年，完成门、急诊诊疗186510人次；出院18093人次，其中新农合病人12923人，占出院总数的71.4%；药占比23.33%；开展各类手术2619台，病床使用率为84%；完成业务收入1.53亿元，较2016年增长20.75%；实现财务总收入1.64亿元，较2016年增长6.78%。2017年12月，茶陵县中医医院被湖南卒中中心联盟和湖南省脑卒中医疗质量控制中心授牌为卒中中心。

【医疗改革】 坚持医院公益属性和惠民原则，实施药品零差价制度，降低药占比，让患者得到实惠。2017年药品收入占业务总收入的32.13%，较2016年同期下降11.97%；医疗收入占业务收入的67.87%，较2016年同期增长3.17%，改写“以药养医”历史。全面实行国家基本药物制度，西药、成药零售3580万元，中药销售1350

万元。10月1日医院正式实施药品采购“两票制”，制定药品采购和验收制度，减少流通环节层层加码，降低药品虚高价格，减轻患者经济负担。全面实行单病种收费管理，建立医疗服务价格调整机制，规范诊疗行为，合理控制医疗费用，保障患者权益。

**【医疗技术】** 医院重视学科建设和专业技术创新，积极开展新技术、新项目。医院微创外科发展为县内优势学科，能开展多项高难度手术，如腔镜下肾切除、子宫肌瘤摘除术、甲状腺肿瘤切除术、卵巢囊肿切除术、直肠癌根治术等；内镜室在县内率先开展无痛胃肠镜检查和治疗、内镜下经鼻空肠管置管术等内镜下新技术；骨伤科开展人工股骨头置换术、椎间孔镜手术、跟腱重建术。同时，拓展先进实用的新技术、新项目领域，成功开展县内第一例动静脉内瘘手术，成功实施县内首例重症床旁血滤，完成该院首例心包修补术、首例经鼻腔气管插管术、粉碎性骨折闭合复位术，成功完成PICC置管4人次，中心静脉置管34人次。

**【对口支援】** 与对口支援的枣市中心卫生院建立长期协作帮扶关系，定期选派业务骨干指导该院业务学习、开展各种疑难杂症病例讨论会诊。抓好中医医联体建设，与医联体内乡镇医院在人才培养、学科建设、临床医疗和技术应用等方面进行深度协作。定期安排中医师到基层医院坐诊、查房、授课，免费接受乡镇卫生院医务人员到中医院进修学习，培养乡村中医诊疗、中医护理等实用性人才，扩大基层中医影响层面。开展基层医疗机构中医药适宜技术培训和技术推广，提高基层医疗卫生服务能力。

**【医院管理】** 坚持“以病人为中心”服务理念，强化科学管理，突出内涵建设，健全医疗质量管理体系；严格执行相关规章制度及技术操作规范，加强基础质量、环节质量和终末质量管理，建立和完善可追溯制度、监督评价和持续改进机制，提高医疗服务能力；严格落实医疗核心制度和各项诊疗常规制度，规范诊疗行为，提高医疗服务质量；推进临床路径工作，加强在关键环节、重点部门和重要岗位的医疗质量管理，建立个人、科室、医院三级质控，把质量管理贯穿始终；分管业务的副院长分别带领医务科、护理部每周下到各科督查医疗、护理质量情况，加强对临床科室的督导与检查；建立健全院内感染病例的发现、登记、报告、分析及反馈制度，全年医院感染病例108例，感染率0.61%，符合国家规定指标，传染病管理率与疫情报告率100%；实施患者安全目标管理，护理部与各护理单元签订2017年护理安全目标管理责任书，落实《患者十大安全目标》，建立质量可追溯机制；完善护理质量管理体系，优化工作流程，抓住重点时段、重点环节、重点流程，提高中医药服务质量。坚持临床工作与应急救援任务统筹兼顾，专注提升全院急救水平；开展3次急救能力培训，定期对急救能力考核考查，确保所有工作人员掌握急救技能，规范医务人员的基本操作。

**【健康扶贫】** 医院开辟扶贫绿色通道，设立“农村贫困人口就诊咨询台”，落实农村贫困人口住院“先治疗后付费”“三提高、两补贴、一减免、一兜底”等政策，保障贫困人口得到优质医疗服务，减少就医费用。全年收治贫困人口2512人次，其中减免四类九种人员69人次，合计减免费用54920元。开展4次大型义诊活动，接诊1000余人次，发放健康资料6000余份，免费发放药品3000元。联合乡镇卫生院下乡开展“送医送药送健康活动”，走访97个村，接受咨询、诊疗2万余人次，发放健康资料2万余份，免费发放药品12万余元。对在该院住院的帮扶对象下东金铺村贫困村民，其住院费5000元以内的自费部分由医院全部垫付，切实帮助因病致贫的结对对象减轻经济负担。同时，组织全院干部职工进行3次扶贫募捐，先后7次向贫困户发放慰问金和慰问物资6万余元；对结对帮扶的下东金铺村、儒仕坪村提供帮扶资金15万元。

**【基础建设】** 添置1.5T螺旋磁共振成像系统（MRI）、高压氧舱、四维彩超等现代化医疗设施，提高诊疗水平和服务质量；新增2台观光电梯。11月份高压氧舱正式投入使用，该系统具备安全可靠、操作简便、稳定性好的特点。高压氧疗法的应用，为临床患急性或慢性缺血、缺氧性疾病的病人提供新的医学物理治疗方法，提高临床治疗效果。12月底，集康复治疗、康复训练、预防保健于一体的医疗康复项目——残疾人康复中心正式开工，对推动全县康复治疗专科发展，发展医养结合产业服务体系具有重大意义。

【人才队伍建设】 加快人才引进，优化人才梯队建设。全年招入研究生4名、本科生10名，招聘护士38名、医师2名、检验师2名。选派多名医务人员参加各种学术会议、培训班，选派10余名医务人员前往三甲医院进修，派出6名医务骨干到省直中医院轮训，学习接触最前沿、专业、实用、先进的医学知识和医疗技术。鼓励职工学习，提升自我水平。全年参加职称晋升考试成绩合格28人，参加执业医师考试成绩合格5人，其中副高级职称2人、中级职称9人、初级职称16人。抓好中医药师承教育，鼓励西学中用，开展中医药知识和技能专项培训，培养中医药专业人才。

【健康教育】 以"为人民群众提供全方位全周期健康服务"为目标，发挥中医药特色在"治未病"和康复养生中的优势作用，宣传推广健康文明生活方式，开展健康宣教活动。通过举办孕妈咪课堂、糖友会、肾友会，开办养生大讲堂，实现中医文化"进社区""下基层"，向广大群众传播医学保健常识，免费科普中医养生知识。引导居民从改变环境、饮食、运动、生活习性着手，不断增强居民保健意识。

【县中医医院第十一届职工代表大会第一次会议】 4月18日，茶陵县中医医院第十一届职工代表大会第一次会议召开，到会正式代表72人，列席代表19人。大会按照议程，选举通过新一届工会委员，院长刘坚向大会作医院工作报告，强调重视技术进步和学科建设，狠抓医疗质量和医疗安全，改善医疗服务供给能力，强化综合保障和品质管理，加强行风建设和文化建设。代表们围绕医院工作报告展开讨论，会议决定推进公立医院综合改革，将中医院建设成人民信赖满意的中医医院。

【上山采药重走神农路活动】 5月，在枣市东岭村和腰潞潞水村开展"传承中医药文化，重走神农路"上山采药活动。参加的60余人，到山涧腹地，探寻中草药的奥秘，加深对中草药的辨识，发现不同的中草药110余种，如七叶一枝花、异叶天南星、虎耳草、黄精、半夏、何首乌等。

【党风行风建设】 把思想教育作为第一任务，扎实推进"两学一做"学习教育常态化制度化，持续开展"雁过拔毛"式腐败问题和纠"四风"、治陋习的两个专项整治，组织全院党员集中进行十九大精神专项学习，强化党风廉政建设。重视党的组织建设，抓牢全面从严治党主体责任，院总支与各支部签订党风廉政责任状，支部与每位党员签订责任状。壮大党员队伍，发展党员2人，党员转正1人。积极参加创建"十佳平安医院"活动，开展纠正医疗卫生方面损害群众利益行为的专项整治工作，转变工作作风。举办病友座谈会，加强医患沟通交流，增进医患间的理解和信任，提高群众满意度和医疗服务质量。医德医风领导小组每月开展明察暗访3~5次，严格督察医德医风问题，落实绩效考核管理奖惩方案。院投诉管理办认真办结群众投诉抢占，办结率100%。

（撰稿：陈炜丽　审稿：刘　坚）

## 妇幼保健院

【概况】 茶陵县妇幼保健院始建于1956年，是集医疗、教学、科研、预防、保健为一体的二级妇幼保健专业机构，担负全县及周边地区妇女儿童的医疗保健、健康教育、科研教学、妇幼保健基层技术指导及培训等任务，为农合和医保定点报销单位、免费婚检定点医疗机构及国家级爱婴医院，是中国妇幼保健协会对口支援单位、湖南省儿童医院临床指导医院。保健院占地0.606公顷，建筑面积2.1万余平方米，开放床位200张，有在岗职工270人，其中卫技人员243人，含高级职称16人（包括副主任医师11人、副主任护师4人、其他副高以上职称卫生技术人员1人），中级职称56人，初级职称159人。医疗设备先进，拥有德国原装进口AESCULAP（PV470）腹腔镜系统及WOLF宫腔镜系统，美国原装GE四维彩超、日本希森美康2000i全自动血球分析仪、德国Dragon呼吸机、芬兰进口产后盆底康复仪、数码电子阴道镜、德国原装耳声监测仪等先进仪器设备。2016年1月，原计划生育服务指导站并入茶陵县妇幼保健院，组建为茶陵县妇幼保健计划生育服务中心。2017年，全县无孕产妇死亡发生；0~6岁儿童健康管理率95.54%，5岁以下儿童死亡率5.09‰，呈逐年下降趋势。全年门诊人次167778人次，住院人次 8509 人次，分娩人次 3504 人，开展各类手术 1571 台（含开腹妇科及其它妇科手术 131 台，腹腔镜手术 107 台），宫腔镜手术 258 台，无痛分娩 738 台，无痛人流 950 台，无痛清宫 108 台，手术成功率 100%，医疗收入 6193.78 万元，综合收入 8130.78 万元。2017 年，医院顺利完成二级医院执业登记，成为株洲地区县级医院第二家二级妇幼保健院；成功加入湖南儿科医联体，挂牌成为湖南省儿童医院指导医院。

**【“两癌”检查及孕产妇产前筛查】** 保健院按照由政府领导、部门合作、医疗机构实施、全社会参与的工作模式和协作机制，超额完成农村适龄妇女“两癌”免费检查及孕产妇免费产前筛查项目。全年完成农村妇女“两癌”筛查 17577 人，其中查出宫颈癌前病变 52 人，宫颈癌 6 人，其他癌 1 人，生殖道感染 1592 人，子宫肌瘤 120 人，查出乳腺癌前病变 3 人，乳腺癌 9 人，乳腺良性疾病 288 人，所有查出异常者均给予诊疗指导并建立专项随访；完成孕产妇免费产前筛查 7400 人，风险人群 730 人，接受产前干预诊断人数 602 人，干预率 82.46%，终止妊娠 9 人。机构全年筛查 3679 人，高危孕产妇 287 人，干预人数 224 人，干预率 78%。

**【重大公共卫生项目】** 以保障母婴安全为出发点，覆盖农村、集中连片特殊困难地区的国家妇幼重大公共卫生项目和出生缺陷防控等项目有序实施。全年完成免费孕前优生健康检查 4810 对，覆盖率为 100.21%，早孕随访率 100%，妊娠结局随访率 99.99%，国家室间质评及省室间质评合格率均为 100%，筛查出高风险 960 人，均给予风险评估及生育健康指导；新生儿疾病筛查 6095 人，筛查率 99.73%（机构），初筛阳性追访 185 人，确诊阳性患儿 41 人，听力筛查 6071 人，筛查率 99.35%，确诊听力障碍 9 人；继续实施儿童营养改善项目，不断规范营养包发放，全力改善农村贫困儿童营养状况，减少因营养不良等疾病对儿童生长发育造成的不良影响，全年发放营养包 63469 包。

**【健康扶贫】** 围绕全面实施“大病集中救治一批、慢病签约服务管理一批、重病兜底保障一批”行动，医院精准落实各项扶贫工作措施，确保国家各项扶贫政策和措施执行不走样、不变形。建档立卡贫困户患者在保健院住院实行“先诊疗后付费”制度，贫困户患者不需要缴纳住院押金，直接住院治疗；建立疑难重症病例会诊、转诊机制，充分利用对口支援、医联体、分级诊疗、远程会诊等方式做好救治工作；设立贫困人口就医就诊“绿色通道”，设立综合服务窗口，实现基本医疗保险、大病保险、医疗救助“一站式”信息交换和即时结算；多次组织专家到和吕村开展义诊，为村民进行健康体检、健康咨询指导及公共卫生项目宣传；开展“送医送药送健康”活动，深入各乡镇基层，为贫困户、老人、孕产妇、儿童等村民进行免费体检和宣讲健康扶贫政策，免费为 2197 多名群众健康体检，发放宣传资料近 2000 份，免费发放价值 3 万余元的药品。

**【特色项目】** 保健院率先引进德国原装进口 AESCULAP（PV470）腹腔镜系统及 WOLF 宫腔镜系统，并与省市多家医院建立技术协作关系，邀请国内知名专家教授定期来院坐诊和手术，提供贴身式微创手术预约服务，“私人订制”个性化手术方案，利用腔镜手术不开腹、创伤小、出血少、痛苦轻、恢复快等优点，广泛应用于卵巢囊肿、子宫肌瘤、宫外孕等妇科常见病、多发病的诊治。

（撰稿：巫　幸　审稿：邹　君）

## 民营医院

表 29

**茶陵县 2017 年民营医院一览表**

| 医院名称 | 医师（士）（人数） | 护师（士）（人数） | 床位（张） | 门诊（人次） | 住院（人次） | 总收入（元） | 院　长 |
|---|---|---|---|---|---|---|---|
| 茶陵壹玖零康复医院 | 10 | 16 | 94 | 527 | 2612 | 13060000 | 王泽鸣 |

续表 29-1

| 医院名称 | 医师（士）（人数） | 护师（士）（人数） | 床位（张） | 门诊（人次） | 住院（人次） | 总收入（元） | 院　长 |
|---|---|---|---|---|---|---|---|
| 茶陵政德医院 | 10 | 12 | 50 | 3245 | 1808 | 6048034 | 尹政德 |
| 茶陵平安医院 | 13 | 9 | 80 | 2986 | 5093 | 10228000 | 黄木新 |
| 茶陵益民医院 | 18 | 9 | 99 | 4370 | 3840 | 7419000 | 刘雪民 |
| 茶陵红十字会医院 | 15 | 16 | 50 | 7164 | 1991 | 8210000 | 王志林 |
| 茶陵惠如医院 | 22 | 20 | 50 | 19552 | 2416 | 9333674.23 | 欧阳付成 |
| 茶陵捷奥医院 | 5 | 10 | 46 | 882 | 691 | 4930000 | 刘新新 |
| 茶陵中西医结合医院 | 3 | 3 | 50 | 140 | 356 | 962855.27 | 刘　鹏 |
| 恺德微创茶陵湘铁医院 | 35 | 38 | 120 | 7085 | 2093 | 9950000 | 刘　鹰 |
| 茶陵东阳医院 | 13 | 11 | 60 | 4896 | 2307 | 4800000 | 林祥辉 |
| 茶陵唐都医院 | 7 | 3 | 65 | 2057 | 1602 | 5096549 | 尹　祥 |
| 茶陵惠民医院 | 3 | 5 | 52 | 2418 | 3443 | 5447000 | 王富云 |
| 茶陵腰潞中医医院 | 4 | 9 | 30 | 4432 | 1643 | 845150 | 陈志文 |
| 茶陵利民医院 | 7 | 4 | 50 | 1628 | 2017 | 3119929 | 彭　艳 |
| 茶陵清水医院 | 5 | 4 | 60 | 1062 | 3389 | 4804596.03 | 颜玉武 |
| 茶陵洮水医院 | 8 | 6 | 47 | 3395 | 2333 | 3357438.52 | 谭　飞 |

注：以上数据均为各民营医院提供，其中茶陵腰潞中医医院为门诊人次为 2017 年 7 月至 12 月为数量

（撰稿：邹爱君　审稿：陈代文）

# 乡镇（街道）

## 云阳街道

【概况】 茶陵县云阳街道县该县的政治、经济、文化、交通中心，总面积40.37平方千米（含云阳林场24.4平方千米）。辖区内交通优势显著，名胜古迹众多，经济实力强劲。106国道、320省道、衡炎、岳汝、泉南高速公路及衡茶吉、醴茶铁路均交汇于此；云阳国家森林公园、南宋古城、工农兵政府旧址、洣江书院等名胜古迹坐落于境内。辖洣水、交通、炎帝、腊园、金山、云盘6个社区居民委员会，前农、滨江2个居民委员会，光辉、东山坝2个村民委员会，共62个居民小组、51个村民小组，35629户，84316人。流动人口3.2万人，总人口约11.6万人。2017年，云阳街道实现规模工业总产值7.1亿元，同比增长16.87%；全社会固定资产投资33.45亿元，同口径增长13.5%；完成财政税收4615万元，消化历年税收财政垫款。

【重点工程】 开展"项目攻坚年"活动，改革项目考核兑现机制，压实干部责任，承担在建重点项目68个。完成西环线、怀麓书院等21宗1075.2亩土地征收工作；完成古城区、东锦商城、湘赣汽贸城等项目房屋拆迁106栋20980平方米，迁坟36棺；完成云阳街道一、二总街老城旧住宅区棚户改造项目（第一批）58户协议签订，签约率为93.5%；协调各类矛盾纠纷300余起，有力保障重点项目的顺利推进。

【脱贫攻坚】 先后召开决胜脱贫攻坚誓师、摘帽总攻、退出迎检动员大会和推进会、调度会、专题会等20多次重大会议，研究部署推进脱贫攻坚工作。全面压实责任，明确10名党政领导分别担任14个扶贫专项领导小组组长，每月进行调度；派驻4支工作队与260余名县乡机关帮扶干部，进村入户开展扶贫工作，层层递交脱贫履职承诺书。充分保障资金，全年统筹整合财政涉农资金590余万元用于扶贫攻坚。开展"大培训、大宣讲、大落实"活动和"全面走访农户、全面核查情况、全面整改问题"集中行动，整改落实各类问题30余个。配合市委巡查组，对扶贫领域进行重点巡查，对发现的违纪违规行为进行问责，对相关责任人给予党纪政纪处分。2017年，云阳街道全面落实"七个一批"和"八大工程"，完成农村危房改造任务142户，其中修缮加固125户、迁入"幸福安居工程"4户、拆旧建新13户。落实健康扶贫和教育扶贫，认定低保对象51户131人（含兜底24户63人），发放贫困户贷款137户400万元，113户346人实现脱贫。

【社会事业】 全街道6个农业村80%村民小组的被征地农民享受养老保险，享受失地农民养老保险人数2812人；城乡居民养老保险参保4606人；发放低保资金1900多万元，对全街道的困难群众做到应保尽保；新农村合作医疗参保10988人，参合率99%以上。城镇居民基本医疗保险参保12895人；优化环境卫生，成功通过国卫复审和省级文明县城复检；完善公共服务设施，城西农贸市场投入使用；务实整改中央环保督察组交办件，完成整改5件；全面推进河长制，重拳整治非法采砂行为。

【综治维稳】 做好中共十九大及全国、省市"两会"期间的安保维稳信访工作。创新网格化治安巡防，规范15个治安巡防岗亭管理，建立立体化社会治安防控体系，通过网格化治安巡防，使影响群众生命安全的刑事犯罪得到有效遏制，公共安全事故得到有效防范。改进人民调解工作，依法依规，妥善处理调解历史遗留问题和现实具体问题。抓好安全生产工作，加强汛期防护、地质灾害防范工作，排查各类隐患80处，上报5处，整改5处。2017年，云阳街道创建为“市安全生产示范乡镇”，腊园社区创建为“全国扫黄打非进基层示范点”，交通社区创建为“省防邪反邪示范社区”，云盘社区被评为“株洲最美社区”。

**【党建工作】** 一是夯实基层组织建设。开展“基层党建提升年”活动，完善“三会一课”、党员积分管理等30项基本制度。完成村、社区“两委”换届工作，落实“一定二评三挂钩”考核机制。按照“素质好、业务精、能力强、热情高”要求选拔配齐党建专干，根据各村（社区）不同工作基础，不同时期分别列出“课程表”“责任表”“台账表”“体检表”，确保党建专干与上级标准同步。每月制定“履职清单”，各村（社区）“领单”落实；每季度据实填报“成果清单”，各基层组织集中“晒单”；每半年组织集中“评单”，结果形成“差错清单”，进一步强化基层组织工作成效。二是加强党员队伍建设。推行“12340”党建工作模式，建立“云阳智慧党建”微信公众号，搭建党员学习、党员管理、党员服务平台，建立网上政务中心、网上党性教育阵地、网上党代表工作室、网上党员论坛等，打造智慧党建，这一工作经验被全市推介观摩。全年发布党建动态100余条，组织党建知识考试2次，开展党员志愿服务100余次。三是深化党风廉政建设。推进正风肃纪和反腐败斗争。全年立案10起，党纪政纪处分13人。开展“治陋习、树新风”和“雁过拔毛”式腐败问题专项整治行动，巩固拓展落实中央八项规定精神成果。推进“互联网＋监督”平台建设，实行对民生项目资金的全程监督和全面公开。配合完成市委第二巡察组对街道的巡察工作，整改问题20余个，整章建制12项。

表30

**云阳街道2017年各村（社区）基本情况表**

| 村（社区）名 | 村（居）民小组（个） | 人口（人） | 耕地面积（亩） | 粮食总产量（吨） | 农业总产值（万元） | 农民人均可支配收入（元） | 村支部（社区总支）书记或临时支部负责人 | 村（社区）主任 |
|---|---|---|---|---|---|---|---|---|
| 交通社区 | 9 | 10876 | | | | | 谭芙妮 | 付外娇（—2017.4）<br>陈玲锋（2017.4—） |
| 炎帝社区 | 12 | 11055 | | | | | 谭伍娇（—2017.4）<br>左华明（2017.4—） | 陈　珺（—2017.4）<br>陈　丽（2017.4—） |
| 金山社区 | 9 | 10439 | | | | | 费玲英 | 江文娇（—2017.4）<br>曾丽莎（2017.4—） |
| 云盘社区 | 12 | 16100 | | | | | 张桂兰 | 陈铃锋（—2017.4）<br>单　丹（2017.4—） |
| 腊园社区 | 13 | 13703 | | | | | 颜赫哲（—2017.4）<br>罗小华（2017.4—） | 罗小华（—2017.4）<br>谭红玲（2017.4—） |
| 洣水社区 | 7 | 8356 | | | | | 刘卫红 | 谭　霞 |
| 滨江居委会 | 12 | 3722 | 620 | 580 | 980 | 5010 | 杨训勇（—2017.7）<br>赵修福（2017.7—） | 彭　亮（2017.4—） |
| 前农居委会 | 20 | 6101 | 1150 | 127 | 2760 | 7450 | 龙建祥（—2017.4）<br>颜运珠（2017.4—） | 肖钟元（2017.4—） |

续表 30-1

| 村（社区）名 | 村（居）民小组（个） | 人口（人） | 耕地面积（亩） | 粮食总产量（吨） | 农业总产值（万元） | 农民人均可支配收入（元） | 村支部（社区总支）书记或临时支部负责人 | 村（社区）主任 |
|---|---|---|---|---|---|---|---|---|
| 东山坝村 | 13 | 2385 | 1500 | 600 | 12000 | 1300 | 吴罗生（—2017.4）<br>龙建刚（2017.4—） | 左华明（—2017.4）<br>吴罗军（2017.4—） |
| 光辉村 | 6 | 1579 | 325 | 0 | 65 | 4820 | 卢肖礼 | 颜燕海 |

（撰稿：冯　坚　审稿：费学文）

## 思聪街道

【概况】 茶陵县思聪街道地处县城东北郊，与县城仅一江之隔，是茶陵县城的“北大门”，总面积 74.1 平方千米。思聪街道地势平坦，土地肥沃，交通便捷，资源丰富，醴茶铁路、茶文铁路、泉南高速、320 省道公路穿境而过，全县 7 座 6 万吨以上的煤矿有 4 座位于境内，是茶陵煤、铁等矿产资源的主产区。思聪街道设党政办、行政办、纪检办、武装部、工会、团委、妇联、老龄办、财政所、扶贫站、经管站、民政办、计生办、文化站、统计站、劳保站、企业办、安监站、农技站、农机站、经管站、水管站、综治办、司法所等机构，下辖红桥、思聪、辉山、左垅、深塘、三华、茶冲、下清、清水、龙溪等 10 个村和辉山社区、清水社区等 2 个社区，242 个村（居）民小组，总人口 43373 人。2017 年，思聪街道围绕“加快融城升级，建成城北新区”发展目标，抓落实，求实效，各项工作取得明显成效，完成固定资产总投资 81862 万元，其中工业投资 34807 万元，同比增长 14.1%；社会生产总值、规模以上工业增加值等经济指标均保持平稳增长，比 2016 年分别增长 8.2%、7.8%；实现税收入库 2328.2 万元，超额完成财税任务；被评为市文明街道、市安全生产先进单位，市综合治理先进单位、县计划生育优秀单位、县新型工业化先进单位。

【项目建设】 成功引进培翰学前教育学校等多个项目，顺利推进城北市场综合体项目、利民棚户区改造等重点民生项目建设，积极对接引进老虎山铁路专用线和智能仓储物流园项目、江苏远景能源风电项目落户思聪，加快启动东阳实验学校、天使之橙等项目建设。

【综治维稳】 加大对各类突发性事件和隐患的监管与排查力度，顺利调解各类矛盾 30 余起，矛盾调解率为 98%。严守安全红线，强化安全监管力度，落实安全生产“一岗双责”制度，实行安全监管网格化管理；建立安全隐患“一单四制”制度，实行安全生产信息员全覆盖；加强对煤矿、非煤矿山等高危企业的日常监控，圆满完成烟花爆竹企业关闭退出任务；开展全行业专项安全生产大检查，多次迎接国家、省、市各级领导开展的专项安全巡查，保证辖区安全稳定。

【生态文明建设】 推进生态保护工程，抓好对洣江沿岸的生态环境整治，投入 5 万余元对沿岸各类生活建筑垃圾进行清理；继续深入巩固“创卫”成果，新建垃圾处理站 1 个，按照“户分类、村收集”的模式推进城乡垃圾一体化处理；积极改造人居环境，严格落实封山育林政策，扩大生态公益林 200 余亩；严厉打击各类破坏森林资源、生态环境的违法犯罪活动，取缔非法排放污染气体的黑作坊 2 家，打击非法采挖国家矿产资源 18 人。

【脱贫攻坚】 对贫困户实施“逐户问诊，逐户开方”，做到因人施策，实行“精准滴灌”，激发贫困户的“造血”功能，全面提高扶贫成效。推动就业，抓实企业帮扶工程，引导辖区企业就近安置贫困劳动力，先后对接潞水煤矿、光宇顺电子等企业，安置贫困劳动力 300 余人，实现“一户一人务工，全家不用受穷”；推动安居，让贫困群众“居者有其屋”，确保贫困群众搬得出、建得起、住得好，2016—2017 年完成（即将完成）幸福安居 26 户、易地搬迁 109 户、危房改造 186 户、修缮加固 331 户；落实兜底政策，统筹各职能部门通力合作，全面推进教育扶贫、医疗救助、社会保障等政策落实，帮助贫困学生552人，适龄儿童辍学率为零，贫困户医疗参保率为100%，“低保”“五保”、社会兜底等做到“应保尽保，应退尽退”；推进金融扶贫，按照“分贷统还、分贷分还”模式，引导235户贫困户利用5万元贴息贷款资金投入优质企业，帮助贫困户获得收益；完善基础设施建设，按照“缺什么，补什么”的基础建设导向，完成农村公路提质改造63.6千米，新建（改扩建）农村社会综合服务平台5个，实现安全饮水、电网改造、村级卫生室、文化室、党建室全覆盖，打通基础公共服务“最后一千米”。2017年，思聪实现脱贫440户1464人，顺利通过县、市、省脱贫验收。

**【党的建设】** 圆满完成“两代表一委员”换届工作，选举产生县党代表9人、县人大代表16人、县政协委员3人，充分发挥党代表、人大代表、政协委员的民主监督、参政议政作用，营造风清气正、和衷共济的政治局面。夯实党建基础,顺利完成支村“两委”换届选举工作，选举产生新一届村（居）“两委”班子成员75人，基层干部队伍结构进一步优化。推进“两学一做”学习教育常态化、制度化,围绕争做“四讲四有”的合格共产党员，开展专题学习讨论和志愿服务活动10余次，以“党建+扶贫、党建+红色传统教育”坚持每月的主题党日活动，改善基层党员干部精神风貌。

表31

**思聪街道2017年各村（社区）基本情况表**

| 村（社区）名 | 村(居)民小组（个） | 人口（人） | 耕地面积（亩） | 粮食总产量（吨） | 农业总产值（万元） | 农民人均可支配收入（元） | 村支部书记或临时支部负责人 | 村（社区）主任 |
|---|---|---|---|---|---|---|---|---|
| 深塘村 | 18 | 2893 | 1415 | 920 | 499 | 4330 | 胡这根（—2017.5）<br>谭曼发（2017.5—） | 陈根发（—2017.5）<br>谭雄志（2017.5—） |
| 三华村 | 33 | 4710 | 2791 | 2480 | 1130 | 3993 | 陈件根 | 彭文生（2017.5—） |
| 左垅村 | 27 | 4067 | 2240 | 1911 | 930 | 4280 | 韩云兵（—2017.5）<br>谭冬明（2017.5—） | 张春香（—2017.5）<br>刘和云（2017.5—） |
| 茶冲村 | 11 | 1142 | 666 | 590 | 320 | 3911 | 谭件元 | 刘忠文（2017.5—） |
| 思聪村 | 29 | 3890 | 1941 | 1796 | 945 | 4013 | 谭祝林 | 吴冬云（2017.5—） |
| 辉山村 | 18 | 2351 | 1088 | 960 | 505 | 4317 | 谭美胜（—2017.5）<br>谭华明（2017.5—） | 谭华明（2017.5—） |
| 红桥村 | 31 | 5310 | 2068 | 511 | 261 | 4287 | 谭曙光 | 谭湘远（2017.5—） |
| 下清村 | 18 | 3502 | 1685 | 1377 | 570 | 3715 | 刘文连 | 刘习元 |
| 清水村 | 31 | 4812 | 3731 | 2290 | 1021 | 4023 | 谭和平 | 谭新建（2017.5—） |
| 龙溪村 | 18 | 3081 | 1891 | 1148 | 541 | 4288 | 谭生皇（—2017.5）<br>谭小阳（2017.5—） | 段刘发 |
| 辉山社区 | 4 | 3774 | | | | | 陈惠朴（—2017.5）<br>龙洪华（2017.5—） | 曾祥武（—2017.5）<br>龙洪华（2017.5—） |
| 清水社区 | 4 | 2189 | | | | | 喻建容（—2017.5）<br>刘　纲（2017.5—） | 李检亮（—2017.5）<br>刘　纲（2017.5—） |

（撰稿：谢 晟　审稿：陈章勇）

## 腰潞镇

【概况】 茶陵县腰潞镇位于县域东部中心，是全县人口最多的乡镇，也是全县唯一的全国重点镇。镇区位优势明显，衡茶吉铁路、泉南高速、320省道穿境而过，泉南高速在镇境设有互通口，属于“长株潭3小时经济圈”辐射范围。辖区产业、齐全，逐步形成新型建材、矿产精选、农副产品加工、新型商贸物流四大产业集群，经济社会发展后势强劲。辖珍武、长义、横屋、木冲、东山、东南、马加庄、石联、腰陂、石陂、枧田、芙冲、左江、泰和、七地、睦兴、潞水、潞理、双泉、碣石等20个建制村和1个居委会，总面积320平方千米，人口65724人。

【经济发展】 加快招商引资和项目建设，引进湖南大学长兴生态农业、七地顺丰工艺制品、金牛水岸3家投资5000万元以上的规模企业；加快农业产业化进程，组建烤烟、油茶、茶叶、香芋、莲子、山羊养殖等特色农业合作社10家，发展光伏发电产业191.52千瓦、烤烟3000亩、油茶4000亩、杭白菊基地600亩、黄桃450亩、山羊养殖650头、西瓜150亩、茶叶550亩、香芋200亩、莲子1000亩。2017年，全镇实现国民生产总值16.4亿元，同比增长10％；完成财政收入2681万元，同比增长5.1%；完成固定资产投资6.2亿元，同比增长15%。

【基础设施建设】 按照“省市示范镇、全国重点镇”和“山清、水秀、村美”的标准，完善基础设施建设。投资200万元对腰陂墟场交叉口进行改造，完成道路四向拓宽，埋设雨、污水分流管道，铺设地下通信、电力管线；规划建设左江村祥云湖休闲度假山庄；引进金牛水岸康养项目，完成立项、规划和设计，有序推进道路、沿江风光带等基础设施建设；腰陂集镇综合提质改造项目纳入县“一五十百千”项目安排；完成路网提质改造98千米招标，已进入施工。

【脱贫攻坚】 重点围绕7个贫困村，采取精准扶贫措施，成立专门班子对贫困对象精准识别，精准施策。2017年实现脱贫839户3113人，贫困发生率从6.1%下降至0.88%，睦兴、七地两村通过省级第三方评估检查。用足用活各项扶贫政策，引导贫困对象通过金融扶贫贷款增强自身造血功能，全年实现贫困户小额贷款1300万元，茶叶、生猪等种养产业项目分红1940万元。实施扶贫开发“八大工程”，全镇享受易地搬迁对象169户，验收166户，补助资金1600余万元。稳步推进危房改造，申报四类重点对象1044户，非贫困户64户，验收1108户，拨付补助资金2268.38万元。全年健康扶贫292人，其中重病兜底53人、大病集中救助51人、慢性病签约管理188人。加强社会保障，享受低保561户1297人，民政兜底扶贫174户505人。完善基础设施，7个贫困村平均投资15万元的标准化卫生室建设全部竣工，电商网点全部建成。

【社会民生】 加强人口与计划生育工作，通过省市计划生育检查，保持县优秀单位称号。实施封山育林，推进“生态腰潞”建设。加强交通、消防、生产领域的隐患排查，重点整治加油站、烟花爆竹生产、校车安全问题，创建“平安腰潞”。全年开展安全生产大检查14次，镇主要领导带队7次，出动检查人员150人次，其中对烟花爆竹经营点、建筑施工、教育等重点行业和规模企业进行全面排查整治。森林防火、灾害防范工作及时到位，没有出现因灾人员伤亡。织牢社会稳定防范网络，认真对待群众来信来访，及时化解矛盾纠纷，疏导基层群众情绪，全年没有出现越级进京上访现象。

【党的建设】 落实党建工作责任制，制定年度工作计划和规划，细化到月，落实到人，层层压实，强化责任，形成党委统一领导，一把手负总责、分管领导具体抓、各级党组织贯彻落实的工作格局。准确把握村居“两委”换届选举工作政策，坚持原则不动摇、执行标准不走样、严格按程序办理，完成全镇21个村级党组织换届和村委会换届选举，选举产生村党组织委员75人，村委会成员61人，实现新老班子的顺利交接。抓党的基层管理，对非公企业摸底排查，派驻党建指导员，组建9个“两新”组织支部（含1个联合党支部）。加强对党员的培训、教育及发展，开展“两学一做”学习教育活动，发展预备党员20人，转正党员21人。加强对党支部和党员干部的管理，规范组织生活，以“主题党日”为载体，组织党员干部深入贫困户宣讲政策、化解矛盾、解决问题。全年走访慰问困难群众252人，发放慰问金162300元。

表 32

## 腰潞镇 2017 年各村（居委会）基本情况表

| 村（居委会）名 | 村民小组（个） | 人口（人） | 耕地面积（亩） | 粮食总产量（吨） | 农业产值（万元） | 农民人均可支配收入（元） | 村支部书记 | 村主任（副书记） |
| --- | --- | --- | --- | --- | --- | --- | --- | --- |
| 木冲村 | 16 | 2889 | 1511 | 1511 | 357 | 7600 | 肖　汉 | 刘年喜（—2017.4）<br>肖清云（2017.5—） |
| 东南村 | 16 | 4286 | 1299 | 1104 | 378 | 6400 | 龙件苟 | 谭桂祥 |
| 横屋村 | 15 | 2369 | 1723 | 1723 | 275 | 8380 | 杨定云 | 曾拾文（—2017.4）<br>曾送苟（2017.5—） |
| 东山村 | 16 | 4315 | 2884 | 休耕 | 430 | 5200 | 陈纪霖 | 谭跃勇 |
| 珍武村 | 25 | 4398 | 2925 | 2925 | 132 | 7860 | 邓宋文 | 谭二朱（—2017.3）<br>龙　飞（—2017.3）<br>刘冬元（2017.4—） |
| 长义村 | 13 | 2236 | 1560 | 1560 | 352 | 5800 | 刘五义 | 刘金兵 |
| 马加庄村 | 27 | 4473 | 3172 | 1903.2 | 388 | 6200 | 陈清堂 | 陈秀清 |
| 石联村 | 8 | 1796 | 1125 | 1125 | 286 | 6500 | 陈新建（2017.3—） | 陈新建（—2017.3）<br>陈夏文（2017.4—） |
| 石陂村 | 21 | 4098 | 3200 | 休耕 | 429 | 6060 | 刘小忠 | 颜志林（—2017.10）<br>刘小忠（2017.11—） |
| 枧田村 | 18 | 2666 | 1898 | 休耕 | 308 | 5220 | 周德良 | 陈黑皮 |
| 腰陂村 | 23 | 4128 | 2744 | 410 | 325 | 6800 | 袁润明 | 袁文连（—2017.4）<br>谭小兰 (2017.5—） |
| 芙冲村 | 19 | 2836 | 2421 | 2421 | 647 | 7800 | 刘福建（—2017.3）<br>傅春明（2017.4—） | 傅春明（—2017.3）<br>刘云华（2017.4—） |
| 七地村 | 30 | 4068 | 4519 | 4750 | 792 | 6780 | 宁珍球 | 王纲要 |
| 左江村 | 13 | 1609 | 991 | 475 | 235 | 8456 | 尹九生 | 彭四德 |
| 泰和村 | 11 | 745 | 888 | 444 | 274 | 4500 | 廖友成（—2017.5<br>龙件文 (2017.6—) | 龙件文 |
| 潞水村 | 29 | 4304 | 3052 | 休耕 | 628 | 6500 | 邓九华 | 朱月华（—2017.4）<br>刘卓波（2017.5—） |
| 潞理村 | 19 | 4006 | 1400 | 761 | 331 | 7080 | 谭运华 | 周国华 |
| 双泉村 | 23 | 2960 | 1676 | 859 | 374 | 6000 | 刘志容（—2017.3）<br>颜本元（2017.4—） | 李晚生（—2017.3）<br>颜建琼（2017.4—） |
| 睦兴村 | 25 | 5020 | 1418 | 732 | 354 | 4600 | 刘国平 | 尹小洋（—2017.4）<br>刘运池（2017.5—） |

续表 32-1

| 村（居委会）名 | 村民小组（个） | 人口（人） | 耕地面积（亩） | 粮食总产量（吨） | 农业产值（万元） | 农民人均可支配收入（元） | 村支部书记 | 村主任（副书记） |
|---|---|---|---|---|---|---|---|---|
| 碣石村 | 7 | 1012 | 157 | 94 | 111 | 5400 | 谭军福 | 谭军福 |
| 居委会 | | 1510 | | | | 4280 | 刘长云 | 刘长云（—2017.4）<br>袁晚开（2017.5—） |

（撰稿：彭 希 审稿：何显良）

## 火田镇

【概况】 火田镇位于茶陵县东北部，总面积264.8平方千米，辖贝水村、新华村、庙贝村、五门村、麻芙村、贝江村、鼓石村、山田村、芙江村、洲陂村、砂下村、卧龙村、大英村、白石村、黄草村、大龙村、墨龙村17个行政村，一分场、二分场、三分场、四分场4个分场和火田居委会，总人口3.3万人。2017年，火田镇完成税收1512万元，实现社会固定资产投资14.3亿元，分别同比增长13.7%、13.3%，被评为市安全生产优秀乡镇、县科技进步先进单位等。

【重点工程】 开展“项目攻坚年”活动，完成庵贝公路两旁土地征收、协调拆迁等各类矛盾纠纷，庵贝公路一期工程7.8千米拓宽改造提质工程进展顺利，在2017农历年前完成水稳层摊铺。

【脱贫攻坚】 调整分工、强化脱贫攻坚专项考核，完善镇领导包片、镇干部包村、村干部包组、结对帮扶干部包户的“四包”机制，实现对全镇贫困户帮扶的全覆盖。组织镇村干部深入开展“一进二访”、建档立卡“回头看”等活动，按照“一算二查六看”的方式对贫困户进行拉网式走访。贯彻落实脱贫攻坚精准识别要求，全镇动态调整前1097户4204人，动态调整复核后946户3771人。成立专门指导小组，对各村已脱贫的贫困户是否按民主评议、入户核实、农户确认、公告公示的程序进行专项审核，对2014年、2015年已脱贫贫困户进行入户复核，对2016年、2017年脱贫人口人均纯收入进行入户详实调查，算好脱贫户收支账。2017年全镇脱贫402户1545人，未脱贫79户226人，综合贫困发生率控制在0.6%，顺利通过省市脱贫验收组验收，精准识别率为100%，群众认可度超过95%。

【社会事业】 实现农村养老保险全覆盖，60岁以上老人全年享受农村养老保险金408万元；新型农村医疗保险全覆盖，建档立卡贫困人口还享受免费参保、住院医疗报账多10个百分点、特惠保等政策。全年报账一般门诊补偿64万元，特殊门诊补偿272万元，住院补偿1939万元；享受农村低保144户345人，兜底保障97户319人，城镇低保218户262人，分散五保92人，集中五保46人，全年救助对象120人次，发放慰问、救助款13万元；1098名学生享受教育助学，合计金额63万余元；全镇易地扶贫搬迁83户，危房改造86户，为4个倒房户申报灾后重建。

【综治维稳】 重视信访维稳工作，做好中共十九大及全国、省、市“两会”等期间的安保维稳信访工作。加强消防、交通、学校、食品药品等重点部位、重点行业的安全监管工作，全年无特大安全事故发生。

【党建工作】 一是依法换届选举。2017年，换届选举中产生新村书记7名、新村主任7名。支部委员中有26名女性委员，22名80后年轻干部，大专以上文化40人，村级班子战斗力增强。通过考试考核和培训，每村配备一名35岁左右的党建专干，党建工作进步明显。二是阵地建设。实施5个村级综合服务平台规范化建设，设立9个党总支，新建“两新”党组织5家。完善纪委阵地建设，建立镇纪委办公室、谈话室、档案室、监察室。三是从严治党。2017年镇纪委受理信访举报18件，立案查处

12 件，其中开除党籍 2 人、严重警告 3 人、警告 7 人，并对 2 名刑事犯罪人员予以开除党籍处分；组织处理 6 人，其中诫勉谈话 3 人、约谈 3 人。利用镇村干部会议，对这些案例进行通报，加深广大党员干部对党纪党规的敬畏感。

表 33

## 火田镇 2017 年各村（场、居委会）基本情况表

| 村（场、居委会）名 | 村民小组（个） | 人口（人） | 耕地面积（亩） | 粮食总产量（吨） | 农业总产值（万元） | 农民人均可支配收入（元） | 村支部书记 | 村主任 |
|---|---|---|---|---|---|---|---|---|
| 贝水村 | 11 | 1106 | 860 | 948.26 | 283.8 | 7493 | 龙牛仔（—2017.4）<br>谢生尧（2017.4—） | 李德芽 |
| 新华村 | 21 | 2549 | 2641 | 2601.85 | 380.2 | 7391 | 尹回林 | 尹回林（—2017.4）<br>孔保元（2017.4—） |
| 庙贝村 | 10 | 1526 | 2277 | 2094.75 | 319.4 | 7448 | 尹雪红（—2017.4）<br>尹惠民（2017.4—） | 尹全元（—2017.4）<br>尹会战（2017.4—） |
| 五门村 | 10 | 1775 | 1989 | 1741.51 | 532 | 7328 | 尹秋华 | 李力晟 |
| 麻芙村 | 5 | 1325 | 1629 | 1506.95 | 522.7 | 7669 | 尹禾珠 | 杨九生 |
| 贝江村 | 12 | 2065 | 2071 | 1963.94 | 398.6 | 7425 | 肖晚初 | 刘春生 |
| 鼓石村 | 10 | 1328 | 1754 | 1617.58 | 535.9 | 7553 | 周运连 | 周运连（—2017.4）<br>谭珍荣（2017.4—） |
| 山田村 | 11 | 1730 | 1874 | 1777.99 | 393.4 | 7183 | 何延生（—2017.4）<br>刘日新（2017.4—） | 田这徕（—2017.4）<br>田明敏（2017.4—） |
| 芙江村 | 15 | 3034 | 3268 | 4732.38 | 458 | 7191 | 谭星光（—2017.4）<br>毛祖兰（2017.4—） | 毛祖兰（—2017.4）<br>尹珠生（2017.4—） |
| 洲陂村 | 15 | 3520 | 3532 | 2536.26 | 806.5 | 7478 | 周卫林（—2017.4）<br>周品良（2017.4—） | 谭东贤（—2017.5）<br>谭龙飞（2017.5—） |
| 砂下村 | 16 | 2063 | 2312 | 2157.38 | 476.5 | 7601 | 谭智灵 | 尹红平（—2017.4）<br>周元保（2017.4—） |
| 一分场 | 5 | 785 | 869 | 814.74 | 392 | 7621 | 刘水龙 | 贺祖志 |
| 二分场 | 6 | 1063 | 1091 | 1036.67 | 311.5 | 7415 | 周文生 | 周文生（—2017.4）<br>周迪仔（2017.4—） |
| 三分场 | 5 | 852 | 1003 | 922.79 | 332.6 | 7468 | 周文军 | 周文军 |
| 四分场 | 8 | 1102 | 1142 | 1086.05 | 225.7 | 7706 | 周仁福 | 周仁福（—2017.5）<br>颜　岳（2017.5—） |
| 卧龙村 | 15 | 998 | 1159 | 541.60 | 323.4 | 7794 | 尹慧文 | 戚纪荣 |
| 大英村 | 12 | 1099 | 1263 | 1092.41 | 268 | 7764 | 郭和陵（—2017.4）<br>谭华华（2017.4—） | 谭华华（—2017.5）<br>贺刘华（2017.5—） |

续表 33-1

| 村（场、居委会）名 | 村民小组（个） | 人口（人） | 耕地面积（亩） | 粮食总产量（吨） | 农业总产值（万元） | 农民人均可支配收入（元） | 村支部书记 | 村主任 |
|---|---|---|---|---|---|---|---|---|
| 白石村 | 7 | 808 | 1106 | 564.02 | 301 | 7769 | 刘良华 | 李秀平 |
| 黄草村 | 14 | 930 | 1263 | 629.44 | 265.3 | 4880 | 刘志康（—2017.4）<br>谭兵年（2017.4—） | 蒋小平（—2017.5）<br>刘文明（2017.5—） |
| 大龙村 | 22 | 1911 | 2381 | 1034.04 | 158.4 | 4346 | 彭年春 | 彭年春（—2017.4）<br>张运瑞（2017.4—） |
| 墨龙村 | 16 | 1176 | 1400 | 1225.77 | 359 | 4595 | 谭禾生（—2017.4）<br>周春华(2017.4—2017.11)<br>谭禾生(2017.11—) | 谭禾生(—2017.11)<br>周春华(2017.11—) |
| 火田居委会 | | 615 | | | | | 肖冬娥 | 肖冬娥 |

（撰稿：彭华曦　审稿：刘宋平）

## 高陇镇

【概况】 高陇镇位于茶陵县东北部，距县城 34 千米，年底总人口 2.35 万人。2017 年，高陇镇以加快建成商旅文化特色小镇和打造“产业名镇、商贸旺镇、旅游重镇、生态美镇、一流强镇”为目标，成功承办第六届“湘菜之源 祖庵家菜”美食节，举办茶陵县首届石冲脐橙采摘节和“舌尖上的株洲”暨茶乡厨师厨艺大赛，乡村旅游对外影响力提升。全年完成财税收入 1282 万元，占年任务的 116.5%；完成固定资产投资 4.12 亿元，占年任务的 141.7%；完成规模工业总产值 4.73 亿元，同比增长 10.77%；完成农业总产值 7574 万元，同比增长 5.2%。2017 年，高陇镇顺利通过省级文明乡镇复查抽检，被评为市综合治理先进单位、县文明乡镇、县计划生育优秀单位、县新型工业化先进单位，并获县推进新型城镇化奖。

【脱贫攻坚】 组织开展 3 次基础资料“大检查、大评比”活动，发现问题，补足短板，完善基础资料。加强宣传，安装扶贫宣传道旗 710 块，制作永久性墙体标语广告 320 余条和永久性宣传栏 15 块，实现镇、村、组全覆盖、无盲区。加快贫困村产业发展，增加就业，祖安、石冲、湘东、水头等村发展黄牛 600 余头；祖安村新建名优果园 1200 余亩，吸纳贫困户就业 40 余人，祖庵家菜食材基地流转土地 2000 余亩，发展蔬菜种植，21 户贫困户入股，15 户贫困户在基地务工；石冲村新造脐橙 1550 余亩，并成功入选“全国第七批一村一品示范村镇”，种植烤烟 400 余亩，种植彩色有机稻 100 亩，购买光伏发电 100 千瓦；湘东村造林 2000 余亩，购买光伏发电 50 千瓦；水头村发展茶叶产业 100 余亩，并以强林公司为平台，流转楠竹林 1.2 万亩，年实现流转资金 25 万元，村集体经济年增收 7.5 万元。2017 年，全镇实施易地搬迁 79 户、危改新建 36 户、幸福安居工程 5 户、修缮加固 214 户；落实生态护林员 10 人；完成社保兜底核查认定 63 户 184 人、五保户 79 户 79 人、低保对象 107 户 207 人；享受教育助学的贫困家庭学生 312 名；发放金融扶贫贷款 1342 万元；成立种养合作社 13 家，涉及养牛、烤烟、果业、林业、家禽、水产等行业，带动贫困户 200 多户。全镇通过 3 次动态调整后，有建档立卡贫困户 619 户 2510 人，其中 2017 年脱贫 282 户 1145 人，未脱贫 61 户 179 人，贫困综合发生率为 0.84%。

【集镇建设】 在“多规合一”试点的基础上，邀请市规划设计院对高陇集镇规划进行修订，形成“一轴四区”“一湖两街”“一路两故居”“一河两村落”的总体发展规划，并按照商旅文化特色小镇总体规划要求包装、策划10余个项目纳入县重点项目库。投资248万元，在高速公路光明互通口至界化垄路段安装太阳能路灯470盏；县人民政府与株洲市城发集团就高陇特色小镇开发建设签订合作框架协议，计划投资3亿元，并按协议比例出资组建SPV平台公司，为高陇特色小镇建设搭台助力；以株洲市村庄规划建设试点为契机，组建高陇镇规划建设管理委员会和规划建设管理所。采取发放宣传资料、出动宣传车、悬挂横幅、书写标语等方式，宣传《株洲市村庄规划管理条例》，全面实施村民建房规划许可，严格落实一户一宅政策。

**【基础设施】** 39.8千米农村道路改造工程全面启动；10千米古汉公路改造全面铺开；4.6千米东阳旅游公路沥青路面全线贯通；石冲村自供区电网改造工程基本竣工；7个村“百村亮化”工程累计400余盏太阳能路灯项目全部竣工并投入使用；新增自来水用户200余户，饮水安全100%达标；实施土地增减挂钩项目208亩，拆除破败空心房4000余间；祖安中学四合院改造、综合教学楼建设以及湘东教学点建设全部完成；高陇卫生院新增1000余万元医疗设备，医疗服务水平进一步提高。

**【综治维稳】** 完善综治例会制度、党政领导综治维稳联点包片制度、部门联防联治制度、领导值班接访和稳控对象“五包一”制度，制定“两会”“换届”、节假日等特护期维稳预案。利用广播、宣传车、标语、横幅、宣传画册等方式，组织开展形式多样的平安创建、禁毒、防邪、安全生产等专题宣传活动，举办“平安创建”、禁毒、防邪反邪业务培训会5次。12月7日，成功举办湘赣两省三县六乡镇边界联防联治工作会议，筑牢平安创建联防联治防线。发挥基层调解组织力量，全年调处矛盾纠纷15起，确保全镇无一起群体性事件，无一起越级上访。

**【党的建设】** 顺利完成村（居）“两委”换届选举工作，选举产生新一届村（居）“两委”班子，配齐配强基层党建力量。开展党建业务“比学看”竞赛活动，提高党建知识的掌握水平。送培入党积极分子9人，发展党员9人，党员转正10人，为党组织输入新鲜血液。运用“四种形态”，强化执纪问责，推进从严治党，全年立案6起，结案3起，诫勉谈话处理13人，警告处分2人，开除党籍处分4人。组织部分党代表、人大代表、村支部书记和群众代表参加中组部赴基层“不忘初心、牢记使命”教育专题调研座谈会，客观反映基层党建中的意见和建议。2017年，在全县基层党建述职测评工作中，位居全县第一。

表34

**高陇镇2017年各村（居委会）基本情况表**

| 村（居委会）名 | 村民小组（个） | 人口（人） | 耕地面积（亩） | 粮食总产量（吨） | 农业总产值（万元） | 农民人均可支配收入（元） | 第一书记、总支部、支部书记 | 村主任 |
|---|---|---|---|---|---|---|---|---|
| 祖安村 | 28 | 3972 | 3732.9 | 3483.74 | 1298.16 | 7688 | 谭长林（第一书记，2017.10— ）<br>谭庆发（总支书记，2017.4— ） | 谭庆发（兼） |
| 荔市村 | 22 | 3191 | 2917.5 | 2950.46 | 1113.44 | 7664 | 张星载（总支书记） | 张星载（兼） |
| 龙匣村 | 8 | 1366 | 1389.0 | 1411.06 | 525.8 | 7676 | 李桃生（支部书记，—2017.4）<br>李晚生（总支书记 2017.4— ） | 李晚生（—2017.5）<br>李小文（2017.5— ） |

续表 34-1

| 村（居委会）名 | 村民小组（个） | 人口（人） | 耕地面积（亩） | 粮食总产量（吨） | 农业总产值（万元） | 农民人均可支配收入（元） | 第一书记、总支部、支部书记 | 村主任 |
|---|---|---|---|---|---|---|---|---|
| 星锋村 | 14 | 2523 | 3046.5 | 2837.00 | 1057.16 | 7680 | 廖苟生（第一书记，2017.10— ）<br>谭祖华（总支书记，2017.4— ） | 欧阳明（2017.5— ） |
| 古城村 | 16 | 2856 | 2700.0 | 2748.00 | 1026 | 7670 | 谭齐军（总支书记，2017.4— ） | 谭云生 |
| 石冲村 | 20 | 2937 | 3088 | 3054.56 | 1138 | 7620 | 江小平（总支书记，2017.4— ） | 刘素孟 |
| 水头村 | 16 | 1572 | 1079 | 885.00 | 356 | 7580 | 谭同明（总支书记,2017.4— ） | 刘湘生 |
| 长兴村 | 11 | 1264 | 1136 | 1256.7 | 468.29 | 7682 | 谭伏珠（支部书记，—2017.4）<br>尹文锋（支部书记，2017.4–2017.10）<br>谭伏珠（支部书记，2017.10— ） | 谭禾生（ —2017.5）<br>谭伏珠（2017.5— ） |
| 湘东村 | 15 | 1851 | 1673 | 1589.00 | 592.11 | 7593 | 马德生（支部书记，—2017.4）<br>罗张华（总支书记，2017.4— ） | 王志平（2017.5— ） |
| 居委会 | 4 | 2003 | | | | 8086 | 欧阳玉香（支部书记） | 欧阳玉香（兼） |

（撰稿：尹二连　审稿：唐　智）

## 秩堂镇

**【概况】** 秩堂镇地处茶陵县城东北部，距县城45千米，辖11个村，1个居委会，总人口2.8万余人，镇域总面积165平方千米，耕地面积2.48万亩，山林16.8万亩。2017年，秩堂镇积极搭建东阳物流、零江物流等招商引资平台，优质服务好尧玲硅石矿、神龙化工和锯正鞋业等税源实体企业，充分发挥秩堂在外经商人脉作用，竭力抓好“企业服务年”和招商引资工作，镇内财税收入首破1000万元大关，镇域经济综合实力在全县排名上升。2017年，秩堂镇被评为县安全生产示范镇、县综合治理先进单位、县“马上就办”先进单位、县文明乡镇（街道）、乡镇（街道）人大工作先进单位、宣传思想工作先进单位。

**【经济发展】** 扩大经济规模，全年完成规模工业总产值5.9亿元，规模工业增加值0.8亿元，同比分别增长12%、11%；完成社会消费品零售总额1813万元，同比增长12%；实现农村居民人均可支配收入8723元，同比增长10.2%。大力发展“一叶两油”（茶叶、油茶和油菜）、烤烟等特色产业，新增茶叶种植面积近2000亩，全镇累计茶叶种植面积超过6000亩；改造改良老茶林，新造新种油茶林9500亩；发展烤烟900余亩。各村发展特色产业，毗塘村种植白茶1500亩，小田村种植百合花100亩，东首村种植罗汉果200亩，晓塘村种植苜蓿草1000亩及扩种脐橙200亩。

【基础建设】 集中资金进行基础设施建设，着力解决出行难、无活动场所等“刀刃”问题，狠抓项目前期、开工、续建各阶段工作任务的落实，各类重点项目建设工作呈现良好发展态势。2017年，秩堂镇镇区道路提质改造工程及附属配套工程开工建成和正在施工中的项目共计10个，完成投资2258万元。投资310万元，完成集镇4.2千米水泥路面沥青混凝土铺设；投资419万元，完成马吉村主道路项目建设；投资610万元，改建东部旅游环线东坑水库至高陇段公路；投资118万元，建成列宁小学教育基地广场；投资239万元，建成马吉村健身活动广场；投资562万元，整治东首村等村环境工程。

【综治维稳】 抓好群众来信来访工作，及时办结各类建议、意见；全面抓好各条战线的安全生产工作，严格落实安全生产责任，特别是常态化开展“打非治违”集中行动;持续抓好“平安秩堂”“法治秩堂”创建工作，积极化解各类矛盾，严厉打击各种违法犯罪活动，全年实现“零上访”目标。

【乡村旅游】 全面整合旅游资源，合理谋划“一心一村两带”发展布局，通过特色镇综合改造，对集镇提质升级，提升集镇集聚和承载能力，打造湘赣边贸城镇核心。抓住“美丽乡村”建设契机，将马吉村成功打造为新农村建设的精品示范村，并以全市第二名的成绩顺利通过省级“美丽乡村”验收。贯彻乡村旅游发展思路，打造油菜花“一江两岸、十里田园”观光旅游带、高标准农田示范带，形成生态健康环境、都市现代农业、特色乡村旅游三方面互动相促的良性循环。开展秩堂“油菜花海春赏大典”旅游节活动，活动当天游客达2万余人次，旅游节期间游客人数合计18万人次。打造特色“秩堂一日游”线路，形成集赏花寻美、探险探奇、采风摄影、休闲旅游、文化交流为一体的旅游强镇。完成龙江峡景区项目规划设计，计划投资5000余万元重点打造自然风光景区；投资120余万元，提质升级皇垅江沿线亮化工程，建设完成观景台、停车场等配套旅游设施。

【脱贫攻坚】 全面落实“七个一批”和“八大工程”，圆满完成脱贫硬性指标任务，2014年至2017年全镇先后实现脱贫814户3537人，贫困发生率从13.80%下降至0.936%。以“党建+扶贫”方式，推进“两学一做”学习教育常态化制度化，积极动员全镇党员参加扶贫脱贫。推行因户施策帮扶模式，根据实际情况为贫困户量身制定切实可行的帮扶方法，定期走访，定期汇报，适时排忧，及时解难。全镇大力发展茶叶、油茶和油菜等特色产业，新增茶叶种植面积近1000亩，实现茶叶种植面积4000余亩，油菜集中种植4000余亩，油茶种植面积1.5万余亩。结合各村自身发展情况，因地制宜，挖掘特色，重点打造“一片一品”，形成东首片+罗汉果、田湖片+烤烟、龙江片+旅游观光、锡田片+百合花、合户片+茶叶等模式，帮助全镇两百余户贫困户年保底收益2000余元。开展扶贫培训，惠及农民600余人次，转移劳动力1000余人，增加人均收入1000余元；开展致富带头人培训，推荐5人参加县扶贫办组织的扶贫致富带头人培训。专门成立镇脱贫攻坚住房保障工作办公室，集中时间开展住房保障攻坚战,重点开展“四抓”，即申报对象抓审核、审核对象抓开工、开工对象抓竣工、竣工对象抓入住。2017年完成幸福安居、拆旧建新、修缮加固、易地搬迁等住房保障221户。开展脱贫攻坚“基础管理提升月”活动，按照统一的资料模板，做实基础，规范管理。严格按照脱贫退出程序，杜绝“数字脱贫”和“虚假脱贫”，坚决防止“被脱贫”，动态调整总进人口880人，总出人口1074人。

【党的建设】 圆满完成12个村（居）“两委”换届选举工作，健全配强村（居）“两委”班子，队伍整体文化层次、年龄结构得到优化，龙江村被纳入全县十个党建脱贫示范村之一;深入推行“一定二评三挂钩”工作机制，集中对新任村干部进行任职廉政谈话，调查解决群众反映的干部作风问题，严格平时考核，确保年终应用。创新开展“以考促学”活动，提高村（居）“两委”干部工作能力；充分利用远程教育站点、“红星云”、茶陵党员教育网微信平台，加强农村党员教育，“红星云”激活率为60%。投资5万元安装“电子眼”督促村干部坐班，定期公开党务村务财务，严格落实“三会一课”“四议两公开”等制度，提升农村党员“在党”意识。开展“基层党建提升年”活动，制定科学实施方案，细化责任分解体系，53项分解责任明确到组到人；注重加强待遇保障，村主干待遇从1.8万元/年提高至2.8万元/年，其他村干部按比例落实到位；全面加快阵地建设，完成5个村级综合服务中心主体工程建设；坚持质量优先，严格发展程序，做到从严把关，新发展党员9名。

表35

秩堂镇2017年各村（居委会）基本情况表

| 村（居委会）名 | 村（居）民小组（个） | 人口（人） | 耕地面积（亩） | 粮食总产量（吨） | 农业总产值（万元） | 农民人均可支配收入（元） | 村支部书记 | 村主任 |
|---|---|---|---|---|---|---|---|---|
| 居委会 | | 478 | | | | | 刘中源 | |
| 彭家祠村 | 18 | 3162 | 2085.6 | 2406.74 | 552.69 | 5717 | 彭建新 | 谭龙杰 |
| 晓塘村 | 13 | 3041 | 2329.5 | 2165.80 | 586.13 | 5189 | 谭小勇（2017.4—） | 谭小勇（—2017.4）<br>李学文（2017.4—） |
| 合户村 | 14 | 3016 | 2374.95 | 2233.63 | 575.36 | 5245 | 陈新良（—2017.4） | 陈新良（2017.4—） |
| 田湖村 | 15 | 3177 | 3599.81 | 2535.30 | 664.21 | 5360 | 刘忙生 | 谭志盛 |
| 东首村 | 12 | 1760 | 1871.47 | 1001.91 | 275.23 | 5160 | 龙风雪 | 龙祖林 |
| 马吉村 | 16 | 2788 | 2623.08 | 2007.83 | 371.28 | 5266 | 刘建新 | 谭云宇 |
| 龙江村 | 17 | 2039 | 2459.98 | 1661.38 | 365.56 | 5122 | 吴小松（—2017.4）<br>谭军元（2017.4—） | 谭军元 |
| 皇图村 | 15 | 2799 | 2608.65 | 1925.91 | 560.96 | 5328 | 龙清生 | 龙永红 |
| 石龙村 | 8 | 1966 | 1857.26 | 1304.12 | 3496.55 | 5536 | 彭回祖 | 彭华林 |
| 毗塘村 | 12 | 2530 | 2632.27 | 2023.56 | 498.36 | 5466 | 谭真石（—2017.4）<br>谭情源（2017.4—） | 谭冬强 |
| 锡田村 | 26 | 3720 | 4968.48 | 1435.62 | 406.76 | 5380 | 谢晚生（—2017.4）<br>谭良明（2017.4—） | 简湘桂（—2017.4）<br>曾斌华（2017.4—） |

（撰稿：刘雄杰　审稿：陈柏春）

## 严塘镇

**【概况】** 茶陵县严塘镇镇域面积243平方千米，其中耕地4.3万亩，水域1150余亩，山地24.8万亩，拥有湖南龙华农牧发展有限公司和湖南万樟园林集团有限公司2家国家级农业龙头企业，是茶陵县现代农业产业科技示范园建设的核心区。全镇辖和吕村、湾里村、龙井村、兴和村、上合村、严溪村、兴塘村、田心村、杨塘村、沙江村、黄河村、长江村、猷竹村、高径村、尧水村、爱里村、玳溪村、北岸村、上尧村19个行政村，1个居委会，257个村民小组，总人口47290人，其中农业人口4.5万人。2017年，严塘镇完成社会固定资产投资6.56亿元，同比增长26%;实现规模工业总产值1.29亿元，同比增长25.7%；完成财税收入1300万元。严塘镇被评为县脱贫攻坚先进单位、县招商引资先进单位、县企业帮扶先进单位、县统战工作先进单位、县宣传工作“欢乐潇湘、小康茶陵”

文艺汇演先进单位、县文化广播新闻出版和旅游先进单位、县安全生产先进单位、县造林先进单位、县农业技术推广先进单位，获县推进新型城镇化奖。

**【农业生产】** 实现农业总产值9423万元，同比增长16%；粮食总产量36414.5吨，实现连年增产增收；成立农民合作社24家，新增流转土地1.2万余亩，累计流转土地3.5万余亩。扶持壮大以龙华农牧为龙头的生猪产业、以万樟园林为龙头的园林产业，培育发展以龙灿茶叶为龙头的有机茶产业、以湖南鑫业和海林农民专业合作社为龙头的优质稻产业。全年发展优质稻2万余亩、花卉苗木1万亩、茶叶5000亩、油茶1.2万亩、蔬菜1500亩、罗汉果及何首乌等特色种植3500亩。

**【集镇建设】** 集中治理集镇“脏、乱、差”，投资300余万元，实施严塘次中心尧水集镇改造，新增下水道、人行道2100米，改造沥青路面1.4千米；为严塘集镇安装51个监控探头，建立覆盖整个集镇的监控系统；投资10余万元，兴建严塘集镇丁字路口临时摊位，改造路面排水；投资30余万元，建设全县第一个镇级图书馆，藏书1万余册，丰富群众业余文化生活。创新集镇规范管理，探索“办公室牵头抓总，街道居民自治管理”新模式，由街道居民自选“街长”，自定文明条约，充分发挥居民自治作用，实行街道居民自我管理、自我约束、自我服务、自我发展，制止乱摆乱放、私搭乱建和占道经营等行为，集镇面貌改观，人居环境明显改善。

**【民生事业】** 在尧水片、黄沙片投资2600万元，建设7400余亩旱能灌、涝能排的高标准农田，改善农业生产条件；投资278万元，完成1.2万米自来水管的铺设，解决1.8万人饮用水问题；完成110千米农村电力线路改造，改善10个村3100余户农户的用电质量，启动岩口电站自供区电网改造；完成拆除房屋9栋，化解各类矛盾100余起的345省道项目协调服务工作，确保工程顺利施工；新修路基165.2千米，完成路面硬化100千米，构建“三纵四横一环线”交通框架；投资60万元，构建智慧严塘云平台，面向全镇居民提供多元化服务渠道。新农保、新农合基本实现全覆盖，全年实现新农保参保2.2万人，参保率为97.2%；新农合参保41365人，参保率为98.2%。重视群众来信来访工作，及时办结各类建议、意见，化解矛盾。抓好各条战线的安全生产工作，落实安全生产责任，开展常态化“打非治违”集中行动。

**【脱贫攻坚】** 2017年，全镇统筹整合财政涉农资金1769.52万元用于精准扶贫，5个贫困村达到退出标准，贫困对象1186户4460人达到脱贫标准，综合贫困发生率降低至1%，顺利通过市、省评估检查。全面落实“七个一批”和“八大工程”。完成农村危房改造495户，其中幸福安居工程38户、危房改造和修缮加固457户；易地扶贫搬迁安置103户312人。落实“两免一补”义务教育政策，贫困户子女享受教育助学比例实现全覆盖，发放教育助学金84.77余万元，资助建档立卡贫困学生1843人。落实健康扶贫“三个一批”行动，5个贫困村实现“一村一室、一村一医”和“三站合一”要求。按照“应保尽保、整户低保”的原则，认定社会兜底对象117户347人，清查认定低保对象595人，为715名残疾人发放残疾人生活补贴和护理补贴合计85万余元。落实产业帮扶，带动贫困户1074户4010人增收。

表36

**严塘镇2017年各村（居委会）基本情况表**

| 村（居委会）名 | 村（居）民小组（个） | 人口（人） | 耕地面积（亩） | 粮食总产量（吨） | 农业总产值（万元） | 农民人均可支配收入（元） | 村支部书记 | 村主任 |
|---|---|---|---|---|---|---|---|---|
| 和吕村 | 7 | 716 | 735 | 592.7 | 268.8 | 7886 | 刘永红（—2017.5）<br>尹祥文（2017.5—） | 陈凌凌 |
| 湾里村 | 17 | 3152 | 2326 | 2257.1 | 1056 | 7787 | 陈广平 | 张陈生 |

续表 36-1

| 村（居委会）名 | 村（居）民小组（个） | 人口（人） | 耕地面积（亩） | 粮食总产量（吨） | 农业总产值（万元） | 农民人均可支配收入（元） | 村支部书记 | 村主任 |
|---|---|---|---|---|---|---|---|---|
| 龙井村 | 15 | 2917 | 2360 | 2294.8 | 608 | 7686 | 谭件牛（—2017.5）<br>陈文平（2017.5—） | 谭件牛（2017.5—） |
| 严溪村 | 12 | 2991 | 2076 | 2015.5 | 435 | 7701 | 谭咏松（—2017.4）<br>谭运松（2017.4—） | 谭晓阳 |
| 杨塘村 | 18 | 3235 | 2465 | 2779.4 | 508.8 | 7865 | 王红卫 | 王冬牛 |
| 沙江村 | 14 | 2186 | 1886 | 1567.6 | 486 | 7786 | 向五来 | 龙凤华 |
| 黄河村 | 13 | 2699 | 1743 | 1912.0 | 468.4 | 6391 | 刘新华 | 刘永元（—2017.5）<br>刘春平（2017.5—） |
| 长江村 | 10 | 2232 | 1308 | 1525.3 | 351.1 | 8371 | 谭小平 | 谭为明 |
| 田心村 | 9 | 1682 | 1077 | 1229.5 | 345 | 7650 | 谭小平 | 谭忠伟 |
| 兴塘村 | 7 | 1864 | 1155 | 1023.3 | 285 | 7700 | 谭建兵 | 段兵年 |
| 猷竹村 | 19 | 4038 | 3420 | 2920.9 | 700 | 7250 | 段美平（—2017.5）<br>陈　剑（2017.5— | 段美平（2017.5—） |
| 上合村 | 12 | 2468 | 2486 | 2014.7 | 672 | 6860 | 谭桃牛 | 王文牛 |
| 兴和村 | 15 | 3150 | 2487 | 2982.3 | 593.6 | 7150 | 周铁仔（—2017.5）<br>罗小明（2017.5—） | 周铁仔（2017.5—） |
| 上尧村 | 9 | 1569 | 1411 | 1429.9 | 370.9 | 7868 | 段建华 | 贺平来 |
| 北岸村 | 17 | 2139 | 1957 | 2196 | 576 | 7688 | 谭美林（—2017.4）<br>颜小荣（2017.4—） | 谭富喜 |
| 玳溪村 | 16 | 1860 | 1860 | 1904.2 | 456 | 7860 | 刘中华 | 谭海林 |
| 尧水村 | 19 | 3100 | 2452 | 2630.2 | 470.1 | 7688 | 段晚开 | 段淑红（2017.4—） |
| 爱里村 | 14 | 2632 | 2642 | 2139.8 | 520.3 | 7762 | 徐志飞 | 肖小明 |
| 高径村 | 14 | 1218 | 1050 | 999.3 | 252 | 5540 | 段新华（—2017.5）<br>段青荣（2017.5—） | 段青荣（—2017.5）<br>陈苏文（2017.5—） |
| 居委会 | 0 | 1442 | 0 | 0 | 0 | 8053 | 谭珠仔 | 王回明 |
| 合计 | 257 | 47290 | 36896 | 36414.5 | 9423 | 150542 | | |

（撰稿：谭圣辉　审稿：谭志祥）

## 舲舫乡

【概况】舲舫乡位于茶陵县中部，面积89.9平方千米，辖11个行政村，212个村民小组，30593人。2017年，舲舫乡以“决胜脱贫攻坚、实现全面小康”为总揽，促进全乡经济、社会等各项事业发展，被评为市综合治理先进单位、县科技进步单位、县财税收入完成年度任务先进单位和县计划生育工作良好单位。

【经济发展】2017年，完成税收2169万元，占年度任务的309.9%，比2016年增加1457万元，位居全县乡镇排名第二。调整产业结构，发展特色产业，兴办农业合作社，促使农村经济发展，先后成立了洮水村利民生猪养殖、西岸村希望元康葛根种养、长鸭村宏旺鹅养殖等合作社，带动贫困户脱贫致富。加大招商引资力度，引进株洲市沐鑫物资回收有限公司落户茶陵工业园，签订投资意向协议。

【脱贫攻坚】通过“七个一批”“八大工程”等多种帮扶措施，践行“五必访、五必谈、五必看”走访要求，提高群众对扶贫工作的认知度和满意度。全年完成4个贫困村卫生室标准化建设并投入使用；将全乡贫困户1341户、贫困人口5187人全部纳入医保，并提供签约服务管理；因病致贫450人，其中大病14人全部救治、报销19.22万元，重病1人、报销16508.73元，慢性签约管理436人。发展农村文化事业，6个村完成村级综合文化服务中心建设并投入使用；完成11个村新图书配发、上架，及9个村配套音响安装；开展“欢乐潇湘·小康舲舫”大型群众文艺展演活动，邀请县湘剧团在乡政府、西岸村、祠湾村、垸井村开展“平安创建 文明和谐”的文艺演出。坚持“治贫先治愚”，落实雨露计划、教育助学等扶贫政策，投资74万元用于舲舫中心小学教学综合楼的建设，改善教育教学环境。全年资助建档立卡贫困学生823人，资助资金752875元；非建档立卡贫困学生269人，资助资金257250元。加强住房改善力度，全年完成危房改造465户，其中幸福安居工程32户，新建50户，土坯房拆旧建新2户，修缮加固381户，易地搬迁103户。关爱弱势群体，对全乡433名重度残疾人实施每月100元和50元两项补贴，于2017年12月舲舫乡顺利通过省第三方评估检查。2017年，脱贫617户2243人

【基础设施建设】投资232万元，新修道路路基50.8千米，其中省计划10千米、县计划40.8千米；投资372万元，新建河坞、大岳两村新村部，主体工程全部竣工；投资100余万元，对舲舫乡集贸市场的雨棚、摊位、路面、下水道等进行改造，于2017年5月开工，9月竣工使用，改善市场脏、乱、挤问题。

【信访维稳】实行乡、村两级联动和综治例会制度，排查矛盾隐患，查办信访案件，协调处理好官溪电站与村民之间的矛盾，并签订息访协议；落实安全生产领导一岗双责制，明确责任，保障辖区安全稳定。2017年，舲舫乡接收社区服刑人员62人，解除社区服刑人员50人，进行社区戒毒监管29人，各类矛盾和纠纷能得到有效调处。

【民生建设】推进人人享有基本医疗与基本公共卫生服务，突出“五步走”（即“宣传、体检、服务、回访、提高”），实现一卡、一机、一协议，为人民身体健康构筑免疫屏障。2017年，新农合、新农保参保率分别为95%、92%。开展以“文明、优生、健康、致富、奉献”为主要内容的惠民计生行动，落实各项优惠政策。加强放开两孩政策宣传，发放孕育宝典1800余份、计划生育应知应会宣传资料3500份；组织开展农村妇女免费健康体检、产前筛查和优生免费健康体检活动，参加体检人数2153人。2017年，舲舫乡人口出生政策符合率为91.20%，综合节育率为99.50%。

【“美丽乡村”建设】明确责任目标，分解工作任务，制定各项相关制度，成立专门督查小组常年检查；启动重点村整体规划和村容村貌整治，完善农村环境各项基础设施；以村民自治为主导，实施“党建+农村环境综合整治”或“党建+村风村容治理”管理体系和模式，引导群众自觉参与农村环境综合整治工作；落实国土增减挂钩政策，以空心破败房拆除为突破口，改善农户生活条件和居住环境；加强环保督查，打击非法采砂，整治生猪养殖非法排污行为。2017年，洮水村、河坞村落实增减挂钩项目，将120万平方米建设用地恢复成耕地；全乡共拆除破败空心房和废弃杂屋1184间2.8万平方米。

【河长制】乡内有洣水、沔水两条一级河流，共18千米长；有9条二级河流，共105千米长；有1个湖泊。为加强江河湖库保护，推进生态文明建设，实行河长制

管理。成立河长制工作委员会，由第一河长、河长、河段长及委员组成，乡党委书记为第一河长，乡长担任河长，分管领导担任副河长，各村办点领导担任河段长，洣水、沔水以及大小支流流经的村，责任主体为所在村支部书记，由其担任村级河长，并制定《河长制考核办法》进行考核，以实现水清、河畅、岸青、景美的总体目标。

**【支村两委换届】** 2017年3月，舲舫乡启动村“两委”班子换届工作。参加选举党员615人，参选率为76.6%；选举日年满18周岁有选举权的登记选民23240人，参加选举人数为21036人，参选率为90.5%。两个参选率均为历次最高值。此次换届，11个村有67人当选为村“两委”班子成员。通过换届选举，调优配强村干部队伍，“能人治村”比例大幅提升，对全乡新一届村干部开展集中轮训，对2个软弱涣散村党组织实行“一村一策”整顿到位，对8个“两新”组织实行党组织和党的工作全覆盖。2017年，舲舫乡党建工作考核获全县三项第一，即第一季度党建考核全县第一、基层党委书记党建述职全县第一、全年党建工作综合排名全县第一。

表37

**舲舫乡2017年各村基本情况表**

| 村（居委会）名 | 村（居）民小组（个） | 人口（人） | 耕地面积（亩） | 粮食总产量（吨） | 农业总产值（万元） | 农民人均可支配收入（元） | 村支部书记 | 村主任 |
|---|---|---|---|---|---|---|---|---|
| 舲舫村 | 17 | 2690 | 1165 | 897 | 318 | 5720 | 何新和（—2017.3）<br>尹玉林（2017.3—2017.6）<br>何喜鸿（2017.6—） | 何芳敏（2017.4—） |
| 堤洲村 | 13 | 1796 | 652（全部休耕） | 0 | 74.2 | 5642 | 彭玉双 | 尹爱华 |
| 长鸭村 | 28 | 3681 | 2929（休耕1500亩） | 1000 | 525 | 5523 | 张晚荣 | 临时工作委员会副主任、副书记<br>谭艳兰（—2017.4） |
| 河坞村 | 20 | 2544 | 1474 | 1248 | 448 | 4851 | 周漫文（—2017.3）<br>陈卉（2017.3—2017.12） | 周扬明（—2017.4）<br>周忠和（2017.4—） |
| 西岸村 | 19 | 2550 | 1415 | 626 | 361 | 5588 | 谭华南 | 临时工作委员会副主任、副书记<br>谭件荣（—2017.4）<br>谭冬元（2017.4—） |
| 大岳村 | 20 | 3055 | 1464 | 1130 | 475 | 5696 | 陈小华 | 临时工作委员会副主任、副书记尹桂平、张件荀（—2017.4）<br>尹雪文（2017.4—） |
| 车浦村 | 13 | 2279 | 1117 | 869 | 322 | 5404 | 彭福文 | 罗丽勇 |

续表 37-1

| 村（居委会）名 | 村（居）民小组（个） | 人口（人） | 耕地面积（亩） | 粮食总产量（吨） | 农业总产值（万元） | 农民人均可支配收入（元） | 村支部书记 | 村主任 |
|---|---|---|---|---|---|---|---|---|
| 垸井村 | 16 | 2064 | 816 | 401 | 208 | 4921 | 王　云（—2017.7）<br>龙平雪（2017.7—2017.1）<br>王红华（2017.12—） | 谭件来（—2017.7）<br>谭送华（2017.8—2017.11）<br>谭小伟（2017.12—） |
| 官溪村 | 16 | 2877 | 964 | 230 | 268 | 6050 | 刘新文（—2017.9）<br>周红云（2017.9—） | 周忠飞（2017.4—） |
| 洮水村 | 32 | 5074 | 2361 | 1525 | 729 | 4870 | 谭石祥 | 临时工作委员会副主任、副书记彭冬根、邱发文（—2017.4）<br>谭耀扬（2017.4—） |
| 祠湾村 | 18 | 1983 | 1044 | 1129 | 486 | 4793 | 谭根平 | 临时工作委员会副主任、副书记<br>谭清文（—2017.4） |

（撰稿：许　慧　审稿：肖玉红）

## 桃坑乡

【概况】 桃坑乡位于茶陵县境东南部，距县城 53 千米，总面积 278 平方千米，有山林面积 35 万亩，是茶陵的“林海”，辖上坪村、郧坑村、桃坑村、双元村、马溪村、带江村、夏乐村、东江村、坑口村、西坑村、春枫村、湘江村、晓枫村、华里村、南坑村 15 个行政村，桃江社区、虎塘社区 2 个移民社区，1 个居委会，191 个村民小组，5314 户，18366 人，其中近 90% 属客家籍。2017 年，全乡完成农业总产值 0.34 亿元，同比增长 7.6%；完成社会固定资产投资总额 1.4 亿元，同比增长 10.6%；完成财政税收 1115.4 万元，同比增长 35%；农民人均纯收入 5820 元，同比增长 10.4%。粮食生产稳中有升，林业、特色产业发展势头良好。全年植树造林 3000 余亩，楠竹低改 3.5 万亩，发展黑山羊 2000 余头。以“公司 + 农户”生产经营模式，引进万樟园林公司种植黄桃、猕猴桃等 800 余亩。全面实施封山育林，禁止乱砍乱伐，禁止野外用火，全年未发生一起森林火灾，被评为市文明乡镇、市综合治理先进单位以及县扶贫、安全生产、计划生育先进单位等。

【旅游开发】 挖掘独具特色的客家文化，正式开启“桃坑一日游”线路，形成郧坑、双元、夏乐等 6 个观光区和接待点，年接待各类游客 1 万人次。发展“公司 + 农户”生产经营模式，引进万樟园林公司发展“黄桃产业带”，坑口藤茶厂启动生产，藤茶、东阳湖火焙鱼仔、干笋、腊肉、蜂蜜、茶油等特色旅游产品逐步打开市场。

【基础设施建设】 投入 6000 多万元，拓宽、硬化道路，实现村村通水泥路；投资 2000 多万元，修建广场 8 个，完成所有移民安置点的美化、绿化、亮化工程；投资 50 余万元，安装太阳能路灯 250 盏；投资 500 余万元，兴修 25 处安全饮水工程，确保 1800 多户农民喝上安全饮用水；投资 300 万元，修善郧坑、湘江、带江、坑口、华里等 6 个码头，配置 17 艘渡船和生产船只，完善水上交通网络，方便湖区群众出行。

【社会事业】 完善乡村两级综治维稳信访工作网格化管理体系，

信访维稳形势持续向好。夯实安全生产基础，健全应急处理机制，提高防灾、减灾、救灾能力，全年未发生重特大安全生产和食品药品安全事故。加大对洮水水库库区自用船舶监管力度，清理非法载客胶排43艘，全面排查库区船舶存在的安全隐患，防范水上交通事故的发生。全面完成农村社会养老保险参保、新型农村合作医疗参合以及农村低保清理等工作，实现新农保、新农合参保率在98%以上，农村低保向特困群体全覆盖，兜底保障67户175人，低保98户231人。推进环境卫生整治工作，加大资金投入力度，增添公共垃圾收集设施，组建村环境卫生保洁队。丰富群众文化生活，举办“欢乐潇湘　小康桃坑”大型群众文化活动；双元、春风、华里、南坑、西坑、上坪、夏乐、坑口村级文化服务中心投入使用；送书下乡2880本，农家书屋藏书4万余册。教育教学质量稳步攀升，全乡适龄学生入学率为100%。

【脱贫攻坚】 2017年年底，桃坑乡6个贫困村达到退出标准，301户1021人达到脱贫标准，群众认可度为90.43%，综合贫困发生率降至0.96%，顺利通过县、市、省验收。改善住房条件，完成易地扶贫搬迁101户295人，危房改造、土坯房修缮加固998户。加强技能培训和创业扶持，完成贫困劳动力各种培训62人、转移就业42人，扶持贫困劳动力创业4人，设立公益性岗位23人。完善贫困村基础设施建设，改造6个贫困村电网，华里、春风自供区纳入国网，解决2594户居民用电电压低的问题；双元、西坑、上坪、春风等4个贫困村自建或购买270千伏光伏发电，全部实现并网发电；4G信号和光纤网络、“一村一室、一村一医”得到全覆盖；全面完成贫困村村级电商服务站、金融扶贫服务站、助农取款服务点“三站合一建设”，农产品网销30多万元。加大资金投入力度，奖励考取一、二本大学的34位贫困学生6万多元；帮助205户非贫困户实现“微心愿”，约8万余元；向所有贫困户赠送一个水桶，约3万元；关爱和临时救助困难群众、党员114人次，救助资金22.7万元。

【党建工作】 顺利完成支村“两委”换届工作，15个村选出新“两委”干部75人，换届选举过程风清气正；西坑、双元2个软弱涣散组织实现转化升级；消除无集体经济收入村6个，新建便民服务中心4个。严格党员管理，推行党员积分制管理，坚持每月对党员进行量化计分；严把党员发展关，发展新党员8名，培养积极分子20名；对312名无职党员设岗定责，全乡142名党员与276户贫困户实现结对帮扶。有序推进“互联网＋监督”平台建设，对民生项目资金全程监督和全面公开，加大执纪问责和违纪案件查处力度，查办案件7件，党纪处分7人。

表38

**桃坑乡2017年各村（社区、居委会）基本情况表**

| 村（社区、居委会）名 | 村（居）民小组（个） | 人口（人） | 耕地面积（亩） | 粮食总产量（吨） | 农业总产值（万元） | 农民人均可支配收入（元） | 村支部书记 | 村主任 |
|---|---|---|---|---|---|---|---|---|
| 上坪村 | 20 | 1535 | 1334 | 1392 | 234 | 5219 | 曾凡玉 | 曾健民（2017.4—） |
| 郧坑村 | 10 | 1184 | 548 | 598 | 205 | 5692 | 罗明波 | 吴明荃（2017.4—） |
| 桃坑村 | 8 | 1081 | 470 | 473 | 275 | 4985 | 廖常建（—2017.3）<br>叶石仁（2017.3—） | 赵传太（—2017.4）<br>廖常建（2017.4—） |
| 双元村 | 17 | 1121 | 620 | 674 | 174 | 5253 | 罗健松 | 黄文华（2017.4—） |
| 马溪村 | 15 | 1192 | 550 | 591 | 249 | 5372 | 范焕辉（—2017.3）<br>雷冬长（2017.3—） | 范焕辉（2017.4—） |
| 带江村 | 10 | 982 | 246 | 258 | 241 | 5078 | 陈开阳（—2017.3） | 徐辉亮（—2017.4）<br>陈开阳（2017.4—） |

续表 38-1

| 村(社区、居委会)名 | 村（居）民小组（个） | 人口（人） | 耕地面积（亩） | 粮食总产量（吨） | 农业总产值（万元） | 农民人均可支配收入（元） | 村支部书记 | 村主任 |
|---|---|---|---|---|---|---|---|---|
| 夏乐村 | 12 | 1000 | 810 | 295 | 234 | 5086 | 赵传武（—2017.3）<br>谭冬发（2017.3—） | 赖远才 |
| 东江村 | 11 | 1613 | 1460 | 1487 | 498 | 5678 | 曹位开 | 刘明哲（—2017.4）<br>谭　勇（2017.4—） |
| 坑口村 | 6 | 1152 | 312 | 345 | 355 | 6244 | 龙件冬（—2017.3）<br>罗常青（2017.3—） | 罗策文 |
| 西坑村 | 19 | 1388 | 646 | 722 | 132 | 4917 | 罗海平 | 邱运贞（2017.4—） |
| 春风村 | 11 | 1033 | 488 | 318 | 213 | 5439 | 邱红兵 | 刘小兵（2017.4—） |
| 湘江村 | 13 | 1108 | 414 | 453 | 152 | 5205 | 罗育华（—2017.3）<br>罗剑锋（2017.3—） | 谢新牛（2017.5—） |
| 晓枫村 | 10 | 910 | 256 | 210 | 260 | 5237 | 曾德华（—2017.3）<br>曾书平（2017.3—） | 曾书平（—2017.4）<br>曾德华（2017.4—） |
| 华里村 | 13 | 1126 | 384 | 377 | 134 | 5037 | 刘科志（—2017.3）<br>李石燕（2017.3—） | 刘科志（2017.4—） |
| 南坑村 | 16 | 1580 | 759 | 814 | 109 | 5119 | 兰光文 | 廖荣辉（2017.4—） |
| 桃江社区 | | | | | | | 刘爱文 | 李二生 |
| 虎塘社区 | | | | | | | 郭友生 | 邝宏兵 |
| 居委会 | | 361 | | | | | | 廖科常 |

（撰稿：姜雪琴　审稿：刘志轶）

## 湖口镇

【概况】湖口镇位于茶陵县东南部，距县城39千米，与炎陵、安仁、江西井冈山市三县、市交界，106国道、衡炎高速、衡茶吉铁路穿境而过，交通便利。境内生态环境优美，旅游资源丰富，有保存较完整的丹霞地貌如杨柳仙、八旦一线天、顾母门，有青台山等原始森林，有井冈山革命时期毛泽东“湖口挽澜”旧址。2017年年底，湖口镇辖24个行政村，2个居委会，340个村民小组，总人口4.7万人。2017年，湖口镇统筹推进各项工作，完成税收5024万元，同比增长108.4%，其中国税4351.5万元、地税672.5万元，总额位居全县各乡镇第一；完成固定资产投资8.2亿元，超额完成任务0.8亿元；规模工业总产值6.2亿元，同比增长11.5%。成功引进深圳市安华达投资管理公司，并于4月21日与县政府签订产业项目投资协议，建成后预计年纳税可达2000万元以上；引进深圳市京瑞和实业有限公司，签订招商引资项目服务协议书，对小潭村的农业生态文化旅游项目进行立体开发，该项目定位为茶陵县长寿山水生态文化旅游度假区，计划投资1.9亿元，占地面积约6000亩。被评为市文明建设先进乡镇、市综合治理先进单位、县计划生育工作良好单位、县安全生产先进单位、县推进新型工业化先进单位、县农村环境综合整治先进乡镇、县河长制工作先进单位，获县推进新型城镇化奖和乡镇财源建设奖。

【项目建设】 投资750万元完成全长1403米的挽澜大道改造，于5月31日正式通车，全部进行亮化、绿化，铺设沥青路面。总投资4235万元，打造3.2千米洣水河湖口墟保护圈；投资2800万元，建设易地扶贫搬迁龙下（寒江）集中安置点，规划占地面积100亩，集中安置贫困户87户270人；总投资1.35亿元的347省道和356国道沥青扩宽改造工程项目进展顺利，征地260亩，拆除房屋30间；完成农村路基建设110千米，路面水泥硬化陆续完工；南江、浣溪等11个村的亮化工程全部建成并投入使用，架设路灯700余盏。

【民生事业】 新农保和新农合参保人数分别为14782人和38122人；民政优抚对象386人；农村环境综合整治工作常抓不懈，农村环境卫生持续巩固；举办“欢乐潇湘、小康湖口”大型文艺活动；改善教学环境，增强师资力量，巩固普九成果，教育教学水平得到提高，2017年湖口中学初三毕业生一中上线率居全县第二；对辖区4座电站以及中小学和卫生院等食品、药品重点监管单位开展安全隐患排查，消除安全隐患6起，整顿烟花鞭炮和液化气经营店42家；司法所调处矛盾纠纷123起，受理上级来信来访33件，信访回复率100%。特护期和重要活动期间无越级上访对象。

【脱贫攻坚】 以贫困人口脱贫、贫困村退出为目标，落实“七个一批”“八大工程”工作举措，全力推进脱贫攻坚。入户核查，通过动态调整，净减少建档立卡贫困人口137人，社会保障兜底对象清理24户59人，新增9户31人，整户兜底新增140人，清理低保对象1527户1824人，重新核定低保对象189户368人。积极推广“合作社+贫困户”的“造血”扶贫模式，45家专业合作社带动近4000名贫困人口增收，龙华农牧生猪产业委托帮扶573户2266人、贷款资金2200万元；三红蜜柚、茶叶、脐橙等主导产业规模不断扩大；7个贫困村相继实施光伏发电扶贫项目并成功并网发电，带动140户贫困户脱贫；全镇贫困户中享受危房改造754户，其中拆旧建新29户、修缮加固697户、幸福安居工程28户；享受危旧土坯房改造126户；享受易地扶贫搬迁对象162户；享受教育助学1402人；24个村全部实现“一村一室、一村一医”。2017年，湖口镇脱贫740户2599人，贫困发生率控制在0.9%，顺利通过县、市、省评估验收核查。

【党建工作】 推进“两学一做”学习教育常态化、制度化，落实“三会一课”制度，每月开展主题党日活动，各支部开展4次专题学习，组织开展专题学习讨论110余场，组织400余名党员干部观看中共十九大开幕式盛况。顺利完成24个村、2个居委会的“两委”换届选举；组建“两新”党组织5个，派出党建指导员5名，成立党总支10个，推荐入党积极分子18人，发展党员14名，储备村级后备干部91人。落实党员积分制管理、党员冬春训、无职党员设岗定责等工作，“红星云”在线学习注册548人，高质量完成40个党组织和1263名党员基本信息采集及系统录入工作。制定机关干部目标管理考核办法，从细从严强调工作纪律，书面通报批评4名干部开会无故迟到、缺会，进一步纠正工作态度，转变工作作风。开展“纠四风、治陋习”专项整治行动，查处问题2起，给予政纪处分2人，诫勉谈话3人，约谈2人；受理信访件24件，其中诫勉谈话3人、信访谈话1起、教育谈话2人、组织处理2人、党纪立案8人、取消村委会候选人提名资格1人，信访了结11件。

表39

湖口镇2017年各村（居委会）基本情况表

| 村（居委会）名 | 村（居）民小组（个） | 人口（人） | 耕地面积（亩） | 粮食总产量（吨） | 农业总产值（万元） | 农民人均可支配收入（元） | 村支部书记 | 村主任 |
|---|---|---|---|---|---|---|---|---|
| 湖口村 | 10 | 1988 | 2432 | 1311 | 326 | 8968 | 廖文平 | 胡桂华 |
| 小潭村 | 13 | 1742 | 921 | 595 | 287 | 8884 | 彭秋初 | 谭年发（—2017.5）<br>彭秋初（2017.5—） |

# 云阳街道

3月26日，交通社区召开党总支委员会换届选举大会

6月24日，召开推行“12340”党建工作法和开展“云阳榜样”评比活动暨推进“两学一做”学习教育常态化工作动员大会

一二总街（老城旧住宅棚户区改造）

前农居委会为贫困户发放产业扶贫物资

# 思聪街道

1月29日，街道全体党员到主要道路除冰

2月25日，街道“十人扶贫小组”到龙溪村对基础台账资料开展突击“回头看”

清水村召开“中国社会扶贫网”推进会议

基层党建阵地建设——新建的三华村村部

改造后的思聪敬老院

11月1日，组织全体干部学习中共十九大精神

马加庄村黄牛养殖基地

潞理村集中易地搬迁安置点

10月28日，举行腰潞镇七地片区第六届中老年广场舞会演

# 腰潞镇

潞理村百亩香芋产业基地及产品

6月16日，新当选村支“两委”班子成员集体谈话宣誓大会召开

10月30日，召开重阳节老干部座谈会

大龙瀑布群

6月29日，卧龙山庄创建国家AAA旅游景区评审会召开

# 火田镇

4月29日，卧龙村举办首届乡村旅游节

# 高陇镇

11月18日，石冲首届脐橙采摘节开幕

石冲脐橙采摘现场

石冲村自供区电网改造

11月17日，举办祖庵家菜美食节

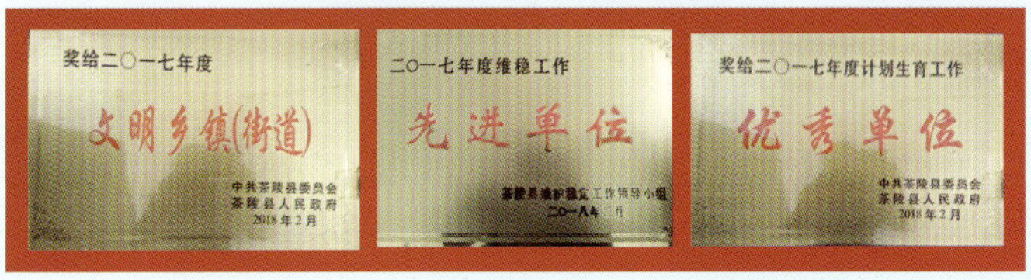


获得的部分荣誉

全线贯通的东阳旅游公路

# 秩堂镇

5月8日，对各村支村“两委”进行党建、扶贫基础知识测评

湖南省美丽乡村示范村马吉村及新建村部

3月9日，“油菜花海 春赏大典”旅游节开幕式现场

龙江峡谷

龙江瀑布

12月7日，召开脱贫摘帽迎国检暨实施乡村振兴战略动员大会

12月28日，中央组织部组织一局四处副处长王方明到严塘开展“不忘初心，牢记使命”主题教育调研座谈会

# 严塘镇

采用先进设备的湖南龙华农牧发展有限公司

贫困户在中国航发南方有机果蔬直供基地劳作务工

拓宽改建后的尧水公路

# 舲舫乡

7月19日，开展“欢乐潇湘　小康舲舫”大型群众文艺展演

4月21日，市人民医院到乡开展免费体检活动

洮水易地扶贫搬迁集中安置点

西岸村葛根种植基地

获得的部分荣誉

垸井村文化广场

美丽舲舫

# 桃坑乡

3月30日，桃坑村党支部换届选举大会召开

坑口藤茶厂

带江村楠竹基地

上坪村村部

双元村乡村大舞台

马溪码头

渡口的船只

# 湖口镇

湖口挽澜大道

寒江村中华鲟养殖基地

易地扶贫搬迁龙下集中安置点夜景

北斗村光伏发电站

厂江村青台山苍山云海

湖口镇区一角

# 马江镇

7月2日，举办庆"七一""欢乐潇湘 小康马江"文艺汇演

文江村蔬菜基地

毛芫冲村光伏发电站

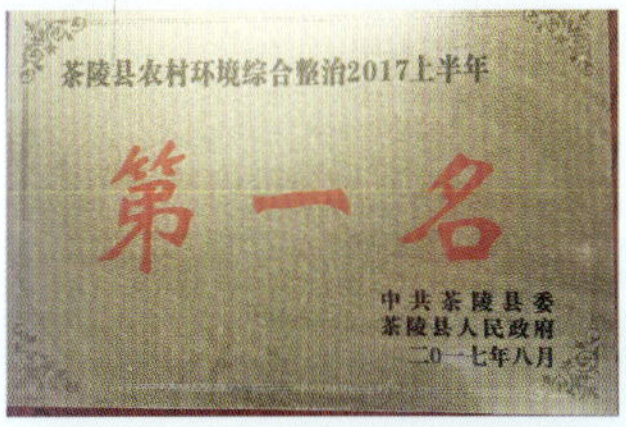

获得的部分荣誉

马江财富商街及新农贸市场规划图

# 界首镇

8月，召开决胜脱贫摘帽总攻动员大会

莲荷村幸福安居工程

大新村烤烟基地

白洲村新村部

红光村何首乌产业基地

贺铺村食用菌基地

上联村引水渠

“千公里”扶贫+村道改造项目——大新村爱花冲至黄泥塘路

# 枣市镇

9月28日，茶陵县第三十届西区乡镇篮球赛在枣市镇开幕

枣市易地扶贫搬迁集中安置点

建设中的虎形村文体综合广场

6月16日，东岭杨梅园举行开园仪式

东岭杨梅硕果累累

2月17日，召开决胜脱贫攻坚动员暨农村党员干部春季培训大会

4月27日，沿河村召开第十届村民委员会换届选举大会

6月7日，召开河长制暨脱贫攻坚推进会

兴富家园项目部施工现场

6月28日，开展“欢乐潇湘 小康下东”庆“七一”群众文艺汇演

# 下东街道

荣誉牌

沿河村游客接待中心

# 渌江街道

8月24日，召开产业扶贫推进会

9月12日，茶陵县脱贫攻坚政策巡回宣讲走进渌江

渡里村光伏发电站

为百姓免费体检

渡里大桥

渌江田园风貌

# 虎踞镇

2月25日，召开决胜脱贫攻坚实现全面小康誓师大会

6月8日，召开345省道茶陵和吕至攸县高和公路虎踞段改建工程动员会

7月，高水村建成黄牛产业扶贫合作社

11月，投资2000万元铺设的水源村主干道正式通车

6月20日，双芜村建成的茶陵县最大光伏发电厂正式并网发电

# 汉背办事处

组织党员到红色根据地安源路矿学习

公租房建设

矿区航拍图

# 利民办事处

7月1日，机关党支部到江西瑞金开展“不忘初心 继续前行”主题党日活动

金铺村村民安置点

对角塘水库进行除险加固

齐溪村美丽乡村一角

续表 39-1

| 村（居委会）名 | 村（居）民小组（个） | 人口（人） | 耕地面积（亩） | 粮食总产量（吨） | 农业总产值（万元） | 农民人均可支配收入（元） | 村支部书记 | 村主任 |
|---|---|---|---|---|---|---|---|---|
| 石井村 | 20 | 3028 | 2874 | 1339 | 370 | 9077 | 谭建平 | 谭瑞华 |
| 井和村 | 6 | 1002 | 805 | 411 | 145 | 8550 | 周秋发 | 周秋发（—2017.5）<br>周　俊（2017.5—） |
| 妙石村 | 14 | 1881 | 2437 | 1465 | 303 | 8780 | 刘苏仔（—2017.4）<br>段怡明（2017.4—2017.12）<br>刘苏仔（2017.12—） | 段怡明（—2017.5）<br>段涛勇（2017.5—） |
| 新芫村 | 13 | 1716 | 1102 | 698 | 227 | 8666 | 谭新林 | 谭新林（—2017.5）<br>陈建平（2017.5—） |
| 芫枧村 | 11 | 1798 | 2354 | 1085 | 256 | 8747 | 段晓勤（—2017.4）<br>王家勇（2017.4—） | 段小林（—2017.5）<br>段　浩（2017.5—） |
| 塘头村 | 16 | 2239 | 1896 | 938 | 291 | 9032 | 陈物平 | 周国良（—2017.5）<br>刘运其（2017.5—） |
| 南江村 | 9 | 1569 | 1032 | 727 | 278 | 8510 | 罗次祥 | 谭学勇 |
| 沭渡村 | 17 | 3201 | 1658 | 1227 | 420 | 8958 | 谭岳林（—2017.4）<br>陈忠云（2017.4—） | 陈三祥（—2017.5）<br>谭小清（2017.7—） |
| 湖口居委 | 3 | 1141 | | | | 29951 | 段社仔（—2017.4）<br>段运平（2017.4—） | 胡　平（—2017.5）<br>李　鹏（2017.5—） |
| 一心村 | 16 | 1655 | 2452 | 931 | 291 | 8850 | 龙秋奴（—2017.7） | 陈秋明 |
| 厂江村 | 16 | 1362 | 2065 | 902 | 296 | 8422 | 池辉红（—2017.4）<br>胡叶成（2017.4—） | 黄瑞平（—2017.5）<br>池辉红（2017.5—） |
| 北斗村 | 19 | 1746 | 1001 | 583 | 258 | 7958 | 龙成仔（—2017.4）<br>曾杨新（2017.4—） | 曾杨新（—2017.5）<br>谭建华（2017.5—） |
| 文泰村 | 28 | 3377 | 2096 | 1361 | 326 | 8360 | 颜春明（—2017.7）<br>陈　平（2017.11—） | 唐玉祥（—2017.5）<br>陈　平（2017.5—） |
| 土桥村 | 17 | 1645 | 1775 | 1296 | 309 | 8884 | 刘观祥（—2017.4）<br>夏伯苟（2017.4—） | 夏伯苟（—2017.5）<br>刘四仔（2017.5—） |
| 梅林村 | 13 | 1384 | 1370 | 1291 | 298 | 8452 | 刘武飞 | 罗长凤 |
| 杨柳村 | 11 | 1183 | 850 | 637 | 267 | 8990 | 贺玉娇（—2017.4）<br>颜物云（2017.4—） | 郭富云 |
| 荷塘村 | 13 | 1312 | 1226 | 886 | 277 | 8922 | 刘桂生 | 颜良华 |
| 浣溪居委 | | 547 | | | | 28089 | 段怡元 | 雷聪喜（—2017.5）<br>段怡元（2017.5—） |

续表 39-2

| 村（居委会）名 | 村（居）民小组（个） | 人口（人） | 耕地面积（亩） | 粮食总产量（吨） | 农业总产值（万元） | 农民人均可支配收入（元） | 村支部书记 | 村主任 |
|---|---|---|---|---|---|---|---|---|
| 白露村 | 14 | 1771 | 1455 | 1224 | 306 | 8913 | 肖　望（—2017.8）<br>郭奇智（2017.8—） | 陈头文 |
| 寒江村 | 11 | 1257 | 499 | 386 | 171 | 8650 | 段平寿（—2017.4）<br>罗建发（2017.4—） | 罗建发（—2017.5）<br>段明军（2017.5—） |
| 龙下村 | 8 | 1229 | 820 | 518 | 306 | 9051 | 谢小勇（—2017.5） | 段辉初 |
| 小汾村 | 17 | 2729 | 2061 | 1057 | 318 | 8970 | 段伟喜 | 雷聪喜（—2017.5）<br>段怡牙（2017.5—） |
| 顾母村 | 9 | 1300 | 945 | 468 | 220 | 8891 | 谭毛球 | 段辉开 |
| 浣溪村 | 22 | 3633 | 2686 | 1760 | 325 | 7959 | 周明荣 | 刘石明（—2017.5）<br>段头云（2017.5—） |

（撰稿：刘小勇　审稿：吴建辉）

## 马江镇

**【概况】** 马江镇位于茶陵县西南部，总面积85平方千米。交通便利，106国道、衡炎高速和衡茶吉铁路贯穿全境，马湖、马枣、月白三条县级公路连通大部分村。全镇辖12个行政村，1个居民委员会，209个村民小组，7361户，3.25万人，有党员973名。2017年，马江镇完成税收1635.6万元，其中国税1007.3万元、地税628.3万元；完成规模工业总产值2.6亿元；完成固定资产投资3.6亿元，同比增长12%。马江镇被评为县安全生产先进单位、县综合治理先进单位、县农村环境综合整治先进单位等。

**【脱贫攻坚】** 落实住房保障，完成危房改造412户，易地扶贫搬迁84户。落实金融扶贫，引进龙华农牧、兴博糯米两家企业，采取统贷统还和分贷分还两种模式，带动贫困户484户享受分红156万余元。发展光伏发电产业，在4个贫困村发展光伏产业314千瓦。采用政府购买服务，提供卫生清洁员、河道巡防员、治安巡逻员、林业管护员“四员”公益岗位，为贫困人口95人安置就业。落实教育助学、新农合政策全覆盖。马江镇有建档立卡贫困户1163户4673人，2017年脱贫380户1456人，综合贫困发生率为0.88%，顺利通过省扶贫检查组的检查验收。

**【农业产业化建设】** 采取“龙头企业＋合作社＋基地＋农户”模式，打造“三路三江三大产业”。即：沿马枣公路，以马伏江为中心的5000亩烤烟种植基地，产烟12500担，总产值1850万元，实现税收360多万元；沿106国道，以麻石江为中心，依托慧科、九怡春、富景生态园的1500亩采摘休闲农业，发展花椒种植园200亩，油茶1000亩，杨梅、葡萄、甘蔗等种植园；沿马湖公路，以文江为中心的2000亩海南省海口市岛外蔬菜保供示范基地，其中文江蔬菜示范基地规模500亩、毛芫冲蔬菜种植基地规模200亩、塘富村蔬菜种植基地150亩，全年销售蔬菜800吨，产值160多万元，逐步成为带动贫困户致富的支柱产业。成立各类专业合作社16家，带动农村500余户2600余人奔小康。

**【重点工程】** 发挥县开发区三园区辐射带动作用，挂牌出让马江红旗村三园区安置区开发土地59.1亩，实现土地出让金1893万元。完成占地63亩、投资3000万元的新农贸市场的规划设计、土地调规。建成畜禽无害化处理中心、垃圾中转站，并投入运行。工业二路、株洲东路、耒阳东路全线拉通，并实施路面硬化。县职专、戒毒所、交警四中队等项目完成征地450亩和拆迁。马湖公路马江段长8.9千米，总投资1700万元，完成全线路面硬化并通车。马枣公路马江段5.6千米，通过调整规划后，完成征地工作，待项目业主单位确定后，进行开工建设。完善村级道路55千米，路基全部完成并完成招标工作，进行路面硬化。推动红旗村、浪滩村、月岭村、塘富村4个村部建设，为村民提供良好的服务环境。以县开发区工业大道为主轴，以三园区、南站新区、物流园区为依托，初步形成集商贸物流、生态休闲、产业独特、安居乐业发展平台，相继引入晶辉、琳铭等低能耗、无污染、劳动密集型企业落户马江，培育宏伟建设等本地企业，解决700多人就业。

**【社会事业】** 支持成立马江扶贫助学爱心救助协会，开展捐助困难优秀学生活动；开展农村环境综合整治工作，拆除非法厂矿企业，发展规模化畜禽养殖场3户；推行“河长制”，建立镇村两级河长管控体系；提高城乡居民医疗保险、养老保险覆盖面，城乡居民医疗保险参保27521人，收缴参保资金408万余元，城乡居民养老保险参保率95%以上；清理民政低保、五保户，完成农村低保户的重新评定；深化“平安马江”“法治马江”创建，强化治安防范，加大信访积案处理，实现无重大要案发生、无重大安全责任事故、无重大群体事件，完成十九大特护期维稳安保任务；完成共青团、妇联换届选举，食药品安全、治超、工会、党管武装、统计、国土管理等工作也齐头并进。

**【党建工作】** 把抓好党建作为最大的政绩，筑牢“四个意识”，推进全面从严治党向纵深发展。深入学习宣传贯彻落实中共十九大精神，推进“两学一做”学习教育常态化制度化，落实“三会一课”纪实管理、支部主题党日、党员积分制管理和“双述双评”等四项重点工作。坚持标准、严格程序，发展预备党员11名，转正预备党员7名。推进反腐倡廉建设，强化党内监督，全年约谈40人次，立案8起，查处结案8起，8名党员受到党纪处分，其中开除党籍1人、严重警告2人、警告处分5人。完成全镇13个村（居）“两委”换届选举，选优配强基层班子。选举产生72名村（居）“两委”干部，其中高中以上文化干部51名，35岁以下干部14名，保证每一个村至少一名懂电脑、高中以上文化程度的年轻干部担任扶贫专干或党建专干，提升基层班子的战斗力。

表40

**马江镇2017年各村（居委会）基本情况表**

| 村（居委会）名 | 村（居）民小组（个） | 人口（人） | 耕地面积（亩） | 粮食总产量（吨） | 农业总产值（万元） | 农民人均可支配收入（元） | 村支部书记 | 村主任 |
|---|---|---|---|---|---|---|---|---|
| 红旗村 | 21 | 3950 | 2541 | 2538.49 | 1646 | 7970 | 郭石回 | 陈　国（2017.4—） |
| 长联村 | 16 | 2636 | 1756 | 1812.8 | 1180 | 7838 | 龙物来 | 雷件元 |
| 末头村 | 15 | 2622 | 2100 | 1441.34 | 1295 | 7846 | 付授远（—2017.4）<br>曾　广（2017.4—） | 陈兴盛（—2017.4）<br>曾春华（2017.4—） |
| 塘富村 | 19 | 2585 | 2353 | 1125.4 | 1442 | 7686 | 陈军明 | 陈贵光 |
| 东冲村 | 12 | 1535 | 1560 | 766.9 | 958 | 7574 | 何一龙 | 龙建平 |
| 毛芫冲村 | 19 | 2683 | 2562.5 | 2482.01 | 1691 | 7583 | 毛光德（—2017.4）<br>刘国定（2017.4—2017.7）<br>肖　龙（2017.7—） | 毛日升 |

续表 40-1

| 村（居委会）名 | 村（居）民小组（个） | 人口（人） | 耕地面积（亩） | 粮食总产量（吨） | 农业总产值（万元） | 农民人均可支配收入（元） | 村支部书记 | 村主任 |
|---|---|---|---|---|---|---|---|---|
| 月岭村 | 27 | 3572 | 3326 | 1650.52 | 2232 | 7885 | 费必强 | 谭龙华 |
| 麻石村 | 13 | 1774 | 1517 | 1501.65 | 959 | 7586 | 黄志雄 | 周毛苟（—2017.4）<br>谭冬徕（2017.4—） |
| 玄武村 | 11 | 2209 | 3600 | 1558.61 | 1195 | 8069 | 陈冬明 | 雷外元 |
| 文江村 | 19 | 2871 | 2404 | 2116.29 | 1497 | 7872 | 陈晓芬 | 郭龙祥 |
| 等坪村 | 16 | 2434 | 1869 | 1557.66 | 1214 | 8168 | 郭牛仔 | 朱晚来 |
| 浪滩村 | 19 | 2563 | 2384 | 2357.17 | 1544 | 7629 | 曾珍明 | 唐铁珠 |
| 居委会 | 2 | 1080 | | | | | 陈　国（—2017.4）<br>郭伟来（2017.4—2017.6）<br>郭伟平（2017.6—） | 郭留元（—2017.4）<br>郭伟来（2017.4—） |
| 合计 | 209 | 32514 | 27972.5 | 20899.32 | | | | |

（撰稿：陈玉明　审稿：谭海平）

## 界首镇

**【概况】** 界首镇地处茶陵县西南部，距县城24千米，与郴州市安仁县接壤，是株洲市西南门户。全镇辖11个村，1个居委会，243个村民小组，总人口3.09万人，其中镇区人口8000余人。境内文化底蕴深厚，商贸流通活跃，交通区位优势明显，长途运输业发展红火，生产烤烟、油茶、食用菌等特色产品。2017年，完成税收834.4万元，创历史新高，农民人均纯收入稳步增长。

**【脱贫攻坚】** 成立脱贫攻坚工作领导小组，制定《脱贫攻坚责任清单》《脱贫攻坚问责办法》《脱贫攻坚突出问题整改实施方案》。发动全体镇、村干部和驻村工作队，对一户一档、村级台账等基础资料进行全面梳理，建立完整档案资料。工作队员结对帮扶713户2837人；通过劳动培训，转移就业1573人；投资1782万元用于危房改造，覆盖贫困户697户；易地搬迁144户533人；享受教育助学及“雨露计划”学生1120人；健康扶贫“三个一批”335人，其中大病8人、慢性病327人；生态补偿11人；为373户贫困户发放小额贷款1813.2万元。2017年，全镇实现脱贫496户1877人，4个贫困村全部摘帽退出。

**【集镇建设】** 投入300万元资金，对集镇3千米主干道路的人行道、下水道、路灯等设施实施更新改造；投资400万元，开展集镇污水处理厂建设及污水管网铺设；规划建设投资800万元的油茶主题公园；建设沿江风光带，提高集镇文化、休闲服务能力，改善界首人居环境。

**【社会事业】** 收缴新农保和合作医疗保险分别为271.5万元和345.9万元，参保率、参合率均为100%；投资680多万元，新建白沙、花甲等6个村级服务中心；架设路灯400多盏，拆除破败空心房3453间51647.8平方米，美化亮化农村人居环境；投资3000万元，提质改造乡村道路49千米，改善群众出行条件；投资3000万元，开展农田整理；投资10多万元，在镇机关大院安装LED多彩显示屏；新建文化大舞台6个，历经十余载编纂的《界首镇志》成功发行。

【党建工作】推进"两学一做"学习教育常态化制度化。组织村（居）党支部书记观摩镇机关支部组织生活会、"两学一做"专题讨论、主题党日等活动，发挥带头示范作用，促进基层支部党建活动规范化、实效化。完成11个村、1个居委会和2个"两新"组织的党组织和村（居）委的换届工作，选举村（社区）支部委员41人、村（居）民委员37人、新任村（社区）主任4人，新选配和培养村级年轻后备干部9名，21名村"两委"干部离职离任，合并村职数顺利消化。强化党内监督，全年查处党员违纪案件6起，处分违纪党员7人，其中党内警告处分4人、严重警告1人、留党察看1人、开除党籍1人。

表41

**界首镇2017年各村（居委会）基本情况表**

| 村（居委会）名 | 村（居）民小组（个） | 人口（人） | 耕地面积（亩） | 粮食总产量（吨） | 农业总产值（万元） | 农民人均可支配收入（元） | 村支部书记 | 村主任 |
|---|---|---|---|---|---|---|---|---|
| 界市村 | 20 | 3026 | 2028 | 2018 | 1012 | 4256 | 刘六吉（—2017.6）<br>陈晚云（2017.7—） | 张家伟（—2017.6）<br>刘 平（2017.7—） |
| 火星村 | 13 | 1850 | 1819 | 1789 | 716 | 3865 | 黄石民 | 黄石塘 |
| 红光村 | 12 | 1698 | 1518 | 1512 | 656 | 3785 | 陈光成 | 李荣彪 |
| 白沙村 | 37 | 4210 | 3308 | 3158 | 1189 | 3965 | 刘桂仁 | 谭华吉（—2017.4）<br>谭新红（2017.5—） |
| 花甲村 | 37 | 4089 | 3941 | 3396 | 1659 | 4018 | 尹志权 | 谭永前 |
| 朱岭村 | 14 | 1789 | 1325 | 1586 | 714 | 4156 | 罗四仔（—2017.3）<br>宁明财（2017.4—） | 宁明财（—2017.3）<br>候海连（2017.4—） |
| 莲荷村 | 21 | 2259 | 2541 | 2687 | 1100 | 2786 | 谭小荣 | 刘 萍 |
| 上联村 | 20 | 2453 | 2209 | 2356 | 865 | 3968 | 王检来 | 谭新明（—2017.4）<br>段吉云（2017.4—） |
| 大新村 | 30 | 3586 | 3106 | 2869 | 1189 | 4215 | 李四平 | 张子飞（—2017.4）<br>彭洪荣（2017.4—） |
| 贺铺村 | 19 | 2675 | 2155 | 2256 | 1045 | 4125 | 贺秀忠（—2017.3）<br>贺沈飞（2017.4—） | 彭祖寿（—2017.3）<br>彭祖芳（2017.4—） |
| 白洲村 | 15 | 2687 | 1918 | 1832 | 789 | 4025 | 罗忠华（—2017.3）<br>谭才保（2017.4—） | 罗正武（—2017.4）<br>陈小涛（2017.5—） |
| 居委会 | 5 | 1689 | 0 | 0 | 0 | 0 | 罗洪平 | 罗洪飞 |

（撰稿：李亚玲　审核：刘苏夏）

## 枣市镇

【概况】枣市镇位于茶陵县境西南部，交通便利，三南公路（320省道）贯穿全境。2017年年末，全镇辖管塘村、曹柏村、洒水村、洞头村、东岭村、岩口村、枣园村、车陂村、五星村、侯泉村、虎形村11个村和1个居委会，235个村民小组，6509户，32092人。2017年，枣市镇实现地区生产总值6.22亿元，完成固定资产投资4.65亿元，实现规模工业总产值5亿元；完成税收总收入3128.1万元，超额完成2018.1万元；实现农业总产值7282万元，农民人均纯收入6600元以上，较2016年增长7%；被评为市综合治理先进单位、市安全生产先进单位、县财源建设先进单位等。

**【农林产业】** 2017年，双季稻覆盖率为84%，种植水稻5.2万亩，粮食总产量2.5万吨，出栏生猪4.8万头；新增耕种农机22台，受益10户，总补贴48.44万元，机耕面积为3.8万亩以上；种植烟叶3340亩，产值1000多万元，烟叶税收返还142.3万元。在巩固基础农业的同时，下功夫在做特产业上求突破，做好"一村一品"项目，在洞头、侯泉村种植酥脆枣600亩、脐橙160亩，在东岭村种植高山杨梅300亩、高山蜜桃400亩，在管塘村种植大棚蔬菜200亩；落实造林计划，新造油茶面积600亩，杉（松）面积2100亩，楠竹低改300亩，中幼林抚育1000亩。

**【旅游开发】** 利用枣市独有的秦人古洞、明月庵、茶盐古道等景点，对现有景区进行合理规划，开辟茶盐古道徒步游、独岭坳登山游、白石仙朝仙游、秦人古洞探险观光游，通过景点串联，打造云阳山南大门旅游线路。投资近30万元，聘请重庆专业勘探施工队对秦人古洞进行破障勘探以确定古洞开发价值，对景区景点进行规划设计，项目施工进展顺利。茶盐古道建设项目，完成铺设石板基础道路，东岭至水源村的旅游线路路基工程全面完成，旅游线路持续增温。成功举办首届"东魁杨梅节"，扩大东岭杨梅知名度，农业产业与旅游产业进一步融合。

**【项目建设】** 投资1800万元，建设管塘易地扶贫搬迁集中安置点，征地27.9亩，占地20亩，集中安置42户146人；投资170万元，改造集镇农贸市场并竣工；投资30万元,改造镇综合文化站；投资317万元，建成镇综合便民服务中心；投资1000万元，完成虎形综合文体广场和虎形村、车陂村、五星村、侯泉村村部建设等系列重点建设项目；启动贫困村路网提质改造工程建设项目，完成52.7千米窄路加宽路基建设，实施水泥硬化15余千米；投资409.57万元，完成对枣市自来水厂安全饮水管网的改造和对岭下水库、大水坪水库、金盆形水库的除险加固，及6个村的农田高效节水项目；投资318万元，完成15处骨干山塘修缮加固，茶安灌区北干渠清淤12千米；协调枣园村、侯泉村、洞头村、曹柏村四村危桥纳入2018年省交通厅危桥改造项目计划。

**【民生事业】** 健全社会保障和社会救助体系，加大对五保户、低保户、优抚、残障等特殊群体的扶助力度。2017年，发放五保资金299.2万元，城乡低保（城镇低保、农村低保、兜底保障）资金153.7140万元，救灾救济资金21万元，优抚资金99.6多万元，孤儿资金7.2万元，新增五保5人，对全镇年满60周岁的义务兵进行生活补助申报共计70人。加大劳务输出力度，组织130余人参加春秋招聘会，城镇新增转移就业人数111人，为全镇15名贫困劳动力申请公益性岗位补助，对离校未就业高校毕业生跟踪回访率、就业率、提供公共就业服务率均为100%。完善基本医疗服务，投入资金53万元，新建或改造4个村级卫生服务室，实现医疗三级救助1018人，城乡居民基本医疗保险收缴总人数11675人，保费收缴率为92.3%。加强乡村文化建设，成功举办"欢乐潇湘 小康枣市"文艺汇演，丰富群众文化生活。推进乡村建设，加强国有土地增减挂钩、破败空心房拆除力度，全镇实现增减挂钩土地188.4亩，拆除破败空心房、牛栏、旱厕2881处，进一步美化村庄。2017年，洞头村成功申报国家美丽乡村百佳示范村，为美丽乡村建设提供宝贵经验。

**【综治维稳】** 组织开展打击"两抢一盗""打黑除恶"等专项行动，治安刑事案件下降明显。更新服务理念，组建6支治安专业巡逻队,创建村综治工作室19个、平安示范村2个、综治进民企2家，司法所调处矛盾89起，受理上级来信来访转交办件103件，信访回复率100%，特护期和重要活动期无上访对象。社会治安综合治理工作成效显著，被评为市社会治安综合治理先进单位。

**【脱贫攻坚】** 2017年，全镇脱贫391户1372人，清除"四类对象"及识别不精准对象232户952人，新增贫困户104户302人。保障住有所居，管塘村集中安置点集中安置42户146人；全镇分散安置85户253人；376户修缮加固、危房改造工程全部竣工。落实教育助学，全镇有390户458名贫困户子女享受"两免一补"等教育扶持政策。加大产业扶贫力度，新增酥脆枣600亩、脐橙400亩、大棚蔬菜150亩、光伏发电产业5个,带动近630名贫困户增收致富。组织创业致富技能培训3次，参加培训630余人，提高造血能力。

**【党建工作】** 召开17次党委会，12次党建工作领导小组会议和4次党建工作例会，认真研究解决基层党建难题。顺利完成12个村（居）“两委”的换届选举工作，选出支委33名，新增35岁以下、大专及以上文化程度支委成员4名，选出村（居）主任12名,村委委员19名,新进村（居）“两委”班子13人，全镇支村两委干部平均年龄45岁，大专以上文化程度25人，公开选拔聘请9名村级党建专干，增强党建工作队伍建设，进一步选强配优支村班子结构，提高基层组织的战斗力、凝聚力和向心力。严把党员“进口关”，送培入党积极分子6名，发展预备党员11名，按期转正9名。首创流动红旗党支部评选制度，一月一考核，激发党组织争先创优意识。

表42

**枣市镇2017年各村（居委会）基本情况表**

| 村（居委会）名 | 村民小组（个） | 人口数（人） | 耕地面积（亩） | 粮食总产量（吨） | 农业总产值（万元） | 农民人均可支配收入（元） | 村支部书记 | 村主任 |
|---|---|---|---|---|---|---|---|---|
| 洒水村 | 19 | 3038 | 2800 | 1692 | 931 | 6500 | 周四文 | 沈文平（2017.4—） |
| 管塘村 | 15 | 1681 | 1277.7 | 1404.7 | 370.46 | 7300 | 谭桃芬 | 谭桃芬（2017.4）<br>唐安红（2017.4—） |
| 五星村 | 22 | 2613 | 2419 | 1680 | 710 | 5800 | 周　平 | 曾会平 |
| 车陂村 | 16 | 1725 | 2345 | 1450 | 680 | 6000 | 王冬文 | 李细珠 |
| 居委会 | 5 | 836 | 0 | 0 | 0 | 7500 | 罗炳德（—2017.4<br>肖　斌 (2017.4—） | 唐会仔（2017.4—） |
| 侯泉村 | 28 | 3035 | 4500 | 2720 | 1498 | 6218 | 唐外苟 | 李物生 |
| 枣园村 | 35 | 4461 | 5782 | 3843 | 1892 | 6800 | 罗光跃 | 曾爱文（2017.8）<br>周　明（2017.9—） |
| 曹柏村 | 17 | 2458 | 2390.39 | 1912.3 | 637.44 | 6850 | 曹平林 | 李秋瓜 |
| 东岭村 | 15 | 1727 | 1869 | 93.45 | 22.428 | 5900 | 袁　礼 | 杨运华 |
| 虎形村 | 21 | 1909 | 2484 | 2235.6 | 55.89 | 6700 | 李毛剑 | 沈头林 |
| 岩口村 | 22 | 2678 | 2530 | 2404.5 | 601 | 6600 | 周天容（—2017.4)<br>王意文 (2017.4—) | 谢三苟 |
| 洞头村 | 25 | 2893 | 2448 | 3916.8 | 810 | 7100 | 李柏祥 | 李秋珠 |
| 合计 | 235 | 32092 | 33645.09 | 25044.35 | 9139.218 | 6600 | | |

（撰稿：陈望莹　审稿：曾运福）

## 下东街道

**【概况】** 下东街道地处茶陵县城南区，辖头铺、官铺、乐联、沿河、黄堂、儒仕坪等6个行政村以及米筛坪、示范农场两个社区，159个村民小组，总耕地面积约15165亩，总人口约3.0万人。2017年，下东街道完成财政收入1279万元，并被评为县文明乡镇。

【项目建设】 经过前期土地征收、入户丈量、评估、公示以及拆迁动员，截至2017年年底，完成80户房屋拆迁协议的签订工作，拆除38栋，有序推进西环线工程下东街道段的建设。污水处理厂、残疾人康复中心、群众休闲广场、高度戒备监狱、赤松仙广场、欧江南路、望云东路、康养中心、移民安置等重点工程全部进展顺利。

【换届选举】 按照因村施方、因情定策、有序推进原则，完成村（社区）“两委”换届选举工作。选出支委27名，新增35岁以下、大专及以上文化程度支委成员2名，选出村（居）主任6名，村委委员17名，一批年富力强、扎实为群众谋福利的干部进入到支村委班子，力量得到加强。

【脱贫攻坚】 一是精准识别。对错评户、漏评户、错退户和贫困户家庭成员进行全面排查核实，全年清除错评对象281户，1009人；整户新增漏评对象46户，128人；核实错退返贫对象7户；自然增加贫困户家庭成员274人，自然减少162人。精准识别程度全面提升。二是部门联动。各部门联动发力，把面上宣传资料以及入户宣传政策、落实政策相结合，因户施策帮扶。完善社会保障体系，有保障兜底户54户174人，新农合参保率100%；落实教育助学政策，帮扶贫困户学生607人，享受教育助学352人；落实金融贴息贷款政策，发放小额贷款400万元；通过街道劳保站提供劳务用工信息，安排贫困户加入公益性岗位10个，提供劳动技能培训95人，引导鼓励农民100余人外出创业；落实生态补偿政策，生态保护扶持10人，聘用村级生态护林员6名；改善住房条件，5户异地搬迁户全部完成建设并入住使用，排查农村危房改造对象298户，其中拆旧建新对象47户，贫困户房屋修缮加固工作基本完成；完善基础设施，村组道路水泥硬化全面铺开。三是发展产业。结合各村自身自然条件，整体推进，积极发展特色产业。沿河村主要发展乡村旅游、光伏产业，街道财政拨款80多万元新建古朴典雅的徽式建筑风格的旅客接待中心，投资120多万元修建沿河村民文化广场和乡村大舞台；儒仕坪和黄堂村发展苗圃、食用菌、光伏产业，成立儒铺合作社；官铺村与乐联村发展光伏发电产业；头铺村发展特色养猪产业，养殖香猪。街道财政在县资金支持的基础上，再给每村拨付10万元专项资金，发展光伏发电产业。截至2017年12月底，5个村光伏发电基地全部实现并网发电。2017年，街道脱贫155户534人,未脱贫63户174人，贫困发生率为0.69%。

【社会事业】 推进依法行政，自觉接受人大的法律监督和政协的民主监督，发挥人大代表接待选民工作室、党代表工作室的作用，推进民主法治建设。落实综治维稳目标管理责任制，促进矛盾纠纷管控和就地化解，全年调解各类矛盾纠纷123起，调处率100%，调处成功率为98%，确保各重大节假日和特护期的社会和谐稳定。加强安全生产和灾害防范，全年没有发生一起安全生产事故。发挥文化大舞台作用，湘剧团入村开展平安创建、“宣传十九大，脱贫奔小康”等文艺会演活动，举办“欢乐潇湘 欢乐下东”文艺会演，丰富村民群众的文化生活。新农合、新农保参保率稳中有升，工会、教育、劳保、老龄、残联、统计、青年、妇女、食品安全、民兵预备役等工作都取得较好成绩。

【党建工作】 在各级党组织和党员中制度化、常态化开展党员“两学一做”学习教育，推进基层组织建设。落实“村主干”考核机制，制定目标考核细则，实施日常考核，激发村（居）主干的工作热情。推进党员干部办点联村“五包一保”制度及村干部集中坐班便民服务制度，提升服务水平。落实党风廉政建设，配备村级纪检员，对村纪检员进行培训，加强对村组干部执纪监督。出台《街道干部职工作风建设若干规定》《下东街道财务管理制度》等一系列制度，成立“互联网＋监督”工作领导小组，利用“互联网＋监督”平台，面对面接受人民群众监督。配合上级纪检监察机关查办案件，下东街道纪工委全年立案12件，结案12件，对事关扶贫、征拆等中心工作纪工委进行全程监督，对违法违纪的基层干部给予党纪处分。

表 43

下东街道 2017 年各村基本情况表

| 村名 | 村民小组（个） | 人口数（人） | 耕地面积（亩） | 粮食总产量（吨） | 农业总产值（万元） | 农民人均可支配收入（元） | 村支部书记 | 村主任 |
|---|---|---|---|---|---|---|---|---|
| 儒仕坪村 | 14 | 1746 | 819 | 650 | 230 | 6800 | 谭新元 | 谭建华（—2017.4）<br>罗天文（2017.4— ） |
| 黄堂村 | 23 | 3216 | 1655 | 1250 | 380 | 5800 | 彭红亮（—2017.1）<br>彭胜来（2017.1—） | 彭胜来（—2017.1）<br>彭三明（2017.4— ） |
| 头铺村 | 21 | 3522 | 1200 | 960 | 200 | 3800 | 李继伟 | 陈雪生 |
| 官铺村 | 27 | 4126 | 2383 | 2300 | 320 | 4200 | 罗广海（—2017.4）<br>陈杨华（2017.4— ） | 周振升（—2017.5）<br>罗海维（2017.5— ） |
| 乐联村 | 36 | 6056 | 4086 | 3188 | 792.8 | 7020 | 陈　文 | 彭福春 |
| 沿河村 | 38 | 6355 | 2977 | 2210 | 800 | 4800 | 刘爱文 | 胡建平（—2017.5）<br>张长发（2017.5— ） |
| 合计 | 159 | 25201 | 13120 | 10558 | 2722.8 | | | |

注：下东示范农场、米筛坪社区未纳入统计

（撰稿：陈　航　审稿：肖建文　曾金华）

## 洣江街道

【概况】 茶陵县洣江街道地处县城东郊，交通便利，垄茶高速、衡茶吉铁路文茶线、320 省道、茶严公路、茶洮公路、东环线穿境而过，并设有泉南高速茶陵东互通口。2017 年年末，洣江街道辖渡里、荣华、欧江、仙源、桃源、诸睦、拱塘、雅环、湖塘、沙溪、星桥、土沙 12 个行政村，洣瑶、湖塘渔场 2 个社区，231 个村民小组，总人口 38616 人。2017 年，洣江街道完成规模工业总产值 3.4 亿元，农业总产值 7100 万元，固定资产投资 6.4 亿元，税收收入 2100 万元，并被评为县“十大文明行动”工作先进单位、县综合治理先进单位、县计划生育工作良好单位、县科技进步先进单位等。

【农业发展】 全年新增种养大户 29 户，截至 2017 年 12 月底，洣江街道种养大户共 35 户。继续巩固壮大原黄牛、生猪、黑山羊等养殖业，粮食种植面积 3.1 万余亩，油菜种植面积 7000 余亩，新建 100 亩脐橙园，农业发展稳中向好。

【项目建设】 345 省道项目洣江段全长 10 千米，途经 7 个村，征收土地 200 余亩，拆除房屋 43 栋，安置新房 43 栋，拆除杂屋约 300 间。截至 2017 年年底，345 省道主体工程顺利完工，全线正常通车。河东新区总部经济园、北大附属云阳实验学校及教育特色小镇项目均完成规划选址、用地报批工作。

【脱贫攻坚】 洣江街道有建档立卡贫困户 1142 户 4342 人，截至 2017 年年底，脱贫 1051 户 4097 人，贫困发生率为 0.9%，4 个贫困村均达到退出标准。2017 年，完成贫困户小额信贷资金 611 万元；贫困户易地搬迁 43 户，危房改造 637 户（拆旧建新 65 户，幸福安居 22 户，修缮加固 550 户）；实施医疗救助 600 余人；社会保障兜底 118 户 293 人；低保 160 户 355 人；教育帮扶 1474 人；劳务协作和输出 894 人；光伏发电及农业产业帮扶 500 余人；委托县龙头企业虎源生态、龙华农牧帮扶 3090 人，贫困户收入明显提高，脱贫攻坚成效显著。

【社会事业】 加大社会保障资金的投入力度，全年民政部门发放各类优抚救助资金 130 多万元，财政部门发放各类补贴730多万元。拓宽新农合、新农保的覆盖面，新农合参保人数36771人，参保率100%；新农保参保人数16100人，参保率98%。办理失地农民养老保险641人，为失地农民解决后顾之忧。诸睦、土沙、欧江、洣瑶、渡里、拱塘等村实施村庄亮化、绿化建设，修建村健身休闲广场，为丰富群众的业余生活提供场地，提升百姓幸福感。

**【综治维稳】** 2017年，洣江街道受理各类矛盾纠纷550起，其中涉及征收拆迁方面纠纷约500起，所有矛盾纠纷全部调处成功，有效地维护了社会的稳定。继续开展领导接访工作，全年接待群众来访50批次240人次，办结上级转函26件，将矛盾化解在萌芽状态。建立安全隐患排查治理常态机制，组织开展安全生产“三大行动”和道路安全综合整治专项整治活动。抓好防火防汛抗灾工作，及时对防洪预案进行修订和完善，做好防汛物资储备及管理工作。全面加强对全街道中小学校园及周边环境整治，开展安全生产大检查和校车安全隐患排查，提高群众的安全感，社会治安群众满意度不断提升。

**【党建工作】** 顺利完成12个村及洣瑶社区的“两委”换届工作，选举产生新一届支、村“两委”班子，成员75人，其中女性19人，高中及以上文化程度61人；村主干中90后2人，女性2人，配强配优了基层组织力量。从硬件、宣传、制度、管理上对荣华、雅环、湖塘、欧江4个村进行全方位升级，成功将其打造成2017年党建示范村；对沙溪、荣华、雅环、星桥4个村的村部易址新建，建成标准化的村级活动阵地。全面落实从严治党，街道纪工委全年查处15起党员违纪案件，警告处分10人、严重警告1人、留党查看1人、开除党籍3人，其中扶贫领域涉及9起。

表44

**洣江街道2017年各村（社区）基本情况表**

| 村（社区）名 | 村小组（个） | 人口（人） | 耕地面积（亩） | 粮食总产量（吨） | 农业总产值（万元） | 农民人均可支配收入（元） | 村支部书记 | 村主任 |
|---|---|---|---|---|---|---|---|---|
| 洣瑶社区 | 26 | 5406 | 2063 | 1380 | 932 | 6300 | 陈水连（—2017.4）<br>陈运平（2017.4—） | 陈运平（—2017.5）<br>刘美兰（—2017.5）<br>龙艳霞 |
| 渡里村 | 29 | 4130 | 1872 | 1250 | 890 | 6095 | 彭冬明（—2017.4）<br>陈平华（2017.4—） | 陈平华（—2017.5）<br>雷　伟（2017.5—） |
| 荣华村 | 18 | 2779 | 1569 | 1275 | 810 | 6500 | 刘中明 | 廖春生 |
| 欧江村 | 27 | 4364 | 2030 | 1560 | 935 | 6380 | 吴　洪 | 吴长松（—2017.5）<br>陈新元（—2017.5）<br>吴六生 |
| 仙源村 | 20 | 3230 | 1735 | 1285 | 720 | 6100 | 刘红明 | 刘福云（—2017.5）<br>刘文来（2017.5—） |
| 桃源村 | 12 | 1824 | 1161 | 1006 | 565 | 6250 | 吴斌发（—2017.4）<br>谭保云（2017.4—） | 谭保云（—2017.5）<br>吴小华（2017.5—） |
| 诸睦村 | 22 | 3294 | 1978 | 305 | 845 | 6440 | 刘小林 | 刘青云 |
| 拱塘村 | 13 | 1731 | 943 | 754 | 400 | 6490 | 刘锋春（—2017.4）<br>刘　婵（2017.4—） | 刘新明（—2017.5）<br>刘锋春（2017.5—） |

续表 44-1

| 村（社区）名 | 村小组（个） | 人口（人） | 耕地面积（亩） | 粮食总产量（吨） | 农业总产值（万元） | 农民人均可支配收入（元） | 村支部书记 | 村主任 |
|---|---|---|---|---|---|---|---|---|
| 雅环村 | 14 | 2034 | 801 | 735 | 380 | 6215 | 龙红华 | 陈毛生（—2017.5）<br>陈启明（2017.5—） |
| 湖塘村 | 9 | 1862 | 689 | 580 | 345 | 6340 | 陈宏华 | 陈跃明 |
| 沙溪村 | 16 | 2860 | 1586 | 1314 | 635 | 5670 | 刘龙生（—2017.4）<br>陈长明（2017.4—） | 陈长明（—2017.5）<br>刘　乐（2017.5—） |
| 星桥村 | 10 | 1978 | 1295 | 861 | 487 | 6550 | 刘秋芳（—2017.4）<br>刘雪初（2017.4—） | 曾桂开（—2017.5）<br>刘军勇（2017.5—） |
| 土沙村 | 15 | 2684 | 1412 | 1000 | 522 | 5680 | 周件来 | 周毛生 |
| 湖塘渔场 | 2个分厂 | 440 | 占地1070亩2063（其中水面200亩、旱土120亩） | | | | 李武辉 | |
| 合计 | 231 | 38616 | 19254 | 13305 | 8466 | 81010 | | |

（撰稿：邓艳芳　审稿：刘　强）

## 虎踞镇

【概况】 虎踞镇位于茶陵县西北部，是茶陵的“北大门”。全镇辖把集、水源、峰仙、狮江、河东、金山、石朱、黄石、二仙、五峰、西屏、合湖、银湖、双芫、和丰、黄坪、乔下、三达、茶干、高水、低车21个行政村，平水、虎踞2个居委会，381个居民小组，13933户6万余人；总面积239平方千米，其中耕地面积57388.7亩，林地面积20539.3亩。2017年，虎踞镇优先发展制造业，园区规模工业企业达到20家，完成财税收入4071万元，固定资产投资8.5亿元，规模以上企业生产总值16亿元；完成农业生产总值1.38亿元，种植粮食63105亩、产量28898吨，种植蔬菜6420亩、产量9630吨，出栏生猪91805头，养殖家禽109735羽，发展渔业665吨。被评为县财税贡献奖、县招商引资先进单位、县企业帮扶先进单位、县计划生育工作良好单位等。

【经济发展】 发展生态农业，提升“茶陵三宝”“康御”茶油等农副产品加工等传统优势产业；新成立黄石果园等专业合作社12个，水源村“丝瓜”“优质稻”通过国家绿色食品认定；创建十里荷花无人超市，推出“社区＋乡村旅游＋精准扶贫”模式，20余种生态农产品与长沙社区居民成功结对。升温乡村旅游，水源、茶干村被纳入湖南省“神奇湘东”精品旅游线路；投资400万元，建成集散游客接待中心2个。

【脱贫攻坚】 虎源生态产业委托帮扶5266名贫困户，帮助每人每年收益500元；龙华龙牧产业委托帮扶1100名贫困户，帮助每人每年收益1000元；水源村开发步步高集团精准扶贫直供基地1000亩；三达村培育“茶陵三宝”产业基地500亩；黄石村新建扶贫果园100亩；狮江村创立黄桃电商品牌；高水村成立黄牛养殖产业合作社；石朱村发展黑山羊特色养殖；双芫村等11个村建成茶陵县最大村级光伏发电站。实施农村幸福安居工程三年行动计划，完成易地搬迁132户435人，幸福安居工程119户，土坯房改造124户，危房新建176户，修缮加固701户。落实教育助学，联系各界爱心人士筹集资金40余万元，帮助280余名贫困学生圆大学梦。完善社会保障体系，253户699人纳入社会兜底保障，307户592人纳入农村低保。2017年，虎踞镇脱贫765户2720人，5个贫困村出列，全镇贫困发生率从13%下降至0.87%。

【基础设施建设】 投资3000万元，建设农村小水利项目；投资3000万元，在5个贫困村实施农村电网升级改造；投资40万元，对茶干等村的安全饮水工程进行扩面；筹资1000万元，筹划特色小镇建设，完成虎踞大道沿线亮化工程及集镇“三道”改造工程；完成345省道县城至虎踞段建设，征地518亩，拆除房屋40栋；新建或改造水源等7个标准化村卫生室，建成高水等3个村级活动中心；完成农村公路提质改造路基工程120千米，危桥改造2座；实施“民生100”工程，投资40万元建成峰仙文化广场，新建村级乡村大舞台23个。

【社会事业】 全域启动美丽乡村建设，完成2个垃圾中转站、302个垃圾分类池的选址和前期准备工作，黄坪村成功创建县级美丽乡村示范村；落实河长制，12条二级支流、23个小Ⅱ型水库实现“四员”全覆盖；整体推进土地增减挂勾工作，新增优补土地350亩，拆除破败空心房4000余间；举行全县土地确权颁证首发启动仪式，流转土地6000亩；举办“欢乐潇湘 欢乐虎踞”“扶贫＋老龄”等系列主题活动，丰富群众文化生活；扩大新农合、新农保覆盖率，新农合100%全覆盖，新农保覆盖率为95%。

【队伍建设】 完成村（居）支“两委”换届选举，选举产生新一届村支“两委”124人，调整村主干27人，强化优化村支“两委”领导班子；加强党风廉政建设，落实不作为党员预警制，立案5起，党纪处分6人，组织处理12人次。

表45

**虎踞镇2017年各村（居委会）基本情况表**

| 村（居委会）名 | 村（居）民小组（个） | 人口（人） | 耕地面积（公顷） | 粮食总产量（吨） | 农业总产值（万元） | 农民人均可支配收入（元） | 村支部书记 | 村主任 |
|---|---|---|---|---|---|---|---|---|
| 把集村 | 21 | 2988 | 2603 | 1515 | 728 | 7190 | 兰艳华 | 陈二龙（—2017.4）<br>张 龙（—2017.4）<br>罗章青（2017.4—） |
| 水源村 | 14 | 2246 | 1690 | 1541 | 741 | 7380 | 罗春珠 | 罗雪福 |
| 峰仙村 | 13 | 2558 | 2393 | 1420 | 683 | 7320 | 王忠良 | 黄秋良 |
| 狮江村 | 18 | 3241 | 2337 | 1031.6 | 496 | 7410 | 李三鸿（—2017.11）<br>刘正昌（2017.11—） | 杨吉云（—2017.4）<br>李元雄（—2017.4）<br>刘正昌 |
| 河东村 | 19 | 2747 | 2962 | 2067.7 | 994 | 6918 | 曾齐斌（—2017.3）<br>刘晚文（2017.3—） | 刘晚文（—2017.4）<br>戴明文（—2017.4）<br>胡凌艳（2017.4—） |
| 金山村 | 14 | 2310 | 1494 | 1014.6 | 488 | 6938 | 陈六妹 | 陈运红（—2017.4）<br>陈六妹（—2017.4）<br>龙北文（2017.4—） |
| 石朱村 | 18 | 2218 | 2148 | 840.5 | 404 | 6862 | 谭建平 | 曾石美（—2017.4）<br>谭新平 |
| 黄石村 | 25 | 3602 | 4332 | 2670 | 1283 | 7486 | 谭运良（—2017.3）<br>谭 君（2017.3—） | 谭小平（—2017.4）<br>尹爱元 |
| 二仙村 | 9 | 1284 | 1396 | 973.1 | 468 | 7126 | 徐利飞 | 龙瑞生 |

续表 45-1

| 村（居委会）名 | 村（居）民小组（个） | 人口（人） | 耕地面积（公顷） | 粮食总产量（吨） | 农业总产值（万元） | 农民人均可支配收入（元） | 村支部书记 | 村主任 |
|---|---|---|---|---|---|---|---|---|
| 五峰村 | 18 | 2948 | 2656 | 158.8 | 76 | 6852 | 左石文 | 左石文（—2017.4）<br>颜建文（2017.4—） |
| 西屏村 | 22 | 3923 | 4780 | 3141.2 | 1510 | 7096 | 谭南湘（—2017.3）<br>李建飞（2017.3—） | 肖华仔（—2017.4）<br>李运虎（—2017.4）<br>谭　巍（2017.4—） |
| 合湖村 | 14 | 2506 | 3539 | 1681 | 808 | 6920 | 谭运清（—2017.3）<br>王运芳（2017.3—） | 王运芳（—2017.4）<br>谭明生（2017.4—） |
| 银湖村 | 17 | 2007 | 1975 | 949 | 456 | 7160 | 尹招国 | 尹国良 |
| 双芫村 | 17 | 2489 | 2477 | 80.9 | 39 | 7256 | 谭曼冬 | 尹　良 |
| 和丰村 | 26 | 4118 | 2888 | 2391 | 1149 | 6880 | 焦小伍 | 焦寒元（—2017.4）<br>谭春茂（—2017.4）<br>龙三元 |
| 三达村 | 27 | 4789 | 3831 | 148.9 | 72 | 6988 | 张国祥 | 刘　敏（—2017.4）<br>谭国强（—2017.4）<br>陈长珠（—2017.12） |
| 黄坪村 | 17 | 2850 | 2385 | 1032 | 496 | 6796 | 龙跃虎（—2017.1）<br>龙金元（2017.1—） | 龙金元（—2017.1）<br>李根德（2017.1—） |
| 乔下村 | 23 | 3019 | 3351 | 2022.2 | 972 | 6870 | 谭晚林（—2017.3）<br>陈建兵（2017.3—） | 陈雨连（—2017.4）<br>彭忠桂 |
| 低车村 | 12 | 1547 | 2666 | 2207.6 | 1060 | 6840 | 谭菊运 | 李龙平 |
| 高水村 | 22 | 4088 | 4052 | 1140.3 | 548 | 6982 | 罗小元 | 罗小元 |
| 茶干村 | 13 | 1547 | 1339 | 790 | 380 | 6940 | 董石恩 | 刘雷生 |
| 虎踞居委会 | 1 | 685 | 94.7 | 81.5 | 39 |  | 谭仁生 | 谭仁生 |
| 平水居委会 | 1 | 456 | 0 | 0 | 0 | 7080 | 付炳文（—2017.3）<br>谭华文（2017.3—） | 张广能（—2017.4）<br>龙祖德（2017.4—） |
| 合计 | 381 | 60166 | 57388.7 | 28897.9 | 13890 | 7058 |  |  |

（撰稿：陈　艳　审稿：罗蔚之）

## 汉背办事处

**【概况】** 汉背办事处位于茶陵县东北部，最高峰为鸡冠石峰，海拔 1253 米，茶陵古八景之一“邓阜朝阳”就位于境内。2017 年年末，办事处辖 1 个央企（中国五矿湘东钨业）、2 个居委会（市场街、枫树坪）、2 个居民区（汉背矿区、阜仙小区）；人口 4800 余人（以原湘东钨矿离退休人员、家属、下岗职工、外来人员为主）；核定全额拨款事业编 14 个，有工作人员 19 名；有 3

个党支部，345 名党员；总面积 4.4 平方千米。2017 年，办事处开拓创新，砥砺前行，经济建设扎实推进，完成固定资产投资 3860 万元。

【项目建设】 2016 年在汉背独立工矿区启动的 300 套公租房建设，总投资 3000 万元，于 2017 年年底完成一期建设面积 10600 平方米，176 套、11 栋主楼全面完工，后进行房屋装修，该项目完成后可彻底解决汉背矿区的住房困难问题。成功争取中央破产改制企业“三供一业”项目，省财政厅、省有色局对该项目进行实地考察认证，核准项目资金 5000 万元，截至 2017 年年底，资金全部到位，项目完成规划设计。投资 2200 万元，完成古汉公路拓宽改造工程的路基建设。

【民生事业】 做好服务管理工作，全年服务管理离休干部 4 人，离休干部遗霜 8 人，省人社厅退休人员 1594 人，县退休人员 1066 人，各类下岗职工 1905 人。2017 年，发放抚恤和原遗留困难补助人员 268 人 195 万元；城镇居民医保 1600 人，为 470 户 843 名低保人员做好服务工作，每月发放保障金 25.3 余万元；投入资金 20 余万元，在汉背矿区实现常态化卫生保洁；投资 10 万元，修缮矿区公墓山道路等设施，植树造林 5000 余株；投资 20 余万元，对尾矿库及时整治修缮、除险加固。

【安全维稳】 加强安全生产监管，严格落实安全生产责任制，突出抓好“打非治违”、三大检查、危房排查等工作，安全生产形势持续好转。创新社会管理，实行矛盾隐患排查销号制度，对涉稳突出问题建立台账，及时跟踪销号处理，化解矛盾纠纷。全年实现“零上访”“零登记”，在 2017 年第二次全省综治民调中排名全县第三，且被评为 2017 年县综治工作先进单位，关闭矿山维稳工作获得全省有色系统第一。

【脱贫攻坚】 办事处对结对帮扶村——秩堂镇石龙村进行精准识别复核、政策宣传、因户施策，助力贫困户增收，石龙村脱贫攻坚工作综合考评位列秩堂镇前三名。2017 年，办事处干部走访贫困户人均 22 次，慰问现金物资每户约 500 元，支持扶贫办公经费 2 万元，支持基础设施建设 10 万元。2017 年，石龙村脱贫 23 户 93 人。

【党建工作】 办事处 2 个居委会有党员 345 名，其中 60 岁以下的占 35%，60 岁以上的占 65%；常住茶陵党员 150 人，流动党员 195 人。为便于党员管理，在阜仙小区设立临时党支部，在株洲市区设立流动党支部。加强党风廉政建设，致力建设风清气正的政治生态环境，全年没有一起信访举报，没有一个吸毒人员，没有一起党员干部违法案件。

表 46

**汉背办事处 2017 年各居委会基本情况表**

| 居委会名称 | 人口（人） | 支部书记 | 居委会主任 |
|---|---|---|---|
| 市场街 | 2658 | 王柏林 | 王柏林 |
| 枫树坪 | 1266 | 杨贻新 | 杨贻新 |

（撰稿：周志文　审稿：胡　静）

## 利民办事处

【概况】 利民办事处位于县城南郊，是县政府正科级事业单位，代管下东街道办事处齐溪、桥边、金铺、小车 4 个行政村的社会事务管理工作。办事处共有 94 个村民小组，总面积 27.3 平方千米，总耕地面积 9273 亩，人口 16714 人。2017 年，利民办事处发挥地处城郊优势，引导调整农业产业结构，扩大草莓、大棚蔬菜、优质稻种植面积，实现农业总产值 1413 万元，完成社会固定资产投资 1.015 亿元，经济建设、社会建设、党的建设同步发展。

【项目建设】 坚持“一个项目、一名领导、一个班子、一抓到底”工作思路，狠抓项目攻坚。全年征地866亩，拆迁房屋9栋3896平方米，助推汽车南站、强制戒毒所、茶乡街提质改造等15个项目落地建设。并以项目促进经济发展，带动周边近1100人就业。

【脱贫攻坚】 实施干群结对、危房改造、产业帮扶、扶志扶根等一系列脱贫举措，实现稳定脱贫292户1168人，贫困发生率降至0.85%。2017年，产生委托帮扶红利59.37万元；完成易地扶贫搬迁14户、危房改造217户；实现贫困劳动力转移就业222人；享受教育助学295人，“雨露计划”24人；核定兜底户41户115人、低保户126户241人；实现城乡居民医保、大病救助、社保救助全覆盖。

【民生事业】 对农村路网进行提质改造，新增水泥路14.2千米，解决“出行难”问题；开展村庄美化绿化亮化工程，拆除空心破败房（含牛栏杂屋）27183平方米，新增绿化主干道路6条，安装路灯280盏；投资近2000万元为原桥边、新田、孟溪三村安装自来水，解决饮用水清洁卫生的问题；完善农田水利设施，生产生活条件明显改善。

【党建工作】 开展党员信息采集工作，建立红星云党员学习系统，开展红色教育、扶贫走访等主题党日活动，提高党员政治素养；从严管理党员，解决“四风”不严、作风不实问题，全年党纪立案7起，开除党籍2人、留党察看4人、延长预备期1人；理顺体制机制，升格4个党总支，新成立3个非公经济组织支部；完成支村“两委”换届工作，配齐配强“两委”班子；强化自身班子建设，完善“一岗双责”制度，规范工程招投标、领导干部重大事项报告、村干部考核等工作；强化民主监督，落实党务、村务、互联网+监督等工作，各项事业管理阳光透明。

表47

**利民办事处2017年各村基本情况表**

| 村名 | 村民小组（个） | 人口（人） | 耕地面积（亩） | 粮食总产量（吨） | 农业总产值（万元） | 农民人均可支配收入（元） | 村支部书记 | 村主任 |
|---|---|---|---|---|---|---|---|---|
| 齐溪村 | 32 | 5071 | 2905 | 1833 | 439.9 | 8405 | 肖天伟 | 谭小利(2017.5— ) |
| 桥边村 | 27 | 4590 | 2980 | 2083 | 499.9 | 8356 | 陈件云 | 陈　文（—2017.5）<br>陈件云（2017.5— ） |
| 金铺村 | 24 | 4399 | 2415 | 1390 | 333.6 | 8493 | 陈章武 | 李晚华 |
| 小车村 | 11 | 2654 | 973 | 581 | 139.4 | 8386 | 龙长文（—2017.5）<br>李　文（2017.5— ） | 李祖元 |
| 合计 | 94 | 16714 | 9273 | 5887 | 1412.8 | 8410 | | |

（撰稿：刘润洪　审稿：谭彪峰）

# 人　物

## 先进人物

### 彭保元

男，汉族，1955年5月出生，茶陵县秩堂镇彭家祠村人民调解员。彭保元是一位独臂人民调解员，他身残志坚，扎根基层，始终坚守在维护社会稳定的最前沿。在他从事调解工作的18年里，小到邻里纠纷，大到工程建设纠纷，调处矛盾纠纷1200余起，调解成功率在98%以上，化解重大疑难纠纷近20起，阻止群体性上访和械斗5起，预防民转刑案件10余起；经他调解的纠纷协议，履行率为100%。彭保元被评为2015年“茶陵县最美人民调解员”、2016年“湖南省最美人民调解员”、2017年全国模范人民调解员。

善走群众路线的“独臂将军”。在当地彭保元是出了名的“独臂将军”。2009年，秩堂镇政府在原秩堂粮站规划新建农贸市场，征地、拆迁涉及众多村民，工作很难做，工程进度非常慢。在镇政府感到一筹莫展线时候，彭保元找到政府领导，说让他来试试看。他不急于向村民提出拆迁的事，而是一家一家的串门聊天，说农贸市场建好后，对大家生活有何改变，并例举其他乡镇农贸市场建好后的场景。村民的思想慢慢有了改变，也不总盯着眼前的利益了，通过近半个月的串门走访，村民的思想彻底转变了，工程重新上马。彭家祠村支部书记说，每次村里换届选举，彭保元都能高票当选。

以心换心的“和事佬”。“有矛盾的村民或者家庭能够和睦相处，就是对自己最大的安慰。”在开展调解时，彭保元坚持用耐心、诚心和热心感化当事人。2006年，彭家祠村彭新（化名）因不肯提供粮食给70多岁的老母亲，被其他三兄弟告到彭保元处。彭保元第一时间赶到彭新家调解。此后，彭新每月给母亲按时送米，赡养老人。2011年，村民李禾（化名）与陈美（化名）因菜地问题大打出手。彭保元闻讯，把饭碗一丢，赶到现场，制止和化解了矛盾。

法情兼顾的好“判官”。长期的调解实践，让彭保元积累了丰富的法律知识，树立了威信。2016年8月，彭家祠村民彭兵（化名）等3人因用电打鱼，与承包东坑水库的老板谭军（化名）发生纠纷，并将谭军打伤。谭军将彭兵等告上法庭。开庭当天，彭保元赶到法院找到主审法官，申请庭下调解。谭军说。彭保元晓之以理，动之以情，最终双方在开庭前几分钟握手言和。2011年村民彭强因车子出故障，请邻居彭建生帮忙拖车，在拖车时不慎发生意外，导致彭建生终身残疾，因赔偿问题起诉到县法院。彭保元知道后，很着急，心想法院判了官司后，两家人以后的关系怎样修复，日子怎能过得舒坦。于是他主动找到两人，提出由他来帮他们解决此事。马上要过年了，彭保元前后六次登门调解，最终在他的持之以恒精神的感动下，两家在大年三十达成调解协议，在众多村民及村委会工作人员的鉴证下，双方在调解协议书上签字，并握手言和，在场的村民都鼓起了掌，称独臂老彭为村民真心实意的干了一件好事。

（县司法局供稿）

### 苏忠良

男，汉族，1964年出生，1987年参加工作。苏忠良最初在县供销联社界首供销社从事营业员和

仓库保管，1995年10月调入云阳国有林场，先后在基层分场从事护林防火、生产带班、基层分场会计、生产副场长、采伐队队长、分场场长和云阳山森林公园管理股股长、云阳国有林场监察室主任等岗位。无任什么岗位，他都立足本职，以身作则，真抓实干，狠抓严管，表现突出。他先后两次获县“三等功”荣誉，多次被评为县双文明建设先进个人；2017年，获湖南省国有林场职业技能竞赛个人第一名、全国国有林场职业技能竞赛三等奖、“省五一劳动奖章”称号。

苏忠良在2003年担任分场场长等部门负责人后，抓好管理人员班子和护林队伍建设，坚持跟班作业，提高专业技能，营林生产按质如期完成，森林实现火警、火灾事故为零。在担任公园管理股股长期间，主动适应云阳山景区旅游工作需要，从头开始，学习旅游业务和景区功能管理知识，从一个普通林业工人转型成为旅游工作者。同时，为了转变长期从事林业生产和护林防火工作的林业工人的思想观念，尽快向旅游服务工作转型，他坚持每天对景区员工挂牌上岗、服务形象、服务规范等进行督查，引导景区工作人员增强服务意识，促使景区旅游各项功能管理从零逐步走上正轨，为云阳山的开发建设和创建国家AAAA级旅游景区、省级风景名胜区、省级地质公园、省级自然保护区品牌做出突出贡献。

2011年，苏忠良从事监察工作。为了加强对林场日常营林生产、林业项目调查、伐区调查设计等项目的过程监管，使每个调查项目严格按照相关技术操作规程作业设计，确保项目调查的严肃性、科学性和公正性，每次项目调查，他克服自身年龄大、体力较差的困难积极参加。林业调查是一项消耗体力的野外活动，翻山越岭、过岗跌谷是常事，既辛苦又劳累，有时会还出现一些意外受伤。虽然年龄较大，但他依然开朗乐观，和年轻的林调队员们一样，同上山、同下山，坚持全过程、全方位现场实地跟踪监管，对林木调查过程中的样地设置、林层划分等技术操作规程严把关、严管控，确保调查设计数据真实准确、作业设计科学合理。他虽然只有初中文化，但勤奋努力，始终坚持勤走、勤查、勤问、勤学，平时碰到不懂的问题，一方面在调查作业时细心观察、学习技术人员目测胸径、树高等专业方法，主动虚心请教，弄懂悟透；另一方面在网上查找相关技术要求和技术操作规程资料，加强自学，提升技能。

（县云阳国有林场供稿）

**刘祖治**

男，1972年生，下东街道齐溪村人，本科文化，湖南万樟园林集团公司董事长，湖南省十二届政协委员、湖南省工商联常委、株洲市第十五届人大代表、株洲市工商联副主席。他从2010年开始，用积累的上亿元资金，将10万余亩荒山建成现代农业产业示范园，打造成“中国花湖谷”景区，并以此为基地，以产业扶贫、就业扶贫、接受“委托帮扶”、公益扶贫等方式，让11个贫困村628户贫困户2131个贫困人口走出困境。百姓深情地称他是永远撤不走的“扶贫队长”。他的事迹被广为传颂，茶陵县委、县政府发出《关于向刘祖治同志学习活动的通知》，并举行刘祖治扶贫先进事迹报告会。他先后被授予全国农业劳动模范、全国绿化奖章、湖南省“十大先富带后富”典型、湖南最美扶贫人物等称号。湖南万樟园林集团有限公司也被授予全国“万企帮万村”精准扶贫先进民营企业、湖南省“省级同心工程产业扶贫同心企业”、省创新创业带动就业示范典型等称号。

2010年5月，在“绿水青山就是金山银山”发展理念的感召下，刘祖治怀着“绿色之梦”和感恩社会的初心，到严塘镇高径等村流转荒山，创建万樟园林现代农业产业园，以植树造林、绿化荒山、发展产业，同时也为当地农民就近就业创收敞开一道大门。2013年，园区开发建设正酣，中共中央精准扶贫精神像春风吹拂祖国大地，刘祖治积极响应。他抽出时间，主动深入园区内及周边玳溪、尧水、上合、湾里等贫困村，调查摸底，分析原因，因村施策，因户制宜，帮助这些贫困村和贫困户脱贫。

为帮扶贫困村，公司捐资300多万元，帮助尧水、上合等村修建机耕道20余千米，水泥硬化村道30余千米，修建桥梁1座；发挥自己团队做园林绿化工程的技术、资源优势，自带技术人员和花卉苗木，无偿帮助贫困村修建农民公园、休闲广场、绿化村道，改善基础设施和村容村貌；为解决村集体经济薄弱难题，他采取入股分红方式帮扶，让贫困村每入股1万元，每年分红1000元，连续帮扶5年，并退还本金。公司每年为各贫困村发放入股帮扶资金60多万元，壮大村集体经济收入。

为帮扶贫困户，他积极承担“委托帮扶”任务。一是以园区为依托，走产业扶贫之路。万樟园林现代农业产业园，经过8年的发展，现植树造林达6万多亩，每年可吸纳数千人就近就业，每个务工人员每年工资可达1万~3万元，多的4万~6万元。他想方设法为贫困人员到园区务工创造条件，给予关爱。对有劳动能力的优先安排到园区务工；对丧失部分劳动能力的半残人员和年老体弱者，给予安排一些除草、施肥、浇水等轻便的工作。为方便他们到园区务工，公司还特地购置两台客车，专门接送路途遥远的贫困务工人员，免费为他们提供午餐。同时，对园区周边的贫困户愿意流转土地的，公司优先为他们流转土地，作为园区发展的储备用地，让他们获得稳定的土地流转收入。现年60岁的伤残退伍军人周汉伟便是受益者之一，他仅土地流转收入每年增收3000多元，加上夫妻俩劳务工工资6万余元，一举甩掉贫困帽，并成为“先富带后富”的典型。据统计，公司每年吸纳务工人员3000多人，每年支付劳务工资3000多万元，支付土地流转租金近400多万元，其中贫困人员达42%。二是建立农民专业合作社。他拆资500万元建立茶陵县万樟园林苗木种植农民专业合作社。以“公司＋基地＋农户”的模式，把贫困户组织起来，自己种植苗木花卉，发展自己的产业，走“造血”扶贫之路。公司为他们免费提供种籽、技术、农药、化肥，并与他们签订包购包销协议。这样，既为贫困人口创业解决了无资金、无技术的束缚，又解决他们担心产品无市场无销路的后顾之忧。截至2017年年底，有183户贫困户入社，平均每户每年增收2.6万余元。贫困户谭东美，2015年承包8亩荒山种植苗木，2016年她把苗木花卉按照协议价卖给公司，一年纯收入近10万元，彻底实现脱贫。三是以“政府＋银行＋企业＋贫困户”四方协议模式帮扶。让每个贫困户将扶贫贷款资金通过银行投到公司，公司负责还本付息，同时公司与贫困户签订帮扶协议，公司每年对每个贫困人口发放不少于1000元的帮扶资金，按协议连续发放10年，已发放3年，共计2000余万元。他还建立扶贫帮困制度，对来园区务工的贫困人员额外加补工资，男、女务工人员每人每天分别加补10元、5元，仅此一项，公司每年多支付劳资100余万元；对因病、意外事故或自然灾害等原因造成的特困户，坚持每年慰问两次，每次每户赠送1000~4000元的慰问金；对贫困户家庭中大、中学生，每学期发放1000~5000元的助学金，对考上本科、研究生的贫困生发放500~2000元的奖学金，激励他们奋发上进，用知识改变贫困家庭。

刘祖治不仅把荒山变成锦绣青山，同时变成了充满希望和生机的金山银山。在他的真心帮扶下，一批贫困人口摘掉贫困帽子，充满自信地走上小康致富路。他的先进事迹，先后得到到园区视察工作的省委书记杜家豪、省长许达哲等领导的称赞。

（万樟园林公司供稿）

表48

## 2017年获评的高级专业技术人员名表

| 姓　名 | 性　别 | 出生年月 | 参加工作时间 | 工作单位 | 获评职称 |
|---|---|---|---|---|---|
| 王新平 | 男 | 1971.1 | 1991.7 | 茶陵县八团学校（小学部） | 中小学高级教师 |
| 胡俊玲 | 男 | 1964.5 | 1984.8 | 茶陵县城北小学 | 中小学高级教师 |
| 钟绍月 | 男 | 1963.12 | 1981.7 | 茶陵县城东学校（小学部） | 中小学高级教师 |
| 刘益牛 | 男 | 1966.11 | 1983.11 | 茶陵县城东学校（小学部） | 中小学高级教师 |
| 刘桂香 | 女 | 1967.4 | 1989.7 | 茶陵县城东学校（小学部） | 中小学高级教师 |

续表 48–1

| 姓 名 | 性 别 | 出生年月 | 参加工作时间 | 工作单位 | 获评职称 |
|---|---|---|---|---|---|
| 谭岸飞 | 男 | 1979.7 | 1997.7 | 茶陵县城东学校（小学部） | 中小学高级教师 |
| 郭星源 | 男 | 1969.6 | 1989.8 | 茶陵县城东学校（中学部） | 中小学高级教师 |
| 刘冬林 | 男 | 1973.10 | 1999.7 | 茶陵县城东学校（中学部） | 中小学高级教师 |
| 陈罗勇 | 男 | 1961.2 | 1979.9 | 茶陵县城西小学 | 中小学高级教师 |
| 彭正祥 | 男 | 1969.1 | 1988.7 | 茶陵县城西小学 | 中小学高级教师 |
| 雷件华 | 男 | 1966.8 | 1998.8 | 茶陵县第二中学 | 中小学高级教师 |
| 谭卫红 | 男 | 1970.10 | 1992.7 | 茶陵县第二中学 | 中小学高级教师 |
| 刘之凡 | 男 | 1972.3 | 1996.7 | 茶陵县第二中学 | 中小学高级教师 |
| 颜国梁 | 男 | 1970.4 | 1993.7 | 茶陵县第三中学 | 中小学高级教师 |
| 谭园园 | 女 | 1967.12 | 1988.7 | 茶陵县第三中学 | 中小学高级教师 |
| 谭柏群 | 女 | 1968.8 | 1990.7 | 茶陵县第三中学 | 中小学高级教师 |
| 谭水牛 | 男 | 1973.5 | 1992.7 | 茶陵县第三中学 | 中小学高级教师 |
| 谭聪平 | 男 | 1974.5 | 1999.6 | 茶陵县第三中学 | 中小学高级教师 |
| 谭铁仔 | 男 | 1967.3 | 1988.7 | 茶陵县第一中学 | 中小学高级教师 |
| 尹兵初 | 男 | 1978.8 | 1997.7 | 茶陵县高陇中心小学 | 中小学高级教师 |
| 陈湘蓉 | 女 | 1970.3 | 1989.7 | 茶陵县高陇中心小学 | 中小学高级教师 |
| 周祥平 | 男 | 1964.4 | 1983.8 | 茶陵县湖口中心小学 | 中小学高级教师 |
| 颜件华 | 男 | 1964.7 | 1981.9 | 茶陵县湖口中心小学 | 中小学高级教师 |
| 彭艳梅 | 女 | 1971.9 | 1992.8 | 茶陵县湖口中学 | 中小学高级教师 |
| 尹烈文 | 男 | 1969.7 | 1988.4 | 茶陵县虎踞中心小学 | 中小学高级教师 |
| 谭华清 | 男 | 1976.11 | 1995.7 | 茶陵县虎踞中心小学 | 中小学高级教师 |
| 董芬芳 | 男 | 1963.9 | 1981.12 | 茶陵县虎踞中心小学 | 中小学高级教师 |
| 谭秀平 | 男 | 1972.12 | 1991.7 | 茶陵县虎踞中学 | 中小学高级教师 |
| 谭政 | 男 | 1976.6 | 1999.9 | 茶陵县浣溪中心小学 | 中小学高级教师 |
| 谭雪峰 | 男 | 1974.8 | 1997.7 | 茶陵县浣溪中学 | 中小学高级教师 |
| 肖新忠 | 男 | 1966.3 | 1986.2 | 茶陵县火田中心小学 | 中小学高级教师 |
| 朱超华 | 男 | 1963.5 | 1986.9 | 茶陵县火田中心小学 | 中小学高级教师 |

续表 48-2

| 姓　名 | 性　别 | 出生年月 | 参加工作时间 | 工作单位 | 获评职称 |
|---|---|---|---|---|---|
| 刘曼生 | 男 | 1962.10 | 1980.8 | 茶陵县火田中学 | 中小学高级教师 |
| 尹京高 | 男 | 1962.2 | 1978.1 | 茶陵县火田中学 | 中小学高级教师 |
| 周坤 | 女 | 1978.6 | 1999.9 | 茶陵县教育局教师培训工作站 | 中小学高级教师 |
| 薛晶星 | 女 | 1977.7 | 1997.7 | 茶陵县解放小学 | 中小学高级教师 |
| 刘小鑫 | 女 | 1966.2 | 1985.7 | 茶陵县解放小学 | 中小学高级教师 |
| 龙秋香 | 女 | 1975.7 | 1995.7 | 茶陵县解放小学 | 中小学高级教师 |
| 谭年芳 | 女 | 1973.12 | 1996.7 | 茶陵县解放小学 | 中小学高级教师 |
| 陈检塘 | 男 | 1959.3 | 1976.8 | 茶陵县界首中心小学 | 中小学高级教师 |
| 陈军 | 男 | 1959.12 | 1978.2 | 茶陵县界首中心小学 | 中小学高级教师 |
| 谭晓辉 | 男 | 1962.6 | 1983.8 | 茶陵县界首中学 | 中小学高级教师 |
| 翁茂松 | 男 | 1973.8 | 1996.7 | 茶陵县界首中学 | 中小学高级教师 |
| 谭自文 | 男 | 1971.12 | 1991.7 | 茶陵县界首中学 | 中小学高级教师 |
| 李桃花 | 女 | 1966.2 | 1987.9 | 茶陵县列宁学校 | 中小学高级教师 |
| 陈团喜 | 男 | 1960.8 | 1983.8 | 茶陵县列宁学校 | 中小学高级教师 |
| 谭自云 | 男 | 1975.10 | 1994.7 | 茶陵县舲舫中心小学 | 中小学高级教师 |
| 付小波 | 男 | 1978.8 | 1996.7 | 茶陵县舲舫中心小学 | 中小学高级教师 |
| 段小兰 | 女 | 1970.11 | 1989.7 | 茶陵县舲舫中学 | 中小学高级教师 |
| 陈社春 | 男 | 1973.3 | 1991.7 | 茶陵县潞水中心小学 | 中小学高级教师 |
| 陈明华 | 男 | 1974.4 | 1995.7 | 茶陵县潞水中学 | 中小学高级教师 |
| 贺柏军 | 男 | 1977.9 | 1996.7 | 茶陵县马江中心小学 | 中小学高级教师 |
| 曾牛珠 | 男 | 1963.2 | 1983.8 | 茶陵县马江中心小学 | 中小学高级教师 |
| 谭小庚 | 男 | 1972.12 | 1991.7 | 茶陵县马江中学 | 中小学高级教师 |
| 蒋红艳 | 女 | 1971.3 | 1998.9 | 茶陵县马江中学 | 中小学高级教师 |
| 谭新民 | 男 | 1964.1 | 1981.12 | 茶陵县平水中心小学 | 中小学高级教师 |
| 尹小明 | 男 | 1961.4 | 1979.9 | 茶陵县平水中心小学 | 中小学高级教师 |
| 陈洪亮 | 男 | 1961.6 | 1981.9 | 茶陵县平水中学 | 中小学高级教师 |
| 陈保明 | 男 | 1973.6 | 1996.8 | 茶陵县平水中学 | 中小学高级教师 |

续表 48–3

| 姓　名 | 性　别 | 出生年月 | 参加工作时间 | 工作单位 | 获评职称 |
|---|---|---|---|---|---|
| 刘文香 | 女 | 1969.9 | 1989.7 | 茶陵县思聪中心小学 | 中小学高级教师 |
| 陈文红 | 女 | 1979.9 | 1997.7 | 茶陵县思聪中心小学 | 中小学高级教师 |
| 陈新桃 | 男 | 1963.10 | 1986.11 | 茶陵县思聪中心小学 | 中小学高级教师 |
| 曾文平 | 男 | 1973.10 | 1992.7 | 茶陵县思源实验学校（小学部） | 中小学高级教师 |
| 黄振洪 | 男 | 1975.9 | 2000.9 | 茶陵县思源实验学校（中学部） | 中小学高级教师 |
| 郭娟 | 女 | 1973.4 | 1995.7 | 茶陵县思源实验学校（中学部） | 中小学高级教师 |
| 田开元 | 男 | 1968.7 | 1987.7 | 茶陵县思源实验学校（中学部） | 中小学高级教师 |
| 罗石平 | 男 | 1962.9 | 1983.7 | 茶陵县桃坑乡桃坑学校（小学部） | 中小学高级教师 |
| 梁石桃 | 女 | 1976.6 | 1997.9 | 茶陵县特殊教育学校 | 中小学高级教师 |
| 谭中华 | 男 | 1974.8 | 1994.7 | 茶陵县下东中心小学 | 中小学高级教师 |
| 龙春平 | 女 | 1966.3 | 1988.7 | 茶陵县下东中心小学 | 中小学高级教师 |
| 谭二朱 | 男 | 1963.11 | 1981.7 | 茶陵县下东中心小学 | 中小学高级教师 |
| 龙新华 | 男 | 1963.3 | 1980.6 | 茶陵县下东中心小学 | 中小学高级教师 |
| 周丽芳 | 女 | 1970.3 | 1989.7 | 茶陵县下东中心小学 | 中小学高级教师 |
| 陈小梅 | 女 | 1978.2 | 1998.7 | 茶陵县星星学校 | 中小学高级教师 |
| 段志勇 | 男 | 1963.8 | 1984.2 | 茶陵县严塘中心小学 | 中小学高级教师 |
| 刘贵冬 | 男 | 1963.11 | 1983.7 | 茶陵县严塘中心小学 | 中小学高级教师 |
| 龙平瑶 | 男 | 1963.9 | 1982.7 | 茶陵县严塘中学 | 中小学高级教师 |
| 段小军 | 男 | 1972.1 | 1996.7 | 茶陵县严塘中学 | 中小学高级教师 |
| 谭弹力 | 男 | 1977.1 | 1995.7 | 茶陵县腰陂中心小学 | 中小学高级教师 |
| 刘胡艳 | 女 | 1966.7 | 1985.9 | 茶陵县腰陂中心小学 | 中小学高级教师 |
| 刘小红 | 男 | 1964.1 | 1983.1 | 茶陵县腰陂中心小学 | 中小学高级教师 |
| 袁龙亮 | 男 | 1964.9 | 1985.9 | 茶陵县腰陂中心小学 | 中小学高级教师 |
| 刘祖明 | 男 | 1964.6 | 1984.2 | 茶陵县腰陂中心小学 | 中小学高级教师 |
| 刘万红 | 男 | 1975.10 | 1997.7 | 茶陵县尧水学校（初中） | 中小学高级教师 |
| 杨军 | 男 | 1978.5 | 1996.7 | 茶陵县尧水学校（小学） | 中小学高级教师 |
| 罗端年 | 男 | 1962.5 | 1981.8 | 茶陵县尧水学校（小学） | 中小学高级教师 |

续表 48-4

| 姓名 | 性别 | 出生年月 | 参加工作时间 | 工作单位 | 获评职称 |
|---|---|---|---|---|---|
| 吴二生 | 男 | 1962.2 | 1982.8 | 茶陵县云阳中学 | 中小学高级教师 |
| 刘仁雄 | 男 | 1962.8 | 1982.7 | 茶陵县云阳中学 | 中小学高级教师 |
| 张永红 | 女 | 1977.1 | 1999.6 | 茶陵县云阳中学 | 中小学高级教师 |
| 谭雄鹰 | 男 | 1968.2 | 1986.7 | 茶陵县云阳中学 | 中小学高级教师 |
| 刘春明 | 男 | 1968.10 | 1988.10 | 茶陵县云阳中学 | 中小学高级教师 |
| 石朝晖 | 女 | 1966.12 | 1988.7 | 茶陵县云阳中学 | 中小学高级教师 |
| 彭小桂 | 女 | 1970.8 | 1992.7 | 茶陵县云阳中学 | 中小学高级教师 |
| 李永明 | 男 | 1962.2 | 1978.9 | 茶陵县枣市中心小学 | 中小学高级教师 |
| 侯仁祥 | 男 | 1958.6 | 1976.9 | 茶陵县枣市中心小学 | 中小学高级教师 |
| 陈小兵 | 男 | 1971.9 | 1996.7 | 茶陵县枣市中学 | 中小学高级教师 |
| 陈长生 | 男 | 1972.7 | 1992.7 | 茶陵县秩堂中学 | 中小学高级教师 |
| 刘庆元 | 男 | 1973.3 | 1997.7 | 茶陵县秩堂中学 | 中小学高级教师 |
| 龙遨 | 男 | 1968.8 | 1991.7 | 茶陵县秩堂中学 | 中小学高级教师 |
| 谭文彬 | 男 | 1971.8 | 1988.4 | 茶陵县祖安中学 | 中小学高级教师 |
| 蒋响荣 | 男 | 1979.2 | 1997.7 | 茶陵县祖安中学 | 中小学高级教师 |
| 陈红兵 | 男 | 1970.7 | 1990.12 | 茶陵县人民医院 | 消化内科主任医师 |
| 夏慧莲 | 女 | 1974.12 | 1999.8 | 茶陵县人民医院 | 妇产科副主任医师 |
| 周艳芳 | 女 | 1967.12 | 2000.10 | 茶陵县人民医院 | 心血管内科主任医师 |
| 何海燕 | 女 | 1976.1 | 1995.10 | 茶陵县人民医院 | 护理副主任护师 |
| 颜桂平 | 女 | 1978.5 | 1996.10 | 茶陵县人民医院 | 护理副主任护师 |
| 陈湘林 | 男 | 1973.5 | 1996.12 | 茶陵县人民医院 | 麻醉科副主任医师 |
| 焦金平 | 男 | 1973.2 | 1996.10 | 茶陵县中医医院 | 中医内科主任医师 |
| 邓周云 | 男 | 1979.12 | 2004.1 | 茶陵县中医医院 | 普通外科副主任医师 |
| 颜小珍 | 女 | 1972.6 | 1991.10 | 茶陵县中医医院 | 妇产科副主任医师 |
| 李云艳 | 女 | 1974.1 | 1993.7 | 茶陵县妇幼保健院 | 妇产科医学副主任医师 |
| 陈祥艳 | 女 | 1976.6 | 1996.12 | 茶陵县妇幼保健院 | 妇产科医学副主任医师 |

表 49

## 2017 年获省部级奖励的先进人物名表

| 姓 名 | 性 别 | 出生年月 | 籍贯（乡镇） | 获奖时所在工作单位及主要任职 | 荣誉称号 | 授奖单位 |
|---|---|---|---|---|---|---|
| 邝 戎 | 男 | 1983.9 | 湖南安仁 | 茶陵县文化市场综合执法大队大队长 | 全国“扫黄打非”工作先进个人 | 全国“扫黄打非”工作小组 |
| 谭胜娇 | 女 | 1969.3 | 茶陵思聪 | 茶陵县国家税务局财务科副科长 | 湖南省国税系统先进工作者 | 湖南省国家税务局 |

# 附　录

## 一、文件选录

### 中共茶陵县委 茶陵县人民政府 关于加快脐橙产业发展的实施意见

茶发〔2017〕8号
（2017年4月14日）

脐橙产业是我县发展农村经济，增加农民收入，带动贫困人口脱贫致富的重要产业。我县在发展脐橙产业方面的自然资源优势和交通运输条件得天独厚。为做大做强脐橙产业，切实推进产业扶贫，特提出如下实施意见：

**一、指导思想和总体目标**

（一）指导思想

坚持以农业供给侧结构性改革为主线，以市场需求为导向，以科学技术为支撑，以“天使之橙”脐橙产业链项目落户茶陵为契机，通过产业政策引导，项目资金扶持，龙头企业（合作社、大户）带动，加快脐橙基地建设，把脐橙产业做特、做大、做强、做优。

（二）总体目标

1. 基地建设目标：2017年—2020年，全县脐橙面积发展到5万亩，其中：巩固现有2.5万亩，新增2.5万亩（高陇镇0.5万亩、秩堂镇0.5万亩、火田镇0.3万亩、严塘镇0.3万亩、马江镇0.2万亩、湖口镇0.2万亩、下东街道0.15万亩、腰潞镇0.15万亩、其他0.2万亩）；扶持龙头企业做好脐橙精深加工、副产品综合利用、商品化处理、仓储、电子商务、质量监管和技术保障等建设，实现脐橙年产值2.5亿元以上，带动5000名以上贫困人口脱贫致富。

2. 市场与品牌建设目标：到2020年，培养1～2个年销售额达5千万元的省级龙头企业，3～4个销售额超千万元的市级龙头企业，创建1～2个省著名商标。建设一个占地面积50亩的集采后处理、加工、物流、配送为一体的现代化脐橙交易中心。

**二、组织领导**

成立茶陵县脐橙产业开发领导小组。县长江小忠任组长。县委常委、组织部长肖锦霞任常务副组长，副县长杨定桃、张征良任副组长。农业、财政、林业、发改、国土资源、水利、电力、商务粮食、扶贫、供销、金融等相关单位主要负责人为成员。领导小组下设办公室，办公室设在农业局，由农业局局长谭文平任办公室主任。负责全县脐橙产业开发的日常工作。各脐橙种植乡镇（街道）要成立相应领导机构和工作班子，切实加强对脐橙产业开发的领导，制定相应的扶持措施，确保脐橙产业开发工作落到实处。

**三、工作措施**

（一）狠抓脐橙基地建设。各乡镇(街道)要结合实际，制定脐橙开发规划，充分利用产业扶贫、农业综合开发、国土整理、水土保持、产业结构调整等相关政策和各乡镇区域优势，推动脐橙基地建设。

（二）重点培育龙头企业。脐橙种植乡镇(街道)要明确分管领导及专人负责，安排专项经费，建立示范基地，推进土地流转，扩大种植面积。积极培育信誉度高、辐射面广、带动力强的龙头企业（专业合作社、种植大户），充分发挥其带动作用，以企业带产业、以基地带农户，着力推进脐橙产业化发展。

（三）切实加强监管服务。大力推行脐橙产业标准化生产，切实加强农产品监管。巩固完善县、乡、村三级技术服务网络，建立专业化、规模化、标准化脐橙产业科技服务体系。通过聘请省内知名专家实地进行技术指导和组织果农外出考察学习两种途径，不断提高果农科技水平。做好气象监测和病虫防治，提高抵御自然灾害能力。把脐橙基地开发面积纳入绩考办进行绩效考核，分值为1分。

**四、落实扶持政策**

（一）推进土地流转。各乡镇(街道)要大力推进脐橙规划区内的集体土地流转，把脐橙开发与农业供给侧结构性改革相结合，并依法办理土地流转手续。（具体详见附件：《茶陵县2017年度乡镇街道脐橙开发计划》）

（二)加强基地建设。按照“统一规划布局、统一苗木供应、统一技术指导、统一验收标准”的原则，对脐橙规划区域内的生产基地和基础设施进行建设，县国土资源、农业、水利、林业、发改等部门要给予大力支持（特别是在争项目上的支持），减免行政事业性收费，办理好相关手续。脐橙开发规划选址应由农业、林业、国土资源等部门共同参与，签字盖章确认。种植面积超过50亩要实行测土配方施肥技术。脐橙开发基地规划区内种植及配套用地，相关部门应依规办理审核备案手续。

（三）落实扶持资金。根据测算，新建高标准脐橙园需投资2560元/亩。参照茶叶、“茶陵三宝”和油茶产业扶持政策，县财政每年安排脐橙产业专项引导资金。从2017年起，对5亩以上的脐橙种植户，脐橙基地建设经农业、财政、发改、扶贫联合验收小组验收合格后，县政府给予1000元/亩的奖励，按照第一年奖励600元/亩（含苗木费用)、第二年奖励200元/亩的标准,第三年奖励200元/亩的标准，直接奖励到种植户。建档立卡贫困户按1200元/亩的标准给予奖励；企业或非贫困户冒充假借贫困户名义开发建设脐橙基地获得高额奖励的，除收缴奖励外，要另行从重处理。每年安排30万元奖补资金用于脐橙加工、种苗繁育（价差补贴）；20万元工作经费用于农业局脐橙开发、技术服务等。

（四）扶持加工企业。坚持“谁开发、谁受益”原则，鼓励县内外业主在我县投资开发脐橙产业。在脐橙规划区域内,采取“公司+农户+基地”的产业经营模式，鼓励发展脐橙加工和副产品综合利用。相关龙头企业要与从事脐橙开发的农户签订生产、收购合同，确定保底价（根据县政府招商协议条款，2017年—2020年本地生产的脐橙由上海巨昂公司按照3.6元/公斤的保底价格收购）。农业局、商粮局应对合同的签订做好监督。大力支持脐橙加工企业在茶陵投资办厂。在园区投资上规模的脐橙加工企业，可在享受县内其它重点企业优惠政策的基础上，采取“一事一议”的方式给予更优惠的扶持政策。

（五）优化发展环境。脐橙规划区域内，各部门和乡镇街道、村、组要大力支持脐橙基地业主取水、供电。加强脐橙基地生态环境保护。基地周边五千米以内没有经过环评达标的企业不得进入。水利、林业、农业、发改、财政、国土资源、环保、工商等职能部门要各司其责，密切配合，加大执法力度，对破坏和污染果园、干扰加工生产等不法行为依法进行打击。

附件：茶陵县2017年度乡镇（街道）脐橙开发计划

表 50

## 茶陵县 2017 年度乡镇（街道）脐橙开发计划

| 序　号 | 乡镇名称 | 开发面积（亩） | 贫困人口参与数量（户） | 备　注 |
|---|---|---|---|---|
| 1 | 高陇镇 | 1300 | 260 | |
| 2 | 秩堂镇 | 1300 | 260 | |
| 3 | 火田镇 | 800 | 160 | |
| 4 | 严塘镇 | 800 | 160 | |
| 5 | 马江镇 | 500 | 100 | |
| 6 | 湖口镇 | 500 | 100 | |
| 7 | 下东街道 | 400 | 80 | |
| 8 | 腰潞镇 | 400 | 80 | |
| 9 | 其　他 | 500 | 100 | |
| 合　计 | | 6500 | 1300 | |

# 中共茶陵县委办公室　茶陵县人民政府办公室关于印发《茶陵县城乡建设用地增减挂钩项目实施管理办法（试行）》的通知

茶办〔2017〕66号
（2017年6月6日）

各乡镇（街道）党（工）委和人民政府（办事处），县直各相关单位：

《茶陵县城乡建设用地增减挂钩项目实施管理办法（试行）》已经县委、县人民政府同意，现印发给你们，请认真遵照执行。

# 茶陵县城乡建设用地增减挂钩项目实施管理办法（试行）

## 第一章　总　则

第一条　为规范我县城乡建设用地增减挂钩项目实施，确保项目质量，根据《湖南省农村土地整治项目管理办法》《湖南省土地开发整理项目资金管理办法》《茶陵县城乡建设用地增减挂钩工作方案》等规定，结合我县实际，制定本办法。

第二条　本办法仅适用于我县城乡建设用地增减挂钩项目（以下简称项目）的实施和资金管理。

第三条　县城乡建设用地增减挂钩工作领导小组办公室负责全县增减挂钩日常工作，具体负责项目年度计划制定、项目选址申报、项目实施方案编制、项目可研编制、项目立项批复、项目设计预算编制、项目中介服务机构和施工单位的招投标、项目初验、资料汇总等工作。

县财政局负责增减挂钩专项资金的筹措、结算、拨付，项目预结算评审及绩效评价等工作。

县国土资源局负责增减挂钩工作的业务指导、土地变更调查、指标确认、信息报备等工作。参与项目选址、验收等工作。

县农业局负责耕地质量等级评定工作，并配合做好复垦耕地指标的验收确认工作。

乡镇（街道）在县城乡建设用地增减挂钩工作领导小组办公室的指导下负责自愿退出奖励协议的签订、组织项目实施、矛盾协调、项目后续管理和集中居住区建设的具体工作。

## 第二章　项目立项

第四条　项目选址。项目选址应遵循以下原则：全国第二次土地调查的土地利用现状图中已确定的400平方米以上（含400平方米）建设用地地块可纳入拆旧区，包括农村宅基地、农村集体建设用地和工矿企事业单位破产、关闭搬迁后的废旧地等。易地扶贫搬迁户400平方米以下未纳入土地利用现状图的现状建设用地，提供审批文件等合法依据或国情地理普查资料、影像、村级证明等佐证材料，可纳入拆旧区。易地扶贫搬迁户自行将农村宅基地等零星分散建设用地进行复垦的，经县城乡建设用地增减挂钩工作领导小组办公室确认，可直接用于增减挂钩。

第五条　项目申报。符合选址条件的地块由乡镇（街道）负责摸底，乡镇（街道）核实权属后，统一向县城乡建设用地增减挂钩工作领导小组办公室提出申请，县城乡建设用地增减挂钩工作领导小组办公室安排人员对拆旧地块进行实地踏勘，核实现状地类、建筑物及附着物占地面积及檐高，并拍照存档，确定建筑物及附着物拆除范围与项目区范围。

第六条　项目确认。确定项目范围后，县城乡建设用地增减挂钩工作领导小组办公室组织专业技术单位对项目区范围现场进行踏勘和实地测量，对地形地貌进行测绘，并准备相关资料向省国土资源厅申请对拆旧区进行选址确认，确认通过后县城乡建设用地增减挂钩工作领导小组办公室将相关数据提供给乡镇（街道），乡镇（街道）应及时与土地使用权人签订自愿退出奖励协议。由县国土资源局编制项目实施方案报省国土资源厅审批。

第七条　项目批复。县城乡建设用地增减挂钩工作领导小组办公室组织编制项目可行性研究报告以及设计预算书。

项目可行性研究报告和设计方案的评审由县城乡建设用地增减挂钩工作领导小组办公室组织省国土资源厅专家库的专家组进行，评审通过后由县城乡建设用地增减挂钩工作领导小组办公室下达项目立项批复。

项目预算经县财政局投资评审中心评审后由县城乡建设用地增减挂钩工作领导小组办公室下达项目资金计划批复。

第八条　项目的前期费用、工程施工费、设备购置费、工程监理费、竣工验收费、业主管理及乡村协调费、不可预见费等费用参照《湖南省土地开发整理项目预算补充定额标准》（湘财建〔2014〕22号）规定取费。

## 第三章　项目实施

第九条　项目立项批复和资金计划批复下达后，由乡镇（街道）依据项目设计预算按相关要求组织项目实施。

第十条　项目勘察测量、可行性研究报告、设计与预算编制、工程监理、招标代理等服务性项目必须依法依规通过政府采购或招投标程序确定中介服务单位。

第十一条　项目施工招标由县城乡建设用地增减挂钩工作领导小组办公室组织相关部门，确定具体方式，统一时间集中招标。

为方便施工管理，项目标段应按区域、地块划分，不采取按资金平均划分的方式。工程施工费招标金额按项目预算评审金额下浮5%进行招标，乡镇（街道）应及时与施工单位签订施工合同，并报县城乡建设用地增减挂钩工作领导小组办公室备案。

第十二条　项目实施过程中，县城乡建设用地增减挂钩工作领导小组办公室要组织相关部门做好项目监管工作，督查项目工程进度和资金使用情况，定期检查，对工程实施进度滞后的进行通报，对发现的问题及时督促整改。

第十三条　项目建设任务及预算一经下达原则上不得变更，确需变更的，由各乡镇（街道）收集资料报县城乡建设用地增减挂钩工作领导小组办公室，由县城乡建设用地增减挂钩工作领导小组办公室牵头组织相关部门进行变更确认审批，并下达工程变更批复，施工单位按批复施工。

第十四条　项目施工中发生的隐蔽工程，每个标段总额在5000元以内的（含5000元），由乡镇（街道）与监理单位签证，超过5000元的，实施前必须报县城乡建设用地增减挂钩工作领导小组办公室审批。

## 第四章　项目验收

第十五条　县城乡建设用地增减挂钩工作领导小组办公室牵头组织项目初验；省国土资源厅组织项目验收和指标确认。

第十六条　工程施工结束后，施工单位向乡镇（街道）提交竣工报告，并编制好竣工资料和结算资料。乡镇（街道）和监理单位对施工单位报送的竣工资料和结算资料审核完善后，报县城乡建设用地增减挂钩工作领导小组办公室进行复核。完成复核后县城乡建设用地增减挂钩工作领导小组办公室组织有关单位和专业技术人员进行项目初验。初验合格的，出具初验报告；不合格的，责令施工单位限期整改。

第十七条　初验合格后，县城乡建设用地增减挂钩工作领导小组办公室应组织进行工程结算审计，办理工程结算，编制财务决算报告，按规定开展财务决算审计，完成土地利用现状变更调查、耕地质量等级评定等工作。同时收集整理相关资料向省国土资源厅申请项目验收。

申请项目验收应提交项目验收申请、项目竣工报告、竣工实测图、项目初验报告、工程结算评审报告、财务决算报告、财务决算评审报告、土地权属调整报告、工程监理总结、设计变更方案和批复、耕地质量等级评定报告等相关资料。

## 第五章　项目资金管理

第十八条　增减挂项目资金来源由县政府统筹安排。增减挂项目资金由项目总费用和项目工作经费两部分组成。资金管理应遵循国库支付管理办法、实施“一支笔”审批管理，所有费用的拨付必须经县城乡建设用地增减挂钩工作领导小组办公室按相关程序予以审批。

第十九条　项目总费用包括：前期费用、工作经费、工程施工费、设备购置费、工程监理费、拆旧区建筑物和附着物奖励费、竣工验收费、业主管理及乡村协调费、不可预见费、后续管理和沃土费。

第二十条　项目工作经费包括：县城乡建设用地增减挂钩工作领导小组办公室日常工作经费、编制项目实施方案费用、乡镇（街道）、村和有关单位的工作经费。

乡镇（街道）、村级组织、县国土资源局工作经费分别按验收后的耕地面积 1.2 万元 / 亩、0.3 万元 / 亩、500 元 / 亩的标准拨付。乡镇（街道）、县国土资源局工作经费在项目招标完成后均按 15% 的比例预拨，项目验收合格后，凭新增耕地指标确认书拨付剩余工作经费。

县城乡建设用地增减挂钩工作领导小组办公室工作经费据实结算。

县农业局的新增耕地农业土肥鉴定费按验收的耕地面积 100 元 / 亩标准结算。

第二十一条　项目勘察测量、可研和设计预算编制、工程监理费、招标代理等中介机构服务费由县城乡建设用地增减挂钩工作领导小组办公室依据中标通知书和技术服务合同按程序支付。

第二十二条　拆旧区建筑物和附着物自愿退出奖励资金主要用于奖励拆旧区建筑物和附着物的所有权人和独立工矿用地的使用权人，严格按照《茶陵县城乡建设用地增减挂钩项目拆旧区建筑物和附着物自愿退出奖励办法》和资金批复执行。乡镇（街道）申请拨付拆旧区建筑物和附着物自愿退出奖励费时必须提供所有权人的奖励协议和现场照片，奖励费用由县城乡建设用地增减挂钩工作领导小组办公室拨付至乡镇（街道）总预算账户，并按相关程序发放。

第二十三条　施工单位在签订好工程施工承包合同后，按合同总价的 10% 向县城乡建设用地增减挂钩工作领导小组办公室指定账户缴纳履约保证金。工程开工后，施工单位凭开工令和施工合同向县城乡建设用地增减挂钩工作领导小组办公室申请按合同总价的 30% 预拨备料款。项目竣工验收合格后，凭验收意见书和工程结算评审报告，按相关程序向县城乡建设用地增减挂钩工作领导小组办公室申请拨付工程款。拨付至工程结算评审总价款的 95%，剩余 5% 作为质量保证金按合同约定拨付，同时可向县城乡建设用地增减挂钩工作领导小组办公室申请退还履约保证金（不计息）。

第二十四条　竣工验收费是指项目工程完工后因竣工验收、决算、成果的管理等发生的各项支出。包括项目工程验收费、项目结算审计和财务决算编制费、复垦后土地权属确认与登记费、竣工测量费、竣工资料编制费、基本农田调整及标志设定费等。相关费用在不超出预算的基础上，据实支出。

第二十五条　不可预见费是指项目施工过程中因自然灾害、设计变更和工资、物价水准等因素发生变化而增加的费用。费用根据实际发生情况，计入变更批复工程结算清单。

第二十六条　项目后续管理和沃土费参照《关于加强占补平衡补充耕地项目资金管理的通知》（株国土资发〔2010〕132 号）、《株洲市新增耕地耕种和地力培肥工作实施方案》（株农业联〔2011〕3 号）文件规定，按后续管理费 100 元 / 亩 / 年、沃土费 100 元 / 亩 / 年的标准，连续三年，以县城乡建设用地增减挂钩工作领导小组办公室与各项目所在地乡镇（街道）签订的合同书为依据，经县城乡建设用地增减挂钩工作领导小组办公室组织相关部门验收合格后按合同约定支付。

## 第六章 监督检查

第二十七条 项目建设实行责任追究制，建设单位和工程咨询、设计、施工、监理、招标代理等单位及其工作人员因工作失职而造成损失的，依纪依法追究责任。

第二十八条 县监察、国土、财政、审计、农业等相关部门要按照各自的职能分工，加强对项目建设的监管。

第二十九条 各职能部门及其工作人员在项目审批和建设工程中滥用职权、玩忽职守、徇私舞弊、行贿受贿的，依纪依法追究责任。

第三十条 本办法有效期自发布之日起至2019年6月1日止。

第三十一条 本办法由县人民政府授权县国土资源局负责解释。

# 中共茶陵县委办公室　茶陵县人民政府办公室关于印发《茶陵县领导干部环境保护责任考核办法》的通知

茶办发〔2017〕12号

（2017年12月8日）

各乡镇（街道）党（工）委和人民政府（办事处）县直机关各单位：

《茶陵县领导干部环境保护责任考核办法》已经县委、县人民政府同意，现印发给你们，请认真遵照执行。

## 茶陵县领导干部环境保护责任考核办法

第一条　为进一步加强生态文明建设，落实领导干部环境保护责任制和考核评价制度，根据《中华人民共和国环境保护法》《茶陵县党政领导干部生态环境损害责任追究实施细则（试行）》《茶陵县环境保护工作责任规定（试行）》等法律法规和文件精神，结合茶陵县实际，制定本办法。

第二条　本办法所指环境保护责任考核是县委、县政府为落实环境保护责任制，对有关单位及领导干部履行环境保护责任情况进行的一项综合性考核。

第三条　本办法适用于县委、县政府对各乡镇（街道）、负有环境监督管理职责的各职能部门、茶陵县经济开发区管委会、茶陵县龙下灌区管理局，以及上述单位的主要负责人和分管负责人的环境保护责任考核。

第四条　环境保护责任考核遵循实事求是、分类指导、注重绩效、公正公开的原则。

第五条　环境保护责任考核工作由县委、县政府统一领导，县环境保护委员会和县委组织部负责牵头实施。

第六条　环境保护责任考核每年开展一次，考核时段为当年1月1日至12月31日。

第七条　环境保护责任考核针对各乡镇（街道）和各职能部门分类设置考核内容。年度考核实施方案由县环境保护委员会和县委组织部制定。

第八条　考核采取自查、听取汇报、资料审核、现场检查、委托评估等方式，对被考核单位进行综合评定。年度考核结果报市委审定。

第九条　各乡镇（街道）和各职能部门环境保护责任考核结果分为优秀、合格和不合格3个档次。

第十条　环境保护责任考核结果作为党政领导班子和领导干部绩效考核以及干部晋升、去留、进退的重要依据。

考核结果为优秀的，在领导班子年度绩效考核时适当加分。

考核结果为不合格的，在领导班子年度绩效考核时不得评为好班子，单位党政主要负责人和分管负责人年度绩效考核不得评为优秀等次，分管负责人不得提拔或重用。

环境保护责任落实不力造成生态环境和资源损害的，视情节对有关领导干部实行责任追究。情节较轻的，给予通报、诫勉处理；视情给予党内警告、行政警告、行政记过等纪律处分。情节较重的，给予停职检查、调离岗位、责令辞职等组织调整或组织处理；视情给予党内严重警告、行政记大过、行政降级等纪律处分。情节特别严重的，给予降职、免职等组织处理；视情给予撤销党内职务、留党察看、开除党籍、行政撤职、行政开除等纪律处分。追责对象涉嫌犯罪的，应当及时移送司法机关依法处理。

第十一条 本办法自公布之日起实施。

# 中共茶陵县委办公室　茶陵县人民政府办公室关于印发《茶陵县进一步加强乡镇（街道）国土规划建设管理职能的指导意见》的通知

茶办发〔2017〕14 号
（2017 年 11 月 7 日）

各乡镇（街道）党（工）委和人民政府（办事处），县直各相关单位：

《茶陵县进一步加强乡镇（街道）国土规划建设管理职能的指导意见》已经县委、县人民政府同意，现印发给你们，请遵照执行。

# 茶陵县进一步加强乡镇（街道）国土规划建设管理职能的指导意见

为深入贯彻落实《株洲市农村村庄规划建设管理条例》（以下简称《条例》）和《关于进一步加强县市乡镇国土规划建设管理职能的指导意见》（株办发〔2017〕15 号）（以下简称《意见》），落实乡镇（街道）国土规划建设管理职能，推进我县城镇建设有序发展，现就进一步加强我县乡镇（街道）国土规划建设管理职能提出如下指导意见。

**一、指导思想**

以党的十九大精神为指导，深入贯彻落实《条例》，规范我县农村村庄规划建设管理工作，促进农村经济社会和谐发展。

**二、目标任务**

一是落实主体责任，加大村庄规划建设监管力度；二是建立科学的农村村庄规划建设管理机制，有序、高效实施新农村建设；三是明确工作职责，齐心合力抓好村庄各项规划建设管理工作。

**三、适用范围**

（一）下东街道、思聪街道、洣江街道未纳入县城总体规划范围内的区域；

（二）秩堂镇、高陇镇、火田镇、腰潞镇、虎踞镇、枣市镇、界首镇、严塘镇、马江镇、湖口镇、舲舫乡、桃坑乡。

**四、工作措施**

（一）加强组织领导。将《条例》的贯彻实施提上县人民政府重要议事日程，成立以县长为组长，常务副县长、分管副县长为副组长，县监察委、县住房和城乡规划建设局、县国土资源局、县财政局、县环境保护局、县城市管理和行政执法局、县房产管理局、县农业局、县林业局、县水利局、县人力资源和社会保障局、县编办、县供电公司和各乡镇（街道）为成员的工作领导小组，领导小组下设办公室，县住房和城乡规划建设局局长兼任办公室主任，负责协调处理日常工作。

（二）明确工作职责。县人民政府职责：协调处理县内村庄规划建设管理的重大问题，保证村庄规划建设管理的机构设置、人员配备和经费预算适应工作需要，对乡镇（街道）的村庄规划建设管理工作进行考核、奖惩。县住房和城乡规划建设局职责：履行部门监管职责，负责对乡镇（街道）履行村庄规划建设管理工作的业务指导；根据村庄具体情况编制农村民居通用设计图集或者标准设计图集，向农村村民无偿提供，鼓励推广使用；制定农村建筑工匠的培训制度，提供技术指导和免费培训。各乡镇（街道）职责：履行乡镇（街道）规划建设管理主体责任，负责对村庄规划的组织编制、实施、修改和管理；村庄资源和环境保护、历史文化保护、公共设施和公益事业建筑保护；限额以下的小型工程和村民建房的施工与安全生产、工匠的监督管理；收集整理村庄规划建设管理中的文件、图纸等资料，并建立档案；行使法律法规规定的行政执法权。村民委员会、村民小组职责：协助乡镇（街道）做好村庄规划建设管理工作，组织和引导村民自治管理村庄规划建设具体事务。

（三）完善运行机制。各乡镇（街道）统一设立规划建设管理委员会，为乡镇（街道）党（工）委和人民政府（办事处）的议事协调机构，统筹协调本乡镇（街道）土地利用、规划建设管理工作。管理委员会由乡镇（街道）党（工）委书记任顾问，乡、镇长（主任）任主任，分管领导为常务副主任，成员由乡镇（街道）具体承担规划建设管理工作的人员以及国土资源所、林业管理站、水利站等相关站所和各村级组织负责人组成。管理委员会要健全例会制度，定期或不定期研究规划建设管理工作。为便于日常事务的开展，管理委员会下设办公室，办公室主任由乡镇（街道）具体负责规划建设管理工作的人员担任。

各乡镇（街道）社会事务综合治理办公室作为乡镇（街道）内设机构，具体承担村镇项目建设、村民建房的规划建设审批及批后监管工作，负责对违反村镇规划建设法律法规的行为进行巡查，对违法行为责令停止建设、限期改正、限期拆除。为有效实施规划建设管理以及相关行政许可的工作要求，每个乡镇（街道）具体负责规划建设管理工作的人员原则上不得少于2人，必须是相关技术人员，并保持相对稳定。

（四）严格依法行政。一是规范审批。各乡镇（街道）要加强对从业人员进行法律法规培训，严格按照《城乡规划法》《建筑法》《行政许可法》《条例》等法律法规要求，公开村庄规划建设审批事项、审批权限和办事流程，实行规划建设审批手续集中办理，做到依法行政。二是从严执法。在乡村规划区内未依法取得乡村建设规划许可证或者未按照乡村建设规划规划许可证的规定进行建设的，由乡镇（街道）责令停止建设、限期改正；逾期不改正的，予以拆除，拆除费用由违法者承担。

（五）工作推进部署。一是开展试点（2017年11月13日至12月31日）。根据市人大、市政府工作安排，严塘镇、高陇镇是《条例》贯彻实施行政审批工作试点镇，试点镇要科学统筹安排，开拓进取，通过试点取得可推广复制的先进管理模式和经验。二是全面铺开（2018年5月31日前）。根据试点工作取得的经验，在全县各乡镇（街道）开展农村村庄规划建设管理行政审批工作。三是专项督查（2018年7月）。县人大、县政府与市人大、市政府将先后对全县各乡镇（街道）贯彻落实《条例》情况进行专项执法大检查，发现问题，推广经验，为进一步巩固全县乡镇（街道）规划建设行政审批工作打下坚实基础。

**五、监督考核**

为将《条例》贯彻落实到位，加大监督考核力度，建立健全“县对乡镇（街道）、乡镇（街道）对村组”的考核机制，具体工作由县住房和城乡规划建设局牵头，尽快制定相关监督考核办法。一是将《条例》贯彻实施工作纳入乡镇（街道）年度政绩考核，二是定期组织相关人员对乡镇（街道）贯彻落实《条例》情况进行巡查，特别是今年试点的2个乡镇，要及时对行政审批开展情况进行定期检查、定期通报，对进展快的要及时予以表扬，对工作滞后或工作无进展的，要进行通报批评。

**六、宣传引导**

县直有关单位和乡镇（街道）要利用《条例》贯彻实施之际，通过电视网络、固定广告牌、横幅标语等方式广泛宣传农村村庄规划建设管理工作出台的相关政策，通过加强宣传引导，帮助广大农村村民增进对有关政策的理解，进一步提高乡镇（街道）、村干部对规划的认识，切实增强村民的法制观念、自治观念，让新时代乡村振兴战略重大举措深入人心。

**七、经费保障**

县财政行政主管部门要将乡镇（街道）规划编制费用和规划建设管理工作经费列入当年度县级财政预算。县财政先拨付严塘、高陇两个试点乡镇各20万元的工作经费，其他乡镇（街道）的工作经费由县财政局和县住房和城乡规划建设局拿出方案后纳入2018年度县级财政预算。通过强化工作经费保障，确保《条例》落到实处。

# 茶陵县人民政府
# 关于公布《茶陵县第五批县级非物质文化遗产代表作名录》的通知

茶政发〔2017〕21号
（2017年6月6日）

各乡镇人民政府、街道办事处，县直机关各单位、各企事业单位：

现将《茶陵县第五批县级非物质文化遗产代表作名录》（共计2项）予以公布。各乡镇（街道）和县直各有关单位部门要按照《中华人民共和国非物质文化遗产法》和《湖南省实施非遗法办法》等文件要求，对县级非物质文化遗产名录建立完整的档案，利用各种手段对保护对象进行全面、系统地记录，鼓励和支持代表作传承人（团体）开展传习活动，确保我县非物质文化遗产得到保护、传承和发展。

附：《茶陵县第五批县级非物质文化遗产代表作名录》

表51

**茶陵县第五批县级非物质文化遗产代表作名录**

| 序号 | 项目名称 | 项目类别 | 项目保护单位 |
|---|---|---|---|
| 1 | 洣江红茶传统制作技艺 | 传统技艺 | 湖南茶陵洣江茶业有限公司 |
| 2 | 洣江绿茶传统制作技艺 | 传统技艺 | 湖南茶陵洣江茶业有限公司 |

# 茶陵县人民政府
# 关于印发《茶陵县招标投标管理办法（试行）》的通知

茶政发〔2017〕22号
（2017年6月7日）

各乡镇人民政府、街道办事处，县直机关各单位、各企事业单位：

现将《茶陵县招标投标管理办法（试行）》印发给你们，请认真遵照执行。

# 茶陵县招标投标管理办法（试行）

## 第一章 总 则

第一条 为规范我县招标投标活动，建立良好的招投标市场秩序，促进廉政建设，根据《中华人民共和国招标投标法》（以下简称《招标投标法》）、《政府采购法》《中华人民共和国招标投标法实施条例》（以下简称《条例》）、《湖南省实施〈中华人民共和国招标投标法〉办法》（简称《湖南省实施办法》）及其他有关法律法规，结合我县实际，制定本办法。

第二条 凡在本县范围内进行的工程建设、政府采购、产权交易、资源资产处置等招标投标活动，均适用本办法。

第三条 严格遵循"政府领导、集中管理、统一市场、公开交易、规范运作、依法监管"原则，建立统一、公正、规范、高效、廉洁的招标投标运行机制。

第四条 成立茶陵县公共资源交易管理委员会（简称公管委），下设公共资源交易管理办公室（简称公管办），公管办设在县发展和改革局，负责公管委的日常工作。

第五条 对政府投资项目，达到招标规模的，应当进行公开招标。邀请招标由县公管委讨论决定。

第六条 公管办加强对各行业行政监管部门的监管行为及株洲市公共资源交易中心茶陵县分中心（简称县分中心）服务行为进行再监督。县财政、审计、国土资源、住建、农业、林业、水利、电力、交通、教育、商粮、经科、城管、文体广新旅、卫计、食品药品工商监督管理等行政主管部门，分别会同县公管办共同做好相关行业项目招标投标活动的监督管理。

第七条 职责分工：

县分中心为全县公共资源交易统一平台，全县所有公共资源交易活动都必须进入平台交易。负责贯彻执行有关公共资源交易活动的法律法规和方针政策，拟订相关的技术标准等工作准则；负责对公共资源交易项目资料和交易活动的查验、组织、管理和服务等工作；负责对公共资源交易信息的发布和交易过程的见证等工作；负责协调配合行政监管部门、纪检监察等机关的执法工作，提供平台服务和相关的证据资料；负责对招标代理机构的场内行为管理和考核，评标专家的抽取和公共资源交易诚信体系的建设以及其他相关工作。

县发展和改革局承担县公管办的日常工作；负责制定公共资源交易部门联席工作制度；负责权限内重大建设项目、工业项目（含能源）、代建单位招标进场交易的行政监督执法。

县住房和城乡规划建设局负责权限内房屋工程、市政、园林绿化、装饰装修、勘察设计、监理、施工及设备材料采购进场交易的行政监督执法。

县财政局负责权限内政府采购进场交易的行政监督执法和企业国有产权转让的监督管理工作。

县国土资源局负责本行政区域内国有土地使用权的招标、拍卖、挂牌，矿产资源勘探、开采权出让、土地开发、土地整理进场交易的行政监督执法。

县交通运输局负责权限内公路、公路桥梁、公路隧道及其附属设施，水上、交通运输辅助业以及其他交通业等交通运输项目进场的行政监督执法。

县水利局负责权限内防洪（包括城市防洪）、灌溉排涝、水土保持、水利枢纽及其附属设施的建设项目进场交易的行政监督执法。

县卫生和计划生育局负责权限内医疗器械、药品、试剂和耗材采购以及医疗卫生机构的专用设备采购进场交易的行政监督。

县教育局负责权限内教育装备采购进场交易的行政监督执法。

县环境保护局负责权限内排污权等进场交易的行政监管执法。

第八条　县公管办牵头组织相关职能部门依法建立相关专家库，并负责制定和实施评标专家遴选、淘汰制度和评标工作规则，加强对评委的监督管理。省市另有规定的按其规定执行。

第九条　招标代理机构应当接受县发改局和相关主管部门的监管和检查。县发改局和相关主管部门有权对其不良行为和违规行为作出限期整改、通报批评，暂停在茶代理业务等处理。

第十条　加快推进电子招投标，逐步实现网上报名、网上下载招标文件、网上质疑答疑、网上审核资质、网上评标等招投标工作，减少人为干扰，提高工作效率。

第十一条　任何单位和个人不得违法限制或者排斥本地区、本系统以外的法人或者其他组织参加投标活动，不得随意增减招标投标工作程序，不得违法收取任何费用。

## 第二章　招标范围

第十二条　下列类型的工程建设项目，不论是项目勘察、设计、施工、监理，还是采购与工程建设有关的设备、材料，都必须纳入招标范围：

（一）关系社会公共利益、公众安全的基础设施项目；

（二）关系社会公共利益、公众安全的公用事业项目；

（三）全部或者部分使用国有资金投资或者国家融资的项目；

（四）使用国际组织或者外国政府贷款、援助资金的项目。

第十三条　关系社会公共利益、公众安全的基础设施建设项目的招标范围包括：

（一）煤炭、天然气、电力、矿产、森林、水利等能源项目；

（二）公路、管道、水运、交通运输辅助业以及其他交通运输业等交通运输项目；

（三）邮政、电信、通信、信息网络、广电传媒等通讯项目；

（四）防洪、灌溉、排涝、引（供）水、滩涂治理、水土保持、水利枢纽等水利项目；

（五）道路、桥梁和轻轨交通、污水排放及处理、垃圾处理、地下管道、公共停车场等城市、城镇设施项目；

（六）生态环境项目；

（七）其他公用基础设施项目。

第十四条　关系社会公共利益、公众安全的公用事业项目的招标范围包括：

（一）供水、供电、供气、供热、园林绿化等市政工程项目；

（二）科技、教育、文化等项目；

（三）体育、旅游等项目；

（四）新闻出版、广播电影电视等项目；

（五）卫生、防疫、社会福利等项目；

（六）政府投资的商品住宅，包括经济适用住房等项目；

（七）其他公用事业项目。

第十五条　全部或者部分使用国有资金投资的项目包括：

（一）使用各级财政预算内外资金的项目；

（二）使用纳入财政管理的各种政府性专项建设基金的项目；

（三）使用国有企业事业单位自有资金，并且国有资产投资者实际拥有控制权的项目；

（四）由国有企业担保或者以国有资产抵押、质押的商业银行贷款的项目。

第十六条　国家融资的项目包括：

（一）使用国家发行债券所筹资金的项目；

（二）使用国家对外借款或者担保所筹资金的项目；

（三）使用国家政策性贷款的项目；

（四）国家授权投资主体融资的项目；

（五）国家特许的融资项目。

第十七条　使用国际组织或者外国政府贷款、援助资金的项目包括：

（一）使用世界银行、亚洲开发银行等国际组织贷款资金的项目；

（二）使用外国政府及其机构贷款资金的项目；

（三）使用国际组织或者外国政府援助资金的项目。

第十八条　本办法第二条、第十二条至第十七条规定范围内的各类项目，凡符合下列范围或规模标准之一的，履行项目审批手续后，经县各行政监督部门批准，必须招标：

（一）施工单项合同估算价在二百万元人民币以上的；

（二）重要设备、材料等物资的采购，单项合同估算价在一百万元人民币以上；

（三）勘察、设计、监理等服务，单项合同估算价在五十万元人民币以上的；

（四）单项合同估算价低于本条第（一）、（二）、（三）项规定标准，但项目总投资额在三千万元人民币以上的；

（五）单项合同估算价在十万元以上的资产处置：

1. 国有或集体矿产、林业、水利等公共资源处置；

2. 国有资产出租、出售或所有权、使用权、经营权的处置；

3. 集体资产处置；

4. 广告权、冠名权等政府无形资产的处置。

（六）其他应当进公共资源交易平台交易的项目。

第十九条　凡符合下列范围或规模标准之一的政府投资项目，履行项目审批手续后，经县政府采购监管办批准，可面向茶陵县内具备相关资质的独立法人进行定点采购、竞争性谈判、询价等方式采购。货物和工程低于二十万元，服务类低于三十万元，报县政府采购监管办批准后由各项目单位自行组织招标。对涉及政府采购工程行业类，其资质、人员配备等要求的审查由各行政主管部门审核。

（一）房屋建筑等施工单项合同估算价在二十万元以上，二百万元以下的；

（二）重要设备、材料等物资的采购，单项合同估算价在二十万元以上，一百万元人民币以下；

（三）勘察、规划、设计、评估、监理等服务类项目，单项合同估算价在三十万元以上，五十万元以下的。

第二十条　政府集中采购目录及采购限额标准按每年省财政厅或市财政局下发的文件规定执行。政府采购目录内的采购和小额定点工程经由县采购监管办批准后交由县集中采购中心（交易中心业务三股）负责代理采购。

第二十一条　本办法第十八条、第十九条规定的范围和规模标准如需调整，由县公管办分别会同各行政监管部门根据国家规定和本县实际情况拟定，报县人民政府批准后，方可另行公布执行。

第二十二条　涉及国家安全、国家秘密、抢险救灾或者属于利用扶贫资金实行以工代赈、需要使用农民工等特殊情况，不适宜进行公开招标的项目，由项目实施单位提出不招标申请，说明原因，并由县公管委核准，报县人民政府批准后，方可不进行招标。

## 第三章　招　标

第二十三条　依法必须进行招标的项目，应当按照国家和省市有关规定，项目审批和核准部门履行项目审批和招标事项核准手续，并通报有关行政监督部门。具备相应招标条件，招标人方可组织招标：

（一）进行设计招标的项目，应当已经批准立项或者有批复的可行性报告，同时有规划许可意见；

（二）进行工程建设施工和建设监理招标的项目，还应当有批复的初步设计，并已经完成施工图纸设计，列入年度投资计划，用地、交通、水电等必要条件已经具备，项目所需资金或资金来源已经落实；

（三）矿产、森林、水利资源的经营和拍卖，必须分别有国土资源、林业、水利等行政主管部门核准的方案和手续；

（四）国有资产、政府无形资产的处置和转让，必须有财政等部门核准的方案和手续。

以上招标条件的落实情况，需提供相关部门批准文件，并在招标文件中如实载明。

项目招标方案经项目审批部门核准后，任何单位和个人不得擅自改变。因特殊原因确需改变的，应向原项目审批部门重新办理核准手续。

第二十四条　各类招标投标活动一般按照下列程序进行：

（一）编制招标文件；

（二）发布招标公告或发出投标邀请书；

（三）接受投标人递交的投标申请；

（四）对投标人进行资格审查，向合格的投标人发售招标文件和相关资料；

（五）组织合格的投标人进行现场勘察，并对相关问题作出说明；

（六）编制投标文件，并按招标文件规定的要求投标；

（七）组建评标委员会；

（八）开标、评标，提交评标报告；

（九）确定中标人；

（十）县分中心发出交易确认书后，方可向中标人发出中标通知书，签订正式合同。

第二十五条　招标人经核准采用公开招标方式的，必须根据项目招标核准的方案、投资数额和项目特定的要求，在相关媒介上广泛发布招标信息。

招标公告规定的发售招标文件时间应当根据项目具体情况确定，但自招标公告发布之日起，不得少于五日。

第二十六条　招标人经核准，采用邀请招标方式的，应当向三个以上具备承担招标项目能力、资信良好的特定法人或者其他组织发出投标邀请书。

第二十七条　招标人应当根据招标项目的具体情况，本着公平、公正、科学、择优原则，按照国家、省有关招标采购规定确定评标办法，并在招标文件中载明。

第二十八条　招标人应当根据法律法规规定和不同招标项目设置投标资质，按法律法规和政策规定的最低准入门槛设置投标条件，实现充分公平竞争。不得违法设置条件、提高门槛，限制竞争。

第二十九条　招标人应当根据有关招标标准文本，结合项目特点编制招标文件，并由各行政监管部门审查备案，招标文件有违反招标投标法律法规规定的，应责令其改正，招标人应重新修订其招标文件。

招标文件一般包括下列内容：

（一）投标人须知；

（二）招标总则和招标依据；

（三）招标项目的投资规模、性质、资金落实情况等概况；

（四）技术规格；

（五）投标报价的要求及其计算方式；

（六）评标原则、方法和评标标准；

（七）交货、竣工或提供服务的时间；

（八）投标人应当提供的有关资质及资信证明；

（九）投标保证金的数额或者其他形式的担保；

（十）投标文件的编制要求；

（十一）提交投标文件的方式、地点和截止时间；

（十二）开标地点和投标有效期；

（十三）合同格式和主要合同条款；

（十四）需要载明的其他情况。

第三十条　招标人应当确定投标人编制投标文件所需要的合理时间，自招标文件发出之日起至投标人提交投标文件截止之日止，一般不得少于二十日。

第三十一条　招标人对已发出的招标文件有必要进行澄清或者修改的，应当在招标文件规定的时间内，以书面形式通知所有投标人。澄清或者修改的内容为招标文件的组成部分。

第三十二条　按规定需要现场踏勘的，招标人应当集体组织投标人踏勘，不得单独或者分别组织任何一个投标人进行现场踏勘。

第三十三条　招标项目一般不设标底。需要设定标底的，只能设一个标底。标底必须严格保密，在开标前不得向任何人泄露。

## 第四章　投　标

第三十四条　投标人经资格预审合格后，在规定时间内向招标人领取或者购买招标文件。

第三十五条　投标人应当按照招标文件的要求编制投标文件。投标文件应当对招标文件提出的实质性要求和条件作出响应。主要包括下列内容：

（一）投标函；

（二）投标人资格、资信证明文件；

（三）投标项目方案及说明；

（四）投标价格；

（五）招标文件要求具备的其他内容。

第三十六条　投标人应当在投标截止时间前，将投标文件加盖投标人印章并经法定代表人或者授权委托人签字，密封后送达投标地点，由招标人签收保存。投标文件在开标前不得开启。

第三十七条　招标文件要求交纳投标保证金的，投标人按规定要求交纳。

## 第五章　开标、评标和中标

第三十八条　开标应当在投标截止时间的同一时间公开进行，所有投标人应当参加，开标地点应当为招标文件中确定的地点。

第三十九条　开标时，由投标人或者其推选的代表检查投标文件的密封情况，经确认无误后，由工作人员当众拆封，宣读投标人名称、投标价格和投标文件的其他主要内容。

开标过程应当记录，并存档备查。

第四十条　开标时，经评委认定投标文件有下列情形之一的为废标，并当众宣布：

（一）未按规定密封的；

（二）无投标人及其法定代表人或者授权委托人签字或盖章的；

（三）未按规定交纳投标保证金的；

（四）符合招标文件规定的其他废标条件的；

（五）法律、法规、规章规定的其他情形。

第四十一条　评标由依法组建的评标委员会负责。评标委员会一般在开标前三十分钟内组成，其名单在中标结果确定前应当严格保密。

评标委员会一般由有关技术、经济等方面的评标专家组成，成员人数为五人以上单数，其中专家成员应当从规定的评标专家库中采取随机抽取方式确定。

第四十二条　评标委员会成员应客观、公正、独立评标，不得与招标人、投标人或者与招标结果有利益关系的人进行私下接触，不得收受招标人、投标人、中介人、其他利害关系人的财物或者其它好处。

根据相关法律法规要求，评标专家有应当回避情形的，应主动提出回避，不得担任评标委员会成员。

第四十三条　评标委员会应当按照招标文件确定的评标标准和方法，对投标文件进行评审和比较；设有标底的，应当参考标底，但不得作为评标的唯一依据。

第四十四条　评标委员会经评审，出现下列情形之一的，可以否决所有投标，招标人应当依法重新招标：

（一）最低投标报价大大超过标底或者合同估算价，招标人无力接受的；

（二）所有投标人均未响应招标文件的实质性要求和条件的；

（三）有效投标不足三个，使投标明显缺乏竞争的。

第四十五条　评标委员会完成评标后，应当向招标人推荐不少于三名中标候选人，并出具书面评标报告。

评标报告须经评标委员会全体成员签字。对评标结论持有异议的，应当以书面方式阐述其不同意见和理由。拒绝在评标报告上签字且不陈述其不同意见和理由的，视为同意评标结论。评标委员会应当对此作出书面说明并记录在案。

第四十六条　招标人应当自收到评标报告和推荐中标候选人名单之日起，在规定的媒介上对推荐的中标候选人进行公示，公示时间不得少于三日。

第四十七条　中标人确定后，应当及时向中标人发出中标通知书。

中标通知书对招标人和中标人均具有法律约束力。中标通知书发出后，招标人改变中标结果或者中标人放弃中标项目的，应当承担法律责任。

第四十八条　依法必须招标的项目，招标人应当自确定中标人之日起十五日内，向项目审批部门和相关的行政监管部门提交招标投标情况书面报告备案。

## 第六章　监督管理

第四十九条　凡符合本办法第十八、第十九、第二十条规定的各类招标投标活动，必须在县分中心交易平台进行，接受县公管办和相关部门的监督与管理。禁止任何形式的场外交易。

第五十条　县公管办督促县分中心按照规范、方便、高效、廉洁原则，制定公共资源交易操作流程，加强交易现场管理。

第五十一条　加强对招标预算资金的监督管理。建设单位（业主单位）标前必须充分做好规划设计、市场调研等前期工作，标后严格按照招标文件、合同约定的建设范围实施。涉及变更计划、增加投资的，应按政府相关规定履行报批手续或重新招标。

第五十二条　加强对中标承包合同签订工作的监督管理。招标人和中标人应当自中标通知书发出之日起三十日内，在各行政监管部门的监督下，按照招标文件和中标人的投标文件订立书面承包合同。承包合同必须使用国家有关部门发布的标准合同文本，并同时将订立的合同报送县公管办和相关行政主管部门备案。招标人和中标人不得另行订立背离合同实质性内容的其他协议。

县住建局、交通运输局等行政主管部门凭进场交易确认书、中标通知书和备案承包合同及其他相关资料，办理建设工程施工许可手续。

县财政局凭进场交易确认书、中标通知书、备案承包合同及其他有关资料，向招标人拨付项目资金。

第五十三条　建设单位（业主单位）是监督中标人诚信履行合同义务的第一责任单位。对中标人不诚信履约、关键人员脱岗、无故拖延工期、转包、非法分包等，可按招投标文件规定采取收取违约金、终止合同等方式处理，并将情况抄报行政主管部门、监督部门进行行政处罚、记不良行为记录。

监理单位依法独立行使监理职权，对建设项目的质量、安全、进度、合同履行、工程变更、投资控制等进行管控，对施工单位项目部关键岗位人员到岗履职情况应当进行逐日考勤记载，并随时接受相关职能部门的检查。

第五十四条　县行业行政主管部门、相关职能监督部门应依据法律法规和县有关文件规定，加强对投标单位执行法律法规和合同情况的监管，建立执法联动、信息互通、处罚结果互用的联合监管机制。

第五十五条　建立全县统一的招投标诚信管理平台。在县公共资源交易网开辟招投标诚信档案公示专栏，及时对交易活动各主体诚信情况进行公示。

第五十六条　县监察局应当加强对各乡镇（街道）、行政事业机关、相关监督部门遵守和执行《招标投标法》《条例》《政府采购法》《湖南省实施办法》和本办法的行政监察，受理对有关单位违法违纪行为的举报。

## 第七章　法律责任

第五十七条　县分中心应当配合县公管办和行政监管部门开展对招标投标活动情况的执法检查，并建立投诉举报受理制度，及时纠正和查处招标投标中的违法行为。

第五十八条　招标人违反本办法规定，有下列情形之一的，由相关行政主管部门责令限期改正，并依照《招标投标法》的规定对招标人处以罚款；对全部或者部分使用国有资金的项目，由有关行政主管部门按照职责范围暂停项目执行或者暂停资金拨付，并由县监察局或者上级主管部门对直接负责的主管人员和其他直接责任人员依法给予处分：

（一）必须进行招标的项目不招标，将必须进行招标的项目化整为零，或者以其他任何方式规避招标的；

（二）招标方案未经项目审批部门核准，擅自实施招标或者未按核准的招标方案进行招标的。

第五十九条　违反本办法第四十九条之规定，招标无效，由县相关行政主管部门责令限期改正，对全部或者部分使用国有资金的项目，由有关行政主管部门按照职责范围暂停项目执行或者暂停资金拨付。

第六十条　招标代理机构违反本办法规定，有下列情形之一的，影响中标结果的，中标无效，由相关行政主管部门没收违法所得，有严重违法行为的报相关部门依照《招标投标法》的相关规定处理：

（一）从事与其代理招标项目有关的投标代理和咨询服务，泄露应当保密的与招标投标活动有关的情况和资料的；

（二）与招标人、投标人串通，损害国家利益、社会利益或者其他人合法权益的。

第六十一条　投标人违反本办法规定，有下列情形之一的，由相关行政主管部门宣布中标无效，依照《招标投标法》的有关规定处理：

（一）投标人相互串通投标或者与招标人串通投标的；

（二）弄虚作假，伪造有关资质、资信证明或施工业绩，骗取中标的；

（三）采用向招标人或者评标委员会成员行贿的手段，谋取中标的。

第六十二条　中标人违反本办法规定，有下列情形之一的，由相关行政主管部门依照《招标投标法》的有关规定处理。

（一）不按合同规定履行义务的；

（二）将中标项目非法转让或分包给他人的；

（三）将中标项目肢解后分别转让或分包给他人的。

第六十三条　国家机关、国有企业和事业单位、集体经济组织及其工作人员违反招标投标有关法律法规和本办法规定，徇私舞弊、滥用职权或者玩忽职守，由县监察局依照有关规定给予处分；构成犯罪的，移送司法机关依法追究刑事责任。

## 第八章　附　则

第六十四条　本办法未列出的招投标违法行为依照《招标投标法》的有关规定处理。

第六十五条　政府采购法律、法规另有规定的从其规定。

第六十六条　村级集体经济组织项目的招投标，另行制定办法实施。

第六十七条　本办法自公布之日起施行。茶政办发〔2013〕199号和茶政发〔2016〕16号文件同时废止。

# 茶陵县人民政府<br>关于印发《茶陵县集体土地征收及房屋拆迁补偿安置办法》的通知

茶政发〔2017〕28号

（2017年9月25日）

各乡镇人民政府、街道办事处，县直机关各单位：

现将《茶陵县集体土地征收及房屋拆迁补偿安置办法》印发给你们，请认真贯彻落实。

# 茶陵县集体土地征收及房屋拆迁补偿安置办法

## 第一章　总　则

第一条　为加强征地拆迁补偿安置工作，依法规范集体土地征收及房屋拆迁补偿安置行为，切实维护被征地农村集体经济组织、被拆迁人（简称被征拆人）的合法权益，根据《中华人民共和国土地管理法》《中华人民共和国土地管理法实施条例》《湖南省实施〈中华人民共和国土地管理法〉办法》《株洲市集体土地征收及房屋拆迁补偿安置办法》等法律法规的规定，结合本县实际，制定本办法。

第二条 本县行政区域内集体土地征收和房屋拆迁（简称征地拆迁）以及其他地上附着物的补偿安置适用本办法。国务院、省人民政府对公路、铁路、水利水电工程等建设涉及征地拆迁补偿安置另有规定的，从其规定。

本办法所指的县城核心区包括云阳街道的全部行政区域，下东街道的头铺村、小车村、金铺村，思聪街道的红桥村，洣江街道的洣瑶社区的原中瑶村、下瑶村。

第三条　县人民政府为征地拆迁补偿安置工作的实施主体，负责组织实施全县征地拆迁补偿安置工作。县征地拆迁安置和房屋征收工作领导小组办公室（简称县征拆办）具体负责征地拆迁补偿安置工作的统一管理、调度、协调。

（一）宣传国家和省、市、县征地拆迁补偿安置法律、法规、政策。

（二）按市、县人民政府的要求编制征地拆迁年度工作计划，向乡镇（街道）等项目工作责任主体单位下达年度工作任务并签订责任状。

（三）监督管理征地拆迁资金的发放，确保征地拆迁安置补偿政策的平衡和统一。

（四）审核征地拆迁资金概算。

（五）负责组织住建规划、国土、房产等部门对本行政区域房屋、其他建（构）筑物的合法性以及安置人员资格进行认定。

（六）负责被拆迁人员住房安置资格的审定。

（七）负责指导征地拆迁工作业务，定期组织征地拆迁安置工作人员业务培训及考核工作。

（八）组织召开相关部门会议，研究征地拆迁补偿安置工作中的重大事项和疑难问题。

第四条 县国土资源局作为征地拆迁补偿安置工作法律责任主体，负责管理本行政区域内征地拆迁补偿安置工作。

（一）贯彻执行国家和省、市、县有关征地拆迁安置的法律、法规、政策，根据经济发展情况适时提出征地拆迁补偿安置标准调整建议，完善征地拆迁工作规章制度。

（二）拟定《征收土地方案》《征收土地公告》和《征地补偿安置方案公告》，报请县人民政府批准发布。

（三）负责编制征地拆迁补偿概算方案。参与对征地范围内的房屋及其他建（构）筑物进行合法性认定。参与对被拆迁人员住房安置资格认定。

（四）负责组织对征收土地和房屋的调查测量、补偿计算、土地征收资金发放。

（五）组织召开《拟征收（使用）土地告知书》《征地拆迁补偿安置方案公告》听证会，负责征地拆迁信访、行政应诉等工作。

第五条 乡镇（街道）作为征地拆迁补偿安置工作的工作责任主体，负责本行政区域内征地拆迁补偿安置工作的具体实施。

（一）宣传国家和省、市、县征地拆迁补偿安置方面的法律、法规和政策。

（二）负责依法依规、有序推进辖区范围内征地拆迁安置工作。

（三）负责做好征地拆迁过程中的群众思想维稳，矛盾纠纷及突发事件的排查、调解、处理，以及信访接待工作。

（四）协助相关职能部门做好征地拆迁范围内的地类权属调查、面积测量、附着物调查、房屋调查、房屋丈量、登记调查、土地报批、安置规划等前期工作。

（五）负责征地拆迁补偿安置工作的实施，签订征地拆迁协议，实施补偿、搬家腾地、农作物清除、土地移交、组织拆除房屋等工作。

（六）负责对辖区内被拆迁人员安置资格的审查、认定工作，做好登记造册等资料工作。

第六条 县监察、公安、发改、司法、民政、财政、人社、国土、住建规划、农业、林业、审计、卫计、工商、法制、房产、畜牧等部门按照各自职责，协助做好征地拆迁补偿安置工作。

第七条 征地拆迁资金应当在实施征地拆迁前足额拨付到县征拆办在财政开设的征地拆迁资金专户，实行专款专用，统一管理。

第八条 县人民政府将拟征地项目依法报省人民政府或国务院审批前，县国土资源局应在拟征地的乡镇（街道）和村（社区）组发布《拟征收（使用）土地告知书》，将拟征地的用途、位置、补偿标准、安置途径和申请听证的权利等，告知被征拆人，并对拟征地范围内土地和房屋及其他地上附着物现状进行调查。被征拆人应配合调查，并对调查结果确认后签字或盖章。被征拆人拒不签字盖章的，可以采用照相、摄像等方式留存依据，并将调查结果予以公证，作为实施征地拆迁补偿安置的依据。

第九条 县国土资源局在发布《拟征收（使用）土地告知书》的同时，应当书面通知当地公安、住建规划、农业、林业、工商、房产、畜牧等有关部门，自公告之日起，在拟征土地范围内暂停办理下列手续：

（一）新批宅基地和其他建设用地；

（二）审批改建、扩建房屋，办理土地转让及土地登记发证；

（三）办理户口的迁入，因出生、婚嫁、军人复退、大中专院校学生毕业及刑满释放确需办理户口迁入的除外；

（四）改变房屋与土地用途，或以拟被拆迁房屋为经营场所办理工商、税务注册登记和发证手续；

（五）办理特种养殖证；

（六）其他有碍征地拆迁补偿安置工作的手续。

暂停办理期限自拟征地公告发布之日起，一般不得超过 12 个月，但国家、省另有规定的除外。暂停办理期限内，除市、县人民政府批准外，其他任何部门擅自办理的相关手续，不得作为征地拆迁补偿安置的依据。因擅自办理相关手续给他人造成损失的，由相关责任单位或责任人自行承担。

第十条 被征地农村集体经济组织、农村村民或者其他权利人应当在征地公告规定的期限内，持土地权属证明、房屋产权证、他项权利证或其他证明材料到指定地点办理征地拆迁补偿登记手续。被征地农村集体经济组织、农村村民或者其他权利人未如期办理征地补偿登记手续的，其补偿内容以国土部门的调查结果为准。

第十一条 征地拆迁项目在实施过程中，必须按照市、县人民政府对“阳光拆迁”工作的规定，将征地拆迁补偿安置政策、过程和结果进行全面公示，接受被征拆人和社会各界的监督，维护被征拆人的合法权益。

## 第二章 土地征收补偿

第十二条 征地补偿按照湖南省人民政府公布的征地补偿标准执行（现行标准见附表1）。征收土地补偿面积按照水平投影面积计算。

第十三条 专业菜地专指经县级以上农业部门（含县级）批准且常年种植蔬菜并有相关配套设施的蔬菜基地。

第十四条 被征收土地的青苗（生产）补偿按土地面积计算（具体标准见附表3）。

被征收土地上的附着物及设施补偿按调查数据计算（具体标准见附表9）。

房前屋后的零星树木、花草补偿按调查数据计算（具体标准见附表4）。

征收成片的经济林、用材林、花卉、药材补偿按土地面积计算（具体标准见附表5）。

第十五条 经林业、农业等部门批准的苗木种植地按照苗木的品种规格给予移栽搬迁费，并按移栽季节给予搬迁损耗补助（具体标准见附表6）。混种的其他杂木，不再另行计算补偿。

水田、菜地上种植的苗木，如未经林业、农业等部门批准,不属专业苗木种植地,按原地类生产（青苗）费补偿标准计算补偿。

第十六条 土地征收补偿依据征地测量图确定的权属、地类、面积进行补偿。

对征收土地的权属、地类、面积有异议的，由被征地集体经济组织向县政府提出书面申请，县征拆办组织乡镇（街道）、被征地集体经济组织、村民代表、农业部门、国土部门、业主等单位进行调查核实。

经县政府批准的，按批准实施补偿；未经批准的，按征地测量图的权属、地类、面积实施补偿。

第十七条 征收灌溉兼养水塘另补偿造塘建设费（具体标准见附表7）。非历史形成以及土地利用现状图上无图斑显示、改变土地原用途新开挖水塘，一律按原土地用途予以补偿。

第十八条 征收土地范围内的坟墓需要迁移的，由乡镇（街道）发布迁坟公告，经县征拆办核实后按标准给予迁坟补助（具体标准见附表7）。超过迁坟公告规定期限未迁的坟墓，在施工过程中按无主坟处理。

第十九条 征收土地时，地上的附着物及青苗补偿支付给地上附着物及青苗的所有者（成片的青苗补偿费统一付给村组再由村组支付所有者）。其中，山林地等涉及多户的青苗补偿费，统一支付给集体经济组织，由集体经济组织负责分发到户。

补偿后，青苗所有者应当在规定的期限内予以处理；逾期未处理的，由征地单位处理。

第二十条 征收土地的征地补偿费统一支付给被征地农村集体经济组织。征地补偿费分配由被征地农村集体经济组织负责，对分配有争议的，由上一级人民政府协调处理。

第二十一条 农村集体经济组织应当将征地补偿费收支、分配、使用状况纳入村务公开的内容。县农村经营管理部门应对农村集体经济组织使用征地补偿费进行监督管理。

## 第三章 房屋拆迁补偿

第二十二条 根据乡镇（街道）工作责任主体单位的申请，县征拆办组织住建规划、国土、房产、乡镇街道等单位按下列规定对被拆迁房屋进行合法性认定，并予以张榜公示，其合法性认定以公示结果的第三榜为准。

（一）有不动产权证的房屋，按不动产登记的面积进行认定。

（二）有房屋所有权证的房屋，按房屋所有权证登记面积进行认定。

（三）无土地使用证，房屋所有权证或其它合法有效证件的房屋，属于历史上一次性建成的（县城规划区内2009年1月1日以前建成的），根据有关规定，予以合法性认定。

（四）无土地使用证，房屋所有权证或其它合法有效证件的房屋，属于村民在本村组范围内于2011年7月28日以前建成的，可予以合法性认定。

（五）具有其他有效建房审批手续的房屋，按其审批面积进行合法性认定。

对房屋合法性认定结果有异议的，被拆迁人应当在公示之日起5个工作日内向乡镇（街道）申请复核，乡镇（街道）将情况汇总后报县征拆办，县征拆办应组织有关部门调查核实后予以认定。

第二十三条 被拆迁房屋以合法性认定公示结果的第三榜为依据，按不同结构、类型、用途、使用年限等进行补偿（具体标准见附表8），县城核心区内县政府另有规定的从其规定。被拆迁房屋补偿到位后，由乡镇（街道）组织拆除。

第二十四条 有下列情形之一的，不予补偿：

（一）超过批准使用期限的临时建（构）筑物、有关批准文书中注明因国家建设需要应无条件拆除的临时建（构）筑物；

（二）拆旧建新房屋的批准文书中，明确要求应当拆除而未拆除的房屋；

（三）被认定为违法违章建（构）筑物；

（四）未通过合法性认定的住宅房屋。

第二十五条 拆迁非住宅房屋按下列规定补偿

（一）对集体或集体股份制企业的合法房屋，按住宅房屋征收标准增加50%补偿，不再另行安排重建或给予其它安置。

1. 企业生产用房（不含办公和生活用房）涉及生产设备搬迁需拆卸、安装调试的，按生产用房补偿总额的5%给予搬迁补助；有重型设备的，另行增加2%。

2. 因征地拆迁造成企业停产停业损失的，按《拟征收（使用）土地告知书》发布时企业实有职工人数月工资总额的4倍发放停产停业补偿，在职职工人数原则上依据劳动合同备案、工资发放表、企业财务报表及税务部门代扣所得税等情况确定。对停产停业人数的确认由县征拆办组织相关部门进行核实。在《拟征收（使用）土地告知书》发布前已停产停业的，不予补偿。

（二）被拆迁人将认定合法的住宅房屋全部或部分改为营业、生产用房的，按下列规定执行。

1. 持有有效营业执照和税务登记证，在《拟征收（使用）土地告知书》发布前正常营业并依法纳税。需要行业经营许可的必须提供行业许可批文。

2. 按实际经营面积，参照同等结构住宅房屋补偿标准增加30%补偿。

（三）依法批准的畜禽养殖用房，按同等结构住宅房屋补偿标准增加20%补偿，不再安排重建或给予其它安置。

第二十六条 拆迁学校、医院、寺庙、教堂等公益事业用房，参照第二十五条第（一）款予以补偿。

第二十七条 被拆迁户的搬家费和过渡费按应安置人员计算（具体标准见附表10）。

宅基地安置的拆迁户，计算两次搬家费，过渡费计算时间为12个月。如有特殊情况，可适当延长，延长时间最多不超过12个月。

货币化安置的拆迁户，计算两次搬家费，过渡费计算时间不得超过12个月；

拆迁非住宅房屋不计算搬家费及过渡费。

第二十八条 被拆迁人在规定期限内签订房屋拆迁协议的，按认定合法的住宅房屋的建筑面积给予200元/平方米的奖励。在规定期限内搬家腾地的，按认定合法的住宅房屋的建筑面积给予200元/平方米的奖励。逾期未签订房屋拆迁协议和搬家腾地的，不予奖励。

奖励资金必须等房屋拆除（腾房并交钥匙）后才能支付。

第二十九条 房屋装修、地上附着物及设施补偿标准（见附表9）

## 第四章　土地征收及房屋拆迁安置

第三十条 被征地农民符合参保条件的人员，按照株洲市征地农民社会保障相关办法规定，可自愿选择参加城镇职工基本养老保险或城乡居民基本养老保险、城镇职工基本医疗保险或城镇居民医疗保险。

第三十一条 被征地农民社会保障资金来源及收缴：

（一）被征地农民社会保障基金，由县国土资源局在建设用地报批时按用地面积每平方米80元的标准代收。

（二）从征地补偿费中提取10%的社会保障费，由县国土资源局在征地补偿费中提取后划入被征地农民社会保障资金专户。（具体标准见附表2）

（三）被征地农民社会保障资金的利息及其增值收入。

第三十二条　住宅房屋拆迁安置，严格执行一户一宅的原则，采取货币化安置和宅基地安置方式安置。

货币化安置是指县城核心区范围内对被拆迁人

的认定合法的住宅房屋进行补偿后，政府给予一次性货币化安置补助，由被拆迁人自行购买商品房或其他方式自主安置的一种安置方式。

宅基地安置是指对被拆迁人的认定合法的住宅房屋进行补偿后，由符合条件的被拆迁人在依法批准的宅基地上进行重建。

第三十三条 县城核心区范围内采取货币化安置为主，宅基地安置为辅的安置方式。

（一）货币化安置。选择货币化安置的被拆迁人，可以享受以下补助和奖励。

1. 货币化安置补助。货币化安置补助标准为3600元/平方米，补助面积为被拆迁人的认定合法的住宅房屋的建筑占地面积。补助面积最多不超过120平方米，有多栋房屋拆迁的只享受一次货币化安置补助。

2. 货币化安置奖励。被拆迁人的认定合法的住宅房屋已取得集体土地使用证的，货币化安置奖励标准为3500元/平方米；未取得集体土地使用证的，货币化安置奖励标准为3200元/平方米。奖励面积为被拆迁人的认定合法的住宅房屋的建筑占地面积。

（二）宅基地安置。在符合土地利用总体规划和宅基地安置资格的条件下，按被拆迁人的认定合法的住宅房屋的占地面积进行安置，认定合法的住宅房屋的占地面积超过安置点两厢的面积时，最多安置两厢。安置点每厢的占地面积一般在56~60平方米之间，具体以规划平面图的规划面积为准。具体按下列规定执行：

1. 当认定合法的住宅房屋占地面积不足安置点一厢的面积时，安置一厢宅基地。住宅房屋的土地确权面积小于安置面积的部分，由被拆迁人按300元/平方米的标准缴纳土地费用。

2. 当认定合法的住宅房屋占地面积安置一厢后，剩余面积不足安置点一厢面积时：剩余面积在20平方米以内的（不含20平方米），不予安置宅基地；剩余面积在20平方米至40平方米以间的（含20平方米，不含40平方米），安置半厢宅基地；剩余面积超过40平方米的（含40平方米），安置一厢宅基地。住宅房屋的土地确权面积与安置面积有差异的，由被拆迁人按300元/平方米的标准缴纳或取得土地费用。

3. 当认定合法的住宅房屋占地面积大于安置点两厢宅基地面积时，安置两厢后的剩余面积不予安置宅基地。当住宅房屋占地面积在120平方米以内时（含120平方米），住宅房屋占地的土地确权面积超出安置面积的部分，由被拆迁人按300元/平方米的标准取得土地费用。当住宅房屋占地的土地确权面积超出120平方米时，超出120平方米部分的土地面积，由被拆迁人按3500元/平方米的标准取得土地费用。

4. 同一拆迁户有多处住宅房屋被拆迁的（总厢数超过2厢），只能安置一处宅基地，并且最多不超过两厢。被拆迁人的认定合法的住宅房屋占地的土地确权面积超出安置面积的部分，按以上第3项的标准进行补差。

5. 被拆迁人的认定合法的住宅房屋占地未进行土地确权的，新安置的土地由被拆迁人按300元/平方米的标准缴纳土地费用；当被拆迁人的认定合法的住宅房屋占地面积在120平方米以内时（含120平方米），住宅房屋占地面积超出安置面积的部分，由被拆迁人按300元/平方米的标准取得土地费用；当被拆迁人的认定合法的住宅房屋占地面积超出120平方米时，超出120平方米部分的土地面积，由被拆迁人按3200元/平方米的标准取得土地费用。

第三十四条 县城核心区外采取宅基地安置。在符合土地利用总体规划和住房安置的条件下，按正屋厢数基本对等的原则进行安置。拆迁住宅房屋占地面积超出宅基地安置面积的部分给予适当补助，但补助面积最多不超过150平方米（补助标准见附表11）。

第三十五条 宅基地安置用地的手续办理及基础设施建设按以下规定执行。

（一）宅基地安置用地由规划、国土部门按有关规定审批。县城规划核心区范围内的，先由街道提交安置审批单，县征拆办审核，分管副县长审定，再由相关部门给予办理。县城规划核心区范围以外的，县征拆办监督，乡镇（街道）审核把关，由相关部门给予办理。

（二）宅基地平整，水、电、路三通及重建房屋的超深基础由业主负责。所涉及的费用列入征地成本。超深基础是指正负零（圈梁面上）以下超过1.8米的深度部分的基础。

第三十六条 县征拆办组织公安、国土及乡镇（街道）、村或居委会等有关部门对安置人员资格按下列规定进行审定，并予以张榜公示，其资格认定以公示结果为准。

（一）安置人员范围：

1. 被认定的拆迁人房屋的产权人及其配偶、父母、子女，且在被征地农村集体经济组织有承包地并参加集体经济组织分配。

2. 原属于本集体经济组织，因国家征地已农转非，未参与过房屋拆迁安置的人员。

3. 原属于本集体经济组织，现正在部队服兵役的士兵（不包括军官、文职人员和10年以上的士官）、正在大中专院校就读的学生、正在服刑的人员。

4. 在以往房屋拆迁中采用宅基地安置方式的被拆迁人员（包括家庭新增人员），在拆迁其重建宅基地房屋时可计入安置人员范围。

5. 法律法规和政策规定应予安置的其他人员。

（二）享有安置人员资格以《征地拆迁补偿安置方案公告》发布日期为认定截止日。《征地拆迁补偿安置方案公告》发布日期后新增人员不列入安置人员范围。

（三）有下列情形之一的，可以增加一个安置人员指标：

1. 已婚夫妇未生育的；

2. 达到法定婚龄未婚的。

（四）在以往房屋拆迁中已进行补偿安置的人员及其家庭新增人员，不计入安置人员范围。

对安置人员资格审定结果有异议的，被拆迁人应当在公示之日起5个工作日内向县人民政府申请核查，县人民政府应组织有关部门调查核实后予以认定。

第三十七条　在县城核心区范围内，不符合安置条件的被拆迁人，按下列规定执行：

1. 属于非本集体经济组织成员的被拆迁户（不含原属本集体经济组织的征地转城户），并且在2011年7月28日前建成的被拆迁住宅房屋，有集体土地使用证的，只能参照货币化安置方式进行补偿；没有集体土地使用证的，按其住宅房屋的占地面积按3200元/平方米标准予以奖励，奖励面积最多不超过120平方米。

2. 属于“一户多宅”的本集体经济组织成员的被拆迁户，被拆迁住宅房屋经认定合法的，取得集体土地使用证的，按3500元/平方米的标准给予奖励；没有集体土地使用证的，按3200元/平方米的标准给予奖励。

第三十八条　产权人有多处合法产权房屋且不在同一宗征地范围内，其它安置人员只能随产权人在同一处房屋内享受一次安置。

第三十九条　符合安置条件的孤儿、“五保户”、残疾人，经县人民政府审核确定并予以公示后，给予每人3万~5万元的困难补助，在不可预见费中列支。

## 第五章　附　则

第四十条 对积极参与、协助征地拆迁补偿安置工作，并在规定期限内完成工作任务的村（居委会）、组干部，适当给予误工补助。

县政府对参与征地拆迁补偿安置工作有突出贡献的有关单位和个人，给予奖励。

各单位对参与征地拆迁补偿安置工作的一线工作人员，根据目标管理，给予奖励。

奖励资金从各单位的征地拆迁工作经费中列支。

第四十一条　被拆迁房屋补偿安置后，征地拆迁实施部门应收缴土地使用权证、办理注销登记；被拆迁人拒不上缴的，由、县国土资源局公告注销。

第四十二条　征地拆迁补偿款全额支付后，被征拆人应当在规定期限内搬迁腾地。拒不腾地的，由县国土资源局依法责令限期腾地。逾期不执行的，申请人民法院强制执行。

第四十三条　被征拆人对补偿项目和数额有异议的，应当在收到补偿告知书之日起15日内向县国土资源局提出书面核实申请。逾期提出的，不予受理。

第四十四条　被征拆人弄虚作假，伪造、涂改土地、房屋权属证明的，由国土部门给予警告，责令限期改正。构成违反治安管理行为的，由公安机关予以处罚；构成犯罪的，由司法机关追究刑事责任。

阻碍国家机关工作人员依法执行征地拆迁公务的，由公安机关依照《中华人民共和国治安管理处罚法》的规定进行处罚；构成犯罪的，由司法机关追究刑事责任。

第四十五条　监察、审计、财政、国土等部门按照各自职责开展征地拆迁补偿安置工作的监督管理。

参与征地拆迁工作各部门人员徇私舞弊，经查处情况属实的，按人事管理关系由其直接管理单位给予行政处分，情节严重构成犯罪的，移送司法部门处理。

第四十六条 拆迁持有集体土地使用证的征地转城居民的房屋，涉及房屋补偿安置的，按本办法执行。

乡镇、村的公共设施、公益（用）事业以及其他建设经批准需使用集体土地的，参照本办法执行。

矿区安全区范围内的房屋需要拆迁的，参照本办法执行。

第四十七条 乡镇（街道）负责建立本县区域内村级集体经济组织成员台账及被征地拆迁人员补偿安置情况的电子档案。

第四十八条 征拆项目实施中涉及政策未明确的或者政策未覆盖的个案问题，实行县长负责的集体研究决策机制，共同研究制定处理方案，报市国土资源局、市财政局备案。

第四十九条 本办法自公布之日起施行，此前施行的规定与本办法不一致的，以本办法为准。

第五十条 本办法施行前，已发布征地补偿安置方案公告的，补偿安置按公告确定的方案执行，未发布征地补偿安置方案公告的，按照本办法施行。

附表1

表52

## 征地补偿标准表

单位：元/亩

| 地 类 | 征地补偿标准 | | |
|---|---|---|---|
| | Ⅰ | Ⅱ | Ⅲ |
| 水田、水塘、建设用地、道路 | 52000 | 48000 | 44000 |
| 旱地、园地 | 41600 | 38400 | 35200 |
| 林地、荒山、荒地 | 26000 | 24000 | 22000 |
| 专业菜地 | 85800 | 79200 | 72600 |

说明：征地补偿费支付到集体经济组织，由集体经济组织进行统一分配

表53

## 茶陵县征地补偿区域调整表

| 区 域 | 范 围 |
|---|---|
| 一级区域 | 云阳街道：全部行政区域；洣江街道：洣瑶社区的原中瑶村、下瑶村；下东街道：头铺村、小车村、金铺村；思聪街道：红桥村、左垅村部分区域（中心城区土地利用总体规划区域范围内） |
| 二级区域 | 洣江街道：洣瑶社区的原胡家村、湖塘渔场、湖塘村；下东街道：齐溪村、条心村、下东示范农场、长乐村、枫树村、桥边村、官铺村部分区域（城市总体规划以内区域）；思聪街道：思聪村、左垅村部分区域（中心城区土地利用总体规划区域以外城市总体规划以内区域）、辉山村部分区域（利民办事处以东区域） |
| 三级区域 | 洣江街道、下东街道、思聪街道一、二级区域以外范围；马江镇、秩堂镇、高陇镇、火田镇、腰潞镇、虎踞镇、严塘镇、湖口镇、界首镇、枣市镇、桃坑乡、舲舫乡 |

附表 2
表 54

## 征地补偿费用于被征地农民社会保障的数额表

单位：元 / 亩

| 地　类 | 缴纳标准 | | |
|---|---|---|---|
| | Ⅰ | Ⅱ | Ⅲ |
| 水田、水塘、建设用地、道路 | 5200 | 4800 | 4400 |
| 旱地、园地 | 4160 | 3840 | 3520 |
| 林地、荒山、荒地 | 2600 | 2400 | 2200 |
| 专业菜地 | 8580 | 7920 | 7260 |

说明：被征地农民社会保障金由被征地集体经济组织缴纳的部分

附表 3
表 55

## 青苗（生产）补偿标准表

单位：元 / 亩

| 类　别 | 补偿金额 | 备　注 |
|---|---|---|
| 水　　田 | 3000 | 水田种藕、种菜按专业菜地标准补偿 |
| 水　　塘 | 3000 | |
| 旱　　地 | 2000 | 山林地开挖种植的旱生作物按此标准补偿 |
| 专业菜地 | 5000 | 水田及菜地上种西瓜、草莓、葡萄、苗木均按此标准补偿 |

附表 4
表 56

## 零星果树、树木、花木、花草补偿标准表

单位：元 / 亩

| 类　别 | 规　格 | 补偿标准 | 备　注 |
|---|---|---|---|
| 果　树 | 苗期 | 2000 元 / 亩 | 桃、梅、桔、李、梨、柚、板栗、鸡爪、酸枣、枇杷、油茶等<br>零星果树苗按 3 元 / 株补偿 |
| | 挂果前 | 60 元 / 株 | |
| | 挂果后 | 80 元 / 株 | |
| 树　木 | 胸径 5~10 厘米 | 10 元 / 株 | 泡桐、梧桐、苦楝、杉树、臭椿、松柏、棕树、马尾松、国外松、樟树、杜英、楠竹等 |
| | 胸径 10~20 厘米 | 20 元 / 株 | |

续表 56-1

| 类　别 | 规　格 | 补偿标准 | 备　注 |
| --- | --- | --- | --- |
| 花　木 | 冠幅 50 厘米以内 | 50 元 / 株 | 铁树、山茶花等 |
| | 冠幅 50 厘米以上 | 80 元 / 株 | |
| 花草 | 小丛（冠幅 30 厘米） | 5 元 / 丛 | 美人蕉、杜鹃、月季、七里香、黄杨、夹竹桃等 |
| | 中丛（冠幅 30–60 厘米） | 10 元 / 丛 | |
| | 大丛（冠幅 60 厘米以上） | 15 元 / 丛 | |

说明：1. 各种树木从根部分支生长的按一株补偿
　　　2. 抢栽、抢种的不予补偿

附表 5
表 57

## 山林地经济林、用材林、花卉、药材补偿标准表

| 类　别 | 规　格 | 补偿标准标准（元 / 亩） | 备　注 |
| --- | --- | --- | --- |
| 果　树 | 苗期 | 2000 | 始产期、盛产期种植密度不低于 80 株 / 亩 |
| | 始产期 | 3000 | |
| | 盛产期 | 5000 | |
| 油　茶 | 苗期 | 2000 | 始产期、盛产期种植密度不低于 90 株 / 亩 |
| | 始产期 | 4000 | |
| | 盛产期 | 6000 | |
| 茶　叶 | 苗期 | 2000 | 始产期、盛产期种植密度不低于 100 株 / 亩 |
| | 始产期 | 3000 | |
| | 盛产期 | 4000 | |
| 杉树、楠竹 | 苗高 3 米以下 | 1000 | 种植密度不低于 110 株 / 亩 |
| | 胸径 6~12 厘米 | 1300 | |
| | 胸径 12 厘米以上 | 2200 | |
| 其他树木 | 苗高 3 米以下 | 900 | |
| | 胸径 6–12 厘米 | 1100 | |
| | 胸径 12 厘米以上 | 1600 | |

续表 57-1

| 类　别 | 规　格 | 补偿标准标准（元 / 亩） | 备　注 |
|---|---|---|---|
| 花卉、药材 | 普通 | 2000 | |
| | 名贵 | 3000 | |
| 茅　柴 | 500 元 / 亩 | | |

说明：1. 按面积计算补偿

2. 各类树木混栽的，以栽种最多的一种计算补偿

3. 间种的其他树木、苗木、花木不予补偿

附表 6

表 58

## 苗圃移植搬迁费一览表

| 品　种 | 规　格 | | 种植密度（株 / 亩） | 补偿标准（元 / 亩） | 备　注 |
|---|---|---|---|---|---|
| | 胸　径 | 高　度 | | | |
| 各种苗圃 | | 1 米以下 | 2000~3000 | 3000~3500 | 1. 种植密度低于标准 80% 的按实际密度补偿；<br>2. 异地移植的地点由被征地户自行解决，不另补偿。 |
| | | 1 米以上 | 700~1000 | 3500~4500 | |
| 各种苗圃 | 4~9 厘米 | | 500~600 | 7000~8000 | 1. 种植密度低于标准 80% 的按实际密度补偿；<br>2. 异地移植的地点由被征地户自行解决，不另补偿。 |
| | 10~19 厘米 | | 200~300 | 9000~13000 | |
| | 20 厘米以上 | | 100~150 | 15000~18000 | |

说明：1. 房前屋后、山林地内生长多年的树木，不按此标准补偿

2. 搬迁费包括人工挖树、装车、运输、辅材等费用

3. 以《征收土地公告》发布之日后 30 天确定搬迁季节，春、秋、冬季搬迁损耗按搬迁费增加 5%，夏季搬迁损耗按搬迁费增加 20%

附表 7

表 59

## 迁坟等其它补偿（助）标准表

| 迁　坟 | 并棺迁坟（元 / 座） | 仅迁骸骨（元 / 座） | 说　明 |
|---|---|---|---|
| | 3000 | 600 | |
| 埋竖电杆、拉线 | 占用耕地的补 300 元 / 根；占用非耕地的补 100 元 / 根 | | 不再给予其他补偿 |
| 误工补助 | 半 天 | 一 天 | 1. 非商定通知人员不予补助<br>2. 根据实际天数计算 |
| | 50 | 100 | |

续表 59-1

| 迁 坟 | 并棺迁坟（元 / 座） | 仅迁骸骨（元 / 座） | 说 明 |
|---|---|---|---|
| | 3000 | 600 | |
| 灌溉兼养水塘的造塘费 | 16000 元 / 亩 | | 此项费用只计算到集体经济组织，不到个人 |

# 拆迁各类房屋计算说明

1. 各类房屋层高规定：砖混及砖木结构房屋标准高度为平房 3.2 米，楼房 3 米；土木结构平房 3.2 米，楼房为 2.8 米；简易结构房屋 2.2~2.6 米。房屋层高增加的，按增加因素处理。

2. 各类房屋的划等，主要以墙体、梁柱承重、屋面、楼面、天沟、地面等主要结构来确定，凡与结构内容不同者，按增减因素处理。

3. 房屋一律以建筑面积计算补偿。建筑面积的计算，一律以房屋外墙外围水平面积计算，不包括出檐出梢。有柱檐廊，按柱中心连线计算；无柱的挑廊、挑阳台（未封闭），按其投影面积的 50% 计算；层高在 2.2 米（不含 2.2 米）以下，不计算建筑面积。

地下室结构层高在 2.2 米及以上计算全面积 1.2~2.2 米以内（不含 2.2 米）计算一半面积。框架现浇结构形成建筑空间的坡屋顶，结构净高大于 2.1 米以上的计算全面积，1.2~2.1 米以内（不含 2.1 米）的计算一半面积，1.2 米以下的不计算面积。

4. 房屋层高的测定方法：平房以室内地面至落水檐口高度为准；前后檐有高低者，取平均高度计算。楼房以室内地面至屋顶落水檐口高度除以层数计算。

5. 征收补偿标准已包括房屋基础、主体、排水明暗沟、散水、天沟、雨外墙、踏步、水、电及材料运输等全部补偿。

6. 砖混结构的房屋隔热层按平均高度计算，0.5 米以下（含 0.5 米）的不计算补偿。隔热层高度超过 0.5 米的，每超过 0.1 米按隔热层的面积每平方米补助 20 元，补偿高度最高不超过 2.2 米，超过 2.2 米的按 2.2 米计算。

7. 房屋折旧按每年 1% 计算，折旧最高不超过 40%。

附表 8

表 60

## （一）砖混结构房屋补偿标准

| 等 级 | 房屋主要结构 | 征收补偿标准（元 / 平方米） | 增减因素 |
|---|---|---|---|
| 一 | 砖石基础，内外 24 厘米以上眠墙，墙梁柱共同承重，现浇或预制钢筋混凝土楼面、屋面、天沟、踏步，油漆门窗或铝合金门窗，混凝土地面，屋面有不少于 0.5 米高隔热层，房屋四周砖砌排水明、暗沟 | 810 | 1. 无隔热层减 3%<br>2. 无水、电进户各减 4%<br>3. 室内未粉刷减 4%<br>4. 层高每增减 10 厘米增减 1%<br>5. 有架空层增加 2% |
| 二 | 砖石基础，内外 20 厘米眠墙及部分 24 厘米以上墙，墙梁柱共同承重，现浇或预制钢筋混凝土楼面、屋面、天沟、踏步，油漆门窗或铝合金门窗，混凝土地面，屋面有不少于 0.5 米高隔热层，房屋四周砖砌排水明、暗沟 | 790 | 1. 无隔热层减 3%<br>2. 无水、电进户各减 4%<br>3. 室内未粉刷减 4%<br>4. 层高每增减 10 厘米增减 1%<br>5. 有架空层增加 2% |

续表 60–1

| 等 级 | 房屋主要结构 | 征收补偿标准（元 / 平方米） | 增减因素 |
|---|---|---|---|
| 三 | 砖石基础，内外 20 厘米砖墙，部分 24 厘米以上墙，油漆门窗或铝合金门窗，预制空心板楼面，现浇天沟、木架人字栋瓦屋面，混凝土地面，屋面四周砖砌排水明、暗沟 | 770 | 1. 无隔热层减 3%<br>2. 无水、电进户各减 4%<br>3. 室内未粉刷减 4%<br>4. 层高每增减 10 厘米增减 1%<br>5. 有架空层增加 2% |
| 说明 | 1. 框架结构要求：现浇钢筋混凝土梁、柱承重，非承重墙。框架结构补偿标准增加 20%<br>2. 企业（生产）房屋单层层高加价标准：<br>（1）企业房屋单层层高在＞ 3.2– ≤ 4.5 米的，层高加价为补偿标准的 20%<br>（2）企业房屋单层层高在＞ 4.5– ≤ 5.5 米的，层高加价为补偿标准的 30%<br>（3）企业房屋单层层高在＞ 5.5– ≤ 6.5 米的，层高加价为补偿标准的 40%<br>（4）企业房屋单层层高＞ 6.5 米的，按层高加价的 50% 补偿后，另按每增加 1 米增加 15 元补偿 | | |

## （二）砖木结构房屋补偿标准

| 等 级 | 房屋主要结构 | 征收补偿标准（元 / 平方米） | 增减因素 |
|---|---|---|---|
| 一 | 砖石基础，内外 18 厘米砖墙，部分 24 厘米砖墙，油漆玻璃门窗或铝合金门窗，木板楼面，有平顶，木架人字栋瓦屋面，混凝土地面，四周砖砌排水明、暗沟 | 750 | 1. 无水、电进户各减 4%<br>2. 室内未粉刷减 4%<br>3. 层高每增减 10 厘米增减 1%<br>4. 有架空层增加 2% |
| 二 | 砖石基础，内外 18 厘米砖墙，部分 24 厘米砖墙，油漆玻璃门窗或铝合金门窗，木架瓦屋面，混凝土地面，四周砖砌排水明、暗沟 | 710 | 1. 无水、电进户各减 4%<br>2. 室内未粉刷减 4%<br>3. 层高每增减 10 厘米增减 1%<br>4. 有架空层增加 2% |
| 说明 | 楼面达不到承重结构要求，不能在其内进行正常生产生活的楼层，不计建筑面积，按超高处理 | | |

## （三）土木结构房屋补偿标准

| 等 级 | 房屋主要结构 | 征收补偿标准（元 / 平方米） | 增减因素 |
|---|---|---|---|
| 一 | 砖石基础，外墙窗以下砖石基台；土砖、土筑（含三砂）墙，内外粉灰，油漆门窗，木板楼面，木架瓦屋面，有平顶，水泥地面，四周有排水明、暗沟 | 560 | 1. 无水电进户各减 4%<br>2. 内外墙未粉各减 2%<br>3. 层高每增减 10 厘米增减 1% |
| 二 | 砖石基础，内外土砖、土筑（含三砂）墙，内外粉灰，油漆门窗，木架瓦屋面，水泥或砖地面，四周有排水明、暗沟 | 525 | |
| 说明 | 1. 土木结构上升层的，一律按土木结构计算<br>2. 楼面达不到承重结构要求，不能在其内进行正常生产生活的楼层，不计建筑面积，按超高处理 | | |

续表 60-2

### （四）简易结构房屋补偿标准

| 等　级 | 房屋主要结构 | 征收补偿标准（元 / 平方米） | 增减因素 |
|---|---|---|---|
| 一 | 砖石基础，内外 13 厘米砖墙、土体墙，木门窗，木架瓦屋面，水泥或三砂地面 | 300 | 1、无水电各减 4%<br>2、无门窗各减 2%<br>3、层高每增减 10 厘米增减 1% |
| 说明 | 1、简易结构房屋系指高度在 2.2–2.6 米畜舍、厕所等附属房屋<br>2、有柱无墙的棚子不算简易结构，木棚按 100 元 / 平方米，铁棚按 150 元 / 平方米的标准补偿 | | |

附表 9

## 室内装饰、地上附着物及设施补偿标准

### 说　明

1. 凡属非固定性生产或生活的设施（包括炉灶、装配式水池、非固定猪槽、活动水泥板谷仓等）均不予补偿。

2. 表内项目，如残缺不全，长期闲置不用者，按表内标准折价或不予补偿。

3. 房屋的屋檐滴水明沟，进屋的踏步、上楼的楼梯均为房屋的必要配套设施，已包括在房屋的补偿单价中，不再按此表另行补偿。

4. 表中未列入项目，原则上视新旧程度，按现行建筑定额直接费的 50%～70% 予以补偿。

5. 被征收土地上废弃不用的生产、生活设施不予补偿。

6. 下表中未列项目按成本价评定补偿。

表 61

| 序　号 | 项　目 | 单　位 | 补偿金额（元） | 说　明 |
|---|---|---|---|---|
| 1 | 水泥条板 | 平方米 | 30 | |
| 2 | 砖砌氨水池 | 立方米 | 180 | 砖砌有沥青防水层，砖拱顶粉水池 |
| 3 | 砖砌温床（花围） | 平方米 | 50 | 按面积计算 |
| 4 | 砖粉水池 | 立方米 | 120 | |
| 5 | 土粪池 | 立方米 | 40 | |
| 6 | 砖砌井 | 米 | 400 | ①按井深计算；②包括井吧及周围水泥地面；③废弃的不予补偿 |
| 7 | 石砌井 | 米 | 400 | 同上 |
| 8 | 土　井 | 米 | 250 | ①同上。②废弃水井不予补偿 |
| 9 | 机钻进（摇泵井） | 座 | 800 | ①同上；②每户限补一座 |
| 10 | 24 砖眠墙 | 平方米 | 75 | 围墙，已包括基础，按平方米计算 |

续表 61–1

| 序　号 | 项　目 | 单　位 | 补偿金额（元） | 说　明 |
|---|---|---|---|---|
| 11 | 18 砖眠墙 | 平方米 | 70 | 同上 |
| 12 | 13 砖附柱墙 | 平方米 | 60 | 同上 |
| 13 | 砖砌明沟 | 米 | 50 | 按长度计算 |
| 14 | 砖砌暗沟 | 米 | 60 | 按长度计算 |
| 15 | 三砂明沟 | 米 | 30 | 按长度计算 |
| 16 | 暗砼涵管 | 米 | 80 | Φ500 米以下 |
| 17 | 暗砼涵管 | 米 | 100 | Φ500 米以上 |
| 18 | 片石护坡 | 立方米 | 300 | 按砌体体积计算 |
| 19 | 砖砌护破 | 立方米 | 320 | 按砌体体积计算 |
| 20 | 混凝土路面 | 立方米 | 350 | 按体积计算 |
| 21 | 无筋混凝土 | 立方米 | 350 | 按体积计算 |
| 22 | 钢筋混凝土 | 立方米 | 500 | 按体积计算 |
| 23 | 钢筋混凝土横梁 | 立方米 | 600 | 房屋构造不予补偿 |
| 24 | 砼刀片栏杆 | 米 | 30 | 按栏杆长度计算 |
| 25 | 砼花格栏杆 | 米 | 35 | 按栏杆长度计算 |
| 26 | 地炉 | 个 | 120 | |
| 27 | 水泥压光 | 平方米 | 40 | |
| 28 | 水泥拉毛光 | 平方米 | 35 | |
| 29 | 普通灶台 | 套 | 800 | |
| 30 | 普通热水炉灶台 | 套 | 1500 | |
| 31 | 不锈钢热水炉灶台 | 套 | 2000 | |
| 32 | 不锈钢洗碗盆 | 套 | 400 | 含水龙头、下水整套 |
| 33 | 壁嵌水泥碗柜 | 个 | 100 | 有门、隔板，增加 40% |
| 34 | 坐式大便器 | 座 | 400 | |
| 35 | 蹲式大便器 | 座 | 80 | 有水箱的另加 80 元 |
| 36 | 浴　缸 | 套 | 800 | 含供、排水设施 |
| 37 | 洗脸盆 | 个 | 100 | 不能移动 |

续表 61-2

| 序 号 | 项 目 | 单 位 | 补偿金额（元） | 说 明 |
|---|---|---|---|---|
| 38 | 单脚洗脸盆 | 个 | 150 | |
| 39 | 双脚洗脸盆 | 个 | 200 | |
| 40 | 壁 镜 | 平方米 | 60 | |
| 41 | 卫生间镜子 | 块 | 30~50 | |
| 42 | 沙窗门 | 平方米 | 50 | |
| 43 | 窗穿铁条 | 平方米 | 25 | |
| 44 | 窗帘盒 | 米 | 20 | |
| 45 | 普通油漆地面 | 平方米 | 10 | |
| 46 | 彩色水磨石地面 | 平方米 | 45 | |
| 47 | 普通水磨石地面 | 平方米 | 40 | |
| 48 | 地面铜条 | 米 | 10 | |
| 49 | 粘沙墙面 | 平方米 | 45 | |
| 50 | 大理石 | 平方米 | 60~120 | |
| 51 | 釉面砖 | 平方米 | 30~60 | |
| 52 | 防滑砖 | 平方米 | 30 | |
| 53 | 抛光砖（50×50 厘米） | 平方米 | 60 | |
| 54 | 抛光砖（60×60 厘米） | 平方米 | 70 | |
| 55 | 墙面砖 | 平方米 | 30~50 | |
| 56 | 乳胶漆墙面 | 平方米 | 20 | |
| 57 | 喷 塑 | 平方米 | 20 | |
| 58 | 瓷泥墙面 | 平方米 | 15 | |
| 59 | 涂 料 | 平方米 | 10 | |
| 60 | 耐磨砖 | 平方米 | 30~60 | |
| 61 | 马赛克 | 平方米 | 55 | |
| 62 | 水曲柳板墙面 | 平方米 | 50 | |
| 63 | 铁艺扶手 | 米 | 150 | |
| 64 | 地板纸 | 平方米 | 5 | |

续表 61–3

| 序　号 | 项　目 | 单　位 | 补偿金额（元） | 说　明 |
| --- | --- | --- | --- | --- |
| 65 | 不锈钢防盗门窗 | 平方米 | 100 | |
| 66 | 铝合金、塑钢门窗 | 平方米 | 180 | |
| 67 | 入户主防盗门 | 平方米 | 500 | |
| 68 | 玻璃地弹门 10~15 毫米 | 平方米 | 220 | |
| 69 | 普通拉闸门 | 平方米 | 180 | |
| 70 | 不锈钢拉闸门 | 平方米 | 250 | |
| 71 | 卷闸门 | 平方米 | 180 | |
| 72 | 电动卷闸门 | 平方米 | 220 | |
| 73 | 防水塑钢门 | 张 | 160 | （无板门减 20%） |
| 74 | 铁　门 | 平方米 | 60 | |
| 75 | 铁皮铁门 | 平方米 | 100 | |
| 76 | 铁艺栏杆 | 米 | 150 | |
| 77 | 不锈钢扶手 | 米 | 100 | |
| 78 | 玻璃磨花扶手 | 米 | 160 | |
| 79 | 木制扶手 | 米 | 120 | |
| 80 | 太阳罩 | 个 | 40 | |
| 81 | 铁皮瓦 | 平方米 | 40 | |
| 82 | 石棉瓦 | 平方米 | 20 | |
| 83 | 琉璃瓦 | 平方米 | 60 | |
| 84 | 石膏板吊顶（无灯槽） | 平方米 | 40 | |
| 85 | 水曲柳板吊顶 | 平方米 | 60 | |
| 86 | 榉木板吊顶 | 平方米 | 70 | |
| 87 | 单面包门 | 平方米 | 45~55 | |
| 88 | 双面包门 | 平方米 | 90~110 | |
| 89 | 门　套 | 套 | 55~65 | |
| 90 | 窗　套 | 米 | 20 | |
| 91 | 普通防盗窗 | 平方米 | 50 | |

续表 61–4

| 序　号 | 项　目 | 单　位 | 补偿金额（元） | 说　明 |
|---|---|---|---|---|
| 92 | 水泵移装 | 台 | 50 | 家用 |
| 93 | 热水器移装 | 台 | 150 | 移装费用 |
| 94 | 窗式空调机移装 | 台 | 150 | 移装费用 |
| 95 | 壁挂式空调机移装 | 台 | 200 | 移装费用，含一机两拖 |
| 96 | 柜式空调机移装 | 台 | 200 | 移装费用 |
| 97 | 宽带网移装 | 户 | 400 | |
| 98 | 有线电视移装 | 户 | 400 | |
| 99 | 电话移装 | 部 | 200 | |
| 100 | 照明用电开户补偿 | 户 | 1000 | |
| 101 | 自来水开户补偿 | 户 | 1200 | |
| 102 | 水管（ϕ15） | 米 | 10 | 给排水不予补偿 |
| 103 | 水管（ϕ25） | 米 | 15 | 给排水不予补偿 |
| 104 | 水管（ϕ40） | 米 | 25 | 给排水不予补偿 |

附表 10

表 62

## 拆迁住宅搬家补助费、过渡费标准

| 常住人口 | 搬家补助费（元 / 户） | 过渡费（元 / 月） |
|---|---|---|
| 3 人以内（含 3 人） | 1000 | 600 |
| 3 人以上 | 每增加 1 人增加 100 | 每增加 1 人增加 100 |

附表 11

表 63

## 拆迁户重建宅基地建筑用地标准及差额面积补助标准

单位：元 / 平方米

| 被拆迁户房屋占地差额面积三通一平补助 | 备　注 |
|---|---|
| 300 | 差额面积最高不超过 150 平方米 |

# 茶陵县人民政府
# 关于清理规范县政府部门行政审批中介服务事项的决定

茶政发〔2017〕52号
（2017年12月26日）

各乡镇人民政府，县直各相关单位：

为贯彻落实国务院、省、市政府推进政府职能转变和深化行政审批制度改革的要求，根据《湖南省人民政府关于第一批清理规范59项省政府部门行政审批中介服务事项的决定》（湘政发〔2016〕3号）、《湖南省人民政府关于第二批清理规范94项省政府部门行政审批中介服务事项的决定》（湘政发〔2016〕19号）和《湖南省人民政府关于第三批清理规范27项省政府部门行政审批中介服务事项的决定》（湘政发〔2017〕23号）的文件精神，经梳理审查，决定清理规范60项县政府部门行政审批中介服务事项，不再作为行政审批的受理条件。

县直各有关部门要加强组织领导，认真做好清理规范行政审批中介服务事项的落实工作，加快配套改革和相关制度建设，加强事中事后监管，保障行政审批质量和效率。对于涉及公共安全的行政审批事项，中介服务清理规范后，要进一步强化相关监管措施，确保安全责任落实到位。

附件：茶陵县清理规范县政府部门行政审批中介服务事项目录（共计60项）

附件

表64

**茶陵县清理规范县政府部门行政审批中介服务事项目录（共计60项）**

| 序号 | 中介服务事项名称 | 设置中介服务事项的依据 | 对应行政审批及其他行政职权项目名称 | 主管部门 | 处理建议 | 备注 |
|---|---|---|---|---|---|---|
| 1 | 固定资产投资项目节能评估报告书（表）编制 | 《中华人民共和国节约能源法》<br>《固定资产投资项目节能审查办法》（国家发改委令第44号） | 固定资产投资项目节能审查 | 县发改局 | 申请人应委托有合法资质的机构编制项目节能评估报告，主管部门不得以任何形式要求申请人必须委托特定中介机构提供服务 | |

续表 64-1

| 序号 | 中介服务事项名称 | 设置中介服务事项的依据 | 对应行政审批及其他行政职权项目名称 | 主管部门 | 处理建议 | 备注 |
|---|---|---|---|---|---|---|
| 2 | 项目申请报告编制 | 《政府核准的投资项目目录（2016年本）》（国发〔2016〕72号）<br>《湖南省政府核准的投资项目目录（2015年本）》（湘政发〔2015〕82号）<br>《机动车登记规定》（公安部令第124号）<br>《机动车驾驶员培训管理规定》交通部令2006年第2号） | 权限内企业投资项目核准 | 县发改局 | 申请人可按要求自行编制项目申请报告，也可委托有合法资质的机构编制，主管部门不得以任何形式要求申请人必须委托特定中介机构提供服务；保留主管部门现有的项目申请报告技术评估、评审 | |
| 3 | 消防设施检测合格证明 | 《中华人民共和国消防法》<br>《建设工程消防监督管理规定》（公安部令第119号） | 建设工程消防设计审核与验收 | 县公安局（消防大队） | 申请人可委托有合法资质的机构编制，主管部门不得以任何形式要求申请人必须委托特定中介机构提供服务；审核部门保留现有的消防设计文件技术评估、评审 | |
| 4 | 交通建设项目造价文件编制 | 《湖南省建设工程造价管理办法》（湖南省人民政府令第192号）<br>《公路工程基本建设项目概算预算编制办法》（JTGB06-2007）及《公路工程概算定额》（JTG/TB06-01-2007）、《公路工程预算定额》（JTG/TB06-02-2007）、《公路工程机械台班费用定额》（JTG/TB06-03-2007）（交通部公告2007年33号） | 省立项的国道、省道建设项目施工许可及竣工验收 | 县交通运输局 | 申请人可按要求自行编制造价文件，也可委托有合法资质的机构编制，主管部门不得以任何形式要求申请人必须委托特定中介机构提供服务 | |
| 5 | 公路建设监理 | 《中华人民共和国公路法》 | 省立项的国道、省道建设项目施工许可及竣工验收 | 县交通运输局 | 申请人应委托有合法资质的机构进行监理，主管部门不得以任何形式要求申请人必须委托特定中介机构提供服务。保留交通主管部门现有的项目监管职能 | |
| 6 | 设立民办职业培训机构申请人验资 | 《湖南省人力资源和社会保障厅关于印发〈湖南省促进民办职业培训实施办法(修订)〉的通知》（湘人社发〔2014〕48号） | 民办职业培训机构审批 | 县人社局 | 申请人应委托有合法资质的机构提供验资，主管部门不得以任何形式要求申请人必须委托特定中介机构提供服务 | |

续表 64-2

| 序号 | 中介服务事项名称 | 设置中介服务事项的依据 | 对应行政审批及其他行政职权项目名称 | 主管部门 | 处理建议 | 备注 |
|---|---|---|---|---|---|---|
| 7 | 竣工验收地籍测绘 | 《中华人民共和国测绘法》<br>《湖南省土地开发整理条例》 | 供地、临时用地、集体建设用地许可 | 县国土资源局 | 申请人应委托有合法资质的机构编制，主管部门不得以任何形式要求申请人必须委托特定中介机构提供服务 | |
| 8 | 地质灾害危险性评估报告编制 | 《地质灾害防治条例》（国务院令第 394 号） | 供地、临时用地、集体建设用地许可 | 县国土资源局 | 申请人应委托有合法资质的机构编制评估报告，主管部门不得以任何形式要求申请人必须委托特定中介机构提供服务 | |
| 9 | 土地复垦方案编制 | 《土地复垦条例》（国务院令第 592 号）<br>《湖南省临时用地管理办法》（湖南省人民政府令第 140 号） | 供地、临时用地、集体建设用地许可 | 县国土资源局 | 申请人可按要求自行编制，也可委托有合法资质的机构编制，主管部门不得以任何形式要求申请人必须委托特定中介机构提供服务；保留主管部门现有的方案技术评估、评审 | |
| 10 | 矿产资源开发利用方案编制 | 《中华人民共和国矿产资源法》<br>《矿产资源开采登记管理办法》（2014 年 7 月 9 日国务院修订）<br>《国土资源部关于矿产资源勘查登记开采登记有关定的通知》（国土资发〔1998〕7 号） | 采矿权许可 | 县国土资源局 | 申请人可按要求自行编制方案，也可委托有合法资质的机构编制，主管部门不得以任何形式要求申请人必须委托特定中介机构提供服务；保留主管部门现有的方案技术评估、评审 | |
| 11 | 矿山地质环境保护与恢复治理方案编制 | 《矿山地质环境保护规定》（国土资源部令第 44 号）<br>《土地复垦条例》（国务院令第 592 号）<br>《国土资源部办公厅关于做好矿山地质环境保护与治理恢方案编制审查及有关工作的通知》（国土资厅发〔2009〕61 号）<br>《国土资源部关于组织土地复垦方案编报和审查有关问题的通知》（国土资发〔2007〕81 号） | 采矿权许可 | 县国土资源局 | 申请人可按要求自行编制方案，也可委托有合法资质的机构编制，主管部门不得以任何形式要求申请人必须委托特定中介机构提供服务；保留主管部门现有的方案技术评估、评审 | |

续表 64-3

| 序号 | 中介服务事项名称 | 设置中介服务事项的依据 | 对应行政审批及其他行政职权项目名称 | 主管部门 | 处理建议 | 备注 |
|---|---|---|---|---|---|---|
| 11 | 矿山地质环境保护与恢复治理方案编制 | 《湖南省国土资源厅关于改进矿山地质环境保护与治理恢复工作的通知》（湘国土资发〔2013〕34 号） | 采矿权许可 | 县国土资源局 | 申请人可按要求自行编制方案，也可委托有合法资质的机构编制，主管部门不得以任何形式要求申请人必须委托特定中介机构提供服务；保留主管部门现有的方案技术评估、评审 | |
| 12 | 矿产资源储量报告编制 | 《中华人民共和国矿产资源法》<br>《矿产资源开采登记管理办法》（2014 年 7 月 9 日国务院修订）<br>《国土资源部关于印发〈矿山储量动态管理要求〉的通知》（国土资发〔2008〕163 号）<br>《矿产资源监督管理暂行办法》（1987 年 4 月 29 日国务院发布）<br>《矿产资源登记统计管理办法》（国土资源部令第 23 号） | 采矿权许可 | 县国土资源局 | 申请人可按要求自行编制方案，也可委托有合法资质的机构编制，主管部门不得以任何形式要求申请人必须委托特定中介机构提供服务；保留主管部门现有的报告技术评估、评审 | |
| 13 | 土地价格评估 | 国土资源部《招标拍卖挂牌出让国有土地使用权规范》（试行）和《协议出让国有土地使用权规范》（试行）（国土资发〔2006〕114 号）<br>湖南省国土资源厅办公室《关于进一步规范国有建设用地使用权出让地价评估管理的通知》 | 供地、临时用地、集体建设用地许可 | 县国土资源局 | 由主管部门采取公开方式从《株洲市土地一级市场评估中介机构备选库名单中选取中介机构进行评估 | |
| 14 | 矿业权评估或询价评估 | 《湖南省矿业权评估管理办法》（湘国土资发〔2010〕25 号） | 采矿权许可 | 县国土资源局 | 由主管部门委托有合法资质的机构进行评估 | |
| 15 | 矿山地质环境综合防治方案编制 | 《湖南省地质环境保护条例》<br>《关于调整〈矿山地质环境保护综合防治方案〉编审有关事项的通知》（湘国土资办发〔2016〕42 号） | 采矿权许可 | 县国土资源局 | 申请人可按要求自行编制矿山地质环境综合防治方案，也可委托有合法资质的机构编制。主管部门不得以任何形式要求申请人必须委托特定中介机构提供服务 | |

续表 64–4

| 序号 | 中介服务事项名称 | 设置中介服务事项的依据 | 对应行政审批及其他行政职权项目名称 | 主管部门 | 处理建议 | 备注 |
|---|---|---|---|---|---|---|
| 16 | 矿业权转让鉴证和公示 | 《国土资源部关于建立健全矿业权有形市场的通知》（国土资发〔2010〕145 号）<br>《湖南省国土资源厅关于清理规范矿业权审批和中介服务相关事项的通知》（湘国土资发〔2016〕22 号） | 采矿权许可 | 县国土资源局 | 不再要求矿业权人委托矿业权交易机构进行鉴证和公示，改由主管部门在门户网站和矿业权配号系统中发布矿业权转让公示信息 | |
| 17 | 采矿许可证遗失声明 | 《国土资源部关于进一步完善采矿权登记管理有关问题的通知》（国土资发〔2011〕14 号） | 采矿权许可 | 县国土资源局 | 对采矿许可证遗失或损毁申请补发的，不再要求申请人委托媒体刊登遗失声明 | |
| 18 | 城市绿化工程设计方案编制 | 《城市绿化条例》（2017 年修正） | 工程建设项目附属绿化工程设计方案审查 | 县住建局（市园林绿化局） | 申请人应委托有合法资质的机构编制，主管部门不得以任何形式要求申请人必须委托特定中介机构提供服务 | |
| 19 | 燃气经营企业安全评价 | 《中华人民共和国安全生产法》<br>《湖南省燃气管理条例》<br>《湖南省燃气经营许可管理办法》（湘建城〔2012〕183 号） | 城市燃气经营许可和燃气设施改动审批 | 县住建局 | 申请人应委托有合法资质的机构编制安全评价报告，主管部门不得以任何形式要求申请人必须委托特定中介机构提供服务 | |
| 20 | 建设工程监理 | 《建筑工程施工许可管理办法》（住建部令第 18 号）<br>《建设工程质量管理条例》（国务院令第 279 号） | 建筑工程施工许可证核发 | 县住建局 | 申请人应委托有合法资质的机构进行监理，主管部门不得以任何形式要求申请人必须委托特定中介机构提供服务 | |
| 21 | 建设工程使用主要建筑材料、建筑构配件和设备的检测 | 《建设工程质量管理条例》（国务院令第 279 号） | 建筑工程施工许可证核发 | 县住建局 | 申请人应委托有合法资质的机构进行检测，主管部门不得以任何形式要求申请人必须委托特定中介机构提供服务 | |
| 22 | 建设工程勘察设计 | 《建设工程质量管理条例》（国务院令第 279 号）<br>《建筑工程施工许可管理办法》（住建部令第 18 号） | 建设工程项目初步设计审批 | 县住建局 | 申请人可委托有合法资质的机构编制。主管部门不得以任何形式要求申请人必须委托特定中介机构提供服务；保留主管部门依规的设计文件技术评审 | |

续表 64-5

| 序号 | 中介服务事项名称 | 设置中介服务事项的依据 | 对应行政审批及其他行政职权项目名称 | 主管部门 | 处理建议 | 备注 |
| --- | --- | --- | --- | --- | --- | --- |
| 23 | 编制工程造价成果文件 | 《湖南省建设工程造价管理办法》（湖南省人民政府令第192号） | 建设工程施工合同备案 | 县住建局 | 申请人可按要求自行编制造价文件，也可委托有合法资质的机构编制。主管部门不得以任何形式要求申请人必须委托特定中介机构提供服务；保留主管部门现有的造价成果文件技术评估、评审 | |
| | | 《公路工程基本建设项目概算预算编制办法》（JTGB 06–2007）及《公路工程概算定额》（JTG/TB 06–01–2007）、《公路工程预算定额》（JTG/TB 06–02–2007）、《公路工程机械台班费用定额》（JTG/TB 06–03–2007）（交通部公告2007年33号） | | | | |
| | | 交通部《公路工程基本建设管理办法》（〔83〕交公路字262号） | | | | |
| | | 《国务院办公厅关于政府向社会力量购买服务的指导意见》（国办发〔2013〕96号） | | | | |
| | | 《湖南省人民政府关于推进政府购买服务工作的实施意见》（湘政发〔2014〕20号） | | | | |
| | | 《湖南省交通运输厅交通建设技术服务项目委托办法》（湘交计统〔2013〕368号） | | | | |
| 24 | 施工图设计文件审查 | 《建筑工程施工许可管理办法》（住建部令第18号） | 建设工程施工图设计文件审查备案 | 县住建局 | 申请人应委托有合法资质的机构审查，主管部门不得以任何形式要求申请人必须委托特定中介机构提供服务 | |
| | | 《建设工程质量管理条例》（国务院令第279号） | | | | |
| | | 《房屋建筑和市政基础设施工程施工图设计文件审查管理办法》（住建部令第13号） | | | | |
| 25 | 编制建设项目选址论证报告 | 《中华人民共和国城乡规划法》 | 以划拨方式提供国有土地使用权的建设项目选址意见书核发 | 县住建局 | 申请人应委托有合法资质的机构编制，主管部门不得以任何形式要求申请人必须委托特定中介机构提供服务 | |
| | | 《湖南省实施〈中华人民共和国城乡规划法〉办法》 | | | | |
| | | 《湖南省建设项目选址规划管理办法》 | | | | |

续表 64-6

| 序号 | 中介服务事项名称 | 设置中介服务事项的依据 | 对应行政审批及其他行政职权项目名称 | 主管部门 | 处理建议 | 备注 |
|---|---|---|---|---|---|---|
| 26 | 编制建设工程规划设计方案 | 《中华人民共和国城乡规划法》<br>《湖南省实施〈中华人民共和国城乡规划法〉办法》 | 城市、镇规划区内建设工程规划许可 | 县住建局 | 申请人应委托有合法资质的机构编制，主管部门不得以任何形式要求申请人必须委托特定中介机构提供服务 | |
| 27 | 数字线划图测绘 | 《湖南省实施〈中华人民共和国城乡规划法〉办法》<br>《湖南省建设项目选址规划管理办法》 | 以划拨方式提供国有土地使用权的建设项目选址意见书核发 | 县住建局 | 申请人应委托有合法资质的机构编制，主管部门不得以任何形式要求申请人必须委托特定中介机构提供服务 | |
| 28 | 规划技术审查 | 《国务院关于加强城乡规划监督管理的通知》(国发〔2002〕13 号)<br>《湖南省实施〈中华人民共和国城乡规划法〉办法》<br>《湖南省城市规划审查技术规则》 | 城市、镇规划区内建设工程规划许可 | 县住建局 | 由主管部门委托有合法资质的机构进行规划技术论证 | |
| 29 | 建筑物定点放线、规划核实测量 | 《湖南省实施〈中华人民共和国城乡规划法〉办法》<br>《城市测量规范》(CJJ/T 8—2011)<br>《房产测绘管理办法》(建设部、国家测绘局令第 83 号) | 城市、镇规划区内建设工程规划许可 | 县住建局 | 申请人应委托有合法资质的测量机构进行定点放线，主管部门不得以任何形式要求申请人必须委托特定中介机构提供服务 | |
| 30 | 保障公路、公路附属设施质量和安全的技术评价报告编制 | 《公路安全保护条例》(国务院令第 593 号) | 在县道上涉及公路安全施工许可 | 县交通运输局(县公路局) | 申请人可按要求自行编制技术评价报告，也可委托有合法资质的机构编制，主管部门不得以任何形式要求申请人必须委托特定中介机构提供服务；保留主管部门现有的技术评价报告技术评估、评审 | |
| 31 | 编制水利基建项目初步设计报告书 | 《国务院关于加强公益性水利工程建设管理若干意见》(国发〔2000〕20 号)<br>《水利工程建设程序管理暂行规定》(水利部水建〔1998〕16 号) | 水利工程初步设计文件审批 | 县水利局 | 申请人应委托有合法资质的机构编制，主管部门不得以任何形式要求申请人必须委托特定中介机构提供服务；保留主管部门现有的报告书技术评估、评审 | |

续表 64-7

| 序号 | 中介服务事项名称 | 设置中介服务事项的依据 | 对应行政审批及其他行政职权项目名称 | 主管部门 | 处理建议 | 备注 |
| --- | --- | --- | --- | --- | --- | --- |
| 32 | 建设项目水资源论证 | 《取水许可和水资源费征收管理条例》（国务院令第460号）<br>《取水许可管理办法》（水利部令第34号）<br>《建设项目水资源论证管理办法》（水利部、国家发展计划委员会令第15号） | 权限内取水许可审批 | 县水利局 | 申请人可按要求自行编制报告书，也可委托有合法资质的机构编制，主管部门不得以任何形式要求申请人必须委托特定中介机构提供服务；保留主管部门现有的报告书技术评估、评审 | |
| 33 | 生产建设项目水土保持方案编制 | 《中华人民共和国水土保持法》 | 权限内开发建设项目水土保持方案审批 | 县水利局 | 申请人可按要求自行编制水土保持方案，也可委托有合法资质的机构编制，主管部门不得以任何形式要求申请人必须委托特定中介机构提供服务；保留主管部门现有的水土保持方案技术评估、评审 | |
| 34 | 生产建设项目水土保持监测 | 《中华人民共和国水土保持法》 | 权限内开发建设项目水土保持方案审批 | 县水利局 | 申请人可按要求自行编制报告，也可委托有合法资质的机构编制，主管部门不得以任何形式要求申请人必须委托特定中介机构提供服务；主管部门完善标准，按要求开展现场核查 | |
| 35 | 生产建设项目水土保持设施验收技术评估 | 《中华人民共和国水土保持法》<br>《开发建设项目水土保持设施验收管理办法》（水利部令第16号） | 权限内开发建设项目水土保持方案审批 | 县水利局 | 由主管部门委托有合法资质的机构进行技术评估 | |
| 36 | 河道管理范围内建设项目防洪评价 | 《中华人民共和国防洪法》<br>《中华人民共和国河道管理条例》（国务院令第3号）<br>《湖南省实施〈中华人民共和国河道管理条例〉办法》（湖南省人民政府令第43号）<br>《河道管理范围内建设项目管理的有关规定》（水政〔1992〕7号） | 权限内防洪影响评价审批（权限内河道管理范围建设项目涉河管理事项审批） | 县水利局 | 申请人可按要求自行编制评价报告，也可委托有合法资质的机构编制，主管部门不得以任何形式要求申请人必须委托特定中介机构提供服务；保留主管部门现有的评价报告技术评估、评审 | |

续表 64-8

| 序号 | 中介服务事项名称 | 设置中介服务事项的依据 | 对应行政审批及其他行政职权项目名称 | 主管部门 | 处理建议 | 备注 |
|---|---|---|---|---|---|---|
| 37 | 水利工程是否符合流域治理、开发、保护要求或防洪要求专题论证 | 《水利工程建设规划同意书制度管理办法》（水利部令第31号） | 权限内防洪影响评价审批（水工程防洪规划审批） | 县水利局 | 申请人可按要求自行编制报告，也可委托有合法资质的机构编制，主管部门不得以任何形式要求申请人必须委托特定中介机构提供服务；保留主管部门现有的专题论证报告技术评估、评审 | |
| 38 | 建设项目环境影响评价报告书（表）编制 | 《中华人民共和国环境影响评价法》<br>《建设项目环境保护管理条例》（国务院令第682号） | 权限内建设项目环境影响报告书（表）审批及环境保护设施验收 | 县环保局 | 申请人应委托有合法资质的机构编制环境影响评价报告书（表），主管部门不得以任何形式要求申请人必须委托特定中介机构提供服务 | |
| 39 | 建设项目竣工环保验收监测、调查报告（表）编制 | 《建设项目环境保护管理条例》（国务院令第682号）<br>《建设项目竣工环境保护验收管理办法》（国家环境保护总局令第13号） | 权限内建设项目环境影响报告书（表）审批及环境保护设施验收 | 县环保局 | 企业自主与经省环保厅认可、具有核发资质的机构进行监测、调查，主管部门不得以任何形式要求申请人必须委托特定中介机构提供服务 | |
| 40 | 非煤矿山建设项目安全设施设计编制（非煤矿山企业安全设施设计审查） | 《中华人民共和国安全生产法》<br>《建设项目安全设施“三同时”监督管理暂行办法》（安监总局令第36号） | 权限内非煤矿山建设项目和用于生产、储存危险物品的建设项目的安全设施设计审查 | 县安监局 | 申请人应委托有合法资质的机构编制安全设施设计，主管部门不得以任何形式要求申请人必须委托特定中介机构提供服务 | |
| 41 | 生产、储存危险化学品建设项目安全预评价报告编制 | 《中华人民共和国安全生产法》<br>《危险化学品安全管理条例》（国务院令第591号） | 权限内新建、改建、扩建生产、储存危险化学品的建设项目的安全设施设计审查 | 县安监局 | 申请人应委托有合法资质的机构进行安全评价，主管部门不得以任何形式要求申请人必须委托特定中介机构提供服务 | |
| | 生产、储存危险化学品建设项目安全预评价报告编制 | 《危险化学品建设项目安全监督管理办法》（安监总局令第45号） | | | | |

续表 64–9

| 序号 | 中介服务事项名称 | 设置中介服务事项的依据 | 对应行政审批及其他行政职权项目名称 | 主管部门 | 处理建议 | 备注 |
|---|---|---|---|---|---|---|
| 42 | 生产、储存危险化学品建设项目安全设施设计 | 《中华人民共和国安全生产法》<br>《危险化学品建设项目安全监督管理办法》（安监总局令第45号）<br>《危险化学品生产企业安全生产许可证实施办法》（安监总局令第41号） | 权限内新建、改建、扩建生产、储存危险化学品的建设项目的安全设施设计审查 | 县安监局 | 申请人应委托有合法资质的机构编制安全设施设计，主管部门不得以任何形式要求申请人必须委托特定中介机构提供服务 | |
| 43 | 危险化学品生产企业安全评价报告编制 | 《中华人民共和国安全生产法》<br>《危险化学品安全管理条例》（国务院令第591号）<br>《危险化学品生产企业安全生产许可证实施办法》（安监总局令第41号） | 危险化学品经营与安全使用许可证核发 | 县安监局 | 申请人应委托有合法资质的机构进行安全评价，主管部门不得以任何形式要求申请人必须委托特定中介机构提供服务 | |
| 44 | 生产、储存烟花爆竹的建设项目的安全设施设计 | 《中华人民共和国安全生产法》<br>《烟花爆竹生产企业安全生产许可证实施办法》（安监总局令第54号） | 生产、储存烟花爆竹建设项目的安全设施设计审查 | 县安监局 | 申请人应委托有合法资质的机构编制安全设施设计，主管部门不得以任何形式要求申请人必须委托特定中介机构提供服务 | |
| 45 | 烟花爆竹经营企业安全评价报告编制 | 《中华人民共和国安全生产法》<br>《安全生产许可证条例》（国务院令第397号）<br>《烟花爆竹安全管理条例》（国务院令第455号） | 烟花爆竹经营（批发）许可证核发 | 县安监局 | 申请人应委托有合法资质的机构编制安全评价报告，主管部门不得以任何形式要求申请人必须委托特定中介机构提供服务 | |
| 46 | 生产经营单位使用的危险物品的容器、运输工具，以及矿山井下特种设备检验检测 | 《中华人民共和国安全生产法》 | 危险化学品经营与安全使用许可证核发 | 县安监局 | 申请人应委托有合法资质的机构进行检验检测，主管部门不得以任何形式要求申请人必须委托特定中介机构提供服务 | |

续表 64-10

| 序号 | 中介服务事项名称 | 设置中介服务事项的依据 | 对应行政审批及其他行政职权项目名称 | 主管部门 | 处理建议 | 备注 |
|---|---|---|---|---|---|---|
| 47 | 人防工程建设监理 | 《湖南省实施〈中华人民共和国人民防空法〉办法》<br>《人民防空工程建设监理管理规定》(国人防〔2011〕118号) | 1. 省管建筑工程项目人防工程建筑面积在1500平方米（不含）以上的结合民用建筑修建防空地下室设计审查、竣工验收认可;2. 人防工程和人防警报设施迁移、改造、报废审批；3. 人防工程修建、利用审批 | 县人防办 | 申请人应委托有合法资质的机构进行监理，主管部门不得以任何形式要求申请人必须委托特定中介机构提供服务 | |
| 48 | 人防工程设计 | 《湖南省实施〈中华人民共和国人民防空法〉办法》<br>《人民防空工程设计管理规定》(国人防〔2009〕280号) | 1. 省管建筑工程项目人防工程建筑面积在1500平方米（不含）以上的结合民用建筑修建防空地下室设计审查、竣工验收认可；2. 人防工程和人防警报设施迁移、改造、报废审批；3. 人防工程修建、利用审批 | 县人防办 | 申请人可按要求自行设计，也可委托有合法资质的机构设计，主管部门不得以任何形式要求申请人必须委托特定中介机构提供服务；保留主管部门现有的设计技术评估、评审 | |
| 49 | 防护防化设备质量检测 | 《湖南省实施〈中华人民共和国人民防空法〉办法》<br>《人民防空专用设备生产安装管理暂行办法》(国人防〔2014〕438号) | 1. 省管建筑工程项目人防工程建筑面积在1500平方米（不含）以上的结合民用建筑修建防空地下室设计审查、竣工验收认可；2. 人防工程和人防警报设施迁移、改造、报废审批；3. 人防工程修建、利用审批 | 县人防办 | 由建设单位委托人防设备产品质量检测（验）机构对其生产的产品质量进行检测 | |

续表 64-11

| 序号 | 中介服务事项名称 | 设置中介服务事项的依据 | 对应行政审批及其他行政职权项目名称 | 主管部门 | 处理建议 | 备注 |
|---|---|---|---|---|---|---|
| 50 | 人防工程施工图设计文件审查 | 《湖南省实施〈中华人民共和国人民防空法〉办法》<br>《人民防空工程施工图设计文件审查管理办法》（国人防〔2009〕282号） | 1. 省管建筑工程项目人防工程建筑面积在1500平方米（不含）以上的结合民用建筑修建防空地下室设计审查、竣工验收认可；2. 人防工程和人防警报设施迁移、改造、报废审批；3. 人防工程修建、利用审批 | 县人防办 | 由主管部门委托有合法资质的机构进行审查 | |
| 51 | 人防工程造价评估 | 《湖南省实施〈中华人民共和国人民防空法〉办法》<br>《湖南省物价局 湖南省财政厅关于核定人防系统行政事业性收费的通知》（湘价费〔2014〕60号）<br>《食品生产许可管理办法》（国家食药总局2015年第16号令） | 1. 省管建筑工程项目人防工程建筑面积在1500平方米（不含）以上的结合民用建筑修建防空地下室设计审查、竣工验收认可；2. 人防工程和人防警报设施迁移、改造、报废审批；3. 人防工程修建、利用审批 | 县人防办 | 由建设单位委托有资质的造价评估机构进行造价评估 | |
| 52 | 建设项目使用林地可行性报告编制 | 《建设项目使用林地审核审批管理办法》（国家林业局令第35号） | 征用、占用林地审核 | 县林业局 | 申请人可按要求自行编制可行性报告，也可委托有合法资质的机构编制，主管部门不得以任何形式要求申请人必须委托特定中介机构提供服务 | |
| 53 | 编制卫生检测或评价报告 | 《公共场所卫生管理条例实施细则》、《生活引用水监督管理办法》 | 公共场所和饮用水供水单位卫生许可 | 县卫计局 | 申请人应委托有合法资质的机构编制公共场所卫生检测或评价报告，主管部门不得以任何形式要求申请人必须委托特定中介机构提供服务 | |

续表 64–12

| 序号 | 中介服务事项名称 | 设置中介服务事项的依据 | 对应行政审批及其他行政职权项目名称 | 主管部门 | 处理建议 | 备注 |
|---|---|---|---|---|---|---|
| 54 | 编制职业病危害控制效果放射防护评价报告 | 《放射诊疗管理规定》（卫生部令第 46 号） | 权限内医疗机构设置许可和执业许可（放射诊疗技术和医用辐射机构许可） | 县卫计局 | 申请人应委托有合法资质的机构编制评价报告，主管部门不得以任何形式要求申请人必须委托特定中介机构提供服务 | |
| 55 | 出具生产环境和生产用水检测报告 | 《消毒产品生产企业卫生许可规定》 | 消毒产品生产企业卫生许可 | 县卫计局 | 申请人应委托有合法资质的机构进行检测，主管部门不得以任何形式要求申请人必须委托特定的中介机构提供服务 | |
| 56 | 出具验资证明（资产评估报告） | 《医疗机构管理条例实施细则》（原卫生部令第 35 号） | 权限内医疗机构设置许可和执业许可 | 县卫计局 | 申请人应按要求提供验资证明（资产评估报告），主管部门不得以任何形式要求申请人必须委托特定中介机构提供服务 | |
| 57 | 从业人员健康检查证明 | 《湖南省公共场所卫生许可证发放管理办法》<br>《生活饮用水卫生监督管理办法》 | 公共场所和饮用水供水单位卫生许可 | 县卫计局 | 申请人应按要求提供健康检查证明，主管部门不得以任何形式要求申请人必须委托特定的中介机构提供服务 | |
| 58 | 消毒产品生产企业生产人员健康证明 | 《消毒管理办法》（卫生部令第 27 号）<br>《消毒产品生产企业卫生许可规定》（卫监督发〔2009〕110 号） | 消毒产品生产企业卫生许可 | 县卫计局 | 对消毒产品生产企业需要依法延续取得的卫生许可证有效期的，不再要求申请人提供生产人员健康证明，改为卫生计生部门制定标准，企业严格按标准执行，加强直接从事消毒产品操作人员的健康管理 | |
| 59 | 消毒产品生产企业卫生许可证遗失声明 | 《消毒产品生产企业卫生许可规定》（卫监督发〔2009〕110 号） | 消毒产品生产企业卫生许可 | 县卫计局 | 对消毒产品生产企业卫生许可证遗失申请补发的，不再要求申请人提供遗失声明 | |
| 60 | 设立民办普通学校（高级中学和中等职业学校）、民办非学历教育学校资产审计 | 《中华人民共和国民办教育促进法》 | 权限内民办教育培训机构审批（核准） | 县教育局 | 不再要求申请人提供资产审计报告 | |

# 茶陵县人民政府办公室<br>关于印发《茶陵县健康扶贫工程“三个一批”行动计划实施方案》及《茶陵县农村贫困住院患者县域内先诊疗后付费工作实施方案》的通知

茶政办发〔2017〕82号

（2017年7月26日）

各乡镇人民政府、街道办事处，县直有关单位及有关定点医疗机构：

为贯彻落实党中央、国务院和省委、省政府脱贫攻坚的战略部署，推进精准实施健康扶贫工程，按照湘卫财务发〔2017〕2号《关于印发健康扶贫工程“三个一批”行动计划实施方案的通知》、湘卫医发〔2017〕14号《关于印发湖南省农村贫困住院患者县域内先诊疗后付费工作实施方案的通知》以及湘卫医发〔2017〕15号《关于印发湖南省农村贫困人口大病专项救治工作实施方案的通知》等文件精神，为全面落实“大病集中救治一批、慢病签约服务管理一批、重病兜底保障一批”的工作要求，将健康扶贫落实到人、精准到病，推动健康扶贫工程深入实施，结合我县实际制定了《茶陵县健康扶贫工程“三个一批”行动计划实施方案及茶陵县农村贫困住院患者县域内先诊疗后付费工作实施方案》。现印发你们，请认真组织实施。特别是扶贫办、卫生和计划生育局、人力资源和社会保障局、民政局、财政局等5个具体组织实施单位要制定实施细则，其他各机关单位干部要认真学习健康扶贫相关政策，吃透文件精神，并做好宣传工作，努力提高贫困人口对健康扶贫政策的知晓度，让贫困人口“得实惠”落到实处。

## 茶陵县健康扶贫工程“三个一批”行动计划实施方案

### 一、工作目标

2017—2020年，对核实核准的患有大病和长期慢性病的农村贫困人口（指建档立卡贫困人口和农村低保对象、特困人员、贫困残疾人，下同），根据患病情况，实施分类分批救治，确保健康扶贫落实到人、精准到病，有效解决因病致贫、因病返贫问题。

### 二、行动措施

（一）大病集中专项救治一批。按照“三定两加强”原则，开展农村贫困人口大病及因病致贫、因病返贫贫困人口专项救治。2017年重点是对可一次性治愈的约750名病患者得到及时有效治疗，尽可能恢复其劳动能力。

1. 确定定点医院。按照“保证质量、方便患者、管理规范”原则，确定大病集中救治定点医院。定点医院安排在县人民医院、县中医院。建立疑难/重症病例的会诊、转诊机制，充分利用对口支援、医联体、分级诊疗、远程会诊等方式做好救治工作。

（县卫生计生局牵头，县人力资源和社会保障局配合）

2. 确定诊疗方案。定点医疗机构根据国家卫生计生委发布的相关诊疗指南规范和临床路径，按照“保基本，兜底线”的原则，进一步细化诊疗措施，制定个性化的诊疗方案。要优先选择基本医保目录内的安全有效、经济适宜的诊疗技术、药品和耗材，严格控制费用。定点医院要进一步优化诊疗流程、缩短等候时间，为农村贫困家庭大病患者开通就医绿色通道。

（县卫生计生局牵头）

3. 落实单病种收费标准。按照上级确定的有关单病种收费标准，遵循“有激励、有约束”的原则，按规定实施单病种收费。

（县人力资源和社会保障局牵头、县卫生计生局配合）

4. 加强医疗质量管理。定点医院制订完善医疗质量管理与控制相关指标，组建重大疾病临床诊疗专家组，县卫计局对定点医院开展质量管理、业务培训和考核评价等工作。定点医院要强化质量安全意识，完善各项制度和工作规范，开展单病种质量控制，按照相关病种临床路径要求，规范临床诊疗行为，保障医疗质量与安全。

（县卫生计生局牵头）

5. 加强大病分类救治管理。按照《湖南省农村贫困人口大病专项救治工作实施方案》，统一救治要求，规范农村贫困人口中患食管癌、胃癌、结肠癌、直肠癌、终末期肾病、儿童白血病（急性淋巴细胞白血病、急性早幼粒细胞白血病）、儿童先天性心脏病（房间隔缺损、室间隔缺损）等9种大病集中救治工作，同时对可一次性治愈对象进行集中救治。全面开展重性精神病、农民工尘肺病、肺结核病、艾滋病患者等专项救治工作。县卫生计生行政部门要按照省里的实施方案制定精准到人、到病的救治方案，实行挂图作战，对患有大病的农村贫困人口实行分类分批集中救治。

（县卫生计生局牵头、县民政局、县人力资源和社会保障局、县扶贫办、县财政局、县残联、县红十字会配合）

（二）慢病签约服务管理一批。开展慢病患者健康管理，对患有慢性疾病的农村贫困人口实行签约健康管理。

1. 建立农村贫困人口健康卡。为每位农村贫困人口发放一张健康卡，置入健康状况和患病信息，与健康管理数据库保持同步更新。落实基本公共卫生服务项目，以乡镇为单位，对65岁以上的农村贫困人口每年开展1次健康体检。

（县卫生计生局、县人力资源和社会保障局、县民政局、县扶贫办配合）

2. 实行家庭医生签约服务。组织乡镇卫生院全科医生团队与农村贫困家庭进行签约，2017年所有农村贫困人口纳入家庭医生签约服务范围，做到每人建1份动态管理的电子健康档案、每个家庭有1名签约的家庭医生。按照高危人群和普通慢病患者分类管理，为贫困人口提供公共卫生、慢病管理、健康咨询和中医干预等综合服务。对已经核准的慢性疾病患者，签约医生或医生团队负责制订个性化健康管理方案，提供签约服务。需住院治疗的，联系定点医院，确定诊疗方案，实施有效治疗。充分发挥县中医院中医药治疗慢性病的优势，为常见病、多发病患者提供价廉有效的中医药服务。

（县卫生计生局牵头、县人力资源和社会保障局、县扶贫办、县财政局配合）

3. 开展健康管理。按照湖南省统一规范的健康管理办法。定点医疗机构结合实际，制定相应的实施方案，细化诊疗流程、明确质量要求，并加强基本药物配备使用。乡镇卫生院等基层医疗卫生机构在县级医院指导下，每年根据农村贫困家庭慢性病患者病情安排个性化健康管理，按管理规范安排面对面随访，询问病情，检查并评估心率、血糖和血压等基础性健康指标，在饮食、运动、心理等方面提供健康指导。签约医生和团队做好随访记录，填写居民健康档案各类表单，并将有关信息录入健康卡。

（县卫生计生局牵头）

（三）重病兜底保障一批。提高医疗保障水平，切实减轻农村贫困人口医疗费用负担，有效防止因病致贫、因病返贫。

1. 实行倾斜性精准支付政策。按照省、市相关政策，对农村贫困人口参加城乡居民医保的个人缴纳部分按规定由财政给予补贴；在大病保险上按50%予以降低起付线、提高报销比例等重点倾斜。加大医疗救助力度，将符合条件的农村贫困人口全部纳入重特大疾病医疗救助范围，进一步提高救助水平。积极探索推进医保支付方式改革，实施按病种付费。

（县人力资源和社会保障局牵头、县卫生计生局、县财政局、县民政局、县扶贫办配合）

2. 建立健康扶贫保障机制。整合扶贫专项资金、残疾救助、医疗救助、疾病应急救助、计划生育帮扶等资金，建立兜底保障机制，实行联动报销，加强综合保障，切实提高农村贫困人口受益水平。

（县卫生计生局、县扶贫办牵头，县人力资源和社会保障局、县财政局、县民政局、县残联、县计生协会配合）

3. 实行“一站式”结算。定点医疗机构设立综合服务窗口，通过系统对接实现基本医保政策、大病保险、医疗救助、疾病应急救助、健康扶贫专项补助政策的“一站式”信息交换和即时结算服务。县乡公立医疗机构建立贫困患者“就医绿色通道”，简化医疗程序。患者出院时，只需向定点医疗机构支付基本医疗保险、大病保险和医疗救助按规定报销数额后的自付医疗费用。患者结清自付费用后，医疗机构及时归还患者提交的相关证件，确保减轻贫困患者看病经济负担。

（县卫生计生局、县人力资源和社会保障局牵头，县扶贫办、县民政局）

4. 动员社会力量救助。注重发挥县计生协会组织作用，搭建健康扶贫慈善救助平台，引导支持慈善组织、爱心企业和爱心人士为农村贫困患者提供慈善救助，鼓励支持相关公益慈善组织通过设立专项基金等形式，引导慈善组织依托互联网公开募捐信息平台向社会公众进行募捐，精准对接特殊困难家庭，减轻个人医疗费用负担。

（县民政局牵头，县扶贫办、县计生协会、县残联、县红十字会配合）

**三、组织实施**

（一）强化组织领导，落实各级责任。县卫生计生部门加强统筹协调，每年组织开展督导评估，将“三个一批”行动计划实施方案落实情况纳入相关部门扶贫工作年度考核重点内容。各牵头部门要主动抓好工作推进和政策衔接落实，加强与其他配合部门协调沟通，形成工作合力。各相关部门要根据责任分工，制定工作计划，明确目标任务、工作进度和推进措施，推动工作落实。

（县卫生计生局牵头，县扶贫办、县人力资源和社会保障局、县民政局、县财政局配合）

（二）整合政策资源，提高保障水平。整合多种保障政策，实施“三提高、两补贴、一减免、一兜底”综合保障措施。“三提高”：提高基本医疗保障水平，农村贫困人口住院费用城乡居民医保报销比例提高 10%；提高大病保险保障水平，降低农村贫困人口大病保险起付线 50%，前述 9 种大病住院政策范围内报销比例提高到 90% 以上；提高医疗救助水平，将符合条件的农村贫困人口全部纳入重特大疾病医疗救助范围，对贫困人口中的低保对象和非低保对象患重特大疾病（指前述 9 种大病）住院治疗，其医疗费用经基本医疗保险、大病保险及各类补充医疗保险、商业保险报销后，政策范围内的自负费用，医疗救助分别按照 70%、50% 的比例救助。“两补贴”：农村贫困人口参加城乡居民医保的个人缴费部分，财政给予 100% 补贴，特困人口全额补贴，参保达到全覆盖；农村贫困人口参加“扶贫特惠保”家庭综合保障保险的保费，当地政府给予不超过 90% 的保费补贴。“一减免”：对罹患 9 种大病农村贫困人口实际医疗费用，经由基本医疗保险等各类保险以及医疗救助基金等渠道支付后，个人自付部分由定点医院给予 50% 的减免。“一兜底”：农村贫困人口通过基本医保、大病保险、医疗救助、商业保险赔付等综合补偿及定点医院减免后，剩余合规自付医药费用，个人要想办法支付。对确有困难的，通过审批实行政府兜底，减轻个人负担。县财政适当安排奖补资金，推动落实健康扶贫救治救助主体责任。

（县财政局牵头，县卫生计生局，县扶贫办、县人力资源和社会保障局、县民政局配合）

（三）广泛动员部署，夯实工作基础。卫生计生行政部门要将实施“三个一批”行动计划实施方案，纳入各级医疗卫生机构今后四年的重要工作任务，层层传达到全体卫生计生人员，广泛发动基层医务人员踊跃参与健康扶贫，充分发挥村级计生专干、计生协会骨干会员在推动健康扶贫工作中的重要作用。积极动员组织乡镇、村两委、驻村帮扶工作队等基层工作力量，做好人员组织、政策宣讲、工作对接，确保“三个一批”行动计划实施方案有序推进。

（县卫生计生局牵头，县计生协、县扶贫办配合）

（四）推进分级诊疗，开展远程医疗。完善基层首诊、双向转诊、急慢分治、上下联动制度，建立健全符合县情的分级诊疗制度。鼓励并逐步规范常见病、多发病患者首先到基层医疗卫生机构就诊，对于超出基层医疗卫生机构功能定位和服务能力的疾病，由基层医疗卫生机构为患者提供转诊服务。建立健全双向转诊指导目录，明确和落实各级各类医疗机构急慢病诊疗服务功能，逐步实现不同级别、不同类别医疗机构之间的有序转诊。加快推进医疗卫生信息化建设。加强远程医疗能力建设，建立医疗信息共享大平台，实现所有对口帮扶三级医院与我县医院互联互通。建立远程医疗的管理规范，统一诊疗操作标准、技术信息标准，实现省、市、县、乡四级网络互连互通。

（县卫生计生局牵头，县人力资源和社会保障局、县发改委、县民政局、县扶贫办配合）

（五）建立工作台账，实行动态管理。卫生计生行政部门要组织安排乡村两级医务人员或计生专干为农村贫困人口建立健康扶贫工作台账。在进一步核实核准建档立卡贫困人口患病情况的基础上，核实核准农村低保对象、特困人员、贫困残疾人患病情况，及时将其纳入健康扶贫救治范围。完善健康扶贫动态管理信息系统，动态监测“三个一批”行动计划实施和因病致贫返贫情况，实时更新数据。

（县卫生计生局牵头，县扶贫办配合）

（六）加强宣传引导，推动深入开展。要充分利用新闻媒体、网站、新媒体等手段，通过新闻报道、事迹报告会、公益广告等形式，加大健康扶贫政策、健康知识和健康生活方式的宣传力度，提高基层干部群众、农村贫困人口对健康扶贫政策和“三个一批”行动计划的知晓率。加强工作总结，做好信息报送工作。大力宣传实施“三个一批”行动计划涌现出来的先进典型、感人事迹，为深入实施健康扶贫工程营造良好的舆论氛围。

（县卫生计生局牵头，县扶贫办配合）

# 茶陵县人民政府办公室
# 关于印发《茶陵县老城旧住宅区棚户改造项目征收补偿安置方案》的通知

茶政办发〔2017〕118 号
（2017 年 9 月 27 日）

各乡镇人民政府、街道办事处，县直相关单位：

《茶陵县老城旧住宅区棚户改造项目征收补偿安置方案》已经县政府常务会议审议通过，现印发给你们，请认真遵照执行。

# 茶陵县老城旧住宅区棚户改造项目征收补偿安置方案

## 第一章　总　则

第一条　为做好老城旧住宅区棚户改造项目房屋征收补偿安置工作，根据国务院第 590 号令《国有土地上房屋征收与补偿条例》、《湖南省实施〈国有土地上房屋征收与补偿条例〉办法》（省政府第 268 号令）、《株洲市国有土地上房屋征收与补偿实施办法》（株政发〔2011〕12 号）、《株洲市集体土地征收及房屋拆迁补偿安置办法》（株政发〔2017〕5 号）、《茶陵县国有土地上房屋征收与补偿实施办法》（茶政办发〔2014〕178 号）、《茶陵县集体土地征收及房屋拆迁补偿安置办法》等有关规定，结合我县实际，特制定本方案。

第二条　凡在云阳街道老城区红线范围内的房屋及其他地上附属物的征收补偿安置均适用本方案。

第三条　县房产局负责国有土地上房屋征收工作，县国土局负责集体土地征收房屋拆迁工作，云阳街道办事处为房屋征收实施单位，组织实施征地拆迁和房屋征收，负责补偿和协调工作。

## 第二章　征收补偿规定

第四条　房屋及附属物征收补偿的认定：

（一）征收补偿以规划许可证、土地使用证和房屋所有权证记载的土地使用面积和房屋建筑面积、结构类型、房屋用途以及具有资质的评估机构确认的房屋结构等级、质量等级、层高、成新率、室内装饰及附属设施等其他修正因素为依据。

（二）未办理规划许可证、土地使用证和房屋所有权证的房屋由云阳街道办事处负责收集征收范围内征收房屋与家庭人员的基本情况，由县征拆办组织相关部门组织进行合法性认定后按有关规定执行。

（三）在征收红线范围内：已办理集体土地使用证的房屋参照本条（一）执行，未办理集体土地使用证的房屋参照本条（二）执行。

（四）征收未到批准期限的临时建筑可适当给予工料补偿，已到批准期限的临时建筑和违章建筑不予补偿。

（五）在征收红线范围内未取得合法使用权的土

地上种植物和附属物，不予补偿。

（六）在征收红线范围内的动产一律不予补偿。

（七）征收决定发布后，新建、改扩建的房屋及其他设施不予补偿，重新装修的房屋重新装修部分不予补偿。

第五条 项目建设红线范围内的户外有线电视、电话、照明用电、自来水等管线设施，由相关产权单位负责拆除，不予补偿。

第六条 被征收人在征收决定发布之后办理户口、土地、房屋产权分户手续的，其补偿按决定前状况确定；不得办理和续签被征收房屋或其它附属物出租、抵押合同。

第七条 房屋征收补偿安置由工作责任主体单位就货币补偿金额、付款方式、付款期限、搬迁期限、过渡期限、安置地基位置、面积、差价结算以及违约责任等事项签订协议。

## 第三章 征收补偿安置标准

第八条 房屋征收补偿金额以房地产评估机构的评估结果为依据，房地产评估机构根据被征收房屋的区位、用途、建筑面积、土地面积、新旧程度、建筑结构以及室内装修规模等因素合理评估被征收房屋的市场价值，属特殊装修的，按特殊装修标准分项评估补偿，并将评估结果在征收范围内向被征收人公示。

第九条 房地产评估机构的确定由被征收人协商选定，协商不成的，由征收部门组织被征收人采取多数决定、摇号、抽签等随机方式确定。

第十条 被征收人对评估结果有异议的，可以在收到评估报告之日起十日内向房地产评估机构申请复核评估。对复核结果有异议的，可以在收到复核结果之日起十日内向房地产评估专家委员会申请鉴定。

第十一条 本项目房屋征收采取货币化安置为主，宅基地（厢房）安置为辅的安置方式。货币化安置是指项目范围内对被拆迁人的合法住宅房屋进行补偿后，不安排宅基地，政府给予货币化安置补助，由被拆迁人自行购买商品房或其他方式自主安置的一种安置方式。宅基地安置是指对被拆迁人的合法住宅房屋进行补偿后，由符合条件的被拆迁人在依法批准的宅基地上进行重建。

第十二条 宅基地（厢房）安置标准。即对房屋建筑部分实行货币补偿，土地部分实行宅基地安置。货币补偿部分包括房屋及室内配套、装修、附属设施价值的补偿费、搬迁补偿费、临时安置费、停产停业损失补偿费、自来水、电力、电话、有线网络开户补偿费、奖励补偿费。该项目安置地点为西角垅安置区。宅基地安置点实行统一规划布局，统一建筑设计，被征收人统一按规划设计要求建设。

（一）集体土地房屋宅基地（厢房）安置：在符合土地利用总体规划和厢房安置资格的条件下，按被拆迁人的合法住宅房屋占地面积进行安置，被拆迁人的合法住宅房屋占地面积超过安置点两厢的面积时，最多安置两厢（安置点每厢的占地面积一般在56~60平方米之间，具体以规划平面图的规划面积为准）。具体按下列规定执行：

1. 当被拆迁人的合法住宅房屋占地面积不足安置点一厢的面积时，安置一厢宅基地。被拆迁合法住宅房屋占地的土地确权面积小于安置面积的部分，按300元/平方米的标准补差。

2. 当被拆迁人的合法住宅房屋占地面积安置一厢后，剩余面积不足安置点一厢面积时：剩余面积在20平方米以内的（不含20平方米），不予安置宅基地；剩余面积在20平方米至40平方米以间的（含20平方米，不含40平方米），安置半厢宅基地；剩余面积超过40平方米的（含40平方米），安置一厢宅基地。被拆迁合法住宅房屋占地的土地确权面积与安置面积有差异的，按300元/平方米的标准相互补差。

3. 当被拆迁人的合法住宅房屋占地面积大于安置点两厢宅基地面积时，安置两厢后的剩余面积不予安置宅基地。当被拆迁人的合法住宅房屋占地面积在120平方米以内时（含120平方米），被拆迁合法住宅房屋占地的土地确权面积超出安置面积的部分，按300元/平方米的标准补差。当被拆迁人的合法住宅房屋占地的土地确权面积超出120平方米时，超出120平方米部分的土地面积按3500元/平方米的标准奖励。

4. 严格实行“一户一宅”“一宅不超过两厢”的安置原则。同一拆迁户有多处住宅房屋被拆迁的（总厢超过2厢），只能安置一处宅基地，并且最多不超过两厢。被拆迁合法住宅房屋占地的土地确权面积超出安置面积的部分，按以上第3项的标准进行补差或奖励。

（二）国有土地房屋宅基地（厢房）安置：

1. 经合法性认定的住宅房屋按实际建筑占地面积进行对等安置，当办证面积不足 40 平方米的不予安置，大于等于 40 平方米的安置一厢，（每厢面积在 56 平方米 ~60 平方米之间，具体以安置点规划设计图为准）当办证面积安置整厢之后，剩余面积达 20 平方米以上（含 20 平方米）安置半厢，达 40 平方米以上（含 40 平方米）安置一厢。安置面积与办证面积有差异时，相差面积按 3500 元 / 平方米的标准相互补差。

2. 已办理国有住宅用地手续，未建、倒塌后未重建、已建未达到住宅房屋标准的一律不予安置。土地价值补偿 3500 元 / 平方米。

3. 国有土地证登记的坪院、地下室、滴檐水与房屋主体结构脱离的牛栏、厕所、厨房等其它非住宅房屋一律不予安置，土地价值补偿 1000 元 / 平方米。

4. 未办理国土证的历史性占地建筑经合法性认定为住宅房屋不予宅基地安置，参照货币化补偿政策执行。

（三）重新安置的宅基地以县征拆办审批面积为准，其原办理的国土证必须由县国土局收缴注销留档，增加安置面积部分按上述规定交纳补差费用后，凭财政收款收据作为安置的土地来源依据办理国土证。规划手续的办理参照相关规定给予办理。

（四）安置顺序：房屋征收协议签订后，由被征收人按照签订征收协议的先后顺序在规划的安置区内自主选择安置位置。

（五）其他。只向村组办理手续，但未取得合法手续土地面积按 78 元 / 平方米补偿。

（六）基础超深补偿标准：

1. 拆迁户按照房屋合法认定的正屋建筑占地面积对等安置的宅基地，按审批重建位置面积内的基础深度以正负零为起点，向下 1.8 米的基础建设费用由拆迁户自行负责，超过 1.8 米以上的基础费用由建设业主单位补偿。

2. 钢筋砼桩（柱）综合价按 600 元 / 立方米计算。（含开挖、护壁、材料、人工等费用）；砖砌基础按综合价 320 元 / 立方米计算；条形基础土方开挖按 7 元 / 立方米计算。

3. 每条纵墙桩（柱）控制在 5 个以内。共墙桩（柱）直经不超过 1 米、单墙直经为 0.8 米；条形砖基础土方开挖共墙底部宽度为 1.2 米，单墙宽度为 0.8 米，砖砌体按超深深度乘以 0.5 米，再乘以长度计补；凡超过以上规定标准的，一律由拆迁户自行负责。

4. 验收方式：工作责任主体单位负责召集县征拆办、业主单位、财政、被拆迁户代表共同参与验收签证，业主单位依据签证情况并按标准计算后由县征拆办审核后方可付款。

第十三条 货币化补偿安置

征收房屋主体和附属物补偿外，对其住宅房屋占地面积和其它用地性质面积的一种土地价值补偿，并根据住宅房屋实际建筑占地面积给予相应购房补助，不再另行安置宅基地建房的一种形式。具体按下列规定执行：

（一）经合法认定为住宅房屋按实际建筑占地办理国土手续的面积，土地价值补偿按 3500 元 / 平方米的标准计算；未办证面积土地补偿按 3200 元 / 平方米的标准计算；同时按合法性认定住宅房屋实际建筑古地面积给予 3600 元 / 平方米的购房补助，其上限面积为每户 120 平方米，有多栋房屋征收的只享受一次购房补助，拆迁第一栋未达到 120 平方米的，拆迁另栋时给予补足。

（二）已办理国有住宅用地手续，未建、倒塌后未重建、已建未达到住宅房屋标准的一律不予安置，只给予土地价值补偿 3500 元 / 平方米

（三）国有土地证登记的坪院、牛栏、厕所、厨房、地下室、滴檐水与房屋主体结构脱离的非住宅房屋一律不予安置，只给予土地价值补偿 1000 元 / 平方米。

第十四条 住宅房屋被征收人的搬迁补助费，每次 1000 元，以被征收房屋的常住人口为准，家庭人口 3 人以下（含 3 人）的一次性发给两次搬迁补助费共 2000 元；3 人以上家庭每增加 1 人每次加发 100 元；属租赁住房的，每户给予一次性搬迁补助费 600 元。

第十五条 征收生产、经营用房涉及生产设备搬迁、停产停业的按以下补偿：

（一）征收房屋需搬迁生产机器设备的，搬迁费由房屋征收实施部门与被征收人参照相关行业标准协商确定，协商不成的，由评估机构评估确定，被征收人必须取得工商、税务等营业执照。

（二）造成停产停业损失的，以实际经营房屋面积评估价格，每月按照被征收房屋评估价值的 7‰给予补偿，停产停业期限按 4 个月计算确定。在征收决定发布前已停产停业的，不予补偿。

第十六条 住宅房屋被征收人的临时安置补助费，家庭人口3人以下（含3人）的每月共600元，3人以上家庭每增加1人每月加发100元，以被征收房屋的常住人口为准，一次性发给被征收人；临时安置（过渡）补助费时间按协议约定的搬迁腾房日期算起计算12个月。征收非住宅房屋不计算临时安置补助费。

第十七条 被征收单位的腾房和过渡房安置等一切相关工作，均由其自行负责。

第十八条 被征收人的过渡房由本人自行解决，不能自行解决的，本人提出申请，由征收实施部门提供过渡房安置。

第十九条 被征收人安置住房手续的办理，原有证的国土、住房和城乡规划建设、不动产登记、房产等职能部门采取等面积以证换证方式，免费为其办理有关手续；原未办证的和超过原证面积的按各职能部门办证有关规定进行办理（结合茶陵县人民政府办公室2014年12月10日第72次会议纪要）。照明电、自来水、有线电视、电话等设施，由项目业主与相关单位及时将外线架设到户外，并给予被征收人每户补偿电话移装费200元/二次，宽带网络400元/二次，有线电视移装费400元/二次，电力开户费1000元/一次，自来水开户费1200元/一次，由被征收人自行移装。

第二十条 本方案发布后，房屋、土地等原租赁关系的由出租人和承租人自行解除租赁关系，结清租赁费用，并在征收期限内自行搬迁。

## 第四章 奖励补偿规定

第二十一条 被征收人在规定期限内签订房屋征收协议的，按合法性认定的住宅房屋的建筑面积给予200元/平方米的奖励。在规定期限内搬家腾地的，按合法性认定的住宅房屋的建筑面积给予200元/平方米的奖励。逾期未签订房屋征收协议和搬家腾地的，不予奖励。住宅房屋顶部缩尖冲顶间以及脱离主体结构以外的配套房屋、牛栏、厕所、地下室等建筑物不予计算奖励。

第二十二条 奖励资金必须等房屋拆除（腾房并交钥匙）后才能支付。

## 第五章 其他规定

第二十三条 评估机构对被征收房屋分类评估后进行价格公示，公示10天后由房屋征收实施部门与被征收人签订征收补偿安置协议，并在被征收人的房屋产权证、土地使用证上注明已补偿安置到位，此证只能作为换证依据。

第二十四条 房屋拆除，由征收实施部门组织有资质的建筑施工企业统一拆除。实施房屋拆除的建筑施工企业应向住建局质安站备案，并制定拆除方案，在保证安全的前提下施工。

第二十五条 被征收单位和个人或承租人无正当理由拖延办理征收手续，或者拒绝签订征收补偿安置协议，由房屋征收行政主管部门限定签约和搬迁期限。被征收人或房屋承租人在规定的期限内仍未履行签约和搬迁的，又不申请行政复议或不提起行政诉讼，由作出房屋征收决定的机构，依法申请县人民法院强制执行。

第二十六条 辱骂、殴打征收工作人员，严重阻碍征收工作正常进行的，由司法机关依法处理。

第二十七条 国家工作人员滥用职权，玩忽职守的，依法追究责任；征收实施单位、评估机构工作人员与一方当事人串通损害另一方当事人的合法权益，由其行政主管部门依法查处，构成犯罪的，依法追究刑事责任。

## 第六章 附 则

第二十八条 本方案最终解释权由县人民政府负责。

第二十九条 本方案自发布之日起施行。

# 茶陵县人民政府办公室关于印发《茶陵县易地扶贫搬迁后续产业扶持实施方案》的通知

茶政办发〔2017〕168 号

（2017 年 12 月 19 日）

各乡镇人民政府、街道办事处，县直机关各单位：

现将《茶陵县易地扶贫搬迁后续产业扶持实施方案》印发给你们，请认真贯彻执行。

# 茶陵县易地扶贫搬迁后续产业扶持工作实施方案

按照县委、县政府易地扶贫搬迁工作部署，根据《湖南省易地扶贫搬迁工作指导意见》和《茶陵县易地扶贫搬迁“十三五”规划》有关要求，为了深入推进全县易地扶贫搬迁后续产业扶持工作，结合茶陵县实际，特制定本方案。

**一、指导思想**

全面贯彻落实党的十九大精神和习近平总书记关于易地扶贫搬迁工作的重要指示，按照省市关于易地扶贫搬迁工作部署，坚持“政府主导、群众自愿、积极稳妥、注重实效”的方针，整合扶持政策，加大投入力度，创新投融资模式和组织方式，强化监督考核，确保搬迁对象搬得出、稳得住、能脱贫、快致富。

**二、工作目标**

2018 年 1 月至 2020 年 12 月，坚持因地制宜、分类扶持的方式，整合各类资源，引导易地扶贫搬迁贫困户积极参与当地优势产业的开发运营，提高搬迁户的自我发展能力，变政府政策性输血为搬迁户自主造血，让搬迁户人均可支配收入尽快达到和超过脱贫标准，走上长期稳定的致富之路，为茶陵县全面建成小康社会提供强大助力。

**三、工作原则**

（一）坚持政府引导原则。规划引领，示范带动，集中安置优先利用易地扶贫搬迁的优惠政策，加快产业基础设施建设，依托产业基础和资源禀赋，培育区域性产业。

（二）坚持群众自愿原则。加强政府引导，以搬迁户自愿为前提，以搬迁脱贫为目标，充分调动搬迁户自主创业积极性，着力培育农业新型经营主体，立足实际，注重实效。

（三）坚持分类扶持原则。针对搬迁农户、安置区的实际情况，找准切入点，采取有效的扶持措施，切实构建县乡村三级产业扶持工作机制。

（四）坚持市场引导原则。立足市场需求，依托地理区位、自然环境、土地资源、人力资源和产业基础，大力发展当前市场前景较好的特色种养业、乡村旅游等产业。

（五）坚持政策整合原则。尽量用活、用好后期发展扶持资金，同时还可享受脱贫产业扶持的其他政策。

**四、易地扶贫搬迁产业培育方向**

易地扶贫搬迁产业发展方向与茶陵县产业发展

方向相一致，相互包容，共同促进，突出发展种养业、旅游业和电商、金融服务业，重点围绕贫困户可直接参与的产业加快发展步伐。

（一）大力发展种植业。鼓励搬迁户立足自身资源，发展优势农产品，重点扶持香菇、茶叶、油茶、香芋、莲子、蔬菜、烟叶等特色产业；鼓励组建合作社等新型经营主体，带动搬迁户种植生态大棚蔬菜、瓜果；发展果园经济，充分利用“林下”空间，编织生态立体增收网，如酥脆枣种植基地、杨梅生产基地等。

（县农业局牵头）

（二）大力发展养殖业。要因地制宜引导分散安置的搬迁户在当地原有养殖业基础上加大投入，引进优良品种，如优质黑山羊、黄牛、生猪等，提质增效；充分利用江河湖泊、水库山塘等水域，发展网箱养鱼、养虾、养蟹产业；鼓励贫困户利用房前屋后的空地林地、溪流水渠散养鸡、鸭、鹅家禽等，获取适当收益。

（县畜牧水产局牵头）

（三）大力发展乡村旅游业。充分利用工农兵政府、云阳山、东阳湖等景区，打造集餐饮、住宿、娱乐、山货贸易等于一体的特色旅游村寨，方便贫困对象就近就业增收。

（县文体广新旅局牵头）

（四）大力发展服务业。鼓励搬迁户成立家政公司，允许项目资金参与脱贫理财，帮助搬迁户进入物流、电商和咨询等领域。

（县发改局牵头）

**五、加大行业帮扶力度**

（一）产业扶持。对有自留土地安置的分散搬迁户，支持农业合作社将搬迁户的集体土地承包经营权、林权、宅基地使用权直接流转或折股量化到户，就地发展产业经济。易地扶贫搬迁安置后，允许将国家、省后续发展扶持补助资金折股量化到搬迁户后直接投入到龙头企业、合作社或经济能人的产业扶持模式，大力推动实施“一村一品”产业基地扶贫工程、“一乡一业”产业园区扶贫工程、扶贫龙头企业带动工程、乡村旅游扶贫工程等，多渠道解决搬迁贫困群众后续发展扶持问题。依托旅游景区及周边安置区，大力发展乡村旅游，实现农民下山、游客进山。

（县农业局牵头）

（二）就业扶助。建立健全县、乡、村和就业用工单位四级信息网络，为搬迁户培训和就业提供完善的政策信息咨询、就业指导和职业介绍等服务。根据搬迁户就业创业需求和意愿，采取灵活多样的方式，开展农村实用技术免费培训；免费推荐搬迁对象到园区企业就业，对吸纳搬迁户稳定就业的用工企业，给予奖励。

（县人力资源和社会保障局牵头）

（三）金融扶持。对列入县级人民政府批准实施的易地扶贫搬迁对象，自主创业申请贷款贴息的，按每户最高不超过5万元的额度和不高于同期人民银行基准利率给予全额贴息补助，两至三年，最迟可到2023年。鼓励和引导金融机构通过扶贫小额信贷等支持安置区后续产业发展，为符合条件的搬迁对象提供贴息贷款支持。

（县金融办牵头）

（四）教育扶持。尽早落实资金、用地指标和人员编制，在集中安置50户以上的集中安置点进行教育扶持，根据实际情况，加快新建、扩建一批中小学、幼儿园，以满足搬迁户子女就近入学上幼儿园的需求。同时，加快教育信息化建设，对建档立卡贫困搬迁户子女全面落实教育资助政策，确保搬迁户子女应助尽助。

（县教育局牵头）

**六、政策扶持奖补标准**

（一）搬迁户年出栏每10头肉牛（或肥猪），奖补2000元。

（二）搬迁户养土鸡，每50只奖补500元。

（三）搬迁户发展水产养殖每亩奖补500元，以水面面积为准。

（四）搬迁户养殖蜜蜂，每10箱奖补500元。

（五）搬迁户新建标准茶园在10亩以上的奖补1000元/亩，对老茶园进行低产改造，改造面积30亩以上的奖补200元/亩。

（六）搬迁户种植脐橙5亩以上、蔬菜1亩以上的，奖补1200元/亩。

（七）搬迁户新造油茶林奖补680元/亩，油茶低产林垦复改造60元/亩。

（八）搬迁户进行楠竹低改的，刀抚奖补30元/亩，垦复奖补100元/亩。

（九）搬迁户种食用菌每棒奖励1元。

（十）为搬迁户补贴90%的农业保险保费。

（十一）大力支持新型农业经营主体（合作社、现代农业园区、家庭农场、专业大户）带动搬迁户发展特色农业。新型农业经营主体带动10户以上搬迁户发展特色农业，户均年增收2万元以上的，给予经营主体奖励1万元。

（十二）大力发展特色农产品加工营销业。鼓励各类经济组织推行“合作代工、来料加工、互利双赢、经营脱贫”模式，指导和带动贫困户挖掘本地农产品传统加工工艺，开发特色传统农产品。对从事特色农产品收储、配送、包装、销售的加工营销企业，按其带动实现稳定脱贫的搬迁户数，按2000元/每户的标准给予奖励。

（十三）大力鼓励龙头企业带动搬迁户入股增收。在全县选5~10家有信誉的龙头企业为易地扶贫搬迁对象投资入股分红企业。以户为单位，以易地扶贫搬迁补助资金为入股资金，约定投资规模和入股资金金额和归还入股资金日期。

（十四）稳定农村劳动力转移就业规模，以就业地转移就业为主。选择20家本县范围内的企业，凡与易地扶贫搬迁人口签订三年以上就业劳动合同且人均月工资不低于2000元的，在搬迁人口工作满1年后，按3000元/每人的标准给予奖励。

**七、保障措施**

（一）加强组织领导。县易地扶贫搬迁工作领导小组要充分发挥职能作用，加强统筹协调，及时研究解决后续发展扶持中遇到的困难和问题。发改、财政、扶贫、水利、人社等单位要各负其责、协作配合，做到易地扶贫搬迁配套项目优先安排、资金优先保障，共同促进易地扶贫搬迁富民产业加快发展。

（二）注重宣传引导。充分利用报纸、广播、电视和网络等媒体，宣传搬迁户后续扶持政策，推广工作亮点和成功经验，调动搬迁户广泛参与创业培训、企业招聘、产业发展等活动的积极性和主动性，营造良好的脱贫攻坚氛围。

（三）严格资金管理。产业扶持资金必须规范使用，严格管理。一是由相关人员或单位填写申请表；二是各乡镇（街道）现场审核，分管领导签字并加盖公章后，报易地扶贫搬迁工作领导小组办公室；三是县易地扶贫搬迁领导小组办公室对上报的名册逐户审查后，核定金额，办公室主任签字加盖公章后，报县人民政府审批拨付；四是县人民政府批复补助发放方案后，茶陵县扶贫开发投资有限公司复核相关资料，按财务管理程序发放补助。

（四）严格监督考核。建立健全县易地扶贫搬迁后续发展扶持监督考核机制，对搬迁对象后续发展各项政策措施的落实情况进行检查，并将检查和监测结果作为精准脱贫责任制考核依据。同时，充分运用检查考核评估结果，对完成工作情况较好的乡镇予以表彰，对完成情况较差的乡镇追究相应领导责任。严格实行“谁现场审核谁负责”的审核工作要求，对弄虚作假等违规行为，将依法依规追究相关人员责任。

# 二、统计表

表 65

## （一）茶陵县 2017 年国民经济和社会发展主要指标一览表

| 指标名称 | 计量单位 | 数　量 |
|---|---|---|
| 镇　数（街道） | 个 | 14 |
| 乡　数 | 个 | 2 |
| 村 数 | 个 | 242 |
| 总人口 | 人 | 648909 |
| 人口出生率 | ‰ | 13.18 |
| 人口自然增长率 | ‰ | 8.64 |
| 耕地面积 | 万亩 | 60 |
| 全县生产总值（现价） | 万元 | 1781182 |
| 其中：第一产业 | 万元 | 358995 |
| 第二产业 | 万元 | 575154 |
| 第三产业 | 万元 | 847033 |
| 农林牧渔总产值（现价） | 万元 | 513886 |
| 其中：农业 | 万元 | 252401 |
| 林业 | 万元 | 58600 |
| 牧业 | 万元 | 169905 |
| 渔业 | 万元 | 24267 |
| 农林牧渔服务业 | 万元 | 8712 |
| 粮食总产量 | 吨 | 317040 |
| 棉花总产量 | 吨 | 1263 |

续表 65-1

| 指标名称 | 计量单位 | 数　量 |
| --- | --- | --- |
| 油料总产量 | 吨 | 19187 |
| 水果总产量（园林水果） | 吨 | 43288 |
| 生猪出栏量 | 万头 | 88.1 |
| 水产品总产量 | 吨 | 17165 |
| 山羊出栏量 | 万头 | 2.8 |
| 规模工业总产值（现价） | 万元 | 1384724 |
| 交通系统客运量 | 万人 | 1796.5 |
| 客运周转量 | 万人公里 | 69.7 |
| 邮电业务总量 | 万元 | 22444 |
| 订阅报纸杂志累计 | 万份 | 22.2 |
| 固定电话拥用量 | 万部 | 2.03 |
| 手机拥有量 | 万部 | 30.8 |
| 社会消费品零售总额 | 万元 | 728695 |
| 财政收入 | 万元 | 144948 |
| 财政支出 | 万元 | 420917 |
| 保险收入 | 万元 | 22622 |
| 银行存款余额合计 | 万元 | 2179539 |
| 其中：城乡居民储蓄存款 | 万元 | 1636902 |
| 银行贷款余额合计 | 万元 | 1070988 |
| 全县各级学校数 | 所 | 231 |
| 其中：普通中学 | 所 | 22 |
| 普通小学 | 所 | 32 |
| 各级学校在校生 | 人 | 92864 |
| 其中：普通中学 | 人 | 25198 |
| 高中 | 人 | 8540 |
| 初中 | 人 | 16658 |
| 普通小学 | 人 | 46947 |

续表 65-2

| 指标名称 | 计量单位 | 数　量 |
|---|---|---|
| 医院数 | 个 | 35 |
| 床位数 | 张 | 2796 |
| 卫生技术人员数 | 人 | 1902 |
| 农村居民人均可支配收入 | 元 | 8740 |
| 人平城乡居民储蓄存款 | 元 | 25225 |

表 66

## （二）2017 年上缴税金 100 万元以上的企事业单位一览表

| 单位名称 | 完成数（万元） | 排　名 |
|---|---|---|
| 农村商业银行 | 6262.1 | 1 |
| 湖南省烟草茶陵县分公司 | 5504.1 | 2 |
| 朝阳房地产 | 4185.9 | 3 |
| 安奈儿公司 | 3686.3 | 4 |
| 经纬置业 | 1923.9 | 5 |
| 珠峰房地产 | 1853.4 | 6 |
| 旅投公司 | 1772.4 | 7 |
| 开发区经营公司 | 1504.6 | 8 |
| 湘赣汽贸城房地产 | 1075 | 9 |
| 国网茶陵县供电公司 | 7605 | 10 |
| 金孟实业 | 1068.3 | 11 |
| 东信棉业 | 923.3 | 12 |
| 龙源废旧金属 | 904.8 | 13 |
| 长宏矿产品 | 879.9 | 14 |
| 乐乐鑫矿业 | 853 | 15 |
| 新裕洮水开发公司 | 841.2 | 16 |
| 万安达农工贸 | 833.8 | 17 |
| 东山房地产 | 829.4 | 18 |
| 曙盛矿贸 | 740.8 | 19 |

续表 66–1

| 单位名称 | 完成数（万元） | 排　名 |
|---|---|---|
| 宏兴矿贸 | 711.3 | 20 |
| 金辉房地产 | 707.9 | 21 |
| 财顺商贸 | 688.4 | 22 |
| 宏伟建设 | 684.4 | 23 |
| 家和兴劳务 | 682.3 | 24 |
| 千发矿产品 | 677.1 | 25 |
| 东阳湖矿贸 | 666 | 26 |
| 凯旋房地产 | 617.9 | 27 |
| 广腾劳务 | 616 | 28 |
| 浦发银行 | 605.4 | 29 |
| 云阳建设 | 583.7 | 30 |
| 湘南矿业 | 566.8 | 31 |
| 新盛矿产品 | 506.2 | 32 |
| 顺意矿业 | 487.8 | 33 |
| 顺发矿业 | 484 | 34 |
| 亿祥矿业 | 479.8 | 35 |
| 农业银行 | 466.1 | 36 |
| 长沙银行 | 464.9 | 37 |
| 宏迈置业 | 380.8 | 38 |
| 中石化茶陵石油分公司 | 344.7 | 39 |
| 青年电站 | 334.4 | 40 |
| 九鼎饲料 | 330.2 | 41 |
| 三江建筑 | 318.7 | 42 |
| 人寿保险 | 310.8 | 43 |
| 人民财产保险 | 310.5 | 44 |
| 康圣堂药业 | 305.2 | 45 |
| 强强陶瓷 | 304.1 | 46 |

续表 66-2

| 单位名称 | 完成数（万元） | 排　名 |
| --- | --- | --- |
| 华盛建筑陶瓷 | 301.7 | 47 |
| 永兴废旧金属 | 301.5 | 48 |
| 二建公司 | 299.3 | 49 |
| 建设银行 | 295.2 | 50 |
| 仙厦建筑 | 289.6 | 51 |
| 长德矿贸 | 282.3 | 52 |
| 睦兴矿业 | 267 | 53 |
| 万域劳务 | 266.2 | 54 |
| 湘南皮革 | 265.8 | 55 |
| 全网物流 | 253.8 | 56 |
| 湘立建设 | 238.9 | 57 |
| 农业发展银行 | 235.5 | 58 |
| 宝海生物 | 222.4 | 59 |
| 正龙文化 | 220.8 | 60 |
| 华融湘江银行 | 217.3 | 61 |
| 勇盛堂贸易 | 215.3 | 62 |
| 中华联合财产保险 | 214.7 | 63 |
| 凯华置地 | 210.6 | 64 |
| 太平洋财产保险 | 209.3 | 65 |
| 移动公司 | 208.8 | 66 |
| 棚改公司 | 208.3 | 67 |
| 人寿财产保险 | 206.7 | 68 |
| 银榜房地产 | 204.2 | 69 |
| 鑫荣工贸 | 197.6 | 70 |
| 建发劳务 | 197.5 | 71 |
| 龙下工业公司 | 197.2 | 72 |
| 紫微房地产 | 191.9 | 73 |

续表 66–3

| 单位名称 | 完成数（万元） | 排　名 |
| --- | --- | --- |
| 德诚水电建设 | 190.2 | 74 |
| 金洣皮革 | 187 | 75 |
| 晶彩电子 | 181.7 | 76 |
| 平安财产保险 | 181.4 | 77 |
| 一顺建设 | 179.9 | 78 |
| 金大建筑 | 175 | 79 |
| 邮政储蓄银行 | 174.2 | 80 |
| 宏源公司 | 167.1 | 81 |
| 世纪星置业 | 164.4 | 82 |
| 金鑫房地产 | 163.6 | 83 |
| 神农化工 | 153 | 84 |
| 鑫源矿业 | 151.4 | 85 |
| 农电服务公司 | 149.6 | 86 |
| 贵派电器 | 148.1 | 87 |
| 五门商贸 | 143.2 | 88 |
| 富强房地产 | 138.3 | 89 |
| 慧科生态园 | 138 | 90 |
| 中油金鸿燃气 | 135.2 | 91 |
| 雩江物流 | 133.9 | 92 |
| 尚竹家居 | 133.1 | 93 |
| 博鸿建筑 | 132.7 | 94 |
| 湘茶电杆厂 | 130.7 | 95 |
| 宏厦建筑 | 128.4 | 96 |
| 中石新亚燃气公司 | 126.9 | 97 |
| 瑞祥铸寂 | 123.6 | 98 |
| 下东矿贸 | 123.3 | 99 |
| 治历房地产 | 120.7 | 100 |

续表 66-4

| 单位名称 | 完成数（万元） | 排　名 |
|---|---|---|
| 嘉盛机电 | 119.3 | 101 |
| 良林建设 | 116 | 102 |
| 华美建设 | 115.9 | 103 |
| 南国金具 | 113 | 104 |
| 城投公司 | 113 | 105 |
| 平水商砼 | 112.9 | 106 |
| 中国银行 | 111.4 | 107 |
| 黄坪电业 | 111.2 | 108 |
| 景顺金属贸易 | 109.2 | 109 |
| 亿众纺织 | 107.2 | 110 |
| 联冠水电 | 104.9 | 111 |
| 理想房地产 | 104.1 | 112 |
| 望云房地产 | 103.7 | 113 |
| 顺陇矿业 | 103.4 | 114 |
| 富盛针织 | 100.1 | 115 |

# 三、县党政军及各部门（单位）负责人名录

## 中共茶陵县委员会

书　　记　彭新军
副 书 记　江小忠
　　　　　谢志军
常　　委　彭新军
　　　　　江小忠
　　　　　谢志军
　　　　　李鹏程
　　　　　周　萍
　　　　　文广平
　　　　　肖锦霞
　　　　　毛　政（挂职，—2017.12）
　　　　　黄　勇
　　　　　马永章（—2017.12）
　　　　　何文龙
　　　　　马文平

## 中共茶陵县纪律检查委员会

书　　记　文广平
副 书 记　刘志勇　贺柏仁
　　　　　谭　漪（—2017.4）
　　　　　李正华（2017.4— ）
常　　委　李正华（—2017.4）
　　　　　谭正华　彭友发
　　　　　谭新华（2017.4— ）
　　　　　谭玉平（—2017.10）
　　　　　何平凤
　　　　　尹　慧（2017.10— ）

### 县监察局

局　　长　刘志勇
副 局 长　彭友发　陈　科

### 县委巡察办

主　　任　龙　文（2017.4— ）
副 主 任　曾磊磊（2017.4— ）

### 县委巡察组

组　　长　简秋桂（2017.10— ）
　　　　　谭玉平（2017.10— ）
　　　　　刘华刚（2017.10— ）
副 组 长　尹爱国（2017.10— ）
　　　　　龙　倩（2017.10— ）
　　　　　易平容（2017.10— ）

## 县委办公室

主　　任　马文平
常务副主任　苏　钲
副 主 任　胡志勇　乔志军
改革办副主任　肖佳毅
绩考办主任　谭晓军

## 县委组织部

部　　长　肖锦霞
常务副部长　方浩轩
副 部 长　刘雪平　郭益勇　肖凌武
县纪委派驻纪检组长
　　　　　贺艳卉（—2017.10）
　　　　　刘文兵（2017.10— ）
党建办主任　谭志强
党代表联络办主任
　　　　　谭　亮
党员教育中心主任

杨红强

## 县"两新"党工委

书　　记　刘雪平
专职副书记　李　双（2017.1— ）

## 县直属机关工作委员会

书　　记　肖锦霞（兼）
副 书 记　郭益勇（兼）
简秋桂（ —2017.10）
贺艳卉（2017.10— ）

## 县委宣传部

部　　长　周　萍
常务副部长　刘文湘
副 部 长　刘　彦
谭冬祥（ —2017.8）
周志亮（2017.8— ）
文明办主任　周志亮
外宣（网管）办主任
陈　征

## 县委统战部

部　　长　黄　勇
常务副部长　谭晓辉
副 部 长　谭爱亭

## 县机构编制委员会办公室

主　　任　刘　浩
副 主 任　罗伟文

## 县事业单位登记管理局

局　　长　刘　浩（兼）

## 县委老干部局

局　　长　肖凌武
副 局 长　陈志谦

## 县委督查局

局　　长　王文明
副 局 长　陈　强（兼，—2017.8）
雷志元　谭海燕
陈华勇（2017.8— ）
原工会主席　刘江雄

## 县委党校

县委党校第一校长
肖锦霞
行政学校第一校长
李鹏程
校　　长　彭真民（2017.4— ）
常务副校长　刘中发
副 校 长　刘智斌
原工会主席　陈伟元

## 县人大常委会

主　　任　姜衡湘
副 主 任　刘池生
肖　雄
陈小花
李爱斌
尹兰青（不驻会）
委　　员　谭春喜
谭晓辉
龙志明
邓汉涛（ —2017.11）
康　君
谭新华（ —2017.5）
陈冬林
龙水源
郭勇毅
李跃群
方浩轩（不驻会）
贺伯仁（不驻会）
廖铭鼎（不驻会）
罗　雄（不驻会）
谭　军（不驻会）
谭　慧（不驻会）
谭龙武（不驻会）
于江艳（不驻会）

尹志勇（不驻会）
龙胜平（不驻会）
刘祖治（不驻会，—2017.5）
刘富义（不驻会）
欧阳琼（不驻会）
曾杨新（不驻会）

### 县人大常委会办公室

主　　任　谭春喜
副 主 任　郭勇毅
陈　一（—2017.10）
陈红玉（2017.10—）

### 县人大法制委员会

主任委员　康　君（—2017.4）
彭子峰（2017.4—）
副主任委员　彭子峰（—2017.4）

### 县人大财政经济委员会（预算工作委员会）

主任委员　龙志明
副主任委员　李子文

### 县人大城乡建设环境资源保护委员会

主任委员　邓汉涛（—2017.4）
刘和平（2017.4—）
副主任委员　彭　虹

### 县人大常委会农业和农村工作委员会

主　　任　谭新华（—2017.4）
康　君（2017.4—）
副 主 任　陈林波

### 县人大常委会教育科学文化卫生工作委员会

主　　任　龙水源
副 主 任　李跃群

### 县人大常委会选举任免联络工作委员会

主　　任　陈冬林
副 主 任　陈　一（2017.10—）

## 县人民政府

县　　长　江小忠
常务副县长　李鹏程
县委常委、副县长
毛　政（挂职）
副 县 长　陈艳娟（—2017.5）
杨定桃
周　胜
刘晓伟
李甜甜（2017.9—）
刘新明
张征良
张　锋（2017.2—）
调 研 员　范正义
副调研员　杨　波

## 县人民政府办公室

主　　任　彭永强
常务副主任　段菊明
县纪委派驻纪检组长
陈浩敏（2017.10—）
副 主 任　陈　科（—2017.4）
胡　静（—2017.6）
陈　强（2017.8—）
曾丽莉（2017.4—）
法制办副主任　曾文平（—2017.4）
李　欣（2017.4—）
金融办副主任　彭冬华

## 县政务服务中心

主　　任　邓小秦
副 主 任　段文彬　李　文

## 县民政局

局　　长　邓小会（—2017.8）
刘小明（2017.8—）
党组副书记　陈　洪
副 局 长　陈　洪　尹建华　谭旭寰
县纪委派驻纪检组长
刘华刚（—2017.10）

### 县老龄办

主　　任　陈尽林

### 县慈善会办公室

主　　任　谭四来

## 县档案史志局

局　　长　周聪文

副　局　长　　颜石清　陈　欣
　　　　　　　杨秋林
原工会主席　　谭平娇

## 株洲市公共资源交易中心茶陵县分中心

主　　任　　黄年华
副 主 任　　彭志兵　谭文法

## 县行业办公室

主　　任　　颜　祥
副 主 任　　范晓华　李钟哲

## 创建国家卫生县城工作指挥部

主　　任　　李炳彪
副 主 任　　李永香　陈旭彪

## 县政协

主　　席　　王友文
副 主 席　　李甜甜（—2017.9）
　　　　　　刘福明
　　　　　　刘小琴（不驻会）
　　　　　　王福庚（不驻会）
　　　　　　吴国旗（不驻会）
秘 书 长　　陈石元

**政协茶陵县第九届委员会常务委员会委员**（31人，按姓氏笔划为序）

王湘伟　尹江云　尹泽轩　龙雄艳　朱嘉诚
刘　彦　刘　蓉　刘小明　刘丽丽　刘国平
刘忠平　李二生（2017.8—）李正华（2017.8—）
吴宇欣　张建红　陈可贵　陈旭志　陈红兵
陈宗武　陈琢玉　周世堂　周聪文　郭益勇
蒋陈蓉　释自度　谢海龙　谭运红（—2017.8）
谭外生　谭美凤　谭爱亭（2017.8—）谭清缘
谭联勇（2017.12—）

**县政协办公室**

主　　任　　陈石元
副 主 任　　罗玲辉

**县政协提案工作委员会**

主　　任　　陈可贵

**县政协经济科技委员会**

主　　任　　谭美凤

**县政协联谊联络法制群团委员会**

主　　任　　蒋陈蓉
副 主 任　　颜晓阳

**县政协学习文史委员会**

主　　任　　刘忠平
副 主 任　　曾小兵（2017.6—）

## 县总工会

主　　席　　陈秋福
副 主 席　　黄胜容　陈清平
纪检组长　　谭珍祥（—2017.8）

## 共青团茶陵县委员会

书　　记　　廖铭鼎
副 书 记　　刘莹颖

## 县妇女联合会

主　　席　　谭惠平（—2017.1）
　　　　　　谭　漪（2017.4—）
副 主 席　　颜亚兰

## 县科学技术协会

主　　席　　李永香
副 主 席　　谭玉华

## 县文学艺术界联合会

主　　席　　刘小琴

## 县工商业联合会（总商会）

主　　席（会长）
　　　　　　谭外生（—2017.12）
　　　　　　吴国旗（2017.12—）

副主席（副会长）
谭荣华

## 县残疾人联合会

理 事 长　罗年郎
副理事长　谭智亮

## 县红十字会

会　　长　杨定桃（兼，—2017.10）
　　　　　张征良（兼，2017.10— ）
常务副会长　谭爱妹

## 中国人民解放军茶陵县人民武装部

部　　长　肖治林(2017.6— )
政　　委　马永章（ —2017.6）
副 部 长　肖治林（ —2017.6）
　　　　　徐曙光(2017.6— )
军事科长　肖治林（ —2017.6）
　　　　　陈凌云(2017.6— )

## 中国人民武装警察部队茶陵县中队

指 导 员　陈　旭
中 队 长　余伯特

## 县人民防空办公室

主　　任　刘永新
副 主 任　彭　洁
原工会主席　尹秋芳

## 县委政法委员会

书　　记　何文龙
常务副书记　尹　东
副 书 记　郭建林

## 县维稳办

主　　任　谭启宏
副 主 任　刘业昌（2017.4— ）

## 县公安局

局　　长　周　胜
政　　委　杨　波
副 书 记　杨　波
　　　　　颜勇军
副 局 长　颜勇军
　　　　　陈建平（ —2017.8）
　　　　　彭晓明
　　　　　刘继光（ —2017.8）
　　　　　肖清华
纪委书记　冯　斌
党委委员　肖　飞　尹伟元
原工会主席　刘社明

## 县公安消防大队

政治教导员　丁行生
大 队 长　谭　武

## 县公安局交通警察大队

大 队 长　颜勇军（兼）
政　　委　余海华（2017.4— ）
副大队长　余海华（ —2017.4）
　　　　　尹曙光　谭　诚
　　　　　罗平原（2017.4— ）
纪检委员　罗平原（ —2017.4）
原工会主席　刘迪明

## 县森林公安局

局　　长　谢　彬

## 县人民检察院

检 察 长　王亚波
党组副书记　郭　建　谭红平
副检察长　郭　建　谭红平
　　　　　祖幼珍（ —2017.8）
　　　　　龙　文（ —2017.4）
　　　　　张建红

反渎职侵权局局长

周小军（ —2017.8）

反贪污贿赂局局长

周小军（2017.8— ）

检委会专职委员

陈玉光 沈利平（2017.8— ）

党 组 成 员 陈玉华 周小军

龙 舞（ —2017.8）

陈玉光

原工会主席 陈玉华

## 县人民法院

院 长 杜 波

党组副书记 谭云林

李长春（ —2017.8）

副 院 长 谭云林

李长春（ —2017.8）

祖幼珍（2017.8— ）

王 嵘

审判委员会专职委员

刘秋明 贺杨勇

## 县司法局

局 长 谭新华

副 局 长 谢泽民 贺丽华

## 湖南省茶陵监狱

监 狱 长 唐 建

政 委 许碧炎

副 监 狱 长 刘向东 罗佚民 周 建

政治处主任 李 春

纪 委 书 记 佘广军

工 会 主 席 李汉胜（2017.1—2017.9）

## 湖南万安达（集团）洣江农工贸有限责任公司

总 经 理 邓 勰

副 总 经 理 李雪兵 刘荣华 刘湘阳

## 县发展和改革局

局 长 肖海华

党组副书记 龙均来

副 局 长 龙均来 谭梅芳

陈外晚 谭升明

县纪委派驻纪检组长

孔 翔（ —2017.10）

原工会主席 尹颜文

## 县统计局

局 长 刘和平（ —2017.4）

丁攸平（2017.4— ）

副 局 长 张诚民 刘文兵（ —2017.10）

调查中心主任 陈良勇

普查中心主任 刘正红

## 县审计局

局 长 左金德

党组副书记 谭优清

副 局 长 谭优清 徐见开

郑曾辉（ —2017.8）

总 审 计 师 谭龙武

经责办专职副主任

刘玉林

## 县人力资源和社会保障局

局 长 刘文平

副 局 长 谭冬发 周红卫 周爱平

贺 剑 王丽英

县纪委派驻纪检组长

陈 冲（ —2017.10）

原工会主席 邝广琴

## 县社会保险管理局

局 长 付 诚

## 县城乡居民医保管理中心

医保局局长 谭春华

农医办主任 瞿雪峰

## 县劳动就业管理局

局 长 周三根

## 县城乡居民养老保险局

局 长 陈斌华

## 县人力资源服务中心

主　　任　　唐丽辉

## 县国土资源管理局

局　　长　　王　素
副 局 长　　段萍萍
纪检组长　　谭玉云
总工程师　　谭洪飚
执法监察大队大队长　郭志凌

## 县安全生产监督管理局

局　　长　　刘泽文
副　　局　　韩龙云　谭有毅
总工程师　　刘东来
原工会主席　张友清

## 县食品药品工商质量监督管理局

局　　长　　谭湘林
党委副书记　王全忠（ —2017.4）
　　　　　　肖小文（ —2017.9）
副 局 长　　王全忠（ —2017.4）
　　　　　　肖小文（ —2017.9）
　　　　　　陈利辉　林　文　李　军
　　　　　　谭国忠　陈新民　谭小林
纪委书记　　彭双胜（ —2017.10）
总工程师　　陈树林

## 县市场管理服务中心

主　　任　　李　峭（ —2017.3）
　　　　　　陈　科（2017.4— ）
副 主 任　　李文凯　彭春华

## 中共湖南茶陵经济开发区工作委员会

书　　记　　郭渐雄
副 书 记　　王友义
纪工委书记　王友义
党工委委员　肖绍华

## 湖南茶陵经济开发区管理委员会

主　　任　　谭小勤
副 主 任　　肖绍华
　　　　　　王福庚（ —2017.12）
办公室主任　彭　锋
企业发展科科长　邓建玉
招商产业科科长　谭　洪
投资财税科科长　谭朝红
规划建设科科长　谭　贵

## 茶陵经济开发区经营开发有限公司

董 事 长　　罗四海
总 经 理　　刘件云
副总经理　　谭耀辉（2017.12— ）

## 县龙下灌区管理局

局　　长　　颜运华（ —2017.9）
　　　　　　肖小文（2017.9— ）
党组书记　　谭志刚
副 局 长　　雷　旭　段韶华
原工会主席　谭艳丽

## 县经济和信息化局

党组书记　　周秋仔
局　　长　　周秋仔（ —2017.12）
　　　　　　王福庚（2017.12— ）
副 局 长　　谭建明　周贤明
　　　　　　陈招生　谭绍跃
　　　　　　彭　霓

## 县气象局

局　　长　　蔡秀峰
副 局 长　　颜忠林　陈国平
纪检书记　　陈国平

## 茶陵县中心水文站

站　　长　　张　彪（ —2017.10）

罗陵伟（2017.10— ）

## 茶陵地震台

台　　长　陈润兰（ —2017.9）
　　　　　常玉龙（2017.9— ）

## 国网湖南省电力有限公司茶陵县供电分公司

总 经 理　孙辉军
党总支书记　周瑞华
党总支副书记　彭秋保
生产副经理　刘朝晖
营销副经理　梁晶晶（ —2017.8）
　　　　　易志成（2017.8— ）
原工会主席　彭秋保

## 县自来水公司

经　　理　曾小雄
支部书记　彭军武（2017.3— ）

## 县农业局

局　　长　谭文平
副 局 长　段秋发　刘雪平
　　　　　杨　青　谭苏文
县纪委派驻纪检书记
　　　　　尹　慧（ —2017.10）
农办副主任　李秋生
总农艺师　雷　明
能源办主任　尹刚强

## 县烤烟办

主　　任　钟思平
副 主 任　谭和坚　陈建华
　　　　　吴铁华

## 县林业局

局　　长　刘喜春
副 局 长　谭芳文　陈福元
县纪委派驻纪委书记
　　　　　谭会红
总工程师　谭红波

## 县山林权属纠纷调处办公室

主　　任　谭全元

## 县云阳国家森林公园管理局（云阳国有林场）

局（场）长　郭乐伟（ —2017.7）
　　　　　肖晓勇（2017.7— ）
副局（场）长　彭新江　刘文林

## 县畜牧兽医水产局

局　　长　陈立文
副 局 长　李　平　谭剑南
　　　　　陈小争

## 县水利局

局　　长　谭玉元（ —2017.4）
　　　　　王全忠（2017.4— ）
副 局 长　彭　文　陈红建
县纪委派驻纪检组长
　　　　　谭扬正（ —2017.10）
总工程师　陈铁生
水土保持站站长　龙宋平（ —2017.6）
　　　　　谢　华（2017.6— ）

## 洮水水库（东阳湖景区）管理局

局　　长　贺　鹏
副 局 长　段友山　刘　文

## 县移民局

局　　长　杨平华
副 局 长　沈运智　贺新军
原总工程师　谭　志

## 县农业机械管理局

局　　长　段华文

副　局　长　　曾治国　王辉龙
　　　　　　　罗田喜
原工会主席　　胡　勇

## 县农村经济管理服务站

站　　　长　　彭晓宁

## 县扶贫开发办公室

主　　　任　　杨　军
副　主　任　　陈三友（　—2017.8）
　　　　　　　彭晚平
县纪委派驻纪检组长
　　　　　　　李湘红（　—2017.10）

## 县农业综合开发办公室

主　　　任　　肖著新
原工会主席　　彭霞儿

## 县交通运输局

局　　　长　　邝先勤
党组副书记　　刘宁辉　刘建国
副　局　长　　刘宁辉　刘礼成
　　　　　　　罗福华
总 工 程 师　　刘建国
县纪委派驻纪检组长
　　　　　　　陈浩敏（　—2017.10）

## 县道路运输管理所

所　　　长　　颜春平

## 县农村公路管理站

站　　　长　　陈林旭

## 县公路管理局

局　　　长　　阮　平
副　局　长　　吴发明　廖长方　谭晓喜
纪 检 书 记　　张小双
工 会 主 席　　周社荣

## 县交通建设投资经营有限公司

董　事　长　　谭志雄

## 县交通建设质量安全监督局

局　　　长　　陈友发
副　局　长　　向学良

## 湘运集团有限责任公司茶陵客运分公司

经理、党总支书记
　　　　　　　谭文平
副　经　理　　陈卫平　陈华军
　　　　　　　易幸凯
工 会 主 席　　王　亮

## 茶陵南火车站

站　　　长　　罗国云（　—2017.5）
　　　　　　　张庆宜（2017.5—　）
书　　　记　　晏高平
副　站　长　　徐珠生
　　　　　　　丁　山
　　　　　　　张卫国

## 中国邮政集团公司湖南省茶陵县分公司

总　经　理　　张建辉（—2017.6）
　　　　　　　曾炎鹏（2017.6—）
副 总 经 理　　王　旭（—2017.6）
　　　　　　　杨　红（2017.6—）

## 中国电信股份有限公司茶陵分公司

经理、党总支书记
　　　　　　　唐劲松（　—2017.8）
　　　　　　　彭建军（2017.8—　）
副　经　理　　龙三林　刘绚德

## 中国移动通信集团湖南有限公司株洲市茶陵县分公司

经　　理　　朱　忱
副 经 理　　陈　韬　周维安

## 中国联合网络通信有限公司茶陵县分公司

总 经 理　　宾　颖

## 县商务和粮食局

局　　长　　刘小明（ —2017.8）
　　　　　　颜运华（2017.9—）
副 书 记　　彭军红（—2017.12）
副 局 长　　彭军红（—2017.12）
　　　　　　刘香明　彭晓清
　　　　　　曾丽莉（—2017.4）
　　　　　　于江艳（2017.4—）
县纪委派驻纪检组长
　　　　　　陈红玉（ —2017.10）
党组成员　　彭建新

## 县供销合作联社

主　　任　　谭善林
副 主 任　　邹双喜　龙荣华
原工会主席　陈文艺

## 中央储备粮株洲直属库有限公司茶陵分公司

主　　任　　文万良（ —2017.3）
副 主 任　　周建华

## 县烟草专卖局（分公司）

局长（经理）　康　健（ —2017.3）
　　　　　　罗真华（2017.3— ）
副 局 长　　赵旭江
副 经 理　　黄湘民
　　　　　　蔡　奇（2017.3— ）
纪检组长　　李　创（ —2017.3）
　　　　　　蔡　奇（2017.3— ）

## 中国石化销售有限公司湖南株洲茶陵石油分公司

经　　理　　谭佳可
书　　记　　谭　勇
副 经 理　　谭　勇
经理助理　　郭　攀（2017.4— ）

## 县盐务管理局（公司）

局长、书记（经理）
　　　　　　唐志军

## 县住房和城乡规划建设局

局　　长　　陈志勇
党组副书记　张志强
副 局 长　　张志强　丁攸平（ —2017.4）
　　　　　　李选文　谭文生
　　　　　　谭小强　刘国艳
　　　　　　熊建迪（2017.4— ）
县纪委派驻纪检组长
　　　　　　谭迪光
总工程师　　熊建迪（ —2017.4）
重点办主任　罗李勇
园林绿化处主任　陈卫红（ —2017.12）
原工会主席　陈正荣

## 县城市建设投资经营有限公司

董 事 长　　谭　科
总 经 理　　王建华
副总经理　　陈勇华

## 县房产管理局

局　　长　　谭晓祝
副 局 长　　赵家昀　肖宋清

彭长青（ —2017.4）
县国有土地上房屋征收中心主任
颜文峰

## 县棚户区改造投资有限公司

董 事 长　彭长青（2017.4— ）

## 株洲市住房公积金管理中心茶陵县管理部

主　　任　刘伟森

## 县环境保护局

局　　长　段秋文
副 局 长　刘牛哲　吴桂品
总 工 程 师　王凯娇（2017.8— ）

## 县城市管理和行政执法局

局　　长　李炳彪
副 局 长　陈定国　陈二文
县纪委派驻纪检组长
龙　倩（ —2017.10）

### 县城市管理行政执法大队

大 队 长　雷陈军

### 县城市环境卫生管理所

所　　长　宁文明

## 县财政局

局　　长　刘　峥
党组副书记　屈武平
副 局 长　屈武平　尹湘华
雷新发（ —2017.4）
刘柏林（2017.4— ）
县纪委派驻纪检组长
谭国勇
总 会 计 师　左容岭

### 县农业综合开发办公室

主　　任　肖著新
原工会主席　彭霞儿

### 县非税收入征收管理局

局　　长　刘柏林（ —2017.4）
祖为华（2017.6— ）

### 县国库集中支付核算中心

主　　任　喻泽宁

### 县乡镇财政服务中心

主　　任　王　乐

## 县国家税务局

局　　长　陈向东
副 局 长　张志新　皮宁湘
曾常保
纪 检 组 长　邓垦宇

## 县地方税务局

局　　长　龚　杰
副 局 长　彭建平　颜卫平　尹红文
纪 检 组 长　邓　力
原工会主席　夏晓林

## 中国人民银行茶陵支行

行　　长　王小明（ —2017.4）
党组副书记　唐建根（2017.4— ）
副 行 长　唐建根（2017.4— ）
段景星　杨泽华
纪 检 组 长　凌　平

## 中国工商银行股份有限公司茶陵支行

行　　长　杨国斌（—2017.5）
罗　勇（2017.6—）
副 行 长　段　芳　何飞飞
谭群祥（—2017.5）

## 中国建设银行股份有限公司茶陵支行

行　　长　陈继平

## 中国银行股份有限公司茶陵支行

行　　长　沈头华
副 行 长　谭贺厦　谭长军
　　　　　陈　珺（挂职，—2017.8）

## 中国农业银行茶陵县支行

行　　长　杨　波（ —2017.7 ）
副 行 长　罗致杰(2017.7 主持工作)
　　　　　熊　勇（ —2017.1）
　　　　　彭　旭
纪委书记　彭振春（2017.4— ）

## 中国农业发展银行茶陵县支行

行　　长　罗志刚
副 行 长　刘会红　许金奇

## 中国邮政储蓄银行有限责任公司茶陵县支行

行　　长　付国辉
副 行 长　陈　平（ —2017.7）
　　　　　邱　峰（2017.7— ）

## 湖南茶陵农村商业银行股份有限公司

董 事 长　郭 平
行　　长　谢海龙
监 事 长　李声辉
副 行 长　陈见明　左胜杰
纪委书记　李声辉（兼）
行长助理　谭志华

## 华融湘江银行股份有限公司茶陵县支行

行　　长　张银华（ —2017.9）
　　　　　黄民喜（2017.9— ）
副 行 长　王晚香
行长助理　龙旭华

## 茶陵浦发村镇银行股份有限公司

行　　长　贺春如
副 行 长　谢全福
行长助理　廖忠良

## 长沙银行茶陵支行

行　　长　谭辛来
副 行 长　颜佳强

## 中国人民财产保险股份有限公司茶陵支公司

经　　理　刘发冰
副 经 理　尹红艳
经理助理　谭泽亮

## 中国人寿保险股份有限公司茶陵支公司

经　　理　李亦昊
副 经 理　张泽霖
工会主席　张泽霖
经理助理　陈海艳（2017.4— ）

## 中国太平洋财产保险股份有限公司茶陵支公司

经　　理　文希凤（ —2017.2）
　　　　　叶红波（2017.2— ）

## 中华联合财产保险股份有限公司茶陵县支公司

经　　理　崔琦毅

## 泰康人寿保险有限责任公司湖南株洲中心茶陵支公司

经　　理　肖文娥

## 县教育局

局　　长　彭真民（—2017.4）

谭玉元（2017.4—）
党委副书记　刘　文
副 局 长　刘　文　谭凌鹏　谭剑桥
县纪委派驻纪检组长
李明林
主任督学　欧红侃
原工会主席　张济平

## 茶陵一中

校　　长　王　勇
党总支书记　尹玉生（—2017.1）
刘华元（2017.1—）
副 校 长　陈春桃
刘华元（—2017.1）
刘四来（2017.4—）
彭清祥（2017.1—）

## 茶陵二中

校　　长　谭福明（—2017.1）
罗小中（2017.1—）
总支书记　罗小中（—2017.1）
陈祥仔（2017.1—）
副 校 长　周学哲（—2017.1）
肖润松（—2017.1）
易瑜红
谭星醒（—2017.1）
谭春宇（2017.1—）
刘云林（2017.1—）
纪 检 员　吴奇莹（—2017.1）

## 茶陵三中

校　　长　刘福生（2017.4—）
党总支书记　欧阳红勇（2017.1—）
副 校 长　段吉皇（2017.1—）
谭聪平（2017.1—）
刘志平（2017.1—）

## 县职业中专

校　　长　谭爱群（—2017.1）
王文河（2017.1—）
总支书记　周建红（2017.1—）
副 校 长　王文河（—2017.1）
雷光华（—2017.1）
陈爱娇（2017.1—）
陈春平（2017.1—）
谭智斌（2017.1—）
纪检书记　周建红（—2017.1）

## 云阳中学

校　　长　颜文祥（—2017.1）
谭星醒（2017.1—）
书　　记　曹志丽（2017.4—）
副 校 长　陈祥仔（—2017.1）
欧阳红勇（—2017.1）
刘文来（2017.1—）
李　强（2017.1—）
肖志理（2017.1—）

## 县文体广电新闻出版和旅游局

党组书记　刘小元
局　　长　刘小元（—2017.12）
谭外生（2017.12—）
副 局 长　尹兰青　曾双莲
李亦武　刘湘华
易　军（挂职，2017.4—）
陈俊懿（挂职，2017.4—）
县纪委派驻纪检组长
王件平（—2017.4）
易平容（2017.4—2017.10）
总工程师　周国松
原体育局工会主席
于江艳（—2017.4）

## 县文化旅游开发投资有限公司

董 事 长　李秋林
总 经 理　龙　毅
副总经理　雷珍生　颜绯绯

## 县文化市场综合执法大队

大 队 长　邝　戎（2017.1— ）

## 县文物管理局

局　　长　侯联平

## 县新华书店

经　　理　左广晖（ —2017.9）
副 经 理　陈文浩（2017.10— ）
唐小海
陈晚明

## 县广播电视台

台　　长　谭冬祥
副 台 长　李　华　袁庆阳

## 县卫生和计划生育局

局　　长　肖晓勇（ —2017.8）
邓小会（2017.8— ）
党委副书记　叶朱仔　李运发
副 局 长　叶朱仔　李运发
彭晓宝　刘　林　李　莉
县纪委派驻纪检组长
彭琦虎

## 县卫生计生综合监督执法局

局　　长　陈代文

## 县疾病预防控制中心

主　　任　谭　慧

## 县人民医院

院　　长　周德春
党总支书记　孙小平
副 院 长　孙小平　谭小卫
刘月峰　肖　钦
纪 检 员　刘晚艳
原工会主席　刘晚艳

## 县中医医院

院　　长　刘　坚
党总支书记　谭文成
副 院 长　邓周云
李喜云（2017.1— ）
孟繁兴（2017.1— ）

## 县妇幼保健院

院　　长　邹　君

## 云阳街道

党工委书记　费学文
党工委副书记　杨　启　谭和平
纪工委书记　谭伟红
组 织 委 员　彭向曦
武 装 部 长　雷华锋
党工委委员　刘志坚　谭平媛
人大工作委员会主任
陈建新
主　　任　杨　启
副 主 任　陈建华
吴国旗（ —2017.12）
雷华锋
政协联络工作负责人
吴国旗（ —2017.12）

## 思聪街道

党工委书记　陈章勇
党工委副书记　李丽娜　刘利华
纪工委书记　陈末润
组 织 委 员　朱高峰
武 装 部 长　段汉雄
党工委委员　谭秋文　谭美平
人大工作委员会主任
陈军君

主　　任　　李丽娜
副 主 任　　段汉雄　周明华
　　　　　　刘杨民（—2017.8）
　　　　　　谭德华（2017.8—）
政协联络工作负责人
　　　　　　谭秋文

## 腰潞镇

党委书记　　陈怀志（2017.1—）
党委副书记　陈怀志（—2017.1）
　　　　　　罗建华（2017.1—）
　　　　　　刘三平
纪委书记　　李雪珠
组织委员　　罗伶俐（—2017.12）
　　　　　　周　宁（2017.12—）
武装部长　　刘晚新
党委委员　　罗见元　谭海亮
人大主席　　罗建华（—2017.1）
　　　　　　王瑞峰（2017.4—）
镇　　长　　陈怀志（—2017.1）
　　　　　　罗建华（2017.1—）
副 镇 长　　刘　蓉　刘晚新　何显良
政协联络工作负责人
　　　　　　刘　蓉

## 火田镇

党委书记　　李喜英
党委副书记　刘宋平　刘志国
纪委书记　　张　平
组织委员　　王建元
武装部长　　谭宏刚
党委委员　　尹光荣　陈长春
人大主席　　肖凌俊
镇　　长　　刘宋平
副 镇 长　　谭宏刚　谭丽华　杨　群
政协联络工作负责人
　　　　　　尹光荣

## 高陇镇

党委书记　　苏运良
副 书 记　　唐　智　陈小建
纪委书记　　刘军华
组织委员　　周丽梅
武装部长　　彭剑钧
党委委员　　徐利佳　洪晓文
人大主席　　罗　雄
镇　　长　　唐　智
副 镇 长　　彭剑钧
　　　　　　谭德华（—2017.8）
　　　　　　谭忠华（2017.8—）
　　　　　　李金辉
政协联络工作负责人
　　　　　　徐利佳

## 秩堂镇

党委书记　　黄合田（—2017.3）
　　　　　　李　峭（2017.3—）
副 书 记　　郭武平　陈柏春
纪委书记　　范春红
组织委员　　谭忠华（—2017.8）
　　　　　　陈　吏（2017.8—）
武装部长　　龙泽锋
党委委员　　彭梅林　唐绿红
人大主席　　周　刚
镇　　长　　郭武平
副 镇 长　　龙泽锋
　　　　　　申　婷（—2017.6）
　　　　　　陈　容（2017.8—）
　　　　　　谭新平
政协联络工作负责人
　　　　　　彭梅林

## 严塘镇

党委书记　　刘军勇
副 书 记　　谭志祥　袁金辉
纪委书记　　段　迪
组织委员　　王晓华
武装部长　　李　欣（—2017.4）
　　　　　　龙宋平（2017.6—）

党委委员　罗华博
彭　赛（—2017.12）
罗伶俐（2017.12—）
人大主席　周征军
镇　　长　谭志祥
副 镇 长　李　欣（—2017.4）
龙宋平（2017.6—）
张　平　刘福运
政协联络工作负责人
罗华博

## 舲舫乡

党委书记　王寿云
副 书 记　肖玉红　刘　烨
纪委书记　段炎云
组织委员　谭雪平（ —2017.1）
沈学智（2017.1— ）
武装部长　龙平雪
党委委员　郭件平　陈忠明
人大主席　谭燕君
乡　　长　肖玉红
副 乡 长　龙平雪　陈载民　蔡晚平
政协联络工作负责人
郭件平

## 桃坑乡

党委书记　刘志轶
副 书 记　张艳华　雷杰元
纪委书记　谭福灵
组织委员　李建海
武装部长　周会华（—2017.4）
吴金泰（2017.4—）
党委委员　袁志明
罗美元（—2017.12）
人大主席　陈建元
乡　　长　张艳华
副 乡 长　周会华（—2017.4）
吴金泰（2017.4— ）
姜雪琴
陈平一
政协联络工作负责人
袁志明

## 湖口镇

党委书记　周新华
党委副书记　吴建辉　陈　凯
纪委书记　周光明
组织委员　欧　龙（—2017.10）
张蔡华（2017.10—）
武装部长　肖利平
党委委员　曹秋良　龙　强
人大主席　龙小华
镇　　长　吴建辉
副 镇 长　肖利平　欧阳海艳
陈件华
政协联络工作负责人
曹秋良

## 马江镇

党委书记　贺新强
副 书 记　谭海平　陈雄林
纪委书记　李云宝
组织委员　肖洪义
武装部长　肖　龙
党委委员　谭自云　段飞乃
人大主席　刘建芳
镇　　长　谭海平
副 镇 长　肖　龙　李雪文　颜文洪
政协联络工作负责人
谭自云

## 界首镇

党委书记　刘苏夏
副 书 记　谭吉红　彭勋民
纪委书记　周　波
组织委员　陈志军
武装部长　龙剑鹰
人大主席　刘舒红

镇　　长　　谭吉红
副 镇 长　　肖建林　龙剑鹰
　　　　　　肖　勇
政协联络工作负责人
　　　　　　肖建林

## 枣市镇

党委书记　　谭永军
副 书 记　　谭跃平　贺君辉
纪委书记　　欧阳帆
组织委员　　刘祥云
武装部长　　肖　斌
党委委员　　刘晚保　曾运福
人大主席　　龙文忠
镇　　长　　谭跃平
副 镇 长　　肖　斌　宁丽红　向新华
政协联络工作负责人
　　　　　　刘晚保

## 下东街道

党工委书记　　肖建文
党工委副书记　　曾金华
　　　　　　王瑞峰（—2017.4）
　　　　　　李慧勤（2017.4—）
纪工委书记　　颜冬明
组织委员　　李慧勤（—2017.4）
　　　　　　周会华（2017.4—）
武装部长　　苏莫仔
党工委委员　　谭轻巧　周运平
人大工作委员会主任
　　　　　　谭　军
主　　任　　曾金华
副 主 任　　苏莫仔　刘远素
　　　　　　谭媛娇
政协联络工作负责人
　　　　　　谭轻巧

## 洣江街道

党工委书记　　刘　强
党工委副书记　　彭文平　陈菲艇
纪工委书记　　谭建军
组织委员　　郭华松（—2017.12）
　　　　　　彭　赛（2017.12—）
武装部长　　李自辉
党工委委员　　颜建平（—2017.11）
　　　　　　谭洪会
　　　　　　郭华松（2017.12—）
人大工作委员会主任
　　　　　　刘嘉兴
主　　任　　彭文平
副 主 任　　李自辉　肖　翔　肖小兰
政协联络工作负责人
　　　　　　谭洪会

## 虎踞镇

党委书记　　谭建平
副 书 记　　李建宁
　　　　　　罗华明
　　　　　　覃　勇（挂职，—2017.3）
　　　　　　曾德胜（挂职，—2017.3）
　　　　　　胡乃程（挂职，2017.4—）
　　　　　　徐理云（挂职，2017.4—）
纪委书记　　周　强
组织委员　　彭志才
武装部长　　谭晚林
党委委员　　刘　兵　刘金华
人大主席　　章　啸
镇　　长　　李建宁
副 镇 长　　谭晚林　廖华光　罗蔚之
政协联络工作负责人
　　　　　　刘　兵

## 汉背办事处

党委书记　　罗奋勇
副 书 记　　苏明亮（—2017.6）
　　　　　　胡　静（2017.6—）
　　　　　　杨刚武
主　　任　　苏明亮（—2017.6）
　　　　　　胡　静（2017.6—）
党委委员、副主任
　　　　　　李　华　段小军

**利民办事处**

党委书记　　谭彪峰
副书记　　陈湘勇　谭米文

主任　　陈湘勇
党委委员、副主任
　　龙建平　裘曼平
　　苏明亮（2017.8—）

# 四、荣誉谱

## （一）2017年度文明建设先进集体和先进个人名单

一、省级：

1. 届期内复查合格的省文明县城（1个）

茶陵县

2. 届期内复查合格的省文明单位(村镇)(11个)

（1）2012届（4个）

茶陵县地税局　湖南茶陵经济开发区

中国移动茶陵分公司　茶陵县云阳街道

（2）2014届（2个）

茶陵县检察院　茶陵县财政局

（3）2016届（5个）

茶陵县国税局（标兵）

茶陵县农村商业银行　茶陵县公安局交通警察大队

茶陵县高陇镇　茶陵县腰潞镇

3. 省文明社区（1个）

茶陵县云阳街道云盘社区

4. 省文明风景旅游区（1个）

茶陵县工农兵政府旧址

二、市级：

5. 市文明标兵单位（1个）

国网茶陵供电公司

6. 市文明单位（7个）

茶陵县烟草专卖局　茶陵县市场管理服务中心

茶陵县公安局　中国农业发展银行茶陵县支行

茶陵县国土资源局　茶陵县民政局

茶陵县人力资源和社会保障局

7. 市文明村镇（街道）(9个）

茶陵县桃坑乡　茶陵县湖口镇

茶陵县思聪街道办事处

茶陵县秩堂镇马吉村　茶陵县腰潞镇左江村

茶陵县湖口镇厂江村　茶陵县枣市镇洞头村

茶陵县虎踞镇峰仙村　茶陵县火田镇卧龙村

8. 市文明校园（4个）

茶陵县平水中心小学（标兵）　茶陵县思源实验学校

茶陵县枣市中学　茶陵县城东学校

9. 市文明社区（1个）

茶陵县桃坑乡虎塘社区

10. 市文明家庭（1户）

唐金祥　刘件冬家庭

11. 市"十大文明行动"推进工作先进单位(2个)

中共茶陵县委宣传部　茶陵县城市管理和行政执法局

12. 市"十大文明行动"推进工作先进个人(5人)

李永香　李炳彪　刘全勇　刘　萍　陈　科

三、县级：

13. 县文明标兵单位（乡镇）(14个）

（1）文明乡镇（街道）(5个）

高陇镇　秩堂镇　下东街道　界首镇

云阳街道

（2）文明标兵单位（9个）

经济科技信息化局　扶贫办

发展和改革局　文体广电新闻出版和旅游局

水利局　商务和粮食局

教育局　卫生和计划生育局

烤烟办

14. 县文明单位（24个）

人大城乡建设环境资源保护委员会　政协

提案委员会

督查局　老干局

团县委　编　办

妇　联　政务中心

人防办　档案史志局

文化市场综合执法大队　司法局

人民法院　行业办

安全生产监督管理局　疾控中心

妇幼保健院　农机局

农业综合开发办公室

中国农业银行茶陵支行

湖南宏伟建设工程有限公司

株洲市九鼎饲料有限公司

贵派电器股份有限公司

茶陵县富盛针织有限公司

**15. 县文明村（社区）（27 个）**

严塘镇尧水村　严塘镇田心村

严塘镇兴和村　洣江街道诸睦村

火田镇新华村　火田镇大英村

马江镇长联村　马江镇月岭村

下东街道黄堂村　利民办事处桥边村

汉背办事处枫树坪居委会　湖口镇梅林村

湖口镇南江村　云阳街道交通社区居委会

秩堂镇石龙村　界首镇花甲村

虎踞镇茶干村　虎踞镇水源村

虎踞镇西屏村　腰潞镇东南村

腰潞镇珍武村　腰潞镇潞理村

枣市镇洒水村　思聪街道清水村

思聪街道茶冲村　桃坑乡邺坑村

舲舫乡大岳村

**16. 县文明校园（4 个）**

解放学校　湖口中学　三　中　云阳中学

**17. 县文明家庭（5 户）**

罗洪平　赵金梅家庭　旷建会　李夏元家庭

罗秋来　贺艳红家庭　谭云宇　李　琴家庭

周小军　颜小蓉家庭

**18. 县文明建设先进个人（203 人）**

（1）乡镇（街道）（62 人）

谭书亮　王建红　陈苏芳　刘海云　周凯铭

张晚荣　谭石祥　尹玉林　陈　卉　陈柏春

范春红　谭小勇　吴罗军　陈小明　贺沈飞

谭永前　尹鹏里　罗华明　刘金华　周　敏

陈　艳　谭蓉亭　张　惠　龙晚喜　谭小兰

周得良　彭国勇　刘国平　何天勇　谢三苟

谭　飞　段小军　谭丽萍　李　文　尹慧文

谭江华　陈长春　王建元　肖晚初　陈平华

陈菲艇　颜建平　刘小勇　曾杨新　陈物平

陈件华　段伟喜　杨　倩　王晓华　颜小荣

张秀萍　郭牛仔　曾珍明　陈建元　胡会平

李彬芳　李继伟　段会阳　苏美兰　贺晓东

胡利君　谢　晟

（2）机关单位、企业（141 人）

蔡　奇　李　臣　赖庚荣　王润章　陈章国

吴红发　陈永红　陈文艳　周润泉　王建平

肖红勇　袁文明　郭建林　周湾湾　陈果萍

胡　勇　谭　艳　张腾腾　陈建华　叶　婧

谭志刚　王凯娇　谭小元　龙荣华　彭乐硕

陈爱玲　宁玲玲　袁庆阳　刘晓晚　陈军明

谭四来　周祖元　邝　戎　李志红　宋　云

彭新江　周社荣　赵小波　黄胜容　陈小争

谢总勇　陈志刚　谭　伟　谭秋吉　谭跃明

周蔚玲　陈友发　颜忠林　段路茜　别少璞

谭　胜　谭新风　谭金虎　鄢道静　阳　童

尹旦警　周子杰　周志康　杨　红　龙文娥

谭　宁　范晓华　段海欣　彭丽玲　廖　龙

曾志勇　谭美勇　尹美林　邹　繁　刘小明

朱　贵　陈天虹　陈小林　周艳芳　李　检

刘海斌　陈秋霞　谭爱香　吴陈勇　王　素

周　香　陈　义　李海彬　邓建玉　谭剑桥

谭建平　陈　志　谭永红　谭立恒　卢元香

刘文来　陈建林　谭　丽　刘　琴　肖建勇

谭荣华　杨　娟　胡长胜　曾小雄　颜晓阳

曾小兵　颜晓军　谭学文　王和平　张鹏阳

杨秋林　段　波　田　甜　彭勋浩　陈向东

曾丽莉　罗军平　刘岳松　罗　兰　段辉辉

谭爱亭　谭　腾　周晚华　冯文红　晏　鹏

唐建根　颜文胜　龙旭华　肖晓星　罗周红

谭华钢　谢海龙　郭文凌　谭平娥　陈　浪

李亦昊　李乐文　周竞成　陈和平　许春文

尹建文　周　勇　孔　彪　谭玉波　邱剑锋

张　稼

**19. 综合治理奖（41 个）**

（1）市先进（6 个）（由市政法委表彰）

桃坑乡　湖口镇　高陇镇　舲舫乡
枣市镇　思聪街道
（2）乡镇（街道）（5个）
秩堂镇　马江镇　洣江街道　云阳街道
下东街道
（3）县直单位（30个）
①红旗单位（6个）
移民局　水利局　司法局　财政局
林业局　统计局
②先进单位（24个）
经济科技信息化局　农业局
督查局　人力资源和社会保障局
房产局　食品药品工商质量监督管理局
洮水水库管理局　发展和改革局
国税局　地税局
商务和粮食局　卫生和计划生育局
三中　农村商业银行
扶贫办　国土资源局
人防办　市场管理服务中心
科　协　文体广电新闻出版和旅游局
电视台　老干局
农机局　公路局

**20. 计划生育奖（59个）**

（1）计划生育工作优秀单位（24个）
高陇镇　界首镇　思聪街道　腰潞镇
宣传部　移民局　民政局　教育局
财政局　公安局　县委办　农业局
组织部　政府办　扶贫办　水利局
统战部　房产局　政法委　审计局
安全生产监督管理局　纪委（监察局）
卫生和计划生育局　经济科技信息化局
（2）计划生育工作良好单位（8个）
下东街道　虎踞镇　舲舫乡　洣江街道
湖口镇　桃坑乡　秩堂镇　云阳街道
（3）村级计划生育工作优秀单位（10个）
云阳街道交通社区　思聪街道龙溪村
下东街道头铺村　界首镇白洲村
严塘镇和吕村　湖口镇洣渡村
高陇镇居委会　虎踞镇金山村
火田镇二分场　腰潞镇潞理村
（4）村级计划生育工作良好单位（12个）
洣江街道桃源村　严塘镇兴和村
湖口镇龙下村　马江镇塘富村
虎踞镇双芫村　枣市镇东岭村
火田镇鼓石村　秩堂镇锡田村
腰潞镇马加庄村　桃坑乡春风村
舲舫乡祠湾村　利民办事处齐溪村
（5）计划生育先进协会（5个）
腰潞镇珍武村　界首镇花甲村
舲舫乡堤洲村　严塘镇上合村
火田镇白石村

**21. 安全生产先进单位（18个）**

（1）推荐市安全生产优秀乡镇（4个）
思聪街道　火田镇　下东街道　云阳街道
（2）乡镇（街道）（6个）
马江镇　桃坑乡　枣市镇　湖口镇
严塘镇　秩堂镇
（3）县直单位（8个）
安全生产监督管理局　经济科技信息化局
农机局　住房和城乡规划建设局
卫生和计划生育局　环境保护局
文体广电新闻出版和旅游局　房产局

**22. 十佳村（居）主干奖（33人）**

（1）十佳村（居）党组织书记（10人）
高陇镇祖安村党总支书记　谭庆发
腰潞镇潞理村党总支书记　谭运华
界首镇白沙村党总支书记　刘桂仁
桃坑乡夏乐村党支部书记　谭冬发
湖口镇湖口村党总支书记　廖文平
下东街道头铺村党总支书记　李继伟
云阳街道光辉村党总支书记　卢肖礼
思聪街道左垅村党总支书记　谭冬明
马江镇长联村党总支书记　龙物来
舲舫乡大岳村党总支书记　陈小华
（2）十佳村（居）委会主任（10人）
秩堂镇马吉村委会主任　谭云宇
洣江街道荣华村委会主任　廖春生
严塘镇北岸村委会主任　谭富喜
火田镇卧龙村委会主任　戚纪荣
舲舫乡车浦村委会主任　罗丽勇
枣市镇侯泉村委会主任　李物生
马江镇塘富村委会主任　陈贵光
利民办事处齐溪村委会主任　谭小利
虎踞镇合湖村委会主任　谭明生

云阳街道腊园社区居委会主任　谭红玲

（3）“十佳村（居）党组织书记”提名奖（6人）

严塘镇兴塘村党支部书记　谭建兵

火田镇洲陂村党总支书记　周品良

枣市镇洞头村党总支书记　李柏祥

洣江街道湖塘村党支部书记　陈宏华

秩堂镇皇图村党总支书记　龙清生

虎踞镇西屏村党支部书记　李建飞

（4）“十佳村（居）委会主任”提名奖（7人）

高陇镇水头村委会主任　刘湘生

腰潞镇珍武村委会主任　刘冬元

界首镇朱岭村委会主任　侯海连

桃坑乡华里村委会主任　刘科志

思聪街道茶冲村委会主任　刘忠文

湖口镇小潭村委会主任　彭秋初

下东街道头铺村委会主任　陈雪生

**23. 金融支持奖（2个）**

茶陵县农村商业银行　中国农业银行茶陵支行

**24. 招商引资奖（24个）**

（1）招商引资先进单位（8个）

经济开发区　财政局

经济科技信息化局　湖口镇

严塘镇　虎踞镇

商务和粮食局　农业局

（2）招商引资先进个人（16人）

刘小元　段秋文　熊建迪　龙文忠　周秋仔

谭　军　于江艳　刘小明　欧阳海燕

李　欣　谭美芳　谭贺伟　贺新强

陈章勇　罗　雄　龚　杰

**25. 争资立项奖（22个）**

（1）争资立项先进单位（11个）

交通运输局　房产局

住房和城乡规划建设局　人力资源和社会保障局

发展和改革局　扶贫办

财政局　农业局

经济科技信息化局　移民局

汉背办事处

（2）争资立项先进个人（11人）

邝先勤　杨　军　谭晓祝　刘　峥　陈志勇

谭文平　刘文平　周秋仔　肖海华　杨平华

罗奋勇

**26. 推进农业产业化建设先进个人（10人）**

龙秋华　茶陵县龙华农牧有限责任公司

刘祖治　茶陵县万樟园林绿化工程有限责任公司

李乐文　茶陵县虎源生态园林有限公司

封林为　茶陵县林丰农业开发有限公司

陈圣发　茶陵县嘉华姜业开发有限公司

陈春香　株洲慧才现代农科有限公司

彭学明　湖南金森农牧生态开发有限公司

汤运华　茶陵县平源生态农业发展有限公司

段青发　湖南宏昇现代农业发展有限公司

颜　军　茶陵县三和生态农业发展有限责任公司

**27. 科技进步奖（26个）**

（1）科技进步先进单位（11个）

马江镇　火田镇　秩堂镇　舲舫乡　洣江街道

云阳街道　农业局　教育局　林业局

畜牧兽医水产局　经济科技信息化局

（2）科技进步先进个人（15人）

左容岭　谭建明　陈招生　刘正红　许爱红

陈凯辉　李　斌　周蔚玲　陈丽华　杨　璐

李建风　谭江华　杨小兵　谭继怀　陈　芬

**28. 推进新型工业化奖（84个）**

（1）推进新型工业化先进单位（11个）

经济开发区　经济科技信息化局

统计局　环境保护局

龙下灌区管理局　石材办

湖口镇　马江镇

高陇镇　思聪街道

下东街道

（2）推进新型工业化先进个人（19人）

王友义　丁攸平　谭绍跃　谭小勇　谭娟凤

颜　云　刘一明　朱春华　刘丹志　郭玲娇

颜三铭　谭艳珍　何　明　刘月娥　刘秀珍

段社仔　李毛来　颜美芳　谭　芳

（3）企业帮扶先进单位（23个）

腰潞镇　严塘镇

经济开发区　虎踞镇

界首镇　发展和改革局

经济科技信息化局　农业局

人力资源和社会保障局

安全生产监督管理局

卫生和计划生育局　商务和粮食局
国税局　地税局
交通运输局　民政局
财政局　政务中心
房产局　食品药品工商质量监督管理局
工商联　扶贫办
统计局

（4）企业帮扶先进个人（26人）

段菊明　周秋仔　肖海华　刘文平　刘志勇
王文明　颜运华　刘泽文　邓小会　王　素
龚　杰　陈向东　周贤明　谭小强　谭雪林
苏　蓉　谭　红　罗贞红　黄纪凯　彭宁菲
许小文　刘军勇　刘苏夏　杨　启　李建宁
邓建玉

（5）优秀企业特派员（5人）

谭靓亮　颜玉琴　刘秀雨　谭勇军　周　文

**29. 推进新型城镇化奖（4个）**

严塘镇　高陇镇　湖口镇　界首镇

**30. 重点工程建设奖（24个）**

（1）先进单位（4个）

发展和改革局　住房和城乡规划建设局
严塘镇　云阳街道

（2）先进个人（20人）

谭美芳　王卫平　谭文生　孙辉军　谭秋平
陈福元　胡军民　丁攸平　罗四海　刘朝雄
陈志刚　龙　毅　彭建华　彭　勇　李建宁
周征军　陈军君　谭洪会　陈建新　周运平

**31. 农村环境综合整治及美丽乡村建设奖（17个）**

（1）农村环境综合整治先进乡镇（街道）（3个）

第一名：洣江街道　奖5万元
第二名：湖口镇　奖4万元
第三名：马江镇　奖3万元

（2）农村环境综合整治先进单位（县直）（3个）

第一名：环境保护局　奖3万元
第二名：农业局　奖2万元
第三名：水利局　奖1万元

（3）农村环境综合整治示范村（6个）

秩堂镇马吉村　火田镇大龙村
洣江街道欧江村　桃坑乡东江村
火田镇二分场　高陇镇龙匣村
（以上每村奖励1万元）

（4）美丽乡村建设先进村（5个）

洣江街道欧江村　腰潞镇横屋村
虎踞镇黄坪村　严塘镇猷竹村
秩堂镇石龙村

**32. 全面深化改革工作先进单位（6个）**

财政局　农业局
司法局　编　办
政务中心　卫生和计划生育局

**33. 全面深化改革工作先进个人（10人）**

刘　伟　李晓斌　钟振成　谭振林　谭小波
姜志芳　陈柏春　吴金泰　谭小勇　刘　文

**34. 河长制工作先进单位（6个）**

下东街道　利民办事处　湖口镇
财政局　环保局　交通运输局

**35. 河长制工作先进个人（20人）**

肖建文　谭彪峰　周　新　谭平媛　龙泽锋
谭宏刚　胡会平　段小刚　彭胜来　罗小华
胡志勇　段菊明　杨刚武　雷志元　彭　文
王荣凯　郭志凌　周德洪　周学平　陈文艳

**36. 财源建设、企业发展进步奖（87个）**

（1）乡镇（街道）财税收入完成年度任务考核奖（16个，共198万元）

①财政收入超额完成年度任务且达到800—1000万元的乡镇1个：界首镇，奖励6万元；共计6万元。

②财政收入超额完成年度任务且达到1000—1500万元的乡镇5个：严塘镇、高陇镇、下东街道、桃坑乡、秩堂镇，各奖励8万元。共计40万元。

③财政收入超额完成年度任务且达到1500—2000万元的乡镇2个：马江镇、火田镇，各奖励10万元，共计20万元。

④财政收入超额完成年度任务且达到2000—3000万元的乡镇5个：腰潞镇、思聪街道、舲舫乡、洣江街道、枣市镇，各奖励14万元，共计70万元。

⑤财政收入超额完成年度任务且达到3000—4000万元的乡镇1个：虎踞镇，奖励18万元。

⑥财政收入超额完成年度任务且达到4000万元以上的乡镇2个：湖口镇，云阳街道，各奖励22万元，共计44万元。

（2）乡镇（街道）财税超额完成年度任务50万以上考核奖（16个，共216.4万元）

湖口镇70.5万元、舲舫乡29.4万元、枣市镇19.6万元、虎踞镇17.7万元、马江镇14.7万元、思聪街道 10.6 万元、云阳街道 10.3 万元、洣江街道 8.3 万元、桃坑乡 8.3 万元、秩堂镇 6.4 万元、火田镇 4.3 万元、腰潞镇 3.6 万元、高陇镇 3.6 万元、下东街道 3.6 万元、严塘镇 2.8 万元、界首镇 2.7 万元。

（3）企业发展进步奖（55 个，共 429.5 万元）

①年缴纳税收 100 万 ~200 万元，较上年增长 5% 以上，但没有达到 30% 的企业 6 家：各奖 0.5 万元，共计奖励 3 万元。

平水商砼有限公司 0.5 万元、农电服务公司 0.5 万元、金鑫房地产开发有限公司 0.5 万元、邮政储蓄银行茶陵支行 0.5 万元、平安财产保险公司茶陵分公司 0.5 万元、金洣皮革有限公司 0.5 万元。

②年缴纳税收 100 万 ~200 万元，较上年增长 30% 以上，但没有达到 100% 的企业 6 家：各奖 1 万元，共计 6 万元。

黄坪电业有限公司 1 万元、中石新亚管道燃气有限公司 1 万元、博鸿建筑工程有限责任公司 1 万元、湖南尚竹家居用品有限公司 1 万元、金大建筑工程公司 1 万元、株洲晶彩电子科技有限公司 1 万元

③年缴纳税收 100 万 ~200 万元，较上年为新增企业的 7 家，各奖 1 万元，共计 7 万元。

望云房地产开发有限公司 1 万元、湖南省慧科生态园林开发有限公司 1 万元、五门商贸购销部 1 万元、亿众纺织有限公司 1 万元、景顺金属贸易有限公司 1 万元、中油金鸿燃气公司 1 万元、德诚水电建设有限公司 1 万元

④年缴纳税收 100 万 ~200 万元，较上年增长 100% 以上的企业 3 家，奖 2 万元，共计 6 万元。

华美建设工程有限公司 2 万元、湘茶水泥电杆有限责任公司 2 万元、雩江物流有限责任公司 2 万元

⑤年缴纳税收 200 万 ~300 万元，较上年增长 5% 以上，但没有达到 25% 的企业 1 家，奖励 1 万元，共计 1 万元。

太平洋财产保险公司茶陵分公司 1 万元

⑥年缴纳税收 200 万 ~300 万元，较上年增长 25% 以上，但没有达到 100% 的企业 1 家，奖励 2 万元，共计 2 万元。

仙厦建筑有限责任公司 2 万元

⑦年缴纳税收 200 万 ~300 万元，较上年增长 100% 以上的企业 2 家，各奖 4 万元，共计 8 万元。

第二建筑公司 4 万元、湖南宝海生物科技有限公司 4 万元

⑧年缴纳税收 200 万 ~300 万元，较上年为新增企业的 3 家，各奖 2 万元，共计 6 万元。

棚户区改造投资有限公司 2 万元、睦兴矿业有限公司 2 万元、凯华置地有限公司 2 万元

⑨年缴纳税收 300 万 ~400 万元，较上年增长 5% 以上，但没有达到 20% 的企业 1 家，各奖 1.5 万元，共计 1.5 万元。

中石化茶陵石油分公司 1.5 万元

⑩年缴纳税收 300 万 ~400 万元，较上年增长 20% 以上，但没有达到 100% 的企业 4 家，各奖 3 万元，共计 12 万元。

华盛建筑陶瓷有限公司 3 万元、强强陶瓷有限公司 3 万元、人寿保险公司茶陵分公司 3 万元、株洲市九鼎饲料有限公司 3 万元

⑪年缴纳税收 300 万 ~400 万元，较上年为新增企业 2 家，各奖励 3 万元，共计 6 万元。

永兴废旧金属收购站 3 万元、宏迈置业投资公司 3 万元

⑫年缴纳税收 300 万 ~400 万元，较上年增长 100% 以上的企业 1 家，奖 6 万元，共计 6 万元。

株洲康圣堂药业有限公司 6 万元

⑬年缴纳税收 400 万 ~500 万元，较上年为新增企业的 1 家，奖励 4 万元，共计 4 万元。

顺意矿业发展有限公司 4 万元

⑭年缴纳税收 400 万 ~500 万元，较上年增长 15% 以上，但没有达到 100% 的企业 2 家，各奖 4 万元，共计 8 万元。

长沙银行茶陵支行 4 万元、中国农业银行茶陵支行 4 万元

⑮年缴纳税收 500 万 ~800 万元，较上年增长 12% 以上，但没有达到 100% 的企业 1 家，各奖 5 万元，共计 5 万元。

株洲市凯旋房地产开发有限责任公司 5 万元

⑯年缴纳税收 500 万 ~800 万元，较上年增长 100% 以上的企业 2 家，各奖 10 万元，共计 20 万元。

湘南矿业贸易有限责任公司 10 万元、云阳建设工程有限公司 10 万元

⑰年缴纳税收 500 万 ~800 万元，较上年为新增企业的 1 家，奖励 5 万元

湖南省财顺商贸发展有限公司 5 万元

⑱年缴纳税收 800 万 ~1000 万元，较上年增长 100% 以上的企业 1 家，奖励 16 万元。

东山房地产开发有限公司 16 万元

⑲年缴纳税收 800 万 ~1000 万元，较上年有增长，但未达 10% 以上的企业 1 家，奖励 4 万元。

湖南东信棉业有限公司 4 万元

⑳年缴纳税收 800 万 ~1000 万元，较上年增长 10% 以上，但没有达到 100% 的企业 1 家，奖励 8 万元。

湖南万安达米江农工贸有限责任公司 8 万元

㉑年缴纳税收 1500 万 ~2000 万元，较上年增长 100% 以上的企业 2 家，各奖励 30 万元，共计 60 万元

湘赣汽贸城房地产开发有限公司 30 万元、珠峰房地产开发有限责任公司 30 万元

㉒年缴纳税收 2000 万元以上，较上年没有增长，按企业实际缴纳税金的 1% 减半奖励的企业 2 家，共奖励 37 万元

开发区经营公司 14 万元、湖南省烟草公司茶陵分公司 23 万元

㉓年缴纳税收 2000 万元以上，较上年有增长，按企业实际缴纳税金的 1% 奖励的企业 4 家，共计 198 万元

湖南经纬置业发展有限公司 36 万元、安奈儿股份有限公司湖南分公司 37 万元、朝阳房地产开发有限公司 49 万元、茶陵县农村商业银行 76 万元。

表 67

## （二）获市（厅）级以上机构表彰的先进单位名表[1]

| 受奖单位 | 先进称号 | 授奖单位 |
| --- | --- | --- |
| 茶陵县 | 全国“平安农机”示范县 | 中华人民共和国农业部<br>国家安全生产管理监督总局 |
| 茶陵县 | 全省“平安农机”示范县 | 湖南省农机局<br>湖南省安监局 |
| 茶陵县 | “万步有约”示范区优秀组织奖 | 中国疾病预防控制中心 |
| 茶陵县 | “万步有约”全国优秀健走示范区 | 中国疾病预防控制中心 |
| 茶陵县 | “万步有约”省内优秀示范区 | 中国疾病预防控制中心 |
| 茶陵县 | 全国电子商务进农村综合示范县 | 中华人民共和国商务部<br>湖南省商务厅 |
| 茶陵县人民政府 | 农产品质量安全工作目标管理考核红旗单位 | 株洲市人民政府 |
| 茶陵县人民政府 | 农业机械化工作先进单位 | 株洲市人民政府 |
| 中共茶陵县委宣传部 | 2016 年度省委宣传部舆情信息工作优秀联系点 | 中共湖南省委宣传部 |
| 中共茶陵县委统战部 | 全省统一战线聚力脱贫攻坚行动成效突出单位 | 中共湖南省委统战部 |
| 茶祖文化园 | 株洲市首届文化创新奖 | 中共株洲市委<br>株洲市人民政府 |
| 茶陵县关心下一代工作委员会 | 全国第三届“关爱明天，普法先行”——青少年普法教育活动先进单位 | 中国关心下一代工作委员会<br>中华人民共和国司法部<br>中央社会治安综合治理委员会办公室 |
| 茶陵县老龄工作委员会 | 全国老龄系统先进集体 | 人力资源社会保障部<br>全国老龄工作委员会 |
| 茶陵县文学艺术界联合会 | 2017 年全省文联系统先进单位 | 湖南省文学艺术界联合会 |
| 茶陵县司法局 | 全国人民调解宣传工作先进集体 | 中华全国人民调解协会 |
| 茶陵县司法局 | 湖南省司法行政工作先进集体 | 湖南省人力资源和社会保障厅 |
| 茶陵县国土资源局 | 全市抗洪救灾先进集体 | 中共株洲市委<br>株洲市人民政府 |
| 茶陵县国土资源执法监察大队 | 全国国土资源执法监察工作先进集体 | 中华人民共和国国土资源部 |

续表 67–1

| 受奖单位 | 先进称号 | 授奖单位 |
| --- | --- | --- |
| 茶陵县水利局 | 抗洪救灾先进集体 | 中共株洲市委办公室 |
| 茶陵县农机局 | 全省农机安全生产目标管理先进单位 | 湖南省农机局 |
| 茶陵县农机局 | 全省农机购置补贴工作先进单位 | 湖南省农机局 |
| 茶陵县农机局 | 全省农机项目管理工作先进单位 | 湖南省农机局 |
| 茶陵县地方税务局 | 全省地税系统先进单位 | 湖南省地方税务局 |
| 茶陵县教育局 | 湖南省教育信息化创新应用示范县 | 湖南省教育厅 |
| 茶陵一中 | 全国青年科普创新实验暨作品大赛复赛优秀组织奖 | 中国科协科普部 |
| 茶陵一中 | 湖南省青少年科技活动示范学校 | 湖南省科学技术协会 |
| 茶陵一中 | 文明卫生单位 | 湖南省爱国卫生运动委员会 |
| 茶陵县文化市场综合执法大队 | 湖南省“扫黄打非”工作先进集体 | 湖南省“扫黄打非”工作小组 |
| 茶陵县卫生和计划生育局 | 计划生育良好单位 | 湖南省卫生和计划生育委员会 |
| 茶陵县云阳街道腊园社区 | 全国“扫黄打非”进基层示范点 | 全国“扫黄打非”工作小组办公室 |
| 茶陵县腰潞镇泰和村 | 全国综合减灾示范社区 | 国家综合减灾委 |
| 茶陵县下东街道沿河社区 | 全省综合减灾示范社区 | 湖南综合减灾委 |
| 茶陵县秩堂镇 | 省级经典文化乡镇 | 湖南省人民政府 |
| 茶陵县秩堂镇龙江村 | 全省无邪教创建示范村 | 湖南省人民政府防范和处理邪教办公室 |
| 茶陵县秩堂镇马吉村 | 全省美丽乡村建设示范村 | 湖南省农委农村工作领导小组 |
| 茶陵县秩堂镇马吉村 | 市两型社会建设先进单位 | 株洲市人民政府 |

【1】根据各单位所报的《登记表》编制，前文所载市文明标兵单位、文明单位、文明村镇、文明校园、文明社区、综合治理先进单位、安全生产优秀乡镇未重复列入

# 索　引

---

**说　明**

一、本索引采用主题分析方法，款目按汉语拼音字母（同音字按声调）顺序排列。
二、文中的类目题、分目题用黑体字标明，其余用宋体字排版。
三、索引款目后的数字表示内容所在的页码，数字后的拉丁字母（a、b、c）表示该页自左至右的栏别。
四、同一主题的内容在文中多处出现，在其款目后用不同的页码标明。
五、本索引对《特载》《大事记》《附录》《单位彩页》不作索引。

---

## A



## B



## C

# D



# F

## G



## H

## J



## K



## L

S



T



W

# Z